涉"一带一路"国家仲裁案例选编

SELECTION OF ARBITRATION CASES INVOLVING
THE BELT AND ROAD COUNTRIES

（二）

CIETAC　中国国际经济贸易仲裁委员会 ◎ 主编
CHINA INTERNATIONAL ECONOMIC AND TRADE ARBITRATION COMMISSION

中国法制出版社
CHINA LEGAL PUBLISHING HOUSE

前　言

2013 年，习近平主席提出"一带一路"倡议。十年来，"一带一路"根植历史厚土、顺应时代大势，建设成果丰硕，凸显旺盛生命力。截至 2023 年，中国已同 152 个国家和 32 个国际组织签署了 200 余份共建"一带一路"合作文件。2013 年至 2022 年，我国与沿线国家货物贸易进出口额、非金融类直接投资额年均分别增长 8.6%、5.8%，与沿线国家双向投资累计超过 2700 亿美元。[①]

随着"一带一路"建设的持续推进，"一带一路"国家或地区商事主体之间的经济贸易投资活动日益频繁，但是，跨国、跨境商事纠纷也相应增加。国际商事仲裁因其专业、高效、灵活、尊重商事活动规律、裁决可执行力强等特点，已经成为当今解决国际商事和投资争议、消除贸易投资障碍的重要途径，在国际商事争议解决中扮演重要角色。国际商事仲裁在为"一带一路"建设营造稳定、可预期的法治营商环境，保障和推动"一带一路"倡议顺利实施的过程中，也发挥了不可或缺的独特作用。

中国国际经济贸易仲裁委员会（以下简称"贸仲"）作为中国成立最早、为我国《仲裁法》所确立的涉外商事仲裁机构，积极采取各项措施服务"一带一路"建设。

在管理涉外案件，特别是涉"一带一路"国家或地区的国际商事争议上，贸仲积累了较丰富的实践经验。自 2013 年 1 月 1 日起至 2023 年 8 月 15

[①] 《我国已与 152 个国家、32 个国际组织签署共建"一带一路"合作文件》，载中国政府网，https://www.gov.cn/lianbo/bumen/202308/content_ 6899977. htm。

日止，贸仲共受理涉"一带一路"国家和地区案件 2856 件，案件争议金额达人民币 1535.4 亿元。其中争议金额在人民币 1 亿元以上的案件共有 246 件，包含 27 件争议金额在人民币 10 亿元以上的案件，案件平均标的超过人民币 5300 万元。随着"一带一路"倡议持续走深走实，贸仲受理"一带一路"案件的国别范围不断扩大，从 2013 年的 27 个"一带一路"国家和地区扩展到目前共有 62 个国家和地区，数量增长超过一倍。案件类型覆盖建设工程、一般货物买卖、工业原材料、机电设备、股权、金融和各类型的服务合同争议，基本跨越了国计民生的各个商事投资环节。

为更好服务"一带一路"高质量发展对争议解决的新需要，贸仲在西安设立了丝绸之路仲裁中心，在海外设立了北美仲裁中心和欧洲仲裁中心，提升服务便利化水平的同时，积极打造兼具国际性和专业性的仲裁员队伍，增聘了大量"一带一路"沿线主要国家的贸易投资法律专家作为仲裁员。截至目前，贸仲正式聘任了来自 145 个国家和地区的 1881 名仲裁员，这其中包括来自 112 个签署共建"一带一路"文件的国家和地区的仲裁员。

在涉"一带一路"争议解决机制建设方面，2019 年，贸仲联合 40 余家国内外仲裁机构共同达成了《"一带一路"仲裁机构北京联合宣言》；2021 年，贸仲发布了由 32 家境外仲裁机构和组织以及 15 家国内仲裁机构共同达成的《"一带一路"仲裁机构北京联合宣言合作机制》。这一机制秉持开放、共享、服务的发展理念，凝聚各国仲裁界合力，推动"一带一路"法治联通走向实处。

在案件管理过程中，我们注意到，涉"一带一路"国家或地区国际商事争议的发生和裁判具有一定的特点和规律，值得关注、思考和总结。继 2019 年通过出版《涉"一带一路"国家仲裁案例选编》梳理和总结 2013 年至 2018 年贸仲办结的有关典型案例，贸仲此次决定对 2019 年 1 月至 2023 年 5 月办结的涉"一带一路"国家典型仲裁案例进行汇编。

在严格遵守仲裁案件相关信息保密性的前提下，贸仲对涉"一带一路"

国家或地区仲裁案进行了系统性的梳理和总结,从上述仲裁案件中选择了16件与俄罗斯、韩国、巴基斯坦、新加坡、泰国、老挝、文莱、阿尔及利亚等国家商事主体发生纠纷并适于选编的案件裁决书集结成册,涉及国际建设工程、国际货物买卖、股权转让、保证合同争议、租船合同争议、物流代理协议争议等典型争议类型,以期向广大仲裁同业者和社会公众展现当前中国仲裁机构受理的涉"一带一路"国家或地区仲裁案件的基本样貌和多发争议。我们专门邀请了在相关领域具有深厚专业造诣和丰富裁判经验的贸仲仲裁员就案件审理中有关法律适用、争议焦点、裁判思路以及对中国企业海外经营风险防范的启示等问题作出评析和提示,希望为服务中国企业"走出去"尽绵薄之力。同时,希望此次案例选编能成为一次推进中外仲裁案例比较研究、促进国际仲裁文化交流的契机,并推动相关类型国际商事案件审理经验的积累和仲裁裁决公信力的进一步提升。

围于经验和实践,本书中可能仍存有一些错误和不妥之处,尚祈读者批评指正。贸仲也将随着"一带一路"建设的不断推进,从中获取更多宝贵的新经验,进而更深入地研讨国际商事仲裁的新问题、新趋势和新挑战。

中国国际经济贸易仲裁委员会
2023 年 12 月

目录 Contents

案例一　中国 A 重装公司与巴基斯坦 B 港口与海运公司、中国 C 船舶研究所及中国 D 重工公司安装调试合同争议案

中国国际经济贸易仲裁委员会（以下简称"仲裁委员会"）根据申请人中国 A 重装公司（以下简称"申请人"或"A 公司"）与第一被申请人巴基斯坦 B 港口与海运公司（以下简称"第一被申请人"或"B 公司"）、第二被申请人中国 C 船舶研究所（以下简称"第二被申请人"或"C 研究所"）、第三被申请人中国 D 重工公司（以下简称"第三被申请人"或"D 公司"，第一被申请人、第二被申请人、第三被申请人以下合称"被申请人"，申请人与被申请人以下合称"双方当事人"）共同签订的《关于〈巴基斯坦 K 港口码头泊位升级改造工程安装调试合同〉的补充协议》（以下简称"本案协议"）中仲裁条款的约定，以及申请人提交的书面仲裁申请，受理了申请人与被申请人之间上述协议项下的安装调试合同争议案。

本案仲裁程序适用自 2015 年 1 月 1 日起施行的《中国国际经济贸易仲裁委员会仲裁规则》（以下简称《仲裁规则》）。

第一被申请人、第二被申请人、第三被申请人分别提交了仲裁反申请书。

申请人指定 X 担任本案仲裁员。由于被申请人未在规定期限内共同指定仲裁员，仲裁委员会主任代为指定 Y 担任本案仲裁员。根据本案协议仲裁条款的约定，X 和 Y 共同委任 Z 担任本案首席仲裁员。上述三位仲裁员在签署了接受指定的《声明书》后组成仲裁庭，共同审理本案。

第一被申请人提交了仲裁庭组成异议书，第二被申请人、第三被申请人提交了对仲裁庭组成异议的意见。申请人提交了对第一被申请人《仲裁庭组成异议书》的意见及补充证据。仲裁委员会对第一被申请人提交的《仲裁庭组成异议书》作出书面答复，对该异议不予同意，本案仲裁程序继续进行。

仲裁庭对本案进行了两次开庭审理。申请人和被申请人均委派仲裁代理人

出席了庭审。庭审中，申请人就其仲裁请求及所依据的事实和理由进行了陈述，被申请人发表了答辩意见；被申请人就其仲裁反请求及所依据的事实和理由进行了陈述，申请人发表了答辩意见；双方就案件的事实进行了陈述，就证据进行了质证，就法律问题进行了辩论，并回答了仲裁庭的提问。经征求当事人意见，仲裁庭就庭后程序作出了安排。

本案现已审理终结。仲裁庭根据庭审情况和双方提交的现有书面材料和证据，依据合同约定、法律规定和《仲裁规则》的相关规定，经合议，作出本裁决。现将本案案情、仲裁庭意见和裁决结果分述如下：

一、案　情

（一）申请人的仲裁请求

申请人提起仲裁请求称：

2016 年，中国 E 航运公司（以下简称"E 公司"）称正在与 B 公司组建合资公司以 BOT 方式参加巴基斯坦 K 港口"转变现有的顺岸码头成为为火电厂开发/运营商专用煤码头"的投标，中标后 E 公司作为码头运营公司（TOC）负责码头的整体改造及运营，工程成本预计投资 7100 万美金。E 公司邀请申请人参与该项目的投标及工程设计，并拟委托申请人承接该项目岸上工程的 EPC 总包。为此，双方于 2016 年 6 月 13 日签订《关于巴基斯坦 K 港口煤码头改造项目合作备忘录》，双方约定，本备忘录签字生效后一周内，E 公司向申请人支付工程预付款 50 万元（如无特别说明，所涉金额币种均为人民币，下同，仲裁庭注）。

2016 年 7 月，第一被申请人、担保方 E 公司与申请人签订《巴基斯坦 K 港口码头泊位升级改造工程设计、设备供货、设备安装调试合同》及附件（以下简称"原合同"，仲裁庭注）。合同约定的主要内容有：（1）第一被申请人需要码头煤炭卸船堆料、卸船装车、取料装车三个工艺流程的设备用于巴基斯坦 K 港口码头泊位升级改造工程项目，申请人全程协助第一被申请人开展 K 港口码头泊位升级改造工程，申请人服务项目包括：工程设计、设备供应、设备安装调试。（2）工程项目的总价格为 9000 万元整，包括：设备价款 6700 余万元，设备安装调试以及运载至甲方指定国内交付港口的运输事宜共计近 1600 万元，设备及工程设计费共计 700 万元。涉案项目总价款由第一被申请人分九次支付，具体为：第一次于合同签订后三个工作日内支付合同总价的 5%，即 450 万元；

第二次于2016年7月31日前支付合同总价的2.3%，即近210万元；第三次于
2016年8月31日前支付合同总价的2.3%，即近210万元；第四次于2016年9
月30日前支付合同总价的3.2%，即近290万元；第五次于2016年10月15日
前支付合同总价的4.8%，即430余万元；第六次于第一期设备到达巴基斯坦L
市后20个工作日内支付合同总价的4.6%，即410余万元；第七次于第二期设
备到达巴基斯坦L市后20个工作日内支付合同总价的9.7%，即870余万元；
第八次于全部设备安装完成验收后20个工作日内或者最后一批设备到达巴基斯
坦L市后3个月内（两者以先到为准）支付合同总价的65.1%，即近5860万
元；第九次于设备的一年质保期（自设备试生产之日起算）结束后，或最后一
批设备到达巴基斯坦L市15个月内（以两者先到为准），支付剩余合同总价的
3%，即270万元。双方约定付款以美元结算，结算汇率以付款当日中国银行美
元汇率中间价结算。（3）若存在迟延支付款项的情形，第一被申请人将向申请
人支付违约金，违约金按日计算，不足一日按比例计算，每日违约金金额为本
合同总价款的0.3%。作为付款义务担保人，E公司在合同担保方处签字盖章。

　　2016年10月29日，第一被申请人作为项目业主，第二被申请人、第三被
申请人作为甲方，与申请人作为乙方签订本案协议，约定：（1）甲方（第二被
申请人和第三被申请人，下同，仲裁庭注）受业主（第一被申请人，下同，仲
裁庭注）委托成为巴基斯坦K港口改造项目的EPC承包商，双方已于2016年
10月8日签订了EPC合同；甲方中的总包方第二被申请人将委托甲方中的采购
实施方第三被申请人进行实际的实施。（2）除另有约定外，协议签订后，业主
在原合同项下的一切权利、义务和责任可由甲方代为向乙方行使、履行和承担，
但不解除业主在原合同项下的一切权利、义务和责任；除另有约定外，协议签
订后，乙方在原合同项下的一切义务和责任可由乙方对甲方直接履行和承担，
但不解除乙方对业主在原合同项下的责任。（3）协议签订后，乙方的任何一笔
在原合同项下的付款申请应当提交甲方，并同时抄送业主；业主应当依照原合
同项下拟定的对乙方付款条件和时间对甲方中的总包方足额支付每笔款项；甲
方不得以任何其他理由迟延支付，如果甲方迟延和/或拒绝支付，给乙方造成直
接损失则由甲方承担；如果业主没有按照约定向甲方支付原合同中的任何款项，
导致乙方未能收到、未按时收到或未足额收到任何款项，乙方应根据原合同和
补充协议追究业主的付款责任。（4）协议适用中华人民共和国法律，不管原合
同是否有相反约定，因协议或原合同产生或与之有关的任何争议都应当交由仲

裁委员会按照其现行有效的仲裁规则提交仲裁解决，仲裁地点应当在北京。

合同履行过程中，因被申请人提供的地勘资料存在误差、变更设计、业主箱单唛头迟迟不能确定、办理清关手续不及时、土建工程迟延交付等原因，不仅造成了工程进度一定程度的迟延，而且造成了申请人合同外设计、现场费用增加，但申请人依然克服困难、加班加点，垫资作业，完成了合同约定的工程设计、设备供应、设备安装调试等全部义务。

2017 年 6 月起，巴基斯坦 K 港口码头泊位升级改造项目开始进行安装交付调试中间验收交接，2017 年 7 月底经过升级改造的巴基斯坦 K 港口码头泊位煤炭卸船堆料、卸船装车、取料装车三个工艺流程的设备开始试生产运行。2017 年 12 月 18 日，巴基斯坦 K 港口码头泊位升级改造工程完成竣工验收，2017 年 12 月 26 日完成瑕疵整改验收。至此，被申请人的合同目的全部实现。但被申请人及其担保人没有按照合同约定及时、全部履行付款义务，不仅原合同约定的第一次付款逾期 6 天、第二次付款逾期 1 天、第三次付款逾期 2 天、第五次付款逾期 25 天，而且第七次 870 余万元付款仅于 2017 年 4 月 14 日支付 400 万元，扣除 50 万元预付款后第七次应付款的剩余 420 余万元至今分文未付，第八次应付款近 5860 万元、第九次应付款 270 万元、施工现场签证变更增加工程款 260 余万元至今分文未付。

被申请人的上述违约行为不仅使申请人的合同目的无法实现，而且已经给申请人造成巨大损失，经再三催告无果后，申请人无奈依约申请仲裁。原合同约定的违约金按日计算，每日违约金金额为合同总价款的 0.3%，即：被申请人每次付款每逾期一日，应当支付申请人 27 万元（合同总价 9000 万元×0.3% = 27 万元）违约金。但由于被申请人违约已经给申请人造成巨大资金压力，申请人无力预交巨额仲裁费用，同时考虑到贵委有可能按照被申请人的请求依据《中华人民共和国合同法》（以下简称《合同法》，仲裁庭注）第一百一十四条之规定将约定的违约金予以降低调整，申请人在确定仲裁请求时善意地将被申请人逾期付款违约金的计算方法调减至按照合同总价的 24%/年计算。

申请人最终确定的仲裁请求为：

1. 被申请人共同向申请人支付未付原合同价款 6550 余万元。

2. 被申请人共同按照原合同总价的 24%/年计算，向申请人支付逾期付款违约金。其中，第一次付款延期 6 天违约金近 36 万元；第二次付款逾期 1 天违约金近 6 万元；第三次付款逾期 2 天违约金近 12 万元；第五次付款逾期 25 天违约金近 150 万元；第七次付款自 2017 年 4 月 14 日至实际给付之日逾期付款违约金，暂计算至 2020 年 2 月 28 日逾期 1049 天，违约金近 6210 万元；第八次付款自 2017 年 9 月 11 日至实际给付之日逾期付款违约金，暂计算至 2020 年 2 月 28 日逾期 901 天，违约金 5330 余万元；第九次付款自 2018 年 8 月 1 日至实际给付之日逾期付款违约金，暂计算至 2020 年 2 月 28 日逾期 576 天，违约金近 3410 万元。

3. 被申请人共同向申请人支付现场签证增加费用 260 余万元及逾期付款利息；利息以 260 余万元为基数，按年利率 4.75% 计算，自 2017 年 12 月 27 日至实际给付之日，暂计算至 2020 年 2 月 28 日逾期 793 天，利息近 27 万元。

4. 第一被申请人承担申请人因解除财产保全而支出的担保费 60 万元，以及因缴付风险保证金 150 万元产生的自 2020 年 12 月 22 日起至退还保证金止期间的利息损失，利率按同期全国银行间同业拆借中心公布的贷款市场报价利率（LPR）计算。

5. 被申请人共同承担申请人因申请仲裁而支出的聘请律师费用。

6. 被申请人共同承担本案全部仲裁费。

（二）被申请人的答辩意见

1. 第一被申请人的答辩意见

第一被申请人对于申请人主张的欠付款金额未表异议，但是辩称：

（1）申请人未能按时完全履行原合同约定的设备交付义务，第一被申请人有权暂不支付。同时涉案工程至今未完工，第一被申请人亦有权暂不支付工程款。根据原合同申请人应当按照约定时间将该批设备送至指定国内港口，但申请人未能完全履行交付设备的义务，对于第一期设备应到指定国内港口之日，即 2016 年 8 月 31 日之后的支付工程款义务因申请人未完全履行交付设备的义务第一被申请人有权暂不支付。同时，案涉工程至今未完工，第一被申请人亦有权暂不支付工程款。

（2）申请人主张的违约金过高，应当根据其实际损失予以调整。申请人主张第一被申请人的违约行为为欠付工程款，该违约行为对申请人造成的损失仅有欠付工程款期间未付工程款部分的利息损失，应按中国人民银行发布的同期同类贷款利率计算。原合同约定的违约金标准以及申请人所主张的违约金标准均过分高于实际损失应当予以调整。

（3）申请人在原合同履行中存在违约情形应向第一被申请人支付违约金，

第一被申请人主张行使抵销权,经抵销后第一被申请人无需再支付工程款。申请人未能按原合同之约定按时将设备运至指定国内港口,根据原合同之约定申请人应向第一被申请人支付违约金,暂计至 2017 年 9 月 30 日已有 27 万余元,经抵销后第一被申请人无需再向申请人支付工程款。

(4) 申请人主张的部分现场费用无第一被申请人签章确认,另有部分第一被申请人进行了相应的调整,第一被申请人仅承担经签章明确确认的金额。

2. 第二被申请人和第三被申请人的答辩意见

第二被申请人和第三被申请人答辩称:本案协议约定 "如果业主没有按照本条约定向甲方支付原合同中的任何款项,导致乙方未能收到、未按时收到或未足额收到任何款项,乙方应根据原合同和本补充协议追究业主的付款责任"。根据上述协议的约定,申请人作为前期指定分包商在涉及工程款纠纷时,应当依照协议约定向第一被申请人追究付款责任,而非向第二被申请人和第三被申请人追责。第二被申请人和第三被申请人请求驳回申请人的仲裁请求。

(三) 第一被申请人的仲裁反请求

第一被申请人提起仲裁反请求称,按照原合同第四部分的约定,"第一期设备应于 2016 年 8 月 31 日前到达甲方指定的国内港口,并具备装船条件;第二期设备应于 2016 年 10 月 15 日前到达甲方指定的国内港口,并具备装船条件;第三期设备应于 2016 年 12 月 31 日前到达甲方指定的国内港口,并具备装船条件"。申请人三期设备均未按约定全部抵运国内港口,导致第一被申请人遭受巨大损失。根据原合同第七部分的约定,"若乙方未能按约准时于甲方指定的国内港口提交货物 (包括第一期供货、第二期供货及第三期供货的供货事宜),甲方有权视具体情况,给予乙方一段合理的宽限期 (最长不超过一周),若超出宽限期乙方应就迟延交付设备向甲方支付违约金,违约金按日计算,不足一日按比例计算,每日违约金为本合同总价款的 0.3%"。申请人未能按时全部交付设备的行为已构成违约,应按照原合同约定向第一被申请人支付违约金,违约金自每一期设备应到国内港口之日起分别计算,计算至 2017 年 9 月 30 日为近27490 万元。该日期之后的违约金第一被申请人保留索赔的权利并将另行主张。

第一被申请人的仲裁反请求为:

1. 申请人向第一被申请人支付未按时交付设备的违约金近 27490 万元;

2. 申请人承担本案仲裁费、财产保全费、诉前财产保全保险费、律师费等法律费用。

（四）第二被申请人和第三被申请人的仲裁反请求

第二被申请人和第三被申请人提起仲裁反请求称，因申请人违反约定向第二被申请人和第三被申请人追究付款义务，致使第二被申请人和第三被申请人产生巨额维权费用，给第二被申请人和第三被申请人造成巨大的经济损失。

第二被申请人和第三被申请人的仲裁反请求为：

1. 申请人赔偿第二被申请人和第三被申请人为本案支出的律师费；

2. 申请人承担本案全部仲裁费用。

二、仲裁庭意见

（一）关于本案协议的适用法律和效力

1. 适用法律

针对本案的适用法律，仲裁庭审阅了本案协议的约定："本案合同适用中华人民共和国法律。"仲裁庭认为，基于该条款，解决本案争议适用中国法律。

2. 本案协议的效力

仲裁庭认为，本案协议是当事人真实意思的表示，且不违反法律和行政法规的强制性规定，应属有效，对双方均有约束力。双方均应按照协议的约定履行自己的义务。

（二）本案事实和争议焦点

仲裁庭经审理查明：

2016 年 7 月 3 日，申请人与第一被申请人签订原合同，约定由申请人协助第一被申请人开展巴基斯坦 K 港口码头的升级改造。申请人为该改造工程提供工程设计、设备供应、设备安装调试服务。合同总价款为 9000 万元整，其中设备价款 6700 余万元，设备安装调试以及运载至第一被申请人指定的国内交付港口的运输事宜共计近 1600 万元，设备及工程设计费共计 700 万元。总价款分九次支付，具体为：第一次于合同签订后三个工作日内（2016 年 7 月 6 日前）支付合同总价的 5%，即 450 万元；第二次于 2016 年 7 月 31 日前支付合同总价的 2.3%，即近 210 万元；第三次于 2016 年 8 月 31 日前支付合同总价的 2.3%，即近 210 万元；第四次于 2016 年 9 月 30 日前支付合同总价的 3.2%，即近 290 万元；第五次于 2016 年 10 月 15 日前支付合同总价的 4.8%，即 430 余万元；第六次于第一期设备到达巴基斯坦 L 市后 20 个工作日内支付合同总价的 4.6%，即 410 余万元；第七次于第二期设备到达巴基斯坦 L 市后 20 个工作日内支付合同总价的 9.7%，即 870 余万元；第八次于全部设备安装完成验收后 20 个工作日内或者最后一批设备到达巴基斯坦 L 市后 3 个月内（以先到为准）支付合同总价的 65.1%，即近 5860 万元；第九次于设备的一年质保期（自设备试生产之日起算）结束后，或最后一批设备到达巴基斯坦 L 市 15 个月内（以先到为准），支付剩余合同总价的 3%，即 270 万元。合同约定以美元结算，结算汇率以付款当日中国银行美元汇率中间价结算。若存在迟延支付款项的情形，第一被申请人将按日向申请人支付合同总价款 0.3% 的违约金，不足一日的按比例计算。合同另约定第一期设备应于 2016 年 8 月 31 日前到达第一被申请人指定国内港口并具备装船条件，第二期设备应于 2016 年 10 月 15 日前到达第一被申请人指定国内港口并具备装船条件，第三期设备应于 2016 年 12 月 31 日前到达第一被申请人指定国内港口并具备装船条件，宽限期最长不超过一周，延迟交付违约金为每日按合同总价款的 0.3% 计取。

2016 年 10 月 29 日，第一被申请人作为业主方，第二被申请人和第三被申请人共同作为项目的总承包方，申请人作为前期的指定分包方，共同签订本案协议，约定除本案协议另有约定外，第一被申请人原合同项下的一切权利、义务和责任可由第二被申请人和第三被申请人向申请人代为行使、履行和承担，但不解除第一被申请人在原合同项下的一切权利、义务和责任；申请人在原合同项下的一切义务和责任可由申请人向第二被申请人和第三被申请人直接履行和承担，但不解除申请人对第一被申请人在原合同项下的责任。协议约定"如果业主没有按照本条约定向甲方支付原合同中的任何款项，导致乙方未能收到、未按时收到或未足额收到任何款项，乙方应根据原合同和本补充协议追究业主的付款责任。乙方仅可以在甲方违反第 3.3 款项下的约定时，追究甲方的付款责任"。

2017 年 8 月至 12 月，第一被申请人向申请人发出 1 号、2 号、3 号和 4 号四份"整改通知单"，要求对设备缺陷进行整改；

2017 年 12 月 18 日，巴基斯坦 K 港口码头泊位升级改造工程完成竣工验收。

第一被申请人未向第二被申请人和第三被申请人支付申请人请求的合同款。

现各方就本案项目的履约情况和第二被申请人及第三被申请人是否承担向申请人的付款义务存在争议。

（三）申请人的仲裁请求

1. 关于申请人请求的货币问题

仲裁庭注意到，原合同约定的合同价款为人民币，但是又约定"双方约定付款以美元结算，结算汇率以付款当日中国银行美元汇率中间价结算"。申请人仲裁请求货币为人民币，被申请人对此未提出异议，且被申请人仲裁反请求货币亦为人民币。仲裁庭认为，本案原合同价款约定为人民币，各方对此均无异议，故仲裁庭以人民币作为本案审理和裁决的货币。

2. 关于第二被申请人和第三被申请人的共同付款责任问题

申请人请求被申请人共同向申请人支付款项，并称，根据协议的约定及实际履行情况，第二被申请人、第三被申请人系协议甲方、付款义务方，也是案涉工程项目的 EPC 总包方，有义务向第一被申请人催要款项，完成向申请人的支付义务。其要求申请人开具金额达近 1850 万元的增值税专用发票，申请人因此有理由相信第二被申请人、第三被申请人至少应当支付申请人近 1850 万元工程款。第二被申请人、第三被申请人实际只支付了 810 余万元工程款，申请人有理由相信第二被申请人、第三被申请人至少应当继续支付发票余额的 1030 余万元工程款。根据第三被申请人提交的补充证据《付款协调函》，其面临海关和外管局监察的双重风险，说明第二被申请人、第三被申请人已将金额近 1850万元的发票办理了出口退税，获得了利益。第二被申请人、第三被申请人至少应对已经开具的发票承担付款义务。

第二被申请人和第三被申请人辩称，根据协议的约定，申请人作为前期指定分包商在涉及工程款纠纷时，应当依照协议约定向第一被申请人追究付款责任，而非向第二被申请人和第三被申请人追责。第二被申请人和第三被申请人未收到第一被申请人支付的相关款项，故申请人不应追究第二被申请人和第三被申请人的付款责任。

仲裁庭注意到，协议第 3.3 款约定："……但无论如何，甲方应在（ⅰ）收到业主明确标识为针对乙方的相应付款的前提下并且（ⅱ）收到相应付款的 3个银行工作日（美元为 5 个银行工作日），向乙方付款；甲方不得以任何其他理由迟延本款项下的支付。如果甲方迟延和/或拒绝本款项下的支付，给乙方造成的直接损失，由甲方承担。"而协议第 4.1 款又约定："除甲方违反第 3.3 款项下的约定以外，对于在原合同和本协议项下产生的责任、义务、索赔和任何争议，由业主和乙方自行解决。"仲裁庭理解，协议上述条款意味着只要第二被申请人和第三被申请人没有违反协议第 3.3 款的义务，就不承担协议项下其他的责任、义务。

仲裁庭还注意到，根据第二被申请人和第三被申请人提交的证据，第二被申请人自 2016 年 12 月 16 日至 2020 年 3 月 19 日之间曾经多次向第一被申请人催要工程款项。申请人对第二被申请人和第三被申请人提交的上述证据的真实性予以认可，第一被申请人对这些证据的真实性亦未提出异议。仲裁庭认为，上述证据显示，第二被申请人和第三被申请人并未怠于向第一被申请人请求本案合同项下的工程款。

仲裁庭另注意到，在仲裁审理中第一被申请人亦不否认其未向第二被申请人和第三被申请人支付款项的事实，对于申请人请求款项的金额也未提出异议。申请人亦无证据证明第一被申请人已经向第二被申请人和第三被申请人付款。仲裁庭认为，第一被申请人认可申请人请求的金额且未否认其未向第二被申请人和第三被申请人支付相关款项，说明第二被申请人和第三被申请人并未违反协议第 3.3 款项下的约定。

综上，仲裁庭认为，在第二被申请人和第三被申请人未违反协议第 3.3 款项下约定的情况下，按照协议第 4.1 款的约定申请人不应追究第二被申请人和第三被申请人的付款责任，第二被申请人和第三被申请人就申请人的仲裁请求不承担任何的付款义务。

3. 关于未付合同价款 6550 余万元和逾期付款利息的问题

（1）欠款金额

申请人请求的欠款金额构成如下：第七次款项尚欠 420 余万元、第八次款项近 5860 万元、第九次款项 270 万元。仲裁庭注意到，第一被申请人、第二被申请人和第三被申请人对于申请人主张的欠款金额未表示异议，故仲裁庭采纳申请人的意见，确认协议项下第一被申请人的欠款金额为 6550 余万元。

（2）支付条件是否成就

仲裁庭注意到，第二被申请人和第三被申请人向仲裁庭提交了关于催款的补充证据，其中对于本案工程的进展有相应的描述。仲裁庭认为，第二被申请人和第三被申请人受第一被申请人委托成为巴基斯坦 K 港口改造项目的 EPC 总承包商（本案协议"鉴于"条款"二、"，仲裁庭注），并为本案协议甲方发包人，因而第二被申请人和第三被申请人就本案工程进展的描述应是真实的，仲裁庭予以采纳。

①第七次付款的条件

仲裁庭注意到，原合同约定的第七次付款时间为第二期设备到达巴基斯坦 L 市后 20 个工作日内支付合同总价的 9.7%，即 870 余万元。第三被申请人已经于 2017 年 4 月 14 日支付了其中的 400 万元，扣除 50 万元预付款后第七次应付剩余款项为 420 余万元。

申请人称原合同约定的第二期设备于 2017 年 2 月 20 日完成中国 S 港集港，结合货物交接单证据，第二期设备到达巴基斯坦 L 市的时间为 2017 年 3 月 13 日。至 2017 年 4 月 3 日第七次付款条件已经成就。第三被申请人于 2017 年 4 月 14 日支付第七次应付款中的 400 万元，说明被申请人也认可第七次付款条件此时已经成就。

第一被申请人则称原合同约定第二期设备交付日期为 2016 年 10 月 15 日，实际到达巴基斯坦 L 市的日期为 2017 年 9 月 30 日。

仲裁庭认为，不论根据申请人主张的 2017 年 3 月 13 日还是第一被申请人主张的 2017 年 9 月 30 日，第二期设备到达巴基斯坦 L 市均已经超过 20 个工作日，其支付条件已经成就，故仲裁庭对于申请人仲裁请求中的此项费用予以支持。

②第八次付款的条件

仲裁庭注意到，原合同约定的第八次付款时间为全部设备安装完成验收后 20 个工作日内或者最后一批设备到达巴基斯坦 L 市后 3 个月内（以先到为准）支付合同总价的 65.1%，即近 5860 万元。

A. 设备安装完成验收

申请人称，本案工程不仅已经完工而且已于 2017 年 7 月底开始试生产。申请人证据"竣工验收单"证明，第一被申请人、第二被申请人和第三被申请人已于 2017 年 12 月 18 日完成了对本案工程的联合竣工验收，第一被申请人作为业主的验收结论为："设计、设备供货和设备安装调试工作完成，同意验收"，第二被申请人、第三被申请人作为总包单位的验收结论为："同意验收，缺陷项按合同及相关标准及时整改"，第一被申请人于 2017 年 12 月 26 日在"整改报验单"上签字盖章，对本案工程完成整改验收；第二被申请人、第三被申请人补充证据证明，"项目已于 2017 年 7 月底开始正式接卸煤炭生产，至今已经 2 年多时间，并连续使用设备接卸煤炭达 400 多万吨，设备运行良好，为巴基斯坦 M 市电厂的运行提供了强有力保障"。

第一被申请人提出本案工程并未竣工验收，且有诸多的分项验收并未进行。"竣工验收单"是被申请人为配合申请人审计之需而出具的，没有监理单位的签章确认，不能反映实际的情况。另外，第一被申请人曾经于2017年8月至12月向申请人发出整改通知单要求申请人对设备现有缺陷进行整改，而"竣工验收单"记载了保留意见，要求申请人对设备进行消缺整改，可见设备仍存在质量问题未达到验收标准。申请人未能按要求整改，第一被申请人另行委托工程公司进行整改。

仲裁庭注意到，第一被申请人于2017年8月至12月分别向申请人发出1号、2号、3号和4号"整改通知单"。除4号"整改通知单"外，1号、2号和3号"整改通知单"所涉事宜绝大部分都有"已更换""已安装""已处理""正在处理"等标注。第一被申请人于2017年12月7日签署意见的编号为P4的"整改报验单"（涉及1号、2号和3号"整改通知单"）中"复查验收意见"栏中有第一被申请人签字盖章并手写："收到整改报验单，待现场查证后给予回复。"而第一被申请人于2017年12月26日签署意见的编号为P5的"整改报验单"涉及4号"整改通知单"，"复查验收意见"栏中有第一被申请人的签字盖章。仲裁庭认为，发包人向承包人提出整改要求，说明所提整改事项已经完工。而第一被申请人提出2017年8月至12月四份"整改通知单"的质量问题，申请人的2017年12月7日和2017年12月26日两份"整改报验单"都说明已经整改完毕，且第一被申请人事后并未就此提出异议，故仲裁庭对于第一被申请人提出的设备仍存在质量问题未达到验收标准，申请人未能按要求整改的主张不予采纳。

仲裁庭还注意到，各方签字日期为2017年12月18日的"竣工验收单"在"验收结论"栏载明"设计、设备供货和设备安装调试工作完成，同意验收。消缺项应根据合同要求在设备运行期间及时整改完毕，详见整改通知单"。该栏中有第一被申请人的签字。仲裁庭认为，"竣工验收单"签发于2017年12月7日"整改报验单"之后，应是根据该"整改报验单"中"复查验收意见"经现场查证之后所签发。而在2017年12月26日签署意见的"整改报验单"中并未提出其他的未整改事项。故仲裁庭对于第一被申请人提出"竣工验收单"是第一被申请人为配合申请人审计之需而出具的主张无法采纳。另外，就第一被申请人提出"竣工验收单"没有监理签字的问题，仲裁庭认为本案合同未见涉及"监理"的约定，第一被申请人证据材料也未见有"监理"签字盖章的文件，

也未提及本案何人何单位为"监理",因而是否有"监理"签字盖章不影响
"竣工验收单"所证明的事实。

仲裁庭另注意到,申请人于 2017 年 11 月至 12 月间向第一被申请人移交了
本案工程的资料,其中包括设计文件、图纸、设备质量证明书、合格证、说明
书、操作手册等,第一被申请人均予以签收。申请人还陆续向第一被申请人提
交了《工程质量报验单》《消防(包括自动喷水灭火系统)单项工程开工、竣
工、验收记录》《工作联系单、安装交付调试中间验收交接表》《安装交付调试
中间验收交接表》等资料。而原合同"第八部分 10、"约定"若甲方(本案第
一被申请人,下同,仲裁庭注)接受乙方(本案申请人,下同,仲裁庭注)的
设备验收申请,则乙方还应向甲方提供设备主要零部件的出厂合格证明和使用
说明书"。仲裁庭认为,根据原合同的上述约定,申请人只有在第一被申请人接
受设备验收申请的情况下,才需向第一被申请人移交包括设备主要零部件的出
厂合格证明和使用说明书。因而这一事实恰好可以反证第一被申请人接受了设
备验收申请。而根据中华人民共和国住房和城乡建设部与中华人民共和国国家
质量监督检验检疫总局联合发布的《建设工程文件归档规范》第 6.0.3 款 2 规
定"勘察、设计单位应在任务完成后,施工、监理单位应在工程竣工验收前,
将各自形成的有关工程档案向建设单位归档"。仲裁庭认为,根据这一规定,工
程资料应在"任务完成后"移交,属于竣工验收阶段承包人的义务。结合合同
的约定和法律的规定,申请人向第一被申请人移交资料,可以说明本案工程已
经完成。

仲裁庭更注意到,第二被申请人落款日期为 2020 年 1 月 10 日致第一被申
请人的"付款协调函"载明"根据我所(第二被申请人)与贵司(第一被申请
人)于 2016 年 10 月 8 日签订的关于巴基斯坦 K 港 B 电厂煤电码头升级改造项
目 EPC 合同,我所已按合同条款的约定,履行完毕合同项下约定的工作……"
第二被申请人落款日期为 2020 年 2 月 17 日致第一被申请人的"付款协调函"
载明"巴基斯坦 K 港泊位升级改造项目已于 2017 年 7 月底开始正式接卸煤炭生
产,至今已经 2 年多时间,并连续使用设备接卸煤炭达 400 多万吨,设备运行
良好,为巴基斯坦 M 市电厂的运行提供了强有力保障"。仲裁庭认为,本案合
同为第二被申请人与第一被申请人之间 EPC 合同项下的一项分包合同,如果作
为分包合同发包人的第二被申请人自认 EPC 合同项下的工程已经完工,那么在
EPC 合同项下的分包合同势必亦已经履行完毕。因而从第二被申请人提交的证

据可以得出本案合同项下设备已经安装完成并验收的结论。

仲裁庭认为，上述仲裁庭注意到的各项证据形成了一个完整的证据链，证明合同项下的工程已经整改完毕并于 2017 年 12 月 18 日通过竣工验收。

B. 最后一批设备到达巴基斯坦 L 市

申请人称，其已经按照原合同约定和被申请人指令履行了设备供货义务。本合同项下的设备全部按照被申请人协调的船期、唛头、集港通知运抵被申请人指定的国内港口。被申请人从未就设备数量、质量等向申请人提出过任何异议。最后一批设备（合同约定的第三期设备）为斗轮堆取料机，到巴基斯坦 L 市的时间应为 2017 年 4 月 7 日。2017 年 8 月 10 日，申请人致被申请人的催款函提到："最后一批货物到场也马上四个月了，可之前的第七次款项还没有支付完，根据合同，目前已经可以申请第八次付款了。"因此，到 2017 年 8 月 10 日最后一批设备到达 L 市已经 3 个月以上。无论如何，到 2017 年 9 月 10 日最后一批设备到达 L 市已达 3 个月以上，第八次付款条件已经成就。

第一被申请人辩称，设备至今均未完全运抵 L 市，2017 年 12 月仍有设备与材料在发运，并提交了"发运设备情况统计表"和"未到货情况补充统计"的说明。

仲裁庭注意到，第一被申请人主张 2017 年 12 月 19 日申请人发运的最后一批设备减速机装船于 2018 年年初到达巴基斯坦 L 港。申请人对于减速机于 2017 年 12 月 19 日发运的事实并未否认，但是称：经双方协商，原合同中的减速机已经被中国某减速机替代并安装使用，2017 年 12 月 19 日装船发货的减速机此时已经是设备备件而不是工程中正式使用的设备，设备安装调试工程中使用的减速机早已投入试生产，发运备件与合同约定的发货时间无关。申请人为此提交了《关于斗轮机减速机更换事宜》电子邮件及 E 公司《关于中国某减速机采购的说明》予以证明。仲裁庭根据审理的实际情况，采信申请人就 2017 年 12 月 19 日减速机发运的意见。

仲裁庭还注意到，申请人证据"货物交接单"显示承揽海运业务的中国 F 海运公司自 2016 年 11 月 6 日至 2017 年 6 月 10 日在巴基斯坦 L 港分多次向第二被申请人交付了本案工程所涉设备。仲裁庭另注意到，第二被申请人和第三被申请人对于第一被申请人提交的"发运设备情况统计表"发表质证意见为"真实性、合法性、关联性'不清楚'"，"无法证明实际到国内港的时间"。对于第一被申请人提交的"未到货情况补充统计"发表质证意见为"对三性不清楚", "该证据系第一被申请人单方面制作，我方对此不清楚"。仲裁庭认为，如果申请人尚有设备未运抵目的地港，那么作为发包人的第二被申请人和第三被申请人势必会向申请人提出主张。在第二被申请人和第三被申请人作为总承包商对于第一被申请人主张的未到货情况亦无法确认的情况下，仲裁庭对于第一被申请人的此项抗辩理由无法采纳。仲裁庭采纳申请人证据"货物交接单"显示中国 F 海运公司最后于 2017 年 6 月 10 日在巴基斯坦 L 港向第二被申请人交付设备的日期，确认最后一批设备到达巴基斯坦 L 市的时间为 2017 年 6 月 10 日。

综上，仲裁庭认为，不论是按照 2017 年 12 月 18 日全部设备安装完成验收后 20 个工作日（2018 年 1 月 7 日），还是最后一批设备 2017 年 6 月 10 日到达巴基斯坦 L 市后 3 个月（2017 年 9 月 9 日），第八次付款的条件已经成就，故仲裁庭对于申请人仲裁请求中的此项费用予以支持。

③第九次付款的条件

仲裁庭注意到，原合同约定的第九次付款时间为设备的质保期满一年后，自设备试生产之日起计算，或最后一批设备到达巴基斯坦 L 市后 15 个月内，以先到为准。支付剩余合同总价的 3%，即 270 万元。

A. 质保期

仲裁庭注意到，原合同约定"甲乙双方约定设备的质保期为一年（自设备试生产之日起算）……"仲裁庭认为，质保期何时开始，取决于本案设备是否，抑或何时开始试生产。

申请人称，设备于 2017 年 7 月 28 日试生产。

第一被申请人辩称，由于申请人设备交付迟延导致本案工期一再迟延，第一被申请人无法在与巴基斯坦 K 港港务局约定的 2017 年 6 月 1 日前完成工程建设进入试生产阶段。为保证中巴经济走廊框架内首个大型能源项目巴基斯坦 M 市电站可以顺利投产发电，同时为避免巴基斯坦 K 港港务局的高额罚款，第一被申请人迫于无奈在工程未竣工验收的状态下临时试运作部分设备，本案设备并没有试生产，工程从未正常使用过。第一被申请人还向第三方支付了消缺费用。

仲裁庭还注意到，第二被申请人和第三被申请人在其落款日期为 2020 年 2 月 7 日和 2020 年 3 月 19 日的两份"付款协调函"中均称，本案工程已于 2017 年 7 月底开始正式接卸煤炭生产。仲裁庭认为，第二被申请人和第三被申请人证据显示，本案工程已经于 2017 年 7 月底开始"试生产"，故本案工程的质保期最迟应于 2017 年 8 月 1 日开始，在未见第一被申请人向申请人主张设备出现需要保修事宜的情况下，根据原合同"甲乙双方约定设备的质保期为一年（自设备试生产之日起算）"的约定，本案工程质保期于 2018 年 7 月 31 日届满。

仲裁庭另注意到，第一被申请人证据《B 公司巴基斯坦 K 港堆场设备缺陷整改合同》订立的日期为 2019 年 8 月 5 日，而第一被申请人证据消缺费用付款凭证的日期为 2019 年 8 月 30 日至 2020 年 1 月 9 日，均在 2018 年 7 月 31 日质保期届满之后。另外，也未见第一被申请人就上述消缺事项向申请人提出过消缺主张。仲裁庭认为，根据合同"质保期满后，乙方有义务提供有偿的技术服务"的约定，第一被申请人在质保满后可以要求申请人提供有偿的技术服务，而第一被申请人自行委托第三方所产生的消缺费用不应由申请人承担。

B. 最后一批设备到达巴基斯坦 L 市后 15 个月

仲裁庭认为，不论是根据申请人还是第一被申请人的主张，最后一批设备到达巴基斯坦 L 港均已经超过 15 个月，其支付条件已经成就，故仲裁庭对于申请人仲裁请求中的此项费用予以支持。

综上，合同项下全部剩余款项的支付条件均已经成就，第一被申请人应向申请人支付欠款 6550 余万元。

4. 关于逾期付款违约金的问题

申请人请求被申请人支付暂计至 2020 年 2 月 28 日逾期付款违约金近 15150 万元，分别为第一次付款延期 6 天违约金近 36 万元；第二次付款逾期 1 天违约金近 6 万元；第三次付款逾期 2 天违约金近 12 万元；第五次付款逾期 25 天违约金近 150 万元；第七次付款自 2017 年 4 月 14 日暂计至 2020 年 2 月 28 日逾期 1049 天，违约金近 6210 万元；第八次付款自 2017 年 9 月 11 日至 2020 年 2 月 28 日逾期 901 天，违约金 5330 余万元；第九次付款自 2018 年 8 月 1 日暂计至 2020 年 2 月 28 日逾期 576 天，违约金近 3410 余万元。以上违约金合计近 15150 万元。

（1）延期付款的天数

①第一次付款逾期 6 天

申请人主张，合同第一次付款逾期 6 天（应支付日期为 2016 年 7 月 6 日，实际支付为 2016 年 7 月 12 日），第一被申请人未提出异议，仲裁庭予以采纳。

②第二次付款逾期 1 天

申请人主张，合同第二次付款逾期 1 天（应支付日期为 2016 年 7 月 31 日，

实际支付为 2016 年 8 月 1 日），第一被申请人辩称申请人主张支付的 2016 年 7
月 31 日为周日，而第一被申请人在周日之后的次日即 2016 年 8 月 1 日并未违
约。仲裁庭认为，按照《中华人民共和国民事诉讼法》关于期间的规定，期间
届满的最后一日是节假日的，以节假日后的第一日为期间届满的日期。第一被
申请人在 2016 年 7 月 31 日周日后的第一日，也就是 2016 年 8 月 1 日付款并未
违约。故仲裁庭对于申请人仲裁请求中的此项请求不予支持。

③第三次付款逾期 2 天

申请人主张，第三次付款逾期 2 天（应支付日期为 2016 年 8 月 31 日，实
际支付为 2016 年 9 月 2 日），第一被申请人辩称申请人未能按合同约定在 8 月
31 日前交付第一批设备，第一被申请人可主张顺序履行抗辩权。仲裁庭注意
到，原合同约定的第三次付款日期为 2016 年 8 月 31 日前，与设备的发运无关。
仲裁庭认为，根据这一约定，第一被申请人无权主张顺序履行，故仲裁庭对于
第一被申请人的此项抗辩理由不予采纳。

④第五次付款逾期 25 天

申请人主张，第五次付款逾期 25 天（应支付日期为 2016 年 10 月 15 日，
实际支付分别为 2016 年 11 月 8 日 180 万元，2016 年 11 月 9 日 20 万元和 2016
年 11 月 10 日 232 万元）。第一被申请人辩称申请人未能按合同约定在 8 月 31
日前交付第一批和第二批设备，第一被申请人可主张顺序履行抗辩权。仲裁庭
注意到，原合同约定的第五次付款日期为 2016 年 10 月 15 日前，与设备的发运
无关。仲裁庭认为，根据这一约定，第一被申请人无权主张顺序履行，故仲裁
庭对于第一被申请人的此项抗辩理由不予采纳。

⑤第七次付款逾期 1049 天

申请人主张，第七次付款违约金应自 2017 年 4 月 14 日起算，暂计算至
2020 年 2 月 28 日逾期 1049 天，违约金近 6210 万元，称 2017 年 2 月 20 日合同
约定的设备 98% 完成集港，2017 年 4 月 14 日第三被申请人付款，付款条件
成就。

仲裁庭注意到，在申请人提出第七次付款申请之后，被申请人曾经于 2017
年 4 月 14 日支付了第七次付款中的部分款项。仲裁庭认为，尽管被申请人没有
支付第七次付款的全部款项，但是其支付部分款项的事实可以说明，第七次付
款的条件至迟在 2017 年 4 月 14 日已经成就，故仲裁庭对于申请人主张的第七
次付款违约金自 2017 年 4 月 14 日起算暂计至 2020 年 2 月 28 日逾期 1049 天予

以采纳。

⑥第八次付款逾期 901 天

申请人主张，第八次付款违约金应自 2017 年 9 月 11 日起算，暂计算至 2020 年 2 月 28 日逾期 901 天，违约金 5330 余万元，称最后一期设备斗轮堆取料机 2017 年 4 月 7 日到巴基斯坦 L 市，到 2017 年 9 月 10 日付款条件无论如何已经成就。

根据上述仲裁庭对于第八次付款条件成就的意见，仲裁庭认为第八次付款应当不迟于 2017 年 9 月 10 日完成，故仲裁庭对于申请人主张的第八次付款违约金自 2017 年 9 月 11 日起算暂计至 2020 年 2 月 28 日逾期 901 天予以采纳。

⑦第九次付款逾期 576 天

申请人主张，第九次付款违约金应自 2018 年 8 月 1 日起算，暂计算至 2020 年 2 月 28 日逾期 576 天，违约金近 3410 余万元。

仲裁庭注意到，申请人主张的第九次付款违约金的起算日期为质保期于 2018 年 7 月 31 日结束的次日 2018 年 8 月 1 日。根据上述仲裁庭关于质保期结束日期的认定，仲裁庭对于申请人主张的第九次付款违约金自 2018 年 8 月 1 日起算暂计至 2020 年 2 月 28 日逾期 576 天予以采纳。

（2）违约金的利率

仲裁庭注意到，原合同约定的违约金以合同总价款为基数按照日千分之三（约为年利率 109.5%）计取。申请人请求改为以合同总价款为基数按照 24% 的年利率计算逾期付款违约金。

第一被申请人提出该违约金利率过高，应当根据申请人的实际损失予以调整，称：合同当事人约定的违约金以补偿实际损失为目的，衡量违约金是否过高应以违约行为造成的实际损失为基础。申请人可主张的违约金应以其利息损失为基础进行计算，根据《最高人民法院关于审理建设工程施工合同纠纷案件适用法律问题的解释》欠付工程款利息按人民银行同期贷款利率计算，申请人主张的违约金标准应调整为以未付工程款金额为基础，按人民银行同期贷款利率计算。

仲裁庭认为 24% 的年利率是合理的，仲裁庭予以采纳。

（3）违约金的基数

仲裁庭注意到，合同约定违约金的基数为合同总价款。

仲裁庭认为，被申请人虽未直接请求调整违约金基数，但其在代理意见中提出了违约金过高的抗辩主张，该主张应视为包含对违约金基数进行调整的意见。仲裁庭还认为，申请人虽有权依据合同有关违约金的计算方式等违约责任条款请求被申请人承担违约责任，但是以合同总价款而非欠款为基数计取，即使按照 24% 的年利率计取，亦会计算出天价的违约金，不符合公平的原则。仲裁庭在确定责任范围时应该基于充分保护守约方利益以及对违约方进行适当惩罚的原则。仲裁庭根据本案的实际情况，酌情裁定第一被申请人应以欠款为基数向申请人支付逾期付款违约金。

结合上述仲裁庭意见，第一被申请人应以各期逾期付款金额为基数，按照 24% 的年利率向申请人支付逾期付款违约金，暂计至 2020 年 2 月 28 日为 3870 余万元，具体计算如下：第一次付款 450 万元逾期天数为 6 天，逾期付款违约金为近 2 万元（450 万元×24%＝108 万元/365 天＝近 3000 元×6 天）；第三次付款近 210 万元逾期天数为 2 天，逾期付款违约金为近 3000 元（近 210 万元×24%＝近 50 万元/365 天＝1300 余元×2 天）；第五次付款 430 余万元逾期天数为 25 天，逾期付款违约金为 7 万余元（430 余万元×24%＝近 104 万元/365 天＝2800 余元×25 天）；第七次付款 420 余万元逾期天数为 1049 天，逾期付款违约金为 290 余万元（420 余万元×24%＝近 102 万元/365 天＝近 3000 元×1049 天）；第八次付款近 5860 万元逾期天数为 901 天，逾期付款违约金为 3470 余万元（近 5860 万元×24%＝近 1410 万元/365 天＝近 4 万元×901 天）；第九次付款 270 万元逾期天数为 576 天，逾期付款违约金为 1020 余万元（270 万元×24%＝近 65 万元/365 天＝近 1800 元×576 天）。上述各项暂计至 2020 年 2 月 28 日共计 3870 余万元（第一次近 2 万元＋第三次近 3000 元＋第五次 7 万余元＋第七次 290 余万元＋第八次 3470 余万元＋第九次 1020 余万元）。

第一被申请人还应向申请人支付以欠付款项 6550 余万元为基数，按照 24% 的年利率，自 2020 年 2 月 29 日起计算至实际支付之日止的逾期付款违约金。

5. 关于现场签证增加费用和利息的问题

申请人请求被申请人共同向申请人支付现场签证增加费用 260 余万元及逾期付款利息。

（1）现场增加费用 260 余万元

申请人请求的现场增加费用如下：装车机安装临时轨道 36000 元、装车机现场改造 10 万元、料斗改造 19 万余元、安装电气窝工损失 17 万元、电气赶工现场安装 32 万余元、到场货物损坏需要修补近 15 万元、装车机变更增加国内生产和运输 65000 元、设计变更费用 113 万元、土建迟延交付导致消防给排水施工窝工损失 44 万余元，合计 260 余万元。

第一被申请人辩称，申请人仅以现场签证单主张签证费用，但未有证明签证单记载工作内容是否完成的证据，部分未签字盖章的签证单也缺少将签证单送达第一被申请人的证据，除第一被申请人签章明确同意支付的签证单外，其他签证单内容的真实性均无法核实，申请人的主张不应被支持。

①装车机安装临时轨道费用 36000 元

申请人称，根据签字的《关于委托 A 公司施工临时轨道的委托》，申请人完成了委托事宜，金额为 36000 元。

第一被申请人辩称，《关于委托 A 公司施工临时轨道的委托》属于要约性质，申请人未证明委托事项已完成，第一被申请人未认可支付该笔费用。

仲裁庭注意到，《关于委托 A 公司施工临时轨道的委托》的日期为 2017 年 1 月 2 日，写明委托申请人施工铺设临时轨道以尽快进行装车机的安装工作，包括具体的施工内容，不含税费用为 36000 元，费用现场现金支付，上有第一被申请人的签字。仲裁庭认为，《关于委托 A 公司施工临时轨道的委托》是第一被申请人向申请人发出的委托，虽然没有申请人的签字确认，但是从委托事项及确定的金额和支付方式可以看出，该委托应是第一被申请人经申请人认可之后发出，因而属于双方意思的表示。若申请人没有实施该项委托，而第一被申请人在申请人提交本案仲裁申请之前长达数年内不向申请人要求完成委托事宜，不符合正常的交易习惯。故仲裁庭采信申请人的意见，裁定第一被申请人应向申请人支付该委托书项下第一被申请人已经承诺的款项 36000 元。

②装车机现场改造费用 10 万元

申请人称，根据日期为 2017 年 2 月 15 日的 1 号装车机改造《现场施工签证单》，金额为 10 万元。

第一被申请人辩称，装车机改造 10 万元的《现场施工签证单》，第一被申请人仅同意申请人对工程量的变更要求，而未同意支付该笔费用，申请人也未证明变更的工程量已完成，第一被申请人有权不予支付。

仲裁庭认为，签证单是承发包双方在施工合同履行过程中就合同价款之外的费用补偿、工期顺延以及因各种原因造成的损失赔偿达成的补充协议，是对已完工作及价款的确认，因而互相书面确认的签证即可成为工程结算增减工程造价的凭据。1 号《现场施工签证单》有双方签字盖章，属于双方就合同价款

之外达成的补充协议，第一被申请人有义务向申请人支付签证单载明的金额 10
万元。

③料斗改造费用 19 万余元

申请人称，根据日期为 2017 年 3 月 11 日的 2 号《现场施工签证单》，合计
费用为近 25 万元，申请人主张其中的 19 万余元。

第一被申请人称，认可该《现场施工签证单》的前五项。

仲裁庭注意到，该《现场施工签证单》前五项的金额相加为 19 万余元，与
申请人请求的金额相符。仲裁庭认为，双方对于申请人就该《现场施工签证
单》请求的金额没有异议，故第一被申请人应向申请人支付该签证单项下的金
额 19 万余元。

④安装电气窝工损失费用 17 万元

申请人称，根据日期为 2017 年 5 月 18 日的 3 号《现场施工签证单》，合计
费用为近 21 万元，申请人主张其中的 17 万元。

第一被申请人辩称，该《现场施工签证单》没有第一被申请人签字盖章确
认，故不予认可。

仲裁庭注意到，该《现场施工签证单》上有申请人的签字，而在"业主单
位意见"栏手写载明"实际支付壹拾柒万元整　增加人员"。第一被申请人对
于在业主单位意见栏中手写的人员属于第一被申请人未予否认。仲裁庭认为，
虽然第一被申请人没有在签字处签字，但是其人员在"业主单位意见"栏中所
书的内容属于第一被申请人对于该签证单的认可，双方就此签证单的内容已经
达成了合意，故第一被申请人应向申请人支付该签证单项下的金额 17 万元。

⑤电气赶工现场安装费用 32 万余元

申请人称，根据日期为 2017 年 3 月 17 日的 4 号《现场施工签证单》，合计
费用为 32 万余元。

第一被申请人辩称，该《现场施工签证单》第一被申请人未确认支付，不
予认可。

仲裁庭注意到，该签证单"签证工程量及费用"内容为："1. 短期国外施
工安排人员，每人单月工资 1.8 万元，考虑从国内再新增 5 人，路费和签证 0.8
万元/每人，新增费用人民币 13 万余元。2. 增加电缆、照明等费用约 3 万元，
吊车加班费用为 16000 卢比/台班，加班 10 台班，计 16 万卢比，折合人民币 1
万余元，合计 4 万余元。3. 夜间加班计酬为日常工作小时数的 2 倍，导致成本

增加，25 天时间，考虑按照每天加班 3 小时计算，增加成本 13 万余元。4. 巴基斯坦工人 20 人加班费用每人 150 卢比/小时，25 天时间，合计 225000 卢比，折合人民币 15000 元。合计人民币：约 32 万余元。"而在"业主单位意见"栏手写载明"1. 为保证节点，贵公司确为增加现场短期施工人员 5 人。2. 电缆、照明设施确为增加，但吊车加班为工程量所需，仅需考虑一定的加班费用。3. 根据现场实际电【 】（该字难以辨认，仲裁庭注）加班时间为 2.5—3 小时。4. 根据与其他当地雇用巴工加班费用为 50RS（卢比复数的缩写，仲裁庭注）/h，加班时间与中工一致 2.5—3 小时。请领导确定"。仲裁庭认为，就第 1 项短期国外施工新增 5 人增加费用 13 万余元，业主意见认可了申请人增加 5 人的事实，对于申请人提出的金额未提出异议，故仲裁庭对此予以认可。就第 2 项增加电缆照明等费用约 3 万元，业主意见认可了电缆照明设施增加，对于申请人提出的金额未提出异议，故仲裁庭对此予以认可；而吊车加班费用 1 万余元，业主意见提出吊车加班费为工程量所需仅需考虑一定的加班费用，故仲裁庭酌情裁定按照申请人请求费用的 50%，即 5300 余元取费；第 2 项增加费用为近 4 万元（3 万元+5300 余元）。就第 3 项每天夜间加班 3 小时计 25 天按照日常工作小时数 2 倍计算的夜间加班增加成本 133600 元，业主意见根据现场"实际电【 】（该字难以辨认，仲裁庭注）"加班时间为 2.5—3 小时，对于 25 天的天数及取费标准未提出异议，故仲裁庭酌情裁定加班费的费用为 10 万元。就第 4 项巴基斯坦工人 20 人 25 天每人 150 卢比/小时，合计 225000 卢比，折合 15000 元的加班费（汇率为 15 卢比兑人民币 1 元，仲裁庭注），业主意见巴基斯坦工人加班费用为 50 卢比/小时，加班时间与中工一致 2.5—3 小时。仲裁庭注意到申请人主张的每天的加班时间为 3 小时，业主的意见为 2.5—3 小时，申请人主张每小时加班费为 150 卢比，业主主张为 50 卢比，但是业主意见对于 20 人的人数及 25 天的天数及卢比对人民币 15：1 的汇率未表异议。仲裁庭在双方对于每小时费率未达成一致的情况下，接受业主的意见，确定每小时加班费率为 50 卢比。考虑到业主意见中对于加班小时数的意见，仲裁庭酌情裁定该部分增加费用为 5000 元。

故电气赶工现场安装增加费用为 27 万余元（13 万余元+近 4 万元+10 万元+5000 元）。

⑥到场货物损坏需要修补费用近 15 万元

申请人称，根据日期为 2017 年 5 月 15 日的 7 号《现场施工签证单》，合计费用为近 15 万元。

第一被申请人辩称，第一被申请人仅同意申请人对该签证单工程量的变更要求，而未同意支付该笔费用，申请人未证明变更的工程量已完成，第一被申请人有权不予支付。

仲裁庭注意到，该签证单上有双方的签字确认，在"业主单位意见"栏中手写有"同意上述意见"。按照上述仲裁庭对于有双方签字确认的签证单的意见，仲裁庭对于申请人仲裁请求中的此项请求予以支持。

⑦装车机变更增加国内生产和运输费用 65000 元

申请人称，根据日期为 2017 年 6 月 9 日的 8 号《现场施工签证单》，合计费用为 9 万元，申请人请求其中的 65000 元。

第一被申请人称，认可该《现场施工签证单》费用中的 65000 元。

仲裁庭认为，双方对于申请人就该《现场施工签证单》请求的金额没有异议，故第一被申请人应向申请人支付该签证单项下的金额 65000 元。

⑧设计变更费用 113 万元

申请人称，根据日期为 2017 年 8 月 22 日的 9 号《现场施工签证单》，合计费用为 113 万元。申请人证据 36 号《施工现场签证单》证明：应被申请人要求，申请人完成了增加设计：暖通专业卷册、电气专业卷册，变更设计：建筑结构总图修改、给排水专业修改、增加维修车间、化肥池（化粪池）位置变更等六大项设计增加、变更等合同外设计工作。结合被申请人对 M1 号、T1 号、T2 号、S2 号《变更设计确认单》及 02 号《变更设计联系单》的确认，被申请人应当支付 9 号《施工现场签证单》项下的 113 万元设计变更费用。

第一被申请人辩称，该《现场施工签证单》第一被申请人未签字确认，不予认可。

仲裁庭注意到，该签证单没有第一被申请人的签字确认，"业主单位意见"栏中也没有第一被申请人的任何意见。仲裁庭还注意到，申请人所称的第 36 号《施工现场签证单》应为申请人证据编号为 036 号的《工作联系单》，其证明目的与申请人就 36 号《施工现场签证单》的证明目的一致。但是该《工作联系单》亦无第一被申请人的签字确认。而申请人所提及的 M1 号、T1 号、T2 号、S2 号《变更设计确认单》及 02 号《变更设计联系单》，虽然有第一被申请人的签字，但是上述单据在"变更增减的工程费用"栏中均未标注金额。仲裁庭认为，该签证单没有第一被申请人的签字确认，申请人也未就其主张的金额提交经第一被申请人确认的其他证据材料，因而双方对此并未达成一致，无法作为双方结算的依据，故仲裁庭对于申请人仲裁请求中的此项费用不予支持。

⑨土建迟延交付导致消防给排水施工窝工损失费用44万余元

申请人称，根据日期为2017年9月18日编号为10的《现场施工签证单》，合计费用为44万余元。

第一被申请人辩称，申请人主张的延误工期113天导致的签证费用44万余元，第一被申请人未签字盖章确认，故不予认可。

仲裁庭注意到，该签证单没有第一被申请人的签字确认，"业主单位意见"栏中也没有第一被申请人的任何意见。仲裁庭认为，该签证单没有第一被申请人的签字确认，双方对此并未达成一致，无法作为双方结算的依据，故仲裁庭对于申请人仲裁请求中的此项费用不予支持。

综上，第一被申请人应向申请人支付现场签证费用近100万元（装车机安装临时轨道36000元+装车机现场改造10万元+料斗改造19万余元+安装电气窝工损失17万元+电气赶工现场安装费27万余元+到场货物损坏需要修补费近15万元+装车机变更增加国内生产和运输费65000元）。

（2）现场增加费用的利息

申请人请求以260余万元为基数，按年利率4.75%计算，自2017年12月27日起至实际给付之日止，暂计算至2020年2月28日逾期793天，利息近27万元。

仲裁庭注意到，原合同对于现场签证增加费用的支付并无特殊的约定。仲裁庭认为，在双方对于签证增加费用存在争议而由仲裁庭裁定的情况下，现场签证费用支付的时间为本裁决项中确定的支付时间。故仲裁庭对于申请人仲裁请求中的此项请求不予支持。

6. 关于担保费60万元和风险保证金150万元产生的利息的问题

申请人称，第一被申请人因本案争议申请财产保全，中国J市中级人民法院于2020年11月10日作出《民事裁定书》，裁定冻结申请人银行存款3000万元，并查封了申请人的银行账户。第一被申请人的财产保全措施给申请人生产经营造成了极度困难，严重影响了申请人项目招投标工作及对外合同款支付，特别是涉及农民工工资的劳务费支付。为不影响公司正常经营，申请人被迫向采取保全措施的人民法院提供反担保，以求人民法院依法解除对申请人的财产保全。申请人与中国G担保公司签署了《财产保全担保委托合同》，于2020年

12 月 22 日向中国 G 担保公司支付了 60 万元担保费，并交纳了 150 万元风险保证金，保证金在申请人取得仲裁机构的裁决书并且裁决申请人不承担任何还款和担保责任时凭法律文书申请无息退还。第一被申请人应承担申请人因解除财产保全而支出的担保费以及因缴付风险保证金产生的自 2020 年 12 月 22 日起至退还保证金止期间的利息损失，利率按同期全国银行间同业拆借中心公布的贷款市场报价利率（LPR）计算。

第一被申请人辩称，申请人主张的解除财产保全措施所支付的费用针对的是第一被申请人主张其债权所采取的财产保全措施，而非主张其自身债权而支付的费用。第一被申请人是否承担该项费用应考察第一被申请人的财产保全行为是否存有错误，如有错误则构成错误保全的侵权行为应承担侵权责任。本案仲裁审理的范围仅限于合同项下的合同纠纷，错误保全行为的侵权责任不在本案仲裁审理的范围之内。

仲裁庭认为，申请人向保险公司交纳担保费和风险保证金的目的是不影响其正常经营，而向采取保全措施的人民法院提供的反担保并非其为主张自己权利而支出的费用，亦不属于《中华人民共和国民事诉讼法》第一百条第二款"人民法院采取保全措施，可以责令申请人提供担保，申请人不提供担保的，裁定驳回申请"的范畴，因而该笔费用不应由第一被申请人承担。另外，申请人支付的 150 万元风险保证金并非申请人的实际支出，而将根据本案裁决结果予以退还。综上，仲裁庭对于申请人的此项仲裁请求不予支持。

7. 律师费的问题

申请人为支持自己的仲裁请求，向仲裁庭提交了《委托代理协议》和已经支付律师费的发票。根据本案审理的实际情况，仲裁庭酌情裁定第一被申请人向申请人支付申请人为本案支出的律师费。

（四）第一被申请人的仲裁反请求

1. 关于违约金近 27490 万元的问题

第一被申请人请求申请人支付迟延交付设备违约金近 27490 万元，具体计算为：合同约定每日违约金为合同总价款的 0.3%，即 27 万元/天。第一期设备迟延交付天数 395 天（合同约定日期：2016 年 8 月 31 日至实际交付日期 2017 年 9 月 30 日），违约金 10665 万元；第二期设备迟延交付天数 350 天（合同约定日期：2016 年 10 月 15 日至实际交付日期 2017 年 9 月 30 日），违约金 9450 万元；第三期设备迟延交付天数 273 天（合同约定日期：2016 年 12 月 31 日至实际交付日期 2017 年 9 月 30 日），违约金 7370 余万元，合计近 27490 万元。

申请人对于存在迟延交付设备的事实不持异议，但是对于迟延的原因和天数持与第一被申请人不同意见。

（1）迟延交付设备的原因

①集港通知

申请人称，第一被申请人对合同约定的发货批次、日期、发货内容根据自身利益及客观情势作出了调整。合同约定第一期设备集港时间为 2016 年 8 月 31 日之前，申请人于 2016 年 8 月 4 日就向被申请人发送邮件索要集港所需的唛头，没有得到回应后，申请人再次于 2016 年 8 月 16 日索要，并同时发送了第一期发货清单，但被申请人仍然没有向申请人发出唛头和集港通知。第一被申请人反而是在合同约定的第一期发货日期之后，先后分七次向申请人发出集港通知。集港通知是申请人发货的主要依据、进港的重要凭证。申请人按照集港通知的要求将合同项下设备全部发运到指定的国内港口，不存在任何违约行为。

第一被申请人辩称，根据合同要求，申请人只需在指定港口交付设备即可，而集港是为了设备装船出口，但是出口事宜对申请人的交付设备义务并无影响。集港通知为海运相关事宜，而海运事宜与申请人亦无关，不影响申请人交付设备的义务。

仲裁庭认为，集港通知是船运公司根据船期就货物集港日期发出的通知，而合同仅约定设备到达甲方指定的国内港口的日期，与船期无关，不是申请人发货的主要依据，因而船运公司的集港通知不构成对合同约定申请人交付货物的日期的变更。

②唛头

申请人称于 2016 年 8 月 4 日向被申请人发送邮件索要集港所需的唛头，没有得到回应后，申请人再次于 2016 年 8 月 16 日索要，并同时发送了第一期发货清单，但被申请人仍然没有向申请人发出唛头。合同约定的第一期设备应于 2016 年 8 月 31 日前到达被申请人指定的国内港口，但直到 2016 年 9 月 27 日第一被申请人才确定发货所必需的唛头。

第一被申请人辩称，唛头为海运相关事宜，而海运事宜与申请人亦无关，不影响申请人交付设备的义务。

仲裁庭注意到，合同"第四部分 1、"约定了设备到港日期并明确"并具备装船条件"。仲裁庭理解，唛头是指用文字、图形和记号标明在货物的包装上，

以便识别一批货物不同于另一批货物的运输标记，其中包括收货人或买方名称、
目的港（地）名称、参考号（如运单号、订单号或发票号）和货物件数。货物
没有唛头，会影响出口报关和装船。因而没有唛头无法满足"具备装船条件"
的要求。第一被申请人通过老船长公司迟至 2016 年 9 月 27 日才向申请人发送
唛头模板，势必影响第一期设备原定的到达国内港口的日期，由此导致的第一
期设备迟延到港的责任不应由申请人承担。

③是否对于交货日期有了新的合意？

申请人称，合同附件《设计说明》约定："双方认可的来往传真、电报、
会议纪要、电子邮件等，均为合同的组成部分，与本合同具有同等法律效力。"
合同约定了设备分三期发货，但被申请人从一开始就对合同约定的发货期限做
出了改变。第一被申请人直到 2016 年 9 月 27 日才确定发货所必需的唛头，
2016 年 9 月 28 日才向申请人发出集港通知电子邮件要求申请人集港时间为
2016 年 9 月 20 日至 10 月 10 日。申请人遵从被申请人以电子邮件形式发送的集
港通知的要求将第一次海运货物运抵其指定的国内港口，实际上是同意了被申
请人对原合同发货约定的改变，双方就设备发货达成了新的合意。因而第一被
申请人协调的船期、向申请人下达的唛头、集港通知属于被申请人对原合同发
货日期的改变，申请人按照被申请人晚于原合同约定的发货日期所协调的船期、
下达的唛头、集港通知将设备运抵被申请人指定的国内港口不属于申请人违约。

仲裁庭认为，申请人引述的合同附件《设计说明》所涉及的是本案工程的
设计部分，属于对设计成果交付时间的约定，无涉设备的交付，故申请人不能
依据《设计说明》主张与第一被申请人就交货日期达成新的合意。

④报关的问题

申请人还称，由于第一被申请人付款不及时，造成第二被申请人工作被动
并与第一被申请人在报关出口方面产生矛盾，物流不顺畅，影响设备发运，但
是并未就此提交证据。

仲裁庭认为，申请人的此项主张未经被申请人的认可，也没有相关证据的
支持，故仲裁庭对于申请人的此项主张无法采纳。

⑤巴基斯坦 K 港

申请人称，直到申请人协助第一被申请人进行环评工作的人员于 2016 年 9
月底回国时，巴基斯坦 K 港口码头泊位仍由巴基斯坦 K 港港务局管控运营，直
到 2016 年 10 月 10 日，第一被申请人才与巴基斯坦 K 港港务局签订巴基斯坦 K

港口码头升级改造《实施协议》，之前第一被申请人尚未取得港口的占有使用权，按照原合同约定于 2016 年 8 月 31 日集港发货，船舶到港后无法在巴基斯坦 K 港口卸货堆料。申请人 2016 年 8 月 1 日邮件及附件《项目工作联系单》建议采样装置第二期发货，理由是第一被申请人码头现场没有存储仓库，采样装置最后才能安装调试，过早发货不仅需要二次倒运，而且露天存放容易造成设备损坏。申请人 2016 年 8 月 3 日邮件及附件亦反映地勘环评尚未结束（实际结束时间是 2016 年 9 月底），现场不具备堆放设备条件以及第一被申请人尚未取得巴基斯坦 K 港控制使用权，货物到达巴基斯坦不能直接卸货于 K 港。土建尚未开始，而且土建与设备安装之间有土建工期的时间差，而设备到达巴基斯坦长期不能进行安装施工可能造成设备丢失等。

仲裁庭认为，按照合同的约定，申请人是否违约只关系到申请人是否因自身的原因存在国内港口迟延交货的事实，与设备何时装船发运没有关系，更与设备目的地港状况没有关系，故仲裁庭对于申请人的此项主张不予采纳。

⑥是否影响第一被申请人生产？

申请人称，申请人按照第一被申请人的指令发货，没有影响设备安装调试施工进度。本案合同签订于 2016 年 7 月 3 日，第一被申请人与巴基斯坦 K 港港务局之间的《实施协议》签订于 2016 年 10 月 10 日。本案合同额仅占《实施协议》金额的 19.4%，占 EPC 总承包合同的 22.98%。因此本案设备安装调试工程只是《实施协议》及 EPC 总承包合同工程总量的一小部分。申请人履行合同没有给被申请人造成任何损失。

第一被申请人辩称，不管第一被申请人履行《实施协议》是否违约，是否遭受违约索赔，根据合同相对性原理，《实施协议》当事人之间的合同纠纷均与申请人无关。

仲裁庭认为，根据《合同法》第一百一十四条第一款"当事人可以约定一方违约时应当根据违约情况向对方支付一定数额的违约金，也可以约定因违约产生的损失赔偿额的计算方法"的规定，违约金可以理解为不履行或者不完全履行合同义务的违约方按照合同约定支付给非违约方一定数量的金钱。违约金是债的担保的一种，也是对违约的一种经济制裁。违约金的设立，是为了保证债的履行，即使对方没有遭受任何财产损失，也要按法律或合同的规定给付违约金。因而违约金的目的不只是损失赔偿，也有着对违约方的惩戒作用。而按照合同的约定，申请人是否违约只关系到申请人是否因自身的原因迟延交货，而与设备在目的地港的安装及第一被申请人的使用没有关系，故仲裁庭对于申请人的此项主张不予采纳。

（2）迟延交付设备天数

仲裁庭认为，合同约定的交付地点为"甲方指定的国内港口，并具备装船条件"。因而申请人交付货物的日期应为货物到达国内港口的时间，而非到达巴基斯坦港口的时间。

第一被申请人主张，第一期设备迟延交付天数 395 天（合同约定日期：2016 年 8 月 31 日至实际交付日期 2017 年 9 月 30 日）、第二期设备迟延交付天数 350 天（合同约定日期：2016 年 10 月 15 日至实际交付日期 2017 年 9 月 30 日）、第三期设备迟延交付天数 273 天（合同约定日期：2016 年 12 月 31 日至实际交付日期 2017 年 9 月 30 日），并向仲裁庭提交了《发运设备情况统计表》，其中显示设备共分九批（《发运设备情况统计表》写明十批，但是其中没有第九批，仲裁庭注），分别为：①2016 年 10 月 16 日、②2016 年 11 月 19 日、③2016 年 12 月 11 日、④2017 年 1 月 13 日、⑤2017 年 2 月 28 日、⑥2017 年 5 月 14 日、⑦2017 年 5 月 15 日、⑧2017 年 6 月 28 日和⑨2017 年 12 月 19 日。

申请人辩称，《发运设备情况统计表》系由第一被申请人单方制作，属于第一被申请人的陈述而不是证据。另外该表中大量货物不是申请人发运的设备，不是本案合同项下的设备。如：第 19 页的缆绳、橡胶碰垫、重油柱塞、撑杆、道岔、船用滑车等，第 20 页的胶泥、电动锯轨机、电动钻孔机、液压起拨道器、电动磨光机等，第 21 页的柴油发电机组、钢格栅、水泥枕、基尖轨、钢质门等，第 22 页的集装箱第八期、软轴捣固棒、芯子等，第 23 页的轴承座甩块、轴承座甩块销子等。第 20 页最后的减速机、装车机轮子、轮子是现场变更、消缺器件、备件，不是合同项下的设备。设备实际交付为七期，分别为：①2016 年 10 月 3 日至 6 日、②2016 年 11 月 2 日至 3 日、③2016 年 11 月 19 日至 24 日、④2017 年 1 月 6 日至 11 日、⑤2017 年 1 月 18 日、⑥2017 年 1 月 6 日至 11 日、⑦2017 年 3 月 18 日。假设申请人存在交货违约，违约金的起算日也应当是被申请人交付申请人集港通知限定的集港日而不应该是原合同的预定集港日。同时也要考虑每批次设备存在绝大部分设备都到只有零星几件设备未到如何计算违约的情形。计算违约金天数的截止日也应当是申请人实际集港日而不是其臆想的 2017 年 9 月 30 日，同时还要考虑合同约定的给予延长一周的宽限期的问题。

仲裁庭注意到，申请人主张自 2016 年 10 月 3 日至 2017 年 3 月 18 日分七批到达国内港口，而第一被申请人则主张自 2016 年 10 月 16 日至 2017 年 12 月 19 日分九批到达国内港口。仲裁庭认为，不论是申请人还是第一被申请人提交的证据，均无法客观证明申请人每批次设备到达国内港口的日期。仲裁庭根据审理的实际情况，结合上述仲裁庭关于申请人最后一批设备到达国内港口的意见，酌情采纳申请人设备分七批到港的主张。而就第七批设备到港时间，仲裁庭根据上述关于最后一批设备到港时间的认定，确定为 2017 年 6 月 10 日。第一被申请人在本项仲裁反请求中主张的以 2017 年 9 月 30 日作为全部货物的交付日期计算迟延交付违约金，与事实不符，仲裁庭不予采纳。

仲裁庭还注意到，原合同第四部分第 1 项约定设备共分为三期到港，分别为第一期 2016 年 8 月 31 日、第二期 2016 年 10 月 15 日和第三期 2016 年 12 月 31 日。仲裁庭认为，鉴于合同约定的三期交付与申请人实际交付的七期无法相对应，故仲裁庭折中采纳合同第一期对应申请人第一批，合同第二期对应申请人第五批，合同第三期对应申请人第七批。根据上述仲裁庭关于唛头的意见，第一期到港日期不存在迟延；合同约定的第二期到港的 2016 年 10 月 15 日与申请人第五批到港的 2017 年 1 月 18 日相较延迟支付为 95 天；将合同约定的第三期交付日期 2016 年 12 月 31 日与申请人第七批交付日期 2017 年 6 月 10 日相较延迟交付为 161 天，共计延迟天数为 256 天（第二期 95 天+第三期 161 天）。

仲裁庭另注意到，合同约定："若乙方未能按约准时于甲方指定的国内港口提交货物（包括第一期供货、第二期供货及第三期供货的供货事宜），甲方有权视具体情况，给予乙方一段合理的宽限期（最长不超过一周）……"申请人主张即使存在迟延到港的情况，还要考虑合同约定的给予延长一周的宽限期的问题。仲裁庭认为，合同约定给予宽限期属于第一被申请人的权利，申请人无权自行主张，故仲裁庭对于申请人的此项主张不予采纳。

（3）违约金的利率

原合同约定："若乙方未能按约准时于甲方指定的国内港口提交货物（包括第一期供货、第二期供货及第三期供货的供货事宜），甲方有权视具体情况，给予乙方一段合理的宽限期（最长不超过一周），若超出宽限期乙方应就迟延交付设备向甲方支付违约金，违约金按日计算，不足一日按比例计算，每日违约金为本合同总价款的 0.3%。"第一被申请人主张按照合同约定的每日违约金为合同总价款 0.3% 计算，申请人提出合同约定的违约金过高，迟延交付违约金的计算标准应由合同约定的合同总价款 0.3%/天调减至 0.06575%/天（年利率 24%）。

仲裁庭认为，日千分之三违约金的利率转换成年利率为 109.5%，确属约定过高。仲裁庭在确定责任范围时应该基于充分保护守约方利益以及对违约方进行适当惩罚的原则。仲裁庭根据本案的实际情况，接受申请人关于利率的主张，裁定迟延交付违约金的利率为 24%。申请人应按照 24% 的年利率向第一被申请人支付迟延交付违约金近 1515 万元（合同总价款 9000 万元×24%＝2160 万元/365 天＝近 6 万元/天×迟延 256 天）。

2. 关于财产保全费、诉前财产保全保险费、律师费等费用的问题

第一被申请人请求申请人承担本案仲裁费、财产保全费、诉前财产保全保险费、律师费等费用。

（1）财产保全费和诉前财产保全保险费

第一被申请人就其请求的财产保全费和诉前财产保全保险费，向仲裁庭提交了中国 J 市中级人民法院民事裁定书及付款人为 E 公司，用途为"某号受理费"的国内支付业务付款回单和中国某保险公司因冻结申请人 3000 万元的保单，付款人为 E 公司，用途为"保费"的国内支付业务付款回单。

申请人称，从第一被申请人提交的上述证据中可以看出，第一被申请人主张的费用由 E 公司交纳，证明 E 公司与第一被申请人属于"一套班子两块牌子"，E 公司的认可就代表第一被申请人的认可。

仲裁庭认为，上述费用虽然由 E 公司支付，但是财产保全费和诉前财产保全保险费均涉及本案争议，因而费用不论由谁支付，都是第一被申请人为主张自己权利的合理支出，实质上还是属于第一被申请人的损失。中国 J 市中级人民法院收取的财产保全费是因申请人违约责任导致，应由申请人承担，且上述费用有相关证据佐证，故仲裁庭对于第一被申请人仲裁请求中的此笔费用予以支持。而根据《中华人民共和国民事诉讼法》（2017 年修正）第一百条第二款关于"人民法院采取保全措施，可以责令申请人提供担保，申请人不提供担保的，裁定驳回申请"的规定以及《最高人民法院关于人民法院办理财产保全案件若干问题的规定》第八条关于"金融监管部门批准设立的金融机构以独立保函形式为财产保全提供担保的，人民法院应当依法准许"的规定，考虑到本案审理的实际情况，申请人应承担第一被申请人支出的财产保全费和诉前财产保全保险费。

（2）律师费

第一被申请人为支持自己此项仲裁反请求，向仲裁庭提交了《委托代理协议》和 E 公司支付律师费的发票。仲裁庭认为，第一被申请人的律师费虽然由 E 公司支付，但是律师费涉及本案争议，因而费用不论由谁支付，都是第一被申请人为主张自己权利的合理支出，实质上还是属于第一被申请人的损失。根据本案审理的实际情况，仲裁庭酌情裁定申请人向第一被申请人支付第一被申请人为本案支出的律师费。

（五）第二被申请人和第三被申请人的仲裁反请求

第二被申请人和第三被申请人称，因申请人违反约定向第二被申请人和第三被申请人追究付款义务，致使第二被申请人和第三被申请人产生巨额维权费用，给第二被申请人和第三被申请人造成巨大的经济损失。第二被申请人和第三被申请人请求申请人支付其为本案支出的律师费。第二被申请人和第三被申请人为支持自己的仲裁反请求，向仲裁庭提交了《委托代理合同》和已经支付律师费的发票。

申请人辩称，第二被申请人、第三被申请人是协议约定直接向申请人付款的义务履行人，本案仲裁因为被申请人未履行付款义务而提起，本案的受害人是申请人而不是被申请人，本案全部仲裁成本均应由被申请人承担。第二被申请人、第三被申请人所提出的请求申请人承担其律师费的反请求于理不通、于法无据。

仲裁庭认为，申请人将第二被申请人和第三被申请人列为本案被申请人并要求其与第一被申请人共同向其支付原合同价款与协议的约定不符，由此产生的第二被申请人和第三被申请人律师费用应由申请人承担。

仲裁庭根据本案审理的具体情况，仲裁庭酌情裁定申请人应向第二被申请人和第三被申请人支付其为本案支出的律师费。

（六）本案仲裁费

根据本案的实际审理情况，仲裁庭认为：本案本请求仲裁费由申请人承担 50%，由第一被申请人承担 50%；本案第一被申请人反请求仲裁费由申请人承担 20%，由第一被申请人承担 80%；本案第二被申请人和第三被申请人反请求仲裁费由申请人承担 50%，由第二被申请人和第三被申请人承担 50%。

（七）关于调取证据申请、鉴定申请和要求提供证据申请

申请人向仲裁庭提交了"调取证据申请书"，申请调取第一被申请人与第

二被申请人在仲裁委员会及其分会因巴基斯坦 K 港口码头泊位升级改造项目相关争议案件的证据材料。第一被申请人向仲裁庭提交了"关于调取证据申请的异议书",提出申请人调取证据材料的申请严重违背仲裁保密性原则,不应允许。第二被申请人和第三被申请人向仲裁庭提交了"对 A 公司调取证据申请的异议",提出申请人作为案外人要求调取他人仲裁中的证据材料违反法律,且没有实施依据。

仲裁庭认为,申请人的此项申请涉及仲裁委员会尚在审理的其他仲裁案件,根据仲裁保密的原则,仲裁庭不应也无法调取其他尚在审理案件的证据材料。故仲裁庭对于申请人的此项"调取证据申请书"不予同意。

第一被申请人向仲裁庭提交了"要求提供证据申请书",请求仲裁庭要求第二被申请人提供本案工程的竣工验收单原件。第二被申请人向仲裁庭提交"对 B 公司要求提供证据申请的异议"称,第二被申请人收到过一份竣工验收单原件,上有第一被申请人的签字盖章,而第二被申请人根据第一被申请人的指令签字盖章后当即交还了该份竣工验收单原件。因此第二被申请人处没有竣工验收单原件。

仲裁庭认为,第一被申请人与第二被申请人同为本案被申请人,第一被申请人在本案中的答辩及仲裁反请求均指向申请人而非第二被申请人,本案中第二被申请人没有向第一被申请人提交证据的义务。故仲裁庭对于第一被申请人的此项"要求提供证据申请书"不予同意。

第一被申请人还向仲裁庭提交了"要求提供证据申请书",请求仲裁庭要求申请人提供本案工程设备明细清单与已交付设备情况的说明。申请人向仲裁庭提交了"对第一被申请人《要求(申请人)提供证据申请书》的异议",称:申请人遵照仲裁庭要求,在规定时间内提交了与合同约定的《巴基斯坦 K 港口项目分批供货明细》相对照的《巴基斯坦 K 港口项目发货情况一览表》。

仲裁庭认为,本案工程设备明细应见于本案合同的约定,而涉及已交付设备,则属于当事人自行举证的事项,不存在仲裁庭要求当事人提交上述证据的必要,故仲裁庭对于第一被申请人的此项"要求提供证据申请书"不予同意。

第一被申请人另向仲裁庭提交了《鉴定申请书》,请求对本案工程应具备的具体设备名称与数量以及安装调试合同所约定每一期设备的具体内容进行鉴定、对本案工程是否完工以及是否满足竣工验收条件进行鉴定。申请人向仲裁庭提交了"对第一被申请人《鉴定申请书》的异议",申请人不同意对第一被申请人所提出的事项进行鉴定，请求仲裁庭驳回第一被申请人的鉴定申请，称：本案工程应具备的具体设备名称与数量以及安装调试合同所约定的具体内容属于合同明确约定的具体内容，这些内容集中体现在第一被申请人提交的证据《巴基斯坦 K 港口码头泊位升级改造工程设计、设备供货、设备安装调试合同》附件《供货设备清单》《巴基斯坦 K 港口项目分批供货明细》中，不是有待于专家、鉴定人进行鉴定的"专门性问题"，不符合《仲裁规则》第四十四条之规定；而本案工程是否完工以及是否满足竣工验收条件属于当事人通过提交普通证据便能证明的基本事实而不是需要专家、鉴定人进行鉴定才能得出结论的"专门性问题"，当事人所提交的证据已经证明了这些基本事实，因此第一被申请人提出的这一鉴定申请同样不符合《仲裁规则》第四十四条之规定。第二被申请人和第三被申请人向仲裁庭提交了"对 B 公司申请鉴定的异议"，请求仲裁庭驳回第一被申请人对本案工程应具备的具体设备名称与数量以及安装调试合同所约定每一期设备具体内容进行鉴定的请求，请求仲裁庭驳回第一被申请人对本案工程是否完工以及满足竣工验收条件进行鉴定的申请。事实及理由：根据巴基斯坦 K 港港务局官网公告显示，本案系争巴基斯坦 K 港口码头泊位升级改造项目已于 2017 年 9 月实际运营，故无需再进行鉴定。为避免各方不必要的损失，尽快定分止争，请求仲裁庭驳回第一被申请人的鉴定申请。

　　仲裁庭认为，本案工程应具备的设备及数量以及每一期设备的具体内容源自合同履行过程中申请人所做的设计方案，并非一项鉴定事项。第一被申请人若是对本案工程应具备的具体设备名称与数量以及安装调试合同所约定每一期设备存疑，负有根据合同履行的实际情况举证的义务。仲裁庭还认为，涉及工程是否完工以及是否满足竣工验收条件，第二被申请人和第三被申请人作为本案工程的总承包人，对于本案合同的履行有着最直观的判断。在发包人（第二被申请人和第三被申请人）提出本案系争巴基斯坦 K 港口码头泊位升级改造项目已于 2017 年 9 月实际运营故无需再进行鉴定，直接认可分包人（申请人）完成了合同项下工作的情况下，第一被申请人再行向作为分包人的申请人提出异议，则缺乏合理性。若本案合同项下工程确实没有完成，第一被申请人作为业主还有向作为总承包人的第二被申请人和第三被申请人提出主张的救济途径。另外，本案客观上也不存在对于本案工程应具备的具体设备名称与数量以及安装调试合同所约定每一期设备的具体内容进行鉴定、对本案工程是否完工以及是否满足竣工验收条件进行鉴定的条件，故仲裁庭对于第一被申请人的此项

"鉴定申请书"不予同意。

三、裁　决

根据上述仲裁庭意见，仲裁庭裁决如下：

（一）第一被申请人向申请人支付人民币 6550 余万元；

（二）第一被申请人向申请人支付以各期逾期付款金额为基数，根据逾期付款的时间，按照 24% 的年利率计算至 2020 年 2 月 28 日的逾期付款违约金人民币 3870 余万元，并以欠款总额人民币 6550 余万元为基数，按照 24% 的年利率，自 2020 年 2 月 29 日起计算至实际支付之日止；

（三）第一被申请人向申请人支付现场签证费用人民币近 100 万元；

（四）第一被申请人向申请人支付申请人为本案支出的律师费；

（五）申请人向第一被申请人支付迟延交付设备违约金人民币近 1515 万元；

（六）申请人向第一被申请人支付保全费和财产保全保险费；

（七）申请人向第一被申请人支付第一被申请人为本案支出的律师费；

（八）申请人向第二被申请人和第三被申请人支付其为本案支出的律师费；

（九）本案本请求仲裁费由申请人承担 50%，由第一被申请人承担 50%；

（十）本案第一被申请人反请求仲裁费由申请人承担 20%，由第一被申请人承担 80%；

（十一）本案第二被申请人和第三被申请人反请求仲裁费由申请人承担 50%，由第二被申请人和第三被申请人承担 50%；

（十二）驳回申请人的其他仲裁请求；

（十三）驳回第一被申请人的其他仲裁反请求；

（十四）驳回第二被申请人、第三被申请人的其他仲裁反请求。

上述第一被申请人应向申请人支付的款项，申请人应向第一被申请人支付的款项，申请人应向第二被申请人和第三被申请人支付的款项，应于本裁决作出之日起 30 日内支付完毕。

本裁决为终局裁决，自作出之日起生效。

案例评析

【关键词】境外工程承包合同　货币　付款义务人　工期　集港通知
唛头

【焦点问题】

该案涉及的核心问题是，仲裁庭如何在复杂的缔约过程、特殊的合同条款及履约过程中认定本案的付款义务人，如何确定申请人设备安装完工验收日期，如何结合集港日期和唛头判定申请人设备供货是否迟延等。

【焦点评析】

案涉工程是"一带一路"国家港口码头泊位升级改造工程，属于境外工程承包合同纠纷，当事人包括作为巴基斯坦业主的 B 港口与海运公司（第一被申请人），作为总承包商的中国 C 船舶研究所（第二被申请人）及中国 D 重工公司（第三被申请人）和作为总承包商中的专业承包商的中国 A 重装公司（申请人）。纠纷涉及付款义务人、工期、海运等热点问题。

现就该案案情及双方争议焦点，评述如下：

一、货币

境外承包合同纠纷普遍遇到的问题是合同货币与仲裁请求货币的不同。往往合同价款为当地国货币，合同履行期间又会涉及美元保函，发生争议后当事人又以外币折合成人民币提出仲裁请求。这里牵涉的不仅是申请人是否有权主张与合同货币不同的货币问题，还关系到汇率、外汇管制等多重问题。仲裁裁决必须对所有问题作出合法合理的回应。

本案中，合同价款为人民币，但是又约定"双方约定付款以美元结算，结算汇率以付款当日中国银行美元汇率中间价结算"。申请人仲裁请求货币为人民币，被申请人对此未提出异议，且被申请人仲裁反请求货币亦为人民币。因而仲裁庭裁决以人民币作为本案审理和裁决的货币是正确的。

二、总承包商的付款义务

本案合同交易的背景是：2016 年 7 月，申请人与第一被申请人签订原合同，约定由申请人协助第一被申请人开展巴基斯坦 K 港口码头的升级改造。申请人为该改造工程提供工程设计、设备供应、设备安装调试服务，合同总价款为人民币 9000 万元整。2016 年 10 月，第一被申请人作为业主方，第二被申请人和第三被申请人共同作为项目的总承包方，申请人作为第一被申请人在前期指定的分包方，共同签订本案协议，约定：第一被申请人原合同项下的一切权利、义务和责任可由第二被申请人和第三被申请人向申请人代为行使、履行和承担，但不解除第一被申请人在原合同项下的一切权利、义务和责任；申请人在原合同项下的一切义务和责任可由申请人向第二被申请人和第三被申请人直接履行和承担，但不解除申请人对第一被申请人在原合同项下的责任。本案协议（以下简称"协议"）第3条第3.3款（以下简称"第3.3款"）约定：第二被申请人和第三被申请人应在（i）收到第一被申请人明确标识为针对申请人的相应付款的前提下并且（ii）收到相应付款的3个银行工作日（美元为5个银行工作日），向申请人付款；第二被申请人和第三被申请人不得以任何其他理由迟延本款项下的支付。如果第二被申请人和第三被申请人迟延和/或拒绝本款项下的支付，给申请人造成的直接损失由第二被申请人和第三被申请人承担。协议第3条第3.4款约定，如果第一被申请人没有按照本条约定向第二被申请人和第三被申请人支付原合同中的任何款项，导致申请人未能收到、未按时收到，或未足额收到任何款项，申请人应根据原合同和本协议追究第一被申请人的付款责任。申请人仅可以在第二被申请人和第三被申请人违反第3.3款项下的约定时，追究第二被申请人和第三被申请人的付款责任。

申请人请求三个被申请人共同向申请人支付未付原合同价款。

第一被申请人对于其欠款金额不持异议，但是称涉案工程至今未完工，第一被申请人亦有权暂不支付工程款。而第二被申请人和第三被申请人则称其不应承担付款义务，因为本案协议约定如果第一被申请人没有按照本条约定向第二被申请人和第三被申请人支付原合同中的任何款项，导致申请人未能收到、未按时收到，或者未足额收到任何款项，申请人应当追究第一被申请人的付款责任。

本案中，第二被申请人和第三被申请人付款义务非常容易与目前国内施工合同纠纷的"背靠背"条款混淆。但是仔细阅读本案协议，则有如下特殊性：一是申请人主张的款项是"原合同"的价款，而原合同是申请人与第一被申请人签订的；二是作为业主的第一被申请人亦是本案协议的缔约方；三是本案协议明确了若第一被申请人未及时付款，则申请人应当追究第一被申请人的付款责任。协议第3.3款约定第二被申请人和第三被申请人只有在其收到第一被申请人相应款项后迟延和/或拒绝支付才应承担违约责任。而协议第3条第4.1款（以下简称"第4.1款"）又约定：除第二被申请人和第三被申请人违反第3.3款项下的约定外，对于在原合同和本协议项下产生的责任、义务、索赔和任何争议，由申请人和第一被申请人自行解决。上述特殊性明显与所谓的"背靠背"条款不同。

在事实层面上，第二被申请人和第三被申请人曾经多次向第一被申请人催要工程款项，并未怠于向第一被申请人请求本案合同项下的工程款，说明第二被申请人和第三被申请人并未违反协议第3.3款项下的约定。

最终仲裁庭结合本案协议订立的背景，在确定第二被申请人和第三被申请人未违反协议第3.3款项下的约定的情况下，裁定按照协议第4.1款的约定申请人不应追究第二被申请人和第三被申请人的付款责任。第一被申请人为涉及本案纠纷的唯一付款义务人。

三、工期问题

工程承包合同最常见的争议之一就是工期争议。工期不仅关系到承包人向发包人主张款项支付的条件是否成就，承包人更是往往主张因发包人的过错导致工期延长而索要窝工费等其他损失；而发包人往往主张因承包人过错导致工期延误而索要延误赔偿。涉及境外工程承包合同，对于完工日期的认定又同国内的竣工验收流程不尽相同，因而对于完工日期需要根据合同的约定及合同履行的具体情况做出认定。

本案中，一个关键工期节点是"设备安装完成验收"。这一节点的合同价款为65.1%，占比非常高。申请人与第一被申请人就案涉工程设备是否安装完成验收存在争议。

申请人称，本案工程不仅已经完工而且已于2017年7月底开始试生产。"竣工验收单"证明，第一被申请人、第二被申请人和第三被申请人已于2017年12月18日完成了对本案工程的联合竣工验收，第一被申请人作为业主的验收结论为"设计、设备供货和设备安装调试工作完成，同意验收"，第二被申请人、第三被申请人作为总包单位的验收结论为"同意验收，缺陷项按合同及相关标准及时整改"，第一被申请人于2017年12月26日在"整改报验单"上签字盖章，对本案工程完成整改验收。第二被申请人、第三被申请人证据也显示："项目已于2017年7月底开始正式接卸煤炭生产，至今已经2年多时间，并连续使用设备接卸煤炭达400多万吨，设备运行良好，为巴基斯坦M市电厂的运行提供了强有力保障。"

第一被申请人提出本案工程并未竣工验收，且有诸多的分项验收并未进行。"竣工验收单"是被申请人为配合申请人审计之需而出具的，没有监理单位的签章确认，不能反映实际的情况。另外，第一被申请人曾经于2017年8月4日、9月10日、9月15日、12月13日向申请人发出整改通知单要求申请人对设备现有缺陷进行整改，而"竣工验收单"记载了保留意见，要求申请人对设备进行消缺整改，可见设备仍存在质量问题未达到验收标准。

　　就双方的工期争议，裁决书首先从第一被申请人于 2017 年 9 月 10 日至 12 月 13 日分别向申请人发出 1 号、2 号、3 号和 4 号"整改通知单"着手，确认除 4 号"整改通知单"外，1 号、2 号和 3 号"整改通知单"所涉事宜绝大部分都有"已更换""已安装""已处理""正在处理"等标注。第一被申请人于 2017 年 12 月 7 日签署的涉及 1 号、2 号和 3 号整改通知单的"整改报验单"中"复查验收意见"栏中有第一被申请人签字盖章并手写："收到整改报验单，待现场查证后给予回复。"而第一被申请人于 2017 年 12 月 26 日签署意见的涉及 4 号整改通知单的"整改报验单"中"复查验收意见"栏中有第一被申请人的签字盖章。实践中，发包人向承包人提出整改要求，一般会说明所提整改的工程已经完工，但是存在需要整改的事宜。而第一被申请人提出的四份"整改通知单"的质量问题，申请人的 2017 年 12 月 7 日和 12 月 26 日两份"整改报验单"都说明已经整改完毕，且第一被申请人事后并未就此提出异议，故裁决没有采纳第一被申请人提出的设备仍存在质量问题未达到验收标准，申请人未能按要求整改的主张。

　　裁决书还进一步专门提及，经各方签字日期为 2017 年 12 月 18 日的"竣工验收单"在"验收结论"栏载明："设计、设备供货和设备安装调试工作完成，同意验收。消缺项应根据合同要求在设备运行期间及时整改完毕，详见整改通知单。"该栏中有第一被申请人的签字。裁决书认为"竣工验收单"签发于 2017 年 12 月 7 日"整改报验单"之后，应根据该"整改报验单"中"复查验收意见"经现场查证之后所签发。而在 2017 年 12 月 26 日签署意见的"整改报验单"中并未提出其他的未整改事项。故裁决书也没有采纳第一被申请人提出"竣工验收单"是第一被申请人为配合申请人审计之需而出具的主张。

　　另外，就第一被申请人提出"竣工验收单"没有监理签字的问题，在境外工程施工中，类似于国内由法律强制规范的"监理"一职并不常见，而往往是以"工程师"来执行业主委托的施工项目质量、进度、费用、安全、环境等目标监控和日常管理，包括协调、联系、指示、批准和决定等，确定合同款支付、工程变更、试验、验收等专业事项等。裁决书根据合同履行的实际情况，鉴于本案协议未见涉及"监理"的约定，第一被申请人证据材料也未见有"监理"签字盖章的文件，也未提及本案何人何单位为"监理"，也未提出有"工程师"参与项目验收等事宜，因而裁决书认定是否有"监理"签字盖章不影响"竣工验收单"所证明的事实。

因为申请人于 2017 年 11 月至 12 月间向第一被申请人移交了本案工程的资料，其中包括设计文件、图纸、设备质量证明书、合格证、说明书、操作手册等，第一被申请人均予以签收。申请人还陆续向第一被申请人提交了《工程质量报验单》《消防（包括自动喷水灭火系统）单项工程开工、竣工、验收记录》《工作联系单、安装交付调试中间验收交接表》《安装交付调试中间验收交接表》等资料。而原合同"第八部分 10、"约定："若甲方（本案第一被申请人，下同，仲裁庭注）接受乙方（本案申请人，下同，仲裁庭注）的设备验收申请，则乙方还应向甲方提供设备主要零部件的出厂合格证明和使用说明书。"仲裁庭在裁决书中进而认为，根据原合同的上述约定，申请人只有在第一被申请人接受设备验收申请的情况下，才需向第一被申请人移交包括设备主要零部件的出厂合格证明和使用说明书。因而这一事实恰好可以反证第一被申请人接受了设备验收申请。而住房和城乡建设部与国家质量监督检验检疫总局联合发布的《建设工程文件归档规范》第 6.0.3 款 2 规定："勘察、设计单位应在任务完成后，施工、监理单位应在工程竣工验收前，将各自形成的有关工程档案向建设单位归档。"根据这一规定，工程资料应在"任务完成后"移交，属于竣工验收阶段承包人的义务。结合合同的约定和法律的规定，申请人向第一被申请人移交资料，可以说明本案工程已经完成。第二被申请人落款日期为 2020 年 1 月 10 日致第一被申请人的"付款协调函"载明："根据我所（第二被申请人）与贵司（第一被申请人）于 2016 年 10 月 8 日签订的关于巴基斯坦 K 港 B 电厂煤电码头升级改造项目 EPC 合同，我所已按合同条款的约定，履行完毕合同项下约定的工作……"第二被申请人落款日期为 2020 年 2 月 17 日致第一被申请人的"付款协调函"载明："巴基斯坦 K 港泊位升级改造项目已于 2017 年 7 月底开始正式接卸煤炭生产，至今已经 2 年多时间，并连续使用设备接卸煤炭达 400 多万吨，设备运行良好，为巴基斯坦 M 市电厂的运行提供了强有力保障。"这些更可以说明本案协议为第二被申请人与第一被申请人之间 EPC 合同项下的一项分包合同，如果作为分包合同发包人的第二被申请人自认 EPC 合同项下的工程已经完工，那么在 EPC 合同项下的分包合同势必亦已经履行完毕。因而从第二被申请人提交的证据可以得出本案合同项下设备已经安装完成并验收的结论。裁决书最终确认上述仲裁庭注意到的各项证据形成了一个完整的证据链，证明合同项下的工程已经整改完毕并于 2017 年 12 月 18 日通过竣工验收。

裁决书对于申请人与第一被申请人争议的"设备安装完成验收"从不同角度，根据多份证据一环紧扣一环地进行分析和判断，实属不易。正因为裁决书作出了竣工验收日期上的判定，才使得申请人仲裁请求支付的合同价款能够得到支持有了基础。

四、合同设备外运的问题

本案是境外港口设备供货及安装施工，涉及码头设备的海运运输。申请人设备外运是否存在延误，又与协议约定的集港通知和唛头的概念相关。第一被申请人仲裁反请求的事实基础就是申请人货物海运发货迟延，其反请求的金额高达人民币近3亿元，远远超出了申请人本请求的金额。

1. 设备到港与集港通知

本案中双方当事人对于申请人设备未能按照合同约定的日期运送到港没有争议，但是对于迟延到港的原因各执一词。

申请人称，第一被申请人对合同约定的发货批次、日期、发货内容根据自身利益及客观情势作出了调整。合同约定第一期设备集港时间为2016年8月31日之前，申请人于2016年8月4日就向被申请人发送邮件索要集港所需的唛头，没有得到回应后，申请人再次于2016年8月16日索要，并同时发送了第一期发货清单，但被申请人仍然没有向申请人发出唛头和集港通知。第一被申请人反而是在合同约定的第一期发货日期之后，先后分七次向申请人发出集港通知。集港通知是申请人发货的主要依据、进港的重要凭证。申请人按照集港通知的要求将合同项下设备全部发运到指定的国内港口，不存在任何违约行为。

第一被申请人则辩称，根据合同要求，申请人只需在指定港口交付设备即可，而集港是为了设备装船出口，但是出口事宜对申请人的交付设备义务并无影响。集港通知为海运相关事宜，而海运事宜与申请人亦无关，不影响申请人交付设备的义务。

对于双方就集港通知的争议，裁决书首先明确集港通知是船运公司根据船期就货物集港日期发出的通知。随后裁决又认定，合同仅约定设备到达甲方指定的国内港口的日期，与船期无关，集港通知不是申请人发货的依据，因而船运公司的集港通知不构成对合同约定申请人交付货物的日期的变更。申请人不能以集港通知日期未定为由主张其不应承担设备迟延到港的责任。在此裁决书确认了申请人设备到港存在迟延的事实。

2. 唛头

唛头是指用文字、图形和记号标明在货物的包装上，以便识别一批货物不同于另一批货物的运输标记，其中包括①收货人或买方名称、②目的港（地）名称、③参考号（如运单号、订单号或发票号）和④货物件数。货物没有唛头，会影响出口报关和装船。

合同约定的第一期设备应于 2016 年 8 月 31 日前到达被申请人指定的国内港口，但直到在申请人两次催促下，2016 年 9 月 27 日（协议约定的第一期发货日期之后）第一被申请人才确定发货所必需的唛头。

第一被申请人辩称，唛头为海运相关事宜，而海运事宜与申请人亦无关，不影响申请人交付设备的义务。

裁决书载明：本案合同"第四部分"约定了申请人设备到港日期并明确设备到港要"具备装船条件"。而没有唛头，申请人的设备即使到港亦无法满足合同约定"具备装船条件"的要求。第一被申请人迟延一个月才向申请人发送唛头模板，势必影响设备原定的到达港口的日期，由此导致的设备迟延到港的责任不应由申请人承担。因而在申请人设备存在迟延到港事实的情况下，对于设备迟延到港的责任做了划分和判定。

【结语】

本案裁决书对于境外设备供货和安装工程的复杂关系做了由繁入简的清晰处理，尤其是根据实际情况对三个被申请人中应由谁承担付款义务做了确认。

另外，裁决书对于完工日期、货物到港是否迟延等复杂问题做了专业的抽丝剥茧式的分析，最终支持了申请人的绝大部分仲裁请求和第一被申请人的部分仲裁反请求。

随着"一带一路"建设的深入推进，许多中国企业会"走出去"，到"一带一路"国家承包建设工程。这些境外工程合同的履行会遇到许多与国内工程合同履行所完全不同的问题，当事人应当审慎地订立合同，在合同履行过程中做好合同管理，避免或者尽量减少事后发生争议。

（评述人：赵杭）

案例二　中国 C 船舶研究所与巴基斯坦 B 港口 与海运公司境外电厂码头项目 EPC 合同争议案

中国国际经济贸易仲裁委员会（以下简称"仲裁委员会"）根据申请人中国 C 船舶研究所（以下简称"申请人"）和被申请人巴基斯坦 B 港口与海运公司（以下简称"被申请人"或"B 公司"）签订的《B 公司巴基斯坦电厂码头项目 EPC 合同补充协议》（以下简称《补充协议》）、《土建施工备忘录》（以下简称《备忘录》）中仲裁条款的约定，以及申请人向仲裁委员会提交的仲裁申请书，受理了双方当事人之间在上述合同项下的本争议仲裁案。本案仲裁程序适用仲裁委员会自 2015 年 1 月 1 日起施行的《中国国际经济贸易仲裁委员会仲裁规则》（以下简称《仲裁规则》）。

申请人选定 X 担任本案仲裁员，被申请人选定 Y 担任本案仲裁员。根据案涉仲裁条款的约定，由于双方未在规定期限内共同选定首席仲裁员，仲裁委员会主任指定 Z 担任本案首席仲裁员。上述三位仲裁员在签署了接受指定的《声明书》后组成仲裁庭，审理本案。

仲裁庭如期开庭审理本案，申请人和被申请人均委派仲裁代理人出席了庭审。庭审中，双方就本案事实进行了陈述，申请人就其仲裁请求进行了说明，双方就法律问题进行了辩论，并回答了仲裁庭的提问。同日，仲裁庭组织双方当事人核对了证据原件。

本案现已审理终结。仲裁庭根据经审理查明的事实和有关法律的规定，经合议，作出本裁决。

现将本案案情、仲裁庭意见以及裁决结果分述如下：

一、案　情

（一）申请人的仲裁请求及理由

申请人提起仲裁称：

申请人与被申请人在 2016 年 10 月 9 日签订的《B 公司巴基斯坦电厂码头项目 EPC 合同补充协议》约定，"因 EPC 合同、本协议产生或与本协议或 EPC 合同相关的事项而产生的争议，包括合同/协议的效力、合法性、解释、违约、责任有关的争议，协议双方应本着友好协商原则解决；若双方在 30 日内不能协商解决的，应将争议提交至中国国际经济贸易仲裁委员会并适用其仲裁规则进行仲裁。仲裁庭由三人组成，每一个仲裁员都必须具备（ⅰ）普通法系国家或地区（限于英国、新加坡、中国香港特别行政区、新西兰、澳大利亚或美国）律师资格并且（ⅱ）中文水平能够达到流利的程度。仲裁地点在中国 P 市，仲裁是终局的，对双方均具有法律约束力"。

就同一项目，申请人与被申请人后又于 2016 年 12 月 2 日签订了一份《备忘录》，其中约定："本协议未尽事宜按照双方已签署的 EPC 合同及其补充协议中有关规定执行。"《备忘录》中未就争议解决进行单独约定，故前述补充协议中的仲裁条款同样适用。

事实与理由如下：

本案是一宗建设工程合同纠纷。申请人作为建设工程总承包方履行了合同下的土建工程施工和工程管理义务，被申请人作为业主应向申请人支付相应的工程款和管理费。但是，在申请人履行了合同项下的义务后，虽长期、多次要求被申请人履行对应付款义务，被申请人至今仍未能依据合同约定支付工程款和管理费，违反了合同约定。申请人现依据双方之间的合同约定要求被申请人继续履行合同并赔偿损失，支付欠付的工程款和管理费及相应逾期利息。

2016 年 10 月 8 日，申请人与被申请人就巴基斯坦 K 港口泊位升级改造工程（以下或称"案涉项目"）签署了 Project Coordination Agreement（《项目协调合同》）、Offshore Services & Supply Agreement（《境外服务和供应合同》）和 Onshore Services & Supply Agreement（《境内服务和供应合同》）（合称为"EPC 合同"）。

2016 年 10 月 9 日，就同一项目，申请人与被申请人签署了《补充协议》。《补充协议》约定："乙方（申请人）按照本协议相关条款确定的成本收取 3% 的管理费为酬金（管理费）。"

2016 年 12 月 2 日，申请人与被申请人就项目土建工程签署了《备忘录》，由申请人完成 K 港码头泊位升级改造为输煤和储煤码头的相关土建工程，被申请人应按照固定单价计价模式依据申请人实际完成的工程量支付工程价款。

申请人认为：

第一，被申请人应依据《补充协议》向申请人支付管理费。

1. 依据《补充协议》约定，申请人应"按照本协议相关条款确定的成本收取 3% 的管理费为酬金"。

2. 《补充协议》约定的作为管理费计费基数的成本包括和项目相关的一切成本，组成内容包括"勘察、设计、设备及材料采购、建筑及安装工程、航道疏浚、临建、安保、调试、试运行、培训、物流、财务费用、所有税费（含进口关税、预提税、乙方根据指定分包合同需要代缴纳的预提税）、配合融资产生的费用，以及其他为了一切 EPC 合同所明示的工作或者为了满足 EPC 合同要求所合理推断需要完成的工作所产生的费用"。

3. 依据上述约定，目前确定的项目成本暂计为人民币 38300 余万元（本案所涉币种如无特别标注均为人民币，仲裁庭注）。依据该成本总额，被申请人应向申请人支付 3% 的管理费，即近 1150 万元。

第二，被申请人应依据《备忘录》向申请人支付工程款。

1. 申请人已按照《备忘录》的约定完成全部土建施工工作，该项目已经投入正常运行超过两年的时间。依据《备忘录》，被申请人应按照申请人实际完成的工程量和双方确定的固定单价向申请人支付工程款，合计为近 7300 万元。截至目前，被申请人仅向申请人支付了近 1000 万元，应向申请人支付剩余工程款 6300 余万元。

2. 鉴于此，《补充协议》及《备忘录》合法有效，被申请人的行为已经构成违约，应承担违约责任，向申请人支付近 1150 万元的管理费、6300 余万元的工程款，以及上述款项的逾期利息。

申请人的仲裁请求为：

裁决被申请人向申请人支付管理费近 1150 万元，以及该款项自逾期之日起至实际支付日止的利息；

裁决被申请人向申请人支付工程款 6300 余万元，以及该款项自逾期之日起至实际支付日止的利息；

裁决被申请人向申请人支付本案律师费（暂计为 50 万元）；

裁决被申请人承担本案仲裁费。

（以上总金额暂计为 7500 余万元。）

申请人变更后的仲裁请求如下：

裁决被申请人向申请人支付管理费 175 万余元，以及逾期付款利息（以 175 万余元为基数，自 2017 年 8 月 2 日起至支付完毕止，其中 2017 年 8 月 2 日至 2019 年 8 月 19 日按照年 4.75% 的标准计算，2019 年 8 月 20 日之后按照全国银行间同业拆借中心自 2018 年 8 月 20 日起每月公布的一年期贷款市场报价利率计算，前述逾期付款利息暂计至 2020 年 8 月 3 日为 28 万余元）。

裁决被申请人向申请人支付工程款近 6690 万元，以及逾期付款利息〔以近 6690 万元为基数，2019 年 8 月 19 日（含）之前的逾期付款利息按照年 4.75% 的标准计算，2019 年 8 月 20 日之后按照全国银行间同业拆借中心自 2018 年 8 月 20 日起每月公布的一年期贷款市场报价利率计算，前述逾期付款利息暂计至 2020 年 8 月 3 日为近 900 万元〕。

裁决被申请人向申请人支付《法律顾问聘用协议》约定的前期律师费 120 万元。

裁决被申请人承担本案仲裁费。

（上述仲裁请求金额暂合计为近 7900 万元，未含第四项仲裁费。）

（二）被申请人对仲裁请求的答辩意见

被申请人提交了《答辩书》，被申请人称：

第一，《补充协议》存在多处霸王条款，应属无效条款。双方签订的《补充协议》（协议版本由申请人出具）中，存在多处过分加重被申请人义务，过分减轻甚至免除申请人义务的霸王条款。申请人利用其优势地位，故意设置多处免责条款，比如：某条约定，被申请人放弃救济权利；某条约定，申请人不承担任何责任，被申请人放弃对申请人的索赔和追偿；某条约定，如果本协议或者 EPC 合同因为任何原因终止、被解除、被认定为违法或者无效，《补充协议》的相关约定继续有效。若根据《补充协议》的规定，被申请人的利益根本不能得到保障，反而还要向申请人支付高昂的工程款和管理费。由此可见，《补充协议》是申请人规避责任和义务的霸王合同，对被申请人极为不公平，合同中的霸王条款应属无效条款。申请人应按照 EPC 总包方应有的职责，履行工程管理义务承担相应的责任。

第二，《备忘录》系个人行为，与被申请人公司无关，不应由被申请人承担相应义务。

1. 申请人提供的《备忘录》明确约定，《备忘录》自双方签字盖章之日起生效。签字页只有个人签字，未加盖被申请人公司公章，该《备忘录》并未生

效。被申请人不认可《备忘录》所载内容，申请人根据《备忘录》向被申请人
收取工程款，无事实和法律依据。

2. 在《备忘录》上签字属个人行为，与被申请人无关。被申请人并未授权
其在《备忘录》上签字也没有在事后对签字行为进行追认。因此，《备忘录》
不是被申请人的意思表示，被申请人不应承担《备忘录》承载的合同义务。

第三，被申请人已向申请人付款的金额超过其主张的金额，需要申请人举
证这些款项的流向，双方对账后才能确定申请人主张金额是否正确。

1. 根据《补充协议》约定，申请人按照《补充协议》确定的成本收取 3%
的管理费作为酬金，但申请人至今未向仲裁庭提交成本明细及相关凭证。申请
人主张的成本金额 38300 余万元，被申请人不予认可。申请人作为工程项目的
总包，非常了解项目的施工情况以及付款情况，申请人理应向仲裁庭提交索要
工程管理费的依据即工程成本明细及相关凭证，但申请人至今未提交。故申请
人根据成本的 3% 抽取的工程管理酬金，在成本费用不能确定的情况下没有收取
依据。

2.《工程月付款报审表》（二）为申请人单方出具，申请人和被申请人均
未盖章确认，申请人未向被申请人主张该笔款项。申请人据此向被申请人申请
支付工程款 3400 余万元及合同外零星工程费用 23 万余元，该项主张没有依据。

3. 自 2016 年 10 月 31 日至 2020 年 1 月 10 日，被申请人已向申请人付款近
1800 万美元，折合人民币近 12000 万元（2020 年 12 月 25 日汇率，1 美元 ≈
6.5256 元人民币），其中包含应付给申请人的款项以及申请人应付给分包商的
款项，但被申请人并不知道申请人是否已将收到的款项全额支付给分包商，无
法确定被申请人已付申请人的款项是否还有余额，因此无法确定应付给申请人
的款项。

第四，申请人已收取的出口退税和销售税差均应抵扣 B 公司应付款。

根据《补充协议》约定，申请人负责办理被申请人出口退税并保管海关/
税务机关支付的退税款，但申请人至今并未告知被申请人其已经办理出口退税
款事宜，亦未告知被申请人退税款的具体金额，据了解申请人实际早已办理完
毕出口退税。申请人故意不告知被申请人出口退税情况属未履行退税义务的违
约行为。双方存在互负债务，申请人撇开义务单方要求被申请人支付全部工程
管理费无依据。申请人已收取的出口退税应抵扣被申请人应付款。

申请人提供的报价含 17% 的销售税和 6% 的预扣税，与实际不符。按照国家

最新税收政策，税负有所降低，其中有一定差额。申请人按照合同签订时的税负向被申请人主张费用不合理，税差应抵扣被申请人应付款。

第五，申请人作为 EPC 总包单位未尽工程管理义务并在涉案工程未完工的情况下，出具竣工验收报告，造成被申请人巨额损失，申请人主张被申请人工程管理费缺乏依据。相反，申请人应承担因此给被申请人造成的全部损失。

根据涉案项目工程现场情况，涉案工程至今仍存在多处未完工部位，施工过程中也存在多处未及时完工的部分，导致土建工程迟延交付影响后期案外人中国 A 重装公司（以下简称"A 公司"）设备入场，造成被申请人合同外设计、现场费用的增加并因为工程付款问题与 A 公司发生纠纷，现 A 公司已经向仲裁院提交仲裁申请，要求被申请人支付该笔款项（包括设备工程款、违约金等）共计近22000 万元。并且，申请人作为 EPC 总包单位，在涉案工程未完工的情况下，出具竣工验收报告，造成被申请人产生违约金、律师费等巨额损失，申请人不但不应收取工程管理费，还应承担其管理不善给被申请人造成的全部损失。

被申请人在其补充答辩意见中称：

第一，申请人请款存在重复收费问题。

申请人在补充证据（三）中明确指出，用某证据全面替换另一证据。但该证据中的相关证据已于 2017 年 6 月 27 日即其他证据中进行确认，重复请款的事项涉及合同外零星工程。无论是合同内工程进度款还是合同外零星工程费用都确认在 3800 万元之中。在该证据中部分页与其他证据的部分页重合，申请人在该证据中，再次将这些钱款向被申请人提交报审。被申请人有理由推断申请人存在恶意，意图重复确认费用。

第二，申请人未尽管理义务，却索要全额管理费不合理。

申请人提交的证据显示，其存在多处项目管理不善等问题。比如申请人提交的某证据，申请人在没有合同的情况下，就坚持付款，被申请人有理由推断申请人未尽 EPC 总包的管理义务，不仅不维护被申请人的利益，反而擅自付款。由此可见，申请人并不是一个合格的 EPC 总包。再比如申请人提交的某证据，合同金额为 3125 万余元，付款金额为 3125 万余元，但根据申请人提交的证据明细核算之后只有 2487 万元。由此可见，申请人付款混乱，项目管理不善，未尽管理义务。

第三，申请人将仲裁金额列为项目成本，严重不合理。

申请人以仲裁索赔金额确定合同成本，并不是 EPC 合同中所约定的项目成本，申请人未实际承担工程管理，却索要工程管理费不合理。同时，由于仲裁案件尚未裁决，最终裁决多少金额的赔偿款，尚未可知。申请人以仲裁申请上的金额向被申请人主张项目成本严重不合理。另外，申请人此举反而可以证明申请人并不能提供项目成本明细，将仲裁金额等费用虚高为项目成本，被申请人有理由推断申请人恶意虚构项目成本以达到多收管理费的目的。

第四，申请人存在违约，至今项目未完工。

申请人提交的某证据，在编号为某号的索赔报审表中明确载明，由于申请人工作疏忽，造成工期整体延误。申请人技术人员工作失误，造成坑基偏差。申请人在此报审表中已签字盖章确认，由此可见是申请人存在过失，导致项目工期延误。根据《补充协议》，EPC 总包需负责设备的调试、试运行，但被申请人至今未通过港务局的调试认可，由此可见申请人违约，被申请人有权实施抗辩权。

从申请人所谓 2017 年 12 月 18 日竣工之日起，被申请人不间断收到巴基斯坦港务局未完工违约金、未完工警告信等信函。由此可见，申请人并未履行 EPC 合同义务，存在违约，申请人无权索要管理费。

第五，申请人藐视仲裁庭，未按仲裁程序令提交证据。

1. 程序令对于证据的提交有明确的规定，要求证据需连续编排页码。在申请人提交的证据中，页码编排混乱不是一两处，而是多处。申请人未按程序令要求连续编码，给仲裁庭和被申请人造成阅读困难，被申请人有理由推断，申请人是故意为之，为仲裁庭和被申请人设置困难，藐视仲裁庭，妄图以混乱的证据扰乱仲裁庭公正裁决。

2. 程序令明确本案仲裁的语言为中文，非中文的文件应翻译成中文，并与原文同时提交。但申请人提交的多项证据均为英文，未提交中文翻译件。因此申请人未同时提交中文翻译件的证据一律不应予以认可。

综上，申请人要求被申请人支付工程款和管理费没有依据，被申请人恳请仲裁庭查明事实，驳回申请人的全部仲裁请求。

另外，被申请人声明，申请人未按程序令要求以邮件形式将证据发送给仲裁庭、被申请人及仲裁秘书，被申请人对申请人提交的证据不予认可。申请人在邮件中回复是因为证据文件过大，无法通过电子邮件发送，但被申请人已经通过邮箱超大附件尝试上传申请人的证据，时间需要 8—10 分钟，根据申请人发送邮件的时间 2021 年 2 月 19 日 23 点 52 分可以推断，申请人是因为时间来不及，才未上传证据。被申请人对申请人的补充证据进行答辩，并不代表被申请人认可申请人提交的证据。

申请人为支持其仲裁请求，向仲裁庭提交 142 份证据。被申请人为支持其主张，向仲裁庭提交 9 份证据。

二、仲裁庭意见

仲裁庭审阅了双方当事人提交的全部材料，充分听取了双方当事人及代理人的辩论意见，经过开庭审理，对本案争议认定如下。

第一部分：程序及事实问题

（一）关于首席仲裁员的回避

本案首次庭审的核对出庭人员身份阶段，仲裁庭发现申请人的代理人之一 C1 律师曾经供职于 V 律师事务所，并于 2018 年从该律师事务所离职。而本案首席仲裁员目前是 V 律师事务所的合伙人。依据《仲裁规则》的相关规定，首席仲裁员在开庭时主动披露此事，并告知双方当事人其与 C1 律师虽然曾经供职于同一家律师事务所，但二人并不熟识，询问当事人是否需要申请回避。

被申请人当庭口头申请首席仲裁员回避。被申请人称：首席仲裁员与申请人主要代理律师曾经在一家律师事务所供职，被申请人有合理的理由怀疑两者之间有利害关系。无论是代理人还是首席仲裁员，都已经不具备作为代理人或者首席仲裁员的公正性。

申请人则认为首席仲裁员无需回避。申请人提出，根据《仲裁规则》第三十二条第（二）款规定："当事人对被选定或被指定的仲裁员的公正性和独立性产生具有正当理由的怀疑时，可以书面提出要求该仲裁员回避的请求，但应说明提出回避请求所依据的具体事实和理由，并举证"，被申请人可以书面提出要求该仲裁员回避的请求，但应提出请求所依据的具体事实和理由并举证。首席仲裁员和 C1 律师曾经在同一家规模超过 1000 人的律师事务所供职本身并不构成法律与《仲裁规则》规定回避的条件。C1 律师本人也表示，其自 2018 年离开 V 律师事务所至今，与首席仲裁员没有任何一次的口头、电话、书面等形式的沟通；在本案整个代理过程中，其与首席仲裁员也没有任何的沟通。

申请人还主张，根据《仲裁规则》第三十二条第（七）款规定，在仲裁委员会主任就仲裁员是否回避作出决定之前，被请求回避的仲裁员应继续履行职责。本案因为被申请人一再延期已经迟延开庭，被申请人在开庭的时候没有任何说明和举证的情况下，以回避的请求继续阻碍本案的审理工作，此举并不正当，仲裁庭应予驳回，并继续审理。

申请人进一步表示，如果 C1 律师继续代理此案确实会给仲裁庭继续审理此案带来顾虑，C1 律师可以不再担任申请人代理人，C1 律师遂当庭辞任申请人代理人并退出庭审。

本案首席仲裁员表示，既然 C1 律师不再是本案申请人代理人，影响案件正常推进的因素业已消除，案件可正常审理，并告知被申请人，如果坚持首席仲裁员的回避申请，需按照《仲裁规则》有关规定在期限内提出书面异议。被申请人表示了解。前述情况均书面记载于庭审笔录。

《仲裁规则》第三十二条第（一）款规定："当事人收到仲裁员的声明书及/或书面披露后，如果以披露的事实或情况为理由要求该仲裁员回避，则应于收到仲裁员的书面披露后 10 天内书面提出。逾期没有申请回避的，不得以仲裁员曾经披露的事项为由申请该仲裁员回避。"被申请人首次庭审后，未再提出首席仲裁员的书面回避申请，继续正常参与案件后续程序，仲裁庭视为其放弃此申请。

（二）关于仲裁语言与翻译问题

对于本案审理所使用的语言，双方当事人在涉案合同中没有约定。仲裁庭发出的《第一号程序令》确定仲裁语言是中文，要求当事人将非中文的文件翻译为中文。

申请人在庭审中主张：

在双方提交的证据中，包含大量英文合同等文件，证明双方对于英文的理解和阅读并无障碍。《仲裁规则》规定，仲裁庭可以按照适当的方式审理案件，包括程序语言。仲裁庭有权更改《第一号程序令》的内容。考虑到双方都提交了一些英文文件作为证据，也考虑到案件工作量较大，又考虑到仲裁庭三位仲裁员英文水平较高，申请人请求仲裁庭经过合议，对仲裁证据语言的规定做出调整：除非仲裁庭认为一个英文的文件必须附上对应的中文翻译，否则可以以英文原文形式呈现。此举可节省当事人成本和减少案件不必要的工作量。

被申请人认为：

为了便于案件审理和仲裁庭了解申请人、被申请人提交证据的真实性、合法性、关联性，仲裁庭使用的语言和提交的证据语言都应以中文为主。

经与双方当事人协商一致，仲裁庭决定，每一方可要求对方翻译五份文件。

被申请人要求申请人翻译某证据。申请人认为：该证据是被申请人自身的文件，其本身不是协议，是巴基斯坦港务局监理依据被申请人提交的文件向被申请人出具的项目成本文件，而且该证据是申请人提交的所有证据里面最长的一份证据，长达数百页，该文件中与案情相关的只有 5 页，其他页码仅是基于证据完整性需要提供，在本案中并无实际意义。最终，被申请人同意由申请人翻译申请人该证据中某几页的内容。另，被申请人要求申请人翻译其他两项证据中的某些页，申请人均表示同意。仲裁庭予以认可。

申请人于庭后向被申请人及仲裁庭提交了某 4 项证据的中文翻译件。

申请人在庭审中未向被申请人提出文件翻译要求。

（三）关于仲裁庭是否采纳申请人遮蔽部分内容的证据

申请人向仲裁庭提交的证据中，一些证据有部分内容被遮蔽，被申请人认为这影响了证据完整性，并且对书证进行涂抹是伪造证据。

申请人辩称，遮蔽的信息属于敏感信息，不宜公之于众，且遮蔽部分对于仲裁庭审理案件并不构成障碍。申请人进一步解释，有遮盖痕迹的文件是银行开具的银行流水，加盖了银行的公章。文件中显示了收款人、付款人账户信息；每一个收款人的名称上面标明了申请人支付的方式，绝大部分的支付方式是支票，每一张支票的号码也有对应。以证据 22 为例，其和证据 21 是直接对应的，分别是被申请人签署的为本案项目供货的合同以及该合同下申请人付款的银行流水。申请人认为，未遮蔽的信息已经形成了完整证据链，不存在被申请人提出的异议问题。

仲裁庭认为，申请人遮蔽的信息是否属于商业秘密或敏感信息，仲裁庭需要看到被遮蔽的信息才能作出判断。因此仲裁庭要求申请人庭后提供五份其认为有可能涉及商业秘密的样本，由仲裁庭判断是否确如申请人所主张的涉及敏感信息。如果是，则申请人在与被申请人核对原件时可以继续遮蔽相关部分。申请人表示同意。同时，仲裁庭也询问了被申请人对遮蔽信息的处理意见，被申请人表示同意。

申请人庭后向仲裁庭邮寄了部分未遮蔽的、完整的银行流水信息。仲裁庭经审查认为，申请人遮蔽的信息为其公司对外付款或收款账号信息，并不涉及双方当事人争议内容。除了被遮盖的信息外，其他信息与申请人提交的证据材料内容一致。因此，仲裁庭确认申请人遮蔽的信息不影响其仲裁请求中的主张，不构成对证据完整性的破坏，不涉及伪造、变造证据的问题，不影响相关证据的完整性、真实性、关联性及合法性。

（四）关于第二次开庭与当事人书面发表意见

根据仲裁委员会发布的《关于新冠肺炎疫情期间积极稳妥推进仲裁程序指引（试行）》（以下简称《指引》）规定："在新冠肺炎疫情期间，开庭审理的案件，建议仲裁庭优先考虑线上开庭的可行性。"因此，仲裁庭向当事人发送了《第五号程序令》，通知双方以线上形式进行第二次开庭。

根据《指引》的要求，采取线上开庭的方式，仲裁庭应征求双方当事人意见。被申请人对此提出异议，认为只能以线下方式庭审。鉴于此，仲裁庭决定取消第二次开庭安排。首次开庭时，仲裁庭与双方协商一致，未来可以继续开庭审理，也可以通过双方继续提交书面意见的方式推进审理。所以仲裁庭未再组织其他庭审，但已给予双方当事人充分发表意见的机会。

第二部分：《补充协议》相关事项

（五）关于《补充协议》的法律适用

申请人与被申请人签订的《补充协议》约定："本协议的效力、解释以及执行均适用英格兰法律。"申请人与被申请人均认可《补充协议》应当适用英格兰法律，仲裁庭对此予以确认。

《中华人民共和国涉外民事关系法律适用法》（以下简称《法律适用法》）第十条第一款规定："涉外民事关系适用的外国法律，由人民法院、仲裁机构或者行政机关查明。当事人选择适用外国法律的，应当提供该国法律。"争议双方选择适用英格兰法律作为准据法，被申请人认为申请人的行为违反了准据法规定时，有义务向仲裁庭提供该国的明确法律规定。《最高人民法院关于适用〈中华人民共和国涉外民事关系法律适用法〉若干问题的解释（一）》（2012年发布，以下简称《法律适用法解释一》）第十七条进一步规定："人民法院通过由当事人提供、已对中华人民共和国生效的国际条约规定的途径、中外法律专家提供等合理途径仍不能获得外国法律的，可以认定为不能查明外国法律。根据涉外民事关系法律适用法第十条第一款的规定，当事人应当提供外国法律，其在人民法院指定的合理期限内无正当理由未提供该外国法律的，可以认定为不能查明外国法律。"由此可见，如果仲裁庭根据冲突规范的指引主动适用外国法，则仲裁庭有查明外国法的义务；如果当事人选择准据法为外国法，则必须由当事人向仲裁庭提供该外国法的具体内容。如果当事人在合理期限内无法提供，可以认定为无法查明外国法。根据《法律适用法》第十条第二款，不能查明外国法律或者该国法律没有规定的，适用中华人民共和国法律。

本案中，申请人与被申请人在《补充协议》中约定适用英格兰法律，因此双方就各自的主张有义务向仲裁庭提供其所依据的英格兰法律，仲裁庭没有义务主动查明。仲裁庭向当事人发送了《第六号程序令》，要求双方当事人就本案的某些争议焦点向仲裁庭提供相关英格兰法律依据。在本裁决对事实及法律问题的分析与认定过程中，仲裁庭将根据当事人提供的英格兰法律的具体情况决定是否予以适用。如果仲裁庭需要依据英格兰法律作出判断，而当事人无法向仲裁庭提供或提供了错误的法律依据，则仲裁庭可以根据实际情况判定属于无法查明外国法的情形，从而酌情适用中国法。

当适用中国法时，仲裁庭需要澄清：2021 年 1 月 1 日，《中华人民共和国民法典》（以下简称《民法典》）开始施行。《最高人民法院关于适用〈中华人民共和国民法典〉时间效力的若干规定》（以下简称《时间效力规定》）第一条规定："民法典施行后的法律事实引起的民事纠纷案件，适用民法典的规定。民法典施行前的法律事实引起的民事纠纷案件，适用当时的法律、司法解释的规定，但是法律、司法解释另有规定的除外……"

本案所涉纠纷是申请人与被申请人签订、履行《补充协议》《备忘录》导致的。《补充协议》《备忘录》签订及履行的时间均在《民法典》施行前。据此，虽然本案裁决是在《民法典》施行后作出的，但本案纠纷应适用签订、履行《补充协议》《备忘录》时的法律、司法解释，即应适用《中华人民共和国合同法》（以下简称《合同法》）、《法律适用法》等相关法律及司法解释的规定。

（六）关于《补充协议》的效力

被申请人主张《补充协议》存在多处霸王条款，根据英格兰法律相关规定，这些条款应属无效。

被申请人称：

在签署《补充协议》时，虽然被申请人认为不公平，但基于英格兰法律和项目所在地法律，EPC 项目需要总包方具有特定资格，而申请人具备这样的资格，故被申请人必须利用申请人的资格作为总包方。申请人与被申请人在《补充协议》之前签署过一份相对公平的总包合同。在履行的过程中双方又签署了《补充协议》，此时被申请人已经离不开申请人，所以申请人利用优势地位逼迫被申请人签了不公平条款。申请人是国企，被申请人是私企，申请人利用自身各方面优势地位，在被申请人不了解《补充协议》后果的情况下，诱导被申请人签署了过分免除申请人义务的条款，显失公平，应当认定为无效条款。另外，本案涉及一个特殊的商务安排。在该商务安排中，申请人应当为项目进行融资，但实际其并未做到。

被申请人列举了其认为属于"霸王条款"的具体内容包括《补充协议》的若干条款。

被申请人认为，根据英格兰法律及相关判例的规定，《补充协议》对价不对等，严重侵犯了被申请人的权益。

被申请人称：

首先，根据英国 Unfair Contract Terms Act 1977 第 16 条（b）款①规定，在任何情况下，将不公平和不合理的条款列入合同中，该条款无效。双方签订的《补充协议》（协议版本由申请人出具）中，存在多处过分加重被申请人义务，过分减轻甚至免除申请人义务的霸王条款。根据英国法的相关规定，该显失公平的条款应当认定为无效条款。

其次，根据英国 Unfair Contract Terms Act 1977 第 17 条②的规定，合同条款不得以下列目的进行制定：（1）违反合同义务的一方对遭受违约的一方排除自己的违约责任；（2）要求合同对方在己方违约时放弃任何采取行动的权利。《补充协议》约定，申请人不承担责任，被申请人放弃对申请人的索赔和追偿，明显违反了 Unfair Contract Terms Act 1977 第 17 条的规定。

申请人不同意被申请人的意见。申请人称：

1. 被申请人适用外国法有误。被申请人主张霸王条款等的依据是 Unfair Contract Terms Act 1977 第 16 条和第 17 条的规定。但是，上述两条属于该法的第二部分"对苏格兰法律的修订（Amendment of Law for Scotland）"，而该法第一部分才是"对英格兰和威尔士及北爱尔兰法律的修订（Amendment of Law For England and Wales and Northern Ireland）"。本案《补充协议》约定适用英格兰法律，被申请人援引的 Unfair Contract Terms Act 1977 第 16 条和第 17 条系苏格兰法律，不适用于本案。在 Unfair Contract Terms Act 1977 第一部分"对英格兰和威尔士及北爱尔兰法律的修订"及第三部分"适用于联合王国全境的条款（Provisions Applying to Whole of United Kingdom）"中无任何可能导致本案《补充合同》条款效力存在瑕疵的条款。

2. 申请人认为《补充协议》是双方在平等的情况下达成的合意，不存在霸王条款。《补充协议》及其合同条款均合法有效，对被申请人产生法律约束力。

从合同约定而言，《补充协议》约定："本协议的效力、解释以及执行均适用英格兰法律。"根据英格兰法律，申请人认为《补充协议》及其条款满足英格兰法律规定的合同生效要件，不存在任何无效事由，合同本身及其所有条款均合法有效。《补充协议》约定："本协议经双方签字并加盖公章时生效。"《补充协议》签字页有申请人与被申请人双方授权代表的签字，并加盖申请人与被申请人的公司公章，符合合同约定的生效要件。

3. 《补充协议》的条款本身反映了双方的权利义务的平等。因为申请人和被申请人对本项目在《补充协议》下有特殊约定，申请人并不承担典型的 EPC 总包商的义务，同时被申请人也无须向申请人支付典型 EPC 总包商应收到的价款。换言之，申请人在《补充协议》下的权利义务是相对应的，申请人不承担相应的义务或风险，也不享受相应的权利或收益。申请人作为名义上的总包方，只是按照被申请人的指示履行《补充协议》下有限的辅助性义务。按照被申请人提交的资料和巴基斯坦业主聘请的监理方的核算，案涉项目的总成本为 9809 万余美元（即设计、设备、建设和安装对应的近 7658 万美元+税费对应的近 2152 万美元），折合人民币约为 6.86 亿元。如果申请人履行一般情况下总包商的全部义务，被申请人作为业主应向申请人支付至少 6.86 亿元。但是，依据《补充合同》和《备忘录》，被申请人应向申请人支付的全部价款仅为人民币近 8457 万元（包括近 7300 万元的土建工程款和 1189 万余元的管理费），仅为 6.86 亿元的零头。因此，申请人和被申请人的权利义务完全是公平均等的，该安排具有完全的商业和理性。

申请人认为，在《补充协议》下，作为业主的被申请人实际上在海外建设工程中具有优势地位，不存在被申请人所谓的申请人以优势地位胁迫其签署霸王条款的情形。

申请人认为，被申请人应提出事实和法律依据证明其主张。被申请人并未就其主张的所谓合同"霸王条款"构成无效条款提出任何事实或准确的法律证明，应当承担举证不能的不利后果，即其关于合同"霸王条款"无效的主张应被驳回。

仲裁庭认为：

被申请人所主张的是《补充协议》中部分条款无效，而非整个协议无效。因此，仲裁庭需要判断的是被申请人所列举的这些条款是否属于其所称的"霸王条款"。由于《补充协议》适用的法律为英格兰法，因此仲裁庭需要考察在英格兰法律之下，是否存在"霸王条款"这一规定。如果有，该项原则或规则的具体规定如何，在合同中会导致怎样的法律后果。

首先，经仲裁庭核实，被申请人主张霸王条款的法律依据有误。Unfair Contract Terms Act 1977 第 16 条和第 17 条属于该法的第二部分"Amendment of Law for Scotland"，而该法第一部分第 1 条至第 14 条是"Amendment of Law For England and Wales and Northern Ireland"。这说明，该法案的不同条款适用范围确有不同。本案《补充合同》约定适用英格兰法律，被申请人援引的 Unfair Contract Terms Act 1977 第 16 条和第 17 条系在苏格兰境内适用的法律，亦即苏格兰法律，属于法律适用错误，因此被申请人提供的外国法不能作为仲裁庭采纳的法律依据。

其次，被申请人主张，《补充协议》违反了依据英美法之下的"对价原则（Doctrine of Consideration）"。仲裁庭认为，"对价原则"并不是一项具体的规则，而是英美法之下的一项基本原则，几乎可以称为整个英美法的理论价值核心，任何平等主体之间的交易都要遵循该原则。仲裁庭不宜孤立地适用某一项抽象的理论或原则进行裁判，而是必须基于具体的合同条款所对应的更为准确、清楚的法律依据，来判断该条款是否构成了对法律规定的违反。

综上，仲裁庭认为，被申请人就《补充协议》中存在无效的"霸王条款"这一主张，并未向仲裁庭提供正确的外国法。根据《法律适用法》第十条第二款的规定，当事人未在合理的时间内提供外国法，视为无法查明外国法，仲裁庭可以适用中华人民共和国法律来判断《补充协议》中是否存在无效条款。

在中国法下，"霸王条款"并非一个严格的法律概念。在商业交易中，"格式条款"大致可与"霸王条款"类比。根据《合同法》第三十九条第二款规定，格式条款是指"当事人为了重复使用而预先拟定，并在订立合同时未与对方协商的条款"。格式条款是某些行业在进行频繁的、重复性的交易中为了简化合同订立程序而形成的，其立法目的主要是规制一方利用其优势地位，制定有利于自己而不利于交易对方的条款。这些当事方通常是具有一定垄断地位的企业，但这并不意味着格式条款的一方一定是此类主体。

《补充协议》是申请人和被申请人之间就案涉项目专门拟定的 EPC 系列合同中的补充合同，是否为了"重复使用"的目的并不明确。但从《补充协议》所涉及的行业和内容来理解，特定的 EPC 项目通常体量巨大，工程繁多，情况复杂，且本案涉及境外工程，与境外国家的法律和政策密切相关，每一份 EPC

合同都因其所处的地域和工程内容而千差万别。仲裁庭从《补充协议》的内容中无法看出该合同是一份制式合同，为了重复使用而制定。此外，格式合同还有一个根本特征是减轻或免除了提供格式合同一方的义务，而加重了另一方的义务。《合同法》第三十九条第一款规定："采用格式条款订立合同的，提供格式条款的一方应当遵循公平原则确定当事人之间的权利和义务，并采取合理的方式提请对方注意免除或者限制其责任的条款，按照对方的要求，对该条款予以说明。"第四十条规定："……提供格式条款一方免除其责任、加重对方责任、排除对方主要权利的，该条款无效。"通常情况下，格式合同的一方当事人会在时间紧迫或者另一方当事人缺乏经验的情况下，利用另一方的弱势地位而签订权利义务严重不对等的合同。

在实践中，通常要从客观要件和主观要件两方面综合判断合同是否严重不对等。客观要件，即在客观上当事人之间的利益不平衡。一方当事人承担更多的义务而享受极少的权利或者在经济利益上遭受重大损失，而另一方则以较小的代价获得了极大的利益。这种不平衡违反了《中华人民共和国民法通则》中的等价公平原则，也违反了当事人的自主自愿原则。主观要件，即一方当事人故意利用其优势或者另一方当事人的草率、无经验等订立了合同。

首先，从客观方面来看，所谓的不公平条款或"霸王条款"之所以对一方而言不公平，是因为此类条款可以加重一方的合同义务、减少另一方的合同权利，对合同一方造成实际的损失。本案中，被申请人一直强调《补充协议》中的诸多条款使自身的权益遭受极大损失，但并未举证证明这些条款究竟如何减损了被申请人的合法权益，给被申请人造成了怎样的损失，损失的具体数额是多少，以及条款与损失之间具有因果关系。

其次，从主观方面来看，被申请人具有独立法人地位，能够获得巴基斯坦K港口泊位的改造升级工程建设权，说明被申请人是一家具有足够经验、能力和财力的专业公司，并不是对EPC项目缺乏经验的普通投资者。被申请人列举了其认为属于"霸王条款"的规定：《补充协议》的"成本确认""支付和支付争议""工作和义务范围""指定分包以及对指定分包的责任"；"安全责任""质量责任""索赔""协议有效期""协议优先性""责任限制"等条款。上述条款涵盖了《补充协议》的大部分内容。作为理性的商业主体，如果《补充协议》的绝大部分内容都是不公平的条款，被申请人应当拒绝签署此份《补充协议》或者要求对其中的显失公平条款进行一定的修改。但被申请人并未举证证明其自 2016 年 10 月 9 日签署《补充协议》直至仲裁发生之前，曾经向申请人提出过这一抗辩。

被申请人称，《补充协议》之所以显失公平，是因为在签署《补充协议》时受到了申请人的胁迫和诱导：第一，被申请人认为申请人是国有企业，被申请人是私企，申请人利用优势地位逼迫被申请人签了不公平条款。仲裁庭认为这一主张并不成立，国有企业抑或私营企业并不能构成合同一方占有优势地位的充分理由。第二，被申请人称其是在不了解《补充协议》后果的情况下，被申请人诱导签了过分免除申请人义务的条款，严重显失公平。此项主张仲裁庭同样认为无法成立。被申请人是一家专业的港口与海运公司，在《补充协议》签订之前已经与申请人签署了关于 EPC 的总包合同并实施了工程建设，对于 EPC 工程建设的流程以及双方的权利义务应当有充分的认知，被申请人并未举证证明其存在对《补充协议》后果不了解且被申请人诱导的情形。

无论从主观层面还是客观层面，被申请人都没有提供充分的证据证明其所列举的条款属于格式条款。

在市场经济条件下，要求各种交易中给付和对价给付都达到完全的对等是不可能的，从事交易必然要承担风险，并且这种风险都是当事人自愿承担的。这种风险造成的不平衡如果在法律允许的限度范围之内，并且未使一方当事人获得超过法律允许的利益，这种风险就是商业风险。被申请人在签订《补充协议》时并未有任何相反的意思表示，在签订合同之后正常履行合同，即使合同中存在若干并非绝对对等的权利义务条款，也可能是双方协商的结果。所以，仅从合同条款的内容并不足以判断合同实质的公平与否。

被申请人在答辩意见中提出，申请人"逼迫""诱导"其签订《补充协议》，条款"显失公平"。我国的《合同法》虽然有"欺诈""胁迫""显失公平"等规定，但根据《合同法》第五十四条第一款、第二款规定："下列合同，当事人一方有权请求人民法院或者仲裁机构变更或者撤销：（一）因重大误解订立的；（二）在订立合同时显失公平的。一方以欺诈、胁迫的手段或者乘人之危，使对方在违背真实意思的情况下订立的合同，受损害方有权请求人民法院或者仲裁机构变更或者撤销。"该类合同不属于无效合同，而是由当事人请求司法或仲裁机构予以撤销的合同类型，且根据《合同法》第五十五条第（一）项"有下列情形之一的，撤销权消灭：（一）具有撤销权的当事人自知道或者应当知道撤销事由之日起一年内没有行使撤销权"的规定，被申请人已经超过了撤销权的行使期限。

因此，仲裁庭认为，被申请人未能提供英格兰法律下认定《补充协议》无效的充分、准确的法律依据，在中国法下亦无法认定《补充协议》无效或可撤销。《补充协议》是基于申请人与被申请人作为平等主体之间的合意而形成的、双方均签署认可并实际履行的合同，是合法有效的合同。

（七）关于《补充协议》中申请人的合同义务及该义务是否恰当履行

申请人与被申请人均认可申请人在《补充协议》下的义务范围体现在《补充合同》第5.2条。

申请人认为其已经完善履行了第5.2条项下的全部7项约定对应的义务。申请人主张：

1. 就《补充协议》第5.2条第1—3项以及第5项的约定。申请人需要在被申请人作出明确指示和要求的情况下，承担一定的协助义务。依据第1项，申请人已经尽合理努力协助甲方设备及材料取得进口许可、关税优惠及减免的办理，该条也明确表示申请人不对相关许可、税收待遇的获得结果和延误负责。申请人已经履行该项义务的证据包括申请人已向被申请人提供了相关设备进口的报关凭证、提单等文件，以协助被申请人在巴基斯坦办理清关手续，相关证据可见申请人证据；被申请人向本案项目的巴基斯坦方业主K港务局提交的相关成本文件，该成本文件的附录2、申请人证据某页系本案相关设备进口的提单、报关单、发票及相关文件，前述文件系本案申请人向被申请人在巴基斯坦支付关税及办理关税优惠所提供的协助工作证明。申请人证据某页为本案申请人、被申请人以及供应商ABC公司三方签署的就ABC公司向被申请人提供关税减免咨询服务的三方协议，依据该协议申请人已经协助被申请人办理关税减免、优惠咨询以及相关服务，且申请人也依据被申请人的指示向供应商支付了相关合同下的金额。综上，申请人已经完善履行了第5.2条第1项关于按照被申请人的指示，合理努力协助被申请人办理设备进口关税优惠及减免。

2. 就《补充协议》第5.2条第2项，申请人应依据被申请人的明确指示和要求签订本项目涉及的保险合同。申请人已完善履行该项义务，相关证据包括申请人某页。

3. 就《补充协议》第5.2条第3项，被申请人主张，申请人未签订相应的安防保护工作合同。申请人认为，《补充协议》明确约定的是申请人应依据被申请人的明确指示与要求与安保单位签订相关合同，由于本案中被申请人从未指示或者要求申请人签署该合同，因此申请人实际未签署该合同并不构成对该条的违约。

4. 就《补充协议》第 5.2 条第 4 项，被申请人主张，申请人未在国内组建融资团队协助被申请人进行融资。申请人认为，该条约定系申请人应协助被申请人尽合理努力进行融资，但不对融资结果负责。申请人已提供相关融资协助服务，证据见申请人证据。申请人当庭提交的某证据是被申请人与 J 律师事务所以及中国 H 银行某市分行，就本案 K 港务局涉案项目融资事宜签订的融资项目法律服务协议，且 H 银行和 J 律师事务所已依据该合同提供了相关融资法律服务。申请人与被申请人与 J 律师事务所签署了法律服务费用三方支付协议，且申请人依据该协议代被申请人向 J 律师事务所支付了相关融资费用，申请人已履行协助融资义务。除该份证据外，申请人和被申请人以及 K 港务局曾参加多次现场会议，就融资事项进行协商。

5. 被申请人主张，申请人未依据《补充协议》第 5.2 条第 6 项履行相关的出口退税义务。申请人认为，申请人实际已依据合同约定和中国相关法律规定办理了出口退税，但是依据我国出口退税法律规定，只有在被申请人完全支付了相关进出口货物外汇后，申请人才能依据法律规定向税务机关办理出口退税。本案中被申请人尚有超过大约 50% 的进出口设备的货款未支付相应外汇，导致申请人无法依据法律规定向税务机关办理出口退税。就被申请人已经全额支付外汇且申请人依法可以办理出口退税的部分，申请人已完全履行办理出口退税的义务。依据《补充协议》相关条款的约定，涉及本项目所有海关或税务机关支付给申请人的退税款，应由申请人保留，作为被申请人应付合同款项的保证金。如被申请人支付的合同价款超出被退税款抵扣后的被申请人应支付的合同价款，申请人应在收到付款后的三个银行工作日内将超出部分支付到被申请人指定账户。依据该条的明确约定，即使申请人已经收到了部分出口退税款，也不能直接与被申请人的所负债务相抵，只有申请人全额收到被申请人在涉案合同下的欠付款项后申请人才有义务返还该保证金。

6. 对于被申请人笼统指出申请人管理不善职责，申请人认为其已经完善履行了《补充协议》第 5.2 条下的所有项目管理义务。本案项目之所以无法顺利进行，系因为被申请人从项目开始至今一直拖欠包括申请人、A 公司、F 公司等分包商在内的货款，以及被申请人提供图纸存在延迟，申请人在《补充协议》下已经尽到了所有的管理义务。

被申请人不同意申请人的意见，抗辩意见如下：

1. 被申请人认为，申请人没有恰当履行《补充合同》约定的义务。例如，申请人未按照《补充协议》第 5.2.1 条关于进口关税优惠及减免的约定办理关税优惠和减免；未按照《补充协议》第 5.2.3 条约定签订安防保护工作合同；未履行《补充协议》第 5.2.4 条约定，协助被申请人融资；未履行《补充协议》第 5.2.6 条约定办理出口退税手续。

2. 被申请人认为，申请人存在项目管理不善之责。被申请人向申请人支付近 1800 万美元，申请人未向案外人 F 公司、A 公司支付款项，导致 F 公司、A 公司向被申请人索要赔偿金。由于申请人管理不善，项目至今未达到竣工验收条件，严重影响被申请人使用，并引发了被申请人与案外第三人之间的诉讼，给被申请人造成巨额损失。被申请人对此项权利保留提出反请求、另案追诉的权利。

3. 庭审中，被申请人补充了其对于申请人未尽合同义务的主张。第一，被申请人称申请人提交的协议、关税等证据均为英文件，没有按照仲裁庭要求翻译成中文。第二，被申请人对申请人提交证据的真实性存疑。申请人提交的交款人、收款人等信息均不完整，跟项目难以对应。申请人声称已经按照《补充协议》办理关税优惠和减免，但被申请人迄今为止未收到申请人办理关税减免优惠的完整材料，也未收到关税减免的相关优惠。第三，申请人一直主张按照被申请人指示签订安防保护工作合同，但有常识的人都应认知到安防保护工作合同是 EPC 总包合同里的必备合同。申请人作为总包方不应依据被申请人指令签订安防保护工作合同，而应按照自己的义务签订安防保护工作合同。第四，申请人称其已经完成项目融资团队协助被申请人融资的义务，提交了与 J 律师事务所的法律顾问协议。但这不足以证明其已经按照《补充协议》约定完成了项目融资协助义务。事实是申请人未履行项目融资义务，导致被申请人在涉案工程项目因资金链断裂、资金短缺、款项支付不及时而与第三人 A 公司、F 公司发生纠纷。第五，申请人提交的关于办理退税的手续不能证明其完备性及办理了全部出口退税手续。申请人关于因被申请人未支付款项而不能办理退税手续的主张与事实不符，并且申请人也未要求被申请人协助其办理出口退税。第六，申请人未妥善管理项目，未合理尽到《补充协议》的义务，导致涉案项目资金短缺、资金链断裂而使被申请人与案外第三人 F 公司、A 公司发生了纠纷，面临巨额赔偿。项目至今未竣工验收，项目所在地政府不断因项目未完工而对被申请人做出惩罚，每天有 50 万卢比的罚金发生着。申请人作为总包商，因管理不善给被申请人造成损失，应承担管理不善的责任。

仲裁庭认为，申请人已经适当履行了其在《补充协议》项下的义务，具体认定如下：

第一，根据《补充协议》的"鉴于"条款约定："双方已就本项目中的特定工作签署了 EPC 总承包合同，甲方（被申请人）选定乙方（申请人）作为甲方的总承包商，承担项目中特定的有限度的职责。"申请人在 EPC 总承包合同和《补充协议》中所承担的义务与一般的 EPC 总承包商并不相同，所谓的"特定的有限度的职责"体现在《补充协议》中是何种职责，必须结合《补充协议》中的具体条款来分析。

第二，申请人在《补充协议》下的义务范围体现在《补充合同》第 5.2 条。

第三，就第 5.2 条第 1 项约定，申请人应根据被申请人的明确指示和要求，尽合理努力协助被申请人办理设备及材料进口许可、进口关税优惠及减免等，但不对相关许可、税收待遇的获得结果和延误负责。

对于本项义务的履行，申请人主要提供了两类证明文件。第一类是申请人向被申请人提供的相关设备进口报关凭证、提单、发票、报关单等文件，此类文件均用于被申请人在巴基斯坦办理清关手续；第二类是申请人、被申请人以及供应商 ABC 公司三方签署的就 ABC 公司向被申请人提供关税减免咨询服务的三方协议。依据该协议，申请人已经提供协助被申请人办理关税减免、优惠咨询等相关服务。被申请人称，其一直未收到申请人办理关税减免、优惠的全部材料，也没有收到关税减免的相关优惠。但是，被申请人并未明确说明哪些办理关税减免和优惠的材料必须由申请人提供而申请人并未提供，且关税最终是否可以优惠或减免并非申请人可决定事项，而与项目所在地法律、海关政策、被申请人提交的文件、被申请人申请关税减免的时间乃至不可抗力等各种因素都有关，因此《补充协议》特别约定申请人不对相关许可、税收待遇的获得结果和延误负责。

综上，仲裁庭认为申请人已经完善履行了第 5.2 条第 1 项关于依据甲方的指示合理努力协助甲方进行设备进口关税优惠及减免的办理义务。

第四，就《补充协议》第 5.2 条第 3 项，被申请人主张申请人未签订相应的安防保护工作合同。申请人认为，《补充协议》明确约定的是申请人应依据被申请人的明确指示与要求与安保单位签订相关合同，本案中被申请人从未指示或者要求申请人签署该合同，因此申请人虽实际未签署该合同但并不构成对该条的违约。被申请人认为签订安防保护工作合同是申请人需要主动履行的义务。仲裁庭对被申请人的抗辩不予认可。《补充协议》第 5.2 条第 3 项明确约定，申请人是根据被申请人的"明确指示和要求"来签订安防保护工作的后续合同。如果按照被申请人所说，签订安防保护工作合同是一种常识性认知，被申请人作为工程的建设方，没理由不清楚签订该合同的必要性和重要性，其有必要也有义务提醒申请人尽快签署相关的安防保护工作合同。被申请人不主动指示和要求申请人完成合同签署，而是将签署合同的责任全部归于申请人，并不合理。因此，仲裁庭认为，申请人并没有违反本项义务。

第五，就《补充协议》第 5.2 条第 4 项，申请人应当在国内组建融资团队尽合理努力协助被申请人进行融资，但不对融资结果负责。申请人提交了被申请人与 J 律师事务所以及中国 H 银行某市分行，就本案 K 港务局涉案项目融资事宜签订的融资项目的法律服务协议，且 H 银行和 J 律师事务所已依据该合同提供了相关融资法律服务。申请人与被申请人又与 J 律师事务所签署了法律服务费用三方支付协议，且申请人依据该协议代被申请人向 J 律师事务所支付了相关融资费用，申请人已属于协助进行融资的义务。被申请人认为这不足以证明申请人已经按照《补充协议》的约定完成了项目融资协助义务，仲裁庭不予认可。申请人的义务是组建融资团队，"协助"被申请人完成融资义务，但不能保证融资的结果。能否获得金融机构的融资与被申请人本身的公司资质、资金状况、运营能力、项目的进展情况、国家的金融政策等均有密切关系，并非申请人有能力决定的，因此《补充协议》特别约定申请人不对融资结果负责。仲裁庭认为，就目前申请人提交的证据，已经可以证明申请人为了协助被申请人融资进行了合理努力，完成了第 5.2 条第 4 项之下的义务。

第六，就《补充协议》第 5.2 条第 6 项，申请人应当按照程序办理出口退税手续。申请人向仲裁庭说明：其一，依据我国出口退税相关法律规定，只有在被申请人完全支付了相关进出口货物的外汇后，申请人才能依据法律规定向税务机关申请办理出口退税。本案中被申请人尚有超过大约 50% 的进出口设备的货款未支付相应外汇，导致申请人无法依据法律规定向相关税务机关办理出口退税。其二，依据《补充协议》相关条款的约定，涉及本项目所有海关或税务机关支付给乙方的退税款，应由乙方保留，作为甲方应付合同款项的保证金。

只有申请人全额收到被申请人在涉案合同下的欠付款项之后申请人才有义务返还该保证金。仲裁庭认为，就申请人所提及的由于被申请人未付款而不能办理出口退税的部分，被申请人并未提供证据证明其已经完成了根据我国出口退税相关法律规定需要提交的全部手续以及不能办理的责任在申请人。而且，根据《补充协议》约定，申请人有权扣留退税款，直至被申请人付清全部合同价款。目前，双方对于合同价款的支付尚有争议，无论是哪一方的过错，被申请人都认可合同价款尚未完全支付。因此，申请人在办理出口退税方面并没有违反《补充协议》的约定。仲裁庭在此特别指出，如被申请人认为其与退税有关的权益因申请人行为而受到损害的，可另行主张。

第七，对于被申请人笼统指出申请人管理不善职责，经过仲裁庭对上述条款的分析，申请人并不存在未完成《补充协议》约定的义务的情形，因此不存在被申请人所谓的"管理不善"。

第八，申请人并不存在"拒绝对账"行为。申请人已经向仲裁庭及被申请人提交所有申请人主张列入项目成本的合同、银行流水、发票等账务信息，不存在被申请人主张的申请人拒绝对账行为。被申请人称其对成本明细一无所知，但已经向申请人支付了所有的请款事项。作为理性的商业主体，如果被申请人对于申请人对外签订合同和付款行为并不知悉，而贸然将巨额款项按照申请人的要求支付给第三方，有悖常理，且被申请人并未向仲裁庭提交任何申请人有隐瞒、欺诈或胁迫被申请人在不知情情况下付款的证明。因此，关于被申请人对于成本明细"一无所知"的抗辩，仲裁庭不予采纳。

综上，仲裁庭认为，申请人已经适当地履行了其在《补充协议》项下的各项义务。

（八）《补充协议》管理费及其支付依据

1. 关于《补充协议》项下项目成本及管理费的构成

关于项目的总成本，申请人认为：

依据《补充协议》相关条款，项目成本包括勘察、设计、设备及材料采购、建筑及安装工程、航道疏浚、临建、安保、调试、试运行、培训、物流、保险、财务费用、所有税费（含进口关税、预提税、乙方根据指定分包合同需要代缴纳的预提税）、配合融资产生的费用，以及其他为了一切 EPC 合同要求所合理推断需要完成的工作所产生的费用。被申请人作为业主已经签署相关分包合同、批准相应分包合同的签署、知悉相应货物/服务的提供情况，且已为本项目实际使用相应货物/服务。申请人为本项目签署的分包合同的金额、申请人为履行 EPC 合同产生的合理费用均应直接确认为项目成本。申请人已提交符合《补充协议》相关条款的分包合同、银行流水、付款凭证、发票等证据，相关金额应确认为项目成本。

被申请人认为：

项目完工之后才会有确定的成本，而这个项目成本是固定的成本。项目成本的来源应当由作为 EPC 总包方的申请人来提供，而事实上直到开庭之前，被申请人从未收到申请人关于项目成本的材料，并且在仲裁申请过程中，申请人提交的材料关于项目成本的数额前后不一致，变化特别大。从第一份申请书和变更仲裁请求的申请书可以看出，第一份申请书依据的项目成本计算出的管理费近 1150 万元，而在新的仲裁请求里计算出的数额是 175 万余元，这说明作为 EPC 总包方的申请人迄今为止并未完全核算清楚项目成本，其依据项目成本收取管理费没有基础和事实依据。

仲裁庭查明：

第一，关于项目成本所包含的内容。依据《补充协议》约定：项目成本包括勘察、设计、设备及材料采购、建筑及安装工程、航道疏浚、临建、安保、调试、试运行、培训、物流、保险、财务费用、所有税费（含进口关税、预提税、乙方根据指定分包合同需要代缴纳的预提税）、配合融资产生的费用，以及其他为了一切 EPC 合同所明示的工作或者为了满足 EPC 合同要求所合理推断需要完成的工作所产生的费用，还特别包括但不限于如下费用：（1）所有为了本项目的目的而购买的保险的保险费用；（2）有关安保的后续分包合同项下的全部合同金额；（3）由于融资产生的合理费用。

第二，项目成本的确认方式，体现在《补充协议》某条。

第三，管理费的计算方式，体现在《补充协议》某条：申请人按照本协议相关条款确定的成本收取 3% 管理费为酬金（管理费）。

综上，仲裁庭认为，《补充协议》中对于项目成本和管理费的约定是明确的，双方争议焦点并不在于管理费的计算方式，而是具体项目是否构成项目成本及其金额确定。仲裁庭将会在本部分的第 3 点对是否应当计入项目成本的单项内容逐一分析和认定。

但是，仲裁庭注意到，在本部分第 3 点将要讨论的具体成本项目中，存在许多不规范的情形。例如申请人或被申请人有某一方未签署合同、合同的金额与申请人实际支付的金额不相同、分包合同款项的支付未通过申请人而是从被申请人或第三方的账户支出等情形，这些形式上的不统一对仲裁庭认定该项费用可否纳入成本造成困难。因此，有必要厘清认定为成本的标准。仲裁庭认为，并不是所有申请人或被申请人与分包商、供应商等签订的合同金额都应当纳入成本。根据《补充协议》支付方式的约定，当被申请人认可申请人与指定分包商签署的合同后，应当将应付金额支付给申请人，再由申请人支付给指定分包商。"成本"在通常意义下，应理解为建设工程中实际投入和发生的费用，如果合同金额与实际支付金额不一致，单纯以合同金额作为计算成本的依据，会导致成本的计算与实际发生的金额出现偏差。另外，仲裁庭确定成本的目的是根据成本来提取 3% 作为申请人的管理费。如果分包合同的签署或付费与申请人并无直接关联，则将合同金额全数计入成本并因此而向申请人支付管理费对被申请人而言有失公允。因此，仲裁庭所认可的成本应当通过申请人或申请人指定的账户支付给第三方；同时，当合同约定价款与实际履行或支付价款不一致时，应当以申请人实际支付的价款作为成本进行确认。对于仲裁裁决作出时尚未发生的费用，仲裁庭不做处理，申请人可以另案主张。

2. 关于项目管理费的支付时间及币种

申请人主张，管理费部分金额的计算分为 Onshore（巴基斯坦）和 Offshore（中国）两部分，具体的金额和计算方式如下：

（1）Onshore 巴基斯坦部分

Onshore 巴基斯坦部分成本的结算以卢比为准，因为全部巴基斯坦在案成本均由申请人以卢比的方式支付给分包商，成本总额为近 306560 万卢比。

申请人认为，在计算管理费的时候，《补充合同》并未约定管理费的币种。因为：其一，申请人是中国公司应收取人民币；其二，《补充合同》约定："如需兑付外汇的，乙方（申请人）按照付款当日中国建设银行汇买汇率，将美元兑换成人民币进行支付。甲方向乙方支付对应美元时，应保证乙方兑换后的人民币为足额并满足指定分包合同的要求。如果由于甲方向乙方支付时的汇率与乙方向指定分包商支付的汇率差异造成了额外费用和损失，由甲方负责承担并全额向乙方补偿"（申请人证据 1，第 5 页）；因此管理费应以人民币计算。

申请人在计算管理费时将全部项目成本分为三类：第一类，有银行流水对应的项目成本；第二类，没有银行流水对应的项目成本；第三类，申请人证据中的税费。

对于第一类，有银行流水对应的项目成本，申请人将其向分包商实际付款时的成本卢比金额，按照实际付款银行流水当日的巴基斯坦国家银行卢比对人民币汇率折算为人民币，再按照该人民币金额的3%计算管理费。

对于第二类，没有银行流水对应的项目成本，申请人将该部分差额使用相关期限内的中位数15.98作为卢比对人民币的汇率折算为人民币，再按照该人民币金额的3%计算管理费。

对于第三类，申请人证据中的税费，申请人也使用中位汇率15.98作为卢比对人民币的汇率折算为人民币，再按照该人民币金额的3%计算管理费。申请人认为这一计算方式实际对被申请人有利，因为在申请人证据相关税费集中发生的2016—2017年上半年，卢比对人民币汇率基本集中在15.3以下，按照较低汇率折算的人民币金额更高，应向申请人支付的管理费也就更高。

（2）Offshore 中国部分

申请人称，国内部分成本包括人民币和美元（仅有中国 F 海运公司部分合同金额和中国某财保公司某市分公司保险付款金额两笔），依据《补充合同》的约定：第一，按照该时期平均美元对人民币汇率6.8由美元折算为人民币；第二，按照实际支付日的美元对人民币汇率（6.8862、6.6282、6.807）分别折算为人民币。国内成本总额为人民币20800万余元（包括土建施工的总金额人民币近7300万元）。管理费直接按照人民币成本总金额的3%计算，为600余万元。

关于管理费的支付时间，申请人认为：

依据《补充协议》约定，甲方提前15日通知乙方其应当支付给乙方的款项，该款项中应包括乙方当期应支付给指定分包方款项为基数的管理费。还约定，甲方应充分注意向指定分包商付款的时间，主动向乙方付款……成本承担方式约定，该项目全部成本采取实报实销的方式，意味着什么时候产生成本，甲方什么时候支付。而依据相关条款，甲方在支付成本的同时就应该支付与该成本对应的3%的管理费。相关条款再次强调，甲方应当依据分包合同约定的付款时间提前向本案申请人付款，而该付款包括约定的成本加管理费，因此申请人认为，管理费的支付时间即产生成本的时间。

被申请人称：

其签订的所有合同，无论是在岸合同还是离岸合同，支付的都是卢比。合同以美元计价，以美元核算，根据当天的汇率兑换成卢比支付到申请人指定的账户。在合同履行中，申请人和被申请人日常包括项目工程结算都是以卢比来结算，而本案依据的法律也是英格兰法律，跟中国法和中国货币没有任何关系，所以不应该以人民币作为管理费结算和支付的依据。

关于付款时间，被申请人主张，《补充协议》约定是甲方提前 15 日通知乙方其应支付给乙方的款项。该款项中应当包括乙方当期应该支付给指定分包商的款项，以应付给指定分包商款项为基数根据相关条款项下的比例计算当期酬金，也就是管理费，并没有说当时应该支付给申请人。《补充协议》中没有关于付管理费时间的明确约定。双方对于管理费支付的时间是有争议的。被申请人对于该条款的理解是，该条款没有明确约定支付管理费的时间。合同约定是按照项目成本来支付管理费，项目没有完工，成本就无法计算，计算管理费的依据就不存在，不存在支付管理费的问题。

仲裁庭认为：

第一，关于管理费的支付时间，《补充协议》中有明确约定。补充协议明确，被申请人应当提前 15 日通知申请人其应当支付给申请人的"款项"，该"款项"包括申请人当期应当支付给指定分包商的款项以及按照当期款项计算出来的"当期酬金（管理费）"。根据对合同条款的整体理解，相关条款中，第（i）目应付指定分包商的款项与第（ii）目申请人应当从中提取的管理费处于并列关系。申请人在收到被申请人支付的每笔"款项"后向第三方支付。这里被申请人向申请人支付的"款项"并没有特别说明支付的是第（i）目之下的费用，因此应当理解为该笔"款项"同时包含第（i）目应付指定分包商的款项与第（ii）目申请人应当从中提取的管理费，这样也符合合同文本中对于"当期酬金"之"当期"的理解。综上，管理费的支付时间应当按照被申请人向申请人支付每一笔可计入项目成本费用的时间分别计算。

第二，对于管理费支付的币种。在《补充协议》项下，双方并没有明确管理费用必须用哪一种币种支付。根据相关条款约定，申请人向第三方支付的币种需要根据第三方的要求来选择。但是本项约定，如需兑付外汇的，申请人应当按照付款当日中国建设银行汇买汇率，将"美元"兑换成"人民币"进行支付，被申请人向申请人支付对应美元时，应保证申请人兑换后的人民币为足额。换言之，双方同意被申请人以美元方式向申请人支付相应货币，但是必须保证申请人能将其兑换成人民币。因此，为了方便起见，仲裁庭将所有的货币最终都按一定的汇率换算成人民币进行计算和确认。以美元或卢比方式支付的价款按照支付时的汇率进行结算。如果没有确切的支付时间或者多笔款项在一个时间段内分别支付，仲裁庭可以酌定按照某一时间段内的平均汇率来进行结算。

申请人主张以 15.98 的"中位汇率"（即 2017 年 8 月 1 日人民币对卢比的汇率）折算为人民币，但并未提供适用"中位汇率"的充分理据。仲裁庭认为，卢比对人民币的汇率波动幅度较大，采用某一日的汇率作为结算标准有偶然性，宜采取一段时间内的平均汇率作为计算基础。双方的《补充协议》签订于 2016 年 11 月，此后大部分与案涉工程相关的分包合同、供应合同都在 2017 年内签订履行。因此仲裁庭酌定，采取 2016 年 11 月 1 日至 2017 年 12 月 31 日的平均汇率 15.54 作为折算汇率。

3. 关于是否应纳入成本的具体项目及金额

申请人证据《异形钢筋采购协议》，金额近 10000 万卢比，是否应确认为项目成本？

申请人称，该份合同系申请人、被申请人以及本案的钢筋供应商三方签署的本案涉案改造项目钢筋供应协议。该合同封面名称是采购合同，采购标的是异型钢筋。本合同三方主体分别是甲方被申请人，乙方申请人，以及丙方钢筋供应商。底部明确写明该钢筋供应协议是为 K 港务局码头泊位升级改造项目而签署的。证据某页上半部分也重复了本案当事人以及本案的合同与本项目的关联性。另某页系本合同的签字页，有被申请人的盖章和签字。被申请人的签字人为其总经理 B1，也是本案被申请人提出异议的《备忘录》中代表被申请人签字的主体。另某页约定了该份钢筋供应协议的付款方式，按照单价和工程量实际支付工程款。申请人证据显示，申请人依据该份合同向供应方实际支付钢筋相关款项的银行流水。申请人系依据该银行流水中实际向供应方支付的卢比总额计算的该项对应的工程成本。

被申请人否认此项应列为项目成本，因为被申请人并未签字确认该笔费用。任何分包合同的款项以及付款需要经过被申请人确认后才能支付，此合同申请人并未遵循约定的请款流程。另外，被申请人认为，证据《异型钢筋采购协议》是英文版的，并没有按照仲裁庭的程序译为中文版。被申请人对它的真实性和内容无法判断。本协议签署页与前面内容不具有关联性。本协议没有骑缝章，只有签署页有章，怀疑该协议真实性。既然没有真实性，就没有关联性和合法性的依据。本协议与后面的银行流水不具有关联性，证据银行流水是一个打印件，看不出此份材料是银行提交的。里面有多处内容缺失，没有收款账号、收款人、付款账号、付款人，后面列示的信息也是英文的且看不清楚，仅能看到收款人名称跟前面证据中的当事方不一致。从这个流水算出来的款项与申请人主张实际付款的金额差别特别大，银行流水算出来的数据是近 6300 万卢比，申请人主张的实际付款金额为近 10000 万卢比。差额如此之大，说明申请人的主张没有事实依据。

仲裁庭认为：

首先，该份《异形钢筋采购协议》的真实性应予以确认。该份协议的盖章页有三方合同主体的签字盖章，其中被申请人处包括盖章和"B1"的签字。被申请人认为该份合同没有骑缝章，因此合同除盖章页之外的真实性不能被认可。既然此份合同的盖章页有被申请人的签名盖章，说明被申请人亲自签署了该份合同，如果被申请人对合同内容有异议，应当向仲裁庭提交经过其签署的"真实"版本，而非仅对自身签署的合同进行口头否认。

其次，被申请人因未签字确认此笔费用而主张该项不应列为项目成本，认为任何分包合同的款项以及付款需要经过被申请人确认后才能支付，此合同申请人并未遵循约定的请款流程。但该份合同有被申请人的签字盖章，合同的金额已经得到了被申请人的认可，被申请人如果不同意按照已经签署的合同进行付款，应当向仲裁庭提交不付款的理由。在没有相反证据的情况下，仲裁庭认为，此份《异形钢筋采购协议》的真实性和付款的合法性都是得到被申请人认可的。

再次，根据申请人提供的银行流水，经仲裁庭核对，申请人已经就该份《异形钢筋采购协议》向供应商巴基斯坦某钢铁公司支付了近 10000 万卢比，与申请人主张的金额一致，并不是被申请人主张的近 6300 万卢比。对于该份银行流水，被申请人对其真实性不予认可，但并未提出相反证据证明其系伪造或有任何虚假数据，在无相反证据的情况下，仲裁庭对此金额予以认可。

最后，该笔费用应当计入项目成本。《补充协议》约定：项目成本包括勘察、设计、设备及材料采购、建筑及安装工程、航道疏浚、临建、安保、调试、试运行、培训、物流、保险、财务费用、所有税费（含进口关税、预提税、乙方根据指定分包合同需要代缴纳的预提税）、配合融资产生的费用，以及其他为了一切 EPC 合同所明示的工作或者为了满足 EPC 合同要求所合理推断需要完成的工作所产生的费用，还特别包括但不限于如下费用：第一，所有为了本项目的目的而购买的保险的保险费用；第二，有关安保的后续分包合同项下的全部合同金额；以及第三，由于融资产生的合理费用。本项内容属于"设备及材料采购"费用，属于《补充协议》项下项目成本。①

第三部分：《备忘录》相关事项

（九）关于《备忘录》的法律适用及效力

1. 判断《备忘录》效力的法律

仲裁庭向双方当事人发送《第六号程序令》，要求当事人说明判断《备忘录》效力时适用的法律以及《备忘录》在英格兰法律下有效或者无效的法律依据。

被申请人认为：申请人提交的《备忘录》并未约定适用法律且显示本合同未约定事宜适用《补充协议》。《补充协议》适用英格兰法律，因此《备忘录》应适用英格兰法律。

申请人认为：（1）依据《备忘录》和《补充合同》的约定，判断《备忘录》效力时应适用英国法律。（2）但是，根据《法律适用法》第十条的规定，在当事人选择适用外国法的情况下，当事人承担查明外国法的责任。《法律适用法解释一》第十七条第二款规定："根据涉外民事关系法律适用法第十条第一款的规定，当事人应当提供外国法律，其在人民法院指定的合理期限内无正当理由未提供该外国法律的，可以认定为不能查明外国法律。"（3）本案中，英格兰法律为双方当事人约定适用，故双方当事人负有提供英格兰法律的义务；在双方都不提供英格兰法律的情况下，仲裁庭应当依据中国的冲突规范，即《法律适用法》，直接适用中国有关法律作出裁决。

仲裁庭认为，《合同法》第一百二十六条第一款规定："涉外合同的当事人可以选择处理合同争议所适用的法律，但法律另有规定的除外。涉外合同的当事人没有选择的，适用与合同有最密切联系的国家的法律。"对于何谓"合同争议"，《最高人民法院关于审理涉外民事或商事合同纠纷案件法律适用若干问题的规定》（该文件于2013年已失效，但其中对于"合同争议"的定义可以作为参考）第二条规定："本规定所称合同争议包括合同的订立、合同的效力、合同的履行、合同的变更和转让、合同的终止以及违约责任等争议。"因此，对于涉外合同，合同当事人约定的关于合同争议的法律适用，可以包含对合同效力约定的法律适用。在本案中，《备忘录》第五条约定："本协议未尽事宜按照

---

①　以下关于若干证据的分析与此类似，限于篇幅，在此不予赘述。

双方签订的 EPC 合同及其补充协议中有关规定执行。"《备忘录》本身并未约定适用法律，依据争议双方《补充协议》的约定，应适用英格兰法律。对于合同效力的认定，也应当适用英格兰法律。

但是，仲裁庭在判断《补充协议》效力时已明确，依据《法律适用法》第十条及《法律适用法解释一》第十七条规定，如果仲裁庭根据冲突规范的指引主动适用外国法时，仲裁庭有查明外国法的义务，但当事人如果自由选择准据法为外国法时，必须向仲裁庭提供该外国法的具体内容，如果在合理期限内无法提供，可以认为无法查明外国法，仲裁庭可直接适用中国法。

2.《备忘录》的效力

被申请人认为，《备忘录》在英国法之下无效。对此，被申请人提供的法律依据为英国 Companies Act 2006 第 44 条：公司董事或公司秘书有权代表公司签署文件，公司董事签署文件时须有两位见证人在场。被申请人称，备忘录上签字的 B1 既不是公司董事又不是公司秘书，其无权代表公司签订《备忘录》；同时 B1 否认签署过《备忘录》，且《备忘录》B1 的签字并非原件，不具有真实性，因此《备忘录》无效。此外，被申请人认为，按照《备忘录》的约定，其生效是自双方当事人签字盖章之日起生效，而《备忘录》中被申请人一方只有 B1 签字，并没有被申请人盖章。无论是按照英格兰法律还是中国法律，"签字盖章"都应解释为签字并盖章。所以《备忘录》没有生效，对被申请人无约束力。

申请人认为，《备忘录》在英格兰法律下有效，原因如下：

（1）英格兰法律下合同经要约、承诺且具备创设法律关系之意图即成立，不以盖章为要式；故《备忘录》有签名即（甚至在没有签名的情况下亦）可成立。《备忘录》已经由申请人盖章签字、被申请人签字，且申请人已多次通过电子邮件将该《备忘录》发送给被申请人，且双方已履行完毕（除了被申请人违约未履行的部分）。双方就《备忘录》早已达成要约承诺，该合同成立。

（2）《备忘录》第六条约定签字盖章生效。英格兰法律下的合同解释原则是公平合理解释原则（fairness or reasonableness），应探索缔约双方的真实意思表示，而非局限于合同文字本身。法院应审查合同的商业背景、缔约情形、当事人具体情况，某种限缩解释是否会导致明显不合理的结果等。《备忘录》签约双方实际均为中国主体，备忘录书写语言为中文，且英国法下不存在"签字盖章"的对应概念，应依据中文语境下"签字盖章"的含义进行合同解释。依据中国司法实践，签字盖章的含义为签字或盖章。

（3）只要签字人表面上有权代表被申请人，其签字就有效，无需被申请人特别就签署《备忘录》向签字人进行授权。B1 作为被申请人的总经理、授权签字人、案涉项目项目经理、委托代表，有权代表被申请人签署《备忘录》。B1 为被申请人的总经理，代表被申请人签署了包括和 K 港务局 Implementation Agreement（《实施协议》）、物流、采购在内的各种合同，同时本项目涉及的合同款项支付、材料采购及货物发货等各式文件，也均系由 B1 在项目现场签字确认。

（4）在英国法下，即使合同要求当事人签字时合同成立且该当事人未签字，如果该当事人以其他方式作出了承诺（如以实际履行方式），则该承诺依然有效，除非对要约人不利。在本案中被申请人已经以实际履行、支付工程款、验收工程内容等方式作出了承诺，即使《备忘录》要求双方盖章（申请人并不认可），《备忘录》也已经有效成立。

（5）如果合同已经履行，在英格兰法律下不能认定该合同无效或当事方没有订立合同的合意。被申请人和申请人已经在实际履行《备忘录》，说明《备忘录》有效成立。被申请人的履行行为包括向申请人提供土建施工图纸、向申请人支付土建工程款、审批申请人提交的《工程月付款报审表》、签署《补充工程量清单报价》、签发施工签证、收取并审查申请人每周提交的《项目进度周报》、《项目周会会议纪要》、就本项目土建工程付款、设计调整、施工等相关情况和申请人频繁沟通。《备忘录》下的土建工程已经履行完毕，在履行过程中及此后超过三年的时间内，被申请人从未对备忘录的效力提出异议。截至目前，被申请人已经实际运营申请人依据《备忘录》建设完成的 K 港泊位煤炭装卸码头超过三年时间，在申请人依据《备忘录》要求被申请人支付欠付工程款时首次提出合同不存在，又依据《备忘录》的内容主张申请人未能及时完工，自相矛盾且与事实不符，与诚实信用原则背道而驰。

（6）Companies Act 2006 仅适用于按照该法在英国境内注册成立的公司，不适用于在巴基斯坦注册成立的被申请人。

仲裁庭认为，《备忘录》在英国法律下是有效合同。

第一，被申请人提供的外国法有误。Companies Act 2006 仅适用于按照该法在英国境内注册成立的公司，不适用于在巴基斯坦注册成立的被申请人。因此，Companies Act 2006 的第 44 条并不适用于本案。

第二，英格兰法中合同生效的要件并不以盖章作为必要条件。虽然 Companies Act 2006 并不适用于本案，但从该法案中可以看出英国法对于签字盖章与合同效力的态度。根据被申请人提供的 Companies Act 2006 第 44 条相关内容可以看出，在英格兰法之下合同生效并不一定需要印章，授权人员的签字也具有同样效力。根据 Spar Shipping AS v. Grand China Logistics（2015）2 Lloyd's Rep 407 案，只要签字人表面上有权代表被申请人，其签字就有效，无需被申请人特别就签署《备忘录》向签字人进行授权。B1 作为被申请人的总经理、授权签字人、案涉项目项目经理、委托代表，有权代表被申请人签署《备忘录》。

第三，根据英国的判例，即使合同在形式上存在一定瑕疵，但如果当事方已经实际履行了合同内容，合同通常被认定为是有效的。Reveille Independent LLC v. Anotech International（UK）Ltd（2016）EWCA Civ 44 案中，法院认为，即使合同要求当事人签字时合同成立且该当事人未签字，如果该当事人以其他方式做出了承诺（如以实际履行方式），则该承诺依然有效，除非对要约人不利。Trenthanm Ltd v. Archital luxfer（1993）案中，法院认为：如果合同已经履行，在英格兰法律下不能认定该合同无效或当事方并没有订立合同的合意。可见，在英国法中，法官会综合考虑客观事实和当事人双方的履约状况，来判断双方是否有成立法律关系的意图。

本案中，针对《备忘录》是否为申请人和被申请人已经在实际履行的合同，根据申请人提供的一系列证据，包括申请人就土建工程的各类请款单、双方在工程建设过程中的各项签证、往来函件、申请人向被申请人提交的竣工验收申请等文件可以看出，《备忘录》中所涉及的土建工程是双方已经在实际实施的工程，并且申请人认为工程已经全部完工并提交被申请人进行竣工验收。被申请人否认签署过《备忘录》，但一直在履行《备忘录》中的内容，从事实角度说明了被申请人对于《备忘录》的认可。

第四，在合同的解释上，申请人主张英格兰法律下的合同解释原则是公平合理解释原则（fairness or reasonableness），应探索缔约双方的真实意思表示，而非局限于合同文字本身。仲裁庭并不认为公平合理解释原则（fairness or reasonableness）在合同解释中居于优先适用之地位。仲裁庭认为解释合同应首先以探求当事人之间的"客观的共同意图"（objective common intention）为目标。仲裁庭在以下分析中尽量探求当事人的客观共同意图。

第五，退一步讲，即使英国法对于"签字盖章"没有明确的规定，在中国法之下，《备忘录》也是有效的合同。根据中国的司法实践，对于合同中约定"签字盖章""签字、盖章""签字或盖章"生效的理解是不同的。

首先，从文义的角度理解，"签字或盖章"是指签字或者盖章任意一项具备即可认定为合同生效，"签字、盖章"之间的顿号则表示"签字"和"盖章"是并列关系，两者必须同时具备才符合生效条件。而"签字盖章"之间并无任何连接的标点符号或汉字，从文义上理解确实难以判断其是"和"还是"或"的关系。

其次，《合同法》第三十二条规定："当事人采用合同书形式订立合同的，自双方当事人签字或者签章时合同成立"；《最高人民法院关于适用〈中华人民共和国合同法〉若干问题的解释（二）》第五条规定："当事人采用合同书形式订立合同的，应当签字或者盖章。当事人在合同书上摁手印的，人民法院应当认定其具有与签字或者盖章同等的法律效力。"由此可知，当事人在书面合同上摁手印、签名或盖章具有同等的法律效力，均可体现缔约当事人的真实意思表示。因此，除非合同另有约定，根据法律规定，合同生效的必备条件并不是签字与盖章同时具备，只要其中一项条件具备即可。在本案中，《备忘录》约定的"签字盖章"在文义理解上可以产生不同含义，因此仲裁庭认为应当根据法律规定，将其理解为"签字或盖章"即可生效。

再次，《备忘录》中的签字人"B1"是否可以代表被申请人签订合同。仲裁庭在项目成本部分的分析中，多次提到签字人"B1"的身份问题。"B1"在双方当事人的诸多合同及来往文件中都有签字，在被申请人没有提出相反证据的情况下，仲裁庭认可了"B1"的身份及其签字的真实性、有效性。在此，仲裁庭不再赘述。

最后，《备忘录》是否为申请人和被申请人已经在实际履行的合同。根据申请人提供的一系列证据，包括申请人就土建工程的各类请款单、双方在工程建设过程中的各项签证、往来函件、申请人向被申请人提交的竣工验收申请等文件可以看出，《备忘录》中所涉及的土建工程是双方已经在实际实施的工程，并且申请人认为工程已经全部完工并提交被申请人进行竣工验收。被申请人否认签署过《备忘录》，但一直在履行《备忘录》中的内容，从事实角度说明了被申请人对于《备忘录》的认可。《合同法》第三十七条规定："采用合同书形式订立合同，在签字或者盖章之前，当事人一方已经履行主要义务，对方接受的，该合同成立。"

综上，仲裁庭认为，《备忘录》是申请人和被申请人真实意思表示的体现，是合法有效的合同。

（十）《备忘录》项下施工内容是否已竣工

申请人主张，《备忘录》下的施工内容已经竣工，具体竣工时间是 2017 年 8 月 1 日，相关证据包括申请人向被申请人提交的单位工程竣工报告，写明自 2016 年 10 月 30 日开工，已于 2017 年 8 月 1 日按设计要求施工结束，且质量符合规定要求，缺陷已处理完毕，通过验收，竣工技术文件已经齐全，请查阅审批，下面有申请人项目部的盖章和申请人现场负责人的签字。被申请人辩称：报告上面只有申请人项目部的盖章，没有被申请人的验收意见。按照通常的单位竣工验收报告起码应该有施工方、建设方和政府第三方的验收才算竣工，而申请人提供的竣工验收报告仅仅是自己单方意思表示，并不能证明涉案项目已经竣工。对此，申请人认为，这份竣工验收报告实际上是申请人当时在项目现场提交给被申请人的，但是被申请人因为无法支付相应工程款，所以一直拒绝验收，申请人现在并不掌握被申请人签署版验收报告。

申请人也提交了其他证据佐证申请人实际已于 2017 年 8 月 1 日竣工。相关证据包括：

（1）某信用函，日期为 2017 年 5 月 31 日。信用函第二段第一句，申请人表明"随着土建主体工程的完成，工作面已逐渐减少……"证明当时本案土建项目主体工程已经全部完成，只剩零星尾工。被申请人收到了该封函件，且从未提出过任何异议。该封函件最上方收件人为自然人 B2、B3、B4 和 B1。

（2）某工作联系单，其内容部分表明，在业主方及各参建方支持下，涉案泊位已按备忘录施工内容基本完成。截至 2017 年 4 月 15 日，申请人已阶段性移交输煤栈桥等转运站，满足业主方要求 4.15 节点计划，实现机械化装卸煤目标。证明当时本案涉案土建项目已经实现了工程目的，即机械化装卸煤目标，后续只是尾项及零星工程。

（3）本案的分包商 A 公司发给本案被申请人并抄送申请人的电子邮件，时间是 2017 年 8 月 11 日，收件人包括被申请人总经理 B1，董事长 B3 以及其他相关人员。该封邮件第一句为，"K 港码头项目连续卸了三船煤炭共计约 13 万吨，各系统运转正常整个项目的施工进入尾声，为项目竣工验收做准备"。A 公司在本案中是负责设备安装和调试的分包商，相关邮件表明 2017 年 8 月 11 日，整个项目施工进入尾声，已经实现了接卸煤炭的正式运营并为项目竣工验收做准备，当时在申请人负责的土建工程之后的设备安装和调试也已经具备了竣工条件，佐证申请人 2017 年 8 月 1 日已经完成了本案项目，并且已经竣工。

（4）A 公司发送给被申请人相关负责人的电子邮件，发送时间是 2017 年 10 月 9 日。邮件内容是"码头项目今天已经连续使用设备接卸煤炭 11 船，项目实际运营已经将近 3 个月"，证明本案涉案码头项目在 2017 年 7 月的时候已经投入了正式运营，证明当时的土建必然已经完全竣工，并且没有任何问题，且设备业已安装完毕，进行运营。

（5）A 公司发送给被申请人的电子邮件，发送时间是 2018 年 8 月 2 日。该封电子邮件附件的催款函中表明，"巴基斯坦 K 港码头升级改造项目于 2017 年 7 月底开始正式接卸煤炭。至今（注：指 2018 年 8 月 2 日）整整一年的时间，并连续使用设备接卸煤炭 200 多万吨"。该封邮件表明 2017 年 7 月底正式投入运营接卸煤炭，与申请人主张的 2017 年 8 月 1 日完成了竣工相匹配。

（6）本案巴基斯坦业主港务局官方网站上关于本案项目运营信息的公示页面（该网页现在依然可以访问），标题是港口运营情况概要。该网页上列出了由本案巴基斯坦业主港务局所负责的所有港口项目的运营情况，其中最后一个是在证据某页中间标明的被申请人燃煤码头泊位项目，网页左下角列有本项目正式投入运营时间。证据某页右上角列明时间为 2017 年 9 月，证明经本案巴基斯坦业主港务局的认可，本项目 2017 年 9 月已经正式投入运营。所以，2017 年 9 月本案的土建工程以及设备的安装和调试必然已全部完成，与申请人主张 2017 年 8 月 1 日土建竣工相匹配。

（7）本案土建项目的分部工程质量验收记录和分项工程质量验收记录，该两项证据证明申请人也认可申请人完成了本案项目相关工作。

申请人认为：

基于英格兰法，申请人的行为已经达到了工程的竣工标准。英格兰法律下关于工程实际竣工日期认定的具体规定如下：

（1）实际竣工日期主要取决于合同的具体约定。竣工/完工是指满足工程的目的和合同的约定，一般建设工程合同会约定由项目管理方出具完工证明。完工的判断取决于具体事实 [Julian Bailey, Construction Law, （Routledge, 2011), pp. 341-342, s. 5. 112-5. 113.]。

申请人认为，本案《备忘录》并未明确约定何谓"竣工"或"竣工日期"，仅在相关条款约定，"本工程完工并经业主验收合格后一个月内……业主向承包

方支付工程总价款的 15%"。但是，《备忘录》约定了"土建施工范围"和"主
要节点"，完成土建施工范围内的工作、实现主要节点的功能，应视为已经完
工。申请人已经完成了"土建施工范围"内的全部工作，并实现了"主要节
点"的全部功能，已经完工。完工日期应为完成上述工作/实现主要节点功能的
日期。申请人认为，依据本案相关事实，案涉项目竣工日期应是 2017 年 8 月
1 日。

（2）申请人主张，在合同没有约定的情况下，工程实际竣工是指工程工作
已经实质完成、使得工程可以移交给业主，或工程目的得以实现。即使细微工
作未完成或存在质量瑕疵，也不影响完工的认定，除非该质量瑕疵具有核心重
要性，实质导致项目目的无法实现。［Bovis Lend Lease Ltd v. Saillard Fuller &
Partners，（2001）77 Con LR 134，187；Jarvis & Sons Limited v. Westminster Cor-
poration & Another〔1969〕1 WLR 144；Julian Bailey，Construction Law，（Rout-
ledge，2011），p. 342，s. 5. 114；H. W. Nevill（Sunblest）Limited v. William Press
& Son Limited（1981）20 BLR 78］本案中，案涉项目是煤电码头改造工程；该
土建项目需要实现的功能是满足"运煤需求"。案涉工程已于 2017 年 7 月移
交给业主正式接卸煤炭生产；2017 年 9 月，依据港务局官方网站的公告，项
目码头已正式投产，年吞吐量为 400 吨/年。因此，至迟在 2017 年 8 月 1 日，
案涉项目已达到"已经实质完成、使得工程可以移交给业主，或工程目的得
以实现"，已经竣工。被申请人主张案涉项目存在未完工部分或质量瑕疵，但
并未提交任何证据证明，而且自 2017 年 7 月项目投入正式运营至本案仲裁开
始之前的三年时间内从未向申请人提出过任何类似主张。此外，即使存在小
部分未完工或质量瑕疵（被申请人不认可），依据英格兰法律也不影响项目
完工的认定。

（3）申请人认为，如果项目已经移交业主并由业主使用，则视为业主已经
放弃任何关于未完工的抗辩。如果该项目存在质量瑕疵，业主只能在支付工程
价款后主张抵扣质量瑕疵对应的部分。在 Hoenig v. Isaacs〔1952〕2 All ER 176
（Court of Appeal）中，合同约定了 entire performance 条款，即约定在完全履行
且无瑕疵的情况下业主才有付款义务。本案《备忘录》并无该条款，被申请人
应在申请人完成相应工程量后就支付相应工程款。但是，举重明轻，业主在本
案中已占有使用案涉项目更意味着项目已经完工，且被申请人应支付工程价款。

（4）如果合同约定了业主应出具完工证明，而因业主过错导致未能出具完

工证明，则视为该完工证明已经出具、工程已经完工。在 Hightrade Construction Pty Ltd. v. Full Sea International Ltd.〔2004〕NSWSC 888，17-18 中，申请人已于 2017 年 8 月 1 日向被申请人提交《单位工程竣工报告》和《工程移交证书》等，请被申请人签署完工证明。但是，出于拖欠付款的目的，被申请人拒绝签收相关完工证明，且直至本案仲裁之前，被申请人从未提出案涉项目尚未完工。依据前述法律，因为被申请人过错导致未能出具完工证明，应视为该完工证明已经出具、工程已经完工。完工日期为 2017 年 8 月 1 日。

被申请人认为并未竣工。港务局自 2017 年至今一直向被申请人发信件，警告被申请人未完工。

针对申请人提出的已完工证据，被申请人辩称：

关于政府网站的公示。由于案涉项目是涉外项目，工程是否按照约定来完工很重要，如果没有按照约定来完工，被申请人会面临巨额罚款。这个工程既代表国家，也是一个涉外工程，在工程未完工的情况下也挂在政府网站上。政府公示并不代表工程竣工，工程竣工必须由总包方报竣工资料，通过审核之后才能出具手续，但申请人至今没有报送工程施工完整竣工手续和材料，政府的公示不足以作为工程竣工的标志。如果申请人不提交证据，被申请人申请仲裁庭做现场调查，以确认工程土建部分至今是否已经完工。

对于工程是否验收，被申请人认为申请人提交的是照片扫描件，被申请人有理由推断申请人没有真正的验收报告。

仲裁庭认为：

1. 申请人提交的英格兰法律中，对于建设工程竣工的认定标准，仲裁庭予以认可和采纳。首先，竣工日期应当按照当事人约定的时间为准。其次，在合同没有约定的情况下，如果工程的工作已经实质完成，足以达到工程目的，可以交给业主使用，则可认定为竣工。对于不影响工程目的的瑕疵，不应视作未完工。再次，如果业主接收了工程并投入使用，则视为业主已经放弃任何关于未完工的抗辩。如果该项目存在质量瑕疵，业主只能在支付工程价款后主张抵扣质量瑕疵对应的部分。最后，如果合同约定了业主应出具完工证明，而因为业主的过错导致未能出具完工证明，则视为该完工证明已经出具、工程已经完工。

2. 申请人提交的材料已经充分证明，申请人完成了竣工验收之前所需要提交的全部材料和需要履行的全部手续。

（1）申请人 2017 年 8 月 1 日向被申请人提交的《单位工程竣工报告》写明：我单位承建的"K 港泊位升级煤码头改造项目"单位（单项）工程项目，自 2016 年 10 月 30 日开工，已于 2017 年 8 月 1 日按设计要求，施工结束，且质量符合规定要求，缺陷已处理完毕，通过验收；竣工技术文件已经齐全，请查阅审批。该份报告中有申请人项目部的盖章和申请人现场负责人的签字。

（2）申请人证据邮件显示，2017 年 5 月 31 日，申请人的员工向被申请人和 E 公司等发邮件，提及"随着土建主体工程的完成……"，以及申请人已多次向被申请人催促土建结算相关事宜。该封函件最上方收件人为 B2、B3、B4和 B1。对于该封邮件的内容，被申请人并未提供表示相反意见的回复函件。

（3）申请人证据工作联系单显示，申请人就泊位码头土建工程，已按备忘录施工内容基本完成，截至 2017 年 4 月 15 日，申请人已阶段性移交输煤栈桥等转运站，满足业主方要求 4.15 节点计划，实现机械化装卸煤目标。对于此份工作联系单，被申请人也未提交表示相反意见的回复函件。

（4）申请人证据本案分包商 A 公司发给本案被申请人并抄送了申请人的电子邮件，时间是 2017 年 8 月 11 日，收件人包括被申请人总经理 B1，董事长 B3以及其他相关人员。该封邮件表示"整个项目的施工进入尾声，为项目竣工验收做准备"。A 公司并在邮件中表示，码头已经开始有煤炭卸货，说明案涉码头在此时已经基本具备使用条件。被申请人也未提交表示相反意见的回复函件。

（5）申请人证据 A 公司发送给被申请人相关负责人的电子邮件，发送时间是 2017 年 10 月 9 日。邮件内容同样提及码头已经正常接卸煤炭近三个月，而被申请人仍欠付 A 公司款项。被申请人也未提交表示相反意见的回复函件。

（6）证据 A 公司发送给被申请人的电子邮件，发送时间是 2018 年 8 月 2日。该封电子邮件附件某页的催款函中表明，巴基斯坦 K 港码头升级改造项目于 2017 年 7 月底开始正式接卸煤炭，至当时整整一年时间并连续使用设备接卸煤炭 200 多万吨。被申请人也未提交表示相反意见的回复函件。

（7）申请人证据本案巴基斯坦业主港务局官方网站上关于本案项目运营信息的公示页面，列出了燃煤码头泊位项目。该网页显示本项目的投入正式运营时间是 2017 年 9 月。被申请人所称的这个工程代表国家，即使没有完工官方也要挂在政府网站上的主张，由于没有其他证据辅助证明，仲裁庭不予认可。

（8）申请人证据本案土建项目的分部工程质量验收记录和分项工程质量验收记录。该两项文件证明，申请人也认可申请人完成了本案项目相关工作。

综上，仲裁庭认为，申请人对于其已经完成《备忘录》之下的土建工程提供了各项直接和间接证据，这些证据共同形成证据链表明申请人已完成其在《备忘录》之下的土建工程。对于被申请人称这些工程没有经过被申请人确认一事，仲裁庭认为，被申请人是否对土建工程进行确认非申请人可控情形，即使申请人已经全面完成工程建设，而被申请人不予确认，申请人从客观上确实无法拿到竣工验收报告。

被申请人称，土建工程并未完工，巴基斯坦港务局自 2017 年至今一直向被申请人发信件，警告被申请人未完工。但仲裁庭认为，申请人承建的是整个案涉项目中的部分土建工程，而并非全部工程，即使被申请人的工程没有全部完工，也并不意味着申请人承建的工程部分未完工。被申请人未能举证证明巴基斯坦港务局对被申请人进行警告和罚款的具体情况，也没有证明该等警告和罚款是由于申请人承建的土建工程部分未完工导致的，因此该抗辩仲裁庭不予采纳。

综上，申请人已经充分举证其完成了《备忘录》之下的土建工程，并且于2017 年 8 月即向被申请人提交了竣工验收报告。在长达 3 年的时间内，被申请人未对工程进行验收，也未向申请人提出任何工程未完工或施工不合格的证据。《备忘录》之下的土建工程未能及时竣工验收的责任并不在申请人。一方面，被申请人已经接收了工程并投入使用；另一方面，被申请人未能充分说明其不进行验收、不出具验收报告的原因。根据英格兰法的相关规定，应当视为工程已经完工。即使案涉项目存在质量瑕疵，被申请人也应当在支付工程价款后主张抵扣质量瑕疵对应的部分，而不是一味拖延竣工验收。仲裁庭认可申请人提交的竣工验收报告载明的日期，即 2017 年 8 月 1 日为工程竣工日期。

关于工期问题，被申请人提出一项抗辩："申请人技术人员工作的失误，造成坑基的偏差"，申请人在报审表中盖章签字确认，由此可见申请人存在过失，导致项目工期延误。

申请人认为被申请人抗辩理由不实，未提交任何证据证明。即使存在该等情况，也未导致工期延误，或者对被申请人造成任何直接损失。《补充协议》约定："对由于己方过错导致未能按要求履行自有工作和义务范围内的工作造成的工期延误，乙方仅对由此产生的直接损失承担责任；除此之外，因任何原因导致的工期延误和造成的损失均应由甲方承担。"

仲裁庭认为，在申请人提交的证据中，确实有一份"索赔报审表"，证明申请人向被申请人提出工期索赔，被申请人认为是申请人工作疏忽造成的。但被申请人最后写明"待后续讨论"。双方并没有就此问题得出最终结论，或者聘请第三方鉴定机构来鉴定是否是申请人疏忽造成了基坑偏差，被申请人也并未举证证明此举造成工期延误了多久，是否影响到最终整个土建工程的完工。因此，对于被申请人的此项抗辩，仲裁庭不予采纳。

（十一）《备忘录》项下的工程款

1. 《备忘录》项下被申请人应当支付给申请人的工程款

申请人主张，被申请人在《备忘录》之下应付申请人的工程款为近 7300 万元。依据《备忘录》约定，土建施工范围内相关工作的价格形式采用固定单价计价模式，依据作为《备忘录》组成部分的固定综合单价表乘以实际完成的工程量计算，由申请人按照实际完成的工程量和固定综合单价表进行定期申报。申请人曾向被申请人提出四次土建工程款申报：

（1）申请人申报截至 2017 年 4 月 30 日的工程款，金额为人民币 3800 万元。

（2）申请人申报 2017 年 5—9 月的工程款人民币 3100 余万元和合同外零星工程费用 360 万余卢比。

（3）申请人申报 2017 年 5—10 月的工程款人民币 3400 余万元和合同外零星工程费用人民币 23 万余元；本次申报替代第二次申报，已包括第二次申报的数额。

（4）申请人申报第二条铁路已经完成的工程款人民币近 115 万元；该笔金额已包含在第三次申报中。

庭审中，申请人进一步解释了欠付工程款的具体构成：

本案中的土建工程款实际是三笔，对应两份证据，分别是：

①申请人证据某页。申请人在本案中向被申请人提交过三次请款文件。第一次针对的是 2016 年 11 月至 2017 年 4 月 30 日期间的工程款，在某页明确写了申请金额为人民币近 4055 万元，计算方式是依据本案的《备忘录》，按照实际工程量乘以《备忘录》附件工程量清单中的单价计算而得。申请人证据某页某条款约定，本土建施工项目采用固定单价计价模式，固定综合单价表作为本备忘录的组成部分。申请人请款是按照实际完成的工程量对应该综合单价表里面每一项工程的单价计算出的。第一次请款（截至 2017 年 4 月 30 日）的工程量明细在证据某页，总额是近 4055 万元，里面明确列出了项目单价已完成工程量

和相乘计算出的总价。业主单位批准签字人是 B4（时任 E 公司总裁）。证据某页，被申请人实际签字盖章确认了截至 2017 年 4 月 30 日最终结算金额为 3800 万元人民币，签章时间是 2017 年 6 月 27 日。

②申请人证据某页，这是申请人申请自 2017 年 5 月 1 日至 10 月 31 日期间的工程量以及按照固定单价表计算出的工程款，包括工程进度款 3400 余万元以及合同外零星工程费 360 万余卢比（按照汇率折算成人民币 23 万余元）。由于当时被申请人已经因出现资金困难长期欠付工程款，为逃避付款义务未予确认本次情况。

申请人在本案中主张的、经被申请人确认的土建工程款 3800 万元，加上申请人证据某页合计的近 3500 万元，两笔金额合计即为申请人主张的被申请人应支付的全部土建工程款。

申请人证据第二次申报 "2017 年 5—9 月土建工程款申报文件及电子邮件" 申请工程款 3100 余万元和合同外零星工程费用 360 万余卢比，申请人证据第三次申报 "2017 年 5—10 月土建工程款申报文件" 申请工程款 3400 余万元及合同外零星工程费用 23 万余元，其中，第三次申报包括第二次申报的费用。申请人认为，这些款项的支付时间如下：

《备忘录》约定："本项目按照半月进度支付工程进度款，在承包商进场施工后的每月 15 日和 30 日，由承包方将半月完成的工程量进行统计，按照合同中双方确认的固定单价计算半月应申请的工程进度款报送业主审核，业主在收到付款申请后的 3 个工作日内审核完毕，若双方对于付款申请有异议，双方必须在 2 天之内解决异议，并根据业主确认的工程量支付本次工程进度款的 80%。" 2017 年 9 月 26 日，申请人将按照固定单价计算的工程进度款提交被申请人审核，被申请人应在 2017 年 9 月 29 日前审核完毕，但被申请人出于逃避付款的目的未向申请人作出审核意见，恶意阻却《备忘录》下的付款条件成就，应视为被申请人对申请人提交的付款申请审核后无异议。

《备忘录》约定，"本工程完工并经业主验收合格后一个月内，结合图纸以及按照现场双方确认的实际发生的工程量和签证，由承包方提交结算报告，业主在 15 天之内审核完成，双方进行最终结算，业主向承包方支付工程总价款的 15%"。如前所述，因为被申请人恶意拒绝对工程进行验收，本项目应视为在 2017 年 8 月已经验收合格。依据申请人提交的当年 5 月至 10 月的付款申请，被申请人应于 15 日内完成审核并支付工程总价款的 15%。《备忘录》约定："承

包方将工程总价款的 5% 作为本工程的质量保证金，自本工程完工一年内未发生
质量问题，业主将质量保证金支付给承包方。"如前所述，本项目从 2017 年 8
月开始已经正常运营，且未出现质量问题，被申请人应于 2018 年 8 月将剩余
5% 的工程款支付给申请人。

对于第二次申报和第三次申报的差额部分，80% 的金额应当在被申请人收
到该付款申请后 3 个工作日内支付，剩余 15% 和 5% 应同样依据《备忘录》约
定分别支付。

被申请人认为，需要和申请人逐项核对工程款。

仲裁庭认为：

《备忘录》之下的土建工程款应当分两部分来分析。

第一，截至 2017 年 4 月 30 日，申请人向被申请人请款总额是近 4055 万
元，被申请人确认最终结算金额为 3800 万元并进行了盖章和签字，时间是 2017
年 6 月 27 日。仲裁庭对该部分费用予以确认。

第二，申请人申请的从 2017 年 5 月 1 日至 10 月 31 日时间范围内的工程
款，分别是工程进度款 3400 余万元以及合同外零星工程费 360 万余卢比 ［按照
申请人提交付款申请时的汇率（2017 年 5 月至 9 月的平均汇率人民币 1∶卢比
15.6）折算成人民币 23 万余元］，被申请人没有确认。《备忘录》"工程款支
付"约定："1. 预付款：合同生效后，承包方将施工设备以及人员进场后 7 个
工作日内，业主向承包方支付预付款 1.5 亿巴基斯坦卢比。2. 工程进度款：本
项目按照半月进度支付工程进度款，在承包商进场施工后的每月 15 日和 30 日，
由承包方将半月完成的工程量进行统计，按照合同中双方确认的固定单价计算
半月应申请的工程进度款报送业主审核，业主在收到付款申请后的 3 个工作日
内审核完毕，若双方对于付款申请有异议，双方必须在 2 天之内解决异议，并
根据业主确认的工程量支付本次工程进度款的 80%。3. 工程结算：本工程完工
并经业主验收合格后一个月内，结合图纸以及按照现场双方确认的实际发生的
工程量和签证，由承包方提交结算报告，业主在 15 天之内审核完成，双方进行
最终结算，业主向承包方支付工程总价款的 15%。4. 质保金：承包方将工程总
价款的 5% 作为本工程的质量保证金，自本工程完工一年内未发生质量问题，业
主将质量保证金支付给承包方。"可见，根据《备忘录》约定，在申请人提交
付款申请后，被申请人有义务尽快进行审核并确认请款金额。虽然"业主在收
到付款申请后的 3 个工作日内审核完毕，若双方对于付款申请有异议，双方必

须在 2 天之内解决异议"的时间规定较为严苛，在实践中可以基于双方的实际情况给予一定宽容期，但被申请人不应无理由拖延。申请人称此次付款申请于 2017 年 11 月就已经提交给被申请人，被申请人并未提出相反证明或者予以否认，但在三年多时间内一直未对此笔款项进行确认或否认，已经远远超出了《备忘录》中约定的审核期限。仲裁程序开始后，被申请人也未对申请人提交的工程款计算方式和计算金额提出异议。仲裁庭据此认为，被申请人的迟延审核表示其默认申请人提交的请款金额，被申请人应当支付申请人工程进度款 3400 余万元以及合同外零星工程费 23 万余元，共计近 3500 万元。

被申请人辩称，无论是合同内工程进度款还是合同外零星工程费用都已在 3800 万元之中确认。申请人在某证据中再次将相关款项向被申请人提交报审，属于重复申报。仲裁庭注意到，申请人第一次申报的金额是近 4055 万元。被申请人确认：截至 2017 年 4 月 30 日被申请人认可的工程款为 3800 万元。被申请人并未说明申报款与最终确认款项之间的差额原因。若被申请人认为申请人在第二次申报时存在与第一次重复的部分，应当说明 3800 万元的具体构成，指出重复申报的费用有哪些，以及拒绝确认的原因。例如，当工程质量有问题或者金额不准确时，被申请人应当予以说明并拒绝该项申报或对确认金额做出更正；当申请人提交的材料缺失或者对未完成工程提前进行申报时，被申请人应当明确要求申请人补充材料或在适当时间再次申报。就现有证据，仲裁庭无法确认被申请人主张的重复申报具体指哪些项目，总金额是多少，以及所谓的"重复申报"项目是否在第一次申报中已经被确认或者拒绝。因此，仲裁庭对被申请人的抗辩不予认可。

综上，仲裁庭认为，《备忘录》下被申请人应当支付给申请人的土建工程款由三部分组成：分别是截至 2017 年 4 月 30 日的工程进度款 3800 万元；2017 年 5 月至 9 月工程进度款 3100 余万元和合同外零星工程费用 360 万余卢比；2017 年 10 月补充申报工程款近 340 万元。按照 2017 年 5 月至 9 月的平均汇率 15.6 将卢比折合为人民币，三部分共计人民币近 7300 万元。

2. 《备忘录》项下被申请人已支付的土建工程款

申请人认为被申请人支付的土建工程款实际上是 8760 万卢比。证据显示，申请人发给被申请人的函件中提及："到目前为止，项目已经开工近两个月了，在巴基斯坦共收到 8760 万卢比，现项目已无资金支付后续材料采购。"发信时间为 2016 年 12 月 16 日。相关证据提及："到目前为止，多次催促土建结算事

宜。业主尚未对我方上报结算的阶段工程进度款进行确认和付款。现项目资金
周转困难。"该封信函发信时间为 2017 年 5 月 31 日，证明截至当时，被申请人
尚未向申请人支付除前述 8760 万卢比预付款之外的任何土建工程款。

申请人称，该款项应该用人民币支付。依据《备忘录》附件的综合工程量
清单，约定的单价是人民币，申请人两次申报也是人民币。之所以预付款为
8760 万卢比，是根据《备忘录》的明确约定，被申请人应支付 15000 万巴基斯
坦卢比的预付款，被申请人承诺在 2016 年 12 月 5 日之前向承包方支付剩余
8000 万卢比。本案虽然最后的工程款应按照人民币结算，但是额外约定了
15000 万卢比的预付款。申请人在该备忘录下收到的 8760 万卢比是该 15000 万
卢比的一部分，截至目前被申请人尚未支付完 2016 年 12 月 5 日应支付的 15000
万卢比。

被申请人称，首先，证据关于付款的联系单只能说明申请人收到的工程款
项的数额，不能证明被申请人已支付的工程款项的数额。被申请人认为其已经
向申请人支付的款项为 1700 万余美元，其中包含管理费和土建工程款，具体这
里面包含多少土建工程款，这个需要申请人提供已付的 1700 万余美元的资金流
向把账对清楚，才能确定是否按照申请人主张付剩下工程款。其次，某证据仅
仅是一个工作联系单，仅说明被申请人应该向申请人支付的预付款，也就是按
照合同约定已经收到的预付款，但并没有表明工程款支付的进度情况。仅仅凭
此联系单无法证明款项支付明细，不能作为款项支付的依据。最后，某证据与
前一证据重复。《备忘录》仅约定被申请人应该付多少款项，并不表明被申请
人至今欠付多少款项，已付多少款项。申请人提交款项支付依据不应该以联系
单的内容来提交，而应该按照合同约定和正常在建工程，建设工程过程中的履
行的习惯报送相关材料证明款项支付的事实。

仲裁庭在核查被申请人提供的所有付款凭证后发现，申请人与被申请人就
款项的计算方式并不一致。本案涉及两方面的款项，其一是申请人主张的《补
充协议》项下的"管理费"，其二是申请人主张的《备忘录》项下的土建工程
款。被申请人没有区分管理费和土建工程款，而是根据"在岸合同"和"离岸
合同"两部分来计算其向申请人支付的价款。被申请人向申请人支付 EPC 合同
项下各类款项时并没有就每一次付款标注具体的款项用途和支付原因，因此，
从被申请人的证据层面看，仲裁庭无法判断哪些款项是土建工程款。

双方在《备忘录》里写明，截至 2016 年 11 月 27 日，申请人已收到被申请

人支付的 7000 万卢比。申请人进一步主张，被申请人支付的 8760 万卢比是土建工程款。仲裁庭注意到，被申请人分别于 2016 年 10 月 31 日向申请人支付 1760 万卢比（付款凭证标注"advance payment 01"），2016 年 11 月 18 日向申请人支付 5000 万卢比（付款凭证标注"advance payment 02"），2016 年 12 月 8 日向申请人支付 2000 万卢比（付款凭证标注"the third payment against onshore contract"），三笔款项合计 8760 万卢比。申请人向被申请人发函（申请人证据，2016 年 12 月 16 日申请人发给被申请人的函件）表示就土建工程项目收到 8760 万卢比。被申请人称不认可该项费用，但并未说明是不认可该项费用的数额还是否认曾经向申请人支付过土建工程款，对于被申请人的该项抗辩，仲裁庭不予认可。根据现有证据，仲裁庭认可在被申请人向申请人支付的款项中，至少有 8760 万卢比是《备忘录》之下的工程款。

由于申请人和被申请人之间的土建工程款是以人民币结算的，因此，仲裁庭认为有必要将 8760 万卢比折算成人民币来最终确认在《备忘录》之下被申请人欠付的工程价款。申请人主张，《备忘录》约定 2016 年 12 月 5 日前被申请人应当向申请人支付 15000 万卢比，因此汇率计算方式应以 2016 年 12 月 5 日的汇率为准。仲裁庭认为，申请人按照该日期的汇率折算被申请人已经支付的卢比是合理的，仲裁庭对适用此汇率予以认可。按照 2016 年 12 月 5 日人民币对卢比的汇率 15.16 计算，仲裁庭在本部分确认被申请人已支付的土建工程款折算人民币为近 600 万元。

第四部分：管理费的计算

（十二）被申请人应付管理费总额

就本裁决书第二部分中"纳入项目成本的具体项目及金额"部分第（44）项土建成本，由于仲裁庭已经认定《备忘录》是有效合同，因此该项可以计入项目成本，并按照 3% 的比例计算管理费。仲裁庭认为，本项成本不应当以被申请人实际支付给申请人的款项或者申请人实际支付给第三方的款项进行计算，原因是：仲裁庭已经认定，申请人完成了《备忘录》项下的土建工程并交付被申请人使用，被申请人应当向申请人支付全部的工程价款，但因被申请人违约导致应付工程款未按时支付。因此仲裁庭认定，第（44）项的土建工程款管理费计算成本应当是《备忘录》下被申请人应当支付给申请人的土建工程款总价，分别是截至 2017 年 4 月 30 日的工程进度款 3800 万元，2017 年 5 月至 9 月工程进度款 3100 余万元和合同外零星工程费用 360 万余卢比，2017 年 10 月补

充申报工程款近 340 万元。按照 2017 年 5 月至 9 月的平均汇率 15.6 将卢比折合
为人民币，共计近 7300 万元。

就本裁决书第二部分中"纳入项目成本的具体项目及金额"部分第（1）
项至第（43）项，项目成本中的 296120 万余卢比按平均汇率 15.54 折算成人民
币为 19000 余万元，与人民币成本金额（包括美元折算的人民币成本金额）近
5000 万元及第（44）项土建工程款近 7300 万元相加，总计 31000 余万元。

按 3% 的管理费比例计算，被申请人应付管理费总额为近 940 万元。

（十三）被申请人已经向申请人支付的款项总额

被申请人提交的证据"EPC 在岸付款明细"和"EPC 离岸付款明细"。其
中，在岸付款金额为 121220 余万卢比，即 1060 余万美元；离岸付款金额为近
76000 万卢比，即 720 余万美元。申请人认可被申请人实际向申请人支付过证据
3、证据 4 所对应的款项总额。因此，仲裁庭认可被申请人支付给申请人的价款
总计近 200000 万卢比，暂扣除工程款 8760 万卢比后，剩余近 190000 万卢比可
作为被申请人向申请人支付的《补充协议》项下的各种款项。该金额按照平均
汇率折合人民币为近 12120 万元。

（十四）申请人对外已付金额

仲裁庭认可的项目成本中共有 296120 万余卢比。除了税款部分，都是申请
人提供银行流水、实际缴纳的款项。关于税费的缴纳，申请人在证据中主张的
近 224000 万卢比税费没有全额缴纳的凭证。在申请人提供的 Onshore 项目流水
中，包括向其他几个案外公司缴纳的关税分别为：200 万卢比、近 620 万卢比、
18900 余万卢比、3900 余万卢比。申请人提供了这些税费的银行流水，总金额
为 23600 余万卢比。因此，仲裁庭认可该部分金额属于申请人已经支付的税费。
另外，土建工程是申请人直接施工，并不存在对外付款的问题，该部分近 7300
万元不应计算在申请人已付金额内。

综上，仲裁庭认可的申请人已经支付的卢比部分为 296120 万余至近 224000
万 +23600 余万 = 近 95970 万卢比，按照平均汇率 15.54 折合人民币为近 6200 万
元，与人民币（及美元折算的人民币）已支付金额近 5000 万元相加，共计
11120 余万元。

（十五）管理费及土建工程费的实际支付情况

扣除仲裁庭此前认定的被申请人已付土建工程款 8760 万卢比后，被申请人

就《补充协议》已经向申请人支付近 12120 万元，再扣除仲裁庭认可的申请人已经对外支付金额共计 11120 余万元、仲裁庭确认的本项目管理费近 940 万元，差额为近 60 万元。

就目前双方当事人的争议来看，被申请人支付给申请人的全部资金共有三项用途：第一是支付《补充协议》项下的管理费，第二是支付案涉 EPC 合同的分包商款项，第三是支付《备忘录》项下的土建工程款。目前，申请人已支付的案涉 EPC 合同的分包商款项和管理费总额仲裁庭均已确认，双方对于被申请人支付给申请人的总额没有异议，因此差额部分可以归入《备忘录》项下的土建工程款。

在裁决书第三部分第（十一）项中，仲裁庭确认被申请人已支付的土建工程款为 8760 万卢比，折算人民币为近 600 万元。从双方提交的证据可以看出，只有申请人提交的邮件中单方声明被申请人支付款项中有 8760 万卢比属于土建工程款，并没有确切的付款凭证表明仅有 8760 万卢比是土建工程款。基于此，被申请人剩余已付金额近 12120 万元扣除仲裁庭认可的申请人已经对外支付金额共计 11120 余万元及仲裁庭确认的本项目管理费近 940 万元后，差额近 60 万元应认定为土建工程费。

由于双方当事人对于已付款项的具体用途表述不清，仲裁庭只能通过扣减管理费及申请人对外支付分包商费用的方式计算实际支付的土建工程款金额，无法确认实际付款日期，因此仲裁庭酌定该笔费用差额的付款日期与申请人在《备忘录》项下认可的被申请人已付 8760 万卢比日期一致。

综上，被申请人在《补充协议》项下的全部管理费已支付完毕。《备忘录》下被申请人应当支付给申请人的土建工程款总计人民币近 7300 万元，已支付近 640 万元，欠付 6630 余万元。

第五部分：其他费用

（十六）关于利息的承担

申请人认为，被申请人应向申请人支付逾期付款利息。就事实依据，被申请人未按照《备忘录》约定向申请人支付工程款，存在逾期付款事实。就合同依据，《备忘录》并未明确约定逾期付款利息。尽管如此，被申请人向申请人支付利息具备明确法律依据。在《仲裁规则》未能就利息问题作出规定的情况下，依据国际仲裁的一般性实践，除非协议明确约定，应适用仲裁地法律来判断仲裁庭是否有权裁决利息，适用仲裁地法或裁决所选用货币所在国法律来判断利息（包括裁决前和裁决后）的计算标准（International Commercial Arbitration, Third Edition, Born; Jan 2021, pp. 3359-3363）。由于本案仲裁地为中国，仲裁请求所用货币为人民币，因此应适用中国法判断所有和利息相关的问题，《备忘录》适用的实体法英国法将不适用于利息问题的判断。

在中国法下，《最高人民法院关于审理建设工程施工合同纠纷案件适用法律问题的解释（一）》第二十六条规定："当事人对欠付工程价款利息计付标准有约定的，按照约定处理。没有约定的，按照同期同类贷款利率或者同期贷款市场报价利率计息。"《全国法院民商事审判工作会议纪要》（法〔2019〕254号）指出："为深化利率市场化改革，推动降低实体利率水平，自 2019 年 8 月 20 日起，中国人民银行已经授权全国银行间同业拆借中心于每月 20 日（遇节假日顺延）9 时 30 分公布贷款市场报价利率（LPR），中国人民银行贷款基准利率这一标准已经取消。因此，自此之后人民法院裁判贷款利息的基本标准应改为全国银行间同业拆借中心公布的贷款市场报价利率"；《中国人民银行决定改革完善贷款市场报价利率（LPR）形成机制》（中国人民银行公告〔2019〕第 15 号）第一条规定："自 2019 年 8 月 20 日起，中国人民银行授权全国银行间同业拆借中心于每月 20 日（遇节假日顺延）9 时 30 分公布贷款市场报价利率，公众可在全国银行间同业拆借中心和中国人民银行网站查询"；最高人民法院（2019）最高法民终 1549 号案等法律依据，逾期支付工程款的利息自 2019 年 8 月 20 日起按照同期全国银行间同业拆借中心公布的贷款市场报价利率计算。

仲裁庭认为：

首先，关于《备忘录》下欠付工程款的利息。《备忘录》"工程款支付"约定："1. 预付款：合同生效后，承包方将施工设备以及人员进场后 7 个工作日内，业主向承包方支付预付款 1.5 亿巴基斯坦卢比。2. 工程进度款：本项目按照半月进度支付工程进度款，在承包商进场施工后的每月 15 日和 30 日，由承包方将半月完成的工程量进行统计，按照合同中双方确认的固定单价计算半月应申请的工程进度款报送业主审核，业主在收到付款申请后的 3 个工作日内审核完毕，若双方对于付款申请有异议，双方必须在 2 天之内解决异议，并根据业主确认的工程量支付本次工程进度款的 80%。3. 工程结算：本工程完工并经业主验收合格后一个月内，结合图纸以及按照现场双方确认的实际发生的工程量和签证，由承包方提交结算报告，业主在 15 天之内审核完成，双方进行最终结算，业主向承包方支付工程总价款的 15%。4. 质保金：承包方将工程总价款的 5% 作为本工程的质量保证金，自本工程完工一年内未发生质量问题，业主将质量保证金支付给承包方。"仲裁庭认可被申请人已支付近 640 万元，因此按照《备忘录》约定，被申请人确实延迟支付了部分工程款。

就该部分迟延支付的利息，仲裁庭认可申请人的意见，可以参照《最高人民法院关于审理建设工程施工合同纠纷案件适用法律问题的解释》（法释〔2004〕14 号）第十七条规定："当事人对欠付工程价款利息计付标准有约定的，按照约定处理；没有约定的，按照中国人民银行发布的同期同类贷款利率计息。"因此，利息损失计算的标准可以参照中国人民银行发布的同期同类贷款利率。申请人主张统一按照 2015 年 10 月 24 日及之后的三年至五年同类贷款利率 4.75% 作为计算标准，仲裁庭认为是合理的。

自 2019 年 8 月 20 日起，中国人民银行已经授权全国银行间同业拆借中心于每月 20 日（遇节假日顺延）9 时 30 分公布贷款市场报价利率（LPR），中国人民银行贷款基准利率这一标准已经取消。因此，从 2019 年 8 月 20 日起，利息应当按照 LPR 的标准来计算。每月的 LPR 均有波动，申请人统一按照截至目前的最低利率 3.85% 计算，仲裁庭予以认可。

利息的具体计算方法如下：

1. 预付款部分

被申请人应于 2016 年 12 月 5 日前支付 15000 万卢比，折合人民币近 990 万元（2016 年 12 月 5 日汇率 15.16），实际支付了近 640 万元，欠付工程款折合人民币 350 余万元，利息自 2016 年 12 月 6 日起算，暂算至 2020 年 8 月 3 日。其中，从 2016 年 12 月 6 日至 2019 年 8 月 19 日，共 987 日，按同期贷款利率 4.75% 计算，为 45 万余元；从 2019 年 8 月 20 日至 2020 年 8 月 3 日，共 350 日，按一年期 LPR 计算，为 13 万余元。两者共计 58 万余元。

2. 工程进度款（工程款总额的 80%）

（1）截至 2017 年 4 月 30 日的工程款总额为 3800 万元，应付工程款 3040 万元，欠付 2050 余万元（应付工程款 3040 万元减掉预付款 1.5 亿卢比，卢比按汇率 15.16 折算成人民币为近 990 万元）。被申请人 2017 年 6 月 27 日审核确认，因此逾期付款的利息从 2017 年 6 月 27 日起算，暂算至 2020 年 8 月 3 日。其中，从 2017 年 6 月 27 日至 2019 年 8 月 19 日，共 784 日，按同期贷款利率 4.75% 计算，为近 210 万元；从 2019 年 8 月 20 日至 2020 年 8 月 3 日，共 350

日，按一年期 LPR 计算，为近 76 万元。两者共计近 285 万元。

（2）2017 年 5 月至 9 月工程款总额为 3100 余万元和合同外零星工程费用 360 万余卢比，应付工程款近 2500 万元和近 300 万卢比，共欠付工程款折合人民币（按 2017 年 5 月至 9 月的平均汇率 15.6）2500 余万元。申请人 2017 年 9 月 26 日邮件申报，被申请人应当在 3 个工作日内审核完毕。因此逾期付款利息从 2017 年 9 月 30 日起算，暂算至 2020 年 8 月 3 日。其中，2017 年 9 月 30 日至 2019 年 8 月 19 日，共 689 日，按同期贷款利率 4.75% 计算，为近 225 万元；从 2019 年 8 月 20 日至 2020 年 8 月 3 日，共 350 日，按一年期 LPR 计算，为 90 余万元。两者共计近 320 万元。

（3）2017 年 10 月补充申报工程款共计近 340 万元，应付工程款 269 万余元，申请人于 2017 年 10 月 31 日申报，被申请人应于 2017 年 11 月 3 日审核完毕。因此逾期付款利息从 2017 年 11 月 3 日起算，暂算至 2020 年 8 月 3 日。其中，从 2017 年 11 月 3 日至 2019 年 8 月 19 日，共 655 日，按同期贷款利率 4.75% 计算，为近 23 万元；从 2019 年 8 月 20 日至 2020 年 8 月 3 日，共 350 日，按一年期 LPR 计算，为近 10 万元。两者共计近 33 万元。

3. 工程结算（15%）

（1）截至 2017 年 4 月 30 日的工程结算款为 570 万元。工程于 2017 年 8 月 1 日竣工，申请人提交结算报告，被申请人应当在 15 日内完成审核。因此，逾期付款利息从 2017 年 8 月 17 日起算，暂算至 2020 年 8 月 3 日。其中，从 2017 年 8 月 17 日至 2019 年 8 月 19 日，共 733 日，按同期贷款利率 4.75% 计算，为 54 万余元；从 2019 年 8 月 20 日至 2020 年 8 月 3 日，共 350 日，按一年期 LPR 计算，为 21 万余元。两者共计 75 万余元。

（2）2017 年 5 月至 9 月工程结算款为人民币 466 万余元和 54 万余卢比，共欠付工程结算款折合人民币（按 2017 年 5 月至 9 月的平均汇率 15.6）近 470 万元。工程于 2017 年 8 月 1 日竣工，申请人 9 月 26 日提交结算报告，被申请人应当在 15 日内完成审核。因此，逾期付款利息从 2017 年 10 月 12 日起算，暂算至 2020 年 8 月 3 日。其中，从 2017 年 10 月 12 日至 2019 年 8 月 19 日，共 677 日，按同期贷款利率 4.75% 计算，为 41 万余元；从 2019 年 8 月 20 日至 2020 年 8 月 3 日，共 350 日，按一年期 LPR 计算，为 17 万余元。两者共计近 59 万元。

（3）2017 年 10 月补充申报工程结算款 50 万余元，工程于 2017 年 8 月 1 日竣工，申请人 10 月 31 日提交结算报告，被申请人应当在 15 日内完成审核。因此，逾期付款利息从 2017 年 11 月 16 日起算，暂算至 2020 年 8 月 3 日。其中，从 2017 年 11 月 16 日至 2019 年 8 月 19 日，共 642 日，按同期贷款利率 4.75% 计算，为 4 万余元；从 2019 年 8 月 20 日至 2020 年 8 月 3 日，共 350 日，按一年期 LPR 计算，为近 2 万元。两者共计 6 万余元。

4. 质保金

剩余部分为质保金，共计 363 万余元（质保金本应是工程款的 5%。工程款包括截至 2017 年 4 月 30 日的工程款总额 3800 万元、2017 年 5 月至 9 月工程款总额 3100 余万元、2017 年 10 月补充申报工程款近 340 万元、合同外零星工程费用 360 万余卢比，按照 2018 年 8 月 1 日汇率 18.56 计算四项之和的 5% 为 3631000 余元，与本项金额略有出入，是因为仲裁庭在此前根据管理费认定被申请人已付土建工程款时，与计算未付土建工程款采取的汇率有一定差别。但是，仲裁庭认为土建工程款利息计算应当以仲裁庭此前认定的未付工程款 6630 余万元为基数，因此此处的质保金数额略作调整，特此说明），应当于工程完工一年后支付。工程于 2017 年 8 月 1 日竣工，逾期支付质保金的起算时间为 2018 年 8 月 1 日，暂算至 2020 年 8 月 3 日。其中，从 2018 年 8 月 1 日至 2019 年 8 月 19 日，共 384 日，按同期贷款利率 4.75% 计算，为近 20 万元；从 2019 年 8 月 20 日至 2020 年 8 月 3 日，共 350 日，按一年期 LPR 计算，为 13 万余元。两者共计近 32 万元。

以上利息共计 860 余万元。

（十七）关于律师费的承担

申请人请求被申请人承担其为本案支付的 120 万元。证据包括：申请人与 Q 律师事务所签的协议，约定律师费金额是 120 万元封顶；Q 律师事务所出具的账单，证明截至申请人提交该证据时，已经实际产生的律师费用是近 117 万元；境外律师的账单。除 Q 律师事务所外，申请人还产生了聘请英国和巴基斯坦律师的相关律师费，合计人民币约 33 万元，两者相加已经超过法律顾问聘用协议中约定的 120 万元。证据显示，申请人已实际支付律师费 75 万余元。剩余部分待申请人实际支付后补充证据。

被申请人对申请人证据法律顾问协议、Q 律师事务所出具的账单、境外律师账单均不予认可，理由是本案尚未定论，没有胜诉方和败诉方之说，所以申请人聘用律师应该自行承担费用。本案法律事实简单，申请人却约定高额的不相匹配的律师费，被申请人有理由怀疑相关法律顾问聘用协议存在申请人与受托单位恶意串通、虚增律师费的情况。法律顾问聘用协议不能证明费用已经支付；Q 律师事务所的账单是英文版本且看不清楚，其仅为账单而非费用支付凭据，不能证明费用已经实际支出；境外律师账单也仅仅是一个账单而非支付凭据，无法判断境外律所有没有提供法律服务，也看不到任何委托代理手续，相应的工作量也没有反映。另外，被申请人并不存在违约行为。无义务承担对方聘请律师发生的费用。律所出具的账单系单方制作的，没有加盖律所的公章，签字人也并非本案的代理律师，难以证明该账单的真实性以及与本案的关联性。申请人的境外律师账单，显示申请人境外律师，仅仅是一个账单，并没有看到项目，没有委托手续和代理协议；账单没有责任人，没有律所盖章和签字人，不能证明该费用发生的真实性，被申请人有理由怀疑该律师费的真实性，否定该律师费的合理性。

《仲裁规则》第五十二条第（二）款规定："仲裁庭有权根据案件的具体情况在裁决书中裁定败诉方应补偿胜诉方因办理案件而支出的合理费用。仲裁庭裁定败诉方补偿胜诉方因办理案件而支出的费用是否合理时，应具体考虑案件的裁决结果、复杂程度、胜诉方当事人及/或代理人的实际工作量以及案件的争议金额等因素。"

仲裁庭认为：

第一，双方在《补充协议》《备忘录》中对于律师费的承担并没有明确约定。

第二，《合同法》第一百一十三条规定："当事人一方不履行合同义务或者履行合同义务不符合约定，给对方造成损失的，损失赔偿额应当相当于因违约所造成的损失……"合同双方发生争议后，因违约方的不法行为带来的守约方财产利益丧失属于守约方的损失。律师费在性质上属于财产利益，原则上可以作为损失。本案中申请人是守约方，被申请人是违约方。申请人为此次仲裁支出的律师费属于损失的一部分。

第三，律师费与利息并不重复。无论申请人是否提起仲裁，是否聘请律师，利息都是根据法律规定应当支付的。律师费是在违约金之外产生的其他费用，与利息本身并不重复。

鉴于仲裁庭支持了申请人大部分仲裁请求，结合申请人已经向仲裁庭提交的律师费实际支付凭证，仲裁庭酌定，申请人实际支出的律师费应当由被申请人承担 75 万元。

（十八）关于本案仲裁费用的承担

《仲裁规则》第五十二条第（一）款规定："仲裁庭有权在裁决书中裁定当事人最终应向仲裁委员会支付的仲裁费和其他费用。"仲裁庭综合考虑申请人的请求及本案的裁决结果，特别是仲裁庭支持的金额，认为本案本请求仲裁费应由被申请人承担 90%，申请人承担 10%。

三、裁　决

根据上述仲裁庭意见，仲裁庭裁决如下：

（一）被申请人立即向申请人支付工程款人民币 6630 余万元，以及逾期付款利息。逾期付款利息暂算至 2020 年 8 月 3 日为人民币 860 余万元；自 2020 年 8 月 4 日起至实际支付日止，以人民币 6630 余万元为基数，按一年期 LPR 计算。

（二）被申请人立即向申请人支付《法律顾问聘用协议》约定的律师费人民币 75 万元。

（三）本案仲裁费由被申请人承担 90%，申请人承担 10%。

（四）驳回申请人其他仲裁请求。

上述被申请人应向申请人支付的款项，应于本裁决书作出之日起 10 日内支付完毕。

本裁决为终局裁决，自作出之日起生效。

案例评析

【关键词】EPC 合同　外国法适用　"霸王条款"　管理责任

【焦点问题】

本案的基本案情为：申请人作为总承包方，被申请人作为业主，双方就境外电厂码头工程项目签订了工程总承包合同（以下简称"EPC 合同"）。根据 EPC 合同约定，申请人负责案涉项目的土建工程施工和工程管理，被申请人应向申请人支付工程款和管理费。但在合同履行过程中，双方就工程款的金额产生了争议。

本案涉及的四个主要争议焦点在于：第一，当事人约定适用的外国法能否查明及法律适用问题。第二，合同约定的"不平等条款"应否认定为无效。第三，如何判断总承包方是否已履行管理义务。第四，工程的结算金额如何认定。

【焦点评析】

案涉纠纷属于 EPC 合同纠纷，现结合本案案情及双方争议焦点，评述
如下：

一、当事人约定适用的外国法能否查明及法律适用问题

本案中，双方当事人分别为境内、境外主体，合同中约定适用"英格兰法
律"。《法律适用法》第十条规定："……当事人选择适用外国法律的，应当提
供该国法律。不能查明外国法律或者该国法律没有规定的，适用中华人民共和
国法律。"仲裁庭认为，被申请人主张合同存在无效的"霸王条款"，但未能向
仲裁庭提供英格兰法律中与认定"霸王条款"相关的规定，并且被申请人提供
的部分外国法条文也不适用于本案。因此，仲裁庭根据《法律适用法》第十条
规定，认为本案应适用中国法判断相关条款是否无效。

实践中，"一带一路"国际工程项目通常涉及业主、承包商、分包商、供
应商等来自不同国家和地区的众多参与方，而各个国家或地区的法律规定不尽
相同。为避免将来产生法律冲突从而影响合同的正常履行及工程项目的顺利实
施，合同缔约方一般会在建设工程合同中就适用的法律进行明确约定，以解决
与工程项目相关的法律适用和法律冲突问题。

本案中，双方当事人约定适用的是与当事人国籍和项目所在地无关的第三
国法律，但在仲裁过程中因未能提供英格兰法律导致外国法无法查明，导致仲
裁庭最终适用了中国法。由此可见，当事人在约定适用外国法时不仅应审慎考
虑所适用的法律，同时也应做好履行查明义务的准备。

以中国企业"走出去"为例，当中国企业作为"一带一路"投资主体与境
外企业签署相关投资协议或工程合同时，需要在缔约前全面检索、分析项目可
能涉及的适用法，并尽量在商务谈判中选择能够最大限度保障自身合法权益、
最适合项目特点的法律。当然，当事人约定适用的法律并不局限于中国法，而
是应根据项目的性质、相关法律的成熟度、纠纷解决的成本和便利性、合同双
方的谈判地位等多种因素对约定适用的法律进行综合考量。对于与当事人国籍
和项目所在地均无关的第三国法律，当事人应审慎考虑是否约定适用。原因在
于，法律具有本地化的特性，第三国法律不一定能精准地适用于具体项目或者
用于解决当事人之间的纠纷，并且当事人在解读法律时也更容易发生分歧。

值得注意的是，根据《法律适用法》第十条规定，如果当事人约定适用外

国法，那么其需要承担相应的外国法查明义务。若当事人无法提供该国法律，法院或仲裁庭可能会选择适用中国法，这不仅将改变当事人签订合同的初衷，亦可能对案件结果产生影响。

二、合同约定的"不平等条款"应否认定为无效

本案中，被申请人主张申请人是国企而被申请人是私企，申请人利用自身各方面优势地位，在被申请人不了解后果的情况下诱导被申请人签署了过分免除申请人义务的条款，显失公平，应当认定相关条款无效。

仲裁庭认为，判断双方当事人的权利义务是否严重不对等，通常要从客观要件和主观要件两方面综合考虑。客观要件，即当事人之间的利益在客观上存在不平衡，具体表现为：一方当事人承担更多的义务而享受极少的权利或者在经济利益上遭受重大损失，另一方则以较小的代价获得了极大的利益。这种不平衡违反了民法的等价公平原则，也违反了当事人的自主自愿原则。主观要件，即一方当事人故意利用其优势或者另一方当事人的草率、无经验等订立了合同。仲裁庭认为，如果被申请人主张合同条款确实存在不公平，一方面，其需要证明自身因不公平的条款遭受了损失；另一方面，需要证明申请人利用优势地位对被申请人的签约造成了实质性压力。但被申请人并未能提供充分证据证明其遭受的具体损失，也未能证明申请人在主观上存在欺诈、胁迫等情由。

在市场经济条件下，难以要求各种交易中的约定和给付都达到完全的对等，从事交易必然要承担风险，并且这种风险都是当事人自愿承担的。如果风险造成的权利义务不平衡在法律允许的限度范围之内，并且未使一方当事人获得超过法律允许的利益，就应理解为商业风险，而非实质的不公平。案涉工程属于所在国政府关注的重大项目，金额较大，对于双方当事人尤其是被申请人而言，经济和声誉上的利益不言而喻。被申请人作为有充分实践经验的境外项目开发商，合同条款是否公平，对其有多大的影响，其应当了然于胸。被申请人在签订合同时并未有任何相反的意思表示，在签订合同之后正常履行合同，即使合同中存在若干并非绝对对等的权利义务条款，也应理解为双方协商或博弈的结果。因此，仲裁庭认为被申请人主张相关条款因显失公平而无效的依据不足。

由以上分析可见，本案仲裁庭在判断合同条款是否公平时，并未拘泥于文字表述，而是从客观与主观两方面分析双方当事人间的权利义务是否不对等，同时也结合了项目背景、金额、影响力以及当事人的预期收益等各方面因素进行综合考量与认定。上述判断标准较为合理，同时也为实践中存在的类似争议提供了裁判指引。

实践中，参与"一带一路"建设"走出去"的中方企业大多为从事国际工程承包活动的大型建筑企业，其在与下游分包商签订分包合同时通常会被理解为处于优势地位。发生争议时，下游分包商可能以相关条款系中方企业利用其优势地位订立为由，主张相关条款无效。

作为事前防范措施，中方企业在与合同相对方签署合同时，应尽可能与对方充分协商条款内容并留存相关证据，避免合同条款被认定为"格式条款"。如果当事人选择适用的是外国法，还应事先研究外国法中与合同效力判断相关的法律规定，避免将来产生合同无效等风险。

如果纠纷确已发生，对方提出合同条款因显失公平而无效，在适用中国法的情况下，中方企业可参照本案例中的裁判规则，从主观、客观方面论证合同条款不存在导致权利义务失衡的情形，并可视情况结合项目具体信息以及当事人的预期收益等各方面因素进行说理，证明相关合同条款属于正常的商业安排，并非"霸王条款"。

三、如何判断总承包方是否已履行管理义务

本案中，EPC 合同约定由申请人负责案涉项目的工程管理，被申请人主张案涉项目存在出口退税未能完成、融资未能达成目标、因管理不善导致被申请人与第三人发生纠纷等情形，表明申请人未尽到管理职责，应当扣减管理费用。

仲裁庭认为，申请人在合同中的管理义务多为"过程"性而非"结果"性义务。因此，只要申请人举证证明其实施了合同项下的管理行为，无论结果如何，都应当理解为其履行了合同义务。并且，出口退税、融资等是否能达成最终目标，涉及政府、银行的决策，并非仅凭申请人一方即可完成，因此不应对申请人强加过度的义务。此外，申请人的管理义务是本合同中最重要的内容之一，被申请人理应注意到相关措辞，并对其有充分了解。被申请人在审核申请人的义务时，应当知悉"协助""尽最大可能""不保证结果"等字眼的不确定性，以及发生纠纷后被申请人方的举证难度。因此，对于该部分内容的表述，应当认可是双方合意的结果，被申请人亦不能主张其无效。

近年来，我国大型建筑企业承接的"一带一路"国际工程项目基本上采用EPC 合同模式。EPC 合同模式是一种业主仅与工程总承包商签订工程项目建设合同，合同中约定业主将建设工程的设计、采购、施工整体发包给总承包商，由总承包商对建设工程的质量、安全、工期、造价全面负责，在最终达到业主

要求验收后，向业主移交工程的合同模式。而在国际工程总承包项目中，往往涉及融资、当地法律监管、货币兑换和出境以及税务处理等诸多问题，上述事项通常一并交由 EPC 合同项下的总承包商来处理，由其负责项目融资、办理项目当地所需手续以及处理税务等相关事宜，并承担相关的管理义务。

对于如何判断总承包商是否已履行管理义务，需要以合同约定为基础。正如本案所示，如果与管理义务相关的表述为"协助""尽最大可能""不保证结果"等措辞，那么该等管理义务应理解为过程性而非结果性义务。亦即，只要总承包商举证证明其实施了合同项下的管理行为，即可认定其已履行管理义务，至于结果是否已实现在所不问。

有鉴于此，中方企业作为总承包商在承接海外工程时，在合同中应尽可能将涉及税务、融资等相关的义务约定成过程性管理义务，避免对结果进行承诺，以免因当地政府的管制等不可预料的原因，致使管理目标无法达成。

四、工程的结算金额如何认定

本案中，双方对于工程的结算金额包含哪些款项存在较大争议。仲裁庭在审理中发现，由于实践操作中存在一些不规范的行为，诸如合同的形式、合同对应的工程内容、授权主体、付款方式等不够清晰，导致双方对结算金额产生了重大分歧。仲裁庭对双方提交的 200 余份证据一一进行了梳理，分析了每一笔款项的真实性和可采纳性，最终确认了工程的结算金额。

由此可见，在建设工程项目实施过程中，当事人应当谨慎处理每一笔款项，对于相关合同、授权人员的职责权限、付款方式、签证、会议记录、来往函件等，都应当进行明确约定，并做到及时保管和归档，以确保在工程结算或当事人发生争议时能够提供充分合理的证明文件对结算金额作出合理认定。

【结语】

本案是典型的"一带一路"国家大型 EPC 项目，工程的期限长、金额高、内容复杂、资料繁复，双方当事人存在难以弥合的矛盾。同时，该项工程属于所在国的地标工程，该国政府对项目高度重视，持续跟踪项目的进展，并定期将项目的进展和成果展示在国家政府网站中。双方当事人的争议对工程进度产生了不利影响，如果不能及时定分止争，将会对我国企业的境外投资造成负面影响。

有鉴于此，本案仲裁庭高度重视此案，认真梳理了当事人提交的证据资料，从法律规定、法理逻辑、合同约定、商业交易等多个角度切入，全面论证了本案的各个争议焦点，并及时作出裁决。该裁决有效解决了双方当事人之间的争议，为案涉工程项目的顺利实施提供了保障，同时也为我国企业的海外投资活动提供了法律指导，为"一带一路"的建设提供了助力。

（评述人：孙巍）

案例三　中国 F 海运公司与中国 C
船舶研究所、巴基斯坦 B 港口与海运公司
物流服务代理协议争议案

中国国际经济贸易仲裁委员会（以下简称"仲裁委员会"）根据申请人中国 F 海运公司（以下简称"申请人"或"F 公司"）与第一被申请人中国 C 船舶研究所（以下简称"第一被申请人"或"C 研究所"）于 2016 年 10 月 9 日签订的《巴基斯坦 K 港口改造项目物流服务代理协议》，申请人与第一被申请人、第二被申请人巴基斯坦 B 港口与海运公司（以下简称"第二被申请人"，第一被申请人和第二被申请人以下合称"被申请人"）于 2016 年 10 月 10 日签订的《关于〈巴基斯坦 K 港口改造项目物流服务代理协议〉的补充协议》中仲裁条款的约定，以及申请人向仲裁委员会提交的书面仲裁申请受理了申请人与被申请人之间基于上述合同而产生的本争议仲裁案。

本案仲裁程序适用自 2015 年 1 月 1 日起施行的《中国国际经济贸易仲裁委员会仲裁规则》（以下简称《仲裁规则》）。鉴于本案争议金额未超过人民币 500 万元，根据《仲裁规则》第五十六条的规定，本案程序适用《仲裁规则》第四章"简易程序"中的规定；该章中没有规定的事项，适用《仲裁规则》其他各章中的规定。

第二被申请人提交了仲裁庭组成异议申请书和管辖权异议申请书。

申请人选定 X 担任本案仲裁员。根据本案仲裁条款中的约定，因本案系由合同乙方作为申请人提起的仲裁，且第一被申请人和第二被申请人未能在收到仲裁通知之日起 7 日内共同指定仲裁员，因此由第一被申请人选定的 Y 担任本案仲裁员。同时，根据本案仲裁条款中的约定，上述两位仲裁员共同指定 Z 担任本案首席仲裁员。在签署了接受指定的《声明书》后，三位仲裁员组成仲裁庭共同审理本案。

后第二被申请人和第一被申请人分别提交仲裁反请求申请书。

仲裁庭如期开庭审理本案，申请人与被申请人均委派仲裁代理人参加了庭审。庭审中，各方当事人就本案案情及仲裁请求、仲裁反请求、答辩意见等做出了陈述，出示了有关证据的原件，对其他方当事人提交的证据进行了质证，还就法律问题进行了辩论，并回答了仲裁庭的提问。由各方当事人协商并经仲裁庭同意，各方当事人同意于约定期限之前提交补充证据及代理意见，并同意对所有庭后提交的证据以提交书面意见的方式进行质证。

就第二被申请人对仲裁庭的组成提出的异议以及要求仲裁庭全体成员回避的申请，仲裁院向各方寄送了不予回避决定。仲裁委员会书面授权仲裁庭在裁决书中就第二被申请人提出的管辖权异议作出决定。

本案现已审理终结，仲裁庭根据已经查明的事实以及现有的书面证据材料，依据《仲裁规则》的有关规定，经合议，作出本裁决。现将本案案情、仲裁庭意见以及裁决结果分述如下：

一、案　情

(一) 申请人的本请求和被申请人的反请求

1. 申请人的《仲裁申请书》

2016 年 10 月 9 日，申请人与第一被申请人签署了《巴基斯坦 K 港口改造项目物流服务代理协议》（以下简称"本案合同"），约定由申请人接受第一被申请人的委托完成巴基斯坦 K 港口改造项目所使用的施工机具和物资的出口运输工作。

2016 年 10 月 10 日，申请人与第一被申请人以及作为业主的第二被申请人签署了《关于〈巴基斯坦 K 港口改造项目物流服务代理协议〉的补充协议》（以下简称"补充协议一"），就付款事宜作出了约定。

2016 年 12 月 19 日，申请人与第一被申请人签署了《补充代理协议（集装箱运输）》（以下简称"补充协议二"），就集装箱运输的费率等作出了约定。

2017 年 1 月 9 日，申请人与第一被申请人签署了《巴基斯坦 K 港口改造项目物流服务代理补充协议》（以下简称"补充协议三"），约定由申请人完成货物到达巴基斯坦 L 港口后的公路运输。

申请人按照约定完成了物流服务，被申请人确认了物流费用。申请人在 2018 年 2 月之前就开具了经纪代理服务、国际运输代理费发票，但被申请人至今拖欠费用人民币近 64 万元和 58 万余美元。为此，申请人提出以下仲裁请求：

（1）裁定第一被申请人和第二被申请人向申请人支付物流费净额人民币近64万元和58万余美元以及前述款项自2018年2月11日起至仲裁裁决给定的支付日止、按同期银行贷款利率计算的利息损失；

（2）裁定被申请人承担申请人为处理本案而支付的律师费；

（3）裁定被申请人承担本案仲裁费。

2. 第一被申请人的《仲裁反申请书》

2016年10月9日，第一被申请人与申请人签订了本案合同，约定由申请人完成巴基斯坦K港口改造项目所使用的施工机具和物资的出口运输工作。

2016年10月10日，作为业主的第二被申请人、第一被申请人和申请人签订了补充协议一，约定第一被申请人为第二被申请人的受托方，代表第二被申请人与申请人签订了本案合同，第一被申请人在本案合同项下的一切权利、义务和责任均由第二被申请人承担。

第一被申请人不存在违反补充协议一约定的情形，申请人应当按照补充协议一的约定向第二被申请人主张相关的费用。为此，第一被申请人提出如下仲裁反请求：

（1）裁决申请人赔偿第一被申请人为本案支出的律师费人民币20万元；

（2）裁决申请人承担本案的全部仲裁费用。

3. 第二被申请人的《仲裁反请求申请书》

按照本案合同及其补充协议中的约定，完好无损地运输货物至指定地点是申请人的主要合同义务。由于申请人的野蛮运输造成承运的设备在运输过程中产生油漆划伤以及外包装损坏致使货物受损的情形。因设备损坏产生的修理、材料及人工费用共计1950万卢比，其中包括材料费用1800万卢比和人工费用150万卢比，根据付款当日中国某银行发布的外汇汇率折算，折合人民币近130万元。申请人违反本案合同中的约定，未尽妥善管理和运输货物的义务，导致第二被申请人产生大量的额外费用，申请人应承担赔偿责任。

此外，申请人还存在海运期过长以及清关缓慢的违约行为，延误设备的安装，给第二被申请人造成损失，申请人对此应承担赔偿责任，第二被申请人保留另行向申请人提起诉讼或仲裁的权利。

为此，第二被申请人提出以下仲裁反请求：

（1）裁决申请人向第二被申请人赔偿因货物运输不当而产生的损失共计人民币近130万元；

（2）裁决申请人承担第二被申请人为处理本案而支付的律师费人民币 4 万元；

（3）裁决申请人承担本案的仲裁费用。

其中，关于货物损失的具体计算过程如下：

货物损失 1950 万卢比分两次支付，2017 年 3 月 2 日支付 1000 万卢比，2017 年 3 月 13 日支付 950 万卢比。根据中国某银行发布的人民币即期外汇牌价（现汇卖出价），2017 年 3 月 2 日的汇率为 1 卢比＝人民币 0.0659 元；2017 年 3 月 13 日的汇率为 1 卢比＝人民币 0.0662 元。按照款项支付当日中国某银行发布的外汇牌价折算：1000 万卢比×人民币 0.0659 元＝人民币 65.9 万元；950 万卢比×人民币 0.0662 元＝人民币 62.89 万元，前述两项合计为人民币近 130 万元。

（二）各方当事人的书面意见

1. 申请人的书面意见

（1）关于本案合同项下的项目

巴基斯坦 D 能源公司在巴基斯坦建设运营燃煤电站的"巴基斯坦 M 市项目"，本案合同项下的"巴基斯坦 K 港口改造项目"系燃煤电站项目的配套项目，改造的码头用于装卸燃煤电站所需的煤炭。

（2）关于索赔的物流费用

①申请人主张的所有费用合计人民币近 74 万元和 104 余万美元已经第一被申请人和第二被申请人共同确认，申请人也开具了增值税普通发票，完成了结算。

②申请人确认，2017 年 3 月 20 日收到 13 万余美元，2017 年 3 月 21 日收到人民币近 10 万元，2017 年 4 月 28 日收到 7 万余美元，2018 年 9 月 5 日收到近 26 万美元。因此，被申请人拖欠的费用总额为人民币近 64 余万元和 58 万余美元。

关于第一被申请人于 2018 年 9 月 5 日支付的近 26 万美元，申请人确认是由其指示巴基斯坦 E 公司（以下简称"E 公司"）在巴基斯坦从第一被申请人处收取的。申请人称，第一被申请人告知因巴基斯坦外汇管制严格，资金回国难度大，因此未能及时支付运费。为此，申请人以 E 公司为通道代申请人在巴基斯坦收款。按照巴基斯坦税法的规定，E 公司收款时需缴纳 10% 的企业所得税和 13% 销售税的 20%，前述税款系借用收款通道的代价，与申请人无关。根据第一被申请人可以支付的运费金额 30 万美元，E 公司向第一被申请人开具了

S1 号 INVOICE，金额为近 4200 万卢比，即 3710 余万卢比（按照 1 美元＝123.70 卢比的汇率折算为 30 万美元）＋480 余万卢比（即 3710 余万卢比×13% 的销售税）。第一被申请人在此 INVOICE 项下向 E 公司支付了近 3680 万卢比，此为从 INVOICE 的金额中代扣了 E 公司应缴纳的 10% 企业所得税和 13% 销售税的 20%，即近 4200 万卢比－（近 4200 万卢比×10%）－（3710 余万卢比×13%× 20%）。E 公司在收到近 3680 万卢比后缴纳了销售税 480 余万卢比，故实际收到的金额为近 3200 万卢比，按照汇率 1 美元＝123.70 卢比折算为近 26 万美元。

③第二被申请人所称的计算不当等问题均不存在。

关于第三船散装货物、第四船散装货物和第五船散装货物中的大件货物的计费费率 70 美元/吨的问题，首先，在本案合同的附件"价格明细"中的"二、大件价格"中约定，"运输中若有大件设备，运费由双方另行协商确定"；其次，在补充协议三中的"普通件杂货运输费用"中约定，"普通件杂货意为重量小于 30 吨/长度 18 米以内/宽度 3.5 米以内/高度 3 米以内的货物，任何尺寸超过上述任一条件将视为大件"；此外，在《F 公司巴基斯坦 M 市项目 C 研究所费用确认单》（以下简称《费用确认单》）中已明确标出若干货运是超 18 米×3.5 米×3 米的大件设备，运费按照 70 美元/吨计算，第一被申请人确认无异议，第二被申请人在 2017 年 12 月的电子邮件及附件中也确认无异议。

第二被申请人称，巴基斯坦进口清关代理费应按照 CIF 价格的 0.12% 计算。事实上，本案合同附件中还约定每份提单最低收费 550.00 美元（Minimum USD550 per Bill of Lading）。

第二被申请人称，第三船集装箱货物、第四船集装箱货物、第五船集装箱货物和第六船集装箱货物中的 40 呎通用集装箱（GP）的海运费费率从 1100.00 美元涨到 7920.00 美元。实际上，1100.00 美元是 40 呎通用集装箱的费率，而 7920.00 美元是 40 呎超高集装箱（HQ）或 40 呎框架集装箱（FR）的费率，并非 40 呎通用集装箱的费率。

本案合同项下涉及多批次货物运输，尽管各方的计算有所差异，但在费用结算过程中皆已充分表达意见并最终达成一致，申请人据此开具了增值税普通发票。关于第六船散装货物的费用人民币近 2000 元和 2400 多美元，因久拖不决，故申请人在本案仲裁申请中没有主张相关的费用。

④根据第一被申请人提交的补充证据，第二被申请人仅指示第一被申请人

向申请人支付人民币近 10 万元及 7 万美元（2017 年 1 月 11 日）和人民币 50 万元（2017 年 3 月 11 日），但是在第二被申请人的付款指令中并没有明示"对应的款项"。而申请人从第一被申请人处实际收到的款项为人民币近 10 万元和 46 万余美元，其中包括申请人于 2017 年 3 月 20 日收到的 13 万余美元、于 2017 年 4 月 28 日收到的 7 万余美元和于 2018 年 9 月 5 日收到的近 26 万美元。显然，第一被申请人支付的前述美元费用并未得到第二被申请人的付款指令。此外，第一被申请人支付 7 万余美元也没有附上对应的申请人的物流费发票；在 2018 年 9 月 5 日支付的款项同样如此。

第一被申请人称，根据补充协议一中的约定，其仅在满足以下条件包括"业主的每笔付款应明确标识为：（i）对乙方的付款；以及（ii）对乙方的何笔付款申请的付款"后才能付款，如此辩称也不成立。如第二被申请人庭审中确认，在实际付款时改变了协议约定，支付给第一被申请人的费用并没有标识为是给申请人的费用，但第一被申请人实际已经支付了人民币近 10 万元和 46 万余美元。

按照第二被申请人的说法，所有应该支付给申请人的费用都已经支付给了第一被申请人。第一被申请人承认从第二被申请人处收到 720 余万美元，但是第二被申请人在庭审中主张已向第一被申请人支付了合计 1800 余万美元，申请人可以合理地认为第二被申请人已经将申请人的物流费用全部支付给了第一被申请人，第一被申请人有违反补充协议一约定之嫌，其应对本案的物流费用承担完全的支付责任，或与第二被申请人承担连带支付责任。

第一被申请人根据《在岸服务和供应合同》（Onshore Services and Supply Agreement）另案向申请人提出仲裁申请，主张管理费人民币近 1150 万元及人民币 6300 余万元。而《在岸服务和供应合同》中约定了作为承包商的第一被申请人的运输和交付货物义务。申请人有理由认为第一被申请人的仲裁申请中包括了应该支付给申请人的物流费用。

⑤第一船集装箱货物、第二船集装箱货物和第三船集装箱货物中的部分货物系第一被申请人所有，相关费用需经第一被申请人确认。第一被申请人认可的费用金额与申请人主张的费用金额相差人民币 9000 元，系第一被申请人自有货物产生的海关协调费用，已经第一被申请人确认。因此，前述货物的相关费用人民币 6 万余元和 3 万余美元应由第一被申请人承担。

第一被申请人应该承担的前述费用也属于本案仲裁事项。在本案合同中，第一被申请人并没有表明其是工程项目的 EPC 承包商，因此本案合同项下的货物包括了第二被申请人委托第一被申请人发运的货物以及第一被申请人自己发运的货物，补充协议中也没有排除第一被申请人自己的货物。

（3）申请人未在本案合同项下安排空运货物

（4）关于申请人索赔的利息

①根据被申请人于 2017 年 12 月 25 日发给申请人和第一被申请人的邮件及其附件《物流及保险跟踪情况》，各方在 2017 年 12 月 25 日确认了款项和金额，申请人于 2018 年 2 月 1 日前向第一被申请人开具了全部费用发票，按照本案合同中关于交单后 10 天内付款的约定，所有款项应于 2018 年 2 月 10 日前付清。因被申请人没有付款，故应从 2018 年 2 月 11 日起计算利息。

②关于计算利息应采用的利率，无论人民币还是美元皆适用全国银行间同业拆借中心于 2020 年 1 月 20 日公布的 1 年期贷款市场报价利率计算至裁决书给定的支付日止。

（5）关于申请人索赔的律师费

被申请人没有及时向申请人支付物流费用，申请人为处理本案涉争议支付了律师费人民币 20 万元，考虑到本案争议的金额及工作量，前述收费合理，符合《仲裁规则》第五十二条第（二）款中的规定。

（6）关于第一被申请人的仲裁反请求

如前所述，第一被申请人就律师费提出的反请求不成立。即使第一被申请人拖欠物流费是因为第二被申请人没有支付费用所致，那么其发生的律师费也是因为第二被申请人违约造成的，其应该向第二被申请人主张律师费，而不是向申请人提出仲裁反请求，第一被申请人主张的律师费与申请人主张的权利没有因果关系。

（7）关于第二被申请人的仲裁反请求

①申请人否认发生了货损，第二被申请人没有提交证据证明在申请人的责任期间发生了货损。

本案合同项下的所有货物已经被申请人签收，且未作货损的批注。根据本案合同约定，清洁的《F 公司巴基斯坦 K 港口泊位改造项目 CARGO RECEIVING REPORT 货物交接单》（以下简称《货物交接单》）证明交付的货物完好。

同时，《中华人民共和国海商法》（以下简称《海商法》）第八十一条第一款规定，承运人向收货人交付货物时，收货人未将货物灭失或者损坏的情况书

面通知承运人的，此项交付视为承运人已经按照运输单证的记载交付以及货物
状况良好的初步证据。

第二被申请人提交的证据证明，部分货物并非由申请人完成运输。因此，
即使存在货损，也不能证明是在申请人的责任期间发生；另外，第二被申请人
没有提交证据证明其所称的货损金额人民币近 130 万元。

此外，《海商法》第二百五十七条规定："就海上货物运输向承运人要求赔
偿的请求权，时效期间为一年，自承运人交付或者应当交付货物之日起计
算……"本案合同项下的货物交付时间最晚在 2017 年 6 月，诉讼时效已于 2018
年 6 月届满，因此第二被申请人提出的仲裁反请求已经超过诉讼时效。

②关于部分提单项下货物的海运时间和清关时间超出合理时间的问题，申
请人否认存在海运迟延。本案合同中没有约定海运交付时间，第二被申请人所
称的迟延交货构成违约没有依据。

第二被申请人称常规清关时间为 1—2 周没有依据。申请人否认清关延迟，
第二被申请人所谓的清关延迟的货物批次与申请人无关。

第二被申请人称因申请人的海运及清关时间过长导致其损失约人民币 1300
余万元完全没有事实根据。

2. 第一被申请人的书面意见

（1）"巴基斯坦 M 市项目"是巴基斯坦 D 能源公司在巴基斯坦建造的燃煤
电站项目，本案合同项下的"巴基斯坦 K 港口改造项目"系该项目的配套项
目，以实现燃煤的卸泊并通过全自动皮带输送机及铁路将燃煤送至巴基斯坦 M
市电站供其发电使用。

（2）申请人于 2016 年 10 月 9 日与第一被申请人签订本案合同；2016 年 10
月 10 日，申请人与第一被申请人、第二被申请人签订了补充协议一。根据补充
协议一中的约定，第二被申请人系委托人，第一被申请人系受托人，除另有约
定外，第一被申请人在本案合同项下的一切权利、义务和责任由第二被申请人
承担。

基于第一被申请人与第二被申请人之间的委托关系以及补充协议中的约定，
第一被申请人应当按照第二被申请人的指示处理委托事务，本案合同应当直接
约束申请人与第二被申请人。因此，申请人不应向第一被申请人主张权利，更
不应当将第一被申请人列为"第一被申请人"。在第二被申请人即委托人不同
意系争物流费用的情况下，第一被申请人亦无权确认相关费用，更无权利也无

义务直接向申请人支付相关费用。

（3）根据补充协议一中的约定，第一被申请人向申请人付款的条件尚未成就，申请人无权向第一被申请人追究付款责任。

①根据补充协议一的约定，申请人的费用应当是由第二被申请人进行确认。在实际操作中，《费用确认单》均是申请人直接发给第二被申请人，由第二被申请人予以签字确认。第一被申请人向申请人付款的前提条件应当是根据第二被申请人的付款通知，并在收到第二被申请人的付款且第二被申请人明确标识该项付款为针对申请人的相应款项的前提下，第一被申请人才向申请人支付。由于第一被申请人和第二被申请人之间关于 K 码头改造项目存在诸多的业务往来和资金往来，因此第一被申请人只有在收到第二被申请人就支付申请人费用所对应的付款指令和对应的款项后，才有义务向申请人付款。除此之外，第二被申请人支付给第一被申请人的费用与本案无关。

②第二被申请人于 2018 年 3 月 5 日向第一被申请人支付的 500 美元所对应的货物是经空运从中国 S 市运抵巴基斯坦 L 市的，货物空运不是由申请人在本案合同项下完成的。

③第一被申请人确认已支付给申请人的费用如下：2017 年 3 月 21 日支付人民币近 10 万元，2017 年 3 月 20 日支付 13 万余美元，2017 年 4 月 28 日支付 7 万余美元，2018 年 9 月 5 日支付 32 万余美元。在前述款项中，除 2018 年 9 月 5 日支付的 32 万余美元外，其他款项都是从第二被申请人于 2017 年 1 月 4 日支付给第一被申请人的 500 万美元中支付给申请人的。

关于第一被申请人于 2018 年 9 月 5 日支付给申请人的 32 万余美元，是由申请人指定的 E 公司在巴基斯坦当地代其收取的本案合同项下的运费。经申请人、第一被申请人和第二被申请人商定，在巴基斯坦以卢比支付申请人在国内的运费。第二被申请人于 2018 年 8 月 16 日在巴基斯坦向第一被申请人支付了 6000 万卢比，申请人指定的 E 公司向第一被申请人开具了金额为 30 万美元的 S1 号 INVOICE，第一被申请人从第二被申请人支付的 6000 万卢比中向 E 公司支付了近 3680 万卢比，与发票金额的差额系第一被申请人按照巴基斯坦税法的要求为申请人代扣代缴的税款，相应税款应由申请人承担。

④除上述费用外，第二被申请人未就其余应向申请人支付的运费先行支付给第一被申请人，且第二被申请人至今尚未与申请人完成费用结算，尚需支付的运费金额未确定，第一被申请人的付款条件尚未成就，申请人无权向第一被

申请人追究付款责任。

⑤根据补充协议一第 4.4 款中的约定，除第一被申请人违反第 3.3 款中的约定之外，对于其他任何争议均应由申请人与第二被申请人自行解决。

第二被申请人与申请人之间就费用结算至今存在争议，第二被申请人未向第一被申请人先行付款，因此应当由申请人与第二被申请人自行解决。此外，第一被申请人曾多次就工程款的事宜通过发函、电子邮件、电话、会议等形式尽力促使申请人与第二被申请人进行沟通协调，已充分尽到了作为代理一方的义务。

（4）本案中第二被申请人提交的《答辩书》和《仲裁反请求申请书》进一步说明第二被申请人至今尚未确认申请人的费用，更未将相关款项先行支付给第一被申请人并做出相应的付款指令。申请人明知这一情况就应当按照补充协议一中的约定向第二被申请人主张权利，而不应把第一被申请人列为本案的被申请人，由此给第一被申请人造成的损失应当由申请人承担。

（5）申请人主张，在 2017 年 12 月 25 日和 2017 年 12 月 26 日的两封电子邮件中提到的部分货物属于第一被申请人所有。但是，前述货物运输与本案合同不是同一个法律关系，不属于本案合同项下的货物运输，不属于本案管辖的范围，申请人应当另行向第一被申请人提起诉讼。

3. 第二被申请人的书面意见

（1）"巴基斯坦 M 市项目"与"巴基斯坦 K 港口改造项目"是同一个项目。

（2）本案合同及其三份补充协议项下发生的部分费用并未完成最终结算，结算是付款的前提，第二被申请人无法在费用未完成结算的情况下完全按照申请人的要求向其付款。

①申请人提交的《费用确认单》中的多笔费用单价超过本案合同中的约定，且没有提供任何依据，具体包括：

第三船散装货物、第四船散装货物和第五船散装货物中的大件货物的费率为 70.00 美元/吨，但是申请人没有提供计价依据和凭证。

巴基斯坦进口清关代理费应按照 CIF 价格的 0.12% 计算，但是申请人没有提供计价依据和凭证；事实上，部分船次货物的清关不是由申请人完成的。

关于第三船集装箱货物、第四船集装箱货物、第五船集装箱货物和第六船集装箱货物，申请人将 40 呎通用集装箱的海运费费率从 1100.00 美元涨到

7920.00 美元，将中国 S 港人民币费用的费率从人民币 5000.00 元涨到人民币 8000.00 元，将巴基斯坦 L 港杂费的费率从 550.00 美元涨到 600.00 美元，将巴基斯坦内陆运费的费率从 1100.00 美元涨到 1200.00 美元，但是申请人没有提供计价依据和凭证。

关于第一船集装箱货物，申请人要求支付的"海关协调费"没有合同依据。

关于第三船集装箱货物，申请人重复收取了中国 S 港海关费用人民币 500 元/票。

②申请人多次主张的金额均不相同，存在故意高报的情况。

申请人在《仲裁申请书》中主张的金额为人民币近 64 万元和 58 万余美元，与其提交的《费用统计表》及《费用确认单》中的金额人民币近 74 万元和 104 万余美元不同。

申请人提交的《费用统计表》与所谓的《物流及保险跟踪情况》不同，与所谓的《费用确认单》中的金额更是互相矛盾。

申请人先后 8 次要求支付的运费金额均不一致，主张的金额存在大幅增加到大幅减少再到大幅增加的情况。而且，申请人每次主张的金额均高于其在仲裁请求中索赔的金额，且其主张的金额未扣减第一被申请人应自行承担的其自有货物的费用及存在争议未确认的费用。因此，申请人历次单方主张的金额不可信，其主张的运费具有随意性，且缺乏基础凭证予以证明，不能作为认定最终费用的依据。

③在申请人提供的 20 份《费用确认单》中，第二被申请人至少曾对 8 条船的货物包括第四船散装货物、第五船散装货物、第六船散装货物、第一船集装箱货物、第二船集装箱货物、第三船集装箱货物、第四船集装箱货物和第六船集装箱货物的《费用确认单》中的款项提出过异议，要求申请人提供具体的计算依据和相应的证明文件。除第六船散装货物外，第二被申请人提出过异议的船次涉及的存在异议的金额合计为人民币 15 万余元和 31 万余美元。申请人始终未提供异议费用的相应计算依据和证明文件，被异议部分款项至今并未最终结算，第二被申请人无法按照申请人主张的金额付款。

关于第六船散装货物的第 20 份《费用确认单》项下人民币近 2000 元和 2400 多美元的结算，因该批次货物由 B1 于 2017 年 11 月 28 日直接批注为"该船尚有争议，不予确认"，该争议至今未解决。

④第一被申请人提交的证据显示，第一被申请人已经代为向申请人 20 支付的物流费用包括：2017 年 3 月 20 日支付的 13 万余美元，2017 年 3 月 21 日支付的近 10 万人民币，2017 年 4 月 28 日支付的 7 万余美元和 2018 年 9 月 5 日支付的近 3680 万卢比。除 2018 年 9 月 5 日支付的近 3680 万卢比外，其他款项都是从第二被申请人于 2017 年 1 月 4 日支付给第一被申请人的 500 万美元中支付给申请人的。2018 年 9 月 5 日，第一被申请人向申请人支付近 3680 万卢比，代缴税款 335 万余卢比，总计 4010 余万卢比。鉴于缴税是申请人的义务，第一被申请人为申请人代扣代缴的税款是申请人收入的一部分，335 万余卢比也应在运费中扣减。按照 2018 年 9 月 5 日的卢比和美元汇率 0.0081 ［0.0081 = 5.5269（2018 年 9 月 5 日某银行公布的巴基斯坦卢比现汇买入价）÷684.55（2018 年 9 月 5 日某银行公布的美元现汇卖出价）］计算，总金额应为近 33 万美元。因此，第二被申请人已经通过第一被申请人向申请人支付了人民币近 10 万元和 53 万余美元。

⑤申请人提交的证据 9 中的一封邮件的附件名称是《费用确认单》，但是申请人提交的附件是《物流及保险跟踪情况》，而且《物流及保险跟踪情况》中所列费用也存在很大问题。申请人提交的证据 9 中的邮件中提到，第一船集装箱货物、第二船集装箱货物和第三船集装箱货物中的部分货物为第一被申请人所有，相关运费分别为人民币 9500 元+（2000+3000 余）美元、人民币 4 万余元+（9000+1 万余）美元、人民币 5000 元+（1000+近 2000）美元，且第一被申请人确认承担第三船集装箱货物的海关协调费人民币 9000 元，计入第一被申请人的第三船集装箱货物的运费中。而申请人在庭审中也认为第一被申请人的货物的运费人民币 6 万余元和 3 万余美元应由第一被申请人自行承担，与第二被申请人无关。但是，申请人在历次主张费用时却统一计算在一起，不做区分。这也是导致第二被申请人与申请人就物流费用长期存在争议而未能最终结算的原因。

⑥第一被申请人主张其系第二被申请人的代理人，且第一被申请人每次向申请人付款的金额和时间皆与第一被申请人对自有货物应付运费的金额和时间不同，因此第一被申请人向申请人支付的人民币近 10 万元、近 21 万美元和 4010 余万卢比皆为代第二被申请人支付的物流费。

（3）货物清关和按期运输是申请人的合同义务，申请人存在海运期限过长、清关缓慢的违约行为，因此影响现场设备安装而给第二被申请人造成损失，申请人对此应承担损失赔偿责任，该等损失应从运费中予以抵扣。

①根据本案合同和补充协议一中的约定，按时、完好地运输货物和报关清关是申请人的主要合同义务。而申请人承运的部分货物的海运时间和清关时间明显超出了合理时间，申请人未及时运输和清关时间过长的行为违反了本案合同中的约定，导致第二被申请人遭受巨额损失人民币 1300 余万元。该损失金额是第二被申请人的概算，由于第二被申请人目前的损失核算尚未完成，第二被申请人在本案中先提出存在该等损失，保留另行起诉或向申请人提起仲裁的权利。

②申请人作为承运人，将货物运抵目的地是最基本的合同义务。但是，申请人存在将部分货物运错至欧洲导致第二被申请人工期延误的行为，给第二被申请人造成严重损失，第二被申请人有权拒付相当于所遭受损失的费用。

（4）第一被申请人既未尽到总承包商的义务，也未尽到其所主张的代理关系下的代理人义务和善良管理人的义务，对造成物流费用不准确、长期无法结算以及货物损失均存在过错。

①尽管申请人是第二被申请人在签订供应与服务合同前已经联系的物流分包商，但是第一被申请人签订本案合同、补充协议二和补充协议三都是其自行操作的。根据供应与服务合同和补充协议一中的约定，第一被申请人对本案合同项下的物流费是要收取管理费的，因此第一被申请人应履行相关权利和义务，申请人的《费用确认单》、发票等皆是开具给第一被申请人而非第二被申请人的，申请人提交的《货物交接单》也是由第一被申请人签字。

②第一被申请人在签订补充协议时，并未为第二被申请人的利益而争取有利于第二被申请人的条款，违反了代理人尽职尽责的义务。在履行合同时，第一被申请人未能对申请人的运输服务进行监督。在物流费用的结算和确认中，第一被申请人对于申请人提出的物流费用全部予以确认，完全忽略了申请人主张的费用中存在的问题。此外，第一被申请人还存在损害业主利益的行为，拟将运输其自有货物而产生的费用由第二被申请人承担。

③第二被申请人已提供证据证明其已向第一被申请人支付了供应与服务合同项下款项合计约 1800 万美元，第一被申请人应当说明其中有多少已支付给申请人。尽管补充协议一中约定第二被申请人在向第一被申请人付款时，应当标注该笔款项为支付申请人的物流费。但是，第一被申请人提交的证据显示，截至 2017 年 3 月 17 日，第一被申请人至少收到第二被申请人支付的 715 万美元，

第二被申请人至少指令第一被申请人向申请人支付人民币近 10 万元和人民币 50 万元，而第一被申请人实际支付的金额为人民币近 10 万元和近 53 万美元，超过了第二被申请人明确指令支付的金额，表明补充协议一中关于第二被申请人向第一被申请人付款时应当注明为支付给申请人物流费的约定在实际履行中发生了变更。

（5）无论是申请人还是第一被申请人，都对本案争议的发生存在严重过错，无权主张任何仲裁费和律师费。

本案之所以发生争议，很重要的原因是运费总金额和已付款金额一直无法确定。申请人和第一被申请人对此皆存在严重过错，导致无法最终结算，第二被申请人更不可能付款，因此本案争议和仲裁程序的发生是必然的，仲裁费、律师费等相关费用的产生是由于申请人和第一被申请人的过错导致的，应由申请人和第一被申请人自行承担。

（三）各方当事人在庭审中的陈述

1. 申请人在庭审中的陈述

（1）在第一项仲裁请求中，申请人要求第一被申请人和第二被申请人承担连带责任。

（2）第一被申请人和第二被申请人的关系已在补充协议一中明确，第一被申请人代表第二被申请人与申请人签订的本案合同，因此申请人认为第一被申请人有权代表第二被申请人签订补充协议二和补充协议三。

（3）按照本案合同及其补充协议中的约定，申请人的责任期间是到巴基斯坦 K 港项目现场。

（4）巴基斯坦 K 港口改造项目中的货物并非全部由申请人承运，部分货物是由案外人承运的。申请人共计承运了 6 船散装货物和 6 船集装箱货物，签发了 22 份提单，第一船货物（第一船散装货物）于 2016 年 10 月 16 日离港，最后一船货物（第六船散装货物）于 2017 年 5 月 16 日离港。

（5）在第二被申请人确认的《物流及保险跟踪情况》中记载的费用金额人民币近 73 万元和 103 万余美元基础上，分别增加了第一被申请人和第二被申请人其后确认的人民币 9000 元和约 450 美元、6000 美元，最终的费用金额为人民币近 74 万元和 104 万余美元，此即为申请人按照第一被申请人的要求开具的发票的金额；扣除第一被申请人已付的人民币近 10 万元和 46 万余美元后，余额即为申请人索赔的费用金额。

（6）申请人所运的部分货物是第一被申请人的货物，相关的费用为人民币6万余元和3万余美元，应由第一被申请人承担。

（7）F1、F2和F3是申请人的员工，C1、C2、C3和C4是第一被申请人的员工，B1是第二被申请人的员工，2017年12月21日签署《物流及保险跟踪情况》的B2是第二被申请人的员工，××××@×××.com是第二被申请人的员工B3的邮箱，代表第一被申请人签署《货物交接单》的人员为严某。

2. 第一被申请人在庭审中的陈述

（1）第一被申请人是事业单位，其法人证书上有两个名称，对内使用的中文名称为"中国C船舶研究所"，对外使用的名称为中国S市研究所。

（2）第二被申请人是将全部分包商指定完毕以后才与第一被申请人签订的供应与服务合同。补充协议二和补充协议三在签署以前已经第二被申请人同意，第二被申请人确认补充协议二和补充协议三项下的费用是实际履行行为，且在其《答辩书》中列明的计算依据也是补充协议二和补充协议三中的约定。

（3）申请人与第一被申请人之间并未另行签署过合同。

（4）全部《费用确认单》皆是由第二被申请人签署的，即物流费用都是由第二被申请人确认的。

（5）第二被申请人称已向第一被申请人支付了1800万美元，第一被申请人和第二被申请人之间在供应与服务合同项下的争议正在另外的仲裁中进行审理，而第二被申请人向第一被申请人付款的问题是另案中需要审理的事实，不应在本案当中进行审理。

（6）B1是第二被申请人的员工；代表第二被申请人签署《巴基斯坦K港口改造项目应收账款谅解备忘录》的是B4，代表第一被申请人签字的C1是第一被申请人事业部的副总经理。

3. 第二被申请人在庭审中的陈述

（1）本案合同项下货物运输涉及的项目是K港口泊位的改造项目，第二被申请人是业主，第一被申请人是第二被申请人指定的总包方而非代理，申请人是第二被申请人指定的分包方，中国A重装公司（以下简称"A公司"）是港口改造设备的供应商并负责设备的安装和调试。

（2）在K港口改造项目的合同中包括《在岸服务和供应合同》和《离岸供应与服务合同》，《在岸供应与服务合同》是指在巴基斯坦当地进行设备采购和运输的合同；《离岸供应与服务合同》是指从国内或其他国家采购设备并经过海运或空运到巴基斯坦的合同。本案合同项下运输的设备是在《离岸供应与服务合同》项下采购的设备。改造后的 K 港已于 2017 年 7 月份投入使用。

（3）补充协议二、补充协议三的签订时间晚于供应与服务合同的签订时间，没有征得第二被申请人的同意。

（4）C3 是第一被申请人的员工，B4 是第二被申请人的总经理。

（5）第二被申请人提交的货损照片是在 K 港口项目现场拆箱时拍摄的，是 A 公司通过电子邮件发给第二被申请人的。

二、仲裁庭意见

（一）仲裁庭查明的事实

1. "巴基斯坦 M 市项目"是巴基斯坦 D 能源公司在巴基斯坦建造的燃煤电站项目，本案合同项下的"巴基斯坦 K 港口改造项目"系该项目的配套项目，改造后的码头泊位用于卸泊 M 市电站发电使用的燃煤。

2. 为了将 K 港顺岸码头泊位改造升级为 M 市电厂项目的专用煤炭码头，作为业主的第二被申请人和作为承包方的第一被申请人分别签订了《离岸供应与服务合同》和《在岸供应与服务合同》，约定由第二被申请人提供项目的设计、工程、设备和材料的采购以及项目各种设施的工程建设、设备安装、竣工、测试和调试。其中，在《在岸供应与服务合同》项下是在巴基斯坦当地进行设备采购和运输，在《离岸供应与服务合同》项下是从国内或其他国家采购设备并经过海运或空运到巴基斯坦。

3. 作为第二被申请人指定的物流服务供应商，申请人与第一被申请人于 2016 年 10 月 9 日签订了本案合同，约定由申请人完成巴基斯坦 K 港口改造项目所需的施工机具和物资从中国 S 港港口汽车车板接货至 K 港口堆场的全程物流运输，运输方式为散装运输，具体工作包括在中国 S 港集港、报关/报检、装船、海运、在 K 港口卸船、倒运至 K 港口堆场和清关。申请人在本案合同项下运输的施工机具和物资皆为在《离岸供应与服务合同》项下从国内采购的。巴基斯坦 K 港口改造项目中的施工机具和物资并非全部由申请人承运，部分货物是由案外人承运的。

4. 2016 年 10 月 10 日，申请人与第一被申请人、第二被申请人签订了补充协议一，约定在补充协议二签订后，第一被申请人在本案合同项下的一切权利、义务和责任均由第二被申请人承担，并就第一被申请人和第二被申请人向申请人支付费用的义务以及争议解决方式作出了约定。

5. 2016 年 12 月 19 日，申请人与第一被申请人签订了补充协议二，就巴基斯坦 K 港口改造项目中自中国 S 港至 K 港的集装箱货物的运输事宜做出了约定。在补充协议二签订后，本案合同项下货物的运输方式除了散装运输外，还包括了集装箱运输。鉴于补充协议二中约定了集装箱货物在巴基斯坦 L 港的港杂费以及在巴基斯坦当地的陆运费，因此补充协议二项下运输的集装箱货物包括由中国 S 市经海上运输至 K 港的集装箱货物以及由中国 S 市经海上运输至 L 港后再经公路运输至 K 港项目现场的集装箱货物。

6. 由于本案合同项下的部分散装货物系经海上运输至巴基斯坦 L 港，故申请人与第一被申请人于 2017 年 1 月 9 日签订了补充协议三，就委托申请人完成散装运输至达 L 港的货物由 L 港经公路运输至 K 港项目现场的事宜作出了约定。

7. 申请人在本案合同项下共计承运了 6 船散装货物和 6 船集装箱货物，交货地点皆为 K 港项目现场。其中，由于第六船散装货物的费用各方尚未确认，故申请人在其第一项仲裁请求索赔的费用中不包含第六船散装货物的物流费用。

8. 前述货物运抵 K 港项目现场后，均由申请人出具《货物交接单》，其中列明了提单号、船名、装货港、离港时间、卸货港、卸货时间、交货地点、货物名称、箱型并备注了货物件数。前述《货物交接单》皆由申请人的员工吴某明和第一被申请人的员工严某签字。

9. 前述各船货物运抵 K 港项目现场后，均由申请人出具《费用确认单》，其中列明了各项费用的名称、计费吨、单价和金额。前述《费用确认单》分别由第二被申请人的员工 B6、B7、B2、B3、B1 等人签字确认，并在其中部分《费用确认单》上做出了批注，包括要求申请人提供部分费用的单价依据、计算依据或证明、部分费用不予确认等。

10. 在 2017 年 6 月 13 日至 2017 年 9 月 22 日期间，申请人多次向第一被申请人和第二被申请人发送电子邮件，要求尽快确认物流费用并付款。

11. 此后，申请人和被申请人通过电子邮件对物流费用进行了确认。

（1）2017 年 12 月 25 日，第二被申请人的员工 B1 在向申请人和第一被申请人发送的电子邮件中称，该电子邮件的"附件是我司核对确认单，该确认单属于所有物流费用确认，包含前期费用确认"；同时还告知，"第一批集装箱所有货物、第二批集装箱所有货物及第三批集装箱的部分货物属于'C 研究所'

所有，这三船费用还需贵司与'C 研究所'进行进一步确认"。该电子邮件附
《物流及保险跟踪情况》，由 B2 于 2017 年 12 月 21 日签字。

（2）2017 年 12 月 26 日，第一被申请人的员工 C3 在向第二被申请人和申
请人发送的电子邮件中称，"就附件提到物流及保险费用中第一批集装箱所有货
物、第二批集装箱所有货物及第三批集装箱船中有一箱 20'GP 货物属于'C 研
究所'所有，费用应由 C 研究所承担。根据补充代理协议（集装箱运输）费用
报价计算如下：第一批集装箱船：RMB9500+USD（2000+3340）；第二批集装
箱船：RMB41000+USD（9000+13780）；第三批集装箱船中 20'GP 货物一箱：
RMB5000+USD（1000+1920）"。

（3）2017 年 12 月 26 日，第一被申请人的员工 C3 在向申请人和第二被申
请人发送的电子邮件中称，"我司同意支付第三批次 9000 元海关协调费用，请
在我司承担的第三船集装箱运费中增加其费用"。

（4）2018 年 1 月 2 日，第二被申请人的员工 B3 在向申请人和第二被申请人
发送的电子邮件中称，"我司对贵司之前提出的两点费用给予确认：1. 第三批次
集装箱：船名：某某船，费用确认为 RMB47000 USD34680+USD20435.69（海外）；
2. 第六批次集装箱：船名：某某船，费用确认为 RMB60500 USD44019.3"。

（5）按照第一被申请人和第二被申请人在前述邮件中对于费用的进一步确
认，申请人在本案合同项下产生的物流费用应为人民币近 74 万元（人民币近
73 万元+人民币 9000 元）和 104 万余美元［近 104 万美元+（2 万余美元−近 2
万美元）+（4 万余美元−近 4 万美元）］。

12. 申请人在 2018 年 2 月 1 日以前向第一被申请人开具了共计 35 张合计金
额为人民币 70 余万元以及人民币 710 余万元（折合 104 万余美元）的增值税普
通发票。

13. 第二被申请人在《离岸供应与服务合同》项下已向第一被申请人支付
了 720 余万美元。

（1）2017 年 1 月 4 日，第二被申请人向第一被申请人支付了 500 万美元，
付款凭证显示该笔款项为 G2 号商业发票项下的第一笔付款，商业发票日期为
2016 年 9 月 30 日，合同编号为 J6，货物为 300 件煤带式输送机（COAL BELT
CONVEYOR），发票金额为近 715 万美元，价格条款为 FOB，装货港为中国 S
港，卸货港为 K 港，承运船舶和航次为第 28 航次，即申请人承运的第一船散装
货物。

（2）2017年3月16日，第二被申请人向第一被申请人支付了近215万美元，付款凭证显示该笔款项为G2号商业发票项下的最后一笔付款，因此该笔付款系G2号商业发票项下的一部分货款，与第一笔货款500万美元合计为近715万美元，构成G2号商业发票项下的全部付款。

（3）2018年3月5日，第二被申请人向第一被申请人支付了500美元，支付的款项系J6号合同项下两套轮胎（WHEEL）的货款，价格条款为CPT巴基斯坦L市，商业发票日期为2017年11月20日，装货港为中国P市机场，卸货港为巴基斯坦L市机场。

（4）2018年3月5日，第二被申请人向第一被申请人支付了近8万美元，支付的款项系J6号合同项下1套变速箱（GEAR BOX）的货款，价格条款为C&F巴基斯坦K港，商业发票日期为2017年9月11日，装货港为中国W市，卸货港为K港。

（5）2018年3月5日，第二被申请人向第一被申请人支付了3000.00美元，支付的款项系J6号合同项下3件木门（WOODEN DOOR）的货款，价格条款为C&F巴基斯坦L港，商业发票日期为2017年7月13日，装货港为中国S港，卸货港为巴基斯坦L港。

14. 第一被申请人已向申请人支付了部分物流费用。

（1）2017年3月20日，第一被申请人向申请人支付了13万余美元。

（2）2017年3月21日，第一被申请人向申请人支付了人民币近10万元。

（3）2017年4月28日，第一被申请人向申请人支付了7万余美元。

（4）由于巴基斯坦政府对外汇的管制，给从巴基斯坦将应付给申请人的美元费用付至中国境内造成不便。为此，申请人指定巴基斯坦当地的E公司代为以卢比收取30万美元的物流费用。

2018年8月30日，E公司向第一被申请人开具了S1号INVOICE，其中载明的美元金额为30万美元，汇率为123.70，折合卢比金额为3710余万卢比，13%的销售税为480余万卢比，该INVOICE的合计金额为近4200万卢比。

2018年8月31日，第一被申请人向E公司支付了近3680万卢比。

2018年9月26日，第一被申请人代E公司缴纳了以近4200万卢比为纳税金额的所得税近360万卢比。

15. 申请人与第一被申请人于2018年5月3日会面，就物流费用的支付问题进行沟通。在2018年6月7日至2019年5月14日期间，申请人多次向第一

被申请人和第二被申请人发送电子邮件和函件，要求尽快支付物流费用。第二
被申请人曾于 2018 年 6 月 11 日通过电子邮件向申请人回复《关于 F 公司运费
付款的情况说明》，告知因巴基斯坦政府认为本案合同项下的项目不符合免税条
件，导致项目税务成本增加；而股东对项目的投资迟迟不能确定，导致银行贷
款迟迟不能到位；同时，巴基斯坦对外汇管制相当严格，设备必须清关后才能
满足将美元货款付至国内的条件，而巴基斯坦方面又要求未清关设备全部清关
并缴清全部税费和滞纳金，一次占用 1200 多万美元，打乱了其资金安排，在请
申请人给予理解的同时，承诺将申请人的物流费用列为首批融资资金的支付计
划，争取尽快支付；此外还提及了申请人存在清关缓慢耽误现场设备安装以及
发货地址错误造成延误等问题。

16. 关于申请人主张的货损问题，申请人提交的设备供应商 A 公司的邮件
及其在现场拍摄的设备照片和设备维修商 T 公司的账单和说明以及第二被申请
人向 T 公司支付维修费的凭证显示：

（1）2017 年 1 月 8 日，A 公司在其向第一被申请人和第二被申请人发送的
电子邮件中称，"附件是货物损伤情况的一个统计表，以及现场所拍货物损伤情
况照片的合集。由于货物量多，损伤程度不同，故统计表只能选一些具有代表
性的罗列出来。油漆划伤是普遍存在，货物变形部分存在，一些电气元件装在
木箱中，木箱在装卸过程中外表损坏，由于相关责任还未确定，我方尚未开箱，
不能确定木箱内的电气元件是否损坏"。其后附的照片显示部分设备存在变形和
划痕，其中 4 张货物标识的照片显示了部分货物信息，包括 "Port of Destination
目的港：K，PAKISTAN 巴基斯坦 K 港" "Shipper 发货人：中国重工 C 研究所"
"Consignee 收货人：巴基斯坦 B 港口与海运公司" "Project 项目名称：B（Paki-
stan）Power Plant Terminal Project" "Contract No. 合同编号：BOT/01" 以及 4 件
受损货物的 "Package No.（箱件号）" 分别为 "L-004" "2-254" "D-010"
和 "1-133"；此外，其中 1 张受损货物的照片上注明 "Package No.（箱件
号）：7-036"。

（2）T 公司就斗轮堆料机（bucket wheel stacker）、通讯控制箱（communi-
cation control box）和煤带式输送机（coal belt conveyor）的维修向第二被申请人
收取材料费 1800 万卢比和人工费 150 万卢比。

（3）第二被申请人分别于 2017 年 3 月 2 日和 2017 年 3 月 13 日向 T 公司开
具了两张金额分别为 1000 万卢比和 950 万卢比的支票，其中金额为 1000 万卢

比的支票被 T 公司转付给其他公司并由其于 2017 年 3 月 10 日承兑；金额为 950 万卢比的支票于 2017 年 4 月 5 日承兑。

17. 申请人与 H 律师事务所于 2019 年 7 月签订了《委托代理合同》，委托 H 律师事务所办理本案，约定的律师费金额为人民币 20 万元。申请人向 H 律师事务所合计支付人民币 20 万元。

18. 第一被申请人与 G 律师事务所于 2019 年 12 月签订了《委托代理合同》，委托 G 律师事务所办理本案，约定的律师费金额为人民币 20 万元。第一被申请人向 G 律师事务所支付了人民币 20 万元。

19. 第二被申请人与 N 律师事务所于 2020 年 3 月签订了《委托代理协议》，委托 N 律师事务所办理本案，约定的律师费金额为人民币 4 万元。第二被申请人委托 B5 向 N 律师事务所支付了人民币 4 万元。

以上事实有申请人和被申请人提交的证据及陈述为证。

(二) 关于本案的法律适用和本案合同的效力

1. 关于本案适用的法律问题

《中华人民共和国合同法》（以下简称《合同法》）第一百二十六条第一款中规定，涉外合同的当事人可以选择处理合同争议所适用的法律，但法律另有规定的除外。《中华人民共和国涉外民事关系法律适用法》第四十一条第一句规定，当事人可以协议选择合同适用的法律。本案合同项下的运输涉及海上货物运输，且第二被申请人为在巴基斯坦注册的法人，因此本案合同应属涉外合同。按照前述法律规定，本案合同的当事人可以在本案合同中约定适用的法律。

本案合同第六条 "争议的解决" 中约定，"本协议适用中华人民共和国法律"；此外，补充协议一 "管辖法律和争议解决" 中还约定，"本合同适用中华人民共和国法律"。根据前述法律规定以及本案合同和补充协议一中的约定，仲裁庭认定本案的审理适用中华人民共和国法律（不包括港澳台地区法律，下同）。

2. 关于本案合同的效力问题

（1）鉴于本案合同的内容不违反中华人民共和国法律和行政法规中的效力性规定，故仲裁庭对于本案合同的效力予以认定。

（2）本案合同约定，"合同有效期自合同签字之日开始生效"；本案合同 "由双方签字盖章后生效"。鉴于本案合同已经第一被申请人签字和盖章，并经申请人盖章，且各方当事人对于本案合同的效力皆未提出异议并已实际履行了本案合同，故仲裁庭认定本案合同自载明的签约时间 2016 年 10 月 9 日起生效。

3. 关于补充协议一的效力问题

（1）鉴于补充协议一的内容不违反中华人民共和国法律和行政法规中的效力性规定，故仲裁庭对于本案合同的效力予以认定。

（2）第二被申请人认为，补充协议一第 5.2 款中的约定违反《仲裁规则》第二十九条的规定，且剥夺了第二被申请人指定仲裁员的机会，对第二被申请人极不公平，应为无效的仲裁条款。

申请人则认为，按照《仲裁规则》第四条第（三）款的规定，补充协议一第 5.2 款应优先于《仲裁规则》第二十九条而适用。按照补充协议一第 5.2 款中的约定，第二被申请人应与第一被申请人共同指定仲裁员；即使是由第一被申请人单方指定的仲裁员也应视为是代表第二被申请人指定的，因此补充协议一第 5.2 款的约定并未剥夺第二被申请人指定仲裁员的权利。

仲裁庭注意到，补充协议一第 5.2 款中的约定与《仲裁规则》第二十九条"多方当事人仲裁庭的组成"中的规定确有不同，《仲裁规则》第二十九条第（三）款规定，如果两个以上申请人方及/或被申请人方未能共同选定或共同委托仲裁委员会主任指定一名仲裁员，则由仲裁委员会主任指定三名仲裁员，并从中确定一人担任首席仲裁员；而按照补充协议一第 5.2 款中的约定，在申请人发起仲裁时，如果第一被申请人和第二被申请人未能共同指定一名仲裁员，则由第一被申请人指定仲裁员，首席仲裁员由申请人和被申请人各自指定的仲裁员共同委任。但是，《仲裁规则》第四条"规则的适用"第（三）款还规定，"当事人约定将争议提交仲裁委员会仲裁但对本规则有关内容进行变更或约定适用其他仲裁规则的，从其约定，但其约定无法实施或与仲裁程序适用法强制性规定相抵触者除外"。补充协议一第 5.2 款中约定，仲裁地点应当在 P 市。《最高人民法院关于适用〈中华人民共和国仲裁法〉若干问题的解释》第十六条规定，对涉外仲裁协议的效力审查，适用当事人约定的法律；当事人没有约定适用的法律但约定了仲裁地的，适用仲裁地法律；没有约定适用的法律也没有约定仲裁地或者仲裁地约定不明的，适用法院地法律。由于补充协议一中约定的仲裁地为 P 市，故本案适用的程序法为《中华人民共和国仲裁法》（以下简称《仲裁法》），并依据《仲裁法》中的规定认定补充协议一中的仲裁条款的效力。鉴于补充协议一第 5.2 款的约定并不违反《仲裁法》中的强制性规定，且可以实施，因此应当按照补充协议一第 5.2 款的约定履行。

此外，《仲裁法》第十七条列明的仲裁协议无效的情形有三项，即约定的仲裁事项超出法律规定的仲裁范围的、无民事行为能力人或者限制民事行为能力人订立的仲裁协议或一方采取胁迫手段，迫使对方订立仲裁协议的。《仲裁法》第二条规定，"平等主体的公民、法人和其他组织之间发生的合同纠纷和其他财产权益纠纷，可以仲裁"。本案中，申请人提出的仲裁请求以及第一被申请人和第二被申请人提出的仲裁反请求，皆为本案合同及其补充协议项下的争议，属于《仲裁法》第二条规定的可以仲裁的合同纠纷；而第二被申请人既未提交证据证明本案合同的当事人系无民事行为能力人或者限制民事行为能力人，也未提交证据证明申请人和/或被申请人采取胁迫手段迫使其签订本案合同，因此补充协议一第 5.2 款并不存在《仲裁法》第十七条列明的无效情形。

《仲裁法》第十六条第二款规定，"仲裁协议应当具有下列内容：（一）请求仲裁的意思表示；（二）仲裁事项；（三）选定的仲裁委员会"。鉴于补充协议一第 5.2 款中约定的内容符合《仲裁法》第十六条中的规定，系有效的仲裁条款。

（3）补充协议一还约定，"三方签字并加盖公章后生效"。鉴于补充协议一已经第一被申请人和第二被申请人签字和盖章，并经申请人盖章，且各方当事人皆已实际履行补充协议一，故仲裁庭认定补充协议一自载明的签约时间 2016 年 10 月 10 日起生效。

4. 关于补充协议二的效力问题

（1）鉴于补充协议二的内容不违反中华人民共和国法律和行政法规中的效力性规定，故仲裁庭对于本案合同的效力予以认定。

（2）补充协议二"其他事项"中约定，"本补充代理协议自双方签署后生效"。鉴于补充协议二已经第一被申请人和申请人签字和盖章，故仲裁庭认定补充协议二自载明的签约时间 2016 年 12 月 19 日起生效。

5. 关于补充协议三的效力问题

（1）鉴于补充协议三的内容不违反中华人民共和国法律和行政法规中的效力性规定，故仲裁庭对于本案合同的效力予以认定。

（2）补充协议三"其他"中约定，"本补充代理协议自双方签署后生效"。鉴于补充协议三已经第一被申请人和申请人签字和盖章，故仲裁庭认定补充协议三自载明的签约时间 2017 年 1 月 9 日起生效。

（三）本案管辖权

1. 第二被申请人对仲裁委员会对本案的管辖权提出了异议。

1）第二被申请人认为，其一，补充协议一第 5.2 款中的约定违反了《仲裁规则》第二十九条的规定，且剥夺了第二被申请人指定仲裁员的权利，对第二被申请人极不公平，应为无效的仲裁条款，仲裁委员会对本案没有管辖权。其二，本案合同附件中只约定了散装货物的物流费用报价，补充协议二对集装箱货物的物流费用作出了约定，补充协议三对货物公路运输的费用作出了约定，而第二被申请人在签订补充协议一时并不知道会签订补充协议二和补充协议三，因此即便补充协议一第 5.2 款被认定为有效的仲裁条款，第二被申请人在签订补充协议一时也并无意图将补充协议一第 5.2 款的效力延伸至第一被申请人和申请人签订的其他合同，故仲裁委员会对于申请人就补充协议二和补充协议三项下的费用向第二被申请人提出的仲裁请求没有管辖权。

2）对于第二被申请人提出的管辖权异议，除了前述对于补充协议一第 5.2 款的效力的意见外，申请人还认为，补充协议二和补充协议三中皆约定其是本案合同不可分割的组成部分，与本案合同具有同等法律效力，未尽事宜按照本案合同、补充协议一的相关约定执行。按照关于代理和委托合同的法律规定，第一被申请人与申请人签订的补充协议二和补充协议三约束第二被申请人，补充协议二和补充协议三项下的事项适用补充协议一第 5.2 款即仲裁条款。

2.《仲裁规则》第六条"对仲裁协议及/或管辖权的异议"第（一）款规定，"仲裁委员会有权对仲裁协议的存在、效力以及仲裁案件的管辖权作出决定。如有必要，仲裁委员会也可以授权仲裁庭作出管辖权决定"。《仲裁规则》第六条第（三）款规定，"仲裁庭依据仲裁委员会的授权作出管辖权决定时，可以在仲裁程序进行中单独作出，也可以在裁决书中一并作出"。按照《仲裁规则》的前述规定，就第二被申请人提出的管辖权异议，仲裁委员会已授权仲裁庭在本裁决书中就管辖权作出决定。

1）关于第二被申请人提出的补充协议一第 5.2 款的约定因违反《仲裁规则》第二十九条的规定而无效的主张，仲裁庭在前述关于补充协议一的效力的意见中已有认定，即补充协议一第 5.2 款为有效的仲裁条款，在此不再赘述。

2）关于第二被申请人提出的仲裁委员会对于申请人就补充协议二和补充协议三项下的集装箱货物物流费用和公路运输费用向第二被申请人提出的仲裁请求没有管辖权的主张，仲裁庭认为，第二被申请人提出的管辖权异议是主张补充协议一中的仲裁条款即第 5.2 款的效力不及于补充协议二和补充协议三，仲裁委员会对于其在补充协议二和补充协议三项下与申请人之间的争议没有管辖权，但是第二被申请人并未否认补充协议二和补充协议三的效力。

（1）仲裁庭注意到，在补充协议一的前言中明确，本案合同是由第一被申请人代表第二被申请人签订的；按照补充协议一第一条"补充协议签订后的三方关系"中的约定，除补充协议一中另有约定外，在补充协议一签订以后，第一被申请人在本案合同项下的一切权利、义务和责任由第二被申请人承担，申请人在本案合同项下的一切义务和责任向第二被申请人负责；按照补充协议一第二条"承诺"中的约定，第二被申请人和第一被申请人向申请人承诺按照约定履行本案合同和补充协议一项下的责任、义务和要求，申请人向第二被申请人和第一被申请人承诺按照约定履行本案合同和补充协议一项下的责任、义务和要求并接受第二被申请人的监督、管理和指示。根据补充协议一的前述约定，第二被申请人认可第一被申请人是代表其签订的本案合同；自补充协议一签订以后，第二被申请人亦成为本案合同的当事方，与第一被申请人共同委托申请人进行 K 港口改造项目中的施工机具和物资的运输，并与第一被申请人共同行使本案合同项下的权利，履行本案合同项下的义务，承担本案合同项下的责任。

（2）补充协议二"其他事项"中约定，补充协议二在生效后即是本案合同不可分割的组成部分，与本案合同具有同等的法律效力，补充协议二中未尽的事宜按照本案合同和补充协议一的相关约定执行；补充协议三"其他"中也约定，补充协议三在生效后即是本案合同不可分割的组成部分，与本案合同具有同等的法律效力，补充协议三中未尽的事宜按照本案合同、补充协议一和补充协议二的相关约定执行。如前所述，仲裁庭认定补充协议二和补充协议三已经生效，因此补充协议二和补充协议三构成本案合同不可分割的一部分；补充协议二中未约定的事项，适用本案合同和补充协议一中的相关约定；补充协议三中未约定的事项，适用本案合同、补充协议一和补充协议二中的相关约定。

（3）尽管第二被申请人并未签署补充协议二和补充协议三，但是其在补充协议一中确认第一被申请人有权代表其签署本案合同，并因此成为本案合同的当事人且承诺履行本案合同项下的责任和义务。因此，对于申请人而言，其有理由相信第一被申请人签订补充协议二和补充协议三的行为亦是同时代表第二被申请人的行为；而补充协议二和补充协议三系本案合同不可分割的一部分，第二被申请人亦为补充协议二和补充协议三的当事方。此外，第二被申请人对于申请人在补充协议二和补充协议三项下产生和计算的集装箱货物的物流费用和公路运输费用皆已予以确认，证明第二被申请人已经实际履行了补充协议二和补充协议三。

（4）按照补充协议一第 5.2 款的约定，仲裁委员会对于本案合同项下的争议具有管辖权。而补充协议二和补充协议三系本案合同不可分割的部分，各方当事人在补充协议二和补充协议三项下产生的争议即为本案合同项下的争议，且补充协议二和补充协议三中皆约定未尽事宜适用本案合同和补充协议一中的相关约定，因此补充协议二和补充协议三中未约定的争议解决事宜应适用补充协议一第 5.2 款中的约定，仲裁委员会对补充协议二和补充协议三项下的争议具有管辖权。

综上所述，补充协议一第 5.2 款为有效的仲裁条款，仲裁委员会对于申请人向第二被申请人索赔的在补充协议二和补充协议三项下产生的物流费用的仲裁请求具有管辖权。

（四）仲裁庭对于申请人的各项仲裁请求的意见

1. 关于申请人的第一项仲裁请求

申请人的第一项仲裁请求是要求第一被申请人和第二被申请人向申请人支付物流费用人民币近 64 万元和 58 万余美元以及前述款项自 2018 年 2 月 11 日起至仲裁裁决给定的支付日止按照同期银行贷款利率计算的利息损失，并在庭审中明确要求第一被申请人和第二被申请人承担连带责任。申请人在第一项仲裁请求中是要求第一被申请人和第二被申请人履行本案合同项下的付款义务，并赔偿申请人因第一被申请人和第二被申请人因延迟履行付款义务的违约行为而给申请人造成的利息损失。

仲裁庭认为，本案合同的性质为货物多式联运合同。《合同法》第六十条第一款规定，"当事人应当按照约定全面履行自己的义务"。《合同法》第二百九十二条规定，"旅客、托运人或者收货人应当支付票款或者运输费用"。《合同法》第一百零七条规定，"当事人一方不履行合同义务或者履行合同义务不符合约定的，应当承担继续履行、采取补救措施或者赔偿损失等违约责任"。本案合同第二条"甲方责任"中约定，被申请人应当按照本案合同规定的费率及约定的时间从中国境内向申请人支付相关费用。按照《合同法》的前述规定以及本案合同的前述约定，作为货物运输的托运人，被申请人应当按照本案合同中的约定向申请人履行支付运输费用的合同义务；被申请人未履行支付运输费用的合同义务或者履行义务不符合本案合同约定的，应当按照申请人的要求继续履行并承担相应的违约责任，赔偿申请人因被申请人的违约行为而产生的损失。

（1）关于第一被申请人和第二被申请人在本案合同项下支付物流费用的合同义务问题

补充协议一第三条"付款"中约定，付款采用"一票一付"的方式，申请人应向第一被申请人提交每笔物流费用的付款申请并抄送给第二被申请人，向第一被申请人开具相应的物流费用发票；第二被申请人应按照本案合同中约定的第一被申请人向申请人付款的条件将申请人要求支付的每笔物流费用足额支付给第一被申请人，并告知每笔款项对应的是支付给申请人的哪一笔款项；第一被申请人应在收到第二被申请人的付款后的 3 个银行工作日（美元为 5 个银行工作日）内向申请人付款。如果第二被申请人没有按照约定向第一被申请人付款而导致申请人未能按时足额收到款项，则申请人应追究第二被申请人的责任；如果第一被申请人违反约定而延迟和/或拒绝付款，则申请人可以追究第一被申请人的责任，第一被申请人应承担因此给申请人造成的直接损失。

按照补充协议一的前述约定，对于申请人申请支付的每一笔物流费用，应由第二被申请人先行支付给第一被申请人，再由第一被申请人支付给申请人；如果第二被申请人未向第一被申请人付款，则申请人应向第二被申请人主张权利；如果第二被申请人已向第一被申请人付款，但是第一被申请人未向申请人付款，则申请人应向第一被申请人主张权利。

（2）关于申请人要求支付的物流费用的付款条件是否成就的问题

按照补充协议一第三条中的约定，第二被申请人应当按照本案合同中约定的第一被申请人向申请人付款的条件将申请人要求支付的每一笔物流费用支付给第一被申请人。

按照本案合同第四条"费用结算"中的约定，付款采用"一票一付"的方式，在申请人向第一被申请人开具发票后，第一被申请人将应付费用分三笔通过电汇的方式支付给申请人，包括在货物通关放行且申请人向第一被申请人提供正本清洁提单后 5 天内，第一被申请人向申请人支付按照船东打尺报告的实际计费吨数计算的该票货物海运费、国内港口费、报关/报检费总额的 50%；货物运抵巴基斯坦 K 港口后 5 天内，第一被申请人向申请人支付该票货物海运费、国内港口费、报关/报检费总额的 50%；货物运抵 K 堆场清点无误并在申请人

提供《货物交接单》后 10 天内，第一被申请人向申请人支付该票货物全部的巴
基斯坦港口费、清关费、堆场费和短倒运输费。

本案中已经查明，申请人在本案合同项下共计承运了 12 船货物，其中包括
6 船散装货物和 6 船集装箱货物。除了第六船散装货物外，申请人在本案中索
赔物流费用的其他 5 船散装货物和 6 船集装箱货物中的最后 1 船货物即第六船
集装箱货物已于 2017 年 4 月 7 日运抵项目现场，且申请人和第一被申请人已就
运抵项目现场的每船货物签署了《货物交接单》，申请人也就全部的物流费用
向第一被申请人开具了发票，因此本案合同项下约定的第一被申请人向申请人
支付物流费用的条件已经成就，第二被申请人应向第一被申请人支付申请人的
物流费用，第一被申请人在收到第二被申请人支付的物流费用后应按照补充协
议一中的约定将其支付给申请人。

（3）关于申请人索赔物流费用的 11 船货物在本案合同项下产生的金额问题

本案中已经查明，经第一被申请人和第二被申请人确认，扣除第六船散装
货物的物流费用，申请人在本案合同项下承运其他 11 船货物而产生的物流费用
为人民币近 74 万元和 104 余万美元。

①第二被申请人在本案审理过程中对于前述物流费用的部分金额提出了质
疑，包括第三船散装货物、第四船散装货物和第五船散装货物中采用的大件货
物的计费费率 70.00 美元/吨没有依据，按照 CIF 价格的 0.12%计算的巴基斯坦
进口清关代理费没有依据以及第三船集装箱货物、第四船集装箱货物、第五船
集装箱货物和第六船集装箱货物的 40 呎通用集装箱的海运费费率从 1100.00 美
元涨到 7920.00 美元没有合同依据，中国 S 港人民币费用的费率从人民币
5000.00 元涨到人民币 8000.00 元没有合同依据，巴基斯坦 L 港杂费的费率从
550.00 美元涨到 600.00 美元没有合同依据，巴基斯坦内陆运费的费率从
1100.00 美元涨到 1200.00 美元没有合同依据，收取第一船集装箱货物的"海
关协调费"没有合同依据，第三船集装箱货物重复收取了中国 S 港海关费用人
民币 500.00 元/票等；第二被申请人也在《费用确认单》中至少曾对 8 条船的
货物的款项提出过异议，要求申请人提供具体的计算依据和相应的证明文件。

对于第二被申请人提出的前述异议，申请人称，关于第三船散装货物、第
四船散装货物和第五船散装货物中的大件货物的计费费率 70 美元/吨的问题，
根据本案合同的附件中的约定，大件设备的运费由双方另行协商确定，在《费
用确认单》中已经明确标出了超过本案合同中约定的长度 18 米以内/宽度 3.5

米以内/高度 3 米的大件设备，运费按照 70 美元/吨计算已经第一被申请人和第二被申请人确认；关于应按照 CIF 价格的 0.12% 计算的巴基斯坦进口清关代理费，本案合同附件中还约定每份提单最低收费 550.00 美元；关于第三船集装箱货物、第四船集装箱货物、第五船集装箱货物和第六船集装箱货物中的 40 呎通用集装箱的海运费费率从 1100.00 美元涨到 7920.00 美元的问题，实际上7920.00 美元是 40 呎超高集装箱或 40 呎框架集装箱的费率，而非 40 呎通用集装箱的费率。

仲裁庭认为，关于第三船散装货物、第四船散装货物和第五船散装货物中的大件货物的海运费率问题，大件货物属于散装的件杂货物，本案合同附件"价格明细"第一条"普通件杂货价格"中对于大件货物做出了明确的约定，即"普通件杂货意为重量小于 30 吨/长度 18 米以内/宽度 3.5 米以内/高度 3 米以内的货物，任何尺寸超过上述任一条件将视为大件"。本案合同附件第二条"大件价格"中则约定，"运输中若有大件设备，运费由双方另行协商解决"。在第三船散装货物、第四船散装货物和第五船散装货物的《费用确认单》中记载了"海运费（大件）"的费率和金额，并在第三船散装货物的《费用确认单》中备注"大件海运费单价为 USD70/计费吨"。仲裁庭注意到，前述 3 船散装货物的《费用确认单》皆已经第二被申请人签署，且未就大件货物的海运费率和海运费金额做出任何批注或者提出任何异议，故应视为第二被申请人已经确认了大件货物的费率和金额。此外，第二被申请人在其签署的《物流及保险跟踪情况》中再次对大件货物的海运费金额予以确认。

关于按照 CIF 价格的 0.12% 计算的巴基斯坦进口清关代理费的问题，本案合同附件"价格明细"第一条"普通件杂货价格"第五款"巴基斯坦 K 港费用"中约定，"件杂货清关代理费：0.12% of CIF Value（Minium USD550 per Bill of Lading），海关查验费实报实销"。补充协议二第二条"国内港口费用和海运费的计收"第二款"巴段港口费用"中约定，"进口清关费"为"0.12% of CIF Value（Minium USD550 per Bill of Lading）"，同时备注海关查验费实报实销。仲裁庭注意到，在除第六船散装货物以外其他 5 船散装货物的《费用确认单》中皆记载有"巴段清关代理费"的金额，在 6 船集装箱货物的《费用确认单》中皆记载有"进口清关费"的金额。第一船散装货物、第二船散装货物、第三船散装货物、第一船集装箱货物和第五船集装箱货物的《费用确认单》已经第二被申请人签署，且未就"巴段清关代理费"或"进口清关费"的金额作

出任何批注或者提出任何异议，且在其签署的《物流及保险跟踪情况》中再次
对前述各船货物的"巴段清关代理费"或"进口清关费"金额予以确认；第四
船散装货物、第五船散装货物、第二船集装箱货物、第三船集装箱货物、第四
船集装箱货物和第六船集装箱货物的《费用确认单》已经第二被申请人签署，
但在批注中要求提供"巴段清关代理费"的相关证明和"进口清关费"的计算
依据，此后第二被申请人在其签署的《物流及保险跟踪情况》中对第四船散装
货物的"巴段清关代理费"和第二船集装箱货物的"进口清关费"的金额予以
确认，并在《物流及保险跟踪情况》及后续的邮件中对第五船散装货物的"巴
段清关代理费"和第三船集装箱货物、第四船集装箱货物和第六船集装箱货物
的"进口清关费"的金额连同其他海外费用的金额进行调整后予以确认。因
此，经对部分有异议的散装货物的"巴段清关代理费"和集装箱货物的"进口
清关费"金额进行调整后，第二被申请人已对全部货物的"巴段清关代理费"
和"进口清关费"予以确认。

关于第三船集装箱货物、第四船集装箱货物、第五船集装箱货物和第六船
集装箱货物的 40 呎通用集装箱的海运费费率从 1100.00 美元增加到 7920.00 美
元、中国 S 港人民币费用的费率从人民币 5000.00 元增加到人民币 8000.00 元、
巴基斯坦 L 港杂费的费率从 550.00 美元增加到 600.00 美元、巴基斯坦内陆运
费的费率从 1100.00 美元增加到 1200.00 美元的问题，补充协议二中约定的物
流费用包括海运费、巴段陆运费、中国 S 港人民币费用和巴基斯坦 L 港杂费的
费率仅为 20 呎通用集装箱和 40 呎通用集装箱的费率，未见有关超高集装箱和
框架集装箱的费率的约定。仲裁庭注意到，在第三船集装箱货物、第四船集装
箱货物、第五船集装箱货物和第六船集装箱货物的《费用确认单》中皆包含
"海运费""中国 S 港人民币费用""巴基斯坦 L 港杂费"和"陆运费"的费率
和金额，其中在第三船集装箱货物的《费用确认单》中记载的"件数（件）"
和"货量"为 3 个 20 呎通用集装箱和 4 个 40 呎超高集装箱，"海运费"费率为
1000.00 美元/7920.00 美元，"中国 S 港人民币费用"的费率为人民币 4500.00
元/人民币 8000.00 元，"巴基斯坦 L 港杂费"的费率为 420.00 美元/600.00 美
元，"陆运费"的费率为 1000.00 美元/1200.00 美元，第二被申请人在签署的
《费用确认单》中批注，要求申请人提供 40 呎超高集装箱的"巴基斯坦 L 港杂
费"和"陆运费"的费率标准，但是对于"海运费"和"中国 S 港人民币费
用"的费率和金额未提出异议；在第四船集装箱货物的《费用确认单》中记载

的"件数（件）"为 4 个 40 呎超高集装箱，"货量"为 4，"海运费"费率为 7920.00 美元，"中国 S 港人民币费用"的费率为人民币 8000.00 元，"巴基斯坦 L 港杂费"的费率为 600.00 美元，"陆运费"的费率为 1200.00 美元，第二被申请人在签署的《费用确认单》中批注，要求申请人提供"巴基斯坦 L 港杂费"和"陆运费"的费率标准，但是对于"海运费"和"中国 S 港人民币费用"的费率和金额未提出异议；在第五船集装箱货物的《费用确认单》中记载的"件数（件）"为 1 个 40 呎框架集装箱，"货量"为 1，"海运费"费率为 7920.00 美元，"中国 S 港人民币费用"的费率为人民币 8000.00 元，"巴基斯坦 L 港杂费"的费率为 600.00 美元，"陆运费"的费率为 1200.00 美元，第二被申请人在签署的《费用确认单》中批注，"此单费用给予确认"；在第六船集装箱货物的《费用确认单》中记载的"件数（件）"为 12 个 40 呎超高集装箱，"货量"为 12，"海运费"费率为 7920.00 美元，"中国 S 港人民币费用"的费率为人民币 8000.00 元，"巴基斯坦 L 港杂费"的费率为 1200.00 美元，第二被申请人在签署的《费用确认单》中批注，要求申请人提供 40 呎超高集装箱的"中国 S 港人民币费用"的费率标准以及"海运费"和"巴基斯坦 L 港杂费"的费率标准，但是对于"陆运费"的费率和金额未提出异议。根据第二被申请人在《费用确认单》中所做的批注，第三船集装箱货物、第四船集装箱货物和第五船集装箱货物中的"海运费"费率 7920.00 美元、"中国 S 港人民币费用"费率人民币 8000.00 元、"巴基斯坦 L 港杂费"费率 600.00 美元和"陆运费"费率 1200.00 美元以及第六船集装箱货物中的"巴基斯坦 L 港杂费"的费率 1200.00 美元应为 40 呎超高集装箱和 40 呎框架集装箱的费率。鉴于第二被申请人已在第五船集装箱货物的《费用确认单》中批注"此单费用给予确认"，因此应视为第二被申请人已对第五船集装箱货物中的 40 呎框架集装箱货物的各项费率予以确认。此外，第二被申请人在《物流及保险跟踪情况》中对第五船集装箱货物中的 40 呎框架集装箱货物的"海运费""中国 S 港人民币费用""巴基斯坦 L 港杂费"和"陆运费"的金额再次予以确认，并在《物流及保险跟踪情况》及后续的邮件中对第三船集装箱货物、第四船集装箱货物和第六船集装箱货物中的 40 呎超高集装箱货物的"海运费""中国 S 港人民币费用""巴基斯坦 L 港杂费"和"陆运费"的金额连同其他海外费用的金额进行调整后予以确认。因此，经对部分有异议的集装箱货物中的 40 呎超高集装箱货物的"海运费""中国 S 港人民币费用""巴基斯坦 L 港杂费"和"陆运费"金额进

行调整后，第二被申请人已对前述 4 船集装箱货物中的 40 呎超高集装箱货物和
40 呎框架集装箱货物的"海运费""中国 S 港人民币费用""巴基斯坦 L 港杂
费"和"陆运费"予以确认。

关于第一船集装箱货物的"海关协调费"问题，补充协议二中确无"海关
协调费"的约定。仲裁庭注意到，在第一船集装箱货物的《费用确认单》中记
载了"海关协调"的金额 1000.00 美元以及其他海外费用包括"巴基斯坦 L 港
杂费"840.00 美元、"进口清关费"500.00 美元和"海运费"2000.00 美元，
前述海外费用的合计金额为 4340.00 美元。第二被申请人在签署的《费用确认
单》中批注，"1. 海关协调费我司不予确认；2. 其他费用无异议，给予确认"。
其后，第二被申请人在《物流及保险跟踪情况》中确认第一船集装箱货物的海
外费用为 3340.00 美元，即已将"海关协调费"1000.00 美元予以扣减，因此
申请人索赔的物流费用中并不包含第一船集装箱货物的"海关协调费"1000.00
美元。

关于第三船集装箱货物重复收取中国 S 港海关费用人民币 500.00 元/票的
问题，按照补充协议二中的约定，20 呎通用集装箱和 40 呎通用集装箱的中国 S
港报关的费率皆为人民币 500.00 元/票，但是对于单位"票"未作进一步的定
义。仲裁庭注意到，针对第三船集装箱货物共计签发了 3 份提单，在第三船集
装箱货物的《费用确认单》中记载的"件数（件）"和"货量"为 3 个 20 呎
通用集装箱和 4 个 40 呎超高集装箱，"中国 S 港报关"的费率为人民币 500.00
元/票，金额为人民币 1500.00 元。显然，"票"数应指提单份数而非集装箱数
量。第二被申请人在其签署的《费用确认单》中对于"中国 S 港报关"的费率
和金额未做出批注，并在《物流及保险跟踪情况》中对第三船集装箱货物的费
用人民币 47000.00 元予以确认，其中即包含"中国 S 港报关"费用人民币
1500.00 元。

故，对于第二被申请人在《费用确认单》中就部分费用所做的批注，经调
整后已在《物流及保险跟踪情况》及后续的邮件中得到第二被申请人的确认。

②第二被申请人还称，申请人在《仲裁申请书》中主张的金额与其提交的
《费用统计表》《费用确认单》和《物流及保险跟踪情况》中的金额不同，存在
故意高报的情况。此外，申请人先后 8 次要求支付的运费金额均不一致，主张
的金额存在大幅增加到大幅减少再到大幅增加的情况。

关于申请人在《仲裁申请书》中主张的金额与其提交的《费用统计表》

《费用确认单》和《物流及保险跟踪情况》中的金额不同的问题，根据本案中已经查明的事实，《费用确认单》中记载的费用金额系申请人单方计算的金额，且已经第二被申请人在《物流及保险跟踪情况》及后续的邮件中予以调整；《物流及保险跟踪情况》系第二被申请人首次调整和确认金额，其中的部分费用又经后续的邮件予以进一步的调整和确认；申请人整理的《费用统计表》中记载的即为经第二被申请人最终调整和确认后的金额，此金额系除第六船散装货物以外的其他 11 船货物的全部物流费用总额，尚未扣除第一被申请人已向申请人支付的部分款项金额。而申请人在《仲裁申请书》中主张的金额系扣除第一被申请人已付款项后应付的物流费用的余额。

关于申请人在催要款项过程中主张的费用金额不同的问题，仲裁庭注意到，申请人在 2017 年 11 月 22 日发给第一被申请人和第二被申请人的函中称"欠款总计约 683 万人民币"，并要求被申请人确认和支付欠款；此时，第二被申请人尚未就申请人主张的费用予以调整和确认。2018 年 6 月 7 日，申请人在发送给第一被申请人和第二被申请人的《敬告函》中称，截至 2018 年 6 月 7 日，被申请人尚欠合同款项人民币近 64 万元和近 84 万美元；2019 年 5 月 14 日，申请人在发送给第一被申请人和第二被申请人的《催款函》中称，截至 2019 年 5 月 14 日，被申请人尚欠合同款项人民币近 64 万元和近 60 万美元。申请人在《敬告函》和《催款函》中主张的欠款人民币近 64 万元的金额相同且即为申请人在本案仲裁请求中主张的人民币欠款金额，而在《敬告函》和《催款函》中主张的美元欠款金额以及在本案仲裁请求中主张的美元欠款金额逐步减少，应是扣减了第一被申请人分批付款金额的结果。本案中没有证据显示存在申请人主张的金额存在大幅增加到大幅减少再到大幅增加的情况。

（4）关于申请人索赔的物流费用在第一被申请人和第二被申请人之间进行分担的问题

如前所述，申请人索赔的物流费用系除第六船散装货物以外的其他 11 船货物的物流费用余额。

①第二被申请人称，第一船集装箱货物、第二船集装箱货物和第三船集装箱货物中的部分货物是第一被申请人所有，相关运费包括第三船集装箱货物的海关协调费应由第一被申请人自行承担，与第二被申请人无关。

第一被申请人确认其自有货物费用为人民币近 6 万元和 3 万余美元，但是主张前述货物运输与本案合同不是同一个法律关系，不属于本案合同项下的货物运输，不属于本案管辖的范围，申请人应当另行对第一被申请人提起诉讼。

申请人则认为，第一船集装箱货物、第二船集装箱货物和第三船集装箱货物中的部分货物系第一被申请人所有，相关费用人民币 6 万余元和 3 万余美元已经第一被申请人确认，应由第一被申请人承担。本案合同项下的货物包括第二被申请人委托第一被申请人发运的货物以及第一被申请人发运的自有货物，补充协议中也没有排除第一被申请人的自有货物，因此第一被申请人应该承担的前述费用也属于本案仲裁事项。

②本案中已经查明，全部第一船集装箱货物、全部第二船集装箱货物和第三船集装箱货物中的一个 20 呎通用集装箱货物属于第一被申请人所有，第一被申请人也确认前述货物的相关费用应由其承担。故，仲裁庭认为，在申请人索赔的物流费用中包含的前述货物的物流费用应由第一被申请人承担。

③对于第一被申请人提出的其自有货物运输因不属于本案合同项下的运输而不在本案审理范围内的主张，仲裁庭理解第一被申请人的主张是仲裁委员会对于其自有货物运输项下的争议没有管辖权。

按照本案合同第一条中的约定，第一被申请人委托申请人在本案合同项下承运的货物为巴基斯坦 K 港口改造项目中所使用的施工机具和物资，但并没有限定为第二被申请人采购或所有的货物，如果申请人承运的第一被申请人的自有货物系其作为该项目总包方在巴基斯坦 K 港口改造项目中使用的施工机具和物资的话，亦为申请人在本案合同项下运输的货物。本案中已经查明，第一船集装箱货物、第二船集装箱货物和第三船集装箱货物分别为电动锯轨机、棘轮扳手、胶泥、复合盖板、灌浆料、柴油发电机配件、钢网等，前述货物皆在中国 S 港集港起运，并在 K 港项目现场交付，且申请人和第一被申请人也皆是按照补充协议二中约定的费率计算和确认的物流费用。鉴于第一被申请人既未提交证据证明前述货物并非 K 港口改造项目中使用的施工机具和物资，也未提交证据证明其与申请人就前述货物的运输达成单独的运输合同，故前述货物应为申请人在本案合同项下承运的货物，因此而产生的争议亦系本案合同项下的争议，仲裁委员会对于相关争议具有管辖权，且属于本案审理的范围之内。

④关于第一被申请人自有货物的物流费用的金额问题，申请人主张的第一被申请人自有货物的物流费用金额为人民币 6 万余元和 3 万余美元，第一被申请人确认的其自有货物的物流费用金额为人民币近 6 万元和 3 万余美元，其中美元费用金额相同，但是人民币费用金额相差人民币 9000 元。

仲裁庭注意到，第一被申请人在 2017 年 12 月 26 日的电子邮件中确认其自有货物的物流费用的计算结果为人民币近 6 万元（人民币近 1 万元+人民币 4 万余元+人民币 5000 元）和美元 3 万余元 ［（2000 美元+3000 余美元）＋（9000 美元+1 万余美元）＋（1000 美元+近 2000 美元）］；同日，第一被申请人在电子邮件中进一步确认同意支付第三船集装箱货物的海关协调费用人民币 9000 元。据此计算，应由第一被申请人承担的其自有货物的物流费用金额为人民币 6 万余元（人民币近 6 万元+人民币 9000 元）和 3 万余美元。

⑤如前所述，扣除第六船散装货物的物流费用，申请人在本案合同项下承运其他 11 船货物而产生的物流费用为人民币近 74 万元和 104 万余美元，其中包括应由第一被申请人自行承担的其自有货物的物流费用。

扣除应由第一被申请人自行承担的其自有货物的物流费用人民币 6 万余元和 3 万余美元后，应由第二被申请人承担的物流费用金额为人民币近 70 万元（人民币近 74 万元-人民币 6 万余元）和 101 万余美元（104 万余美元-3 万余美元）。

第二被申请人称，作为承运人的申请人存在将部分货物运错至欧洲、海运期限过长、清关缓慢的违约行为并因此影响现场设备安装而给第二被申请人造成损失，该等损失应从运费中予以抵扣。仲裁庭注意到，在本案合同中并无第二被申请人有权从应付给申请人的物流费用中扣减因申请人的违约行为而给第二被申请人造成的损失的约定。《合同法》第九十九条规定，"当事人互负到期债务，该债务的标的物种类、品质相同的，任何一方可以将自己的债务与对方的债务抵销，但依照法律规定或者按照合同性质不得抵销的除外。当事人主张抵销的，应当通知对方。通知自到达对方时生效。抵销不得附条件或者附期限"。仲裁庭认为，《合同法》中规定的可以抵销的债务系指已经确定的到期债务，而第二被申请人主张冲抵的因申请人的前述违约行为而给其造成的损失尚未经生效的法律文书予以确认。如果第二被申请人主张从物流费用中扣减因申请人的前述违约行为而给第二被申请人造成的损失的话，其应就此损失向申请人提出相应的仲裁反请求并经仲裁庭审理认定后方可冲抵。鉴于第二被申请人未在本案中提出相应的仲裁反请求，故仲裁庭对于第二被申请人关于扣减损失的主张不予支持。

（5）关于应由第二被申请人承担的物流费用的索赔对象问题

第一被申请人称，按照补充协议一的约定，第一被申请人向申请人付款的前提条件是在收到第二被申请人的付款且第二被申请人作出明确的付款指令。

除第一被申请人已支付给申请人的费用外，第二被申请人未将其余应向申请人支付的运费先行支付给第一被申请人，因此根据补充协议一的约定，应当由第二被申请人与申请人自行解决，申请人无权向第一被申请人追究付款责任。

仲裁庭认为，按照补充协议一中的约定，应由第二被申请人将申请人的物流费用支付给第一被申请人；第一被申请人在收到第二被申请人付款后再向申请人支付物流费用。如果第二被申请人未向第一被申请人付款导致申请人未能按时足额收到任何款项，则申请人应追究第二被申请人的责任；只有在第一被申请人收到第二被申请人的付款后未向申请人支付物流费用的情况下，申请人才可追究第一被申请人的责任。按照补充协议一的前述约定，认定申请人向第二被申请人索赔应付物流费用的前提是确定第二被申请人是否已向第一被申请人支付了应付申请人的物流费用。

①本案中已经查明，申请人在本案合同项下运输的 12 船货物皆为第一被申请人在《离岸供应与服务合同》项下从国内采购的，而第二被申请人已在《离岸供应与服务合同》项下分 5 笔共计向第一被申请人支付了 720 余万美元。

第二被申请人于 2017 年 1 月 4 日向第一被申请人支付的 500 万美元系申请人承运的第一船散装货物的部分货款，该笔货款的 G2 号商业发票中记载的货物价格条款为 FOB 即离岸价格。由于未见该贸易术语所适用的解释通则的相关约定，按照对 FOB 国际贸易术语的通常理解，在 FOB 价格条款项下应由买方安排货物的运输和保险并承担相应的费用，货物的卖方承担货物装船以前的全部费用包括在装货港发生的港杂费以及办理海关货物出口手续的费用。本案中情况有所不同的是，本案合同项下货物的运输是由货物的卖方即第一被申请人和货物的买方即第二被申请人共同委托申请人完成的；且按照本案合同中的约定，货物在装货港发生的费用包括港杂费以及海关费用皆是由第二被申请人即货物的买方支付给货物的卖方即第一被申请人，再由第一被申请人支付给承运人即申请人，即在前述 FOB 价格条款项下，第二被申请人不但承担货物的运费，还承担货物在装货港发生的费用。鉴于第二被申请人未提交证据证明此笔款项中包含应付申请人的第一船散装货物的全部或部分物流费用，按照对 FOB 国际贸易术语含义的通常理解以及本案合同中的相关约定，仲裁庭认为该笔付款中不含应付申请人的第一船散装货物的物流费用。

第二被申请人于 2017 年 3 月 16 日向第一被申请人支付的近 215 万美元系 G2 号商业发票项下的第二笔货款，因此该笔付款同 G2 号商业发票项下的第一笔货款 500 万美元一样，其中也不包含应付申请人的第一船散装货物的物流费用。

第二被申请人于 2018 年 3 月 5 日向第一被申请人支付的 500 美元系两套轮胎的货款，商业发票中记载的价格条款为 CPT 巴基斯坦 L 市，装货港为中国 P 市机场，卸货港为巴基斯坦 L 市机场。显然，该笔货款对应的货物系自中国 P 市机场空运至巴基斯坦 L 市机场的，因此该笔付款应与申请人索赔的 11 船货物的物流费用无关。

第二被申请人于 2018 年 3 月 5 日向第一被申请人支付的近 8 万美元系 1 套变速箱的货款，商业发票的日期为 2017 年 9 月 11 日，其中记载的价格条款为 C&F 巴基斯坦 K 港，装货港为中国 W 市，卸货港为 K 港。显然，该笔货款对应的货物系自中国 W 市起运的，而申请人承运的 11 船货物皆是自中国 S 港起运的。此外，2018 年 11 月 23 日第三次修正的《中华人民共和国海关进出口货物申报管理规定》第四章"申报单证"第二十五条第一款规定，"进出口货物的收发货人、受委托的报关企业应当取得国家实行进出口管理的许可证件，凭海关要求的有关单证办理报关纳税手续。海关对有关进出口许可证件电子数据进行系统自动比对验核"。同时，第二十七条规定，"进、出口货物报关单应当随附的单证包括：（一）合同；（二）发票；（三）装箱清单；（四）载货清单（舱单）；（五）提（运）单；（六）代理报关授权委托协议；（七）进出口许可证件；（八）海关总署规定的其他进出口单证"。按照前述规定，发票是办理出口货物报关手续的申报单证之一，而出口货物应在办理海关申报手续后才能发运。该笔货款的发票日期为 2017 年 9 月 11 日，因此该笔货款对应的货物的发运日期应在 2017 年 9 月 11 日以后，而申请人承运的 11 船货物在 2017 年 4 月 7 日以前已经全部交付。在第二被申请人未提交证据证明该笔货款对应的货物系由申请人承运的情况下，该笔付款应与申请人索赔的 11 船货物的物流费用无关。

第二被申请人于 2018 年 3 月 5 日向第一被申请人支付的 3000 美元系 3 件木门的货款，商业发票日期为 2017 年 7 月 13 日，其中记载的价格条款为 C&F 巴基斯坦 L 港，装货港为中国 S 市，卸货港为巴基斯坦 L 港。如前所述，根据商业发票的日期，该笔货款对应的货物的发运日期应在 2017 年 7 月 13 日以后，而申请人承运的 11 船货物在 2017 年 4 月 7 日以前已经全部交付，在第二被申请人未提交证据证明该笔货款对应的货物系由申请人承运的情况下，该笔付款应与申请人索赔的 11 船货物的物流费用无关。

综上所述，第二被申请人提交的证据不能证明其在《离岸供应与服务合同》项下向第一被申请人支付的 720 余万美元中包含应付申请人的物流费用。

②仲裁庭注意到，补充协议二第三条中约定，第二被申请人向第一被申请人支付的每笔款项应标明支付的系申请人的哪一笔物流费用，且第一被申请人应当按照第二被申请人的指示向申请人支付物流费用。

第二被申请人称，其已提供证据证明其向第一被申请人支付的款项合计约 1800 万美元，第一被申请人应当说明其中有多少已支付给了申请人。

申请人则称，第二被申请人主张其已向第一被申请人支付了合计 1800 多万美元，故申请人可以合理地认为第二被申请人已经将物流费用全部支付给了第一被申请人，第一被申请人应对本案的物流费用承担完全支付责任，或与第二被申请人承担连带支付责任。

仲裁庭认为，如果第二被申请人主张已将本案合同项下产生的全部物流费用支付给了第一被申请人，则第二被申请人应对此承担举证义务。第二被申请人提交的证据显示，其在《在岸供应与服务合同》项下向第一被申请人支付了 1060 余万美元，在《离岸供应与服务合同》项下向第一被申请人支付了 720 余万美元，而本案合同项下运输的货物系第二被申请人在《离岸供应与服务合同》项下采购的，故本案合同项下产生的物流费用与第二被申请人在《在岸供应与服务合同》项下向第一被申请人支付的 1060 余万美元无关，而第二被申请人提交的证据不能证明其在《离岸供应与服务合同》项下向第一被申请人支付的 720 余万美元中包含应向申请人支付的物流费用。此外，在向第一被申请人支付了 720 余万美元以后，第二被申请人在于 2018 年 6 月 11 日发给申请人和第一被申请人的《关于 F 公司运费付款的情况说明》中确认了仍欠付申请人物流费用的事实。故，按照补充协议一中的约定，第二被申请人负有向申请人支付应由第二被申请人承担的物流费用的合同义务，申请人要求第一被申请人支付应由第二被申请人承担的物流费用没有合同依据。

（6）关于第二被申请人应付的物流费用的金额问题

①申请人和第一被申请人对于第一被申请人分别于 2017 年 3 月 21 日支付人民币近 10 万元、于 2017 年 3 月 20 日支付 13 万余美元以及于 2017 年 4 月 28 日支付 7 万余美元的事实并无异议。第一被申请人确认其支付的前述款项皆系申请人承运第二被申请人的货物的物流费用，且第一被申请人和第二被申请人

皆确认前述款项系从第二被申请人于 2017 年 1 月 4 日向第一被申请人支付的 500 万美元中支取的。

如前所述，此笔 500 万美元的款项系申请人承运的第一船散装货物的部分货款，其中并不包含物流费用。而按照补充协议一中的约定，第一被申请人应在从第二被申请人处收到支付给申请人的物流费用后再向申请人付款。第二被申请人认为，第一被申请人并未按照第二被申请人的指示向申请人支付物流费用，补充协议一中关于第二被申请人向第一被申请人付款时应当注明为支付给申请人物流费用的约定在实际履行中发生了变更。申请人也认为，第一被申请人在实际付款时变更了补充协议一中的约定。

仲裁庭认为，尽管第一被申请人在未从第二被申请人处收到相应款项的情况下即向申请人支付了物流费用，但是本案中并无证据证明此系第一被申请人和第二被申请人合意的结果还是第一被申请人的单方行为，且本案合同第七条"附则"中约定本案合同的任何修改和变动须以书面形式方为有效，故第一被申请人的前述付款行为并不足以认定构成对本案合同和补充协议一中关于付款约定的变更。

②对于申请人指定 E 公司收取的款项，申请人称，第一被申请人支付的近 3680 万卢比系从 E 公司开具的 S1 号 INVOICE 的金额中代扣了 E 公司应缴纳的 10%企业所得税和 13%销地售税的 20%，即近 4200 万卢比-（近 4200 万卢比×10%）-（3710 余万卢比×13%×20%）。而 E 公司在收到近 3680 万卢比后缴纳了销售税 480 余万卢比，故申请人实际收到的款项金额为近 3200 万卢比，按照汇率 1 美元=123.70 卢比折算为近 26 万美元。

第一被申请人认为，其是从第二被申请人向其支付的 6000 万卢比中支取向 E 公司支付的近 3680 万卢比；第一被申请人已向 E 公司支付的近 3680 万卢比少于 S1 号 INVOICE 项下金额的部分系为申请人代扣代缴的税费，按照 1 美元=123.70 卢比的汇率折算为近 30 万美元；第一被申请人为 E 公司缴纳了税款 335 万余卢比，按照 1 美元=123.70 卢比的汇率折算为近 3 万美元，合计金额为 32 万余美元。

第二被申请人则认为，对于被申请人为 E 公司代缴的税款 335 万余卢比是申请人的收入的一部分，也应在运费中扣减。按照某银行公布的 2018 年 9 月 5 日的卢比和美元汇率 0.0081 计算，第一被申请人向 E 公司支付的款项总金额应为近 33 万美元。因此，第二被申请人已经通过第一被申请人向申请人支付了人民币近 10 万元和 53 万余美元。

尽管第一被申请人未提交证据证明第二被申请人向其支付了 6000 万卢比，但是既然第一被申请人主张其向 E 公司支付的款项系从第二被申请人支付给第一被申请人的款项中支取的，则意味着第一被申请人认可其向 E 公司支付的款项系申请人承运第二被申请人的货物的物流费用。因此，申请人委托 E 公司在巴基斯坦代收物流费用而产生的税务成本包括销售税和所得税如何承担是各方当事人之间的主要争议焦点。

仲裁庭注意到，申请人和第一被申请人皆认可第一被申请人向 E 公司支付的近 3680 万卢比系 E 公司开具的 S1 号 INVOICE 项下的款项。对于该 INVOICE 项下款项金额近 4200 万卢比与第一被申请人实际支付金额近 3680 万卢比之间的差额近 516 万卢比，申请人称系第一被申请人扣除的拟代 E 公司缴纳的 10% 企业所得税计近 420 万卢比（近 4200 万卢比×10%）和 13% 销售税的 20% 计近 100 万卢比（3710 余万卢比×13%×20%）的合计金额。尽管申请人未提交关于 E 公司应缴纳的税项和税率的证据，而第一被申请人亦未就其支付近 3680 万卢比的金额计算作出说明，鉴于第一被申请人也确认其实际支付的金额与 S1 号 INVOICE 项下金额的差额部分系为申请人代扣代缴的税费，同时考虑到第一被申请人提交的 S1 号 INVOICE 及其代 E 公司缴纳所得税的凭证显示 E 公司收取 S1 号 INVOICE 项下款项涉及的税项包括销售税和所得税以及第一被申请人为 E 公司代缴税费的事实，故仲裁庭认为申请人的前述说明和计算应可采信。

关于销售税，仲裁庭注意到，E 公司在其向第一被申请人出具的 S1 号 IN-VOICE 项下的金额中包含了其应缴纳的 13% 销售税的全额 480 余万卢比。按照申请人的说明，第一被申请人在向 E 公司付款时扣减了拟为 E 公司代缴的 20% 的 13% 销售税的税款近 100 万卢比，即第一被申请人拟代 E 公司缴纳 13% 销售税，但是第一被申请人仅从向 E 公司支付的款项中扣减了 20% 的 13% 销售税的税款近 100 万卢比，并将其余 80% 的 13% 销售税的税款 380 余万卢比支付给了 E 公司，此举意味着第一被申请人将自行承担应缴纳的 80% 的 13% 销售税的税费，并将 80% 的 13% 销售税的税款作为应付申请人的物流费用支付给了 E 公司。

本案合同第二条约定，被申请人应按照本案合同约定的费率和时间，从中国境内向申请人支付相关的费用。本案合同附件第三条约定，所有物流款项只接受中国境内付款。据申请人所述，在本案合同的履行过程中将付款方式从中国境内付款变更为在巴基斯坦当地支付的主要原因系巴基斯坦当地对外汇的严格管制所致，而第二被申请人在《关于 F 公司运费付款的情况说明》中就延迟付款原因所做的说明则进一步印证了申请人的说法。考虑到将付款方式变更为在巴基斯坦当地支付卢比主要是出于便利被申请人付款的目的，仲裁庭认为由被申请人承担因此产生的税务成本的 80% 亦属公平和合理。

关于所得税，申请人称 E 公司就其在 S1 号 INVOICE 项下收取的款项应支付 10% 的所得税，且第一被申请人已从应付 E 公司的款项中扣减了 10% 所得税的税款近 420 万卢比。但是，第一被申请人提交的其代 E 公司缴纳所得税的凭证显示，第一被申请人缴纳的所得税的税费金额为 335 万余卢比，计税基数为 S1 号 INVOICE 项下的金额近 4200 万卢比，据此计算的 E 公司应纳所得税的税率为 8%。如前所述，鉴于仲裁庭认定应由第一被申请人承担税务成本的 80%，故第一被申请人应承担其代 E 公司缴纳的所得税的税款的 80% 即 268 万余卢比，由申请人承担 20% 的所得税的税款即近 70 万卢比。

据此计算，第一被申请人通过 E 公司向申请人支付的金额应为近 3750 万卢比（近 3680 万卢比+近 70 万卢比）。鉴于申请人和第一被申请人皆采用 S1 号 INVOICE 中记载的美元对卢比的汇率 1 美元 = 123.70 卢比折算的美元金额，仲裁庭对此不持异议，因此第一被申请人已付的物流费用近 3750 万卢比按照此汇率折算成美元为 30 万余美元。

申请人称，E 公司在收到第一被申请人支付的近 3680 万卢比后缴纳了销售税 480 余万卢比，故申请人实际收到的金额为近 3200 万卢比，按照汇率 1 美元 = 123.70 卢比折算为近 26 万美元。但是，申请人并未提交证据证明其另行缴纳了销售税 480 余万卢比，故仲裁庭对于申请人的前述主张不予支持。

故，第一被申请人已向申请人支付的物流费用金额为人民币近 10 万元和近 51 万美元（13 万余美元+7 万余美元+30 万余美元）。据此计算，第二被申请人应向申请人支付的物流费用金额为人民币 57 万余元（人民币近 70 万元–人民币近 10 万元）和近 51 万美元（101 万余美元–近 51 万美元）。

（7）关于申请人索赔的利息问题

如前所述，本案合同项下的物流费用的支付条件已经成就，第一被申请人和第二被申请人未按照本案合同的约定向申请人支付物流费用，应当承担赔偿申请人利息损失的违约责任。

①关于利息的起算时间，申请人主张自最后一批发票的开具日期 2018 年 2

月 1 日后的第 10 日即 2018 年 2 月 11 日起算利息。

按照本案合同和补充协议一的约定，本案合同项下每批货物的费用分期支付，最后一笔费用应在申请人提供货物交接单后 10 日内支付；付款采用"一票一付"的方式，在申请人开具增值税普通发票后，第二被申请人将应付费用支付给第一被申请人；第一被申请人应在 3 个银行工作日内将人民币费用支付给申请人，并在 5 个银行工作日内将美元费用支付给申请人。鉴于补充协议一未就"银行工作日"做出进一步的定义，考虑到即便在节假日营业的银行也通常不办理对公业务，故"银行工作日"即应指"工作日"。

本案中已经查明，申请人与第一被申请人已就每船货物签署了《货物交接单》，申请人已按照各方确认的费用金额向第一被申请人开具了全部物流费用的发票。仲裁庭注意到，申请人和第一被申请人签署的《货物交接单》中未显示签署日期。考虑到补充协议一中关于第二被申请人应在申请人向第一被申请人开具发票后付款的约定，且签署《货物交接单》的时间应早于发票日期，故仲裁庭认为申请人要求被申请人在发票开具日期后支付费用的主张亦属合理。鉴于申请人系自最后一批发票的开具日期 2018 年 2 月 1 日后的第 10 日起算的利息，同时考虑到每批货物的费用本应分期支付，且申请人在 2018 年 2 月 1 日以前已经分批向第一被申请人开具了发票，因此申请人自 2018 年 2 月 11 日起算利息应已经放弃了此前即应计息的部分利息的索赔。

按照申请人主张的付款时间，第二被申请人应于最后一批发票的开具日期 2018 年 2 月 1 日后的 10 日内即 2018 年 2 月 11 日以前向第一被申请人付款；按照补充协议一中的约定，第一被申请人应于收到付款后的 3 个工作日内即 2018 年 2 月 14 日以前将人民币费用支付给申请人，并在收到付款后的 5 个工作日内即 2018 年 2 月 16 日以前将美元费用支付给申请人。据此，仲裁庭认为，人民币费用的利息起算时间应为 2018 年 2 月 15 日，美元费用的利息起算时间应为 2018 年 2 月 17 日。

②关于计算利息采用的利率，申请人主张人民币费用和美元费用皆按照 2020 年 1 月 20 日全国银行间同业拆借中心公布的 1 年期贷款市场报价利率（LPR）4.15% 计算。

关于以人民币计费的物流费用，申请人主张按照 1 年期的 LPR 计算应予支持，但是不应采用固定的 2020 年 1 月 20 日的 LPR 计算，而应按照同期 1 年期的 LPR 计算利息。需要进一步明确的是，LPR 是全国银行间同业拆借中心自

2019 年 8 月 20 日起公布的，对于 2018 年 2 月 15 日至 2019 年 8 月 19 日期间的利息，仲裁庭认为应按照中国人民银行发布的《金融机构人民币贷款基准利率》中的同期一年以内（含一年）的贷款利率计算。

关于以美元计费的物流费用，申请人就其按照 LPR 计算利息的主张没有提供相应的依据。仲裁庭认为，对于以美元计费的物流费用可按照国家外汇交易中心自 2018 年 9 月起发布的同期 1 年期的境内外币同业拆放参考利率（CIR-OR）计算利息；对于 2018 年 2 月 17 日至 2018 年 8 月 31 日期间的利息，仲裁庭认为可以参照同期 12 个月的伦敦同业拆放利率（LIBOR）计算。

2. 关于申请人的第二项仲裁请求

申请人的第二项仲裁请求是要求第一被申请人和第二被申请人承担申请人为处理本案而支付的律师费人民币 20 万元。

申请人提交的证据显示，申请人向其委托的办理本案的 H 律师事务所支付了律师费人民币 20 万元。

《仲裁规则》第五十二条第（二）款规定，仲裁庭有权根据案件的具体情况在裁决书中裁定败诉方应补偿胜诉方因办理案件而支出的合理费用，但在认定费用是否合理时，应具体考虑案件的裁决结果、复杂程度、胜诉方当事人及/或代理人的实际工作量以及案件的争议金额等因素。考虑到本案的事实问题和法律问题的复杂程度以及申请人的代理律师的工作量，根据《仲裁规则》的前述规定，仲裁庭认为申请人索赔的律师费金额是合理的。鉴于申请人的第一项仲裁请求的大部分已经得到支持，同时参照仲裁庭认定的申请人在第一项仲裁请求中索赔的物流费用由第一被申请人和第二被申请人承担的金额比例，仲裁庭认为应由第一被申请人补偿申请人支出的律师费的 10% 即人民币 2 万元，由第二被申请人补偿申请人支出的律师费的 80% 即人民币 16 万元，申请人自己承担支出的律师费的 10% 即人民币 2 万元。

3. 关于申请人的第三项仲裁请求

申请人的第三项仲裁请求是要求第一被申请人和第二被申请人承担本案的仲裁费。

《仲裁规则》第五十二条第（一）款规定，仲裁庭有权在裁决书中裁定当事人最终应向仲裁委员会支付的仲裁费和其他费用。鉴于申请人的第一项仲裁请求的大部分已经得到支持，根据《仲裁规则》的前述规定并参照仲裁庭认定的申请人在第一项仲裁请求中索赔的物流费用由第一被申请人和第二被申请人

承担的金额比例，仲裁庭认为由申请人承担本请求部分的仲裁费的 10%，由第
一被申请人承担本请求部分的仲裁费的 10%，由第二被申请人承担本请求部分
的仲裁费的 80%。

（五）仲裁庭对于第一被申请人的各项仲裁反请求的意见

1. 关于第一被申请人的第一项仲裁反请求

第一被申请人的第一项仲裁反请求是要求申请人支付律师费人民币 20
万元。

第一被申请人提交的证据显示，第一被申请人向其委托的办理本案的 G 律
师事务所支付了律师费人民币 20 万元。

考虑到本案的事实问题和法律问题的复杂程度以及申请人的代理律师的工
作量，根据《仲裁规则》第五十二条第（二）款的规定，仲裁庭认为第一被申
请人索赔的律师费金额是合理的。鉴于申请人向第一被申请人提出的大部分仲
裁请求未得到仲裁庭的支持，仲裁庭认为由申请人补偿第一被申请人支出的律
师费人民币 18 万元是合理的。

2. 关于第一被申请人的第二项仲裁反请求

第一被申请人的第二项仲裁请求是要求申请人承担本案的仲裁费。

考虑到申请人向第一被申请人提出的大部分仲裁请求未得到仲裁庭的支持，
根据《仲裁规则》第五十二条第（一）款的规定，仲裁庭认为应由申请人承担
第一被申请人的反请求部分的仲裁费的 90%，由第一被申请人承担其反请求部
分的仲裁费的 10%。

（六）仲裁庭对于第二被申请人的各项仲裁反请求的意见

1. 关于第二被申请人的第一项仲裁反请求

第二被申请人的第一项仲裁反请求是要求申请人赔偿第二被申请人因货物
不当运输而产生的损失人民币近 130 万元。

第二被申请人称，大部分设备在运输过程中发生货损，第二被申请人为此
支付了修理材料费用 1800 万卢比和人工费用 150 万卢比，根据付款当日即 2017
年 3 月 2 日和 2017 年 3 月 13 日中国某银行发布的外汇汇率折算，前述费用折
合人民币近 130 万元。由于申请人未尽妥善管理和运输的合同义务，导致第二
被申请人产生的额外费用应由申请人承担赔偿责任。此外，申请人还存在将部
分货物运错至欧洲、海运期过长以及清关缓慢的违约行为，导致设备安装延误
并给第二被申请人造成损失，申请人对此也应承担赔偿责任，第二被申请人保

留另行向申请人提起诉讼或仲裁的权利。

鉴于第二被申请人未就其主张的申请人存在将部分货物运错至欧洲、海运期过长以及清关缓慢的违约行为在本案中向申请人提出索赔，故仲裁庭对于第二被申请人主张的申请人的前述违约事项不予审理。

对于第二被申请人主张的货损问题，申请人称，第二被申请人提交的证据证明货物并非由申请人完成运输，第二被申请人并没有提交证据证明在申请人的责任期间发生了货损，本案合同项下的所有货物已经被申请人签收，且未做货损的批注。根据本案合同的约定以及《海商法》第八十一条的规定，《货物交接单》证明交付的货物完好。此外，根据《海商法》第二百五十七条的规定，第二被申请人主张货损的时效期间为一年，自申请人交付或应当交付货物之日起计算。本案合同项下运输的最后一批货物的交付时间为 2017 年 6 月，诉讼时效已于 2018 年 6 月届满，因此第二被申请人提出的仲裁反请求已经超过诉讼时效。

（1）本案中已经查明，本案合同项下的部分货物自中国 S 港经海上货物运输直接运抵 K 港项目现场，部分货物自中国 S 港经过海上货物运输至巴基斯坦 L 港并自 L 港经公路运输运抵 K 港项目现场。《海商法》第一百零三条规定，多式联运经营人对多式联运货物的责任期间，自接收货物时起至交付货物时止。按照《海商法》的前述规定，本案中作为承运人的申请人的责任期间为自中国 S 港车板接货至将货物卸至 K 港项目现场。

《合同法》第三百一十一条规定，承运人对运输过程中货物的毁损、灭失承担损害赔偿责任，但承运人证明货物的毁损、灭失是因不可抗力、货物本身的自然性质或者合理损耗以及托运人、收货人的过错造成的，不承担损害赔偿责任。按照本案合同的约定，申请人承担货物在装运港装船后至目的地交付货物前的一切风险，同时应按时、完好无损地将货物运抵目的地。此外，按照本案合同的约定，申请人应赔偿被申请人因申请人违反本案合同的约定给被申请人造成的损失。按照《合同法》的前述规定和本案合同中的前述约定，对于货物在申请人的责任期间内发生的货损，除申请人可以免责的原因造成的损失以外，申请人应当向被申请人承担损失赔偿责任。

《合同法》第三百二十一条规定，货物的毁损、灭失发生于多式联运的某一运输区段的，多式联运经营人的赔偿责任和责任限额，适用调整该区段运输方式的有关法律规定。货物毁损、灭失发生的运输区段不能确定的，依照本章规定承担损害赔偿责任。同时，《海商法》第一百零五条规定，货物的灭失或者损坏发生于多式联运的某一运输区段的，多式联运经营人的赔偿责任和责任限额，适用调整该区段运输方式的有关法律规定。《海商法》第一百零六条规定，货物的灭失或者损坏发生的运输区段不能确定的，多式联运经营人应当依照本章关于承运人赔偿责任和责任限额的规定负赔偿责任。按照《合同法》和《海商法》中的前述规定，对于在申请人责任期间内发生的货损，自中国 S 港经海上货物运输直接运抵 K 港项目现场的货物，适用《海商法》第四章中关于承运人赔偿责任和责任限额的规定；自中国 S 港经海上货物运输至巴基斯坦 L 港并自 L 港经公路运输至 K 港项目现场的货物，则视货损发生的运输区段而适用调整该区段运输方式的相关法律规定，不能确定货损发生的运输区段的则适用《海商法》第四章中关于承运人赔偿责任和责任限额的规定。

按照前述法律规定和本案合同中的相关约定，仲裁庭认为，第二被申请人要求申请人承担货损的赔偿责任，需要承担证明受损货物系由申请人承运且货损发生在承运人的责任期间内的初步举证义务；而拒绝承担赔偿责任的申请人则需要承担证明其承运的货物未发生货损或者发生货损的原因属于其可以免责事项的举证义务。

（2）仲裁庭注意到，第二被申请人就其关于申请人承运的货物发生损坏的主张提交了货物供应商 A 公司于 2017 年 1 月 8 日发给第二被申请人和第一被申请人的邮件以及该邮件后附的在 K 港项目现场拍摄的受损货物的照片。A 公司在其邮件中描述了受损货物的情况包括油漆划伤、货物变形、包装木箱外表损坏但箱内货物是否损坏不详等。A 公司提供了 22 张受损货物的照片，第二被申请人在其提交的《代理意见》中说明，其提交的证据中的 8 张照片显示的受损货物的提单号为 ZH06，其他照片显示的受损货物的提单号为 PA16。

本案中已经查明，在申请人承运的 12 船货物中，第一船散装货物的交货日期为 2016 年 11 月 6 日，第二船散装货物的交货日期为 2016 年 11 月 8 日，第三船散装货物的交货日期为 2016 年 12 月 29 日，其他各船货物的交货日期皆在 2017 年 2 月 18 日以后。而 A 公司发给第二被申请人和第一被申请人的电子邮件的日期为 2017 年 1 月 8 日，因此其后附的照片中显示的受损货物仅存在系第一船散装货物、第二船散装货物或者第三船散装货物的可能性，而不应为 2017 年 2 月 18 日以后交付的其他各船的货物。

第二被申请人称其提交的证据中的 8 张照片显示的受损货物的提单号为

ZH06，但是在申请人承运的货物的 22 份提单中未见该提单号的提单，而申请人承运的第一船散装货物的提单号为 ZJ06，因此不排除第二被申请人将提单号"ZJ06"误写成"ZH06"的可能。如果确系第二被申请人的笔误的话，那么第二被申请人应是主张前述 8 张照片显示的受损货物为申请人承运的第一船散装货物。在前述 8 张照片中包含 1 张货物标识的照片，其中记载的目的港为 K 港，发货人为第一被申请人，收货人为第二被申请人，项目名称为"B 公司（巴基斯坦）电站码头项目"，合同编号为"BOT/01"，货物箱件号为"1-133"，并注明了货物尺码和重量，但其中未见与货物运输相关的任何信息如承运人的名称、承运船舶的名称或者提单号等。仲裁庭注意到，在第二被申请人提交的证据即第二被申请人在《离岸供应与服务合同》项下向第一被申请人支付第一船散装货物的货款的文件中包含一份第一船散装货物的"Packing list 箱单"，其中记载了货物的箱件号。经查，其中未见箱件号为"1-133"的货物。仲裁庭不清楚第二被申请人提交的"Packing list 箱单"是否为第一船散装货物的全部"箱单"，也未见第二船散装货物和第三船散装货物的运输文件，因此仲裁庭既无法确认箱件号为"1-133"的受损货物系"ZJ06"号提单项下的第一船散装货物，也无法确认其系第二船散装货物或者第三船散装货物。而本案中已经查明，申请人仅仅承运了 K 港口改造项目中的部分货物，其他货物系由被申请人委托案外人承运，因此仲裁庭依据现有的证据不能确定箱件号为"1-133"的受损货物系由申请人承运的货物。

第二被申请人称其提交的其他照片显示的受损货物的提单号为 PA16。根据本案中查明的事实，PA16 号提单系第四船散装货物的提单，其交货时间为 2017 年 2 月 18 日，而 A 公司是于 2017 年 1 月 8 日向第二被申请人和第一被申请人发送的邮件并提供的照片，此时该提单项下的货物尚未交货。此外，在其他照片中包含 3 张货物标识的照片，其中记载的目的港为 K 港，发货人为第一被申请人，收货人为第二被申请人，项目名称为"B 公司（巴基斯坦）电站码头项目"，合同编号为"BOT/01"，其中记载的 3 件货物的箱件号分别为"L-004""2-254"和"D-010"，并注明了货物尺码和重量，但其中未见与货物运输相关的任何信息如承运人的名称、承运船舶的名称或者提单号等。此外，在其中 1 张受损货物的照片上注明"Package No.（箱件号）：7-036"。经查，在第一船散装货物的"Packing list 箱单"中未见箱件号"L-004""2-254""D-010"和"7-036"的货物。仲裁庭不清楚第二被申请人提交的"Packing list 箱

单"是否为第一船散装货物的全部"箱单",也未见第二船散装货物和第三船
散装货物的运输文件,故仲裁庭无法确认箱件号为"L-004""2-254""D-
010"和"7-036"的受损货物系第一船散装货物、第二船散装货物或者第三船
散装货物。而本案中已经查明,申请人仅仅承运了 K 港口改造项目中的部分货
物,其他货物系由被申请人委托案外人承运,因此仲裁庭依据现有的证据不能
确定箱件号为"L-004""2-254""D-010"和"7-036"的受损货物系由申请
人承运的货物。

此外,仲裁庭还注意到,在 2018 年 6 月 11 日发送给申请人和第一被申请
人的《关于 F 公司运费付款的情况说明》中,第二被申请人仅仅提到了"清关
缓慢耽误现场设备安装"和"发货地址错误造成延误"的问题,未提及与货损
相关的问题。

鉴于第二被申请人提交的证据不能证明其所称的受损货物系申请人承运的
货物,故仲裁庭对于第二被申请人的第一项仲裁反请求不予支持,并对第二被
申请人主张的货损金额以及申请人提出的诉讼时效抗辩和交付货物完好的抗辩
不再予以认定。

(3)第二被申请人还称,第一被申请人既未尽到总承包商的义务,也未尽
到其所主张的代理关系下的代理人义务和善良管理人的义务,对造成物流费用
不准确、长期无法结算以及货物损失均存在过错。此外,第一被申请人在签订
补充协议时,并未为第二被申请人的利益而争取有利于第二被申请人的条款,
违反了代理人尽职尽责的义务;在履行合同时,第一被申请人未能对申请人的
运输服务进行监督,还存在损害业主利益的行为。

仲裁庭认为,第二被申请人并未在本案中对第一被申请人提出仲裁请求,
且其主张第一被申请人未履行的合同义务亦似为第一被申请人在总包合同项下
的义务,而非本案合同项下的争议,故仲裁庭对于第二被申请人提出的前述主
张不予审理。

2. 关于第二被申请人的第二项仲裁反请求

第二被申请人的第二项仲裁反请求是要求申请人支付律师费人民币 4 万元。

第二被申请人提交的证据显示,第二被申请人已向其委托的办理本案的 N
律师事务所支付了律师费人民币 4 万元。

鉴于申请人向第二被申请人提出的部分仲裁请求未得到仲裁庭的支持,而
第二被申请人向申请人提出的第一项仲裁反请求未得到仲裁庭的支持,根据

《仲裁规则》第五十二条第（二）款的规定，仲裁庭认为由申请人补偿第二被申请人支出的律师费人民币 4000 元是合理的。

3. 关于第二被申请人的第三项仲裁反请求

第二被申请人的第三项仲裁反请求是要求申请人承担本案的仲裁费。

鉴于第二被申请人的第一项仲裁反请求未得到仲裁庭的支持，根据《仲裁规则》第五十二条第（一）款的规定，仲裁庭认为第二被申请人的仲裁反请求部分的仲裁费应由第二被申请人承担。

三、裁　决

基于上述事实和理由，仲裁庭裁决如下：

（一）第一被申请人向申请人支付物流费用人民币 6 万余元和 3 万余美元以及人民币 6 万余元自 2018 年 2 月 15 日起至 2019 年 8 月 19 日止按照中国人民银行发布的《金融机构人民币贷款基准利率》中的同期一年以内（含一年）的贷款利率计算的利息和自 2019 年 8 月 20 日起至本裁决书中裁定的付款日期止按照同期 1 年期的 LPR 计算的利息、3 万余美元自 2018 年 2 月 17 日起至 2018 年 8 月 31 日止按照同期 12 个月的 LIBOR 计算的利息和自 2018 年 9 月 1 日起至本裁决书中裁定的付款日期止按照同期 1 年期的 CIROR 计算的利息。

（二）第二被申请人向申请人支付物流费用人民币 57 万余元和近 51 万美元以及人民币 57 万余元自 2018 年 2 月 15 日起至 2019 年 8 月 19 日止按照中国人民银行发布的《金融机构人民币贷款基准利率》中的同期一年以内（含一年）的贷款利率计算的利息和自 2019 年 8 月 20 日起至本裁决书中裁定的付款日期止按照同期 1 年期的 LPR 计算的利息、近 51 万美元自 2018 年 2 月 17 日起至 2018 年 8 月 31 日止按照同期 12 个月的 LIBOR 计算的利息和自 2018 年 9 月 1 日起至本裁决书中裁定的付款日期止按照同期 1 年期的 CIROR 计算的利息。

（三）第一被申请人补偿申请人支出的律师费人民币 2 万元，第二被申请人补偿申请人支出的律师费人民币 16 万元。

（四）申请人的本请求部分的仲裁费由申请人承担 10%，由第一被申请人承担 10%，由第二被申请人承担 80%。

（五）驳回申请人的其他仲裁请求。

（六）申请人补偿第一被申请人支出的律师费人民币 18 万元。

（七）第一被申请人的反请求部分的仲裁费由申请人承担 90%，由第一被申请人承担 10%。

（八）驳回第一被申请人的其他仲裁反请求。

（九）申请人补偿第二被申请人支出的律师费人民币 4000 元。

（十）第二被申请人的反请求仲裁费由第二被申请人承担。

（十一）驳回第二被申请人的其他仲裁请求。

上述各项裁决应于本裁决作出之日起 30 日内履行完毕。

本裁决为终局裁决，自作出之日起生效。

案例评析

【关键词】管辖权异议　海外工程　物流服务　货损

【焦点问题】

本案的核心问题是我国国内投资方投资的海外工程项目中的业主、总包商与物流服务分包商之间因海外工程建设中使用的施工机具和物资的运输而在物流服务合同项下产生的物流服务费用的结算争议以及货物在运输过程中发生的货损的索赔争议。

【焦点评析】

2013 年，习近平主席提出了共建"丝绸之路经济带"和"21 世纪海上丝绸之路"倡议，即"一带一路"倡议。此后，国家发展和改革委员会、外交部、商务部于 2015 年 3 月 28 日联合发布了《推动共建丝绸之路经济带和 21 世纪海上丝绸之路的愿景与行动》，其中明确 21 世纪海上丝绸之路的重点方向是从中国沿海港口过南海到印度洋并延伸至欧洲，从中国沿海港口过南海到南太平洋，以重点港口为节点，共同建设通畅安全高效的运输大通道；与"一带一路"国家的合作重点之一就是抓住交通基础设施的关键通道、关键节点和重点工程，推进建立统一的全程运输协调机制，促进国际通关、换装、多式联运有机衔接，逐步形成兼容规范的运输规则，实现国际运输便利化。

巴基斯坦是积极响应"一带一路"倡议的国家，本案中所涉及的海外工程是由国内的投资方在巴基斯坦投资兴建的燃煤电厂项目以及将 K 港码头泊位改造升级为电厂项目的专用煤炭码头的配套项目。本案争议系项目业主、总包商和物流服务分包商在将前述码头改造升级配套项目中使用的于国内采购的施工机具和物资运输至项目现场而签订的物流服务合同项下产生的有关服务费用的结算以及货损索赔的争议。

现结合本案案情及争议焦点评述如下：

一、关于管辖权的问题

本案的物流服务合同是由作为承运人的中国 F 海运公司（申请人）和作为总包商的 C 研究所（第一被申请人）签订的，约定由第一被申请人委托申请人以件杂货的方式承运项目中使用的在国内采购的施工机具和物资；其后，申请人和被申请人又与作为项目业主的 B 港口与海运公司（第二被申请人）签订了补充协议一，约定第一被申请人在物流服务合同项下的权利义务均由第二被申请人承担，并约定物流服务费用由第二被申请人支付给第一被申请人，再由第一被申请人支付给申请人，同时将争议解决方式约定为仲裁。此后，申请人与第一被申请人又分别签订了两份补充协议，将物流服务合同项下的货物运输扩展至集装箱运输和公路运输。在本案中，两位被申请人均提出了管辖权异议。

1. 关于第二被申请人提出的管辖权异议

第二被申请人指出，补充协议一中关于仲裁员指定方式的约定为"如果第一被申请人与第二被申请人不能共同指定一名仲裁员，则由第一被申请人指定仲裁员"。第二被申请人认为，这一约定剥夺了其指定仲裁员的权利，因而该仲裁条款应为无效的仲裁条款。此外，第二被申请人认为，其在签订补充协议一时并无意将其中的仲裁条款的效力延伸至后两份补充协议，因此仲裁庭对于申请人在后两份补充协议项下提出的仲裁请求没有管辖权。

第二被申请人并未签署后两份补充协议，且其既未确认亦未否认后两份补充协议对其的约束力。鉴于第二被申请人已在补充协议一中确认了第一被申请人代表其签订的物流服务合同对其的约束力，而且后两份补充协议中皆约定其系物流服务合同不可分割的一部分以及未尽事宜仍按照物流服务合同和补充协议一中的约定履行，同时考虑到第二被申请人已经实际履行了后两份补充协议的事实，因此仲裁庭作出的后两份补充协议对第二被申请人具有约束力且后两份补充协议仍适用补充协议一中的仲裁条款的认定并无不当，仲裁庭对于申请人在后两份补充协议项下对第二被申请人提出的仲裁请求应有管辖权。

2. 关于第一被申请人提出的管辖权异议

第一被申请人则认为，对于申请人承运的属于第一被申请人的部分货物并非在物流服务合同项下委托的运输事项，而是与申请人在其他法律关系项下的委托关系，应由申请人另行向第一被申请人主张权利，本案仲裁庭对于申请人向第一被申请人提出的该部分货物的服务费用的索赔没有管辖权。

基于物流服务合同及其补充协议中的约定，仲裁庭认定第一被申请人和第二被申请人系共同委托申请人进行货物运输，且物流服务合同中对于申请人在本案合同项下承运的货物约定为项目中所使用的施工机具和物资，而申请人承运的第一被申请人所属的货物亦为项目中使用的施工机具和物资，且申请人和第一被申请人也皆是按照合同约定的费率计算和确认的物流费用，因此仲裁庭认定第一被申请人系在物流服务合同项下委托申请人运输的货物并进而认定仲裁庭对于相关争议具有管辖权并无不当。

二、关于申请人索赔的物流服务费用的问题

1. 关于物流服务费用的支付主体问题

除了申请人承运的第一被申请人的货物应由第一被申请人支付物流服务费用外，对于第二被申请人委托申请人承运的货物究竟由哪一方支付物流服务费的问题也是各方争议的焦点之一。按照合同约定，第二被申请人委托申请人运输的货物的费用应由第二被申请人支付给第一被申请人，再由第一被申请人支付给申请人，因此仲裁庭需要认定第二被申请人是否已向第一被申请人支付了费用以及支付的费用金额。

对于第二被申请人主张的已向第一被申请人支付的款项，仲裁庭首先根据查明的事实厘清与本案合同有关的款项。

在此基础上，仲裁庭又根据第一被申请人在买卖合同项下向第二被申请人开具的货款发票中记载的相关情况包括货物的价格条款、装卸港、发票开具的时间等逐一确定每笔款项是否与本案合同项下的费用有关，据此查明第二被申请人未向第一被申请人支付本案合同项下应付申请人的费用的事实，并进而认定应由第二被申请人向申请人支付其委托运输的货物的相关费用。

对于货物进出口贸易业务的操作流程以及相关交易文件的熟悉和了解，是本案仲裁庭能够依据已有的证据查明相关事实的关键。

2. 关于物流服务费用的结算金额问题

物流服务合同及其补充协议项下的服务项目和费用繁杂，且本案合同项下共计运输了 12 船货物，尽管各方就服务费用进行了结算，但是第二被申请人仍对结算后的服务项目和费用提出了诸多异议。

仲裁庭仔细审核了当事人提交的结算文件和往来通信文件，并据此对第二被申请人提出的各项异议逐一予以回应，最终确认了各方对服务费用的结算

结果。

在认定第一被申请人已向申请人支付的款项情况时，由于巴基斯坦严格的外汇管制，各方当事人曾经协商将其中的一笔款项在巴基斯坦支付给申请人指定的收款方，因此而产生了在巴基斯坦当地缴纳销售税和所得税的税务成本。鉴于在巴基斯坦付款是出于便利被申请人方付款的考虑，故仲裁庭认定因此而产生的税务成本由申请人和被申请人方按照 20% 和 80% 的比例承担，体现了公平诚信的履约原则。

前述认定结果完全是建立在对于物流行业的专业认识以及对于证据的充分了解基础上，具有说服力和可信度。

三、关于第二被申请人提出的货损索赔问题

第二被申请人称，申请人承运的货物在运输过程中发生了货损，并要求申请人赔偿因此而支付的修理费用。

仲裁庭仔细审核了第二被申请人提交的受损货物的照片中反映出来的货物信息，并与申请人提交的货物运输文件进行核对后发现，第二被申请人提交的证据并不能证明受损货物系申请人承运的货物，并认定由第二被申请人承担举证不能的不利后果，体现了"谁主张，谁举证"的举证义务分配原则。

【结语】

本案事实较为复杂，海上货物运输的船次多，货物积载方式不同包括件杂货运输和集装箱运输，卸货港不同，部分船次货物涉及卸港后的公路运输，物流服务费用项目多，费用采用由总包转付的方式支付，变更后的部分款项的支付方式涉及巴基斯坦当地的税收，等等；此外，本案的仲裁程序也较为繁复，有三方当事人，且两位被申请人皆提出了管辖权异议和仲裁反请求。

从本案裁决书的内容中可以看出，本案仲裁庭做了大量的案头工作，对于证据进行了细致入微的审核，并在此基础上查明案件基本事实，殊为不易。特别是在服务费用的付费主体和费用计算等问题上，仲裁庭显示了对于进出口贸易业务、海运业务和工程项目的专业认识，充分依据证据中披露的每一处细节，对于被申请人关于费用的异议逐一回复，并对每一项费用逐一核实。在归责问题上，仲裁庭严格按照举证义务的分配原则认定责任并确定相应的举证后果。本案裁决书从繁杂的事实和大量的证据中抽丝剥茧，并严格依据法律规定和法律原则对案件事实、责任分配和索赔金额予以认定，彰显了仲裁庭的专业性和审慎态度。

作为典型的涉"一带一路"仲裁案例，本案给我们带来以下启示：

首先，在某些局势动荡的"一带一路"国家或地区的海外投资项目中，由于其中涉及业主、总包和诸多分包等当事方，因此投资者应首先确认各方之间的法律关系，在此基础上签署确保各方权利义务能够互相衔接的合同文件；特别是对于适用法律和争议解决方式的选择，如果能统一适用中国法律并选择中国的仲裁机构进行仲裁以解决争议的话，不但可以避免因适用不同法律或采取不同的争议解决方式而带来的不确定性，同时还能够规避因不熟悉境外法律以及域外司法环境所带来的索赔或抗辩的风险，且得益于《承认和执行外国仲裁裁决公约》（即 1958 年《纽约公约》）的保障，仲裁裁决在跨国执行上具有明显优势。

其次，经济欠发达的"一带一路"国家往往采取严格的外汇管制制度，因此国内投资者在筹措资金和支付款项的安排上应充分考虑到外汇管制可能带来的资金周转障碍，在签订合同时应尽可能灵活地约定多种付款方式，避免因外汇管制造成付款延迟甚至受阻而产生的违约责任。

最后，海外投资项目中的款项结算往往涉及当地交纳税费的成本问题，因此投资者核算和支付工程款项时，应对可能产生的税费成本如何分配作出明确的约定，避免因此产生不必要的争议并导致结算受阻。对于仲裁庭而言，在当事人就争议中涉及的各种问题没有约定或约定不明的情况下，应依据对相关问题已有的了解和经验，本着诚信公平原则进行归责和利益分配，维护可持续的投资环境，保护投资各方的投资成果，以保证"一带一路"倡议下的投资能够顺利有序地落地生根、开花结果。

（评述人：蒋敬业）

案例四　文莱 A 实业公司与中国 B 航运公司
工程建设招投标争议案

中国国际经济贸易仲裁委员会（以下简称"仲裁委员会"）根据申请人文莱 A 实业公司（以下简称"申请人"）与被申请人中国 B 航运公司（以下简称"被申请人"）关于 E 岛石油化工项目二期疏浚、吹填及围堤工程所涉合同中《专用合同条款》中的仲裁条款，以及申请人提交的《仲裁申请书》，受理了上述合同项下的工程承包合同争议仲裁案。

本案仲裁程序适用自 2015 年 1 月 1 日起施行的《中国国际经济贸易仲裁委员会仲裁规则》（以下简称《仲裁规则》）。

申请人选定 X 担任本案仲裁员。被申请人选定 Y 担任本案仲裁员。由于申请人和被申请人未在《仲裁规则》规定的期限内共同选定或者共同委托仲裁委员会主任指定本案首席仲裁员，仲裁委员会主任根据《仲裁规则》之规定指定 Z 担任本案首席仲裁员。上述三位仲裁员在各自签署了接受指定的《声明书》后组成仲裁庭，共同审理本案。

组庭后，被申请人提交了反请求申请书并获受理。

仲裁庭对本案进行了两次开庭审理。双方当事人均委派仲裁代理人参加了庭审。庭审中，申请人陈述了其仲裁请求及所依据的事实与理由，被申请人对申请人的仲裁请求进行了答辩。被申请人陈述了其反请求，申请人对该反请求发表了答辩意见。双方当事人对本案所有已进行的仲裁程序确认无异议，进行了举证、质证，就相关法律问题进行了辩论，回答了仲裁庭的提问，并作了最后陈述。庭审结束前，仲裁庭规定双方当事人于约定期限前提交补充证据材料。

本案现已审理终结。仲裁庭根据审理所查明的事实和有关法律的规定，经合议，作出本裁决。

现将本案案情、仲裁庭意见以及裁决结果分述如下：

一、案　情

（一）申请人在仲裁申请书中主张的事实、理由及仲裁请求

1. 事实部分：

申请人系一家根据文莱法律合法设立的公司，申请人拟于文莱 E 岛上投资建设石油化工项目。而被申请人系一家根据中国法律成立，专业从事港口与航道建设工程施工等的有限责任公司。

2020 年 3 月，申请人通过邀请招标的方式向包括被申请人、中国 C 港口建设公司（以下简称"C 公司"）等在内的多个施工单位发出投标邀请，邀请其参加"E 岛项目二期疏浚吹填及围堤工程"（以下简称"案涉工程"）两个标段的施工招投标活动，并随投标邀请函一并发送了全部完整招标文件，其中包括合同文本（包括合同协议书、通用条款、专用条款，以下合称"案涉合同"）、投标人须知等。被申请人对于案涉工程的两个标段均进行了投标，并于 2020 年 3 月 27 日向申请人邮箱发送了投标文件的电子版，此后也提交了纸质投标文件。在投标文件的《商务标投标函》中，被申请人明确承诺同意以商务标的报价，按照招标文件的条款和条件，执行本项目。

2020 年 4 月 16 日，被申请人向申请人出具《文莱二期围堤吹填工程承诺书》，承诺一标段最终报价为人民币 25000 万余元（以下如无特别说明，所涉币种均为人民币，仲裁庭注），二标段最终报价为 38500 万余元，两标段同时报价为 61500 余万元。

2020 年 4 月 24 日，被申请人向申请人出具《报价承诺函》，承诺其是基于招标文件要求进行报价，没有技术和商务偏离；如果有幸中标，在合同执行过程中，若有设计优化方案的建议，首先会经过申请人和设计院的批准，并且优化设计后的工程质量标准将不低于招标文件要求的标准，且不会向申请人提出任何费用要求。

2020 年 6 月 22 日，申请人通过电子邮件的方式向被申请人发送了《A 公司 E 岛二期石油化工项目中标通知书》（以下简称《中标通知书》），通知被申请人就案涉工程一标段中标，中标价格为近 25800 万元；并同步邮寄了中标通知书原件给被申请人，被申请人于 2020 年 6 月 24 日签收了前述中标通知书原件。根据案涉合同《合同协议书》中"合同生效日期即接到中标通知书日期"之约定，案涉合同已于 2020 年 6 月 24 日生效。

根据《投标人须知》规定"中标人（如果有）将与业主签订正式的合同，合同的条款与招标文件中的合同条款一致"，为此，申请人特别在《中标通知书》中要求被申请人按照已经达成的条款签订正式合同。

2020年6月24日，被申请人向申请人发送了主题为"B公司关于A公司文莱E岛项目合同条款相关意见"的邮件，称基于其上级单位对海外工程项目风险的把控要求，要求就合同条款及设计优化事宜与申请人进一步沟通协商，并在附件《B公司关于合同条款相关意见》中提出了包括将合同模式从固定单价合同调整为工程总承包合同，增加承包商停工权利、预付款支付时间、进度款具体扣款比例，变更关键管理人员界定等6项诉求，完全背离了中标合同的实质内容，申请人对此予以拒绝。

2020年6月28日，申请人在双方的对接会上进一步明确要求被申请人按照招投标文件承诺签署合同，但被申请人仍拒绝签署。

因被申请人一直拒绝按照招投标文件签署合同，申请人多次与被申请人交涉无果后，于2020年7月17日致函被申请人要求其至迟于2020年7月20日前与申请人签署正式合同，逾期申请人将采取法律措施捍卫公司权益。

鉴于被申请人在2020年7月20日期限届满后仍拒绝签署正式合同，申请人只得于2020年7月22日确定由原投标人之一C公司作为最终中标人，最终中标价为27100余万元，并向其发送了中标通知书。

《投标人须知》明确规定"中标人（如果有）将与业主签订正式的合同，合同的条款与招标文件中的合同条款一致"，被申请人在招投标过程中也多次承诺对于招标文件不存在技术和商务偏离，在此情况下被申请人要求对于合同进行实质性修改明显违反招投标文件及案涉合同的约定，被申请人无权以此拒绝签约。

由于被申请人拒绝签约，导致申请人不得不确定另一投标人C公司为最终投标人，最终中标价格为27100余万元，与被申请人的中标价格近25800万元相差1000余万元，该等差额即为被申请人拒绝签约而给申请人一方造成的损失，应当由被申请人赔偿。

另由于申请人持有被申请人提交的银行保函原件被盗，导致申请人未能向银行兑付投标保证金。

申请人与被申请人交涉未果，为维护自身的合法权益申请仲裁，为此已实际支出律师费人民币40万元。根据《仲裁规则》第五十二条第（二）款规定，

"仲裁庭有权根据案件的具体情况在裁决书中裁定败诉方应补偿胜诉方因办理案件而支出的合理费用"。故此，被申请人应向申请人支付前述律师费 40 万元。

2. 申请人的仲裁请求如下：

（1）被申请人立即向申请人赔偿因被申请人中标后拒绝签署合同而给申请人造成的损失 1000 余万元。

（2）被申请人立即向申请人支付律师费 40 万元。

（3）被申请人以 1300 余万元为基数，按照同期全国银行间同业拆借中心公布的贷款市场报价利率（LPR）向申请人赔偿自仲裁申请日起至实际支付日止的利息损失。

（4）本案仲裁费用由被申请人承担。

3. 仲裁请求金额的说明及依据：

（1）2020 年 6 月 22 日申请人向被申请人发出的《中标通知书》载明案涉项目一标段中标金额为近 25800 万元；2020 年 7 月 22 日申请人向最终中标人发出的《中标通知书》载明案涉项目一标段中标金额为 27100 余万元，两次中标价格的差额为 1000 余万元。

（2）《仲裁法律事务委托代理合同》及其发票、付款凭证表明，申请人为本案支出律师费用 40 万元。

（二）申请人的代理意见

1. 案涉工程的招投标活动及中标结果合法有效，被申请人关于招投标违法的抗辩主张根本不能成立。

（1）申请人 2020 年 6 月 3 日已取得文莱政府 ICV 工作组对于合同策略的批复，并于 2020 年 8 月 26 日获得文莱能源局对中标结果的批复确认，可见项目实施地文莱法律并未强制性要求案涉工程必须事前取得审批许可方可进行招投标。

文莱当地法律法规并未强制要求以申请人与文莱政府签署《项目实施协议》作为招标活动的必备前置要件，招标时未签署该文件并不影响招投标活动的效力。虽然被申请人提交的《文莱二期项目政府对接团队工作简报（ICV 工作组首次会议）》中提及"在合同策略获得 ICV 工作组正式批准之前，申请人不得开展招标公示（EOI）等招标前期工作"，但事实上从文莱政府的审批过程来看，采取的是对招投标活动事后进行批复确认的方式。故申请人在 2020 年 6 月 3 日取得文莱政府 ICV 工作组对于合同策略的批复后，于 2020 年 6 月 22 日向被申请人发送中标通知书的行为并不违法。

（2）依据双方一致同意适用的中国法，案涉项目招投标活动也不存在违法情形。

①案涉工程并不属于法定必需招投标项目。

案涉工程位于境外，根据《中华人民共和国招标投标法》（以下简称《招标投标法》）第三条的规定，"在中华人民共和国境内进行下列工程建设项目包括项目的勘察、设计、施工、监理以及与工程建设有关的重要设备、材料等的采购，必须进行招标……"，由于案涉工程施工、建设、采购等均在境外进行，因此并非属于必须经过招投标的工程。故被申请人就中国《招标投标法》提出的一系列抗辩均不成立，包括但不限于被申请人列举的关于编制招标文件资质、资格预审标准、澄清截止日期、保证金金额、开标时间等事实程序的违法性。本案所涉项目既非必须严格依照中国招标投标流程进行，即便部分流程与法律规定的招投标流程有所出入，也不应影响中标结果。

②即便假设申请人在 2020 年 3 月招标时暂未取得对合同策略的审批，但因事后事实上已取得文莱政府关于合同策略的批复许可，并取得了文莱能源局关于中标结果的批复确认，最终也并不会导致本次招投标无效。

因为依据《最高人民法院关于适用〈中华人民共和国合同法〉若干问题的解释（一）》第九条"依照合同法第四十四条第二款的规定，法律、行政法规规定合同应当办理批准手续，或者办理批准、登记等手续才生效，在一审法庭辩论终结前当事人仍未办理批准手续的，或者仍未办理批准、登记等手续的，人民法院应当认定该合同未生效"的规定以及《全国法院民商事审判工作会议纪要》（法〔2019〕254 号）第三十七条"法律、行政法规规定某类合同应当办理批准手续生效的……依据《合同法》第 44 条第 2 款的规定，批准是合同的法定生效条件，未经批准的合同因欠缺法律规定的特别生效条件而未生效"的规定，在欠缺的批准手续完善后，未生效合同仍将因为签约的效力要件已完善而得以成为生效合同。

2. 申请人 2020 年 6 月 22 日发出的《中标通知书》系对被申请人投标文件及《工程承诺书》的实质性响应，已构成对要约的承诺，案涉合同自申请人发出中标通知书后即生效。

（1）申请人在招投标过程中并无与投标人就实质性内容进行谈判的行为，《工程承诺书》只是被申请人对其投标文件报价的进一步修正。

　　被申请人在《商务标投标函》中明确承诺同意按照招标文件的条款和条件执行本项目，而招标文件中《投标人须知》明确规定"业主有权利要求投标人提供进一步、评标必需的信息，包括但不仅限于总价的价格分解、补充，费率、比例等。业主有权利要求投标人对报价中不合理的部分进行修正"，以及"业主保留和投标人谈判直至获得最有竞争力的价格为止的权力"，可见包括被申请人在内的各投标人应当都非常清楚，本次招投标存在多次修正报价和补充信息资料的可能性。

　　申请人 2020 年 4 月 14 日、15 日发邮件给所有投标人，要求签署《工程承诺书》并不违反法律规定，也符合招标文件的前述规定，并且申请人也没有强制要求投标人必须调整价格，而只是表示"如各投标单位价格需要调整，本次报价只能低于 2020 年 4 月 7 日现场最终报价"。因此对于投标人而言，其完全可以选择不调整报价，仍然按照 2020 年 4 月 7 日现场报价金额进行投标，但被申请人 2020 年 4 月 16 日发出的《工程承诺书》自愿对其投标文件中报价进行了进一步修正，也即对其原先的要约（即提交的投标文件）作出了一定变更，因此其最终报价应以此《工程承诺书》为准。

　　同时招标文件中《合同协议书》明确约定"合同生效日期即接到中标通知书日期"，故申请人所发出的中标通知书已构成承诺，而非新要约，案涉合同已生效。被申请人辩称其与申请人在 2020 年 4 月 7 日开标后的一切往来邮件及函件均构成"实质性谈判"，不属于招投标文件范围，并指责申请人要求所有投标人签署工程承诺书违反法律规定，不能成立。

　　（2）即便假设申请人与投标人之间存在"实质性谈判行为"，该行为也不会影响中标结果的有效性。

　　《招标投标法》第五十五条规定："依法必须进行招标的项目，招标人违反本法规定，与投标人就投标价格、投标方案等实质性内容进行谈判的，给予警告，对单位直接负责的主管人员和其他直接责任人员依法给予处分。前款所列行为影响中标结果的，中标无效。"

　　由此可见，因"实质性谈判行为"导致中标无效，必须同时满足两个条件：属于依法必须进行招投标的工程；"实质性谈判行为"影响中标结果。

　　但本案中，如前所述，案涉工程系境外工程，本身不属于《招标投标法》第三条规定依法必须进行招投标的工程，况且申请人要求投标人签署《工程承诺书》的行为即便被认定为"实质性谈判"，也并不会由此影响本次中标结果的公正性。

第一，申请人是向全体投标人发出《工程承诺书》，因此对于全体投标人而言，是在完全平等、统一的条件下要求就最终报价进行确认，并且允许投标人可以自主选择是否响应、是否要进一步修正降低投标文件中的报价，这并不违反《招标投标法》所规定的公开、公平、公正和诚实信用原则，没有损害招标人和任何一个投标人的利益，也不会对最终中标结果的公正性产生影响。事实上在整个招投标过程中包括被申请人在内的全体投标人均未对此提出任何异议。

第二，价格也并非申请人考虑中标结果的唯一依据，《投标人须知》规定："业主不保证会以最低价格接受部分或整个标。部分定标或全部定标，由业主全权决定。"

第三，申请人并未有私下议标或暗箱操作中标人的行为，与招标有关的所有文件和通知均由申请人通过"邮件分送功能"同步发送包括被申请人在内的所有投标人，所有招标投标活动均秉持公开透明、公平公正之原则，也不存在任何损害国家利益、社会公共利益及公共安全等导致招投标行为无效的情形。

事实上，从司法实践来看，大量案例对于在中标前投标人进行多次报价的行为效力（尤其是不属于依法必须进行招标的工程）均持认可态度，例如天津市高级人民法院就认为"自愿招标项目"不属于《招标投标法》意义上的"招标"行为，应当以《中华人民共和国合同法》（以下简称《合同法》）判定招投标行为效力，即合同的成立需经过要约和承诺两个阶段。招标文件为申请人发出的要约邀请，被申请人后续根据招标文件提交的多份文件均为要约或对要约内容的变更，则申请人将最终报价发出的中标通知书视为最终承诺。不论是依据法律规定还是合同约定，承诺送达被申请人之日起合同成立并生效。如中油宝世顺（秦皇岛）钢管有限公司、振华物流集团有限公司海上、通海水域货物运输合同纠纷案［（2019）津民终82号］，该案与本案情况类似，也是招投标行为发生在境内，履约行为发生在境外。

3. 即便假设案涉招投标因为申请人"要求投标人明确最终报价的行为"导致中标结果无效，申请人发出中标通知书的行为也同样构成承诺，而非被申请人主张的"新要约"。

因为申请人要求投标人明确最终报价的行为于2020年4月14日、15日作出，该等行为导致案涉招投标无效，该等结果即自始无效。然而被申请人自己却在2020年4月16日明确向申请人发出了《工程承诺书》，应当认为被申请人已经通过该承诺书发出了一个新的要约，申请人在收到后于 2020 年 6 月 22 日发出的《中标通知书》对该《工程承诺书》作出了实质性响应，应当认定是对该《工程承诺书》的承诺而非又另行创立了一个"新要约"。故在申请人 2020 年 6 月 22 日《中标通知书》作出新承诺的时候，案涉合同也已经成立并生效，被申请人拒绝诚信履约当然应承担相应的违约损害赔偿责任。

4. 即便假设案涉合同未成立，被申请人在缔约过程中严重违反诚实信用原则给申请人造成了严重经济损失，依法也应承担相应的缔约过失责任。

第一，被申请人在取得招标文件之时就很清楚本次招投标的特殊性，根据《投标人须知》的规定，本次中标结果很可能将在各投标人多次修正补充报价、多次补充资料与业主多次谈判后才能最终确定，被申请人在整个招投标过程中甚至直至中标也并未提出异议，直到本次仲裁才提出所谓招投标违法或无效的抗辩，显然是为自身违背诚信的行为逃避责任而寻找借口。

第二，根据《投标人须知》规定"中标人（如果有）将与业主签订正式的合同，合同的条款与招标文件中的合同条款一致"，被申请人在招投标过程中也多次承诺对于招标文件不存在技术和商务偏离，在《工程承诺书》中也明确承诺已充分了解案涉项目工期紧张的实际情况，并全力保障工期，若授标后上述情况不能满足业主要求，愿意承担合同相关约定的金额罚款，然而在其凭借《工程承诺书》中的最终报价中标后又突然提出将合同模式从固定单价合同调整为工程总承包合同，增加承包商停工权利、预付款支付时间、进度款具体扣款比例，变更关键管理人员界定等 6 项诉求，根本毫无任何诚信可言。

依据《合同法》第四十二条的规定，被申请人理应承担因违反诚实信用原则而对申请人造成信赖利益损失的赔偿责任。

5. 申请人授标于另一投标人 C 公司的结果已获得文莱能源局的审批许可，并已与 C 公司就案涉项目签订合同，因此实际损失即为 C 公司与被申请人最终报价之间的差额 1000 余万元。

从申请人举证提供的 C 公司与被申请人投标时所附的工程计价表与被申请人投标文件中的工程内容实质相同仅报价金额有所不同；在文莱能源局已对招投标结果进行审批许可的情况下，因被申请人之过错导致的差额损失已是客观存在的确定损失。无论申请人是否已向 C 公司实际支付工程款，该等差额损失都属于在被申请人正常履约情况下申请人原本可减少支出的工程款，即属于申请人的预期可得利益，理应予以支持。

况且招投标文件中关于 40 万美元保证金的规定应视为双方对于被申请人中标后不签署合同所可能造成的最低损失赔偿额的预期，无论案涉保函情况如何均不影响被申请人的预期，故本案对于申请人损失的认定在任何情况下应不低于 40 万美元。

（三）被申请人的答辩意见

1. 申请人应明确诉讼请求及相应请求权基础，缔约过失责任及违约责任认定直接影响对双方行为的定性，且缔约过失责任具有独立价值，并非违约责任的简单延伸，做概括处理属于超裁行为。

缔约过失责任是指在合同订立过程中，一方因违背其依据的诚实信用原则所产生的义务，而致使另一方的信赖利益损失，应承担的损害赔偿责任。违约责任是指当事人不履行合同义务或者履行合同义务不符合合同约定而依法应当承担的民事责任。二者的形成时间、性质、承担方式、赔偿范围、免责等方面均存在较大差异。且缔约过失责任具有独立价值，并非违约责任的简单延伸。

申请人在仲裁申请书中列明仲裁请求的事实依据、法律依据均是违约责任。仲裁庭应就其提出的仲裁请求进行审查，不应超出违约责任的范围审查是否构成缔约过失。

2. 申请人的行为并不属于中华人民共和国招投标相关法律规定的招投标性质的行为。

（1）关于本案的法律适用。

根据《最高人民法院关于适用〈中华人民共和国民法典〉时间效力的若干规定》，《中华人民共和国民法典》（以下简称《民法典》）施行前的法律事实引起的民事纠纷案件，当时的法律、司法解释有规定的，适用当时的法律、司法解释的规定，但是适用《民法典》的规定更有利于保护民事主体合法权益，更有利于维护社会和经济秩序，更有利于弘扬社会主义核心价值观的除外。

本案中，申请人与被申请人的招投标行为以及有关合同签订的法律事实均发生在 2020 年，即《民法典》生效之前，故本案应属于《民法典》施行前的法律事实引起的民事纠纷案件，如《民法典》无更有利于当事人的规定，则应适用当时的法律、司法解释等法律法规。

（2）本案不属于依法必须招标的项目，且申请人事实上也未按照招投标相关法律进行，申请人提出其未遵守也无需遵守招投标法律规定。

①申请人在其所谓的"招标"过程中并未遵守招投标法律的相关规定。

A. 未在招标前取得全部审批文件违反法律规定。

根据申请人招标文件中的《商务澄清回复-5》《文莱二期项目政府对接团队工作简报（某工作组首次会议）》及申请人明确其在开始招标后尚未与文莱政府正式签署《项目实施协议》，且尚未完成项目可行性研究、环评等文件的编制，且根据申请人于 2020 年 6 月 3 日取得合同策略批复可知，申请人在本次招标开始之前，尚未取得招标项目需要履行的全部审批手续。

根据《招标投标法》第九条第一款的规定，招标项目按照国家有关规定需要履行项目审批手续的，应当先履行审批手续，取得批准。故申请人本次招标行为违反法律的强制性规定。

B. 招标人未证明其具有编制招标文件和组织评标能力，违反法律规定。

根据《招标投标法》第十二条，《中华人民共和国招标投标法实施条例》（以下简称《招标投标法实施条例》）第十条，《工程建设项目自行招标试行办法》第三条、第四条的规定，招标人具有编制招标文件和组织评标能力的，可以自行办理招标事宜。招标人具有编制招标文件和组织评标能力是指招标人具有与招标项目规模和复杂程度相适应的技术、经济等方面的专业人员，具体包括：a. 具有项目法人资格（或者法人资格）；b. 具有与招标项目规模和复杂程度相适应的工程技术、概预算、财务和工程管理等方面专业技术力量；c. 有从事同类工程建设项目招标的经验；d. 拥有 3 名以上取得招标职业资格的专职招标业务人员；e. 熟悉和掌握招投标法及有关法规规章。申请人并未委托招标代理机构，则应证明其具有编制招标文件和组织评标能力，否则，可能导致招标无效。

C. 未载明资格预审的条件、标准和方法，且未发送预审结果，违反法律规定。

根据申请人发送给被申请人的供应商资质调查，文件中仅包括文件准备说明、供应商及承包商资质调查手册说明、供应商及承包商资质调查问卷，其中并不包含潜在投标人资格预审的条件、标准和方法，并且申请人并未发送预审结果给被申请人。

因此，申请人的上述行为违反了《工程建设项目施工招标投标办法》第十八条第二款、第三款，第十九条第一款的规定。

D. 投标邀请中未明确招标项目的内容、规模、资金来源，违反法律规定。

根据 2020 年 3 月 6 日申请人向所有投标单位发送招标文件中的《投标邀

请》，《投标邀请》中仅描述了该工程为在文莱 E 岛上投资建设石油化工项目，具体为 E 岛项目二期疏浚吹填及围堤工程的施工投标，其中并未详细描述招标项目的内容，也未说明招标项目的规模及资金来源。

根据《工程建设项目施工招标投标办法》第十四条第（二）项，招标公告或者投标邀请书应当至少载明下列内容：招标项目的内容、规模、资金来源。故申请人的上述行为违反法律规定。

E. 招标文件中无评标标准和方法、评标内容、中标条件等文件，违反法律规定。

根据申请人向被申请人发送的招标文件总目录及全部招标文件，招标文件包括投标邀请函、投标人须知、标书编制须知、合同条件文本、技术文件、文莱法规及公司制度，其中并未包括评标标准和方法、评标内容、中标条件等实质性要求。

申请人的上述行为违反了《招标投标法》第五条、《工程建设项目施工招标投标办法》第四条、《中华人民共和国建筑法》第十六条，以及招标投标活动应当遵循的公开、公平、公正和诚实信用的原则。

F. 澄清截止日期到投标文件截止日期少于 15 日违反法律规定。

根据申请人招标文件中的《投标人须知》，澄清截止期限为 2020 年 3 月 24 日，且实际上申请人 2020 年 4 月 2 日还在进行澄清回复，而规定的投标文件截止日期为 2020 年 3 月 27 日，澄清截止日期到投标文件截止日期少于 15 日；即使根据第二次现场开标的时间 2020 年 4 月 7 日计算，依然少于 15 日。申请人的上述行为违反了《招标投标法》第二十三条的规定。

G. 投标保证金金额与期限违反法律规定。

根据申请人招标文件中的《投标人须知》，保函金额为 40 万美元或者 280 万元人民币，有效期为超过标书有效期 30 天。根据《工程建设项目施工招标投标办法》第三十七条第二款、《招标投标法实施条例》第二十六条第一款，投标保证金不得超过项目估算价的 2%，但最高不得超过 80 万元人民币。投标保证金有效期应当与投标有效期一致。故申请人的上述行为明显违反法律的规定。

H. 申请人分别组织投标人进行现场踏勘违反法律规定。

根据申请人招标文件中的《投标人须知》，"现场踏勘申请"须在截标日期 2020 年 3 月 20 日 15：00 之前提出。每位投标人均有机会进行现场踏勘，具体日期需和业主事先商定，申请人并未组织全部投标人进行现场踏勘，而是要求投标人分别申请、分别进行现场踏勘。

根据《工程建设项目施工招标投标办法》第三十二条第二款、《招标投标法实施条例》第二十八条的规定，招标人不得单独或者分别组织任何一个投标人进行现场踏勘。故申请人在现场踏勘方面的规定违反了法律强制性规定，破坏了招标的公平性。

I. 申请人接受开标之后的报价违反法律规定。

根据被申请人提供的相关文件，被申请人于 2020 年 3 月 27 日提交电子投标文件，第一标段商务报价近 34000 万元；申请人于 2020 年 4 月 7 日组织最终现场开标，即投标文件截止日期，被申请人现场提交纸质投标文件，第一标段商务报价降为 31000 余万元，即为最终有效报价。之后的 2020 年 4 月 16 日《工程承诺书》中的报价应为逾期报价。根据《招标投标法》第三十四条、《工程建设项目施工招标投标办法》第四十九条、第五十条第一款的规定，申请人接受该报价违反法律规定。

J. 开标过程违反法律规定。

根据申请人招标文件中的《投标人须知》、澄清回复-1（2）及 A 公司关于文莱二期围堤吹填现场开标会议流程的邮件及附件，本次评标分为两个阶段，初次报价以电子版形式（PDF 版和可编辑版本）于 2020 年 3 月 27 日 13：30 前发送至投标保密邮箱，先经内部开标，集中澄清回复给各投标单位，各投标单位根据澄清进行投标调整后，于 2020 年 4 月 7 日进行最终现场开标。

根据《工程建设项目施工招标投标办法》第四十九条第一款的规定，开标应当在招标文件确定的提交投标文件截止时间的同一时间公开进行；开标地点应当为招标文件中确定的地点。

K. 申请人在投标截止后中标通知书发出前的评标阶段与被申请人就合同实质性条件进行磋商违反法律规定。

根据申请人及被申请人提供的材料及庭审过程中的陈述，申请人与被申请人在评标阶段当面详细商谈关于合同文件优先级、开工、完工日期、试验费用、进度计划、分包商和/或供应商付款、支付货币及汇率问题、工程款支付时间、预付款扣回、最终结算、保留金、质保金、各种许可证书、批准的办理、罚款问题、保单保险问题、地区调价因子、不可抗力影响问题、关于仲裁问题、竣工档案等合同实质性事项。

根据《招标投标法》第四十三条的规定，在确定中标人前，招标人不得与投标人就投标价格、投标方案等实质性内容进行谈判。

②本案的案涉工程不属于依法必须招标的项目。

根据《招标投标法》第三条的规定，本案的案涉工程位于境外，并不属于依法必须招标的项目，案涉工程发包人可以按照自己的需求选择是否采用招投标的方式选择工程承包人。

③案涉工程所谓的 "招标" 活动不属于《招标投标法》项下所规定的招投标行为，属于受《合同法》约束的磋商行为。

根据《招标投标法》第二条，如果申请人将己方活动定义为招投标活动，按照上述条款的规定，应该严格遵守招投标的相关法律规定，但根据申请人庭审过程中的陈述、代理词以及申请人在实施过程中的事实及程序可知，申请人并未按照中华人民共和国招投标相关法律法规进行招投标，故申请人的行为名为招标，实为议标，即其性质应为《合同法》约束下的磋商行为。

3. 申请人的行为属于磋商行为，依照《合同法》规定，双方合同关系尚未成立生效，申请人不具有主张违约责任的请求权基础。

（1）双方处于缔约过程中，尚未就被申请人的全部要约中的优化方案部分达成合意。

因本案不适用招投标相关法律规定，故申请人向被申请人发送案涉工程项目相关须知、合同文件模板等行为应为要约邀请，被申请人同意相关文件并据此进行报价应为要约，被申请人在与申请人磋商的过程中，修改过三次报价，并在 2020 年 4 月 16 日提交《工程承诺书》、2020 年 4 月 24 日提交《报价承诺函》，即将报价修改为近 25800 万元时，向申请人说明该报价需对原方案部分项目进行设计优化，此份应为被申请人的最新要约。此后，申请人对被申请人的要约并未全部回应，即使将申请人的通知视为对被申请人的承诺，但因该承诺并未对申请人的全部要约进行回应，故不应视为双方已达成合意。事实上后续双方磋商仍在进行，并未最终达成合意。

（2）案涉工程施工合同属于建设工程合同，法律规定建设工程合同为要式合同，在未签订正式书面合同前，合同未成立生效。

根据《合同法》第三十二条、第二百七十条的规定，建设工程合同应当为要式合同，必须以书面的形式签订，书面合同应自双方当事人签字或者盖章时成立。

在本案中，申请人虽在《合同协议书》中约定 "合同生效日期即接到中标通知书的日期"，但此条款违反合同法关于建设工程合同要式的强制性规定，应属无效条款。

（3）在磋商行为下，双方当事人享有自愿订立合同的权利，不适于强制履行。

根据《合同法》第四条，当事人依法享有自愿订立合同的权利，任何单位和个人不得非法干预。在双方未就合同事项完全达成一致的情况下，被申请人有权拒绝与申请人签订书面合同。

此外，申请人招标文件中的《投标人须知》中所提出的所谓的"投标保函"利益属于要约邀请，之后被申请人未提交所谓的"投标保函"原件，视为对该要约邀请并未进行响应（即未作出要约），申请人也未就此提出异议或要求被申请人予以缴纳，也未因被申请人未予缴纳所谓的"投标保函"原件而终止与被申请人的磋商。因此，被申请人有理由认为，申请人与被申请人就此达成案涉工程合同磋商无需缴纳所谓的"投标保函"原件的合意，即申请人已经放弃了要求被申请人提交所谓的"投标保函"项下条件成就后的利益。且所谓的"投标保函"项下的利益为约定之债，而案涉合同尚未成立，该约定之债既无约定之债的权利基础，也不属于法定之债（缔约过失）的权利基础，故申请人所提出的所谓的"投标保函"条件成就后的利益不具有条件成就的法律基础。

4. 被申请人与申请人处于缔约阶段，双方均有自愿订立合同的权利，被申请人在缔约过程中并未违反先合同义务，也未造成申请人信赖利益的损失，故不构成缔约过失责任。

（1）被申请人在缔约过程中未违反先合同义务，不存在故意。

①被申请人并未违反先合同义务。

所谓先合同义务是指缔约双方为签订合同互相接触磋商开始逐渐产生的注意义务而非合同有效成立而产生的给付义务，具体包括基于诚实信用原则相互协助、照顾、保护和通知等附随义务。在本案中，工程建设合同缔约过程中的先合同义务应为如实告知己方施工的具体条件、与条件匹配的合理报价等，被申请人在申请人所提供的条件下报出31000余万元的价格，符合己方可做到的情况；在申请人提出是否可以再降低价格时，被申请人提出优化方案并提出与优化后方案匹配的报价。

②被申请人在缔约过程中不存在违反先合同义务的故意。

缔约过失责任的成立一般情况下要求违反先合同义务方具有归责事由，合同未成立时的恶意磋商与违反信息提供义务均要求违反先合同义务方存在故意。根据《合同法》第四十二条的规定，当事人在订立合同过程中有下列情形之一，给对方造成损失的，应当承担损害赔偿责任：假借订立合同，恶意进行磋商；故意隐瞒与订立合同有关的重要事实或者提供虚假情况；有其他违背诚实信用原则的行为。

根据被申请人提供的材料，被申请人在与申请人的缔约过程中均针对申请人的要求进行响应，价格以及相应条件也均向申请人如实进行说明，并不存在故意隐瞒与订立合同有关的重要事实或者提供虚假情况的行为；且被申请人一直积极与申请人进行磋商，以达成订立合同的目的，其间，被申请人也并未借助订立合同的方式，使申请人付出超出正常磋商范围的代价，故被申请人不存在假借订立合同，恶意进行磋商的行为。

（2）在缔约过程中，被申请人并未造成申请人的损失。

①申请人业已与案外第三人签订书面建设工程合同，申请人并未受有损失。

根据《合同法》的相关规定，在缔约过程中存在过错，给对方造成损失的，应当承担赔偿责任。缔约过失责任的赔偿范围最主要的是对信赖利益的赔偿，缔约过失的损失包括所受损害以及所失利益。所受损害主要指缔约过程中所遭受的实际损失，所失利益主要指丧失与第三人另订合同的机会所产生的损失。

本案中，被申请人依照申请人所指定的流程进行投标，其间并无过错行为，申请人也未证明其在招标过程中存在实际损失的事实，并且申请人业已与案外第三人签订书面建设工程合同，并未因信赖被申请人而错失与第三人另订合同的机会，不存在可以预见的缔约过程中的信赖利益的损失。由此可见，双方缔约过程已经结束，在此过程中被申请人并无不诚信行为，申请人也无实际或可预期的信赖利益损失，故被申请人不应承担任何责任。

②即使申请人受有损失，也与被申请人无因果关系。

缔约过失责任的成立必须是违反先合同义务与相对人受有损失之间存在因果关系，也就是说相对人的损失是由于另一方违反先合同义务所造成的。

在本案中，申请人未与被申请人签订书面合同的原因是双方在优化方案上并未达成合意，而被申请人在要约时已明确告知申请人近 25800 万元的报价需优化方案，申请人在不接受该条件的情况下依旧向被申请人作出了承诺，导致最后双方无法缔约，故即使申请人受有损失，被申请人也与申请人的损失并无因果关系。

③因承担缔约过失责任为法定之债，而涉案"投标保函"项下条件成就后的利益属于约定之债，未达成合意（被申请人未提交"投标保函"原件）的约定之债无法律规定可以转化为法定之债后予以受偿。

5. 申明：以下意见发表并不代表被申请人同意本案适用《招标投标法》。如果仲裁庭认为本案适用《招标投标法》，被申请人认为：申请人中标通知书并未按 2020 年 4 月 7 日被申请人投标文件的有效标价（即 3.13 亿元）进行实质性回应，因此申请人发出的中标通知书不构成承诺，该中标通知书为新邀约，案涉合同关系也未成立，并且，被申请人同样不负有缔约过失责任。

（1）被申请人在 2020 年 4 月 7 日最终开标时所确定的最终报价为 31000 余万元，之后《工程承诺书》对于开标价的修改应视为逾期报价，申请人应当拒收。

根据申请人的《投标人须知》，该次评标分为两个阶段，初次商务标及技术标以电子版形式投标，内部开标后集中澄清，各投标单位根据澄清进行投标调整后进行最终现场开标，第二次开标需现场提交初次电子版投标以及经过澄清后第二次标书正副本纸质版、电子版。后申请人将最终现场开标定为 2020 年 4 月 7 日。

根据被申请人提供的相关文件，被申请人于 2020 年 3 月 27 日提交电子投标文件，第一标段商务报价近 34000 万元；申请人于 2020 年 4 月 7 日组织最终现场开标，被申请人现场提交纸质投标文件，第一标段商务报价降为 31000 余万元。

根据《招标投标法》第三十四条、《工程建设项目施工招标投标办法》第四十九条、第五十条第一款的规定，最终的开标日应当与投标文件截止时间相同，投标文件截止后投标人再提交投标文件的，招标人应当拒收。

（2）《工程承诺书》并不在招标或投标的文件中，即非投标有效文件。

根据申请人及被申请人提供的相关文件，招标文件中包括投标人须知、标书编制须知、合同条件文本、技术文件以及文莱法规及公司制度，具体包括现场踏勘申请、澄清申请、投标保函格式、技术标投标函、授权书、商务标投标函、报价格式、合同协议书、通用合同条款、专用合同条款、工程结算承诺书、技术文件以及文莱法规及公司制度，并无工程承诺书；商务标及技术标投标文件中亦无工程承诺书。故《工程承诺书》不应作为投标人的要约对双方产生相应约束，只应作为单纯的磋商文件，对双方均无实质约束力，且双方并未就该份《工程承诺书》达成合意。

（3）申请人发出的中标通知书不应视为对被申请人投标的承诺。

①申请人发出的中标通知书上的价格未响应被申请人2020年4月7日的最终有效报价，因此该中标通知书为新要约。

根据申请人提交的被申请人项目费用表（I标段）、工程计价表（I标段），该份一般项目费用表（I标段）、工程计价表（I标段）总报价为31000余万元，该报价为被申请人于4月7日现场所提交的报价，说明申请人认可此份报价为被申请人的最终报价；而申请人也承认其中标通知书并未响应被申请人于4月7日现场所提交的有效报价，且该报价高于申请人与C公司签订的合同价款，恰恰证明了申请人不存在损失。

②申请人发出中标通知书之日，尚未取得文莱能源局的书面批准，不具有授标资格。

根据申请人于2020年8月26日取得中标建议书批复，申请人在授标之前并未取得文莱能源局的书面授标许可，申请人向被申请人发出中标通知书的行为存在权利上的瑕疵。申请人在授权不完整时授标，主体资格存在瑕疵，属于限制行为能力，在能源局追认之前，该授标行为应属于效力待定。

参照《中华人民共和国民法总则》对于限制行为能力人作出的行为的认定，该授权行为应属于效力待定，且根据法律的规定，其作出的民事法律行为被追认前，善意相对人有撤销的权利。撤销应当以通知的方式作出。被申请人在申请人发出中标通知书后对中标提出了异议，希望再进行磋商，此行为可视为被申请人作为善意相对人行使了对申请人该效力待定行为的撤销权，因此，该中标通知书对被申请人不应产生效力。

（4）案涉合同并未成立生效，申请人诉被申请人违约并无请求权基础。

①案涉合同并未成立生效，被申请人不构成违约。

在招投标的法律关系中，签订书面建设工程合同前后对于双方具有约束力的阶段分为两个，第一阶段为招标投标合同法律关系，此阶段成立招标投标合同关系，以招标文件、投标文件以及中标通知书的范围对双方进行约束，在此阶段，招标投标合同关系并非要式，根据《合同法》第二十五条的规定，承诺到达即合同成立；第二阶段为建设工程合同法律关系，因《合同法》规定建设工程合同应当为要式合同，故《招标投标法》中签订书面合同为完成要式行为，此时合同的成立适用《合同法》第三十二条的规定，书面合同应自双方当事人签字或者盖章时成立。

本案中，申请人在招投标法律范围内，投标阶段结束后又通知被申请人进行报价，该逾期报价文件不应作为投标文件的一部分约束双方，申请人应以现场开标时递交的纸质文件的报价（3.13 亿元）为准；但后因申请人在中标通知中改变了对被申请人投标文件中最终有效的报价而导致该中标通知书的性质由承诺变为新要约，中标通知书未对有效投标文件进行实质性响应，此次所谓"招标"行为也应属流标。故第一阶段招标投标合同法律关系尚未成立；因建设工程合同为《合同法》规定的要式法律行为，因申请人与被申请人尚未签订书面合同而使得建设工程合同尚未成立。

②申请人未要求被申请人提交投标保函原件，申请人放弃保证金权利。

根据申请人招标文件中的《投标人须知》及《保函撤销通知书》，投标保函复印件作为技术标的附件，保函原件随商务标单独递交。未递交投标保函，业主有权拒收标书。但被申请人在提交商务标时，申请人并未向被申请人要求提交保函原件，保函原件仍在被申请人处。其后申请人以保函被盗为由向银行申请索赔，该主张并无事实依据。

根据《工程建设项目施工招标投标办法》第三十七条第一款规定，招标人可以向投标人收取投标保证金，但申请人在收取投标文件时并未要求被申请人提交保函原件，之后也未作废标处理，被申请人有理由相信，申请人出于对被申请人的信任，放弃对其收取保证金，也一并放弃保函范围内的损失赔偿权利。

（5）被申请人与申请人处于缔约阶段，被申请人不构成缔约过失责任，且申请人自身在缔约过程中存在过错。

根据上文叙述，被申请人不构成缔约过失责任。但如申请人的行为构成招投标行为，则申请人自身在缔约过程中存在过错。

申请人在本次招标开始之前，尚未取得招标项目需要履行的全部审批手续；且其还在未获得授标资格的情况下，向被申请人发送中标通知书，严重违反了缔约过程中的诚实信用原则，使被申请人产生合理预期及期待，此行为构成恶意磋商，申请人自身存在重大过错。

此外，申请人主张违约金的占用利息毫无法律依据，违约金是否成立尚不可知，被申请人对该部分资金并未有实际占用的事实，违约金不可主张占用利息。故在此案件中,应当驳回申请人全部仲裁请求,被申请人不应负任何责任。

(四)申请人的补充代理意见

1. 无论案涉招投标行为最终如何定性,关键问题在于案涉合同到底有无成立并生效——因为无论是招投标性质的行为,还是被申请人认为的"磋商行为",既然境外工程本身不属于法定必须招投标的工程,那么判断合同效力的依据即应为《合同法》而非《招标投标法》。

被申请人在本案庭审中,自始至终反复援引《招标投标法》及相关法规和规章等来作为衡量案涉合同行为效力之依据,本身即不能成立,当然更不能据此否定案涉合同效力。对此,司法实践中亦有权威判例可予印证,参见(2019)津民终82号案。

况且,分析被申请人庭审中所称的理由,其指责申请人"违反"招标投标相关规定的若干事由中也仅有一项"与投标人就投标价格、投标方案等实质性内容进行谈判"属于《招标投标法》规定的可能导致中标无效的情形,其他事由均不属于足以导致合同无效的情形(事实上很多所谓的"违反行为"只是被申请人的自说自话,根本没有任何证据加以证明)。故即便适用《招标投标法》,也并不会导致案涉施工合同无效之后果。

2. 案涉合同不仅具备必备条款,且已具备建设工程施工合同的主要条款,那么依据《合同法》之规定,承诺到达相对方时案涉合同即已成立并生效。

(1)被申请人对"要式合同"的理解明显失之偏颇。《合同法》第十一条规定:"书面形式是指合同书、信件和数据电文(包括电报、电传、传真、电子数据交换和电子邮件)等可以有形地表现所载内容的形式。"故书面合同并不局限于以"合同"为名称或形式的书面文件,而只要是有形地表现所载内容的形式即可。双方通过招标文件、投标文件、《工程承诺书》、《报价承诺函》、中标通知书等就权利义务达成书面合意,显然符合《合同法》第二百七十条规定的"书面形式"。双方的建设工程合同关系已经成立并生效,前述确定双方权利义务的文件即共同构成案涉合同文件的内容(以下简称"案涉合同文件")。

况且,无论是法学理论还是司法实践,对于通过招标文件、投标文件、中标通知书等订立书面合同并由此构成一整套合同文件也均是支持的。最高人民法院在《中华人民共和国民法典合同编理解与适用(一)》一书中也明确认为"当事人发出中标通知书后,不能再实质性地修改,书面合同文本只是一种进一步的确认形式。故发出中标通知书后应认为合同成立"。

（2）《合同法》第十二条只是关于合同条款的任意性规定，仅为建议或指示性的列举，合同成立的必备条款原则上仅"名称或姓名、标的、数量"三个条款，除非法律另有规定或当事人另有约定。

《最高人民法院关于适用〈中华人民共和国合同法〉若干问题的解释（二）》第一条明确规定："当事人对合同是否成立存在争议，人民法院能够确定当事人名称或者姓名、标的和数量的，一般应当认定合同成立。但法律另有规定或者当事人另有约定的除外。对合同欠缺的前款规定以外的其他内容，当事人达不成协议的，人民法院依照合同法第六十一条、第六十二条、第一百二十五条等有关规定予以确定。"案涉合同文件中显然已经具备了当事人名称、标的和数量条款，对此应无异议。

（3）虽然《合同法》第二百七十五条规定了建设工程施工合同的主要条款，但该等条款并非关系到合同成立的缺一不可的"合同必备条款"。况且，事实上案涉合同文件中也均已具备了该等主要条款。被申请人庭审中声称对"结算货币，包括数量、质量、价格、地点、方式、违约责任、解决争议方法，包括停工、延期罚款、时间节点"没有约定根本不符合客观事实。

首先，《合同法》第二百七十五条"施工合同的内容包括工程范围、建设工期、中间交工工程的开工和竣工时间、工程质量、工程造价、技术资料交付时间、材料和设备供应责任、拨款和结算、竣工验收、质量保修范围和质量保证期、双方相互协作等条款"是对建设工程施工合同的主要条款列举式的规定，但施工合同的成立只需基本涵盖前述主要条款即可，并非前述条款内容缺一不可否则即会影响到合同的成立与效力。对此《民法典》第七百九十五条对该条作了修订，专门增加了"一般"二字，即改为"施工合同的内容一般包括……"，亦可印证该条约定的并非施工合同的"必备条款"。

事实上，案涉合同文件也具备了施工合同的主要条款，具体梳理如下：

①招投标文件中对结算货币进行了明确约定。

《投标人须知》明确约定"除非招标邀请中有其他说明，均以人民币报价"；《专用条款》更进一步明确约定"人民币作为合同付款货币，业主有权按照支付当天中国银行汇率支付美元"。

②招投标文件对工程数量和工程价格均进行了明确约定，不会影响案涉工程的结算。

《投标人须知》《合同协议书》均明确约定，案涉工程价款包括两部分，其中一般项目费用采用固定总价，单项工程费用采用固定综合单价，事实上被申请人也是按此提交了工程计价表，就一般项目费用和单项工程费用分别按照固定总价和固定综合单价进行了报价，此后被申请人又进一步递交了《工程承诺书》，将工程计价表的报价金额总价同比例下浮至近 26000 万元，申请人据此已发出了中标通知书对于前述下浮的金额予以认可。双方将来完全可以按照同比例下浮后的工程计价表对于案涉工程进行结算（一般项目费用按固定总价结算，单项工程费用根据最终的工程量按照固定综合单价结算），自此双方已就案涉工程的工程施工量及工程价格达成了一致合意。

③招标投标文件中已经对案涉工程的地点和工程范围进行了明确约定。

《投标邀请》中明确载明申请人拟于文莱 E 岛上投资建设 E 岛石油化工项目，并邀请投标人参与该项目二期疏浚吹填及围堤工程的施工投标，则被申请人对于该工程的两个标段均进行了报价，最终根据申请人出具的《中标通知书》，被申请人中标的是该工程一标段，自此案涉工程的地点和工程范围的约定已经非常明确。

④招标投标文件亦对工程质量、（工程款结算支付）方式、违约责任、解决争议的方法、停工、延期罚款、时间节点等均作出了明确约定。

其中，关于工程质量的约定详见《通用条款》和《专用条款》相关条款；工程款结算支付方式详见《通用条款》及《专用条款》相关条款；违约责任见《通用条款》及《专用条款》相关条款；解决争议的方法见《通用条款》及《专用条款》相关条款；停工条款见《通用条款》相关条款；延期罚款条款见《专用条款》相关条款；时间节点见《通用条款》及《专用条款》相关条款。此外被申请人在投标时在技术标中已经对完工时间作出了明确承诺（被申请人承诺"如果中标，我们同意谨遵技术标中约定的完工日期"），而申请人亦根据被申请人的技术标确定案涉工程的工期为 15 个月。

（4）在案涉合同文件已具备必备条款及施工合同主要条款的情况下，无论案涉招投标行为属于《招标投标法》意义上的"招投标行为"还是被申请人主张的"磋商行为"，案涉合同均已成立并生效。

第一，如认为申请人行为属于"招投标行为"，那么在申请人向被申请人发出中标通知书后，双方即已完成了要约和承诺的整个过程，那么按照通行的司法观点，在中标通知书送达被申请人时案涉合同即已成立。

第二，即便假设按被申请人主张，认为申请人行为系"磋商行为"，那么仍不影响磋商过程中所形成的案涉合同文件成为合同的一部分这一事实。在此情况下，被申请人 2020 年 4 月 16 日发出《工程承诺书》确定最终报价的行为可视为新的要约，而申请人 2020 年 6 月 2 日发出的中标通知书应视为承诺，那么依据《合同法》第二十五条规定"承诺生效时合同成立"，第二十六条规定"承诺通知到达要约人时生效"以及第四十四条第一款规定"依法成立的合同，自成立时生效"，案涉合同也已经成立并生效。

特别需要注意的是，在《工程承诺书》发出后，被申请人还于 2020 年 4 月 24 日向申请人出具一份《报价承诺函》，明确承诺其系基于招标文件进行投标报价，没有技术和商务偏离，再次印证被申请人对此前招标投标文件中所载合同主要条款均予认可的事实。

综上，案涉合同已成立并生效，被申请人拒绝履约明显有失诚信，理应依法承担相应违约损害赔偿责任。

（五）被申请人的反请求及所依据的事实和理由

1. 被申请人的反请求

申请人立即向被申请人支付律师费 20 万元。

2. 事实和理由

因申请人于 2020 年 10 月 26 日就 A 公司 E 岛二期石油化工项目工程承包合同争议向仲裁委员会提起仲裁申请，后仲裁委员会受理该申请。

被申请人为维护自身合法权益，聘请律师应对该仲裁案件，因此支出律师费 20 万元，该费用为办理案件的合理支出。根据《仲裁规则》第五十二条第（二）款的规定，申请人应向被申请人支付前述律师费 20 万元。

（六）申请人关于反请求的答辩意见

第一，被申请人仅提供了《委托协议书》及发票，未提供律师费付款的支付凭证，不能证明被申请人所述的 20 万元律师费费用已实际发生。

况且根据《委托协议书》第六条第（一）款"本委托协议书签订之日起十日内向乙方支付仲裁律师代理费的 60%，即 12 万元……；仲裁裁决书送达之日起十日内向乙方支付一审律师代理费的 40%，即 8 万元"的约定，即使《委托协议书》约定的律师费费用属实，有 8 万元也是裁决书送达后才可能产生。被申请人称其为本案所付出的律师费费用为 20 万元根本不能成立。

第二，申请人所提出的仲裁请求完全成立，在被申请人的抗辩主张不能得到支持的情况下，根据《仲裁规则》第五十二条第（二）款的规定，该费用也不应由申请人承担。

综上所述，被申请人提出的反请求申请不能成立，请仲裁庭驳回被申请人的全部反请求事项。

二、仲裁庭意见

根据双方当事人的陈述、提交的证据和庭审查明的事实等，仲裁庭意见如下：

（一）关于本案证据及事实之认定

关于申请人提交之证据，申请人所提交某些证据名称虽然均包含"电子邮件"，而事实上这些证据内容仅为电子邮件截图，不能直接证明申请人与被申请人间通过电子邮件的方式发送案涉各文书之事实。因被申请人于质证意见中认可有关邮件之真实性，异议在于其实际收到的招标文件与申请人提交的某些证据内容有所不一致，申请人亦认同被申请人该意见。仲裁庭认为，双方通过电子邮件方式发送案涉招标文件等文书之事实双方均予认可，但内容应如被申请人所举证据，以被申请人提交的证据为准。仲裁庭对双方均无真实性异议的证据予以采纳或认可，对双方就证据、事实发表的争议意见，仲裁庭综合本案情形予以回应，对于与本案处理结果缺乏关联性的证据或事实，仲裁庭不予评述。

仲裁庭注意到，双方当事人均于举证及质证部分提出了本案法律适用层面的意见，对此，仲裁庭将于下文相关部分予以回应。

综上，仲裁庭查明认定以下事实：2020年3月6日，申请人通过电子邮件的方式就本案案涉工程项目向被申请人发送投标邀请，并附随完整的招标文件，招标文件内容如被申请人举证所示，包含《招标文件总目录》《投标人须知》《标书编制须知》《合同条件文本》《技术文件》《文莱法规及公司制度》等。其中，《投标人须知》载明"业主有权利要求投标人提供进一步、评标必需的信息，包括但不仅限于总价的价格分解、补充，费率、比例等。业主有权利要求投标人对报价中不合理的部分进行修正"；"业主保留和投标人谈判直至获得最有竞争力的价格为止的权利"；"中标人（如果有）将与业主签订正式的合同，合同的条款与招标文件中的合同条款一致"；"保函金额：40万美元或者280万元人民币"；"一旦投标人在标书有效期内撤回标书，或中标后，拒绝签署合同，或未能在规定时间提供要求的履约保函，则投标保函（保证金）将会被没收"。2020 年 3 月 10 日，被申请人签署投标人确认回函并将其以电子邮件的方式发送给申请人，表示"同意将参加 E 岛石油化工项目二期疏浚吹填及围堤工程施工项目的投标"，并附保密协议、反商业贿赂及廉政协议。2020 年 3 月 27 日，被申请人将案涉工程的投标文件以电子邮件的方式发送给申请人，其中《商务标投标函》载明"商务报价为：近 34000 万元"。2020 年 4 月 7 日，被申请人将案涉工程的纸质版投标文件寄送至申请人，其中《商务标投标函》载明"商务报价为：31000 余万元"。2020 年 4 月 16 日，被申请人向申请人出具《文莱二期围堤吹填工程承诺书》，载明"一标段最终报价为近 26000 万元"。2020 年 6 月 22 日，申请人向被申请人发送《A 公司 E 岛二期石油化工项目中标通知书》，载明"暂定总价为：近 25800 万元整"。2020 年 6 月 24 日，被申请人向申请人发送《B 公司关于合同条款相关意见》，内容为对合同结构模式、承包商停工的权利、预付款支付时间、延期罚款时间节点、进度款具体扣款比例、项目部人员更换罚款的相关意见。2020 年 7 月 16 日，申请人向被申请人发送《A 公司文莱项目二期围堤吹填工程一标段签订合同通知》，要求被申请人于 2020 年 7 月 20 日前签订案涉建设工程合同。而后被申请人未与申请人签订该合同。

（二）仲裁庭就本案主要问题的认定

1. 关于系争法律关系所适用的准据法

本案因申请人注册于文莱，双方之纠纷系涉外纠纷。仲裁过程中，申请人与被申请人均同意适用中国法律审理本案，双方发表的意见也均实际适用了中国法律。因此，系争法律关系的效力认定等问题均适用中国法律，且因本案并不涉及项目实际建设施工等争议，因此也无须适用或考虑文莱对案涉项目的法律规定。

2. 关于本案是否适用《招标投标法》

申请人以"招标"名义进行系争行为，但未在招标文件中告知案涉建设工程项目适用《招标投标法》，也未设定招标程序所需评标组织、评标程序、中标条件、开标规定等，却告知"业主保留和投标人谈判直至获得最有竞争力的价格为止的权力"等；同时，双方均认为本案建设工程项目不属于《招标投标法》第三条规定的必须强制进行招投标的项目，被申请人的意见也强调本案"招标"行为实质系"磋商"行为。双方在本案系争行为的性质是否属于招投标行为及是否适用《招标投标法》这个问题上具有基本相同的认识或意见，因此仲裁庭同意本案双方关于案涉项目进行的一系列"招标""投标"行为并非招投标行为，实为合同磋商行为的意见，本案不适用《招标投标法》之规定，而适用《合同法》等相关规定。

3. 关于系争法律关系的成立

案涉招标文件由于建设工程报价不明确等因素，仅是申请人希望他人向自己发出要约的意思表示，因此不具备要约的性质，应视为要约邀请。被申请人先于 2020 年 3 月 27 日发送《商务标投标函》，被申请人明确同意以商务标的报价近 34000 万元，按照招标文件的条款和条件执行本项目。被申请人又于 2020 年 4 月 7 日发送《商务标投标函》，将案涉项目报价调整为 31000 余万元；被申请人 2020 年 4 月 16 日再次发出《文莱二期围堤吹填工程承诺书》，表示已充分了解案涉项目工期紧张的实际情况，并全力保障工期，若授标后上述情况不能满足业主要求，愿意承担合同相关约定的金额罚款，并将案涉项目一标段的投标最终报价调整为近 26000 万元。被申请人 2020 年 4 月 24 日发出《报价承诺函》，明确其基于申请人本次的招标文件要求进行报价，没有技术和商务偏离；在合同执行过程中如有设计优化方案的建议，首先会经过申请人及设计院的批准，且不会提出任何费用要求。

仲裁庭认为，被申请人对案涉项目报价近 34000 万元，结合相关招投标文件，法律关系内容明确，应视为要约。被申请人又于 2020 年 4 月 7 日发送《商务标投标函》，对案涉项目报价 31000 余万元，系对 2020 年 3 月 27 日要约的实质性变更，应视为新要约。被申请人于 2020 年 4 月 16 日发送的《文莱二期围堤吹填工程承诺书》载明最终报价为近 26000 万元，再次对之前要约作出实质性变更，也应视为新要约。前述事实中，被申请人仅就报价进行了变更，未就报价变更附加条件或具体优化方案提出异议，也未就招标文件所附拟签订合同文本及条款提出异议，也就是说，被申请人未就报价条件或工程优化方案提出新的要约，而只是对招标文件项下招标内容及要求作出了承诺。申请人于 2020 年 6 月 22 日发出的《中标通知书》载明最终报价为近 26000 万元，与被申请人于 2020 年 4 月 16 日的报价一致，应视为对被申请人于 2020 年 4 月 16 日要约作出的承诺。被申请人于 2020 年 6 月 24 日签收了前述中标通知书原件。至此，双方对合同价格及拟签订的合同条款等达成一致，双方同意就达成一致的文本或条款拟进行签订行为，系争民事法律关系成立。虽然，2020 年 6 月 24 日，被申请人向申请人发送了主题为"B 公司关于 A 公司文莱 E 岛项目合同条款相关意见"的邮件及附件《B 公司关于合同条款相关意见》提出了包括将合同模式从固定单价合同调整为工程总承包合同，增加承包商停工权利、预付款支付时间、进度款具体扣款比例，变更关键管理人员界定等诉求，但未获申请人同意，被申请人的该等意见不影响系争法律关系已经成立的事实。

4. 关于系争法律关系的性质与效力

《投标人须知》载明："中标人（如果有）将与业主签订正式的合同，合同的条款与招标文件中的合同条款一致。双方同意后可对条款进行修改"，《中标通知书》要求被申请人按照已经达成的条款签订正式合同，申请人之申请书述称的事实也认为："因被申请人一直拒绝按照招投标文件签署合同，申请人多次与被申请人交涉无果后，于 2020 年 7 月 17 日致函被申请人要求其至迟于 2020 年 7 月 20 日与申请人签署正式合同，逾期申请人将采取法律措施捍卫公司权益。"故双方经磋商或要约承诺等行为达成的系争标的为拟签订建设工程合同的合同，而非建设工程合同本身争议，依照《最高人民法院关于审理买卖合同纠纷案件适用法律问题的解释》（法释〔2012〕8 号）第二条之规定及参照《民法典》关于预约合同的相应规定等，系争民事法律关系为预约合同，与申请人主张的被申请人违约行为系"被申请人拒绝签约"之事实相一致。

由于系争法律关系为预约合同，而非建设工程合同之本约，虽然案涉《合同协议书》有"合同生效日期即接到中标通知书日期"之约定，但仲裁庭认为该"生效"系指该合同文本系双方拟签订的标的文本，双方就拟签订合同条款已经达成一致，不论预约合同约定的需签订的本约合同条款是否已经完整全面包含本约条款，均不影响其预约合同的性质，预约合同行为不受《合同法》第二百七十条关于建设工程合同书面形式条件之约束，且本案双方往来文书也是书面要约承诺达成合同的方式。案涉项目建设工程合同本约合同未能签订，双方关于建设工程合同效力的意见，及以此为基础主张的违约责任或缔约过失责任等请求不属于本案系争范围，仲裁庭不予置评。

根据《合同法》，系争法律关系系约定订立建设工程合同的合同，当事人意思表示真实，亦不存在违反中国法律强制性规定等合同无效之情形，故应属合法有效。

5. 关于被申请人的违约责任

基于系争法律关系约定，被申请人应当履行与申请人签订案涉建设工程合同之义务，经申请人催告后仍然拒绝履行签约义务，构成违约，但本案被申请人应承担的系违反签订建设工程合同义务的责任。

申请人主张的违约赔偿金额为申请人与案外人 C 公司间中标价格与申请人与被申请人间中标价格的差价 1000 余万元。仲裁庭认为，申请人与案外人 C 公司间约定之价格系双方自行约定之结果，不足以作为本案被申请人违约之损失依据，故仲裁庭对申请人关于违约赔偿金额之主张不予全额支持。

《投标人须知》已载明："一旦投标人在标书有效期内撤回标书，或中标后，拒绝签署合同，或未能在规定时间提供要求的履约保函，则投标保函（保证金）将会被没收。"仲裁庭认为，依照《合同法》第一百一十三条之规定，该约定体现了申请人与被申请人双方对被申请人拒绝签署合同情形的违约责任承担或因此造成申请人损失的预期。尽管申请人与被申请人关于案涉保函履行情形或现状陈述不一，即使双方未按招标文件实际分别履行提交和索要保函的要求，也不足以构成免除被申请人的违约责任的理由。鉴于《投标人须知》的规定，被申请人因违约行为对申请人造成损失的金额为保证金 280 万元，符合当事人对本案违约责任或损失之预期。此外，关于被申请人提出招标文件关于保函金额的约定违反《工程建设项目施工招标投标办法》第三十七条投标保证金最高额规定的意见，仲裁庭认为，本案磋商程序不属于招投标程序，该金额系对于招投标程序实际收取保证金金额的管理性规定，本案违约责任之认定不适用该规定。

因仲裁庭予以支持的赔偿款项系被申请人拒绝签订建设工程施工合同产生的损失，不属于被申请人逾期履行的款项，申请人主张赔偿该损失的利息缺乏依据，仲裁庭不予支持。

6. 关于本案申请人律师费的意见

根据《仲裁规则》第五十二条第（二）款的规定，及本案实际情况，仲裁庭酌定被申请人应补偿申请人因办理案件支出的律师费金额为 20 万元。

7. 关于被申请人反请求的意见

仲裁庭认为，被申请人反请求主张的是律师费，实质上是被申请人办理本案支出的费用，不是基于本案合同纠纷提出的权利主张或目的在于抵销本请求的权利主张，因被申请人关于不承担违约赔偿责任之抗辩意见未被采纳，因此对被申请人之反请求事项不予支持。

8. 关于本案仲裁费用及实际费用

仲裁庭基于对申请人的仲裁请求以及被申请人反请求的支持程度，并根据《仲裁规则》第五十二条的规定，仲裁庭决定，本案本请求仲裁费由申请人承担 75%，被申请人承担 25%；本案反请求仲裁费由被申请人承担。

三、裁　决

综上分析，仲裁庭对本案作出裁决如下：

（一）被申请人向申请人赔偿损失人民币 280 万元；

（二）被申请人向申请人补偿律师费支出人民币 20 万元；

（三）驳回申请人的其他仲裁请求；

（四）驳回被申请人的全部反请求；

（五）本案本请求仲裁费由申请人承担 75%，由被申请人承担 25%。

本案反请求仲裁费由被申请人自行承担。

以上被申请人应支付的款项，被申请人应于本裁决作出之日起 10 日内支付完毕。

本裁决为终局裁决，自作出之日起生效。

案例评析

【关键词】境外工程　招投标　预约合同

【焦点问题】

本案系"一带一路"建设工程合同招投标纠纷，某石化项目疏浚吹填及围堤工程位于文莱达鲁萨兰国（以下简称"文莱"），申请人系注册于文莱的公司，被申请人系中国公司。争议焦点主要包括准据法的确定、中标通知书的性质及效力、违约责任的认定等问题。

【焦点评析】

跨境建设工程施工合同招投标领域历来争议较多，现结合本案案情及争议焦点，评析如下：

一、仲裁条款应当明确适用范围

中国工程建设施工合同的结构特点是三段式，即整个合同主要由协议书、通用条款、专用条款三部分组成，专用合同条款是整个工程施工合同的组成部分。申请人申请仲裁的依据及仲裁委受理本案系本案工程所涉合同第 2B 部分《专用条款》中的仲裁条款，该条款约定在待签订的工程施工合同《专用条款》中，该条款当然适用于工程施工合同争议。但该条款并未就其是否当然适用于招投标行为争议作出明确约定，而本案争议恰恰是招投标行为已经完成，但工

程施工 "正式合同" 未能签订产生的争议，两个行为具有关联但相对独立，并不构成主从合同关系，"正式合同" 的仲裁条款并不当然适用于或涵盖招投标行为。因本案当事人均明确表示接受仲裁庭管辖本案争议，又考虑到 "正式合同" 解释顺序包括招投标文件，及本案争议范围包括是否应签订 "正式合同" 本身，仲裁庭认为本案仲裁管辖不存疑义。

二、本案争议准据法的确定

境外工程纠纷的准据法不一定是项目所在地国家法律。本案因申请人为文莱企业，工程项目也位于该国，被申请人为中国企业，双方之纠纷系涉外纠纷。同时，本案虽系境外工程施工招投标纠纷，但招投标行为发生在中国，双方未签订工程施工合同，亦未开始实际施工。仲裁过程中，申请人与被申请人均同意适用中国法律审理本案，双方发表的意见也均实际适用了中国法律。因此，本案准据法包括系争法律关系的效力认定等问题均适用中国法律，且因本案并不涉及项目实际建设施工等争议，因此也无须适用或考虑文莱对案涉项目的法律规定。

三、工程建设项目 "招投标行为" 的性质及法律的适用

就工程建设项目的招投标行为而言，其是否必然受《招标投标法》的调整？本案仲裁庭认为，该问题的答案在于本案 "招投标行为" 的性质。本案申请人以 "招标" 名义进行系争行为，但未在招标文件中告知或要求案涉建设工程项目适用《招标投标法》，也未设定招标程序所需评标组织、评标程序、中标条件、开标规定等，而告知 "业主保留和投标人谈判直至获得最有竞争力的价格为止的权利" 等；同时，双方均认为本案建设工程项目不属于《招标投标法》第三条规定的必须强制进行招投标的项目，被申请人的意见也强调本案 "招标" 行为实质系 "磋商" 行为。双方在本案系争行为的性质是否属于招投标行为及是否适用中国《招标投标法》这个问题上具有基本相同的认识或意见，因此，在尊重当事人意思自治的基础上，及不违反中国法律规定的条件下，仲裁庭认定本案双方关于案涉项目进行的一系列 "招标" 和 "投标" 行为并非招投标行为，实为合同磋商行为。这一意见是符合本案系争行为性质的，因此，本案适用中国合同法等相关规定处理。

四、以招投标名义进行的磋商过程具有要约邀请、要约或承诺性质

案涉招标文件由于建设工程报价不明确等因素，仅是申请人希望他人向自己发出要约的意思表示，因此不具备要约的性质，应视为要约邀请。

而被申请人先后发送《商务标投标函》进行报价，及发出工程承诺书、报价承诺函等，结合相关招投标文件，法律关系内容明确，对招标文件及所附拟签订合同文本及条款响应明确，应视为要约。

申请人发出的《中标通知书》载明最终报价与被申请人的最终报价一致，应视为对被申请人要约作出的承诺。被申请人签收了前述中标通知书原件。至此，双方对合同价格及拟签订的合同条款等达成一致，双方同意就达成一致的文本或条款拟进行签订行为，系争民事法律关系成立。虽然事后被申请人向申请人提出修改意见，但不影响系争法律关系已经通过邀约承诺行为成立的事实。

五、本案中标通知书是签订本约的预约行为，不是签订本约的行为

关于中标通知书的性质，法律并无明确规定，实践中对此存在不同认识，或根据个案事实进行判断。本案《投标人须知》的有关条款、《中标通知书》的内容、申请人仲裁申请自述的事实等均证明，双方应按《中标通知书》和招标文件中约定的正式合同条款签订"正式合同"，及"因被申请人一直拒绝按照招投标文件签署合同，申请人多次与被申请人交涉无果"等，故双方经磋商或要约承诺等行为达成的系争标的为约定签订建设工程施工合同的合同，而非建设工程施工合同本身争议，系争民事法律关系应为预约合同。

同时，应当注意到，由于系争法律关系为预约合同，而非建设工程施工合同之本约，不论预约合同约定的需签订的本约合同条款是否已经完整全面包含本约条款，均不影响其预约合同的性质。

六、被申请人的违约责任系违反预约合同的违约责任，不是本约合同的违约责任

基于系争法律关系约定，被申请人应当履行与申请人签订案涉建设工程施工合同之义务，经申请人催告后仍然拒绝履行签约义务，构成违约，但本案被申请人应承担的系违反签订建设工程施工合同义务的责任。

申请人主张的违约赔偿金额为申请人与案外人另行招投标中标价格与申请人与被申请人间中标价格的差价，但该申请人与案外人约定之价格系双方自行约定之结果，虽与被申请人违约行为之间存在因果关系，仍不足以作为本案被申请人违约之损失依据，故对申请人关于违约赔偿金额之主张应限于被申请人未按《中标通知书》签订建设工程施工合同可预见及有所预见的范围。

《投标人须知》载明投标人在中标后拒绝签署合同，则投标保函（保证金）将会被没收。依照《合同法》第一百一十三条之规定，该约定体现了申请人与被申请人双方对被申请人拒绝签署合同情形的违约责任承担或因此造成申请人损失的预期，被申请人因违约行为对申请人应承担的金额为保证金金额，符合当事人对本案违约责任或损失之预期。

【结语】

本案争议涉及的项目系中国大型民营石化企业在文莱设立公司，并投资建设"文莱 E 岛石化项目"，帮助文莱优化从采油、炼油到出口石化产品的产业链条。该项目是在"一带一路"国家落地的重大项目之一，被列入文莱政府"2035 宏愿"重点建设项目。习近平主席 2018 年 11 月访问文莱期间，该项目被写入两国联合声明，习近平主席在署名文章中将该项目与"广西—文莱经济走廊"誉为两国两大旗舰合作项目。

从该"一带一路"工程项目争议可以看到所需注意的几个问题：第一，从便利角度考量，"一带一路"跨境投资项目应约定仲裁条款，可约定中国企业比较熟悉的中国仲裁机构管辖，但是仲裁条款约定内容应当明确。同时，因招投标阶段与合同签订履行系相对独立的阶段，在招投标文件中也应明确载明仲裁条款，避免出现仲裁管辖的不确定性。第二，只要不违反项目所在国法律的强制性规定，争议所适用的准据法可以约定为中国法律。从规范管理与风险控制角度，"一带一路"国家国别法律环境复杂，分属不同法律体系，涉外合同关系必然会涉及法律冲突与准据法适用问题，但实务中鲜见合同明确约定准据法适用事宜，为降低争议解决成本，便利合同当事人处理争议，涉外合同最好事先明确约定准据法事项。对于中国企业而言，可考虑约定以中国企业熟悉的中国法为优先适用的国别法律。第三，中标通知书与工程施工合同系两个虽有关联但相对独立的合同关系，在企业法务管理中应当准确及明确界定两个不同阶段合同的权利义务及违约责任。第四，"一带一路"涉外合同关系的磋商、签订及履行阶段均可考虑与中国的最密切联系原则，建立与增加和中国的连结点，同时尊重当事人意思表示。

（评述人：唐国华）

案例五 俄罗斯 A 咨询公司与中国 B 建设公司咨询服务合同争议案

中国国际经济贸易仲裁委员会（以下简称"仲裁委员会"）根据案外人和被申请人中国 B 建设公司（以下简称"被申请人"）签订的《咨询服务协议》中仲裁条款的约定以及案外人和被申请人签订的《咨询服务协议补充协议》、申请人俄罗斯 A 咨询公司（以下简称"申请人"）和案外人及被申请人签订的《咨询服务协议转让协议》、申请人和被申请人签订的《咨询服务协议补充协议（第 2 号）》以及申请人向仲裁委员会提交的书面仲裁申请，受理了上述合同项下的本争议仲裁案。

本案仲裁程序适用仲裁委员会自 2015 年 1 月 1 日起施行的《中国国际经济贸易仲裁委员会仲裁规则》（以下简称《仲裁规则》）。

申请人选定 X 担任本案仲裁员。被申请人选定 Y 担任本案仲裁员。由于双方未在规定期限内共同选定或共同委托仲裁委员会主任指定首席仲裁员，仲裁委员会主任根据《仲裁规则》之规定指定 Z 担任本案首席仲裁员。上述三位仲裁员在签署了接受指定的《声明书》后组成仲裁庭，共同审理本案。被申请人提出了反请求及相关证据。

仲裁庭如期对本案进行了两次开庭审理。申请人和被申请人均委托代理人参加庭审。庭审中，申请人陈述了仲裁请求及所依据的事实和理由，被申请人陈述了仲裁反请求及所依据的事实和理由，双方分别对本请求和反请求进行了答辩，就证据进行了质证，就法律问题进行了辩论，并回答了仲裁庭的提问。此外，仲裁庭还同意了被申请人提出的证人出庭作证的申请。在庭审中，仲裁庭及申请人均对证人进行了询问。庭后，双方提交了补充文件，仲裁委员会仲裁院进行了转寄。

本案现已审理终结。仲裁庭根据现有书面材料和庭审查明的事实，经合议，作出本裁决。

现将本案案情、仲裁庭意见及裁决结果分述如下：

一、案　情

（一）申请人的仲裁请求

经调整，申请人最终明确的仲裁请求如下：

1. 被申请人支付申请人咨询服务费近 20290 万卢布（折合人民币近 1730 万元）。

2. 被申请人以 12680 万余卢布（折合人民币 1080 万余元）为基数，按照中国人民银行授权全国银行间同业拆借中心公布的一年期贷款市场报价利率（LPR）标准计算，赔偿申请人自 2021 年 8 月 1 日至实际付清之日的逾期付款期间利息损失（暂计算至 2022 年 1 月 13 日的损失为 200 余万卢布，折合人民币近 19 万元）。

3. 被申请人以 7600 余万卢布（折合人民币近 650 万元）为基数，按照中国人民银行授权全国银行间同业拆借中心公布的一年期贷款市场报价利率（LPR）标准计算，赔偿申请人自 2021 年 12 月 1 日至实际付清之日的逾期付款期间利息损失（暂计算至 2022 年 1 月 13 日的损失为 30 余万卢布，折合人民币 3 万余元）。

4. 被申请人承担本案仲裁费（以申请人实际缴纳金额为准）、保全费人民币 5000 元、保全担保费人民币近 2 万元。

（二）仲裁请求所依据的事实和理由

2020 年 8 月 21 日，被申请人与自然人 H 签订《咨询服务协议》，委托 H 协助其拓展俄罗斯市场及在俄罗斯中标承揽施工总承包项目（C），设计采购施工管理项目（EPSS）和设计采购施工总承包项目（EPC）。约定咨询服务费数额为目标项目合同额的 2%。2020 年 9 月 28 日，被申请人与 H 签订《咨询服务协议补充协议》，约定目标项目增加 D 工厂能源项目（包括烯烃标段和聚烯烃标段，以下简称"D 项目"），变更为（1）D 项目（包括烯烃标段和聚烯烃标段）；（2）俄罗斯 V 港口甲醇厂建设项目；（3）俄罗斯 U 港口项目。

2021 年 4 月 14 日，被申请人与申请人和 H 签订《咨询服务协议转让协议》，把《咨询服务协议》和《咨询服务协议补充协议》中 H 的权利和义务转让给申请人，由申请人向被申请人提供咨询服务，被申请人向申请人支付咨询服务费。协议签订后，申请人已根据协议约定协助将被申请人指定的当地公司中国 B 炼化集团俄罗斯子公司 B1 公司（以下简称"B1 公司"）列入业主承包商名单，且 B1 公司已中标俄罗斯 D 项目乙烯装置 OSBL 标段施工工程，并与业主签署该工程承包合同。

2021 年 7 月 12 日，被申请人与申请人签订《咨询服务协议补充协议（第 2 号）》，协议中被申请人确认申请人协议约定的义务已经履行完毕。约定被申请人应向申请人支付俄罗斯 D 项目咨询服务费 5 亿余卢布，共分七批次支付，第一批次和第二批次的支付期限已届满。申请人多次催要咨询服务费，被申请人拒不履行协议约定的付款义务，已经构成严重违约。在此期间，申请人曾多次与被申请人沟通协商并以各种方式谋求和解，因被申请人并无诚意，一直未果。

（三）被申请人的答辩意见

1. 申请人并未明确其仲裁请求所依据的法律规定，其应当在仲裁中具体予以明确，否则应当承担其主张不被支持的法律后果。

众所周知，无论是仲裁还是法院诉讼，提出主张的一方除陈述案件所涉的事实外，还应当明确其请求所依据的具体法律规定，而抗辩的一方也应当从事实和法律两个方面予以抗辩。《仲裁规则》第四十九条第（一）款规定："仲裁庭应当根据事实和合同约定，依照法律规定，参考国际惯例，公平合理、独立公正地作出裁决。"换言之，仲裁庭也需要基于具体的法律规定并结合事实才能作出裁决。

如果提出主张的一方不明确其法律依据，那么即便审理机构能够查明事实，也无法确定该事实应当如何定性，更不能确定各方当事人应当承担何种责任。

然而，申请人并未在仲裁申请书中明确其仲裁请求所依据的具体法律规定。特别需要说明的是，在案涉合同约定"本协议应适用英格兰及威尔士法律进行解释"。换言之，本案的准据法为英格兰及威尔士法律，而非中国法。在此情况下，申请人更有义务明确其主张的法律依据，例如某个特定法律的具体条款。否则，不仅被申请人无法进行有针对性的答辩，仲裁庭实际上也无法作出裁决。

因此，被申请人认为，申请人应当明确其主张的具体法律依据，以便被申请人作出有针对性的答辩。如申请人不能提出具体的法律依据，则应当由其自行承担其主张不被支持的后果。

2. 申请人并未向被申请人交付符合合同约定的付款前置文件，因此向申请人支付相关款项的条件尚未完全成就。

案涉《咨询服务协议》约定："咨询服务费应在甲方收到承包合同下对应

款项，且乙方按照甲方要求提供发票和甲方合理要求的其他支持文件（如有），后 45 日内同比例支付给乙方，直至全额付清为止。"

案涉《咨询服务协议补充协议（第 2 号）》约定："乙方应提供符合俄罗斯法律法规要求的发票和其他入账支持文件。"

从上述约定可以看出，双方在合同中对付款条件进行了明确约定。其中，申请人向被申请人交付符合俄罗斯法律法规要求的发票和其他入账支持文件是被申请人付款的前置条件。然而，申请人至今并未向被申请人交付符合俄罗斯法律规定的全部发票和入账支持文件。换言之，并非被申请人拒不付款，而是因为案涉合同约定的付款前置条件尚未成就，所以被申请人才没有支付。

3. 被申请人已经向申请人支付了部分款项，该部分金额应当从申请人主张的付款金额中予以扣除。

案涉的几份协议中，约定支付金额及期限的《咨询服务协议补充协议（第 2 号）》签订于 2021 年 7 月 12 日。而被申请人曾经于 2021 年 8 月 12 日通过中国 B 炼化集团俄罗斯子公司向申请人支付了 1100 万卢布；2021 年 11 月 29 日向申请人支付了近 50 万美元。

根据上述支付节点，被申请人支付的两笔费用均系案涉协议签订后支付的。因此，即便最终裁决认定被申请人应当向申请人支付任何费用，那么也应当将被申请人已经支付的上述费用从应付金额中予以扣除。

需要说明的是，上述两笔费用均系在申请人特别要求的情况下，被申请人考虑到申请人的实际情况而支付的。上述两笔费用的支付并不意味着被申请人豁免了申请人交付符合俄罗斯法律法规的发票和入账支持文件的义务。在申请人自行提交的证据中，被申请人在邮件中也再次强调申请人必须提供符合合同约定的入账支持文件。

综上，被申请人认为申请人的仲裁申请未明确法律依据，如其不明确则应当驳回其仲裁申请。在此基础上，被申请人认为申请人并未按照合同约定履行其前置义务，案涉合同约定的付款条件尚未成就；即便认为被申请人应当支付费用，也应当将被申请人已经支付的费用予以扣除。

（四）被申请人的仲裁反请求

1. 中止案涉《咨询服务协议》《咨询服务协议补充协议》及《咨询服务协议补充协议（第 2 号）》的履行。

2. 因反请求而产生的仲裁受理费、处理费由申请人承担。

（五）仲裁反请求所依据的事实和理由

1. 本案的基本背景事实

2020 年 8 月 21 日，被申请人（合同甲方，仲裁庭注）与 H（合同乙方，仲裁庭注）签订《咨询服务协议》。该协议约定，由乙方作为咨询顾问方，协助被申请人中标在俄罗斯建设的俄罗斯 V 港口甲醇厂建设项目和 U 港口项目。该协议还约定，在甲方中标并收到承包合同项下的对应款项后，由甲方向乙方支付咨询服务费。

2020 年 9 月 28 日，被申请人（合同甲方，仲裁庭注）与 H（合同乙方，仲裁庭注）签订《咨询服务协议补充协议》。双方约定将甲方参加俄罗斯 D 项目的投标工作加入双方之前签订的《咨询服务协议》的服务范围内。

2021 年 4 月 14 日，被申请人（甲方，仲裁庭注）与 H（乙方，仲裁庭注）和申请人（丙方，仲裁庭注）签订《咨询服务协议转让协议》。根据合同协议约定，甲乙双方同意把咨询服务协议（即《咨询服务协议》和《咨询服务协议补充协议》）转让给申请人。

2021 年 7 月 12 日，被申请人（甲方，仲裁庭注）与申请人（乙方，仲裁庭注）签订《咨询服务协议补充协议（第 2 号）》。双方就协议项下咨询服务费的支付方式和时间作了变更。

2. 影响案涉协议继续履行的事实

（1）案涉项目已经停工，《咨询服务协议》合同目的实现存在不确定性。

被申请人与申请人签署上述各项协议后，被申请人继续按照与 D 项目业主签订的建设工程合同推进项目建设。然而，2022 年 5 月 18 日，D 项目的业主俄罗斯 D 化工公司向被申请人发函。在函中，业主表示将暂停工程项目，要求被申请人立刻中止建设工程合同项下的业务，并立即开始撤离人员和施工机具。根据业主的要求，被申请人下属所有的分包商均应当最迟于 2022 年 9 月 1 日撤离现场。在上述函件以及后续被申请人与业主的沟通中，业主均未透露后续合同如何处理。

目前，被申请人仍在与业主协商后续的处理方案。同时，为了确保施工人员和施工设备的安全，被申请人已经不得不开始准备进行撤离工作。

有鉴于此，被申请人认为，鉴于业主的停工要求，工程项目的持续性存在变数，而以工程项目的妥善推进为目的的案涉咨询服务协议的合同目的也就存在不确定性。在此情况下如果强行推进案涉协议的履行，必然对被申请人造成实质上的不公平的结果。因此，被申请人恳请仲裁庭裁决变更案涉合同并确认被申请人有权暂时中止案涉合同的履行。待工程停工复工问题彻底解决后，双方再另行协商是否继续履行案涉协议。

退一步而言，即便不考虑上述协议因业主突然要求停工而使得协议目的可能无法达成的情况，仅就协议内容约定来看，被申请人也有权暂停履行协议。根据《咨询服务协议》约定，申请人有义务协助甲方与业主保持良好的关系；申请人有义务协助甲方解决与承包合同有关事项。在目前业主要求停工的情况下，就应当视为申请人并未妥善履行其在案涉协议项下的义务，其当然也就没有权利要求被申请人履行任何付款协议。

（2）案涉项目工程量缩减，导致被申请人的实际收益减少。

2022年1月27日，案涉项目业主向被申请人发函，要求切除原定应由被申请人建设的低温储罐等工程工作。按照业主的这一要求，将减少被申请人在案涉项目的工程量，进而减少被申请人本应当获得的收益。

（3）被申请人的上级公司已经入股案涉项目的业主公司，被申请人中标案涉项目的难度大幅降低，咨询商相应咨询服务工作难度及工作量大大降低和减少。

2020年12月，即案涉《咨询服务协议》签订后，经中俄两国政府批准，被申请人的上级公司参股了案涉D项目的业主公司，并持有业主公司40%的股权。

基于被申请人的上级公司持有案涉项目业主公司的股权，申请人作为咨询商协助被申请人中标俄罗斯D项目的咨询服务相应的工作难度及工作量大大降低和减少，如果仍以咨询服务协议签订时双方匡算的原定咨询服务的工作量及工作难度支付相应咨询费用，给被申请人造成了实际上的不公。基于公平性，相应的咨询服务费用数额应当予以调减。

（4）结论。

如前所述，本案双方签署协议的主要合同目的在于协助被申请人中标俄罗斯的V港口甲醇厂建设项目、U港口项目和D项目。被申请人通过中标后履行上述合同，获得工程对价收益是被申请人与申请人签订咨询服务协议的根本目的。

然而，因业主单方要求中止工程合同已经使得被申请人遭受重大损失，业主单方面缩减工程量的行为损害了被申请人原定应获得的收益，被申请人上级公司入股案涉项目业主公司，降低了咨询服务的工作难度。在上述问题未能妥善解决之前，显然申请人的义务并未得到全部妥善的履行。

综上所述，由于目前发生了许多案涉协议签订时无法预见的事实，导致案涉咨询服务协议等协议的目的存在不确定性。在此情况下如果要求继续履行案涉协议，必然对被申请人造成不公的结果。而且，单就协议内容来看，申请人尚未能妥善履行全部协议内容。

因此，如果继续按照原定合同各自履行，将会给被申请人造成不公。为维护被申请人的合法权益，恳请仲裁庭依法查明事实，裁决中止履行原定的《咨询服务协议》。

（六）申请人对仲裁反请求的答辩意见

1. 被申请人所述"案涉项目已经停工，导致《咨询服务协议》合同目的实现存在不确定性"不成立。

（1）被申请人与申请人所签订的《咨询服务协议》及补充协议的合同目的是帮助被申请人中标案涉项目，申请人已依约将合同义务履行完毕。

案涉《咨询服务协议》"鉴于"条款：甲方（被申请人，仲裁庭注）有意愿与有资质实力强的俄罗斯当地咨询服务商开展合作，借助其服务顺利中标 A 所载类别项目，并尽快与客户签署公平合理的项目承包合同；乙方（申请人，仲裁庭注）希望为甲方提供专业服务，协助甲方实现其上所载之目标。可见《咨询服务协议》及补充协议的合同目的是帮助被申请人中标案涉项目。

事实上，在申请人的努力下，被申请人已于 2020 年 12 月中标业主俄罗斯 D 化工厂发包的 D 项目并取得授标函，2021 年 3 月被申请人与 D 项目业主俄罗斯 D 化工厂签订《承包合同》，申请人已经完全履行了合同义务。包括 2021 年 7 月 12 日签订的《咨询服务协议补充协议（第 2 号）》中的相关条款、2021 年 9 月 30 日被申请人发送的函件等法律文件，均对申请人已经完成合同义务并满足合同付款条件有明确体现。综上，被申请人的合同目的已经实现。

（2）被申请人中标后与业主公司所签订承包合同的变更、中止与否不应对其与申请人所签订的《咨询服务协议》及相关补充协议产生影响，被申请人要求中止与申请人签订的《咨询服务协议》及相关补充协议的仲裁反请求，不应予以支持。

被申请人提出案涉项目工程量缩减、暂时停工的问题，申请人并不知晓。假设被申请人提出的情况真实，该情形系承包合同的变更、中止，需经合同当事人协商一致。协商不成被申请人完全可根据合同约定及相关法律规定，通过法律手段维护自己权益。如被申请人同意合同中止或变更则应自行承担后果，无权以收益减少、承包项目停工为由，要求中止履行案涉协议，拒绝支付咨询费用。

被申请人陈述其上级公司在 2020 年 12 月就已持有业主公司 40% 的股权，即被申请人与业主公司存在关联关系，是利益共同体。即使案涉项目存在工程量缩减、暂停施工的问题，那么被申请人的上级公司也参与了决策，被申请人仲裁反请求实际上是以 "自己" 作出的决定，导致 "自己" 权益受损为由，要求中止履行案涉协议，拒绝支付费用，无任何依据，有违诚实信用。

（3）业主停工不应视为申请人未妥善履行案涉协议项下义务。

《咨询服务协议》第 1.2 条的标题为 "协助甲方中标目标项目"，第（f）项、第（g）项的约定是第 1.2 条项下条款，是为了实现协助甲方（被申请人）中标目标项目而设置。第（f）项指的是被申请人中标前协助其与业主公司保持良好的关系，以助于其中标；第（g）项指的是被申请人中标后协助其与业主公司签订承包合同，并非指的是被申请人与业主公司所签订承包合同履行过程中的协助义务，不应做扩大解释，否则有违行业惯例及双方的真实意思表示。

2. 不存在被申请人提出的其上级公司入股业主公司后，申请人工作难度及工作量降低和减少的问题。

（1）案涉项目承包方是业主公司根据俄罗斯当地的法律通过招标的方式选聘，申请人工作难度及工作量不会因被申请人的上级公司入股业主公司而产生变化。

（2）对咨询服务费予以确认的协议是签订于 2021 年 7 月 12 日的《咨询服务协议补充协议（第 2 号）》，届时被申请人的上级公司已经入股业主公司，被申请人对咨询服务费的确认已经充分考虑了各种因素（包括申请人的工作难度及工作量），入股问题不应成为被申请人调减咨询服务费数额的因素。

3. 如前所述，被申请人与申请人所签订的《咨询服务协议》及补充协议的合同目的是帮助被申请人中标案涉项目，并不保证使被申请人获得工程对价收益。

《咨询服务协议》及补充协议对保证被申请人获得工程对价收益并未有任何约定。众所周知，任何的商业交易均存在各种各样无法预知的风险，任何人均无法在交易完成前保证该交易一定会获得收益，况且申请人仅为交易促成方，不是承包合同的相对人，没有义务也不可能保证被申请人完全获得收益。被申请人在仲裁反请求申请书中将其对案涉工程收益的不确定性作为中止案涉合同的依据，是对《咨询服务协议》内容的曲解。

综上，被申请人的仲裁反请求没有事实和法律依据，应予驳回。

（七）申请人的代理意见

1. 申请人仲裁请求主张的前两笔咨询服务费已满足支付条件，被申请人应按照合同约定立即支付。

2021 年 9 月 30 日被申请人给申请人负责人的函件中明确：根据《咨询服务协议》条款，申请人已满足支付条件，被申请人对申请人提供的服务质量没有意见。《咨询服务协议补充协议（第 2 号）》约定，申请人提供发票和入账支持文件也并非被申请人付款的前置条件。被申请人应按上述明确约定的付款时间和金额支付咨询服务费，并不存在被申请人所述的付款条件未成就的问题。被申请人提交的《咨询意见》中也明确记载，俄罗斯法律法规没有被申请人所提及的付款支持文件要求。

被申请人向申请人支付 46 万美元及 B1 公司向申请人支付 1100 万卢布的事实足以论证，申请人给付发票即可，没有其他被申请人主张的财务支持文件。被申请人自诩重合同守信用，付款均要获得财务文件后合规办理，实则属于一会儿以申请人未提交财务文件为由拒绝付款，一会儿又不需要财务文件即可付款，表述前后矛盾。按照中国法律，一方给付发票只是合同的附随义务，给付发票及所谓的财务支持文件不能成为拒绝付款的理由，何况申请人已经给付发票。因此，申请人主张的前两笔咨询服务费付款条件已成就。

2. 被申请人的付款义务不应该中止，反请求应该被驳回。

本案不适用情势变更的情形，情势变更是合同成立后，合同的基础条件发生了当事人在订立合同时无法预见的、不属于商业风险的重大变化。本案中假设存在工程停工也属于商业风险范畴，不属于情势变更的情形，被申请人无权要求变更或解除案涉合同。被申请人作为一个规模庞大、专业人才众多的中国央企，在经过公司层层审核及多方面考察后与个人主体签订的合同，无论从哪个角度，被申请人都处于优势地位，案涉合同的签署不存在显失公平。另，咨询服务协议中没有中止情形的约定，被申请人单方主张的存在业主停工的情形与案涉合同的履行无关。

（八）被申请人的代理意见

1. 如果本案应当适用中国法作为准据法，那么应适用《中华人民共和国合同法》（以下简称《合同法》，仲裁庭注）而非《中华人民共和国民法典》（以下简称《民法典》，仲裁庭注）。

由于本案申请人至今仍未明确其提出主张的英国法依据，应当视为其举证不能。在此情况下，根据《中华人民共和国涉外民事关系法律适用法》第十条第二款有关"不能查明外国法律或者该国法律没有规定的，适用中华人民共和国法律"之规定，本案应适用中国法。

我国《民法典》施行于2021年1月1日，而案涉四份合同签订时间横跨了这个节点（2020年8月至2021年7月）。因此，如果确定本案应适用中国法，首先要解决的是应当适用《民法典》还是《合同法》《中华人民共和国民法通则》及《中华人民共和国民法总则》。

《最高人民法院关于适用〈中华人民共和国民法典〉时间效力的若干规定》第一条规定："民法典施行后的法律事实引起的民事纠纷案件，适用民法典的规定。民法典施行前的法律事实引起的民事纠纷案件，适用当时的法律、司法解释的规定，但是法律、司法解释另有规定的除外。民法典施行前的法律事实持续至民法典施行后，该法律事实引起的民事纠纷案件，适用民法典的规定，但是法律、司法解释另有规定的除外。"

根据上述规定，判断适用《民法典》还是《合同法》等法律，应当判断案件所涉的法律事实发生的时间。

正如三位法学专家就本案出具的《专家论证意见》所述："本案的纠纷系一起合同纠纷，双方先后共签订了四份合同。但总的来说，后三份合同均系第一份合同的补充和修订，双方权利义务的基础确定于第一份合同，即双方于2020年8月21日签订的《咨询服务协议》。而后续各方的民事行为也都是以这份合同的基础性权利义务而展开的，因此仍应以该份合同的签订时间作为确定案涉法律事实发生的时间。在双方就合同履行是否守约发生争议的情况下，一个必须考虑的基础问题就是双方在订约时真实的合意是什么。而解决这一问题必然要结合双方订约时的法律条款的具体规定，而不是订约之后发生了变化的法律规定。对于合同当事人而言，不能奢望他们在订约时就考虑到之后的法律规定。"

综上，被申请人认为本案应当适用《合同法》《中华人民共和国民法通则》

及《中华人民共和国民法总则》的相关规定，而不应适用《民法典》。

2. 申请人并未向被申请人交付符合合同约定的入账支持文件，因此向申请人支付相关款项的条件尚未完全成就，因此申请人无权要求被申请人继续支付咨询服务费。

案涉《咨询服务协议》约定："咨询服务费应在甲方收到承包合同下对应款项，且乙方按照甲方要求提供发票和甲方合理要求的其他支持文件（如有），后 45 日内同比例支付给乙方，直至全额付清为止。"

案涉《咨询服务协议补充协议（第 2 号）》约定："乙方应提供符合俄罗斯法律法规要求的发票和其他入账支持文件。"

从上述约定可以看出，双方在合同中对付款条件进行了明确约定。其中，申请人向被申请人交付符合俄罗斯法律法规要求的发票和其他入账支持文件是被申请人付款的前置条件。然而，申请人至今并未向被申请人交付符合俄罗斯法律规定的全部发票和入账支持文件。

需要说明的是，被申请人作为外国公司参与俄罗斯当地的工程建设投标项目，对于俄罗斯当地的法律规定，尤其是财税方面的具体规定和实践做法必然无法做到像申请人这样的俄罗斯本土主体那样熟悉。而且，根据俄罗斯当地法律法规和税务机关的规定，对于此类咨询服务合同的付款的财税审查并没有特别具体的要求，均是一事一议，需要咨询服务供应商提供具体的文件后再做决断。被申请人也同样只能是接受咨询服务供应商提交的具体文件后，提交给在俄罗斯当地聘请的税务顾问、法律顾问予以审核后再提交相关财税审查部门审核。

正是由于上述俄罗斯当地的特殊情况，双方约定的是由申请人提交入账支持文件。而具体提交什么样的文件，是需要申请人先提交出来，由被申请人聘请的相关顾问审查后才能确定是否合适，是否需要修正等问题。换言之，在申请人未能提交相应的文件之前，被申请人并不知道究竟应该提交什么样的文件才是合适的。

因此，对于判断申请人是否已经妥善履行了文件交付义务，案涉协议约定的付款前提条件是否成就，需要按照顺序审查两个标准是否已经得到满足：

第一，申请人是否提交了形式上满足法律规定的各类入账支持文件；

第二，申请人提交的入账支持文件内容是否符合俄罗斯当地法律规定。

虽然申请人提交了所谓的当地发票，但被申请人已经提交的俄罗斯当地的

E 咨询有限责任公司出具的证明证实，仅有发票是远远不够作为此类协议合规入账的支持文件的。根据该证明所述，申请人至少还需要提供与案涉咨询服务有关的主要财会凭证、服务验收记录表、增值税发票文件。在申请人仅提交了付款发票的情况下，根本不能视为其已经提交了形式上满足俄罗斯法律规定的足够的文件。

换言之，申请人尚未满足上述第一个条件，更不要谈第二个条件是否满足。因此，被申请人认为申请人根本没有妥善履行案涉协议项下的有关其必须在付款之前提交满足俄罗斯法律规定的入账支持文件的义务。

《合同法》第六十七条规定："当事人互负债务，有先后履行顺序，先履行一方未履行的，后履行一方有权拒绝其履行要求。先履行一方履行债务不符合约定的，后履行一方有权拒绝其相应的履行要求。"由于申请人并未履行其应尽的合同义务，因此被申请人有权拒绝付款。

退一步而言，即便不把申请人提交入账支持文件作为先履行义务，而是作为同时履行义务，根据《合同法》第六十六条有关"当事人互负债务，没有先后履行顺序的，应当同时履行。一方在对方履行之前有权拒绝其履行要求。一方在对方履行债务不符合约定时，有权拒绝其相应的履行要求"之规定，在申请人没有妥善履行提供入账支持文件义务的情况下，被申请人也有权拒绝付款。

综上，被申请人认为申请人并未妥善履行其交付符合俄罗斯法律规定的入账支持文件的义务，在其妥善履行相关义务交付符合法律规定的文件之前，被申请人依法有权拒绝付款。

3. 被申请人已经向申请人支付了部分款项，该部分金额应当从申请人主张的付款金额中予以扣除。

在本案庭审过程中，申请人已经确认应当将被申请人于 2021 年 11 月 29 日支付的近 50 万美元从案涉协议的未付款项中予以扣除。因此，对于该部分款项的认定应当已无争议，被申请人在此不再赘述。

而关于被申请人于 2021 年 8 月 12 日通过中国 B 炼化集团俄罗斯子公司向申请人支付的 1100 万卢布，被申请人已经提交了两份证人证言。一份证言来自被申请人的员工 b1，一份证言来自 B 公司指派在俄罗斯项目部负责与申请人沟通的翻译 b2。两位证人均代表各自不同的主体参与了 1100 万卢布支付的全部过程，了解该笔款项支付的前因后果。

根据两人的证言可以确认，在 2021 年 8 月前后，由于申请人反复要求，为了确保案涉项目的顺利进行，同时也是为了避免申请人反复强调的可能发生的对申请人部分人员造成人身伤害的恶劣后果，被申请人同意特事特办，支付部分费用。

然而，由于申请人一直没有提交符合案涉协议约定的"入账支持文件"，按照协议约定被申请人无法直接付款给申请人。事急从权，被申请人不得不通过俄罗斯项目平台主体完成付款。

从本案的前因后果来看，被申请人与申请人签署的协议已经涵盖了案涉项目的全部咨询服务内容，B 公司俄罗斯项目部并没有必要另行与申请人签署任何额外的协议。这也从另一个角度佐证了这 1100 万卢布实际的付款用途只能是本案所涉的咨询服务协议项下的费用。

综上，被申请人认为，无论最终仲裁庭裁决被申请人是否应当继续支付案涉协议项下的款项，对于被申请人已经支付的上述两笔款项均应当从待付金额中予以扣除。

4. 案涉合同针对的工程项目因不归属于被申请人的原因已经停工，在此情况下要求被申请人继续支付咨询服务费不仅有违合同约定，而且实际上也有失公平，被申请人有权要求变更案涉协议的约定，暂时中止履行付款义务。

（1）根据被申请人与申请人的协议约定，被申请人支付后续款项的前提条件是案涉协议所针对的工程顺利进行且工程业主按约定向被申请人支付工程款。

被申请人提交的证据已经证明，目前被申请人在俄罗斯建设的工程项目已经被工程业主单方面宣布停工。而且，在停工前业主已经无故多次削减了被申请人的工程量。根据目前俄罗斯的实际情况，该工程实际上很可能将无法继续。而这一情况的发生，完全是工程业主单方原因造成的，与被申请人无关。

在工程项目已经实际停工的情况下，被申请人通过中标工程项目、完成建设并获取工程款利润的合同目的面临彻底落空的风险。从本案被申请人与申请人签订的《咨询服务协议补充协议（第 2 号）》所记载的分期付款安排来看，付款周期较长，最后一期付款时间为 2024 年 4 月。而根据被申请人与工程业主的合同约定，工程机械竣工时间为 2024 年 5 月。可见，咨询服务协议的付款周期与工程建设周期几乎完全相同。

显然，双方之所以将付款周期按照工程周期来设定，就是为了将咨询服务费的支付与工程进度相挂钩。这么做，不仅符合双方签订案涉咨询服务协议的本意，在实际履行过程中也能更好地平衡双方的权利义务。

被申请人认为，案涉工程的顺利推进和工程款的支付是被申请人向申请人支付相应咨询服务费用的前提。在目前工程已经停工且后续工程建设可行性存疑的情况下，被申请人根据协议约定有权拒绝支付剩余的咨询服务费。

（2）如果要求被申请人在案涉工程停工且复工遥遥无期的情况下继续支付咨询服务费，显然显失公平，被申请人有权主张变更其与申请人的合同约定，暂时中止履行付款义务。

被申请人之所以聘请申请人作为其咨询服务供应商，为案涉工程的投标、建设提供咨询服务，是因为作为外国公司对于俄罗斯当地类似项目的招投标、建设过程、法律法规、财税要求乃至风土人情都不了解，为了避免因为这些不利因素影响工程中标和建设需要申请人保驾护航。因此，双方在订约时就处在一个并不平等的地位上。申请人依赖于其独特的能力，在申请人与被申请人的关系中占据了强势地位。

正如三位法学专家就本案出具的《专家论证意见》所述："作为一个谨慎、善意的商事主体，被申请人不可能预判在俄罗斯如此重大的一个化工项目会突然停工，业主甚至要求被申请人立刻离开现场。而申请人作为一个专业的俄罗斯本土咨询服务供应商，对于可能发生此类情况是完全知情的。然而，其基于订约时的优势地位，在双方订约时并未充分提示上述俄罗斯本地的风险。"

被申请人远赴俄罗斯投标建设工程，其根本目的是将工程顺利建设完毕获得工程价款的回报。而申请人作为咨询服务供应商，其提供的咨询服务应该是贯穿整个承包合同始终的。所以，在《咨询服务协议》中双方才约定，在项目终止或承包合同被解除的情况下，咨询服务协议也一并终止。

如果认定《咨询服务协议》及补充协议并未将工程承包合同的顺利履行作为咨询服务费用的支付前提和条件，那么就会发生在工程因非被申请人的原因而停工甚至最终工程取消的情况下，被申请人失去了承包工程而应该获得的收益，却又背负了全额支付咨询服务费的义务，这显然是不公平的。

《合同法》第五十四条规定："下列合同，当事人一方有权请求人民法院或者仲裁机构变更或者撤销：……（二）在订立合同时显失公平的……"

根据理论界和实践界的通说，所谓显失公平，是指"一方当事人利用优势或者对方没有经验，致使双方的权利义务明显违反公平、等价有偿原则的，可以认定为显失公平"。这也是《最高人民法院关于贯彻执行〈中华人民共和国民法通则〉若干问题的意见》第七十二条所确定的显失公平的概念。

本案中，申请人在双方交易中明显处于优势地位，对俄罗斯当地的经商环境和商业习惯也更有经验，尤其是作为咨询服务商，对于工程项目业主的行为应当具有一定的了解。在此情况下，将工程遭遇突发事件停工甚至完全解除后的风险完全归于被申请人承担，同时申请人却无需承担任何责任的话，显然就造成了双方权利义务的不平等。

因此，本案符合上述《合同法》规定的显失公平的情形。被申请人主张中止履行《咨询服务协议》及其补充协议，实际上系要求对《咨询服务协议》及补充协议的变更，即将咨询服务协议及补充协议确定的付款以承包经营合同顺利履行为前提。根据《合同法》第五十四条第一款第（二）项的规定，被申请人提出上述变更请求符合法律规定。

需要说明的是，即便将《民法典》作为本案的适用法律，那么本案被申请人的中止请求也符合法律规定。《民法典》第五百三十三条规定："合同成立后，合同的基础条件发生了当事人在订立合同时无法预见的、不属于商业风险的重大变化，继续履行合同对于当事人一方明显不公平的，受不利影响的当事人可以与对方重新协商；在合理期限内协商不成的，当事人可以请求人民法院或者仲裁机构变更或者解除合同。人民法院或者仲裁机构应当结合案件的实际情况，根据公平原则变更或者解除合同。"

本案案涉工程发生重大变化，已经构成了上述规定确定的情势变更的情形。在此情况下，被申请人要求变更合同，中止履行付款义务，符合法律规定。因此，即便认定《民法典》为本案应适用的法律，那么被申请人的变更主张也是符合法律规定的。

需要特别说明的是，被申请人所指的中止履行付款义务，是指双方在《咨询服务协议补充协议（第 2 号）》中约定的第三期及以后的付款。至于第一期和第二期的付款，系因为申请人未能履行付款的前置义务，因此被申请人有权不予支付。

综上，被申请人认为，申请人的主张没有事实与法律依据，依法应予驳回；而被申请人的反请求符合法律规定，依法应予支持。

二、仲裁庭意见

基于当事人提交的证据材料、所作书面陈述以及庭审调查，仲裁庭现就本案发表以下意见：

本案涉及的四份合同均以俄文和中文双语书就，而且均约定两种文字如有冲突以中文版为准，故此，在引述相关合同条文时，均以中文为准。

（一）关于本案的法律适用

本案涉及四份合同，分别是：

1. 2020年8月21日，被申请人与案外人俄罗斯公民H签署的《咨询服务协议》。根据该协议，被申请人委托H协助开拓俄罗斯市场，具体工作是协助被申请人在俄罗斯境内中标若干目标项目。被申请人承诺，如果中标相关项目并且签署了承包合同，则应向H支付一定的咨询服务费。关于适用法律，一方面，《咨询服务协议》约定："本协议应适用英格兰及威尔士法律进行解释，履行中如果出现分歧，双方应努力通过友好协商解决……"另一方面，在《咨询服务协议》"鉴于"部分的最后一段又提出："甲乙双方依照中华人民共和国和俄罗斯联邦相关法律、法规，遵守平等、自愿、公平和诚信的原则，经协商一致，订立本协议。"

2. 2020年9月28日，被申请人与H签订了《咨询服务协议补充协议》（以下简称《补充协议I》），主要内容是将目标项目俄罗斯V港口甲醇厂建设项目及U港口项目等两个项目扩展为俄罗斯V港口甲醇厂建设项目、U港口项目以及D项目（包括烯烃标段和聚烯烃标段）等三个项目。关于适用法律，一方面，《补充协议I》约定："协议下所有条款，除非已被本补充协议明确变更，否则应继续保持有效"；另一方面，在《补充协议I》"鉴于"部分的最后一段继续表示"甲乙双方依照中华人民共和国和俄罗斯联邦相关法律、法规，遵守平等、自愿、公平和诚信的原则，经协商一致，订立本补充协议"。

3. 2021年4月14日，被申请人、H以及申请人签订了《咨询服务协议转让协议》（以下简称《转让协议》），主要内容是H将其在《咨询服务协议》以及《补充协议I》项下的全部权利义务转移给申请人。关于适用法律，一方面，《转让协议》约定："咨询服务协议中有关管辖法律和争议解决的规定应适用于本转让协议"；另一方面，在《转让协议》"鉴于"部分的最后一段依然表示"甲乙丙各方依照中华人民共和国和俄罗斯联邦相关法律、法规，遵守平等、自愿、公平和诚信的原则，经协商一致，订立本转让协议"。

4. 2021年7月12日，被申请人与申请人签订了《咨询服务协议补充协议（第2号）》（以下简称《补充协议II》）。根据该协议，双方对D项目进行了结算，并且设定了支付方案。关于适用法律，一方面，《补充协议II》约定："咨询服务协议下所有条款，除非已被本补充协议明确变更，否则应继续保持有效"；但是另一方面，在《补充协议Ⅱ》"鉴于"部分的最后一段依旧表示"甲乙双方依照中华人民共和国和俄罗斯联邦相关法律、法规，遵守平等、自愿、公平和诚信的原则，经协商一致，订立本补充协议"。

在第二次庭审之前，双方针对本案的适用法律存在争议并且各自发表了意见。申请人认为本案应适用中国法律，主要理由是四份合同均写明，四份合同系各方"依据中华人民共和国和俄罗斯联邦相关法律、法规，遵循平等、自愿、公平和诚信的原则"订立，该约定与《咨询服务协议》约定存在冲突，应视为合同所适用的实体法约定不明。而且本案当事人、案涉四份合同的订立及履行均与英格兰、威尔士法律没有任何关联，因此，应认定双方没有选择合同所适用的实体法。同时，中国法律与本案具有最密切联系。而被申请人则主张，根据《咨询服务协议》约定，本案准据法应为英格兰及威尔士法律而非中国法。同时，即使不适用英格兰法及威尔士法，也应当适用与本案有最密切联系的俄罗斯法。然而，尽管被申请人提出上述主张，而且仲裁庭也给予了相应的法律查明期限，但是，被申请人并未对英格兰及威尔士法律或者俄罗斯法进行查明。相反，被申请人在其提交的《代理意见书》中，以"如果本案应当适用中国法作为准据法"为前提，对本案到底应当适用《合同法》还是《民法典》进行了讨论，并且基于中国法对本案相关争议问题进行了分析讨论。同时，被申请人还聘请三位法学专家对本案所涉若干问题，从中国法律角度发表了论证意见。

第二次庭审时，仲裁庭向双方进一步核实本案应适用哪国法律，双方均一致同意适用中国法。至此，双方对于本案适用法律再无争议。

本案申请人为一俄罗斯公司，而且咨询服务费所基于的工程也位于俄罗斯，故此，本案具有涉外因素。《中华人民共和国涉外民事关系法律适用法》规定："当事人依照法律规定可以明示选择涉外民事关系适用的法律。"鉴于双方均已明确同意案涉争议适用中国法律，故此，仲裁庭尊重当事人的意思表示，认可本案应适用中国法律。又鉴于案涉争议主要是针对双方于 2021 年 7 月 12 日订立的《补充协议Ⅱ》，该文件的形成时间发生在《民法典》生效之后，因此，本案主要适用《民法典》的相关规定。

（二）关于四份合同内在关系、《补充协议Ⅱ》的主要内容以及四份合同的效力

1. 四份合同的内在关系

本案中，案涉四份合同一脉相承，从被申请人与案外人 H 签订《咨询服务协议》，委托 H 提供咨询服务开始；到被申请人与 H 签订《补充协议Ⅰ》，将

咨询服务范围扩大至 D 项目；再到被申请人、H 与申请人签订《转让协议》，同意 H 将其在《咨询服务协议》以及《补充协议Ⅰ》项下全部权利义务转移给申请人；最后到申请人与被申请人双方签署《补充协议Ⅱ》，针对将完成的 D 项目进行了阶段性结算，确定了支付金额、条件和时间，四份合同具有密切的内在关系，在《咨询服务协议》订立之后签订的三份合同并未推翻《咨询服务协议》，因此，《咨询服务协议》中并未与之后所签协议发生冲突的条款依然有效。

2.《补充协议Ⅱ》的主要内容

本案的主要争议源于《补充协议Ⅱ》没有得到实际履行，因此，该协议所设立的权利义务也就成为双方争议焦点。《补充协议Ⅱ》的主要内容是：

第一，确认申请人已经协助被申请人与项目业主签署了 D 项目承包合同。协议"鉴于"部分确认："2. 乙方（申请人，仲裁庭注）已根据咨询服务协议，协助将甲方（被申请人，仲裁庭注）指定的当地公司 B1 公司列入业主合格承包商名单，且 B1 公司已中标俄罗斯 D 项目乙烯装置 OSBL 标段施工工程，并与业主签署该工程承包合同（以下简称'D 项目承包工程'）。"《补充协议Ⅱ》进一步写明："甲方（被申请人，仲裁庭注）确认，B1 公司为其指定的代表其参加俄罗斯 D 项目 OSBL 标段施工工程竞标的投标主体，在 B1 公司中标该工程并与业主签署承包合同后，乙方根据咨询服务协议应承担的协助甲方中标目标项目和签署承包合同的义务已经履行完毕。"

第二，双方针对 D 项目进行了结算，对被申请人的支付义务进行了清晰约定。《补充协议Ⅱ》约定："双方确认，甲方根据咨询服务协议应向乙方支付的与俄罗斯 D 项目有关的咨询服务费总额为 5 亿余卢布。上述总额已扣除甲方根据咨询服务协议支付给乙方的与 D 项目有关的预付款项和代乙方支付的咨询协议文本委托起草费用，且未考虑根据承包合同未计入承包商工作范围的桩基础和防火工程对应的合同额。"

协议确定了具体的支付时间、金额和条件，还特别注明："1. 第二笔款的支付，以甲方收到 D 工厂能源项目承包合同下第二笔预付款为前提；2. 乙方应提供符合俄罗斯法规要求的发票和其他入账支持文件；3. 付款周期保持不变。"

3. 四份合同的法律效力

《民法典》第四百九十条第一款规定，"当事人采用合同书形式订立合同的，自当事人均签名、盖章或者按指印时合同成立。在签名、盖章或者按指印之前，当事人一方已经履行主要义务，对方接受时，该合同成立"。《民法典》第五百零二条第一款规定，"依法成立的合同，自成立时生效，但是法律另有规定或者当事人另有约定的除外"。

仲裁庭认为，案涉四份合同系当事人真实意思表示，不违反中国法律、行政法规的强制性规定。同时，四份合同均有被申请人的授权代表签字并且加盖了被申请人的合同专用章；而且在整个仲裁期间，双方均未对案涉四份合同的签字盖章提出任何异议。故此，仲裁庭认为，案涉四份合同依法成立并生效，对于双方均具有约束力，可作为仲裁庭判定双方当事人权利和义务的基本依据。

（三）关于案涉四份合同的履行情况

仲裁庭注意到，双方在《补充协议Ⅱ》中明确认定申请人已经协助被申请人中标D项目OSBL标段施工工程，完成了案涉合同项下的主要合同义务。这既与被申请人提交的、被申请人之关联公司与D项目业主于2021年3月3日签订的关于OSBL工程总承包合同具有对应关系，也与被申请人方面证人b2所谓"2020年12月30日、31日，十公司（被申请人，仲裁庭注）和其他标段的投标者分别收到业主签发的俄语版和英语版中标函，中标金额600余亿卢布"的证词相吻合。庭审时，仲裁庭就此问题向双方进行了核实，双方对于上述事实并无异议。不仅如此，被申请人还确认，2020年12月，经中俄两国政府批准，被申请人上级公司参股了案涉D项目业主公司，持有该公司40%的股份。

《补充协议Ⅱ》签署后，申请人曾于2021年7月14日针对第一期咨询服务费发出了一张金额为12680万余卢布的发票，又于2022年5月20日针对第二期和第三期咨询服务费发出了两张发票，一张金额为7600万余卢布，另一张金额为近6100万卢布。三张发票的金额与《补充协议Ⅱ》约定的前三期应付的金额完全相同。

被申请人在其2021年9月1日发给申请人的信函中表示："关于《咨询服务协议补充协议（第2号）》所载第一款项，很遗憾地告知贵方，虽经多方努力，我方仍未能按约定在2021年7月付款，原因如下……"，"我司领导已指示执行团队，与贵司尽快协商签订一个新的合同，以实现在2021年底前完成咨询协议所载前两笔付款（约占咨询费总额的40%）的目标"。被申请人还表示："我司对未能按约定在2021年7月份实现向贵司付款表示歉意。作为'重合同、守信用'的中国国企，我司不会拒绝履行咨询协议付款义务，但我司执行团队同样有义务在项目执行中遵守俄罗斯联邦的各项法律法规……"2021年9月30

日，被申请人再次致函申请人表示："根据合同条款，俄罗斯 A 咨询公司已经满足支付条件，我方对所提供服务质量没有意见"，只是 "由于技术上的困难和其他不可预见的情况，B 公司未能如期履行其义务"，同时 "我们保证不迟于 2021 年 10 月 31 日支付 2021 年的全部款项"。但是，一直到 2021 年 11 月 29 日，被申请人才向申请人支付了近 50 万美元，并未实现其所承诺的尽快结清 2021 年年度咨询服务费的诺言。至于被申请人关联公司于 2021 年 8 月 12 日支付的 1100 万卢布是否与案涉四份合同有关，仲裁庭将在后面进行分析和讨论。

关于 D 项目的进展情况，被申请人表示，2022 年 1 月 27 日，D 项目业主向被申请人发函，要求取消原定由被申请人建设的低温储罐等工程。之后，2022 年 5 月 18 日，D 项目业主再度向被申请人发函，表示将暂停工程项目，并要求被申请人立刻中止建设工程合同项下的业务，并立即撤退人员和施工机具。根据业主要求，被申请人下属分包商均应最迟于 2022 年 9 月 1 日撤离现场。对于被申请人的上述陈述，申请人并无异议。

（四）关于申请人的仲裁请求

1. 关于申请人的第一项仲裁请求

申请人要求被申请人支付咨询服务费近 20290 万卢布（折合人民币近 1730 万余元），也就是《补充协议Ⅱ》中第一笔咨询服务费 12680 万余卢布与第二笔咨询服务费 7600 万余卢布之和。

被申请人认为，申请人并未向其交付符合合同约定的 "入账支持文件"，因此向申请人支付相关款项的条件尚未成就。此外，被申请人已经向申请人支付了两笔款项：第一笔是 2021 年 8 月 12 日通过其关联公司 B1 公司向申请人支付了 1100 万卢布；第二笔是 2021 年 11 月 29 日被申请人直接向申请人支付了近 50 万美元。被申请人要求将已经支付的两笔款项从申请人主张的付款金额中予以扣除。

仲裁庭注意到，《补充协议Ⅱ》反复确认申请人已经协助被申请人中标 D 项目 OSBL 标段施工工程、签署了承包合同，并且在此基础上，针对 D 项目的咨询服务费设定了具体的支付时间、数额和条件。就第一期咨询服务费和第二期咨询服务费的支付条件而言，《补充协议Ⅱ》只是要求 "第二笔款的支付，以甲方收到 D 工厂能源项目承包合同下第二笔预付款为前提"。虽然《补充协议Ⅱ》还要求申请人提供 "符合俄罗斯法律法规的发票和其他入账支持文件"，但是并未将此列为被申请人的支付前提。

仲裁庭还注意到，在案证据显示，申请人已经出具了与第一期咨询服务费和第二期咨询服务费相对应的商务发票。同时，申请人主张被申请人已从业主处收到第二笔付款，而被申请人对此并未提出异议。

关于被申请人提出的两项答辩意见，仲裁庭认为：

（1）关于"入账支持文件"

第一，《补充协议Ⅱ》以及《咨询服务协议》等文件虽然提及"入账支持文件"，但是并未详细约定"入账支持文件"具体是指哪些文件。类似地，被申请人虽然在其2021年9月1日的信函中要求申请人"为付款提供必需的支持文件，协助执行团队确保付款的合法和安全"，但是无论是在这封信函中，还是之后，被申请人都没有对所谓的"入账支持文件"进行详细解释。由此可知双方并没有对"入账支持文件"具体包括哪些文件作出明确约定，而被申请人也没有明确提出哪些文件属于"入账支持文件"。值得注意的是，被申请人提供的《咨询意见》也确认"应当注意的是，无论税收还是会计法律都没有直接规定一份应该作为证明咨询服务成本的文件清单。此外，俄罗斯法律未规定出于对此类服务进行税务会计核算和记账的目的，需要使用哪些法定形式的文件"。换言之，俄罗斯法律也并没有对"入账支持文件"作出详细规定。

第二，如前所述，《补充协议Ⅱ》虽然将提供"入账支持文件"列为申请人的一项职责，但是并未将申请人提交所谓"入账支持文件"约定为被申请人支付相关款项的必要前提条件。特别是，2021年11月29日，被申请人在没有收到申请人提交的"入账支持文件"的情形下向申请人支付了近50万美元，说明在没有获得申请人"入账支持文件"的情况下，在实际操作层面，被申请人完全可以顺利支付咨询服务费。

第三，被申请人在其2021年9月1日和2021年9月30日的信函中，一再对未能支付咨询服务费表示歉意，一再确认已经满足支付条件，而且一再承诺要及时支付，并没有将自己没有支付咨询服务费归咎于申请人没有提供"入账支持文件"，可知被申请人也知道自己在履行咨询服务费的支付义务时无需以申请人提供"入账支持文件"作为前提。

故此，仲裁庭认为，《补充协议Ⅱ》既未明确约定"入账支持文件"具体包括哪些文件，也没有将提供"入账支持文件"作为被申请人支付咨询服务费的前提条件。同时，在本程序启动之前，被申请人也从未向申请人明确提出需要哪些文件作为入账凭证，相反，被申请人还对没有完成2021年度支付表示了歉意。更为重要的是，被申请人于 2021 年 11 月 29 日向申请人支付了近 50 万美元，说明被申请人完全可以在没有收到"入账支持文件"的情形下完成咨询服务费的实际支付。因此，仲裁庭认为，申请人提供"入账支付文件"并非被申请人支付相关咨询服务费的前提条件；被申请人将申请人没有提供"入账支持文件"作为不支付的理由有违诚实信用原则，因此不能获得仲裁庭的认可。

（2）关于被申请人（包括其关联公司）的两笔支付

被申请人提出应将自己于 2021 年 11 月 29 日支付的近 50 万美元以及其关联公司于 2021 年 8 月 12 日支付的 1100 万卢布从应付咨询服务费中扣除。申请人认可被申请人于 2021 年 11 月 29 日支付的近 50 万美元属于案涉合同项下的咨询服务费，但是，申请人不认可被申请人关联公司于 2021 年 8 月 12 日支付的 1100 万卢布与本案有关。为此，申请人提交了该 1100 万卢布所涉合同的原件，并且解释了该合同订立的背景。而被申请人向仲裁庭提交了被申请人的俄文翻译 b2 的证词，b2 本人也出席了第二次庭审，回答了双方及仲裁庭提出的问题。

仲裁庭注意到，申请人提交的《为寻找分包商和供应商提供服务的协议》，系由申请人与被申请人的关联公司 B2 公司于 2021 年 4 月 10 日签署。该合同的目的为"为俄罗斯 D 天然气化工综合体的建筑工地寻找客户进行建筑和安装工程以及设备和材料供应商"，合同价款为 1100 万卢布，争议解决方式为"按俄罗斯联邦现行立法规定的方式提交莫斯科仲裁法院审议"。这与被申请人提交的、支付时间为 2021 年 8 月 12 日、支付人为被申请人关联公司 B2 公司、收款人为申请人、金额为 1100 万卢布的支付凭证在主体、金额以及支付时间方面都很吻合。特别是，支付凭证还显示，该笔付款系根据《为寻找分包商和供应商提供服务的协议》合同而发生，因此，仲裁庭认为，除非被申请人能够提出更为有力的、颠覆的证据，否则就不应将这 1100 万卢布记在案涉合同的名下。

为证明这 1100 万卢布系案涉合同项下的咨询服务费，b2 作证说从 2021 年 7 月底开始，申请人就一直在催促被申请人支付咨询服务费，而且还"提供了两三个咨询合同文本草案，由咨询商（申请人，仲裁庭注）与项目部（B1 公司）签署，合同额均为 1500 万卢布，项目部领导要求新签的合同需要符合俄罗斯的法律法规……"；"2021 年 8 月初执行团队与咨询商就 1500 万卢布付款所需另外签订的咨询合同达成一致"，而且"项目部要求把合同金额改成 1100 万卢布（约合人民币 100 万元），咨询商同意金额改为 1100 万卢布"；"2021 年 8

月中旬，在十公司（被申请人，仲裁庭注）和 B1 公司相关合同会签审批流程结束，其合同签署完毕后，1100 万卢布最终得以支付"。但是，在接受申请人的盘问时，b2 承认自己仅仅是一名翻译，并不能接触到被申请人核心的财务运作。同时，他还承认，对于他证词里提及的，申请人与被申请人关联公司于 2021 年 8 月中旬签署的协议，他本人并没有亲眼见到过。相反，他确认曾经见到过申请人与被申请人关联公司于 2021 年 4 月 10 日签署的《为寻找分包商和供应商提供服务的协议》。

仲裁庭认为，正如 b2 本人所说的那样，作为一名俄语翻译，b2 本人不可能接触到被申请人的核心财务运作信息。虽然他在证词里提及为支付咨询服务费，申请人可能与被申请人包括其关联公司有过交涉，但是，他没有亲眼见到过他在证词中提到的、申请人与被申请人另行签署的、价款为 1100 万卢布的合同。因此，在没有任何佐证的情形下，他证词中所谓申请人曾经与被申请人于 2022 年 8 月就支付 1100 万卢布签署了一份合同的陈述不可采信。仲裁庭进一步认为，如果不存在这样一份仅仅是为了支付咨询服务费而专门草拟的合同，那么也就没有任何证据能够说明被申请人的关联公司向申请人支付 1100 万卢布与案涉合同有关。故此，仲裁庭认为不应从欠付咨询服务费中扣除这 1100 万卢布，同时，如果被申请人对《为寻找分包商和供应商提供服务的协议》的订立、存在、执行或者解释有任何异议，则应根据该协议所含仲裁协议另行提起仲裁程序。

《民法典》第五百七十九条规定："当事人一方未支付价款、报酬、租金、利息，或者不履行其他金钱债务的，对方可以请求其支付。"

基于前面的分析和讨论，仲裁庭认为，《补充协议Ⅱ》约定的第一期咨询服务费和第二期咨询服务费的支付条件业已成就，被申请人负有支付义务，应付金额为第一期与第二期咨询服务费之和近 20290 万卢布与近 50 万美元之差。

关于币种的换算问题，仲裁庭注意到，申请人的仲裁请求要求以卢布支付，同时将卢布折合为相应的人民币金额。由于中国的金融系统不提供美元与卢布直接兑换的汇率，因此，为方便计算，仲裁庭将以人民币为本位进行币种换算。

中国国家外汇管理局于被申请人实际支付近 50 万美元之日，即 2021 年 11 月 29 日公布的人民币汇率中间价，美元兑人民币汇率为 6.39，人民币兑卢布汇率为 11.77，由此近 50 万美元折合 3500 余万卢布。故，被申请人应当向申请人支付近 16700 万卢布（近 20230 万-3500 余万）。

2. 关于申请人的第二项仲裁请求

申请人要求被申请人以 12680 万余卢布（折合人民币 1080 万余元）为基数，按照中国人民银行授权全国银行间同业拆借中心公布的一年期贷款市场报价利率（LPR）标准计算，赔偿申请人自 2021 年 8 月 1 日至实际付清之日的逾期付款期间利息损失（暂计算至 2022 年 1 月 13 日的损失为 200 余万卢布，折合人民币近 20 万元）。

被申请人认为，根据 2021 年颁布的《全国法院涉外商事海事审判工作座谈会会议纪要》第三十二条规定，外币逾期付款情形下，当事人就逾期付款主张利息损失时，当事人有约定的，按当事人约定处理；当事人未约定的，可以参照中国银行同期同类外币贷款利率计算。由于申请人主张的支付币种为卢布，而非人民币，LPR 并不适用于人民币以外的币种，并且中国银行并不存在通行的俄罗斯卢布贷款利率，因此申请人无权主张任何利息损失。

《民法典》第五百八十五条第一款规定："当事人可以约定一方违约时应当根据违约情况向对方支付一定数额的违约金，也可以约定因违约产生的损失赔偿额的计算方法。"仲裁庭认为，申请人有权要求被申请人对未付咨询服务费支付利息损失。《全国法院涉外商事海事审判工作座谈会会议纪要》第三十二条支持参照中国银行同期同类外币贷款利率对外币欠款支付逾期利息。然而，仲裁庭注意到，中国银行不直接提供俄罗斯卢布的贷款利率，参照中国银行公布的其他外币贷款利率，并考虑本案实际情况，仲裁庭认为可以统一按照年利率 2% 计息。

关于利息计算基数，基于前述仲裁庭对申请人的仲裁请求的支持情况，且申请人在庭审中同意从欠款中扣除被申请人已于 2021 年 11 月 29 日向申请人支付的近 50 万美元（按当日汇率折合 3500 余万卢布），被申请人应以 12680 万余卢布扣除 3500 余万卢布后的金额 9100 余万卢布作为计算基数。

《咨询服务协议》约定了 45 日的账期，而《补充协议Ⅱ》又声明"咨询服务协议下所有条款，除非已被本补充协议明确变更，否则应继续保持有效"。本案中，申请人针对第一笔咨询服务费出具发票的时间为 2021 年 7 月 14 日，账期截至 2021 年 8 月 28 日，显然，被申请人支付近 50 万美元的时间超过了第一笔咨询服务费的账期。考虑到被申请人的实际支付情况以及还涉及第二期咨询服务费的赔偿问题，仲裁庭认为可以从 2021 年 11 月 30 日，即被申请人支付近 50 万美元后的第二天开始计息，以 9100 余万卢布为基数，按照年利率 2% 计算，直至实际付清之日。上述利息暂计至 2022 年 1 月 13 日共计 45 日为 20 余万卢布（9100 余万×2%÷360×45）。

3. 关于申请人的第三项仲裁请求

申请人要求被申请人以 7600 余万卢布（折合人民币近 650 万元）为基数，按照中国人民银行授权全国银行间同业拆借中心公布的一年期贷款市场报价利率（LPR）标准计算，赔偿申请人自 2021 年 12 月 1 日至实际付清之日的逾期付款期间利息损失（暂计算至 2022 年 1 月 13 日的损失为 35 万余卢布，折合人民币 3 万余元）。

基于前面的分析和讨论，仲裁庭认可以 7600 余万卢布作为第二期咨询服务费利息计算的基数，并且按照年利率 2% 计算利息。

关于利息计算起始时间，仲裁庭注意到，申请人于 2022 年 5 月 20 日针对第二期咨询服务费向被申请人出具了发票，鉴于《咨询服务协议》约定了 45 日的账期，因此，仲裁庭认为应从 2022 年 7 月 5 日开始计算利息直至实际付清之日。

4. 关于申请人的第四项仲裁请求

申请人要求被申请人承担本案仲裁费（以申请人实际缴纳金额为准）、保全费人民币 5000 元以及保全担保费人民币近 2 万元。

为该等仲裁请求之目的，申请人向仲裁庭提供了某财产保险有限公司于 2022 年 3 月 3 日向中国某市中级人民法院出具的保单一份，财产保全申请人为申请人、财产保全被申请人为被申请人，责任限额为人民币 1800 万元整；某财产保险有限公司支公司于 2022 年 3 月 3 日向申请人出具的普通发票一份，发票金额为人民币 18000 元；以及中国某市中级人民法院于 2022 年 6 月 13 日出具的财产保全费电子发票一份，保全费金额为人民币 5000 元。

被申请人对上述证据的真实性和关联性没有异议，但认为被申请人资金实力雄厚，偿债能力充足，发生保全担保费和保全费并非必需，应当予以驳回。

根据《仲裁规则》第五十二条第（一）款的规定，仲裁庭认为本案本请求仲裁费用应由申请人承担 10%，由被申请人承担 90%，同时被申请人应向申请人支付申请人支出的保全费以及保全担保费。

（五）关于被申请人的仲裁反请求

1. 关于被申请人的第一项反请求

被申请人请求中止履行《咨询服务协议》《补充协议Ⅰ》及《补充协议Ⅱ》，具体是指中止支付《补充协议Ⅱ》项下第三期咨询服务费以及以后各期咨询服务费。

被申请人在其《仲裁反请求申请书》以及两份《代理意见书》中提出了若干理由，归纳起来主要是：第一，案涉项目被业主多次削减工程量、致使被申请人收益减少在先，又被业主单方面宣布停工在后，该工程实际上很可能将无法继续，因此，被申请人通过完成建设项目进而获取工程款利润的合同目的面临彻底落空的风险。而被申请人向申请人支付咨询服务费是采取分期支付的方式，与工程建设周期几乎完全相同，这也就意味着，"双方之所以将付款周期按照工程周期来设定，就是为了将咨询服务费的支付与工程进度相挂钩"，因此案涉工程顺利推进和业主顺利支付工程款是被申请人向申请人支付咨询服务费的前提。工程已经停工且后续工程建设可能性存疑的情况属于我国法律规定的"情势变更"，因此，被申请人有权拒绝支付剩余的咨询服务费。第二，被申请人对俄罗斯市场不了解，故此要请申请人保驾护航，因此，在与被申请人签约时，处于不平等地位。而申请人作为一个专业的俄罗斯本土公司，对于可能发生的类似情况是完全知情的，但是申请人并未提示相关风险，在此等情形下，将工程遭遇突发事件停工甚至完全解除后的风险完全归于被申请人，而申请人却无需承担任何责任，对于被申请人而言显然是不公平的。第三，被申请人的上级公司已经入股案涉项目的业主公司，被申请人中标案涉项目的难度大幅降低，咨询费也应大幅度降低和减少。

申请人则认为，第一，案涉合同的目的是帮助被申请人中标案涉项目，不保证被申请人必然获得工程对价收益。本案中，申请人已依约将合同义务履行完毕，被申请人对案涉工程收益的不确定性不构成中止案涉合同的依据。第二，被申请人与业主签订的承包合同的变更、中止不应当影响其与申请人签订的协议合同。业主停工也不应视为申请人未妥善履行案涉协议项下的义务。第三，案涉项目承包方是业主根据俄罗斯法律通过招标选聘，申请人工作难度和工作量不会因被申请人上级公司入股而变化。特别是，《补充协议Ⅱ》签订于2021年7月12日，当时被申请人上级公司已经入股业主公司，因此，入股问题不应当成为被申请人调减咨询费数额的因素。

关于"情势变更"，《民法典》第五百三十三条第一款规定："合同成立后，合同的基础条件发生了当事人在订立合同时无法预见的、不属于商业风险的重大变化，继续履行合同对于当事人一方明显不公平的，受不利影响的当事人可以与对方重新协商；在合理期限内协商不成的，当事人可以请求人民法院或者仲裁机构变更或者解除合同。"

　　根据上面的定义，可知根据我国法律，"情势变更"是指：（1）合同所依赖的基础条件发生了当事人无法预见的重大变化；（2）造成这种重大变化的原因并非"商业风险"或者"不可抗力"；（3）继续履行合同并非绝无可能，但是继续履行合同的结果会对受影响的一方造成明显的不公平。同时，在遭遇"情势变更"时，受到影响的当事人可以请求人民法院或者仲裁机构变更合同或者解除合同。

　　针对被申请人提出的"情势变更"辩论意见，仲裁庭从以下几个方面进行分析和讨论：

　　（1）被申请人主张的事件是否与本案有关

　　仲裁庭注意到，被申请人所谓"情势变更"的事件，主要是所承包的 D 项目承包工程被业主削减工程量并被"叫停"，致使被申请人很可能会丧失获得预期收益的机会。经查，案涉四份合同特别是《补充协议Ⅱ》的履行确与 D 项目承包工程的进展以及业主的实际支付息息相关，构成双方履行四份合同特别是《补充协议Ⅱ》的基础条件。这从《咨询服务协议》约定"咨询服务费应在甲方（被申请人，仲裁庭注）收到承包合同下对应款项，且乙方（申请人，仲裁庭注）按照甲方要求提供发票和甲方合理要求的其他支持文件（如有）后 45日内同比例支付给乙方，直至全额付清为止"、《补充协议Ⅰ》将申请人的服务范围扩展至 D 项目、《补充协议Ⅱ》设定的 7 次付款时间与 D 项目承包工程的预计进展具有一定关联，以及《补充协议Ⅱ》特别约定第二笔付款的支付应以业主向被申请人支付相关款项作为前提，还补充说"付款周期保持不变"都能得到印证，因此，当 D 项目承包工程被业主削减工程量并被业主"叫停"时，确实会影响到被申请人履行四份合同特别是《补充协议Ⅱ》。

　　（2）被申请人所遭受的风险是否可以预见

　　仲裁庭认为，凡交易必有风险。尤其是在境外实施这样巨大的工程建设，各种不测在所难免。仲裁庭注意到，双方在签订《咨询服务协议》时，显然已经预见到 D 项目承包工程在履行过程中可能会遭遇各种不可预见的变更，甚至障碍和纠纷，因此，《咨询服务协议》就约定："为免存疑，合同额系指承包合同在其签署日所载的合同总额，该数额非承包合同结算额，即不包括变更或索赔额，其不包括可选工作的数额。"也就是说，申请人虽然承诺会"充分恰当履行"所有合同义务，但是既未向被申请人保证工程承包合同在订立后就不会发生变更或者困难，也没有保证业主一定会按期支付，更没有保证被申请人一定会获利，而是将"变更"以及"索赔"等风险揭示出来。也就是说，被申请人理应并且已经预见到了 D 项目承包工程可能遭受到各种风险。

（3）现有证据是否足以令仲裁庭判断相关事件是否属于"情势变更"

仲裁庭进一步认为，证明 D 项目承包工程被业主削减工程量的证据只有业主于 2022 年 5 月 18 日和 2022 年 1 月 27 日发给被申请人的两封信函，而在信函中，业主还对工程进展缓慢表示不满；而关于 D 项目承包工程被业主"叫停"的事实，也仅仅是被申请人的陈述，并没有见到业主发出的任何书面文件。据此，仲裁庭实在难以断定 D 项目承包工程被削减工程量和"叫停"的背景和真正原因、对被申请人造成的具体影响、D 项目承包工程是否还可以全部或者部分恢复、业主是否会对被申请人作出补偿，特别是被申请人是否也存在一定过错等。

（4）关于"公平"的分析

被申请人还提出由于被申请人的上级公司成为项目业主公司的股东，申请人的工作量因此降低、双方谈判的地位不平等，并且声称自己"失去了承包商应当获得的收益，却又背负了全额支付咨询服务费的义务，这显然是不公平的"等关于"公平"的辩论意见。

仲裁庭认为，"情势变更"中的"显失公平"是指在"情势变更"的情形下，如果遭受影响的一方继续履行合同，其结果会对其"显失公平"。这与被申请人所主张的各种"不公平因素"是不同的概念。

仲裁庭进一步认为，案涉合同的目的是申请人协助被申请人中标项目、签署工程施工合同。本案中，这个合同目的已经实现，被申请人的母公司成为项目业主公司的股东，其实是"超额"完成了合同目的，被申请人非但不对此作出积极评价，反而以此为由要求降低自己的合同责任，有违诚实信用原则。

同时，对于一份咨询服务合同而言，服务提供商在相关领域势必具有相当的甚至是独特的专业知识和能力，这也正是购买方所需要的；而购买者作为咨询服务费的支付者，则需有提供服务提供商所需要的资金，双方各有所需也各有付出，因此具有平等的谈判地位，被申请人所谓"双方在订约时就处在一个并不平等的地位上"的主张并不正确。

最后，如前所述，在仲裁庭看来，被申请人虽然签订了 D 项目承包工程合同，但是，签订相关项目的工程承包合同并不能确保被申请人一定获益。被申请人是否能从中标项目中获益，要取决于各种市场因素和非市场因素，这不是申请人可以控制和影响的，因此，在申请人已经充分履行了合同义务的情形下，将不应当由申请人承担的责任加诸申请人，对申请人而言才是不公平。

综上，仲裁庭认为，被申请人所主张的 D 项目承包工程被业主削减工程量并被业主"叫停"与案涉四份合同密切相关，势必会对案涉合同特别是《补充协议Ⅱ》的履行产生影响，但是，现有证据既不能令仲裁庭对这些事件或者属于可预见到的商业风险，或者属于不可预见的"情势变更"作出全面和确定性的判断，也不能对被申请人是否应对相关事件承担责任作出全面和确定性的判断。由于仲裁庭不能认定被申请人所主张的事件必然属于"情势变更"，因此也就难以支持被申请人基于"情势变更"而提起的仲裁请求。

仲裁庭进一步认为，在中国法律项下，关于"中止"金钱给付的主张还缺乏足够法律依据。特别是，如果不对"中止"金钱给付限制在一定的范围之内，并且设立一定的解除条件，则这种"中止"就会演变为永久性的不给付，这对权利人而言是十分不公平的。尤其是在本案中，就目前的情况而言，被申请人并不能想当然地认定相关工程必然会被永久终止，或者业主必然不会支付更多的工程款，如此，被申请人也就不能主观地认定自己就有权永久地或者暂时地免于支付《补充协议Ⅱ》所约定的第三期以及之后的咨询服务费。也就是说，被申请人是否应当支付第三期以及之后的咨询服务费要取决于被申请人与业主之间的进一步互动，因此，仲裁庭不能支持被申请人的这项反请求。

2. 关于被申请人的第二项反请求

被申请人要求申请人承担因其提交反请求而产生的仲裁受理费和处理费。

基于仲裁庭对被申请人第一项反请求的决定，仲裁庭不支持被申请人要求因反请求而产生的仲裁受理费、处理费由申请人承担的主张。

三、裁　决

根据上述事实和理由，仲裁庭裁决如下：

（一）被申请人向申请人支付咨询服务费近 16700 万卢布。

（二）被申请人向申请人支付逾期付款期间利息，以 9100 余万卢布为基数，按照年利率 2% 标准计算，赔偿申请人自 2021 年 11 月 30 日至实际付清之日的逾期付款期间利息损失（暂计算至 2022 年 1 月 13 日为近 23 万卢布）。

（三）被申请人向申请人支付逾期付款期间利息，以 7600 余万卢布为基数，按照年利率 2% 标准计算，赔偿申请人自 2022 年 7 月 5 日至实际付清之日的逾期付款期间利息损失。

（四）被申请人向申请人偿付申请人为本案支出的保全费人民币 5000 元以及保全担保费人民币近 2 万元，合计人民币 2 万余元。

（五）驳回申请人的其他仲裁请求。

（六）驳回被申请人的全部仲裁反请求。

（七）本案本请求仲裁费由申请人承担 10%，由被申请人承担 90%。

（八）本案反请求仲裁费全部由被申请人承担。

上述应付款项，被申请人应在本裁决作出之日起 20 日内支付完毕。

本裁决为终局裁决，自作出之日起生效。

案例评析

【关键词】中介费　情势变更　中止履行合同

【焦点问题】

本案的焦点争议在于，能否认定部分中介费的支付条件已经成就，以及在所涉能源项目进展不顺利的情况下，中介费的支付方能否以情势变更或者交易不公平为由请求中止合同履行。

【焦点评析】

在 "一带一路" 国家进行大型能源、基建项目，中方承包商有时会以获得商业机会作为前提，向项目所在国的中间人支付中介费用。显然，受制于各种商业和非商业因素，中方承包商是否能够获得商业机会充满不确定性，因此，极易因中介费的支付产生纠纷。本案就是这种争议的一个典型代表。

一、案件事实

本案涉及四份合同，其一，中国公司与俄罗斯某公民于 2020 年 8 月订立的咨询服务协议，主要内容是中国公司承诺，如果俄罗斯公民能够协助中国公司在俄罗斯境内中标若干能源项目，则向俄罗斯公民支付相应的咨询服务费。其二，2020 年 9 月，双方签署了一份补充协议，将合作范围扩展至更多的能源项目。其三，2021 年 4 月，双方与一家俄罗斯公司订立一份权利义务转让协议。根据这份协议，俄罗斯公司代替俄罗斯公民，成为咨询服务协议及其补充协议的权利义务主体。其四，2021 年 7 月，由于中国公司成功中标咨询服务协议及补充协议项下的一个项目，中国公司与俄罗斯公司针对该项目的咨询服务费订立了结算协议，确定了咨询服务费的具体金额以及支付时间表。咨询服务费总计大约 5 亿卢布，以项目业主向中国公司支付为前提，中国公司计划分七次支付给俄罗斯公司，第一笔预计于 2021 年 7 月支付，第二笔预计于 2021 年 11 月支付，两笔合计大约 2 亿卢布。以后每一笔服务费的支付时间分别为 2022 年 4 月、2022 年 11 月、2023 年 4 月、2023 年 11 月以及 2024 年 4 月。

之后，虽然中国公司一再向俄罗斯公司表示要支付第一笔和第二笔款项，但是并未实际支付。因此，俄罗斯公司作为申请人于 2022 年 3 月依据权利义务转让协议中的仲裁条款，针对中国公司也就是被申请人向中国国际经济贸易仲裁委员会提起仲裁，要求中方公司支付第一期和第二期费用、与这两笔款项相关的利息、保全费用以及仲裁费用，而中方公司在提出抗辩意见的同时提出反请求，要求中止支付第三期以及以后各期咨询服务费。

二、两个主要争议问题

1. 第一笔以及第二笔咨询服务费的支付条件是否已经成就

案涉合同特别是结算协议不仅确定了服务费金额和具体支付时间表，还特别注明："1. 第二笔款的支付，以甲方收到 D 工厂能源项目承包合同下第二笔预付款为前提；2. 乙方应提供符合俄罗斯法规要求的发票和其他入账支持文件；3. 付款周期保持不变。"

申请人主张，咨询服务协议以及权利义务转让协议约定的支付条件已经成就，结算协议还设定了具体的支付金额和时间表，故此被申请人应当履行其支付义务。而被申请人则主张，申请人尚未提交结算协议约定的"入账支持文件"，因此支付第一期以及第二期费用的条件尚未成就；同时，申请人没有将被申请人已经支付的一笔款项，以及被申请人关联公司代为支付的另一笔款项计算在内。

关于被申请人提出的第一项抗辩意见，仲裁庭注意到，第一，案涉合同并未详细约定"入账支持文件"的具体内容，而被申请人聘请的俄罗斯法律专家也提出："俄罗斯法律未规定出于对此类服务进行税务会计核算和记账的目的，需要使用哪些法定形式的文件"；第二，案涉合同虽然要求申请人提交"入账支持文件"，但是，在申请人没有提交这些文件的情形下，被申请人仍然能够顺利支付部分款项；特别是，第三，被申请人于 2021 年 9 月向申请人发出两封信函，一再对未能按期支付咨询服务费表示歉意、一再确认支付条件已经得到满足，并且一再承诺要及时支付，并没有将自己未能支付咨询服务费归咎于申请人没有提供"入账支持文件"。故此，仲裁庭认为"入账支持文件"含义模糊，而且并非被申请人支付咨询服务费的必要条件。

关于被申请人提出的第二项抗辩意见，仲裁庭认为，由于申请人在庭审时确认已从被申请人处收到了一笔付款，所以，应当将这部分金额从应付款项中扣除。但是，对于被申请人关联公司代为支付的一笔款项，申请人回应说，这笔款项事关申请人与被申请人关联公司之间另行订立的一份合同，该合同涉及俄罗斯另外一个能源项目，与案涉协议所约定的项目无关。同时，该协议约定，与该协议订立和履行相关的争议应交由莫斯科仲裁法院（Moscow Arbitration Court）进行审理。被申请人为支持自己的主张申请证人出庭作证。仲裁庭为了确保当事人的陈述权利，特别为询问和盘问证人举行了一次庭审。通过庭审，仲裁庭发现，该证人仅仅是被申请人的俄语翻译，不能全面了解被申请人在俄罗斯的经营情况以及核心财务情况。特别是，他虽然参与了申请人与被申请人之间就这笔款项支付而进行的交流，但是并不了解申请人还曾与被申请人的关联公司另行订立过一份协议，因此，也就不了解这笔款项的实际支付目的。故此，仲裁庭不能认定被申请人关联公司向申请人支付的这一笔款项系为了履行案涉协议。

综上，在双方确认被申请人已经中标相关能源项目，而且已经从业主那里获得了相应款项；申请人已经出具相关形式发票；同时被申请人还反复承诺要支付第一笔和第二笔服务费的情况下，仲裁庭认定这两笔款项的支付条件已经成就，被申请人因此应当支付第一期及第二期咨询服务费，但是，应当扣除被申请人已经支付的金额。

2. 第三期以及以后各期咨询服务费是否应当"中止"支付

被申请人主张，双方进行过结算的能源项目不仅在实际履行过程中多次被削减工程内容，而且目前已经被叫停，因此，在业主不会向被申请人支付更多工程款的情形下，被申请人无力向申请人支付更多款项。根据情势变更原则，被申请人有权请求中止履行案涉合同；同时，申请人身为俄罗斯公司，在谈判中处于优势地位，但是并未向被申请人提示风险；以及，被申请人的上级公司已经成为案涉项目业主公司的股东，从而降低了申请人的工作难度，其咨询费理应降低。综合这些因素，被申请人认为继续向申请人支付第三期以及以后各期咨询服务费不公平。

申请人主张，双方订立案涉合同的目的在于申请人协助被申请人中标合同约定的能源项目，而不在于确保被申请人必然从这些项目中盈利，因此，项目是否能够顺利进行不是本案要考虑的因素；同时，申请人的工作难度和工作量并不因被申请人上级公司成为项目业主公司的股东而降低，特别是，双方订立结算协议的时间是在被申请人的上级公司成为项目业主公司股东之后。

仲裁庭认为，根据《民法典》第五百三十三条的规定，可知在我国法律中，"情势变更"包括三个要素，即（1）合同所依赖的基础条件发生了当事人无法预见的重大变化；（2）造成这种重大变化的原因并非"商业风险"或者"不可抗力"；（3）继续履行合同并非绝无可能，但是继续履行合同的结果会对受影响的一方造成明显的不公平。同时，在遭遇"情势变更"时，受到影响的当事人可以请求人民法院或者仲裁机构变更合同或者解除合同。本案中，案涉能源项目是否能够顺利进行以及被申请人是否能够从项目业主处获得工程款要取决于很多商业因素和非商业因素。仅凭被申请人提供的、项目业主发出的两份函件，仲裁庭不能断定造成项目不能顺利进行的真实原因，特别是被申请人是否对项目不能顺利进行负有一定程度的责任，因此，仲裁庭既不能判断案涉合同所依赖的"基础条件"到底是因为怎样的原因发生了重大变化，也不能判断继续履行案涉合同是否会给被申请人造成明显的不公平。因此，仲裁庭不能认定本案存在"情势变更"的情形，也就不能支持被申请人依据"情势变更"提起的反请求。

对于被申请人所提及的申请人处于优势谈判地位，以及被申请人上级公司已经成为项目公司股东等情形，仲裁庭认为，前者并不意味着双方的法律地位不平等，而后者则在一定程度上说明了申请人的工作取得了不错的效果，因此不应成为被申请人豁免支付义务的理由。

【结语】

本案的争议焦点在于查明合同所约定的、符合俄罗斯法律的"入账支持文件"在实践中到底指向哪些资料。根据申请人提供的证据以及被申请人的实际支付行为，仲裁庭认定这项约定并不指向任何特定的文件，因此，被申请人也就不能以此作为借口拒绝支付。为了避免争议，中国企业为在"一带一路"国家承建项目谈判类似协议时，要注意就有关术语和条款作出明确约定。例如，在本案协议中，双方可就"入账支持文件"的内涵和范围作出明确约定。

进一步说，由于缺乏透明度，项目中介费是一个敏感话题。本案中，仲裁庭避免对订立协议的真实目的以及申请人的具体服务内容进行分析和讨论。入乡随俗，在不违反所在国法律和通行商业道德的前提下，中方承包商还是应当尊重所在国的交易习惯，尽力恪守合同约定，承担必要的支付义务。如此，才能以更加包容性的态度与所在国的合作伙伴实现互利共赢。

（评述人：孟霆）

案例六　中国 A 餐饮公司与韩国 B 餐饮公司
特许经营合同争议案

　　中国国际经济贸易仲裁委员会（以下简称"仲裁委员会"）根据申请人中国 A 餐饮公司（以下简称"申请人"）与被申请人韩国 B 餐饮公司（以下简称"被申请人"）签订的《特许经营合同书》（以下简称"本案合同"）中仲裁条款的约定以及申请人向仲裁委员会上海分会提交的书面仲裁申请，受理了上述合同项下争议仲裁案。

　　本案仲裁程序适用自 2015 年 1 月 1 日起施行的《中国国际经济贸易仲裁委员会仲裁规则》（以下简称《仲裁规则》）。

　　根据《仲裁规则》第二十五条的规定，本案应由三名仲裁员组成仲裁庭进行审理。申请人选定 X 担任本案仲裁员。被申请人选定 Y 担任本案仲裁员。由于双方当事人未在规定期限内共同选定或共同委托仲裁委员会主任指定首席仲裁员，仲裁委员会主任根据《仲裁规则》的规定指定 Z 担任本案首席仲裁员。上述三位仲裁员在签署了接受指定的《声明书》后组成仲裁庭审理本案。

　　仲裁庭对本案进行了两次开庭审理。其间被申请人提交"仲裁反请求申请书"。申请人提交"反请求答辩状与本请求补充意见"。双方当事人均委派仲裁代理人出席了庭审。庭审中，申请人和被申请人分别陈述了仲裁请求和仲裁反请求及其所依据的事实和理由，并分别针对对方的反请求或请求进行了答辩。被申请人方专家证人出庭作证，申请人方专家证人、被申请人方证人以网上视频连线方式出庭作证，双方证人或专家证人接受了双方当事人以及仲裁庭的询问。双方当事人出示了相关证据原件，对对方的证据进行了质证，回答了仲裁庭提出的问题，并作了最后陈述。经征求双方当事人意见，仲裁庭对本案庭后程序作了安排。

　　本案现已审理终结。仲裁庭根据庭审查明的事实、双方当事人提交的现有材料和证据，依据本案合同约定以及相关法律规定，经合议，作出本裁决。

　　现将本案案情、仲裁庭意见及裁决结果分述如下：

一、案　情

（一）申请人的仲裁请求及主要事实与理由

申请人是一家注册于中国 S 市的公司，被申请人是一家以经营比萨餐厅为主要业务的韩国公司。

2016 年 4 月 29 日，申请人与被申请人签订了本案合同。被申请人授予申请人在中国开展"某品牌比萨"特许经营的权利，特许经营的形式包括开设直营店与吸收中国国内第三方加盟。被申请人赋予申请人独家使用经营标志和专有技术并发展加盟产业的权利；作为对价，申请人向被申请人支付加盟费。

合同签订后，申请人如约向被申请人足额缴纳了相当于 5 亿韩元的加盟费，并在合同约定的 S 市地区开始了"某品牌比萨"品牌的特许经营工作。然而，被申请人并未履行合同义务，其违约行为触发了合同约定的解约条款，申请人有权以此解除合同，并要求被申请人赔偿解约损失、返还加盟费并承担本次仲裁的仲裁费用和律师费用。所依据的事实和理由如下：

1. 被申请人违反了特许经营地法律、法规

根据被申请人的经营方针，申请人在特许经营业务中必须采购被申请人供应的指定物品。尤其是在"某品牌比萨"产品的制作中，特定食品原料必须从被申请人处采购，涉及必须从被申请人采购的秘方食材、配料包括但不限于秘料纤维素、秘料酸黄瓜料包、秘料番茄酱底料、秘料辣鸡肉酱、秘料发酵粉等。

然而，被申请人对国际特许经营的原材料供应毫无经验，不了解中华人民共和国关于物品进出口的相关法律、法规，也没有采用正当通关程序向申请人的店铺运输物品；在整个合同履行期间内，被申请人采用了随乘机人员行李托运或携带与特许经营业务不相干的海运货物的方式，在未经正当、合法的海关进口报关程序的情况下，向申请人开设的直营店中运送采购物品；其中就包括上文提及的秘料类食材、配料，被申请人仍然以韩国原包装的形式将这些物品运往申请人店中。

申请人曾屡次以书面或口头形式向被申请人提出异议，建议其纠正不正规的供货形式。例如，2018 年 5 月 17 日，申请人向被申请人发送《关于 S 市某品牌比萨产品存在问题的报告》，要求被申请人对四项未解决事宜进行处理，其中第四项为"韩方发往 S 市的原材料（如：发酵粉、纤维素等）的运输问题"，然而被申请人始终没有纠正。

2019 年 8 月 12 日，S 市 T 区市场监督管理局到申请人店里检查，其《现场检查笔录》显示，检查结果为被申请人发来的原料无中文标签，其余事项皆通过检查。S 市 T 区市场监督管理局随即向申请人店铺下达了《责令整改通知书》，要求申请人停止采购无标签的预包装食品原料。

2019 年 8 月 22 日，S 市 T 区市场监督管理局向申请人下达了《行政处罚通知书》，认定从被申请人处采购的辣鸡肉酱没有中文标签，根据《中华人民共和国食品安全法》（以下简称《食品安全法》）第九十七条"进口的预包装食品、食品添加剂应当有中文标签；依法应当有说明书的，还应当有中文说明书。标签、说明书应当符合本法以及我国其他有关法律、行政法规的规定和食品安全国家标准的要求，并载明食品的原产地以及境内代理商的名称、地址、联系方式。预包装食品没有中文标签、中文说明书或者标签、说明书不符合本条规定的，不得进口"、《食品安全法》第二十六条"食品安全标准应当包括下列内容……（四）对与卫生、营养等食品安全要求有关的标签、标志、说明书的要求"以及《食品安全法》第五十五条第一款"餐饮服务提供者应当制定并实施原料控制要求，不得采购不符合食品安全标准的食品原料。倡导餐饮服务提供者公开加工过程，公示食品原料及其来源等信息"之规定，对申请人作出了行政处罚。

2. 被申请人违反了合同约定，申请人有权解除合同

（1）被申请人向申请人的供货违反合同中的陈述与保证条款。

被申请人的供货行为违反本案合同的陈述与保证条款，具体而言：

根据本案合同约定，被申请人在遵守国际法和大韩民国法令的前提下，正在从事着加盟产业。因此，被申请人应当在遵守包括特许经营地中国在内的国际法律的前提下，从事加盟产业。但被申请人的供货明显违反了中国法律，且相关事实已经被 S 市 T 区市场监督管理局的一系列行政文书所固定。

根据本案合同约定，被申请人应当已有持续维持本加盟产业的人力和物力资源。然而，被申请人对中国进出口相关法律的无知，导致了供货方式的违法。合同已履行数年，被申请人依然采用人肉运输或挟带的方式供货，说明其"人力与物力"皆不能满足本案合同约定的特许经营事业，甚至对申请人的特许经营活动产生了不利影响。倘若申请人随原计划引入更多的下层加盟商，被申请人的供货必然是特许经营事业最大的阻碍。

根据本案合同约定，被申请人在履行一般的商业交易行为、签订本案合同

并向申请人提供物品及技术上，没有任何法律上、制度上、社会上和宗教上的障碍。然而，被申请人的供货明显存在法律上的障碍。

根据本案合同约定，被申请人保证在收到订单之日起最多 10 天内向申请人供应其订购的原材料或产品或设备。此陈述所述的原材料，应当理解为合格的原材料，而非违反中国法律，造成申请人被行政处罚的原材料。

（2）被申请人违反了本案合同项下其他义务，经申请人书面通知纠正后仍拒绝纠正。

本案合同约定，对于被申请人向申请人供应的原材料，应由被申请人完成相关的检验、检疫等工作，并保证所有原材料质量和包装等符合中国产品质量、食品安全等有关规定的要求。若因检疫或者行政检查无法通过导致原材料产生品质影响，因此造成损失由被申请人承担。

根据上文已提到的 2018 年 5 月 17 日申请人致被申请人的函，申请人已经书面通知被申请人纠正，然而被申请人并未听从申请人的意见以符合法律、法规的形式供应货物，对申请人造成了行政处罚等不利后果。

3. 申请人有权解除本案合同，并要求被申请人赔偿加盟费与损失

根据本案合同约定，申请人可以在下列情况下解除合同：……被申请人违反本案合同项下的陈述或保证内容，或者被申请人违反本案合同项下的其他义务，经申请人书面通知纠正后仍拒绝纠正的。可知，申请人可以在如下两种情况下解除合同：

（1）被申请人违反其合同项下的陈述或保证内容。因被申请人违反合同陈述和保证条款，申请人有权解除合同。

（2）被申请人违反本案合同项下的其他义务，经申请人书面通知纠正后仍拒绝纠正。因被申请人违反合同相关条款，经申请人书面告知仍未纠正，同样赋予申请人解除权。

此外，根据本案合同约定，因被申请人违约解除合同时，申请人有权要求被申请人返还已给付的加盟费和使用费。因被申请人违约给申请人造成损失时，不管合同解除与否，被申请人应赔偿申请人因此遭受的损失，申请人有权要求被申请人赔偿损失；根据本案合同约定，若出现合同因可归责于被申请人的事由被解除或被废止或被确认无效等情形，申请人可以要求被申请人返还已付的加盟费。

4. 申请人的损失赔偿

（1）被申请人应当赔偿因解除合同对申请人造成的直接损失人民币 560 余

万元

因与被申请人解除合同，申请人关闭店铺须与店铺出租方解约，店面装修与设备皆已废弃，员工需解约遣散，申请人有权要求被申请人赔偿此类损失，具体而言：

①1 店、2 店和 3 店的工程类投入分别为人民币近 101 万元、人民币 111 万余元和人民币 133 万余元，按照 20 年后零残值提折旧，三个店面分别计提 26 个月、13 个月和 3 个月折旧，2019 年 7 月初损失价值分别为人民币近 90 万元、人民币 105 万余元和人民币近 132 万元。合计人民币 327 万余元。

②1 店、2 店和 3 店的设备类投入分别为人民币 43 万余元、人民币 37 万余元和人民币近 44 万元，按照 10 年后零残值提折旧，三个店面分别计提 26 个月、13 个月和 3 个月折旧，2019 年 7 月初损失价值分别为人民币近 34 万元、人民币 33 万余元和人民币近 43 万元。合计人民币近 110 万元。

③1 店、2 店和 3 店的电子产品类投入分别为人民币 9000 余元、人民币 2 万余元、人民币 3 万余元，按照 5 年后零残值提折旧，三个店面分别计提 26 个月、13 个月和 3 个月折旧，2019 年 7 月初损失价值分别为人民币 5000 余元、人民币 2 万元和人民币 3 万余元。合计人民币 5 万余元。

④租房佣金损失、解约损失与员工遣散费用合计人民币 120 万余元。

以上四项合计人民币 560 余万元。

（2）被申请人应当赔偿因解除合同对申请人造成的预期经济利益损失

本案合同是一个首期为 10 年的长期合作合同，若合同所附条件达成，将延长至 20 年。申请人在与被申请人磋商确定加盟时，相信了被申请人对某品牌比萨项目光明前景的陈述与展望，并朝着 20 年长期合作的方向规划店面的开设，并对开放下层加盟进行了研究，做出了实质的努力。

然而，被申请人在实际执行合同时，并不如其所描述的那样专业。其对国际特许经营业务经验欠缺、对申请人的技术支持不够充分、采用违反特许经营地法律的方式供应物料，种种违约行为给本案合同的履行造成了极大的麻烦与隐患。截至本案合同解除，被申请人对申请人的支持始终未达到符合合同约定的程度；倘若依照合同安排，继续吸纳下层加盟商，被申请人将更加无法对中国地区某品牌比萨项目发展提供正常的支持，到时整个特许经营产业必然难以为继。

因此，被申请人的违约行为使得合同目的无法实现，申请人有权向被申请人主张因被申请人违约使得申请人丧失的预期经济利益：

①如果被申请人依照合同约定，给予中国地区特许经营事业足够支持，自 2019 年起，10 年的预期利润应当为人民币 25450 余万元。

根据被申请人提供给申请人的特许经营操作手册预期利益部分，被申请人对不同营业额所对应的预期利润进行了列举，并给出了四档数据，申请人在此选择第三档数据进行预期利润计算，申请人计算未来 10 年利润为人民币 25450 余万元。

本次仲裁中，申请人暂请求人民币 246 万余元。此请求数额并非申请人可以向被申请人主张的全部预期利润损失，不构成申请人对预期利润损失总额的自认，不减损申请人向被申请人追加请求的权利，申请人保留向被申请人主张尚未主张部分的权利。

②如果按照实际经营情况计算，申请人的请求金额也是合理的。

申请人关于人民币 25450 余万元预期利润损失的计算建立于被申请人对某品牌比萨特许经营加盟的预期利润判断，反映了被申请人对某品牌比萨特许经营项目的了解程度。申请人认为，其计算结果是合理的。

退一步说，即使按照解除合同前的经营数据计算，申请人请求人民币 246 万余元也是合理的。根据 2019 年 1—6 月数据，1 店月平均净利润人民币近 4 万元，2 店月平均利润人民币近 3 万元，两店月平均利润合计人民币近 7 万元。如此而言，3 年的利润总和即可达到人民币 250 万余元的请求金额。

同样不容忽视的是，申请人的 3 店在开业 3 个月中，逐渐扭亏为盈，也体现出申请人对某品牌比萨特许经营操作已经十分成熟，随着经营年限增长，持续经营下去的利润只会越来越高。

（3）被申请人应当赔偿申请人的其他损失

被申请人应当承担因供货不符合特许经营地法律使得申请人遭受 S 市 T 区市场监督管理局的行政处罚金额人民币 5000 余元。

（4）被申请人应当返还申请人的加盟费（含资金占用利息）

根据本案合同的约定，申请人分别于 2016 年 10 月 13 日向被申请人支付总加盟费的 10%，即 4 万余美元；于 2016 年 11 月 8 日支付剩余 90%，即 4 亿 5000 万韩元。

根据当日央行外汇牌价，分别转换为人民币 30 万余元与人民币 267 万余元，加盟费本金合计应当返还人民币近 298 万元。

关于 10% 加盟费的资金占用利息，被申请人应当支付以人民币 30 万余元本金为基数，按中国人民银行发布的金融机构人民币同期同类贷款基准利率自 2016 年 10 月 13 日起计算至 2019 年 8 月 19 日止的利息和按全国银行间同业拆借中心公布的贷款市场报价利率自 2019 年 8 月 20 日起计算至实际履行完毕之日止的利息，以上利息现合并暂计至 2019 年 11 月 30 日，为人民币 4 万余元。

关于 90% 加盟费的资金占用利息，被申请人应当支付以人民币 267 万余元本金为基数，按中国人民银行发布的金融机构人民币同期同类贷款基准利率自 2016 年 11 月 8 日起计算至 2019 年 8 月 19 日止的利息和按全国银行间同业拆借中心公布的贷款市场报价利率自 2019 年 8 月 20 日起计算至实际履行完毕之日止的利息，以上利息现合并暂计至 2019 年 11 月 30 日，为人民币 38 万余元。

截至 2019 年 11 月 30 日，以上利息暂合计人民币近 43 万元，本息暂总计人民币 340 万余元。

（5）被申请人应当承担申请人因本次仲裁产生的律师费用

被申请人应当承担申请人因本次仲裁委托 C 律师事务所、C（S 市）律师事务所，产生的律师费人民币 50 万元。

（6）被申请人应当承担申请人因本次仲裁产生的仲裁费

被申请人应当承担本案仲裁费用，本项最终请求金额以仲裁实际最终费用为准。

综上，因被申请人的违法、违约行为给申请人造成了巨大损失。

为此，申请人提出并明确仲裁请求如下：

1. 解除本案合同；

2. 被申请人向申请人返还加盟费人民币近 298 万元；

3. 被申请人赔偿加盟费的资金占用期间的利息，截至 2019 年 11 月 30 日，暂计人民币近 43 万元；

4. 被申请人赔偿申请人的经济损失人民币近 810 万元；

5. 被申请人承担申请人本案的律师费人民币 50 万元；

6. 被申请人承担本案的仲裁费用。

（二）被申请人的管辖异议及主要答辩意见

1. 本案仲裁协议无效，仲裁委员会无案件管辖权

（1）《仲裁规则》第四十九条第（二）款规定，当事人对于案件实体适用法有约定的，从其约定。根据双方签订的本案合同第二十五条约定，本合同内

容的解释和适用依照大韩民国法律。故本案纠纷应适用大韩民国法律。

（2）根据《仲裁规则》第五条第（三）款的规定，仲裁协议的适用法对仲裁协议的形式及效力另有规定的，从其规定。根据本案合同第二十七条的约定，本案合同约定了审判或仲裁方式。依据大韩民国法，该等选择性仲裁协议，如一方在答辩书中积极主张仲裁协议不存在并反对仲裁解决的情形下，则不具有作为仲裁协议的效力。所以，依据大韩民国的法律，本案的仲裁协议无效，仲裁委员会无案件管辖权。

（3）《最高人民法院关于适用〈中华人民共和国仲裁法〉若干问题的解释》第七条规定，当事人约定争议可以向仲裁机构申请仲裁也可向人民法院起诉的，仲裁协议无效。根据本案合同第二十七条的约定，符合该司法解释的规定，应认定为无效，故即使按照本案仲裁地中国的法律，本案的仲裁协议也应当认定为无效，仲裁委员会无案件管辖权。

2. 本案合同合法有效

本案合同经双方合法签署，内容不违反中国及韩国法律的禁止性规定，合法有效。并且，根据中国《商业特许经营管理条例》的规定，在中华人民共和国境内从事商业特许经营活动，应当向中国商务主管部门备案。本案的特许经营活动已经在中国商务部业务系统统一平台完成备案程序，故本案合同项下的特许经营行为也合法有效。

3. 申请人无权解除本案合同

根据大韩民国法律规定，申请人如要解除合同，需主张和证明如下事实：（1）申请人具有"合同上"或"法律上"的解除权；（2）依法作出了合同的解除意思表示。

本案合同约定了解除条件，只有在满足该条款条件的情况下，一方才有权解除合同，但本案并未有因归咎于被申请人的事由发生该条款中的情形，申请人也未举证证明解除事由发生，故申请人并无合同约定的解除权。

韩国民法上规定的主要法定解除权包括：当一方当事人不履行其债务时，对方可于相当期间催告其履行，一方在此期间仍不履行时，方可解除合同；或因归咎于债务人的事由履行不能时，债权人可解除合同。申请人不享有韩国民法上法定的解除权，无权要求解除本案合同。

4. 申请人无权请求申请书中所谓损失的赔偿

根据本案合同约定，只有被申请人违约给申请人造成损失的，被申请人才负有赔偿损失的义务。本案中，被申请人未违反合同的约定，申请人更无解除合同的权利，且申请人并未详细列明且举证仲裁请求中损失的具体计算依据，也无法证明该等损失与被申请人存在任何因果关系。

5. 合同履行过程中，申请人自身存在严重的违约行为

（1）本案合同约定，申请人在合同生效后一年内至少开设 3 家直营店，在合同生效两年内追加开设不少于 3 家直营店，即两年内开设 6 家以上直营店，但直至 2018 年 12 月 31 日，申请人仅开设两家直营店。申请人违反上述义务直接构成合同约定的解除合同事由。

（2）本案合同约定，在合同期限内，申请人应在合同区域内使用被申请人许可的知识产权，若申请人以不正当目的使用被申请人的知识产权而获得利益或给被申请人造成损害的，应向被申请人赔偿损失。然而，在合同履行中，申请人将合同附件 3 中记载被申请人注册商标等的中文表意及发音进行了商标注册，该行为不仅违反了本案合同约定，且涉嫌违反中国《商标法》及《反不正当竞争法》的规定。

（3）本案合同约定，未经被申请人事先同意，申请人不得经营并销售指定商品及服务以外的商品或服务。然而，申请人不但未经被申请人同意销售了副菜单产品（side menu），还对其作出广告宣传，被申请人曾多次揭发指出，但申请人未予以纠正。

（4）本案合同约定，如需变更产品销售价格，申请人应事先通知被申请人，并在被申请人许可的范围内变更价格。然而，申请人未通报被申请人，更在未得到被申请人许可其范围的情况下，擅自变更了销售价格。

（5）本案合同约定，在合同签订后，申请人应在每季度向被申请人通报直营店和加盟店的开设情况、收益情况及加盟店主有关的情况，但申请人从未向被申请人提供。

（6）本案合同约定，申请人应在每月月底，以书面形式向被申请人提供销售资料、库存物品报告书等，并应在每年度委托外部会计师进行会计审计，并将审计结果和英文翻译件在下一年 1 月 31 日前提供给被申请人。但实际上，申请人并未向被申请人提交任何资料或报告，即未尽约定之会计义务。

（7）本案合同约定，申请人应在每年 12 月 31 日前将拟定的下一年广告或促销活动计划通报给被申请人。然而，申请人未曾向被申请人提供任何广告及促销计划。

（8）本案合同约定，申请人应在合同签订后 20 日内向被申请人支付相当于 5 亿韩元 10% 的价款，合同签订日为 2016 年 4 月 29 日，申请人的实际付款日为 2016 年 10 月 13 日，申请人延迟支付加盟费。同时，根据本案合同的约定，一方每逾期一日应按迟延给付款项的万分之三向对方支付逾期利息，故申请人应向被申请人支付逾期利息 2220 万韩元。

（9）本案合同约定，申请人应使各直营店的法定代表人为同一人；维持和管理直营店每月营业时间不少于 26 日，每日营业时间不少于 11 个小时，如因不可避免的事由不能遵守营业时间时，应事先通报被申请人；申请人在开设所有卖场前，应事先征得被申请人对卖场住所的同意，并在开设卖场前将有关场所使用权证明材料提交给被申请人。然而，前述义务均未得到申请人全面履行。

综上，根据本案合同的约定及申请人的违约行为，被申请人行使韩国法上的法定解除权，解除本案合同，并根据本案合同及韩国民法第五百五十一条的规定，特此保留向申请人追究违约责任及商标侵权责任的权利。

（三）被申请人的仲裁反请求及主要事实和理由

1. 申请人严重违反本案合同的约定，本案合同已于 2019 年 8 月 20 日在被申请人向申请人发出书面通知后解除。

本案合同规定，合同生效后 1 年内，申请人应开设不少于 3 家直营店，合同生效后 2 年内，申请人应追加开设不少于 3 家直营店（2 年内 6 家以上），直营店数量以每年 12 月 31 日为准。但实际上，在 2016 年 4 月 29 日合同生效后，直至 2018 年 12 月 31 日，申请人仅开设了 2 家直营店，且截至申请人申请仲裁之日，申请人仍未能开设 6 家直营店，至今仅开设了 3 家直营店，严重违反了合同义务。根据本案合同的规定，上述义务的违反构成合同约定的合同解除事由，被申请人可以书面或电子邮件形式通知其解除合同。

2019 年 8 月 20 日，法务法人 E 公司代表被申请人向申请人发出了解除本案合同的通知。根据本案合同的约定，合同在通知后应予解除。故恳请仲裁委员会依法裁决确认本案合同于 2019 年 8 月 20 日解除。

申请人严重违反本案合同的约定，应当赔偿因此给被申请人造成的损失。

2. 申请人在履行本案合同的过程中，存在以下违约行为，故应当赔偿因此给被申请人造成的损失。

第一，申请人违反本案合同相关条款，迟延支付加盟费。本案合同约定，申请人应在本案合同签订后 20 日内向被申请人支付相当于 5 亿韩元 10% 的价款。本案合同签订日为 2016 年 4 月 29 日，申请人的实际付款日为 2016 年 10 月 13 日，两者相距 168 日，申请人迟延了 148 日支付加盟费。同时，根据本案合同的约定，一方"每逾期一日应按迟延给付款项的万分之三向对方支付逾期利息"，故申请人应向被申请人支付逾期利息 2220 万韩元。

第二，依据本案合同加盟金条款使用费之约定，申请人应将所有直营店销售总额的 2% 支付给被申请人，但申请人开设直营店至今，从未实际向被申请人支付过任何的使用费，故根据本案合同之约定，申请人应当赔偿相应的损失近 58675 万韩元。

第三，依据本案合同加盟金条款加盟费之约定，申请人在本案合同签订后 2 年内开设第 6 家直营店，是一个基本约定的条件。由此，申请人在明显违约的情形下，应当向被申请人支付 5 亿韩元。现申请人 2 年内未开够 6 家店，致使被申请人无法获得本应获得的合理费用，故理应赔偿 5 亿韩元损失。

3. 申请人违反了本案合同的约定，未能履行经营状况报告义务，以及适当的会计义务。

第一，申请人应向被申请人履行经营状况报告义务。根据本案合同约定，在合同签订后，申请人在每季度（3 个月）向被申请人通报直营店和加盟店的开设情况、收益情况及与加盟店主有关的情况。但，申请人从未向被申请人提供。

第二，申请人应向被申请人尽适当会计义务。根据本案合同的约定，申请人应在每月月底，以书面形式向被申请人提供销售资料、库存物品报告书等，并应在每年度委托外部会计师进行会计审计，并将审计结果和英文翻译件在下一年 1 月 31 日前提供给被申请人。但实际上，申请人并未向被申请人提交任何资料或报告，即未尽约定之会计义务。

因直营店的经营状况，以及审计报告直接关系到使用费、赔偿损失等款项金额的计算，故请求仲裁委员会依法裁决申请人按照合同的约定向被申请人履行经营状况报告义务以及适当的会计义务。

4. 鉴于本案合同已于 2019 年 8 月 20 日解除，申请人应当履行停止经营及返还义务。

第一，本案合同约定："本合同终止时发生下列后果：乙（即本案申请人，以下均同，仲裁庭注）应全面终止与本加盟产业有关的直营店的经营、加盟店的招募及与加盟店主的交易等。"鉴于本案合同已于 2019 年 8 月 20 日解除，故申请人应当全面终止其开设的三家直营店的经营，并停止加盟店的招募及其他相关行为。

第二，根据本案合同的规定，在合同终止后的 30 日内，申请人应自费将能联想到被申请人的经营标志及与被申请人关系的一切标志，从所有直营店的内部、外部的一切物品和设施、互联网站、媒体与言论中予以清除。

第三，根据本案合同的规定，合同终止后申请人立即向被申请人归还与本加盟有关的资料、宣传品、电子记录及管理手册等文件。

被申请人提出仲裁反请求如下：

1. 确认被申请人与申请人签署的本案合同于 2019 年 8 月 20 日解除；

2. 申请人赔偿被申请人加盟费迟延利息、货款迟延利息、追加加盟费、律师费、经济损失中的部分金额共计人民币 200 万元；

3. 申请人立即向被申请人归还与本加盟有关的资料、宣传品、电子记录及管理手册等文件；

4. 申请人立即向被申请人交付 2016 年至 2019 年度的审计报告以及其开设的直营店的销售资料、库存物品报告书；

5. 申请人承担本案申请费与反请求全部仲裁费用。

（四）申请人对仲裁反请求的主要答辩意见

1. 被申请人无权于 2019 年 8 月 20 日解除本案合同

被申请人不存在事实上的解除权，因为申请人解除本案合同在先，所以被申请人不存在解除与否的问题。

被申请人不存在法律上的解除权，因为即使申请人没有解除合同，被申请人的解除形式仍不符合大韩民国法律的强制规定，不发生解除效力。

根据《韩国特许经营公平交易法》第 14 条（解除特许经营合同的限制）第 1 款规定，许可方（被申请人）单方面对被许可方（申请人）解除合同，需要满足以下三个条件：明确陈述违约行为、至少 2 个月宽限期、至少 2 次书面解约通知。显然，被申请人的解除合同在以上三个方面都不满足，其形式不符合法律要求。

此外，本法第 2 款规定，违反前款规定的解除行为不发生效力。可见前款是一个效力性强制规定，被申请人必须遵守。

2. 被申请人无权请求赔偿加盟费迟延利息、货款迟延利息、追加加盟费、律师费、经济损失等款项

（1）2016 年中期，申请人与被申请人开始了项目的初期合作。由于被申请人没有相关海外特许经营经验，也没有中国地区比萨餐厅的经营经验，在中韩

两国比萨餐厅经营方式存在巨大不同的情况下，被申请人急于敲定首家店的选址，并未急于履行合同。双方对合同的实际签订履行时间达成了新的合意，为2016年10月3日。

被申请人的证据4也可佐证，被申请人认定合同签订时间为2016年10月3日，而申请人于2016年10月13日向被申请人支付总加盟费的10%，即4万余美元，完全符合合同要求，不存在任何违约行为。

因此被申请人的逾期利息请求不应被支持。

（2）被申请人无权请求直营店销售总额2%的使用费与5亿韩元赔偿

本案合同附件约定"使用费从开设包括所有直营店和加盟店的第7号店后计付"。因此，使用费尚未产生，被申请人无权主张。

同理，由于使用费从未产生，被申请人5亿韩元的赔偿也没有任何依据，不应被支持。

（3）其他不应被支持的请求

被申请人的反请求中没有对货款迟延利息、追加加盟费请求的任何陈述，不应被支持。

3. 申请人承认申请人具有返还加盟资料、宣传品、电子记录及管理手册的义务，但是基于申请人的主动解除合同，并非被申请人解除合同的行为，本项反请求无需被裁决。

本案合同由申请人解除而非被申请人。申请人将主动依照合同要求履行，无需仲裁庭再次裁决。申请人已经完成了3家直营店的全面关停，停止宣传，基本完成了本案合同相关条款的要求。申请人将适时将剩余应当归还的加盟资料、宣传品、电子记录及管理手册返还被申请人。

4. 被申请人请求提供审计报告，销售资料，库存物品报告书不应被支持

申请人认为，本案合同已经被解除，合同中相应权利义务已经终止。在不存在合同关系的情况下，申请人没有义务提供相应资料。被申请人反请求陈述"直营店的经营状况以及审计报告直接关系到使用费、赔偿损失等款项金额的计算"，故请求申请人履行报告与会计义务。"计算损失"并不构成要求申请人履行义务的请求权基础，申请人没有义务提供相应资料。

（五）申请人代理意见的主要内容

1. 申请人有权解除本案合同

（1）被申请人违反其合同项下的陈述或保证。本案中被申请人违反本案合

同陈述和保证条款，申请人有权解除合同。

（2）被申请人违反本案合同项下的其他义务，经申请人书面通知纠正后仍拒绝纠正。因此，被申请人违反本案合同相关条款，经申请人书面告知仍未纠正，同样赋予申请人解除权。

2. 申请人的损失计算

（1）被申请人应当返还加盟费人民币近 298 万元

申请人分别于 2016 年 10 月 13 日向被申请人支付总加盟费的 10%，即 4 万余美元；于 2016 年 11 月 8 日支付剩余 90%，即 4 亿 5000 万韩元。

根据本案合同约定，因被申请人违约解除合同时，申请人有权要求被申请人返还已给付的加盟费和使用费。因被申请人违约给申请人造成损失时，不管合同解除与否，被申请人应赔偿申请人因此遭受的损失，申请人有权要求被申请人赔偿损失；根据本案合同，若出现合同因可归责于被申请人的事由被解除或被废止或被确认无效等情形，申请人可以要求被申请人返还已付的加盟费。

根据每次付款当日央行外汇牌价，分别转换为人民币 30 万余元与人民币 267 万余元，加盟费本金合计应当返还人民币近 298 万元。

（2）被申请人应当向申请人支付资金占用期间利息人民币近 43 万元

鉴于被申请人应当返还申请人加盟费，因此申请人有权向被申请人主张其占用资金期间的占用利息。

关于 10% 加盟费的资金占用利息，被申请人应当支付以人民币 30 万余元本金为基数，按中国人民银行发布的金融机构人民币同期同类贷款基准利率自 2016 年 10 月 13 日起计算至 2019 年 8 月 19 日止的利息和按全国银行间同业拆借中心公布的贷款市场报价利率自 2019 年 8 月 20 日起计算至实际履行完毕之日止的利息，以上利息现合并暂计至 2019 年 11 月 30 日，为人民币 4 万余元。

关于 90% 加盟费的资金占用利息，被申请人应当支付以人民币 267 万余元本金为基数，按中国人民银行发布的金融机构人民币同期同类贷款基准利率自 2016 年 11 月 8 日起计算至 2019 年 8 月 19 日止的利息和按全国银行间同业拆借中心公布的贷款市场报价利率自 2019 年 8 月 20 日起计算至实际履行完毕之日止的利息，以上利息现合并暂计至 2019 年 11 月 30 日，为人民币 38 万余元。

截至 2019 年 11 月 30 日，以上利息暂合计人民币近 43 万元，本息暂总计人民币 340 万余元。

（3）被申请人应当赔偿申请人经济损失人民币近 810 万元

①因解除合同使得申请人遭受的各类直接损失人民币 560 余万元。

此部分损失主要为申请人为了某品牌比萨店铺的经营，在承租店面、店面装修、各类设备的购买存在一定投入，这些投入随着被申请人的过错导致特许经营事业无以为继，最终只能折旧处理。申请人对装修与设备类损失按照使用时间长短进行了一定折旧，按照折旧后的价值提出仲裁请求。

此外，因店铺的关停，申请人对店铺出租人、劳动者等合同相对方存在支付违约金、保证金扣划或遣散费等责任，也是由于被申请人导致的合同解约造成的。

②预期经济利益损失人民币 246 万余元。

被申请人在招商时，向申请人提供了一个前景十分光明的预算表。申请人轻信了被申请人对于自身专业度与美好未来的陈述，这份预算表也成为申请人加入某品牌比萨事业的动力。根据表格中某品牌比萨事业的盈利能力，结合申请人自身的开店计划，2019 年起，10 年的预期利润应当为人民币 25453 万元。申请人本次仅请求人民币 246 万余元，在合理范围之内。

③因供货不符合特许经营地法律使得申请人遭受 S 市 T 区市场监督管理局的行政处罚金额为人民币 5000 余元。

相关事实是建立在被申请人作为物料供应方以不符合特许经营地强制性法律规定的秘料食材而产生，与被申请人的过错具有直接因果关系。被申请人提出质疑，认为申请人不能证明被行政处罚的物料是被申请人所提供的，申请人在庭上也向仲裁庭与被申请人展示了带有被申请人商标的实物证据。

（4）被申请人应当承担申请人本案律师费人民币 50 万元

根据《仲裁规则》第五十二条，仲裁庭有权根据案件的具体情况在裁决书中裁定败诉方应补偿胜诉方因办理案件而支出的合理费用。

因此，申请人请求裁定被申请人承担申请人因本次仲裁委托 C 律师事务所、C（S 市）律师事务所，产生的律师费人民币 50 万元，且该费用已经实际支付。

（六）被申请人代理意见的主要内容

1. 对于申请人主张事实的反驳

（1）签约日

签约日涉及申请人的违约（迟延支付加盟费）。申请人主张被申请人怠于敲定首家店的选址，未急于履行合同。同时主张双方对合同的实际签订履行时间达成了新的合意（即 2016 年 10 月 3 日）。但申请人的上述主张与事实不符。

首先，一号店开设推迟与被申请人无关。其次，合同签订于 2016 年 4 月 29 日，这在申请人提出的证据中均有体现。申请人主张被申请人证据中认可"将合同履行期间调整为 2016 年 10 月 3 日"，并依此主张其不构成逾期付款。而该条款中"签订合同的 2016 年 10 月 3 日"纯属笔误。申请人主张的该证据仅能解释为：被申请人给了特殊照顾，仅将直营店开设期限（两年）的起算点调整为 S 市第一家直营店（1 店）开业时间。这是对"两年"期间起算点的照顾，而非签约日期的调整。按常理，加盟费的支付时间也不可能调整到距离签约日半年多的时期（而被申请人早为申请人开设直营店提供了必要的业务支持），也没有任何证据表明加盟费支付的履约期间得以延期，申请人的主张是毫无理由和证据的。

（2）原材料运输问题的催告

申请人主张其屡次口头、书面告知被申请人纠正不正规的供货形式，与事实不符。首先，签约后直至提起仲裁申请，双方随时就特许经营运营进行了联络，尤其到了 2019 年有十多次公函联系，申请人有随时就本案供应方式提出异议的机会，但申请人全然未向被申请人就携带等供应方式乃至中文标识等提出过任何异议，也没有任何证据证明该事实。其次，申请人以《关于 S 市某品牌比萨产品存在问题的报告》为据，主张书面告知被申请人纠正不正规的供货形式。需注意的是，上述报告是同时以中文和韩文提供给了被申请人。然而，申请人所主张的"有关运输问题提出异议"的内容在一并提供的韩文版中予以删除。本案合同以韩、中、英三种版本签订，并规定优先适用英文。这表明当事人之间并未对语言有完全的合意。被申请人在查阅公文时，理所当然以韩国语为准，且有合理理由期待申请人发送的公文两种语言意思相同。申请人也是知晓被申请人中文并不熟练的情形，一直以来一并发送的韩文版，然而却在韩文版中删除了该内容。如申请人主张，本案供应方式为可实质性影响双方合作事业的重要问题，申请人理应要求被申请人。但除了申请人提交的第 2 号证据之外，并无其他证据支持其主张。

此外，即便申请人有了有效的催告，申请人所主张的所谓"运输方式存在的问题"，在中文只是表述为"韩方发往 S 市的原材料运输的问题"。相比在该催告中明确指出的其他三项，所谓"原材料运输的问题"表述模棱两可，根本就不可能得出"原材料运输的问题，即指供货方式的问题或供货运输方式"的结论。并且，原材料运输的问题并非申请人主张被申请人的违约内容，无中文标识才是申请人主张被申请人的违约内容，申请人的违约主张前后矛盾。

（3）直营店注销

申请人在第一次庭审中主张，因被申请人违约（原材料没有中文标识），导致申请人关闭了所有直营店。被申请人不认可该项主张，被申请人并不构成违约。针对仲裁庭当庭提出三家店现在是否仍在经营的问题，申请人曾明确表示都关了。然而实际情况是：直至第一次庭审的当天，申请人主张"三家店现在都注销了"的店面仍在开业中。甚至在看到被申请人提出的上述证据后，申请人在第二次开庭时又改口"上次开庭的时候，我们已经向仲裁庭说明了，两个店铺当时有的，另外一个店铺在关闭的过程中，现在为止，三个店铺已经全部注销掉……上次开庭时还存在的长寿路店，是开完庭以后12月底注销的"。

（4）预期利益

申请人在仲裁申请书中以被申请人的特许经营操作手册第26页（预期收益）为据，主张"A公司对不同营业额所对应的预期利润进行了列举"，并从中选择第三档数据计算出了预期利润，将其作为索赔的依据。

实际上，"A公司的特许经营操作手册（预期收益）"仅仅是被申请人针对韩国国内市场列出的利润参考比例，与本案所涉的中国市场乃至预期利润毫无关联。该数据既不是对于韩国国内市场营业额的预估值，更不是预期利润，而只是列出了可参考的利润比例。

上述预期利益乃至特许经营操作手册均未作为本案合同的一部分（含附件），被申请人也未曾向申请人承诺该等预期利润。

（5）销售系统

对于被申请人提出的有关申请人销售记录的证据，申请人在二次开庭时否认，主张"该系统的后台是中国的，跟韩国压根儿没联网，不可能存在"，以此来否定被申请人提出的证据和主张（销售系统上显示的销售数据）。然而实际情况是，在双方合作过程中，申请人需要被申请人根据申请人直营店的销售情况给出有关经营、销售的意见。因此，申请人与被申请人方共享了登录销售系统网站的ID和密码。被申请人方根据其自行从该销售系统上查询到的数据，向申请人销售人员问询销售额一度下降的情况以及原因等。甚至在庭后，被申请人也能在韩国登录上述系统，并确认销售数据。有关该销售系统及数据的资料，已经公证并提交仲裁庭。

（6）恶意取证

申请人在本案受理和提请仲裁之后，在 2019 年 8 月向被申请人发出提供采购调料的要求，并且在 2019 年 8 月 23 日向被申请人的经办人员发送微信及邮件，催告被申请人继续和尽快提供相应的调料。在申请人催告的情形下，被申请人不明就里按照合同的契约精神相应地提供了这些调料，进而在提供调料之后产生了本案当中的一个重要证据，就是申请人主张由被申请人供应的无中文标签的原材料。

（7）恶意注册商标

根据本案合同第十一条第一款，申请人负有在合同期间内仅在本案合同目的范围内使用附件 3 记载之知识产权的义务，且根据本案合同第十一条第二款，申请人以不正当目的使用被申请人的知识产权而获得利益时，被申请人应向委托人赔偿该损失。

然而，被申请人在被提起本案仲裁后确认如下事实：申请人在中国就合同附件 3 记载之被申请人注册商标中的中文发音进行了注册。申请人不顾本案合同第十一条第一款中仅在本案合同目的范围内使用被申请人知识产权的规定，故意瞒着被申请人，擅自注册了被申请人的注册商标等产品名称以及有关品牌的商标权。

2. 韩国法项下的解除权及损害赔偿

（1）非违约所致的解除权及损害赔偿

根据韩国民法第三百九十条，"债务人未按照债务内容履行时，债权人可请求损害赔偿，但非因债务人的故意或过失而未能履行时，则除外"。

如以不存在"合同未履行（即违约）"为前提，则难以通过本请求或反请求来要求解除或损害赔偿（除非发生了合同约定的解除事由或经合意解除）。

（2）违约所致的解除权及损害赔偿

①主义务和附随义务

根据韩国民法，合同项下的义务分为主义务和附随义务。

主义务为达到"实现合同目的所必需和不可缺的，如不履行，将无法实现合同目的，进而，债权人也不会签订该合同"的程度。对此，韩国大法院认为：在区分主义务和附随义务时，应按照签约当时所呈现的，或依当时的状况，明确客观地显示出来的当事人的合理意图来决定，而不以给付的独立价值为确认的依据。同时，应考虑合同内容、目的，以及不履行的后果等诸多情况。附随义务，则为"主义务之外"的义务。

②违约所致的约定解除权

不论是主义务，还是附随义务，只要发生了合同中约定的解除事由，未违约方就有约定解除权。

③违约所致的损害赔偿权

如以违反合同项下的"主义务"为由行使解除权，会发生损害赔偿权。

但如要以违反合同项下的"附随义务"为由行使约定解除权，作为该解除的后果，不得请求损害赔偿。

④损害赔偿的范围

根据韩国民法第三百九十三条，因债务不履行而产生的损害赔偿，以通常的损害为限；因特别事情而产生的损害赔偿，以债务人知道或应当知道该事情为限，负有赔偿责任。

具体到"利益的赔偿范围"，在以债务不履行为由请求解除合同和损害赔偿时，债权人原则上应请求赔偿合同依约履行时可获得的利益即履行利益。但在一定情形下，也可选择索赔债权人因信赖该合同能够履行而支出的费用，即信赖利益。然而，鉴于禁止重复赔偿及过多赔偿的原则，债权人只能请求赔偿该信赖利益代之以履行利益，且请求赔偿的范围也不得超出履行利益。

如违反了附随义务，则不论是履行利益还是信赖利益，均不在赔偿范围。

3. 韩国大法院判例的功能及效力

申请人专家意见的要点是"损害赔偿范围等，仅适用韩国法（民法）规定。因韩国判例并非法律，所以不得适用"。这个意见是不正确的，申请人的专家意见混淆、误解了法律适用和法律解释。

在采用成文法主义时，法律只是规定为实现指定目的而要规范的主要核心事项，而不能完整地规定所有相关事项，在这种情形下，通过"法律解释"（考虑了立法目的等）来适用相关法律规定。此时，就"相关事项的法律适用"作出解释这一层面上，韩国大法院判例具有非常重要的角色和功能。

4. 对于本请求的反驳意见

申请人以被申请人违约（具体到未按期供应原材料、随乘机人托运方式运输、因无中文标签被处罚）为由提起了本案仲裁，对此，被申请人提出如下反驳意见。

（1）被申请人不存在违约或违法事实，申请人的索赔不成立

申请人主张的所谓被申请人的违法或违约（即未按期供应原材料、随乘机

人托运方式运输、因无中文标签被处罚等）可归纳为调料等食品原材料供应问题。而关于申请人所称的调料问题，被申请人既不存在违约，也不存在违法，恰恰证明申请人的过错。

①被申请人不存在违约或违法事实

第一，进口预包装食品添加中文标签，本属于申请人的法定义务，也是合同规定的义务，与被申请人无关。

本案申请人所谓被申请人存在违约的核心因素在于，认为其使用的预包装食品没有中文标签，但根据中国法律，进口预包装食品添加中文标签，属于进口商（即申请人）的义务，与被申请人无关。

首先，《中华人民共和国进出口食品安全管理办法》（以下简称《食品管理办法》）第十二条规定："进口食品的进口商或者其代理人应当按照规定，持下列材料向海关报关地的检验检疫机构报检：……（四）首次进口预包装食品，应当提供进口食品标签样张和翻译件；……报检时，进口商或者其代理人应当将所进口的食品按照品名、品牌、原产国（地区）、规格、数/重量、总值、生产日期（批号）及国家质检总局规定的其他内容逐一申报。"由此可见，根据法律规定，预包装食品的中文标签，本就应由进口商，即申请人提供。

其次，根据《关于运行进口预包装食品标签管理系统的公告》第一条的规定："一、标签管理系统运行后，对于首次进口的预包装食品，进口商应按规定提交标签检验所需相关材料，经检验检疫机构标签检验合格的，相关标签信息将录入标签管理系统，并自动生成一个进口预包装食品标签备案号（以下简称标签备案号）。"可见在实际操作过程中，标签检验所需材料，应当由进口商在"标签管理系统"中填报，被申请人作为出口方，实际也无法代申请人进行操作。

除上述法律规定外，本案合同中也约定了申请人的义务。根据本案合同的规定，申请人应采取措施促使所有直营店和加盟店具备经营餐饮业和在卖场销售所有产品的资格及法定许可证照，并持续予以监督。并且申请人应自费履行完作为中国特许经营有关法律规定的特许人应尽的所有义务。

综上所述，进口预包装食品添加中文标签，属于进口方（即申请人）的法定义务和合同义务，且实践中也必须由进口方在特定系统上填报材料，作为出口方的被申请人无法代为完成该义务。故申请人所主张的"违规事实"与被申请人无关。

第二，遵守当地法律，是申请人自身的合法经营义务。

首先，申请人属于中国境内实体，且其经营行为发生在中国，理应遵守并执行中国法的规定合法经营，故其遭受行政处罚与被申请人无关。

其次，根据本案合同的约定，申请人保证"在履行一般的商业交易行为、签订本合同并从'甲'（即本案被申请人，以下均同，仲裁庭注）处接收物品及传授技术上，没有任何法律上、制度上、社会上和宗教上的障碍"。

如上所述，中文标签的申报本属于申请人的义务，且其已经在合同中保证自身从被申请人接收物品不存在法律障碍，故其因中文标签被行政处罚，属于自身对合同义务的违背，应当自行承担责任。

第三，物料采购流程是双方共同合意。

首先，双方在签约当时有日后确定本条内容的合意，且以当事人的实际履行，该内容得以确定。签约当时，双方无法确定供应货物的项目、供应量、供应频度、可适用的运输方式、经费等，因此也无法确定供货的具体程序和所需时间。因此，双方存在"先在合同中记载10天供货期限，实际程序及所需时间在日后供应货物时再确定"的合意。因此，本条款内容经双方之间的履行行为而确定，即"供应方式以双方协商乃至履行而确定"。且为明确上述确定的履行方式并协商供货相关事宜，申请人于2019年1月21日开设了包括其员工的微信群，并向被申请人发送了"整理具体程序"的公函。

鉴于：1）在国际物流程序上，如无事先准备而在10天内供货原则上是不可能的。2）只是在合同上记载了供应期限，未完全记载供应所需的具体订购方式、货款支付方式等必要约定事项。3）根据本案合同第七条第一款第（三）项，由申请人承担有关本案货物的关税、通关费等，但被申请人未曾向申请人请求支付上述金额等情况，可得知双方在本案合同中规定的供货方式乃至供货期限，只是为合同而做的临时语句，而需以双方的实际履行来确定合同内容。既然双方均认可了本案实际上的供货方式及期限，被申请人也不存在申请人主张的所谓违约。

其次，即便不能如此认定，本案合同项下的供货方式及期限也经双方合意而变更。合同如要成立，需双方意思表示一致。意思表示一致，可以默认方式做出。合同的变更，系为变更原合同的部分内容而对该部分签订新的合同，因此，双方拟变更合同的意思表示的一致，可以默认方式作出。双方在履约期间持续讨论了供货事宜，申请人从未对供货方式乃至期限提起过异议，而是默认了双方之间实际的供货方式，实际上，申请人也积极参与了本案供货。如证据（货物供应明细）显示，所有供货的约 50% 是由申请人通过其员工金某凡等直接在韩国提取后携带到中国的方式收取。

再次，根据禁止矛盾行为的原则，申请人也不得主张被申请人违约。韩国民法规定了矛盾行为禁止原则（禁反言原则）。该原则是从韩国民法第二条的诚实信用原则派生的基本原则之一，内容为：权利人的权利行为与其之前的行动矛盾时，为保护对方的信赖，不允许该等权利的行使。申请人在签约后直至合同解除，默认了本案供应方式，未就其提出任何异议，且积极参与。到现在却主张被申请人的供应方式构成对合同的违反。这种主张有违矛盾行为禁止原则，不能得到支持。

最后，申请人的营业正常进行，未受到被申请人货物供应期限的影响。实际上，被申请人甚至协助管理了申请人的库存，对此进行管理和监督，以使按照不影响营业的周期进行订购。申请人也接受了该等管理、监督而订购了产品，申请人的直营店使用了适时供应的物品，进行了正常的营业。

综上，双方之间存在在合理范围内处理货物供应程序及时期的合意，被申请人只是按照合意变更的内容履行的合同，不存在申请人所主张的违约。

第四，被申请人提供的补充证据，足以证明物料采购在实际履行过程中须由双方共同参与和配合。

进出口食品的采购、运输，需要双方配合才能完成。特别是作为进口食品收货人的申请人，不仅负有提供中文标签的义务，还具有向中国境内检验检疫机构申请备案的义务。根据《进口食品进出口商备案管理规定》第八条的规定："进口食品收货人（以下简称收货人），应当向其工商注册登记地检验检疫机构申请备案，并对所提供备案信息的真实性负责。"只有发货人与收货人双方配合，才能完成食品的进口。

如上，在被申请人提供的本请求补充证据中，包含大量双方员工的来往通信记录、采购物料流程和物品供应目录，足以证明双方就物料采购流程已事先协商达成一致，申请人不但清楚了解物料的运输流程，更主动提货，并由申请人委任人员实际参与采购货物的运输。

由此可见，被申请人的渠道是双方合意的结果，作为进口食品收货人的申请人对被申请人的物流渠道自始至终清楚并积极参与，并且达到了稳定供货并持续经营的目的。其主张因被申请人不了解相关法律法规而导致申请人在合同履行期间没有形成正规的物流渠道的理由，并不成立。

第五，被申请人提供的补充证据足以证明，被申请人符合本案合同的陈述和保证。

被申请人提供的本请求证据包含申请人三家直营店的销售记录，足以证明这三家直营店的稳定经营情况。

此外，被申请人在特许经营领域乃至产品品质方面也广受韩国政府及媒体认可。例如，被申请人于2017年12月7日因被认可在特许经营产业中对于国家产业发展的功劳而获得了韩国总统奖，2016年12月30日因被认可对于韩国食品卫生水准的提升等的贡献而获得了韩国食品医药品安全处表彰。不仅如此，被申请人历年在韩国特许经营行业排名中一直名列前茅，2018年和2019年连续两年赢得了细分比萨领域排名第一和综合领域排名第七。被申请人具备本案合同约定的特许经营事业的相关专业背景和能力，符合合同相关条款的规定，拥有持续维持本加盟产业的人力和物力资源的陈述和保证。

因此，申请人主张被申请人对国际特许经营的原材料供应毫无经验，违反本案合同的主张，是不成立的。即使其因预包装食品无中文标签而被行政处罚，也是其自身未能完成中国法律项下及本案合同中约定的提供中文标签的义务所导致。

②本案无任何证据显示被申请人存在违规或违约行为

本案中，申请人主张被申请人存在违规及违约行为的证据，仅仅是来自S市T区市场监督管理局向其下发的《现场检查笔录》《责令整改通知书》和《行政处罚通知书》。但该文件中明确载明是在申请人后厨发现无标签的"酱油和调料包"，并无客观证据证明所查货物的供货方来源于何处，该证据与被申请人并不存在关联性。

并且，特别需要说明的是，申请人所主张的事实，仅仅是一次数额为人民币5000元的行政处罚，且并非因为食品质量问题所产生的处罚，这与其声称"无法进行特许经营活动"并因此主张的人民币1200万元损失之间，不具有因果关系。

反而，有大量的事实和证据能够证明申请人的违约事实（未依约开设直营店、逾期支付加盟费、逾期支付货款等）。

③既然被申请人无违约违规，申请人的损害赔偿请求就不成立

申请人所主张赔偿，既无合同依据，也无韩国法依据，且与被申请人之间

不存在任何因果关系，因此不成立。

首先，根据本案合同损害赔偿条款的规定，只有因被申请人违约解除合同时，申请人才有权要求被申请人返还已给付的加盟费和使用费。而本案合同是因申请人的违约和被申请人的书面通知而解除，因此，申请人主张返还加盟费和加盟费的资金占用利息的请求无法律依据。

其次，韩国民法第三百九十条规定："债务人未依债务内容履行的，债权人可请求损害赔偿，但非因债务人故意或过失而导致不履行的除外。"申请人所主张的违约行为，本属其自身的法定义务和合同义务，被申请人在履行合同的过程中并不存在故意或过失，故无需承担任何责任。

最后，韩国民法第三百九十三条规定："因债务不履行而产生的损害赔偿，以通常损害为限。因特别情事产生的损害，以债务人知道或应当知道该情事为限。"然而，申请人主张被申请人的违约行为依据仅是一次数额为"人民币5000元"的行政处罚，且无证据证明被处罚货物的供货来源，申请人更是无法举证证明其主张的各类直接损失和预期经济利益损失与被申请人之间存在任何因果关系。

既然被申请人无违约违规事实以及因故意或过失而导致本案合同未履行的情况，就不存在以被申请人违约为由的解除权及损害赔偿权。

（2）退一步假设，即便被申请人的供货行为构成违约，申请人的损害赔偿请求权也不成立

①申请人主张的所谓被申请人的违约（债务不履行），不构成主义务的违反，而仅是附随义务的违反。

本案合同目的是申请人利用被申请人品牌在中国境内经营外餐业，合同主要义务是：由被申请人提供品牌及专有技术、必需食材等。

然而在本案中，申请人主张的所谓"被申请人的合同义务违反"，只是比萨酱料的运输方式以及包装标签。先抛开"该供货方式为双方达成默示合意的方式"以及"中文标签"系申请人的义务这一细节，申请人主张的"酱料运输方式及标签问题"与被申请人的品牌使用、专有技术的传授无关。不仅如此，申请人持续使用被申请人供应的该等酱料制作、销售了比萨，且酱料本身并无瑕疵。实际上，本案合同签订后数年，被申请人用个人携带的方式提供了无中文标签的酱料，申请人依旧能够持续经营本案合同项下的事业（制作、销售比萨），而未存在特别的障碍。

申请人主张的所谓被申请人的违约 （比萨酱料的供应方式和包装标签问题），难以视为违反了导致合同目的无法实现的主要义务 （在中国经营 A 公司品牌直营店），而仅是附随义务的违反。

②对于附随义务的违反，不发生损害赔偿权。

根据韩国大法院一贯的态度，如要以违反合同项下的 "附随义务" 为由行使约定解除权，作为该解除的后果 （不同于以未履行主债务为由的解约），不得请求损害赔偿。

既然申请人所主张的被申请人的违约属 "附随义务" 的违反，即便申请人可依本案合同，以未履行附随债务为由解除本案合同 （即行使约定解除权），申请人也不得依此要求损害赔偿。

（3）申请人无权向被申请人主张返还加盟费本息以及要求赔偿损失等

首先，如上所述，被申请人不存在违反法律法规或本案合同的情形，本案也无任何证据显示被申请人存在违规或违约行为。进口预包装食品添加中文标签，本属于申请人的法定义务，也是合同规定的义务，与被申请人无关。且申请人遭受行政处罚，是其没有按照中国法律的规定，履行中文标签的申报义务，该事实与被申请人无关，故被申请人无需承担任何违约责任。

其次，在本案合同中，双方已经约定："在合同区域内开设直营店或招募、开设、管理加盟店产生的争议及与消费者、政府有关部门及政府发生的一切争议，应由 '乙' 负责处理并承担相应的费用，任何情况下不得要求 '甲' 承担责任。" 在本案中，申请人遭受经营地政府的处罚，由此产生的一切责任，按照合同的约定，应当自行处理，其无权要求被申请人承担任何责任。

综上所述，既然被申请人不存在违约，本案也无任何证据证明被申请人的违约，申请人以被申请人违规或违约为由提出的请求，均不能得到支持，即被申请人不承担向申请人赔偿所谓损失、支付律师费以及差旅费的义务，申请人的该等请求应被驳回。

5. 对于反请求的意见

被申请人以申请人未履行债务为由提起的损害赔偿请求，被申请人的反请求意见简要整理如下：

申请人严重违反本案合同，未依约开办直营店，构成主义务的违反，即实质性违约。被申请人对申请人作出的本案合同的解除不适用韩国《关于加盟事业交易公正化的法律》（以下简称《韩国特许经营法》） 第十四条，解除行为合法有效。申请人应就其违约行为赔偿被申请人的损失（加盟费、使用费等），并履行返还资料等后续义务。具体为：

（1）申请人严重违反本案合同，未依约开办直营店，构成主义务的违反，即实质性违约

本案中，双方签订本案合同是为了让申请人使用被申请人品牌并在中国境内经营外餐业。如前所述，被申请人的主义务是让申请人使用被申请人品牌和专有技术并供应必需的食品原材料等，而申请人的主义务是遵守被申请人的经营方针和支付加盟费。本案合同已约定了上述直营店开设义务，且被申请人可依该直营店开设义务，收取追加加盟费。即申请人未履行直营店开设义务直接关系到被申请人的收益。

根据本案合同的约定，合同生效后 1 年内，申请人应开设不少于 3 家直营店，合同生效后 2 年内，申请人应追加开设不少于 3 家直营店（2 年内 6 家以上）。但实际上，在 2016 年 4 月 29 日合同生效后直至 2018 年 12 月 31 日，申请人仅开设了 2 家直营店，且截至本反请求提起之日，申请人仍未能开设 6 家直营店，至今仅开设了 3 家直营店，严重违反了合同义务。申请人违反直营店开设义务的行为，应视为未履行本案合同项下的主义务，申请人已构成合同项下的实质性违约。

（2）被申请人对申请人作出的本案合同的解除合法有效

①被申请人的解除通知合法有效

根据本案合同规定，申请人在本案合同约定的日期内没能开设约定数量的直营店或加盟店，被申请人可以书面、电子邮件形式通知对方解除本案合同。

为此，被申请人可以申请人违反直营店开设义务为由，行使对于本案合同的约定解除权。实际上，被申请人曾于 2019 年 8 月 20 日委托其代理人向申请人发出了解除本案合同的书面通知，本案合同因此而得以合法有效解除。

②被申请人的解除不适用《韩国特许经营法》第十四条

申请人主张，被申请人的解除违反了《韩国特许经营法》第十四条规定（特许经营总部如要解除本案合同，应向特许经营者给出 2 个月以上的宽限期，具体列明违约事实，并发出两次以上书面通知，告知如不纠正则予以解除合同），系无效。

根据申请人所引用并主张的《韩国特许经营法》第十四条，"特许经营总部"是指"向特许经营者赋予特许经营权的事业者"，"特许经营者"是指"由

特许经营总部赋予特许经营权的事业者"，而 "特许经营地域总部" 是指 "依据与特许经营总部的合同，在一定地域内，代理特许经营者的募集、维持商品或服务质量、对于特许经营者的经营或营业活动的支持、教育、控制等特许经营总部的全部或部分业务的事业者"。

而根据本案合同规定，本案合同中申请人的权利义务与上述《韩国特许经营法》项下对于 "特许经营地域总部" 的概念完全一致。具体而言，本案合同未将 "乙方" 表述为 franchisee（即特许经营者），而是明确表示为 subfranchisor（即特许经营地域总部），对于 "特许经营者"（franchisee），则规定为 "可与美今签订下位加盟合同并经营盟店权利者"。根据相关条款，申请人有权在合同区域内招募加盟店并获取收入。即便根据本案合同遵守经营方针义务条款，申请人也应向加盟店主（特许经营者）供应指定物品，进行指导、监督。可见，本案合同项下，申请人并非特许经营者，而是特许经营地域总部。

而对于《韩国特许经营法》第十四条的适用范围，公平交易委员会通过解法 EDU 的滥用交易地位案。公平交易委员会决议（略）第 2012-022 号决议书决议指出：《韩国特许经营法》第十四条适用于 "特许经营总部" 和 "特许经营者" 之间的合同，而不适用于 "特许经营总部" 和 "特许经营地域总部" 之间的合同。

《韩国特许经营法》旨在保护作为弱者的特许经营者，因此，当特许经营者违反合同时，赋予其纠正机会。然而在本案中，被申请人作为解约事由的 "美今的直营店开设义务" 是要求开设特许经营店，与其说是特许经营者负担的典型的合同义务，更接近 "特许经营地域总部承担的招募特许经营者的义务"。

根据《韩国特许经营法》的文义解释及公平交易委员会的决议，可认定：《韩国特许经营法》不适用于被申请人（特许经营总部）和申请人（特许经营地域总部）之间签订的本案合同，被申请人对申请人作出的解除，合法有效。

更何况，申请人主张其先于被申请人解除了本案合同，既然申请人主张的所谓 "特许经营者" 先解除了合同，就应视为其放弃了公平交易法乃至《韩国特许经营法》项下对于特许经营者的保护，就无从再主张 "由于 A 公司未向其给出宽限期并发出两次以上书面通知，解除无效"。

（3）申请人应就其违约行为赔偿被申请人的损失

申请人在履行本案合同的过程中，存在以下违约行为，故应当赔偿由此给被申请人造成的损失。需说明的是，被申请人并非就因申请人的违约所致的所有损失予以请求，仍旧保留对于其他损失的赔偿请求权。

首先，申请人未依约开设直营店，该事实构成申请人对于本案合同项下主债务的未履行，被申请人可据此请求赔偿"履行利益"（即本案合同正常履约时的可得利益）。而该"履行利益"应当为被申请人可依本案合同从申请人处收取的加盟费（Initial royalty）及使用费（Running royalty）。

①加盟费（违反直营店开设义务所致的追加加盟费）

依据本案合同加盟金条款加盟费之约定，申请人在本案合同签订后 2 年内开设第 6 家直营店，是一个基本约定的条件。由此，申请人在明显违约的情形下，应当向被申请人支付 5 亿韩元。现 2 年内未开够 6 家店，致使被申请人无法获得本应获得的合理费用，故理应赔偿 5 亿韩元损失。

②使用费（相当于直营店销售总额 2% 的使用费）

依据本案合同加盟金条款使用费之约定，申请人应将所有直营店销售总额的 2% 支付给被申请人，但申请人开设直营店至今，从未实际向被申请人支付过任何使用费，故根据本案合同约定，申请人应当赔偿被申请人的使用费损失。

③加盟费迟延支付利息

申请人违反本案合同，迟延支付了加盟费。

本案合同规定，申请人应在本案合同签订后 20 日内向被申请人支付相当于 5 亿韩元的 10%（5000 万韩元）的价款，并在被申请人按照约定向申请人或其所属职员提供培训服务前支付相当于 5 亿韩元的 90%（4 亿 5000 万韩元）加盟费。

鉴于本案合同签订日为 2016 年 4 月 29 日，申请人的实际付款日分别为 2016 年 10 月 13 日支付 10%（迟延 149 日），2016 年 11 月 8 日支付剩余 90%（迟延 44 日），申请人已构成迟延支付加盟费。而根据本案合同，合同履行期间，如一方迟延履行本合同约定的金钱债务，每逾期一日应按迟延给付款项的万分之三向对方支付逾期利息，故申请人应向被申请人支付逾期利息近 820 万韩元。

对此，申请人主张"双方经合意将履约日期调整为 2016 年 10 月 3 日，因此不构成逾期支付加盟费的情形"，但申请人的主张纯属捏造和扭曲事实，申请人逾期支付加盟费的事实客观存在，应向被申请人支付逾期利息。

④律师费及仲裁费用

申请人承担由于反请求所致的律师费及仲裁费用。

（4）申请人违反本案合同约定，未能履行经营状况报告义务以及适当的会计义务

第一，申请人应向被申请人履行经营状况报告义务。根据本案合同，在合同签订后，申请人应在每季度（3个月）向被申请人通报直营店和加盟店的开设情况、收益情况及与加盟店主有关的情况。但，申请人从未向被申请人提供。

第二，申请人应向被申请人尽适当会计义务。根据本案合同，申请人应在每月月底，以书面形式向被申请人提供销售资料、库存物品报告书等，并应在每年度委托外部会计师进行会计审计，并将审计结果和英文翻译件在下一年1月31日前提供给被申请人。但实际上，申请人并未向被申请人提交任何资料或报告，即未尽约定之会计义务。因直营店的经营状况以及审计报告直接关系到使用费、赔偿损失等款项金额的计算，且虽然本案合同已于2019年8月20日在被申请人向申请人发出通知后解除，但申请人履行经营状况报告的义务及适当会计的义务并不因合同的解除而可以得到免除，故请求贵会依法裁决申请人按照合同约定向被申请人履行经营状况报告义务以及适当的会计义务。

（5）鉴于本案合同已于2019年8月20日解除，申请人应当履行停止经营及返还义务

根据本案合同，"本合同终止时发生下列后果：乙应全面终止与本加盟产业有关的直营店的经营、加盟店的招募及与加盟店主的交易等"。鉴于本案合同已于2019年8月20日解除，故申请人应当全面终止其开设三家直营店的经营，并停止加盟店的招募及其他相关行为。

根据本案合同，在合同终止后的30日内，申请人应自费将能联想到被申请人的经营标志及与被申请人关系的一切标志，从所有直营店的内部、外部的一切物品和设施、互联网站、媒体与言论中予以清除。

根据本案合同，申请人在合同解除后具有停止经营和返还的义务，且申请人也当庭承认其具有"归还与本加盟有关的资料、宣传品、电子资料及管理手册的义务"，但至今申请人仍占有上述材料，未予以归还。

综上所述，本案合同已经由被申请人合法解除，申请人在履行合同的过程中存在严重的违约行为，故应当赔偿被申请人的损失，且在合同终止后，应当履行相应的义务。故请求贵会依法支持上述反请求，维护被申请人的合法权益。

二、仲裁庭意见

仲裁庭经结合本案开庭审理情况与审阅当事人提交的全部材料（案情部分

未援引或者未全部援引任何一方当事人的意见或证据，不表明仲裁庭忽略了该方当事人的意见或证据），对本案事实及争议焦点发表意见如下：

（一）关于本案适用法律

本案申请人为中国法人，被申请人为韩国法人，本案所审理的双方当事人之间的法律关系应为涉外民事关系。《中华人民共和国涉外民事关系法律适用法》（以下简称《法律适用法》）第三条规定，当事人依照法律规定可以明示选择涉外民事关系适用的法律；第四十一条规定，当事人可以协议选择合同适用的法律。

根据本案合同约定，本案合同的解释和适用依照大韩民国法律。在 2019 年 12 月 20 日举行的本案第一次庭审中，申请人和被申请人均确认应依照大韩民国法律对本案进行审理。

根据以上事实及《法律适用法》规定，仲裁庭认为，本案应适用大韩民国法律进行审理。

（二）关于本案合同效力

申请人与被申请人在本案中均未对本案合同的合法性和有效性提出异议，被申请人在《仲裁答辩书》中亦明确确认本案合同合法有效。申请人和被申请人分别邀请的两位韩国法专家证人也未对本案合同的合法性和有效性提出异议。仲裁庭认为，本案合同系双方当事人真实意思表示，合同内容不违反《韩国特许经营法》规定，合法有效。

（三）关于本案事实

仲裁庭根据现有证据材料和庭审情况，查明以下事实：

2016 年 4 月 29 日，申请人与被申请人签订本案合同，约定由被申请人向申请人授予开展"某品牌比萨"直营事业和加盟产业有关的特许经营权利。本案合同约定，合同期限为自生效之日起 10 年；还约定申请人的合同区域为 S 市，但本案合同签订后 2 年内申请人在 S 市开设 6 个直营店时，华东地区的 3 个省（U 省、V 省、W 省）也划归合同区域；还约定被申请人陈述和保证的事项如下：第二项，总部设在大韩民国，在遵守国际法和大韩民国法令的前提下，正在从事着加盟产业；第五项，已拥有持续维持本加盟产业的人力和物力资源；第六项，在履行一般的商业交易行为、签订本案合同并向申请人提供物品及技术上，没有任何法律上、制度上、社会上和宗教上的障碍；第九项，被申请人保证在收到订单之日起最多 10 天内向申请人供应其订购的原材料或产品或设备；还约定，申请人有权在合同区域内招募加盟店并获取收入；还约定，作为在合同区域内被授予独家开设直营店和招募加盟店权利的对价，申请人应在本案合同签订后 20 日内向被申请人支付相当于 5 亿韩元的 10%加盟费，并在被申请人按照约定向申请人或申请人所属职员提供培训服务前向被申请人支付相当于 5 亿韩元的 90%加盟费；还约定，申请人在签订本案合同后 2 年内开设第六个直营店后，向被申请人支付相当于 5 亿韩元加盟费的同时，华东地区的 3 个省（U 省、V 省、W 省）即刻也划归本案合同区域，追加合同区域的合同内容与本案合同内容一致；还约定，加盟费作为申请人在合同区域内被申请人授予独家开设直营店和招募加盟店权利的对价，在被申请人或申请人依据本案合同实际着手实施履行行为后，原则上不能返还，但是若出现合同因可归责于被申请人的事由被解除或被废止或被确认无效等情形，申请人可以要求被申请人返还已付的加盟费；还约定，申请人应在每月月末前，将上个月（或者每季度）所有直营店和加盟店销售总额的 2%作为使用费支付给被申请人；还约定，若出现合同因可归责于被申请人的事由被解除或被废止或被确认无效等情形，申请人可以要求被申请人返还已付的加盟费；还约定，对于被申请人向申请人供应的原材料，应由被申请人完成相关的检验、检疫等工作，并保证所有原材料质量和包装等符合中国产品质量、食品安全等有关规定的要求，若因检疫或者行政检查无法通过导致原材料产生品质影响，因此造成的损失由被申请人承担；还约定，合同履行期间，如一方迟延履行本合同约定的金钱债务，每逾期一日应按迟延给付款项的万分之三向对方支付逾期利息；还约定，未经被申请人事先同意，申请人不得经营并销售指定商品及服务以外的商品或服务，但就本加盟产业而言，如将被申请人指定的商品及服务方式属地化对双方互为有利且存在合理性，被申请人和申请人经协商可以进行变更；还约定，如需变更销售价格，申请人应事先通报被申请人并在被申请人许可的范围内变更价格；还约定：（1）申请人应根据合法的会计原则制作与直营店和加盟店有关的会计账簿，并保证收支凭证、资料，（2）申请人在经营直营店和与加盟店进行交易的过程中，不得实施与偷税有关的一切行为，（3）每月月底，申请人应以书面形式（包括电子邮箱）将申请人的销售资料、加盟店的销售资料、下位加盟合同、申请人的库存物品报告书提供给被申请人，（4）申请人应将每年 1 月 1 日至 12 月 31 日作为一个会计年度，委托外部会计师事务所进行年度会计审计，并将审计结果和英文翻译件在下一年 1 月 31 日前提供给被申请人；还约定，本案合同生效后 1 年内，申请人应开设不少于 3 个直营店，本案合同生效后 2 年内，申请人应追加开设不少于 3 个直营店（2 年内 6 家以上），合同期限内，申请人应开设不少于 10 个直营店；还约定，被申请人应在每季度（3 个月）向申请人通报直营店和加盟店的开设情况、收益情况及与加盟店主有关的情况；还约定，被申请人或申请人在下列情况下，可以书面、电子邮件形式通知对方解除本案合同：在合同约定的日期内，申请人没能开设约定数量的直营店或加盟店的……被申请人违反本案合同项下的陈述或保证内容，或者被申请人违反本案合同项下的其他义务，经申请人书面通知纠正后仍拒绝纠正的；还约定，本案合同终止时，申请人应把被申请人提供的与本加盟产业有关的一切资料、宣传品、电子记录及管理手册等返还给被申请人；还约定，因被申请人违约解除合同时，申请人有权要求被申请人返还已给付的加盟费和使用费，因被申请人违约给申请人造成损失时，不管合同解除与否，被申请人应赔偿申请人因此遭受的损失；还约定，在合同区域内开设直营店与政府有关部门及政府发生的一切争议，应由申请人负责处理并承担相应的费用，任何情况下不得要求被申请人承担责任；还约定，本合同内容的解释和使用依照大韩民国法律；还约定，申请人和被申请人同意本合同以韩文、中文、英文书写，如语言之间的含义发生冲突时，应以英文解释为准。

本案合同《特约条款》约定，申请人应按照每月所有直营店和加盟店的税前销售总额的 2% 向被申请人支付使用费；还约定，使用费从开设包括所有直营店和加盟店的第 7 号店后计付，开设 7 号店后申请人应按照上述条款约定向被申请人支付 1 号店到 6 号店的使用费。

申请人于 2016 年 10 月 13 日向被申请人支付加盟费 4 万余美元，于 2016 年 11 月 8 日向被申请人支付加盟费 4 亿 5000 万韩元。

2018 年 5 月 17 日，申请人向被申请人发送《关于 S 市某品牌比萨产品存在问题的报告》，载明某品牌比萨 S 市店自 2017 年 5 月 26 日试营业至今有如下问题未得到解决，并要求被申请人立即解决：（1）面团饼底出油、出水的问题；（2）面团饼底较硬的问题；（3）韩方派研发技术人员常驻 S 市研发新产品的问题；（4）韩方发往 S 市的原材料（如发酵粉、纤维素等）运输的问题。

2019 年 8 月 12 日，S 市 T 区市场监督管理局对申请人 2 店进行检查，并出具《现场检查笔录》一份，载明现场检查不符合项目为查见无中文标签食品原料。同日，S 市 T 区市场监督管理局向申请人出具《责令整改通知书》一份，载明，经查申请人采购使用无中文标签的预包装食品原料（韩文酱料）用于制作比萨的行为违反《食品安全法》第五十五条第一款的规定，并根据《中华人民共和国行政处罚法》（以下简称《行政处罚法》）第二十三条的规定，责令申请人自收到本通知书之日起立即改正上述违法行为，停止采购使用无中文标签的预包装食品原料。2019 年 8 月 22 日，S 市 T 区市场监督管理局向申请人 2 店出具《行政处罚通知书》一份，载明就申请人 2 店采购无中文标签的食品原料一案，依据《行政处罚法》第三十一条的规定，处罚如下：（1）罚款人民币伍仟元整；（2）没收违法所得人民币壹佰肆拾捌元整。

2019 年 4 月 5 日，被申请人向申请人出具《韩国总部的合同协调意见》一份，载明关于 2019 年 3 月在 S 市召开的协调合同会议，韩国总部会议决定传达此书信，具体如下：本案合同约定合同的终止及解除条款，被申请人或申请人在下列情况下，可以书面、电子邮件形式通知对方解除本案合同：在本案合同约定的日期内，申请人没能开设约定数量的直营店或加盟店的。原定开始计算两年的时间为，签订合同的 2016 年 10 月 3 日。韩国总部特殊照顾，将开始计算的时间调整为 S 市某品牌比萨 1 店的开业时间，所以根据本案合同条款合同解除。

2019 年 8 月 20 日，被申请人委托法务法人 E 公司通过 DHL 快递方式向申请人发送《特许经营合同书的解除通知》，载明因申请人至今未能开设 6 个以上直营店，已违反本案合同第十条第九款第（一）项的约定；同时，申请人在未与被申请人协商的情形下，擅自对被申请人的商标进行注册，已违反本案合同第十一条第一款及第十一条第二款的约定。综上，被申请人认为申请人不仅违反合同约定，更是破坏了本案合同基础的信赖关系，为此，被申请人委托法务法人 E 公司向申请人通知解除本案合同，并要求申请人在收到该函后 30 日内，将凡能联想到被申请人的经营标志及与被申请人关系的一切标志，从所有直营店内、外部的一切物品和设施、互联网站等予以清除，将被申请人依本案合同提供的所有资料、宣传品、管理手册等返还给被申请人。

2019 年 10 月 11 日，被申请人委托法务法人 E 公司向申请人发送《对于律师函（2019.9.17）的回函》，就申请人的代理人 C 律师事务所于 2019 年 9 月 17 日向被申请人发送的《律师函》进行回复，再次通知申请人本案合同已于 2019 年 8 月 20 日通过被申请人发送的解除通知予以解除，并要求申请人在解除通知日起 30 日内将被申请人的一切标志予以清除，如申请人在未清除被申请人一切标志等情形下向第三方转让直营店，应承担本案合同项下损害赔偿等责任。

申请人三家直营店开业时间分别为：1 店为 2017 年 3 月 10 日、2 店为 2018 年 4 月 10 日、3 店为 2019 年 3 月 21 日。

2019 年 7 月 15 日，申请人向仲裁委员会 S 市分会提交书面仲裁申请，请求解除本案合同。

2019 年 8 月 30 日，申请人与 C 律师事务所、C（S 市）律师事务所签订《委托律师合同》一份，约定由 C 律师事务所、C（S 市）律师事务所就申请人与被申请人特许经营合同纠纷担任申请人的代理人，律师费为人民币 50 万元。

2019 年 9 月 3 日，申请人向 C（S 市）律师事务所支付人民币 25 万元。

2019 年 10 月 8 日，C（S 市）律师事务所向申请人开具三张 S 市增值税普通发票，金额共计人民币 25 万元。

2019 年 8 月 14 日，被申请人与 D（S 市）律师事务所签订《法律服务合同》一份，约定由 D（S 市）律师事务所就被申请人与申请人特许经营合同纠纷案作为被申请人的代理律师，律师费为人民币 10 万元。D（S 市）律师事务所于 2019 年 8 月 22 日向被申请人开具金额为人民币 10 万余元的 S 市增值税普通发票一张。被申请人于 2019 年 8 月 19 日向 D（S 市）律师事务所支付 1 万余美元。

2020 年 1 月 6 日，被申请人与 D（S 市）律师事务所签订《法律服务合同》一份，约定由 D（S 市）律师事务所就被申请人与申请人特许经营合同纠纷案之反请求阶段作为被申请人的代理律师，律师费为人民币 10 万元。D（S 市）律师事务所于 2020 年 1 月 15 日向被申请人开具金额为人民币近 10 万元的 S 市增值税普通发票一张。被申请人于 2020 年 1 月 8 日向 D（S 市）律师事务所支付 1 万余美元。

（四）关于本案合同的解除

本案中，申请人认为，被申请人供应的食品原料没有中文标签，且被申请人采用随乘机人员托运方式运输食品原料，违反了被申请人在本案合同中所作的四项陈述和保证：（1）第二项，总部设在大韩民国，在遵守国际法和大韩民国法令的前提下，正在从事着加盟产业；（2）第五项，已拥有持续维持本加盟产业的人力和物力资源；（3）第六项，在履行一般的商业交易行为、签订本案合同并向申请人提供物品及技术上，没有任何法律上、制度上、社会上和宗教上的障碍；（4）第九项，被申请人保证在收到订单之日起最多10天内向申请人供应其订购的原材料或产品或设备；同时违反了本案合同相关条款关于被申请人完成相关的检验、检疫等工作，并保证所有原材料质量和包装等符合中国产品质量、食品安全等有关规定要求的约定，故申请人根据本案合同相关条款规定，有权解除合同。

被申请人认为，进口预包装食品添加中文标签，为申请人的法定义务和合同义务，而非被申请人的义务。《食品管理办法》第十二条规定了进口食品的进口商或者其代理人应当提供进口食品标签样张和翻译件向海关报关地的检验检疫机构报检。本案合同也约定申请人应采取措施促使所有直营店和加盟店具备经营餐饮业和在卖场销售所有产品的资格及法定许可证照，并持续予以监督，并应自费履行完作为中国特许经营有关法律规定的特许人应尽的所有义务。此外，申请人在本案合同中也陈述和保证，在履行一般的商业交易行为、签订本案合同并从被申请人处接收物品及传授技术上，没有任何法律上、制度上、社会上和宗教上的障碍。

关于被申请人采用随乘机人员托运方式运输食品原料一节，被申请人认为，该物料采购流程是双方共同合意，申请人也参与了该流程。申请人的营业并没有受到该物料采购流程的影响。

仲裁庭认为，根据本案查明事实，在双方当事人合作过程中，随乘机人员托运运输食品原料的方式得到了双方当事人的认可和实施。也因为采用这种方式，申请人未履行进口报关手续，从而导致申请人也未按中国海关总署《食品管理办法》第十二条的规定，提供进口食品标签样张和翻译件，致使进口预包装食品没有添加中文标签。仲裁庭认为，虽然本案合同约定被申请人应保证所有原材料质量和包装等符合中国产品质量、食品安全等有关规定的要求，但根据前述海关总署规章的规定，进口预包装食品添加中文标签的义务人应为申请人。仲裁庭认为双方当事人采取的随乘机人员托运运输食品原料的方式是不妥当的，同时认为进口预包装食品未添加中文标签的过错方应为申请人。故申请人认为被申请人违反本案合同相关条款，申请人有权解除合同的观点，仲裁庭难以支持。

本案中，被申请人认为，本案合同约定，本案合同生效后1年内，申请人应开设不少于3个直营店，本案合同生效后2年内，申请人应追加开设不少于3个直营店（2年内6家以上），合同期限内，申请人应开设不少于10个直营店；

还约定，如在合同约定日期内，申请人没能开设约定数量的直营店或加盟店的，被申请人可以书面或者电子邮件形式通知申请人解除合同。因申请人未在合同生效后 2 年内开设 6 家直营店，故被申请人有权依据上述合同条款约定解除本案合同。被申请人并已于 2019 年 8 月 20 日委托法务法人 E 公司向申请人发出解除合同通知，故要求仲裁庭确认本案合同于 2019 年 8 月 20 日解除。

仲裁庭认为，申请人未在合同生效后 2 年内开设 6 家直营店已构成违约，被申请人有权依据上述合同条款约定解除本案合同。但就本案合同是否因被申请人 2019 年 8 月 20 日的通知解除，申请人邀请的韩国法专家证人和被申请人邀请的韩国法专家证人持不同观点。

申请人提供的韩国法专家证人认为，《韩国特许经营法》第十四条（特许经营合同解除的限制）第一款规定，特许经营总部欲解除特许经营合同时，应当赋予特许经营者 2 个月以上的宽限期并以书面方式发出两次以上的通知告知特许经营者违反合同的具体事实以及不予以纠正时特许经营总部将有权解除合同的事实。但，由总统令规定的难以维持特许经营活动的情形除外。第二款规定，未经第一款规定的程序者，该特许经营合同的解除无效。

申请人提供的韩国法专家证人认为，本案合同项下的被申请人为特许经营总部，申请人既是特许经营者，也是特许经营地域总部。但本案纠纷并非因申请人在 S 市招募加盟店引起，而是与申请人在 S 市直接经营的特许经营店相关，故本案纠纷是特许经营总部与特许经营者之间的特许经营店经营相关的典型争议，并不是特许经营总部与特许经营地域总部之间的特许经营合同相关争议。作为特许经营总部的被申请人欲解除与作为特许经营者的申请人的本案经营合同时，应按照《韩国特许经营法》第十四条规定的程序发出通知，违反该法律条款的特许经营合同的解除为无效。

被申请人提供的韩国法专家证人认为，根据大韩民国公平交易委员会 2012 年 2 月 9 日决议第 2012-022 号，加盟总部和加盟地域总部之间不适用《韩国特许经营法》。《韩国特许经营法》第十四条适用于加盟总部和加盟店经营者之间的合同，但不适用于加盟总部和加盟地域总部之间的合同。

仲裁庭认为，本案被申请人应为特许经营总部（加盟总部）。根据本案合同约定，申请人有权在本案合同签订后 2 年内在 S 市开设 6 个直营店，并应向被申请人支付加盟费和使用费，故申请人应为特许经营者（加盟店经营者）。同时根据本案合同约定，申请人有权在合同区域内招募加盟店并获取收入，故申请人同时为特许经营地域总部（加盟地域总部）。本案纠纷并非因申请人在 S 市招募加盟店引起，而是与申请人在 S 市的三个直营店相关，故本案纠纷是特许经营总部与特许经营者之间的纠纷，应受《韩国特许经营法》第十四条约束。

被申请人在 2019 年 8 月 20 日委托法务法人 E 公司向申请人发出解除合同通知时，并未赋予申请人 2 个月以上的宽限期，且为第一次发出通知，按照大韩民国《韩国特许经营法》第十四条规定，该通知并不发生解除合同的效力。故被申请人要求仲裁庭确认本案合同于 2019 年 8 月 20 日解除，仲裁庭也难以支持。

综上所述，本案申请人认为其有权解除本案合同的观点及被申请人要求仲裁庭确认本案合同于 2019 年 8 月 20 日解除的观点，仲裁庭均难以支持。但考虑到本案合同的履行情况，以及申请人和被申请人均无继续履行合同的意愿，仲裁庭决定对本案合同予以裁决解除。

（五）关于申请人的仲裁请求

1. 关于申请人的第一项仲裁请求

申请人在第一项仲裁请求中要求解除申请人与被申请人之间签订的本案合同。

基于仲裁庭的前述分析，仲裁庭决定对本案合同裁决解除。

2. 关于申请人的第二项仲裁请求

申请人在第二项仲裁请求中要求被申请人向申请人返还加盟费人民币近 298 万元。

申请人要求被申请人全额返还加盟费的依据是本案合同约定，因被申请人违约解除合同时，申请人有权要求被申请人返还已给付的加盟费。因仲裁庭认为被申请人并无违约行为，故申请人无权依据该合同条款要求被申请人全额返还加盟费。

如之前意见，仲裁庭决定裁决解除本案合同。裁决解除，解除合同是向将来发生效力，及在仲裁庭裁决解除合同之日起，双方即终止履行合同。本案合同未约定非违约解除合同时加盟费如何返还事宜。仲裁庭认为，被申请人在合同解除后继续收取加盟费，无须履行特许经营合同项下义务，明显不公平。故被申请人应返还申请人解除合同之后的加盟费。

申请人分别于 2016 年 10 月 13 日向被申请人支付总加盟费的 10%，即 4 万余美元；于 2016 年 11 月 8 日支付剩余 90%，即 4 亿 5000 万韩元。根据汇款当日央行外汇牌价，分别转换为人民币 30 万余元与人民币 267 万余元，加盟费合计为人民币近 298 万元。本案合同履行期限为十年。综合考虑本案情况，仲裁庭认为，被申请人应返还申请人加盟费人民币 180 万元。

3. 关于申请人的第三项仲裁请求

申请人在第三项仲裁请求中要求被申请人赔偿加盟费的资金占用期间的利息，截至 2019 年 11 月 30 日，暂计人民币近 43 万元。

因本案合同系于裁决作出日解除，此前被申请人收取加盟费具有合同依据，故申请人要求赔偿利息的第三项仲裁请求仲裁庭难以支持。

4. 关于申请人的第四项仲裁请求

申请人在第四项仲裁请求中要求被申请人赔偿申请人的经济损失人民币近 810 万元。

申请人在庭审中明确，申请人的经济损失由三部分组成，其中因关闭门店造成的直接损失人民币 560 余万元，预期经济利益损失人民币 246 万余元，S 市 T 区市场监督管理局的行政处罚金额为人民币 5000 余元。

如仲裁庭之前分析，本案中被申请人并无违约行为，申请人关闭门店损失及预期经济利益损失应自行承担。关于 S 市 T 区市场监督管理局的行政处罚人民币 5000 余元，如仲裁庭前述分析，进口预包装食品未添加中文标签的过错方应为申请人，故申请人应自行承担 S 市 T 区市场监督管理局的处罚结果。

仲裁庭决定对申请人的第四项仲裁请求不予支持。

5. 关于申请人的第五项仲裁请求

申请人在第五项仲裁请求中要求被申请人承担申请人本案的律师费人民币 50 万元。

根据本案查明事实，申请人为本案支出律师费为人民币 25 万元。仲裁庭根据《仲裁规则》第五十二条第（二）款的规定并结合本案情况，决定对申请人主张的律师费不予支持。

6. 关于申请人的第六项仲裁请求

申请人在第六项仲裁请求中要求被申请人承担本案仲裁费。

根据《仲裁规则》第五十二条第（一）款规定，仲裁庭有权在裁决书中裁定本案仲裁费的承担。仲裁庭根据本案当事人事实的认定以及申请人仲裁请求获得支持的程度，裁决本请求仲裁费由申请人承担 80%，由被申请人承担 20%。

（六）关于被申请人的仲裁反请求

1. 关于被申请人的第一项仲裁反请求

被申请人在第一项仲裁反请求中要求确认被申请人与申请人签署的本案合同于 2019 年 8 月 20 日解除。

基于仲裁庭的前述分析，仲裁庭决定对本案合同裁决解除，故对被申请人的第一项仲裁反请求不予支持。

2. 关于被申请人的第二项仲裁反请求

被申请人在第二项仲裁反请求中要求申请人赔偿被申请人加盟费迟延利息、贷款迟延利息、追加加盟费、律师费、经济损失中的部分金额共计人民币 200 万元。

被申请人明确该项请求人民币 200 万元由以下六部分组成：（1）加盟费迟延利息共计近 820 万韩元，其中定金 5000 万韩元迟延支付 149 天，延迟利息近 224 万韩元，剩余 4 亿 5000 万韩元迟延支付 44 天，利息为 594 万韩元；（2）追加加盟费 5 亿韩元；（3）使用费近 58700 万韩元；（4）中国律师费人民币 20 万元；（5）韩国律师费 6500 万韩元；（6）反诉费用。以上损失合计近 116000 万韩元及人民币 37 万元，折扣并换算为人民币 200 万元。

关于被申请人主张的加盟费迟延利息近 820 万韩元，本案合同约定，作为在合同区域内被授予独家开设直营店和招募加盟店权利的对价，申请人应在本案合同签订后 20 日内向被申请人支付相当于 5 亿韩元的 10%加盟费，并在被申请人按照约定向申请人或申请人所属职员提供培训服务前向被申请人支付相当于 5 亿韩元的 90%加盟费。

申请人认为，虽然本案合同于 2016 年 4 月 29 日签订，但根据被申请人于 2019 年 4 月 5 日向申请人出具的《韩国总部的合同协调意见》，载明开始计算两年的时间为签订合同后的 2016 年 10 月 3 日，故申请人应于 2016 年 10 月 23 日向被申请人支付 5000 万韩元，申请人于 2016 年 10 月 13 日向被申请人支付了 4 万余美元，并未违约。被申请人认为该表述系笔误。仲裁庭认为，该文件系被申请人单方发出，应为被申请人真实意思表示。申请人并未违约，故被申请人无权要求申请人承担 5000 万韩元延期支付的利息。

根据本案合同的约定，剩余 4 亿 5000 万韩元应在被申请人按照约定向申请人或申请人所属职员提供培训服务前向被申请人支付。申请人于 2016 年 11 月 18 日向被申请人支付了 4 亿 5000 万韩元，被申请人认为申请人逾期支付 44 天，但未能说明被申请人向申请人或申请人所属职员提供培训服务的具体日期，也未能提供相应证据，故仲裁庭认为，被申请人无权向申请人主张 4 亿 5000 万韩元延期支付的利息。

关于被申请人主张的追加加盟费 5 亿韩元，根据本案合同约定，申请人在签订本案合同后 2 年内开设第 6 个直营店后，向被申请人支付相当于 5 亿韩元加盟费。被申请人认为申请人未能在 2 年内开设 6 个直营店，致使被申请人未能获得合理费用，故应向被申请人赔偿 5 亿韩元。仲裁庭认为，本案合同约定，申请人在签订本案合同后在 2 年内开设第 6 个直营店后，向被申请人支付相当于 5 亿韩元加盟费的同时，华东地区的 3 个省（U 省、V 省、W 省）即刻也划归本案合同区域，追加合同区域的合同内容与本案合同内容一致。按照该合同条款，5 亿韩元应为申请人在 S 市开设 6 个直营店后，被申请人将华东地区的 3 个省（U 省、V 省、W 省）追加授予申请人独家经营加盟产业权利的场所范围的对价。现申请人仅开设 3 家直营店，本案合同也于本裁决作出之日解除，被申请人已无可能将华东地区的 3 个省（U 省、V 省、W 省）追加授予申请人，故申请人无需向被申请人支付该笔 5 亿韩元的加盟费。

关于被申请人主张的使用费近 58700 万韩元，本案合同特约条款约定，使用费从开设包括所有直营店和加盟店的第 7 号店后计付，现申请人仅开设 3 家直营店，故申请人无需向被申请人支付使用费。

关于被申请人主张的中国律师费人民币 20 万元、韩国律师费 6500 万韩元，仲裁庭根据《仲裁规则》第五十二条第（二）款的规定并结合本案情况，决定对被申请人主张的律师费不予支持。

关于被申请人主张的反请求仲裁费，因被申请人在第五项仲裁反请求中已经提出相同请求，本部分请求属于重复提出，故仲裁庭不予支持。

仲裁庭决定对被申请人的第二项仲裁反请求不予支持。

3. 关于被申请人的第三项仲裁反请求

被申请人在第三项仲裁反请求中要求申请人立即向被申请人归还与本加盟有关的资料、宣传品、电子记录及管理手册等文件。

根据本案合同约定，本案合同终止时，申请人应把被申请人提供的与本加盟产业有关的一切资料、宣传品、电子记录及管理手册等返还给被申请人。申请人亦同意履行该项义务。

仲裁庭决定对被申请人的第三项仲裁反请求予以支持。

4. 关于被申请人的第四项仲裁反请求

被申请人在第四项仲裁反请求中要求申请人立即向被申请人交付 2016 年至 2019 年度的审计报告，以及其开设的直营店的销售资料、库存物品报告书。

被申请人认为，本案合同约定，每月月底申请人应以书面形式将申请人的销售资料、加盟店的销售资料、下位加盟合同、申请人的库存物品报告书提供给被申请人；还约定，申请人应将每年 1 月 1 日至 12 月 31 日作为一个会计年度，委托外部会计师事务所进行年度会计审计，并将审计结果和英文翻译件在下一年 1 月 31 日前提供给被申请人；还约定，被申请人应在每季度（3 个月）向申请人通报直营店和加盟店的开设情况、收益情况及与加盟店主有关的情况。申请人的上述义务并不因本案合同的解除而免除，故申请人仍应向被申请人履行上述义务。

申请人认为，本案合同解除后，上述合同条款中相应权利义务已经终止。在不存在合同关系的情况下，申请人没有义务提供相应资料。

仲裁庭认为，在本案合同解除后，申请人确无义务提供相应资料。此外，被申请人承认在本案合同履行过程中，申请人向被申请人共享了登录销售系统网站的 ID 和密码，被申请人可以自行在韩国登录上述系统并确认销售数据，并已将该销售系统及数据的资料作为证据提交。仲裁庭认为，在被申请人已经了解相关信息的前提下，再要求申请人提交资料并无实际意义。

仲裁庭决定对被申请人的第四项仲裁反请求不予支持。

5. 关于被申请人的第五项仲裁反请求

被申请人在第五项仲裁反请求中要求由申请人承担本案仲裁费与反请求全部仲裁费用。

根据《仲裁规则》第五十二条第（一）款规定，仲裁庭有权在裁决书中裁定本案仲裁费的承担。仲裁庭根据本案当事人履约行为的认定以及被申请人仲裁反请求获得支持的程度，裁决本案反请求仲裁费由被申请人承担 90%，由申请人承担 10%。

三、裁　决

综上，仲裁庭对本案裁决如下：

（一）申请人与被申请人签订的《特许经营合同书》于本裁决作出之日解除；

（二）被申请人向申请人返还加盟费人民币 180 万元；

（三）申请人向被申请人归还与"某品牌比萨"作为经营标志的加盟产业有关的资料、宣传品、电子记录及管理手册等文件；

（四）驳回申请人的其他仲裁请求；

（五）驳回被申请人的其他仲裁反请求；

（六）本案本请求仲裁费由申请人承担 80%，由被申请人承担 20%。

本案反请求仲裁费由申请人承担 10%，由被申请人承担 90%。

上述第（二）（三）（六）裁决项下应履行义务或应支付的款项，双方应在本裁决作出之日起 15 日内向对方履行或支付完毕。

本裁决为终局裁决，自作出之日起生效。

案例评析

【关键词】特许经营合同纠纷　外国法的查明

【焦点问题】

本案所涉核心问题是，在韩国法为本案适用法的前提下，双方当事人各自提供的法律专家证人就《韩国特许经营法》第十四条是否应适用于本案给出不同意见，仲裁庭应如何作出判断。

【焦点评析】

涉案纠纷属于中国法人和韩国法人之间的特许经营合同纠纷，结合本案案情及双方争议焦点，评述如下：

一、仲裁庭确定韩国法为本案准据法

本案申请人（被反请求人）为中国法人，被申请人（反请求人）为韩国法人，双方当事人之间的法律关系为涉外民事关系。《法律适用法》第三条规定，当事人依照法律规定可以明示选择涉外民事关系适用的法律；第四十一条规定，当事人可以协议选择合同适用的法律。根据涉案合同约定，涉案合同的解释和适用的准据法为韩国法。在本案第一次庭审中，申请人和被申请人均确认应依照韩国法对本案进行审理。仲裁庭据此确认韩国法为本案准据法。

二、关于《韩国特许经营法》第十四条是否适用于本案

申请人法律专家证人认为《韩国特许经营法》第十四条适用于本案，并认为被申请人解除合同的行为无效。与此不同，被申请人法律专家证人认为该条款不适用于本案。

　　申请人提供的韩国法专家证人认为，《韩国特许经营法》第十四条（特许经营合同解除的限制）第一款规定，特许经营总部欲解除特许经营合同时，应当赋予特许经营者2个月以上的宽限期并以书面方式发出两次以上的通知告知特许经营者违反合同的具体事实以及不予以纠正时特许经营总部将有权解除合同的事实。但，由总统令规定的难以维持特许经营活动的情形除外。第二款规定，未经第一款规定的程序者，该特许经营合同的解除无效。

　　申请人提供的韩国法专家证人认为，涉案合同项下的被申请人为特许经营总部，申请人既是特许经营者，也是特许经营地域总部。但本案纠纷并非因申请人在中国S市招募加盟店引起，而是与申请人在中国S市直接经营的特许经营店相关，故本案纠纷是特许经营总部与特许经营者之间的特许经营店经营相关的典型争议，并不是特许经营总部与特许经营地域总部之间的特许经营合同相关争议。作为特许经营总部的被申请人欲解除与作为特许经营者的申请人的本案经营合同时，应按照《韩国特许经营法》第十四条规定的程序发出通知，违反该法律条款的特许经营合同的解除为无效。

　　被申请人提供的韩国法专家证人认为，根据韩国公平交易委员会2012年2月9日决议第2012-022号，加盟总部和加盟地域总部之间不适用《韩国特许经营法》。《韩国特许经营法》第十四条适用于加盟总部和加盟店经营者之间的合同，但不适用于加盟总部和加盟地域总部之间的合同。

　　仲裁庭认为，本案被申请人应为特许经营总部（加盟总部）。根据涉案合同约定，申请人有权在涉案合同签订后2年内在中国S市开设6个直营店，并应向被申请人支付加盟费和使用费，故申请人应为特许经营者（加盟店经营者）。同时根据涉案合同约定，申请人有权在合同区域内招募加盟店并获取收入，故申请人同时为特许经营地域总部（加盟地域总部）。本案纠纷并非因申请人在中国S市招募加盟店引起，而是与申请人在中国S市的三个直营店相关，故本案纠纷是特许经营总部与特许经营者之间的纠纷，应受《韩国特许经营法》第十四条约束。

　　被申请人向申请人发出解除合同通知时，并未赋予申请人2个月以上的宽限期，且为第一次发出通知，按照《韩国特许经营法》第十四条规定，该通知并不发生解除合同的效力。故被申请人要求仲裁庭确认本案合同解除，仲裁庭不予支持。

【结语】

本案是韩国于 2015 年加入"一带一路"倡议后，韩国企业与中国企业签订特许经营合同所引发的纠纷。在国际经贸合作谈判中，适用外国法律是外国企业常见的要求。作为对等谈判策略，中国企业可以要求约定中国的仲裁机构管辖争议并适用该机构仲裁规则。仲裁委员会等中国涉外仲裁机构具有良好的国际声誉，获得"一带一路"国家企业的广泛认可，故该要求也常被外国企业接受。本案中韩双方当事人即约定了"韩国法律+仲裁委员会+《仲裁规则》"的争议解决方式，对中外企业在"一带一路"合作框架下开展经贸往来具有重要参考意义。

在解决涉及"一带一路"法律纠纷时，经常会遇到外国法查明的需求。近年来，在涉及适用外国法律的诉讼案件审理过程中，北京、上海、深圳、重庆等地的外国法查明机构发挥了重要的作用。由双方当事人各自提供法律专家证人、出具专家意见为国际仲裁界普遍采用的外国法查明方式，也体现了仲裁尊重当事人意思自治原则的特点。本案仲裁庭采用了这种外国法查明方式。在双方专家证人出具的法律意见存在差异的情况下，仲裁庭采取了国际仲裁案件审理中常用的"多位专家证人同场质证"（hot-tubbing）方法，即请双方专家证人出庭接受对方当事人质证和仲裁庭询问的方法。经过双方专家证人的出庭陈述，仲裁庭充分了解了双方专家意见的差异点及原因，并结合案件事实进行具体分析，作出了采纳申请人提供的专家证人意见的判断。本案审理采取的外国法查明方式可作为"一带一路"仲裁案件当事人和仲裁庭参考。

（评述人：毛惠刚）

案例七　中国 A 工程设计公司与中国 B 国际工程公司和老挝 C 水泥公司关于 老挝水泥厂总承包工程合同争议案

中国国际经济贸易仲裁委员会（以下简称"仲裁委员会"）根据申请人中国 A 工程设计公司（以下简称"申请人"）与被申请人一中国 B 国际工程公司（以下简称"被申请人一"）签订的《老挝 C 水泥公司水泥生产线总承包工程（不含主体工程土建部分）合同》（以下简称《总承包工程合同》），申请人与被申请人一、被申请人二老挝 C 水泥公司（以下简称"被申请人二"，与被申请人一合称"被申请人方"或"两被申请人"）签订的《协议书》及《老挝 C 水泥公司水泥生产线总承包工程（不含主体工程土建部分）合同补充协议》（以下简称《补充协议》）中仲裁条款的约定和申请人向仲裁委员会西南分会（以下简称"西南分会"）提交的书面仲裁申请，受理了上述合同和协议项下的争议仲裁案。

本案适用 2015 年 1 月 1 日起施行的《中国国际经济贸易仲裁委员会仲裁规则》（以下简称《仲裁规则》）。

申请人选定 X 担任本案仲裁员，被申请人方共同选定 Y 担任仲裁员，由于申请人和被申请人未在规定期限内共同选定或共同委托仲裁委员会主任指定一名首席仲裁员，根据《仲裁规则》之规定，仲裁委员会主任指定 Z 担任本案首席仲裁员。上述三名仲裁员在签署接受指定《声明书》后组成仲裁庭，审理本案。被申请人一提出了管辖权异议。

仲裁庭对本案进行了开庭审理。申请人和被申请人一、被申请人二均委派仲裁代理人参加了庭审，申请人当庭明确了仲裁请求，被申请人二当庭提交了补充证据，并当庭进行了证据交换。仲裁庭分别听取了双方当事人的陈述，核对了双方当事人证据的原件，并就有关问题向双方当事人作了调查，双方当事人就相关问题发表了意见，进行了质证，并作了最后陈述，庭审结束前，仲裁庭对庭后程序作了安排。

后西南分会仲裁院致函申请人和被申请人方，告知双方当事人：仲裁委员
会授权仲裁庭单独或在裁决中一并就本案管辖权问题作出相关决定。

本案现已审理终结。仲裁庭根据双方当事人提交的书面材料即庭审中查明
的事实，依据合同约定和法律规定，经合议，作出本裁决。现将本案案情、仲
裁庭意见和裁决结果分述如下：

一、案　情

（一）申请人的仲裁请求和事实理由

2014 年 2 月，申请人作为承包人与被申请人一作为发包人签订了《总承包
工程合同》，由申请人以总承包方式承建被申请人二水泥生产线项目的工程设
计、设备采购及安装工程（主体工程土建部分除外），约定合同价格为人民币
近 32990 万元（人民币，下同）。合同专用条款约定："合同价款的货币币种为
人民币，由发包人或发包人设立的项目公司支付给承包人。"关于设备费、建安
工程费、设计费及其他项目费用款项的支付，合同专用条款作出了明确的约定。
其中，项目通过审计审核后发包人支付 5%，质保期满发包人支付 5%。合同约
定质保期为 18 个月。合同专用条款还约定："发包人未能按本合同规定时间向
承包人支付款项的，在延期支付满 60 天起，按同期银行贷款利率向承包人支付
延期付款的违约金。"关于争议解决，合同专用条款约定："提交中国国际经济
贸易仲裁委员会西南分会，按照申请仲裁时该会有效的仲裁规则进行仲裁，仲
裁地点为中国 K 市。"2014 年 4 月，被申请人一、被申请人二和申请人三方签
订《协议书》，被申请人二和被申请人一共同享有和履行发包人的权利和义务。

上述合同签订后，申请人依约履行了合同，2015 年 8 月 30 日，被申请人二
为案涉项目举行点火仪式，2015 年 12 月 3 日，被申请人二举行了开业典礼，案
涉项目竣工投产。

2016 年 7 月，被申请人一、被申请人二和申请人三方签订了《补充协议》，
对项目实施过程变更和增加的部分工程范围，三方确认增加工程价款为 750 余
万元。

2016 年 8 月，经第三方中国 D 造价咨询公司审计，案涉工程竣工结算造价
为 31230 余万元。

因被申请人一、被申请人二拖欠款项，申请人多次催要并主张逾期付款违

约金。2017 年 7 月，被申请人二承诺于 2018 年 7 月前结清全部工程款。2019 年 3 月，被申请人二再次向申请人出具剩余工程款还款承诺书，确认拖欠申请人工程款近 2740 万元及逾期利息，并承诺如未能按时支付，则承担按中国人民银行发布的年贷款利率之 1.5 倍追溯原始延期支付利息。

截至申请仲裁时，被申请人一、被申请人二先后支付工程款 28690 余万元，尚拖欠工程款近 2540 万元，逾期付款违约金为近 1250 万元。申请人多次催要无果，为维护申请人合法权益，提起如下仲裁请求：

1. 被申请人一和被申请人二立即向申请人支付工程欠款近 2540 万元及逾期付款违约金近 1250 万元（逾期付款违约金自应付款之日次日起算，暂计算至申请仲裁之日，利率按中国人民银行同期贷款基准年利率 4.75% 的 1.5 倍计算，主张至实际给付之日，仲裁申请日后至实际给付之日的利率按同期全国银行间同业拆借中心公布的贷款市场报价利率的 1.5 倍计算），暂合计近 3790 万元；

2. 本案律师费、仲裁费等由两被申请人承担。

申请人最终变更和确认的仲裁请求如下：

1. 被申请人一和被申请人二立即向申请人支付工程欠款近 2540 万元及逾期付款违约金近 1290 万元（逾期付款违约金自应付款之日次日起算，暂计算至申请仲裁之日，利率按中国人民银行同期贷款基准年利率 4.75% 的 1.5 倍计算，主张至实际给付之日，仲裁申请日后至实际给付之日的利率按同期全国银行间同业拆借中心公布的贷款市场报价利率的 1.5 倍计算），暂合计近 3830 万元；

2. 本案律师费、仲裁费、保全费、保全保险费由两被申请人承担。

（二）申请人的代理词

1. 被申请人所欠工程款本金现为近 2490 万元。

经核实，被申请人二于 2020 年 3 月又向申请人支付 50 万元工程款，工程款欠款本金现为近 2490 万元。

2. 被申请人逾期付款事实清楚，应依约支付逾期付款违约金近 1290 万元（暂计算至申请仲裁之日，主张至实际给付之日）。

被申请人拖欠申请人巨额工程款，严重影响了申请人的正常资金周转，侵害了申请人的合法权益。申请人多次向被申请人催要工程款，被申请人屡次承诺，屡次失约。

2017 年 7 月，申请人和被申请人二召开会议，被申请人二确认"剩余工程款为近 4610 万元（其中质保金 1560 余万元）"，并承诺"在 2018 年 7 月底前结清"。后，被申请人方仅支付部分工程款，再次违约。

2019 年 3 月，被申请人二向申请人出具《剩余工程款偿还承诺书》，确认被申请人二"欠工程款近 2740 万元及逾期利息（双方财务进一步核实对账为准）"，并承诺分期支付工程款及逾期利息："2019 年 4 月底前，支付 400 万元整……；2019 年 12 月底，共支付 1739 万元整，如未能按时支付时，则愿意承担按中国人民银行发布的年贷款利率之 1.5 倍追溯原始延期支付利息和本违约付款利息……2020 年 6 月底前，支付 500 万元整；结清全部费用，包括可能发生的所有逾期利息。2020 年 6 月底前结清全部工程结算款，如未能按时支付时，则愿意承担按中国人民银行发布的年贷款利率之 1.5 倍追溯原始延期支付利息和本违约付款利息。"后，被申请人二仅支付 200 万元，仍然违约。

2019 年 7 月，申请人、被申请人二、被申请人一三方召开会议，被申请人二承诺于 2019 年 12 月底前完成全部工程欠款支付。后，被申请人二依然没有履行付款义务。

被申请人方逾期付款事实清楚，且其多次确认的工程欠款中包括 5% 的质保金 1560 余万元。在 2017 年 7 月召开会议时，质保期就已经届满（即 2017 年 6 月 3 日届满）。被申请人二答辩称质保期尚未届满，违背事实，缺乏诚信。

3. 关于本案适用的法律法规。

《总承包工程合同》约定："本合同所适用的法律为中华人民共和国的相关法律、法规、行政规章、规范等。"

4. 关于逾期付款违约金计算所适用的逾期付款利率标准和利息起算点。

（1）法律依据

《中华人民共和国合同法》（以下简称《合同法》）第一百一十四条第一款规定："当事人可以约定一方违约时应当根据违约情况向对方支付一定数额的违约金，也可以约定因违约产生的损失赔偿额的计算方法。"

（2）逾期付款利率标准应按 1.5 倍计算

《总承包工程合同》约定："发包人未能按本合同规定的时间向承包人支付款项的，在延期支付满 60 天起的次日，按同期银行贷款利率向承包人支付延期付款违约金。"

因被申请人二拖欠工程款，被申请人二在 2019 年 3 月出具的《剩余工程款偿还承诺书》中承诺"按 1.5 倍追溯原始延期支付利息和本违约付款利息"，该承诺合法有效，本案逾期付款利率应按 1.5 倍计算。即 2019 年 8 月 20 日前，逾期付款利率为同期银行贷款利率的 1.5 倍，2019 年 8 月 20 日起，逾期付款利率为同期全国银行间同业拆借中心公布的贷款市场报价利率的 1.5 倍。

（3）逾期付款利息起算点分别如下：

①关于 5%审计款，因案涉项目通过审计审核的时间为 2016 年 8 月 18 日，故审计款逾期付款时间应从 2016 年 8 月 19 日起算。

《总承包工程合同》专用条款约定："项目通过审核审计后支付设备价款的 5%、建安工程费的 5%、设计费及其他项目费用的 5%。" 2016 年 8 月 18 日，案涉项目经中国 D 造价咨询公司审计，竣工结算造价为 31230 余万元，故 5%审计款金额为 1560 余万元。

审计后，被申请人仅支付了部分审计款，分别于 2017 年 10 月支付了 80 余万元、2019 年 1 月支付了 300 万元、2019 年 10 月初支付了 100 万元、2019 年 10 月底支付了 50 万元、2019 年 11 月支付了 50 万元，合计 580 余万元，尚欠审计款近 980 万元。

②关于 5%质保金，因案涉项目质保期于 2017 年 6 月 3 日期满，故质保金逾期付款时间应从 2017 年 6 月 4 日起算。

《总承包工程合同》专用条款约定："质保期满无缺陷，发包人支付设备价款的 5%、建安工程费的 5%、设计费及其他项目费的 5%。""安装工程的质量保修期为自工程竣工验收合格之日 18 个月，设备的质量保修期为自设备安装调试完毕通过验收后 18 个月。"

申请人提交的证据《项目竣工验收鉴定书》载明：2015 年 8 月 30 日，举行点火仪式（即专用条款约定的"所有在线设备安装、联动调试完成并且回转窑点火"）。2015 年 11 月 10 日至 12 月 1 日期间，建设单位、监理单位、总承包单位对煤磨系统、生料系统、窑系统、水泥磨系统全面进行试运行验收，验收结论为合格，并满足投产运营条件，其中存在缺陷和遗留问题但不影响运营的部分，要求总承包单位尽快解决。单位工程验收于 2015 年 12 月 3 日结束，移交单位为安装单位，接收单位为建设单位，2015 年 12 月 3 日举行开业典礼，为项目竣工、投产日。

2015 年 12 月 5 日，生产出第一批合格熟料。2015 年 12 月 18 日，生产出第一批合格水泥产品。2016 年 1 月 22 日，安装各子项工程交工验收结束。截至 2018 年 12 月 12 日（即出具《项目竣工验收鉴定书》之日），项目已连续运营了 3 年，累计生产水泥 80 多万吨；安装部分项工程合格率 100%，单位工程合格率 100%，工程质量总体评定为合格；存在的问题：无；历次验收所发现的问题已整改完毕，无遗留尾工。

申请人就《竣工验收鉴定书》中载明的案涉工程所涉的几个不同的验收合格时间作一说明：2015 年 8 月 30 日，设备安装完毕并经联动调试合格，以回转窑点火为标志，表示生产线设备及安装没有问题了；2015 年 12 月 1 日，水泥生产线试运行验收合格，其性质是项目无负荷的联动试车合格，表示生产线无负荷运转没有问题了；2015 年 12 月 3 日，项目竣工、移交并投产，其性质是工程竣工验收合格，表示生产线可以投产了；2015 年 12 月 18 日生产出第一批合格水泥产品，2016 年 1 月 22 日工程交工验收合格，其性质是项目竣工后的投料试车验收合格，表示生产线正常生产没有问题了。可见，案涉工程先后经过了四次验收：设备安装和联动调试验收、无负荷试车的试运行验收、竣工验收、投产试车后的交工验收。

根据《总承包工程合同》专用条款约定，设备的质量保修期应从 2015 年 8 月 30 日起算，安装工程的质量保修期应从 2015 年 12 月 3 日起算。为简化计算，申请人统一以 2015 年 12 月 3 日工程竣工验收合格之日起算设备和安装工程的质量保修期，至 2017 年 6 月 3 日期满。

被申请人二答辩称本案项目竣工验收合格之日是 2018 年 12 月 12 日，质保期到期之日是 2020 年 6 月 12 日，与事实不符。如前所述，被申请人二在 2017 年 7 月 5 日的《会议纪要》中就已经确认剩余工程款金额近 4610 万元，并请求延期至 2018 年 7 月底结清。

被申请人二答辩称"《总承包工程合同》通用条款部分约定工程竣工验收是指承包人接到考核验收证书，完成扫尾工程和缺陷修复，并按合同约定提交竣工验收报告、竣工资料、竣工结算资料，由发包人组织的工程结算与验收"，该观点不能成立。关于工程竣工验收，《总承包工程合同》专用条款约定："通用条款不适用，按如下约定执行：承包人在接到考核验收证书，完成发包人书面告知的扫尾工程和缺陷的修复，由承包人组织发包人、设计单位、监理人、土建质检单位对本合同交付的永久性工程进行工程竣工验收，验收合格后由发包人签发工程竣工验收合格证书。"

虽然发包人未签发工程竣工验收合格证书，但《竣工验收鉴定书》已经确认 2015 年 12 月 3 日为竣工验收合格日、工程移交日和点火日，且 2016 年 1 月 22 日通过交工验收，项目自此进入了正常的生产运营阶段。故，2015 年 12 月 3

日为案涉工程竣工验收合格时间，事实清楚。2015 年 12 月 3 日工程竣工验收合格后被申请人二就应该签发工程竣工验收合格证书，这是其合同义务。

被申请人二答辩称案涉项目存在多处问题，与《竣工验收鉴定书》记载的验收合格的结论不符，其也未提供任何有效的书面证据证明质保期内案涉项目存在质量问题。被申请人二提交的关于质量问题的证据均是其单方制作的，设备从 2015 年 12 月 3 日投产至今已经运行了近 5 年，即便存在质量问题，也属于质保期外的维修问题，需要申请人和被申请人二就维修费用协商一致后，申请人才会进行维修。被申请人二答辩称有权扣留质保金，该观点违反事实和合同约定，不能成立。

另，《最高人民法院关于审理建设工程施工合同纠纷案件适用法律问题的解释》第十四条规定："建设工程经竣工验收合格的，以竣工验收合格之日为竣工日期……建设工程未经竣工验收，发包人擅自使用的，以转移占有建设工程之日为竣工日期。"如果像被申请人二所称，2015 年 12 月 3 日未竣工验收合格，那么依照该司法解释规定，也应该以案涉工程移交给被申请人的 2015 年 12 月 3 日为竣工之日。

关于质量问题，《最高人民法院关于审理建设工程施工合同纠纷案件适用法律问题的解释》第十三条规定："建设工程未经竣工验收，发包人擅自使用后，又以使用部分质量不符合约定为由主张权利的，不予支持。"因此，即便存在质量问题，按照该条法律规定，也不予支持。

《竣工验收鉴定书》所涉的是由被申请人二向其上级公司被申请人一上报申请，被申请人一又向其上级公司云南省能源投资集团有限公司上报申请，经批准后，由被申请人二组织的对项目正常运营三年后的竣工验收，系其集团内部的行政管理行为，不仅包括总包工程，还包括土建工程、辅助工程、援建学校和移民村基础设施，与案涉《总承包工程合同》约定的竣工验收不同。

申请人从事实、证据、合同约定和法律规定四个方面充分论证了案涉工程质保期起算时间是 2015 年 12 月 3 日，质保金逾期付款时间应自 2017 年 6 月 4 日起算。

③关于 10%履约保证金近 3300 万元，逾期付款起算时间应为 2016 年 2 月 20 日。

《建设工程质量保证金管理办法》第六条第一款规定："在工程项目竣工前，已经缴纳履约保证金的，发包人不得同时预留工程质量保证金。"可见，发包人在预留工程质量保证金后，就应该退还履约保证金，不能重复扣留。之前的《建设工程质量保证金管理暂行办法》（建质〔2016〕295 号）第六条也是同样的规定。

2007 年《标准施工招标文件》第四章"合同条款及格式"第一节"通用合同条款"第 4.2 条"履约担保"规定："承包人应保证其履约担保在发包人颁发工程接收证书前一直有效。发包人应在工程接收证书颁发后 28 天内把履约担保退还给承包人。"《标准施工招标文件》第四章附件二"履约担保格式"中规定："担保有效期自发包人与承包人签订的合同生效之日起至发包人签发工程接收证书之日止。"2013 版《建设工程施工合同》范本（GF-2013-0201）附件八"履约担保"与此规定一致，担保有效期自合同生效之日起至发包人签发或应签发工程接收证书之日止。

《竣工验收鉴定书》载明的工程竣工验收和移交的时间是 2015 年 12 月 3 日，工程交工验收时间是 2016 年 1 月 22 日，申请人从宽以后以日期 2016 年 1 月 22 日为计算 28 天退还期限的起算点，至 2016 年 2 月 19 日届满，故申请人将 2016 年 2 月 20 日作为履约保证金逾期付款的起算时间。

被申请人直到 2017 年 8 月至 12 月才分三笔退还完毕履约保证金，金额分别为近 1300 万元、1000 万元、1000 万元利息。

④关于进度款和交工款，逾期利息计算如下：

A. 关于 60% 的"设计费及其他项目费用" 570 余万元，《总承包工程合同》专用条款约定："全部施工图完成后次月 15 日内，发包人支付给承包人设计费及其他项目费用的 60%。"《总承包工程合同》专用条款合同价格分项明细表列明设计费为近 300 万元，其他费用为近 660 万元，合计 950 余万元，60% 金额为 570 余万元。

从申请人提交的证据《2015 年 4 月 27 日付款申请书》可见，此前申请人已经完成施工图设计，并向被申请人二、监理公司中国 E 监理公司催要 60% 的"设计费及其他项目费用"的款项支付。依照《总承包工程合同》约定，被申请人二应于次月 15 日前（即 2015 年 5 月 15 日前）支付。故 60%"设计费及其他项目费用"的逾期付款日期应从 2015 年 5 月 16 日起算，而该笔款项被申请人二拖延到 2015 年 12 月 7 日才支付。

B. 关于设备款 1010 余万元，《总承包工程合同》专用条款约定："所有在线设备安装、联动调试完成并且回转窑点火后，经发包人确认后支付设备价款的30%。"《工程总承包合同》专用条款合同价格分项明细表列明的设备费金额为近20820余万元。《竣工验收鉴定书》载明的回转窑点火时间为2015年8月30日。因此，2015年8月30日后，被申请人二应支付30%的设备款为近6250万元，30%设备款的逾期付款起算时间应为2015年8月31日。

为简化主张，申请人是从2016年1月15日催告日的次日（即2016年1月16日）起算，且只主张了部分设备款逾期付款利息，主动放弃了一部分利息主张。

C. 关于安装款，《总承包工程合同》专用条款约定："建安工程价款的80%作为工程进度款，由承包人每月20日申报，发包人支付；完成单项建安工程交工验收后次月15日内，由发包人向承包人支付本合同建安工程款的10%。"《总承包工程合同》专用条款合同价格分项明细表列明建安工程费为近11210万元。

申请人于2016年1月15日再次向被申请人催要近410万元和400万元安装款系80%进度款。为简化主张，申请人以催告日的次日作为逾期付款日期的起算点。

被申请人二对申请人提交的补充证据《2015年4月27日付款申请书》和《2016年1月15日付款申请书》的真实性是认可的，只是认为后续的几份会议纪要对付款时间进行了变更。被申请人二的该说法违反合同约定和事实，不能成立。

《总承包工程合同》约定的交工验收后应支付的10%安装款金额为近11210万元，1480余万元的安装款中包含部分80%进度款和10%交工款，按照《总承包工程合同》约定，10%交工款应于交工验收后的次月15日内支付（即2016年2月15日前支付）。为了简化主张，申请人将部分进度款和全部交工款的逾期付款时间统一从2016年2月16日起算。

⑤关于《补充协议》中的增项款近680万元。

申请人提交的本案《补充协议》是2016年7月由申请人、被申请人二和被申请人一三方签订，三方确认增加工程价款为750余万元。该《补充协议》约定与主合同一并履行，故扣除5%审计款和5%质保金后，被申请人二应立即支付90%的增项款，金额为近680万元。故申请人从《补充协议》签订的次日起算逾期付款天数。

5. 被申请人一和被申请人二应共同连带承担工程款欠款本息及实现债权的

费用等支付义务。

（1）被申请人一当庭答辩称 2019 年 7 月 5 日的《会议纪要》中自然人 B1
作出债务加入的意思表示无效，该说法不能成立。理由如下：

①依照《中华人民共和国民法总则》（以下简称《民法总则》）第六十一
条规定：法定代表人代表法人从事民事活动，其法律后果由法人承受。B1 是被
申请人一的法定代表人，代表被申请人一，其同意承担所欠工程款全额偿还责
任，系代表行为。

②被申请人一自始至终是合同当事人一方，其同意承担所欠工程款全额偿
还责任，是合同履行行为，而不是债务加入。

A. 被申请人二是被申请人一在老挝设立的项目公司，《总承包工程合同》
专用条款约定："合同价款由发包人或发包人设立的项目公司支付给承包人。"
可见，依照合同约定，被申请人一和被申请人二负有共同支付工程款的义务。

B. 被申请人一称其退出合同关系，不符合事实，自始至终被申请人一均在
管理项目，未退出合同关系，否则就不会有三方《2019 年 7 月会议纪要》的
签订。

C. 根据《中华人民共和国招标投标法》规定，被申请人一也不能退出合同
关系。

《中华人民共和国招标投标法》第四十六条第一款规定："招标人和中标人
应当自中标通知书发出之日起三十日内，按照招标文件和中标人的投标文件订
立书面合同。招标人和中标人不得再行订立背离合同实质性内容的其他协议。"

合同主体条款是合同最基本的条款，属于合同实质性条款。《总承包工程合
同》是经过公开招投标签订的，其后的合同主体变更依法无效。

③即便被申请人一是债务加入，其同意承担所欠工程款全额偿还责任也是
合法有效的。

《全国法院民商事审判工作会议纪要》（法〔2019〕254 号）（以下简称
《九民纪要》）第二十三条规定，法定代表人以公司名义与债务人约定加入债
务并通知债权人或向债权人表示愿意加入债务，该约定的效力问题，参照本纪
要关于公司为他人提供担保的有关规则处理。

《九民纪要》第十九条规定，存在下列情形的，即便债权人知道或者应当
知道没有公司机关决议，也应当认定担保合同符合公司的真实意思表示，合同
有效：公司为其直接或间接控制的公司开展经营活动向债权人提供担保。

可见，被申请人一为其项目公司被申请人二，同意承担所欠工程款全额偿还责任的约定是合法有效的。

（2）被申请人一和被申请人二对工程款逾期付款利息承担共同支付义务。

《总承包工程合同》明确约定了逾期付款违约金，申请人主张的逾期付款利息是《总承包工程合同》约定的逾期付款违约金的计算方法。被申请人二于2019年3月出具的《剩余工程款偿还承诺书》，属于《总承包工程合同》第66页专用条款约定的合同文件之一，利率标准应以日期在后的《剩余工程款偿还承诺书》为准，即1.5倍。

《2019年7月会议纪要》约定：被申请人二自2019年8月起开始逐步对所欠工程款进行清偿。该条所依据的正是《总承包工程合同》，该会议纪要并没有不支付利息或放弃利息的约定。

《民法总则》第一百四十条第二款规定："沉默只有在有法律规定、当事人约定或者符合当事人之间的交易习惯时，才可以视为意思表示。"最高人民法院的判例也表达了"民事权利的放弃必须采取明示的意思表示才能发生法律效力"的观点。被申请人二答辩称会议纪要对双方之间的利息约定进行了变更，没有合同依据和法律依据。

（3）被申请人一和被申请人二对本案实现债权的费用承担共同支付义务。

正是由于被申请人一和被申请人二拖欠工程款的严重违约行为，在申请人多次催要无果的情况下，申请人迫不得已才提起本案仲裁，责任完全在于被申请人一和被申请人二。就本案仲裁支出的仲裁费、律师费、保全费、财产保全保险费均是与本案有关的属于实现债权的费用，两被申请人应该承担支付义务。

6. 被申请人二答辩称，2017年1月22日前支付的部分工程款的利息主张已经超过诉讼时效，该观点不能成立。

申请人主张逾期付款利息的款项，在2017年1月22日前支付的有三笔，分别为570余万元、1010余万元、近410万元。

7. 2017年4月，申请人向被申请人二发函主张逾期付款利息，其中包含以上三笔款项。被申请人二对该证据的真实性和关联性是予以认可的。另，2019年3月，被申请人二出具《剩余工程款偿还承诺书》，承诺支付逾期利息。该三笔款项的诉讼时效已经多次发生中断，申请人对该三笔款项逾期付款利息的主张并未超过3年的诉讼时效。

申请人提交的《剩余工程款偿还承诺书》合法有效。被申请人二答辩称还款承诺函是虚假的，与事实不符。

《剩余工程款偿还承诺书》由被申请人二总经理 C1 签名，加盖的印章虽然不是被申请人二公章，但是被申请人二印章，该承诺书是真实的。

依照《中华人民共和国公司法》（以下简称《公司法》）第四十九条规定，经理主持公司的生产经营管理工作。从申请人提交的其他证据也可以看到，C1 负责案涉项目的管理、验收、结算、洽商，其代表被申请人二签署了多份文件和会议纪要。C1 作为被申请人二总经理、项目负责人，向申请人出具承诺，且加盖了被申请人二印章，履行的是职务行为，不是被申请人方所说的表见代理。

8. 案涉项目不存在质量问题，被申请人方也未提供任何真实有效的证据证明案涉项目存在质量问题。

虽然 2019 年 7 月 5 日的《会议纪要》称"现有设备仍遗留的问题由甲方向乙方正式发函（具体问题另行商议解决）"，但双方在该会议纪要中并未确认存在质量问题，且该会议纪要又约定"对于质保期内及质保期外的问题根据合同相关约定处理，或由双方协商解决"。

直到申请人提起仲裁后，被申请人二才向申请人发函提出所谓的质量问题，申请人回函逐条予以回应，均是质保期之外的问题，需要被申请人二支付维修费用，与本案无关。

9. 关于税收问题，依照合同约定，由双方各自缴纳，与本案无关。

《总承包工程合同》通用条款约定："发包人与承包人按国家有关纳税规定，各自履行各自的纳税义务。"且老挝财政部监察局于 2019 年 11 月已向申请人出具了《纳税证明》，证明申请人"已按法律全部履行了纳税义务"。被申请人二在 2020 年 9 月发表的书面质证意见中，对该证据的真实性是予以认可的。

被申请人二于 2020 年 9 月提交的 2016 年至 2019 年度被申请人二的完税证明，申请人对该组证据的真实性无法判断，被申请人二未提交该证据的中文翻译件，因是老挝文，该证据究竟是什么内容，申请人无法确认。被申请人二称该证据是年度完税证明，而申请人提交的是项目清算完税证明，性质不同，没有可比性。

10. 关于律师费、保全费和财产保全保险费，请仲裁庭依法支持。

律师费系分期支付，虽然申请人在提起仲裁时支付了部分，但其后部分律师费约定在仲裁裁决作出后支付，是必然发生的费用，同样应予支持。

申请人当庭提交的中国人保中国 K 市某支公司出具的收款收据原件，已清楚证明其收到申请人财产保全保险费的事实。

（三）被申请人一的管辖权异议申请

1.《总承包工程合同》和《协议书》中的仲裁条款对被申请人一已不具有任何约束力。

2014 年 2 月，被申请人一作为发包人与申请人（承包人）签订了《总承包工程合同》，约定由申请人（承包人）承建被申请人一水泥生产线设计、设备采购和安装工程（主体工程土建部分除外），工程所在地为老挝某村，合同专用条款约定了仲裁条款。

在《总承包工程合同》履行期间，申请人、被申请人一和被申请人二于 2014 年 4 月签订了《协议书》，约定自协议生效之日起，被申请人一在《总承包工程合同》中享有的权利和承担的义务全部转由被申请人二享有和承担，被申请人二成为《总承包工程合同》的实际履行人，且申请人亦认可被申请人二作为《总承包工程合同》的实际履行人及发包人身份，《协议书》第三条亦约定了仲裁条款，仲裁机构、仲裁地点与《总承包工程合同》约定的仲裁机构、仲裁地点一致。因此，根据《合同法》关于合同转让的相关法律规定可知，《协议书》系对《总承包工程合同》中权利义务概括转让的约定，自《协议书》生效之日起，被申请人一已完全退出《总承包工程合同》，由被申请人二成为《总承包工程合同》的相对方，继续履行该合同。

被申请人一在签订上述《总承包工程合同》和《协议书》时，使用的公司名称是中国 B2 能源公司，被申请人一于 2014 年 7 月将公司名称更改为中国 B3 能源公司，并进行了工商变更登记。

2016 年 7 月，被申请人二、被申请人一及申请人签订了《补充协议》，根据该补充协议内容可知，《总承包工程合同》原发包人已将该合同的所有权利义务转让给被申请人二，现被申请人二系《总承包工程合同》及补充协议的发包人，申请人系《总承包工程合同》及补充协议的承包人，而被申请人一仅作为《补充协议》的见证人、监督人，主要见证甲（被申请人二，下同，仲裁庭注）乙（申请人，下同，仲裁庭注）双方签订补充协议和监督甲乙双方履行补充协议的情况，落款处有三方的签字、盖章。因此，申请人在该《补充协议》中实际上已经认可被申请人二为《总承包工程合同》及《补充协议》的发包人，也认可被申请人一作为原发包人已完全退出《总承包工程合同》；同时，被申请人一作为见证人和监督人在补充协议上签字盖章也说明被申请人一已完全履行《协议书》全部内容。

现申请人请求被申请人一支付工程款及违约金，结合申请书的事实理由可知，申请人实际上系就《总承包工程合同》的履行与合同相对方被申请人二产生纠纷，而非就《协议书》的履行与被申请人一产生纠纷。但自《协议书》生效之日起，被申请人一已非《总承包工程合同》的相对方，已不受《总承包工程合同》中权利义务及仲裁条款的约束，申请人应根据《总承包工程合同》约定的仲裁条款直接向合同相对方被申请人二主张权利。同时，《协议书》因被申请人一完全履行全部内容而终止，《协议书》中的仲裁条款对被申请人一不具有任何约束力。另外，申请人在《仲裁申请书》中故意曲解《协议书》的内容为债务加入，即认为被申请人二加入被申请人一一方，与被申请人一共同享有和履行发包人的权利和义务，其主观目的是让被申请人一受《总承包工程合同》中权利义务及仲裁条款的约束，进而依据仲裁条款以仲裁方式向被申请人一主张权利。

因此，自《协议书》生效之日起，被申请人一已非《总承包工程合同》的相对方，合同约定的仲裁条款对被申请人一已不具有任何约束力；而《协议书》虽约定了仲裁条款，但《协议书》因被申请人一已完全履行全部内容而终止，被申请人一亦不受《协议书》中仲裁条款的约束。因此，申请人与被申请人一签订的《总承包工程合同》及《协议书》中的仲裁条款对被申请人一已不具有任何约束力。

2. 2019 年 7 月 5 日的《会议纪要》系申请人、被申请人一及被申请人二达成的新的三方协议，但会议纪要并未约定仲裁条款，申请人依据该会议纪要对被申请人一提起仲裁没有任何事实依据和法律依据。

《会议纪要》是申请人、被申请人一及被申请人二三方于 2019 年 7 月就《总承包工程合同》及《老挝 C 水泥公司水泥生产线生产委托运营服务》解除等事宜达成的三方协议，该《会议纪要》系相对独立的合同，独立于《总承包工程合同》及补充协议、《协议书》及《老挝 C 水泥公司水泥生产线生产委托运营服务》，系三方对前述事宜作出的新约定。但该《会议纪要》并未约定有效仲裁条款，申请人依据该《会议纪要》向仲裁委员会申请仲裁，并要求被申请人一承担工程款及违约金支付义务，没有任何事实依据和法律依据。

综上，申请人与被申请人一之间不存在有效的仲裁条款，被申请人一并非适格被申请人，被申请人一不应受《仲裁规则》的约束。

（四）被申请人一的代理意见

1. 被申请人一并非《总承包工程合同》及补充协议的相对方。

（1）根据《协议书》的内容，被申请人一已将《总承包工程合同》的全部权利义务概括转让给被申请人二，自此被申请人一已完全退出《总承包工程合同》，由被申请人二成为合同新的发包人，继续履行该合同，申请人表示认可，该协议内容系三方真实意思表示，亦不违反法律法规的强制性规定，该《协议书》合法有效。

（2）被申请人一和被申请人二是分别独立的法人，自被申请人一退出《总承包工程合同》后，仅以见证方、监督方、原发包人的身份在《补充协议》上签字、盖章，并非合同相对方。虽然被申请人一于 2018 年 12 月 12 日在《竣工验收鉴定书》上盖章，但并非以发包人身份对工程进行的竣工验收，而系母公司被申请人一对子公司被申请人二工作内容的审核，该行为并非履行《总承包工程合同》的履行行为。而《总承包工程合同》虽约定"合同价款由发包人或发包人设立的项目公司支付给承包人"，此时发包方是指被申请人二，被申请人一已经退出了工程发包关系。因为从总包合同履行、工程结算，甚至在各方于 2019 年 7 月参会的会议纪要上，均系由被申请人二与申请人进行工程款结算，并确定付款期限和条件，被申请人一只承诺对工程欠款本金承担清偿责任而已，该承诺只是债的担保或债务加入，发包人仍系被申请人二。具体是指在总承包合同概括转让后，由发包人被申请人二或其成立的项目公司支付，而非被申请人一，该项目的日常管理、竣工验收、工程款支付等履行内容均由被申请人二全权负责，与被申请人一无关。

（3）被申请人一仅在被申请人二与申请人就项目工程款的相关事宜发生纠纷时，为更好地解决纠纷、促成双方达成和解，才加入双方进行和谈，并形成了 2019 年 7 月的《会议纪要》，即在此之前，被申请人一和申请人之间并不存在合同关系。

综上，申请人在代理词中称"被申请人一自始至终是合同当事人一方、被申请人一在管理项目、未退出合同关系等"无任何事实依据和法律依据。

2. 申请人要求被申请人一和被申请人二共同连带承担工程款欠款本息及实现债权费用等支付义务无任何事实依据和法律依据，应不予支持。

（1）根据《九民纪要》相关规定，法定代表人以公司名义作出债务加入的效力，参照该纪要中公司为他人提供担保的有关的规则处理。因此，根据《九民纪要》，在本案中，被申请人一的法定代表人 B1 代表公司向申请人单方作出债务加入之意思表示，但申请人并未审查被申请人一是否对此作出董事会决议或股东会决议，未尽到合理的形式审查义务，申请人是非善意的，该债务加入的行为应属无效。同时参照已于 2021 年 1 月 1 日生效的《最高人民法院关于适用〈中华人民共和国民法典〉有关担保制度的解释》第七条、第十七条之规定，因申请人未尽到合理的审查义务，是非善意的，对 B1 代表被申请人一作出债务加入的行为无效亦存在一定的过错。因此，即便被申请人一承担损害赔偿责任，亦不超过债务人被申请人二不能清偿部分的 1/2。

（2）即便 B1 代表被申请人一作出债务加入之意思表示是有效的，根据上述代理意见和庭审中举示的证据可知，被申请人一并非《总承包工程合同》的相对方。被申请人一法定代表人 B1 之所以在 2019 年 7 月的《会议纪要》上签字，其真实目的是解决双方的工程款支付、税务分歧等相关事宜，该《会议纪要》就是三方和谈之成果，为了促成会议纪要的签订，各方都作出一定的让步，即申请人放弃了工程款逾期利息，并自愿完成相关税务分歧；而被申请人一则加入债务，仅对被申请人二所欠工程款承担还款责任。此《会议纪要》的签订，达到了申请人取得工程款之目的（因被申请人二无支付能力，很可能变成无法获得清偿之债权），也达到了被申请人一免去工程款逾期利息之目的。因此，结合《会议纪要》之约定："甲乙双方尽快完成税务分歧，在分歧未完全解决之前甲方（被申请人二）自 2019 年 8 月起开始逐步对所工欠程款进行清偿（具体金额双方另议，并制定支付计划时间表），拟于 2019 年 12 月底前完成全部工程欠款之支付。""丙方（被申请人一）同意向乙方（申请人）承担上述所欠工程款之全额偿还责任。"可知，《会议纪要》的前述内容也正符合三方的真实目的和意思表示。但申请人为了加重被申请人一、被申请人二的责任，单方否定《会议纪要》的真实意思，是违背诚实信用原则的体现。

（3）根据已于 2021 年 1 月 1 日生效的《中华人民共和国民法典》（以下简称"《民法典》"）第五百五十二条明确规定："第三人与债务人约定加入债务并通知债权人，或者第三人向债权人表示愿意加入债务，债权人未在合理期限内明确拒绝的，债权人可以请求第三人在其愿意承担的债务范围内和债务人承担连带债务。"可知，被申请人一作为第三人，仅明确表示对被申请人二所欠工程款本金承担还款责任，并未包含逾期利息、违约金及律师费等其他费用。在

《民法典》对债务加入作出明确规定前，之前的法律法规均未对债务加入作出规定或规定不明确，而《民法典》第五百五十二条却规定得很明确，仲裁庭在裁判时应当援引《民法典》第五百五十二条规定作为裁判的依据。所以，即便被申请人一要承担责任亦仅在被申请人二的工程欠款本金范围内对申请人承担还款责任，而不包含逾期利息、违约金、律师费等其他费用。

3. 在合同履行初期，被申请人一早已将案涉总承包工程合同的权利义务概括转让给被申请人二，被申请人一因此退出合同关系，已非合同发包人。在被申请人一退出之后，双方履行合同中的情况，被申请人一并未参与也不知情。作为被申请人二的上级公司，被申请人一同意被申请人二关于案涉《总承包工程合同》及补充协议履行过程中的争议，包括质保金是否退还、工程质量问题、税务分歧、逾期违约金计算标准，以及付款条件是否成就等问题的答辩（代理）意见。

（五）被申请人二的代理意见

1. 被申请人一并非案涉项目《总承包工程合同》的合同相对方和发包人，申请人无权根据《总承包工程合同》的约定要求被申请人一承担任何付款义务。

2014年4月，被申请人一与申请人、被申请人二签订的《协议书》内容，并非被申请人二加入被申请人一一方，共同享有和履行发包人义务，而是《总承包工程合同》的概括转让，由被申请人二作为发包人与申请人就案涉项目产生法律关系，被申请人一退出《总承包工程合同》。所以在庭审中，申请人企图根据《总承包工程合同》的约定要求被申请人一承担付款义务，没有合同依据和法律依据。

2. 《总承包工程合同》中对于税务处理的约定已经被2019年7月《会议纪要》的约定变更，申请人并未按照2019年7月的《会议纪要》的约定妥善解决税金分歧，所以被申请人二有权扣留500万元税务分歧质押金。

根据2019年7月的《会议纪要》可知，该份协议主要解决了2份合同的问题，第一大段主要解决保产合同问题，与本案无关。第二大段的内容是解决《总承包工程合同》项下历史遗留问题，而在该段中明确约定，若申请人未解决完税务问题，被申请人二有权扣留500万元税务分歧质押金，现申请人无证据证明其已经处理完税金分歧，故被申请人二扣留500万元质押金不支付给申请人，具有合同依据。

申请人在庭审中抗辩，税务问题应当按照《总承包工程合同》的约定履行，各自解决自身税务问题，这不应当得到支持。虽然《总承包工程合同》中有这一约定，但是 2019 年 7 月形成的《会议纪要》已经将该约定进行了变更。所以不可以根据《总承包工程合同》中对于税务问题的约定审理本案，而应该按照变更后的约定审理，即 2019 年 7 月形成的《会议纪要》。

3. 工程质保金上不满足退还条件，申请人无权要求被申请人二退还其质保金。

根据《总承包工程合同》的约定，案涉项目的质保期为 18 个月，自竣工验收合格之日起计算，结合申请人提交的第五组证据可知，案涉项目竣工验收合格之日是 2018 年 12 月 12 日，届满之日为 2020 年 6 月 12 日。在质保期内，被申请人二发现案涉项目存在大量质量问题，被申请人二也多次发函要求申请人履行维修义务，但申请人一直未履行。所以，根据《总承包工程合同》的约定，被申请人二有权扣留质保金（总工程价款的 5%），待质量问题解决完之后再行支付。

所以，申请人要求返还质保金及迟延付款违约金没有法律依据，依法应当驳回。

4. 即便被申请人二应该支付申请人款项，但是其主张的逾期付款利息的项目以及起算时间明显无事实依据和合同依据，依法不应予以支持。

首先，根据《总承包工程合同》的约定，付款时间延误约定发包人未能按本合同规定时间向承包人支付款项的，在延期支付满 60 天起的次日，按同期银行贷款利率向承包人支付延期付款的违约金。也就是说，即便被申请人二应当支付申请人工程款且逾期，但迟延付款违约金是满 60 天起的次日开始起算，并不是根据申请人在仲裁请求中主张的次日。

其次，对于申请人主张的第三项至第六项的迟延履行违约金的计算和起算时间，申请人并无证据证明，同时，对于《补充协议》工程款的付款，其主张自《补充协议》签订第二日开始计算迟延付款违约金更是无合同依据和法律规定。因此，对于该部分违约金的主张应当全部驳回其仲裁请求。

最后，质保期是 2020 年 6 月 12 日届满，并非申请人主张的时间。点火运营并不意味着工程的竣工验收，因为案涉项目包含设计、运营等内容，是否验收合格是需要经过一段时间试运营的，根据申请人自己提供的证据五也可以看出，案涉项目是 2018 年 12 月 12 日方作出《竣工验收报告》，所以应该自 2018

年 12 月 12 日起算 18 个月的质保期。所以即便应该退还质保金，其违约金的起算也不应该是申请人主张的时间。同时，案涉项目竣工决算审计完成时间为 2018 年 8 月 31 日，结合《总承包工程合同》，本笔款项延期支付利息起算日为 2018 年 11 月 1 日。

综上，被申请人二扣留申请人案涉工程款的质保金以及 500 万元税务分歧质押金符合法律规定。即便剩余工程款应当支付给申请人，但也并非申请人申请仲裁的数额，而且申请人请求支付已付款的迟延付款违约金更无合同依据和法律依据，依法应当驳回。

二、仲裁庭意见

仲裁庭听取了申请人的仲裁请求陈述、举证和主张，被申请人方的仲裁答辩、举证和主张。现根据相关法律法规，结合本案庭审情况，阐述意见如下：

（一）关于本案适用法律的认定

仲裁庭认为，根据《总承包工程合同》专用条款约定的 "本合同所适用的法律为中华人民共和国的相关法律、法规、行政规章、规范等"，本案所涉《总承包工程合同》应适用中华人民共和国法律。

仲裁庭查明，根据 2016 年 7 月申请人与被申请人一、被申请人二三方签订的《补充协议》约定："本补充协议未涉及的条款仍然按主合同执行。" 仲裁庭认为，《补充协议》未约定法律适用条款，因此，应依据《总承包工程合同》的相关约定，适用中华人民共和国法律。

仲裁庭还认为，申请人与被申请人方于 2019 年 3 月签署的《剩余工程款偿还承诺书》以及签订的其他协议和文件作为《总承包工程合同》的组成部分，亦应适用中华人民共和国法律。

（二）关于合同法律效力的认定

仲裁庭注意到，在本案中，申请人与被申请人一和被申请人二之间存在多份合同文件，本案合同包括申请人与被申请人一于 2014 年 2 月签订的《总承包工程合同》，申请人和被申请人一、被申请人二三方于 2016 年 7 月签订的《补充协议》、于 2019 年 3 月签订的《剩余工程款偿还承诺书》和于 2019 年 7 月签订的《会议纪要》。

在本案合同中，申请人与被申请人一和被申请人二于 2019 年 7 月签订的《会议纪要》涉及被申请人一的债务加入以及《会议纪要》仅有法定代表人 B1

的签字，未加盖被申请人一公章的效力认定问题。

申请人在代理词中主张，《九民纪要》第二十三条规定，法定代表人以公司名义与债务人约定加入债务并通知债权人或向债权人表示愿意加入债务，该约定的效力问题，参照本纪要关于公司为他人提供担保的有关规则处理；第十九条规定，存在下列情形的，即便债权人知道或者应当知道没有公司机关决议，也应当认定担保合同符合公司的真实意思表示，合同有效：公司为其直接或间接控制的公司开展经营活动向债权人提供担保。因此，申请人认为被申请人一的债务加入有效，且被申请人一法定代表人 B1 的签字为公司行为，根据《九民纪要》第十九条的规定，法定代表人签字有效。被申请人一在庭审中答辩称《会议纪要》中 B1 作出债务加入的意思表示无效。申请人主张，依照《民法总则》第六十一条规定：法定代表人代表法人从事民事活动，其法律后果由法人承受。B1 是被申请人一的法定代表人，代表被申请人一，其同意承担所欠工程款全额偿还责任，系代表行为。仲裁庭认为，B1 作为被申请人一的法定代表人，其在《会议纪要》上的签字行为代表了被申请人一，其法律后果应由法人承担，被申请人一的主张不应给予支持。

仲裁庭认为，在《民法典》颁布施行后，对于时间效力问题，《最高人民法院关于适用〈中华人民共和国民法典〉时间效力的若干规定》（法释〔2020〕15 号）第三条规定："民法典施行前的法律事实引起的民事纠纷案件，当时的法律、司法解释没有规定而民法典有规定的，可以适用民法典的规定，但是明显减损当事人合法权益、增加当事人法定义务或者背离当事人合理预期的除外。"对于债务加入问题，《最高人民法院关于适用〈中华人民共和国民法典〉有关担保制度的解释》（法释〔2020〕28 号）第十二条规定："法定代表人依照民法典第五百五十二条的规定以公司名义加入债务的，人民法院在认定该行为的效力时，可以参照本解释关于公司为他人提供担保的有关规则处理。"第八条规定："有下列情形之一，公司以其未依照公司法关于公司对外担保的规定作出决议为由主张不承担担保责任的，人民法院不予支持：（一）金融机构开立保函或者担保公司提供担保；（二）公司为其全资子公司开展经营活动提供担保；（三）担保合同系由单独或者共同持有公司三分之二以上对担保事项有表决权的股东签字同意。上市公司对外提供担保，不适用前款第二项、第三项的规定。"据此，仲裁庭认为，被申请人一法定代表人的签字系公司行为，其行为是被申请人一的债务加入行为，《会议纪要》对被申请人一具有法律约束力。

仲裁庭认为，鉴于申请人和被申请人方未对申请人与被申请人一于 2014 年 2 月签订的《总承包工程合同》、2016 年 7 月申请人与被申请人一、被申请人二三方签订的《补充协议》和 2019 年 3 月签署的《剩余工程款偿还承诺书》的有效性提出异议，因此，上述《总承包工程合同》《补充协议》《剩余工程款偿还承诺书》是申请人和被申请人方的真实意思表示，内容不违反法律、行政法规的强制性规定，为有效合同，对申请人和被申请人方具有法律上的约束力。同时，申请人与被申请人一、被申请人二于 2019 年 7 月签订的《会议纪要》，仲裁庭认定具有法律约束力。因此，申请人与被申请人一、被申请人二应当按照上述《总承包工程合同》《补充协议》《剩余工程款偿还承诺书》和《会议纪要》的约定履行各自的义务。

（三）关于本案管辖权的认定

被申请人一在《仲裁管辖权异议申请书》中称：

2014 年 2 月，被申请人一作为发包人与申请人签订了《总承包工程合同》，约定由申请人承建老挝 C 水泥公司水泥生产线设计、设备采购和安装工程（主体工程土建部分除外），合同专用条款约定了仲裁条款。

在《总承包工程合同》履行期间，被申请人一、申请人和被申请人二于 2014 年 4 月签订了《协议书》，约定自协议生效之日起，被申请人一在《总承包工程合同》中享有的权利和承担的义务全部转由被申请人二享有和承担。被申请人二成为《总承包工程合同》的实际履行人，且申请人亦认可被申请人二作为《总承包工程合同》的实际履行人和发包人身份，《协议书》第三条约定了仲裁条款、仲裁机构、仲裁地点，与《总承包工程合同》的约定相同。因此，根据《合同法》关于合同转让的相关法律规定可知，《协议书》系对《总承包工程合同》中权利义务概括转让的约定，自《协议书》生效之日起，被申请人一已完全退出《总承包工程合同》，由被申请人二成为《总承包工程合同》的相对方，继续履行合同。

被申请人一在签订上述《总承包工程合同》和《协议书》时，使用的公司名称是中国 B2 能源公司，被申请人一于 2014 年 7 月将公司名称变更为中国 B3 能源公司，并进行了公司变更登记。

被申请人一关于管辖权的主张如下：

2016 年 7 月，被申请人二、申请人和被申请人一签订了《补充协议》，根据该《补充协议》的内容可知，被申请人一作为《总承包工程合同》原发包人

已将该合同的所有权利义务转让给被申请人二，现被申请人二系《总承包工程
合同》和《补充协议》的发包人，申请人是《总承包工程合同》和《补充协
议》的承包人，而被申请人一仅作为补充协议的见证人、监督人，主要见证被
申请人二和申请人签订《补充协议》的情况，落款处由三方签字、盖章。因
此，申请人在《补充协议》中已经认可被申请人二为《总承包工程合同》和
《补充协议》的发包人，也认可被申请人一作为原发包人已完全退出《总承包
工程合同》；同时，被申请人一作为见证人和监督人在《补充协议》上签字盖
章也说明被申请人一已完全履行《协议书》全部内容。

现申请人在仲裁请求中请求被申请人一支付工程款和违约金，结合仲裁申
请书的事实和理由可知，申请人实际上系就《总承包工程合同》的履行与合同
相对方被申请人二产生纠纷，而非就《协议书》的履行与被申请人一产生纠
纷。但自《协议书》生效之日起，被申请人一已非《总承包工程合同》的相对
方，已不受《总承包工程合同》约定的仲裁条款的约束，申请人应根据《总承
包工程合同》约定的仲裁条款直接向合同相对方被申请人二主张权利；同时，
《协议书》因被申请人一已完全履行全部内容而终止，《协议书》中的仲裁条款
对被申请人一不具有任何约束力。另外，申请人在仲裁申请书中故意曲解，与
被申请人一共同享有和履行发包人的权利和义务，其主观目的是让被申请人一
受《总承包工程合同》中权利义务及仲裁条款的约束，进而依据仲裁条款以仲
裁方式向被申请人一主张权利。

因此，自《协议书》生效之日起，被申请人一已非《总承包工程合同》的
相对方，合同约定的仲裁条款对被申请人一已不具有任何约束力；而《协议
书》虽约定了仲裁条款，但《协议书》因申请人已完全履行全部内容而终止，
被申请人一亦不受《协议书》中仲裁条款的约束。因此，申请人与被申请人一
签订的《总承包工程合同》及《协议书》中的仲裁条款对被申请人一已不具有
任何约束力。

《会议纪要》系被申请人一、申请人和被申请人二达成的新的三方协议，
但会议纪要并未约定仲裁条款，申请人依据该会议纪要对被申请人一提起仲裁
没有任何事实和法律依据。

2019 年 7 月，被申请人一、申请人和被申请人二就《总承包工程合同》和
《老挝 C 水泥公司水泥生产线生产委托运营服务》解除等事宜达成三方协议，
该《会议纪要》系相对独立的合同，独立于《总承包工程合同》《补充协议》

《协议书》，系三方对前述事宜作出的新约定。但该《会议纪要》并未约定有效仲裁条款，申请人依据该《会议纪要》申请仲裁，并要求被申请人一承担工程款及违约金支付义务，没有事实和法律依据，应裁决驳回申请人对被申请人一提起的仲裁请求。

申请人主张如下：

被申请人一在仲裁中提起仲裁管辖权异议，违反合同约定和法律规定，违反仲裁参与人应遵守的诚实信用原则，意图影响仲裁程序的正常进行，具体理由如下：

第一，申请人对被申请人一和被申请人二提起仲裁是基于合同约定的仲裁条款。申请人和被申请人一之间的《总承包工程合同》约定，提交中国国际经济贸易仲裁委员会西南分会仲裁；申请人、被申请人一和被申请人二之间的《协议书》第三条依然约定提交中国国际经济贸易仲裁委员会西南分会仲裁。申请人、被申请人一和被申请人二之间于 2019 年 7 月签订的《会议纪要》明确被申请人一承担所欠工程款之全额偿还责任，被申请人一并未退出合同关系。

被申请人一称《会议纪要》并未约定仲裁条款，却避而不谈《会议纪要》的基础是《总承包工程合同》，属于《总承包工程合同》的履行过程。

第二，被申请人一滥用仲裁程序，违反诚实信用原则。《中华人民共和国民事诉讼法》第十三条第一款规定："民事诉讼应当遵循诚实信用原则。"《仲裁规则》第九条规定："仲裁参与人应当遵循诚实信用原则进行仲裁程序。"

为了拖延仲裁程序，被申请人一于 2020 年 5 月向中国 K 市中级人民法院申请确认仲裁协议效力，中国 K 市中级人民法院于 2020 年 7 月下发《民事裁定书》，驳回了被申请人一的无理请求。在仲裁庭即将开庭之际，被申请人一再次向西南分会提起管辖权异议，依然是在中国 K 市中院确认仲裁协议效力申请中的重复说辞，完全是滥用仲裁程序，违背诚实信用原则。

第三，《仲裁规则》第六条规定，对仲裁案件管辖权提出异议，不影响仲裁程序的继续进行。

仲裁庭查明，被申请人一作为发包人与作为承包人的申请人签订了《总承包工程合同》，第二部分《专用条款》约定："在合同签订后（30）日内，发包人与承包人共同协商确定一名调解人，在争议提交调解之日起 30 日内，双方仍存在争议时，或合同任何一方不同意调解的，按以下方式解决：提交中国国际经济贸易仲裁委员会西南分会，按照申请仲裁时该会有效的仲裁规则进行仲裁，仲裁地点为中国 K 市。该仲裁裁决是终局的，对双方均有约束力。"

仲裁庭查明，本案《协议书》第一条约定："自本协议生效之日起，被申请人一作为工程发包人在《总承包工程合同》中所享有的权利及所承担的义务全部转由被申请人二承担，被申请人二作为《总承包工程合同》的实际履行人。"第二条约定："申请人认可被申请人二作为《总承包工程合同》的实际履行人及发包人身份，并承诺按《总承包工程合同》的约定向被申请人二如约履行全部承包人义务及责任。"第三条约定："本协议适用中华人民共和国法律。如协议履行过程中发生争议，应协商解决，协商不成的，可将争议提交中国国际经济贸易仲裁委员会西南分会，按照该会仲裁规则进行仲裁。"

仲裁庭查明，2016 年 7 月，被申请人二、申请人和被申请人一签订《补充协议》，对合同履行中的有关变更事项、TI 接线方式、发包人修改设计导致的延误给予工期延长、新增工程量 750 余万元作了约定。《补充协议》第六条约定："本补充协议未涉及的条款仍然按主合同执行。"

仲裁庭还查明，2019 年 7 月，被申请人二、申请人和被申请人一签订《会议纪要》，约定了《总承包工程合同》中的遗留问题，包括质保期内及质保期外问题的处理、税务分歧及其被申请人二有权预留 500 万元作为税务分歧质押金。约定："丙方（指被申请人一，仲裁庭注）同意向乙方（指申请人，仲裁庭注）承担上述所欠工程款之全额偿还责任。"

仲裁庭认为，申请人与被申请人一于 2014 年 2 月签订的《总承包工程合同》确定了申请人与被申请人一之间的合同权利和义务，合同约定对双方当事人具有法律约束力，第二部分《专用条款》将争议最终提交中国国际经济贸易仲裁委员会西南分会的约定有效，双方应予遵守。

申请人与被申请人一、被申请人二于 2014 年 4 月签订《协议书》，明确被申请人一将《总承包工程合同》项下的权利和义务转由被申请人二承担，符合《合同法》第八十八条规定的"当事人一方经对方同意，可以将自己在合同中的权利和义务一并转让给第三人"。并且，被申请人一将权利和义务一并转让给被申请人二不存在《合同法》第七十九条规定的除外情形。因此，被申请人一将《总承包工程合同》项下的权利和义务一并转让，具有法律效力，应予认可。

2016 年 7 月，被申请人二、申请人和被申请人一签订《补充协议》，明确约定了变更事项、TI 接线方式、发包人修改设计导致的延误给予工期延长、新增工程量 750 余万元的内容，不涉及《总承包工程合同》项下的工程款的偿付事宜，且约定被申请人一作为见证人和监督人，被申请人一在《补充协议》上签字盖章的行为不能认定为其构成《补充协议》的一方当事人，只能表明被申请人一作为见证人和监督人的身份。

根据《总承包工程合同》《协议书》和《补充协议》的约定，在被申请人一已在《协议书》中将其在《总承包工程合同》项下的权利和义务一并转让给被申请人二的情形下，被申请人二作为《总承包工程合同》的继受人及当事人，应履行《总承包工程合同》中约定的义务。

根据申请人、被申请人一和被申请人二于 2019 年 7 月签订的《会议纪要》第四条："丙方（指被申请人一，仲裁庭注）同意向乙方（指申请人，仲裁庭注）承担上述所欠工程款之全额偿还责任"的约定，属于债务加入。

仲裁庭认为，申请人、被申请人一和被申请人二三方于 2019 年 7 月签订的《会议纪要》是《总承包工程合同》履行过程中形成的一份文件，构成《总承包工程合同》的一个组成部分。而且，被申请人一在《会议纪要》中作为债务人加入债务中后，其债务加入的标的为《总承包工程合同》项下形成的债务，应受《总承包工程合同》的约束。因此，《总承包工程合同》第二部分专用条款约定的仲裁条款应对申请人、被申请人二和被申请人一均具有约束力，因此，仲裁庭认为仲裁委员会对本案具有管辖权，被申请人一提出的仲裁委员会对本案没有仲裁管辖权的主张不应予以支持。

（四）关于本案被申请人一是否承担债务加入责任的认定

根据申请人、被申请人一和被申请人二三方于 2019 年 7 月签订的《会议纪要》第四条的约定，仲裁庭认定作为第三人的被申请人一承诺偿还被申请人二在《总承包工程合同》中的全部债务构成债务加入，成为承担全部债务偿还责任的当事人。

仲裁庭认为，在本案中，对于《会议纪要》第四条的解释成为本案确定被申请人一是否承担债务加入责任的核心焦点。

仲裁庭认为，《最高人民法院关于适用〈中华人民共和国民法典〉时间效力的若干规定》（法释〔2020〕15 号）第三条和《民法典》第五百五十二条可作为判断被申请人一是否承担债务加入责任的法律依据。

《最高人民法院关于适用〈中华人民共和国民法典〉时间效力的若干规定》（法释〔2020〕15 号）第三条规定："民法典施行前的法律事实引起的民事纠

纷案件，当时的法律、司法解释没有规定而民法典有规定的，可以适用民法典
的规定，但是明显减损当事人合法权益、增加当事人法定义务或者背离当事人
合理预期的除外。"《民法典》第五百五十二条规定："第三人与债务人约定加
入债务并通知债权人，或者第三人向债权人表示愿意加入债务，债权人未在合
理期限内明确拒绝的，债权人可以请求第三人在其愿意承担的债务范围内和债
务人承担连带债务。"

　　仲裁庭认为，债务加入是指第三人与债权人、债务人达成三方协议或第三
人与债权人达成双方协议或第三人向债权人承诺由第三人履行债务人的债务，
但同时不免除债务人履行义务的债务承担方式。在本案中，作为已经退出《总
承包工程合同》当事人的第三方被申请人一，与作为债权人的申请人和作为债
务人的被申请人二达成三方协议，约定被申请人一同意向申请人承担被申请人
二所欠工程款的全部偿还责任，《会议纪要》第四条的约定非常明确，清晰地
表明了被申请人一债务加入的承诺。仲裁庭认为，被申请人一债务加入的合意
的成立和生效，在三方共同形成时，债务加入合意成立并立即生效。而且，《会
议纪要》第四条没有明确约定免除债务人被申请人二的债务。仲裁庭认为，判
断第三人愿意承担债务的承诺是否构成保证，应视三方协议的具体约定确定。
在本案中，构成三方协议的《会议纪要》第四条的约定没有任何用语表明或可
以推断出第三人承担债务的意思表示为明显的保证含义，因此，本案被申请人
一的承诺为债务加入，而不是保证承诺。仲裁庭还认为，债务加入并不导致原
债务人退出债务关系，《会议纪要》第四条亦没有约定债务人被申请人二退出
债务关系；仲裁庭还认为，第三人债务加入后承担债务清偿的范围，应依协议
约定的范围确定。本案中，被申请人一承担全部债务的清偿责任，明确了被申
请人一的债务责任。仲裁庭注意到，申请人在仲裁请求中要求被申请人一和被
申请人二支付工程欠款及其逾期付款违约金，在代理词中主张被申请人一和被
申请人二对债务，包括本金和利息和实现债权的费用承担连带责任，在庭审中
明确要求被申请人一和被申请人二对债务承担连带责任。仲裁庭认为，根据
《民法典》第五百五十二条的规定，本案中作为债务人的被申请人二和作为第
三人的被申请人一承担的是同一债务，被申请人一应与作为债务人的被申请人
二共同承担连带清偿责任，而非按份责任，申请人可向被申请人一和被申请人
二主张债权，要求被申请人一和被申请人二共同清偿债务。

（五）关于申请人请求被申请人一和被申请人二支付工程欠款近2540万元的认定

申请人称，2014年2月申请人和被申请人一签订《总承包工程合同》后，申请人依约履行了合同，2015年8月30日，被申请人二案涉项目举行点火仪式，2015年12月3日，被申请人二举行了开业典礼，案涉项目竣工投产。

2016年7月，被申请人一、被申请人二、申请人三方签订了《补充协议》，对项目实施过程变更和增加的部分工程范围，三方确认增加工程价款为750余万元。

2016年8月，经第三方中国D造价咨询公司审计，案涉工程竣工结算造价为31230余万元。

因被申请人一、被申请人二拖欠款项，申请人多次催要并主张逾期付款违约金。2017年7月，被申请人二承诺于2018年7月前结清全部工程款。2019年3月，被申请人二再次向申请人出具《剩余工程款偿还承诺书》，确认拖欠申请人工程款近2740万元及逾期利息，并承诺，如未能按时支付，则承担按中国人民银行发布的年贷款利率之1.5倍追溯原始延期支付利息。

截至申请仲裁时，被申请人一、被申请人二先后支付工程款28690余万元，尚拖欠工程款近2540万元。

申请人在庭后提交的代理词中称，经核实，被申请人二于2020年3月又向申请人支付50万元工程款，工程款欠款本金现为近2490万元（近2540万元-50万元）。

被申请人二称，本案工程的质保期尚未届满，申请人要求退还质保金不符合合同约定。根据《总承包工程合同》约定，质保期自工程竣工验收合格之日18个月，按照申请人证据5《项目竣工验收鉴定书》的记载，本项目的竣工验收合格之日是2018年12月12日，则质保期到期之日为2020年6月12日。因此，申请人在申请仲裁之日（2020年1月20日）时，本项目的质保期尚未届满。而且，《总承包工程合同》通用条款约定："工程竣工验收是指承包人接到考核验收证书，完成扫尾工程和缺陷修复，并按照合同的约定提交竣工验收报告、竣工资料、竣工结算资料，由发包人组织的工程结算与验收。"因此，申请人仅以点火时间作为其竣工验收合格的时间，不符合合同约定。

被申请人二称，本案工程项目所涉及老挝地区的税务问题至今仍未解决。根据被申请人二和申请人签订的2019年7月5日的《会议纪要》，被申请人二有权扣留 500 万元，待税金分歧解决后再行协商如何处理这笔款项，因此，该笔款项的付款条件没有成就。

被申请人二还主张，根据其提交的证据，证明申请人安装、设计的项目存在多处质量问题，被申请人二也多次发函要求申请人予以整改，但至今未予整改，根据《总承包工程合同》约定，被申请人二有权扣留总价款 5% 的质保金，因此，申请人要求被申请人二退还质保金无合同依据和法律依据。

被申请人一主张，即使认定 2019 年 7 月《会议纪要》中作出了债务加入或者担保的意思表示，但其明确承诺的承担债务范围仅限于被申请人二未付的工程款（本金），不包含逾期违约金。

仲裁庭认为，关于申请人请求裁决被申请人一和被申请人二支付工程欠款近 2540 万元的仲裁请求，申请人与被申请人方争议的焦点问题是：

1. 本案工程的竣工日期是何时？

2. 质保金何时期满成为应付款？

3. 2019 年 7 月《会议纪要》约定税金分歧，被申请人二是否有权扣留 500 万元？

4. 本案工程是否涉及竣工后的质量问题？

5. 被申请人方应付工程欠款金额是多少？

6. 被申请人一作为债务加入后的当事人是否应承担逾期付款违约金？

仲裁庭认为，为认定上述焦点问题，应根据合同约定、本案事实以及本案当事人提供的证据确定，分述如下：

1. 关于本案工程的竣工日期

申请人在代理词中称，申请人已从事实、证据、合同约定和法律规定四个方面充分论证了案涉工程质保期起算时间是 2015 年 12 月 3 日，如下：

申请人提交的证据《项目竣工验收鉴定书》载明：2015 年 8 月 30 日，举行点火仪式（即专用条款约定的"所有在线设备安装、联动调试完成并且回转窑点火"）。2015 年 11 月 10 日至 12 月 1 日期间，建设单位、监理单位、总承包单位对煤磨系统、生料系统、窑系统、水泥磨系统全面进行试运行验收，验收结论为合格，并满足投产运营条件，其中存在的缺陷和遗留问题但不影响运营的部分要求总承包单位尽快解决。单位工程验收于 2015 年 12 月 3 日结束，移交单位为安装单位，接收单位为建设单位，2015 年 12 月 3 日举行开业典礼，为项目竣工、投产日。

2015 年 12 月 5 日，生产出第一批合格熟料。2015 年 12 月 18 日，生产出第一批合格水泥产品。2016 年 1 月 22 日，安装各子项工程交工验收结束。截至 2018 年 12 月 12 日（即出具《竣工验收鉴定书》之日），项目已连续运营了 3 年，累计生产水泥 80 多万吨；安装分部分项工程合格率 100%，单位工程合格率 100%，工程质量总体评定为合格；存在的问题：无；历次验收所发现的问题已整改完毕，无遗留尾工。

申请人就《竣工验收鉴定书》中载明的案涉工程所涉的几个不同的验收合格时间作出说明：2015 年 8 月 30 日，设备安装完毕并经联动调试合格，以回转窑点火为标志，表示生产线设备及安装没有问题了；2015 年 12 月 1 日，水泥生产线试运行验收合格，其性质是项目无负荷的联动试车合格，表示生产线无负荷运转没有问题了；2015 年 12 月 3 日，项目竣工、移交并投产，其性质是工程竣工验收合格，表示生产线可以投产了；2015 年 12 月 18 日生产出第一批合格水泥产品，2016 年 1 月 22 日工程交工验收合格，其性质是项目竣工后的投料试车验收合格，表示生产线正常生产没有问题了。可见，案涉工程先后经过了四次验收：设备安装和联动调试验收、无负荷试车的试运行验收、竣工验收、投产试车后的交工验收。

申请人主张，被申请人二答辩称本项目竣工验收合格之日是 2018 年 12 月 12 日，质保期到期之日是 2020 年 6 月 12 日，与事实不符。被申请人二在 2017 年 7 月的《会议纪要》中就已经确认剩余工程款金额为近 4610 万元，并请求延期至 2018 年 7 月底结清。

申请人认为，被申请人二答辩称"《总承包工程合同》通用条款部分约定工程竣工验收是指承包人接到考核验收证书、完成扫尾工程和缺陷修复，并按合同约定提交竣工验收报告、竣工资料、竣工结算资料，由发包人组织的工程结算与验收"，该观点不能成立。关于工程竣工验收，《总承包工程合同》专用条款约定："通用条款不适用，按如下约定执行：承包人在接到考核验收证书、完成发包人书面告知的扫尾工程和缺陷的修复，由承包人组织发包人、设计单位、监理人、土建质检单位进行本合同交付的永久性工程竣工验收，验收合格后由发包人签发工程竣工验收合格证书。"

虽然发包人未签发工程竣工验收合格证书，但《竣工验收鉴定书》已经确认 2015 年 12 月 3 日为竣工验收合格日、工程移交日和点火日，且 2016 年 1 月 22 日项目通过交工验收，项目自此进入了正常的生产运营阶段。故，2015 年 12

月 3 日为案涉工程竣工验收合格时间，事实清楚。况且，2015 年 12 月 3 日工程
竣工验收合格后被申请人二就应该签发工程竣工验收合格证书，这是其合同
义务。

　　另，《最高人民法院关于审理建设工程施工合同纠纷案件适用法律问题的解
释》第十四条规定："建设工程经竣工验收合格的，以竣工验收合格之日为竣
工日期……建设工程未经竣工验收，发包人擅自使用的，以转移占有建设工程
之日为竣工日期。"如果像被申请人二所称的 2015 年 12 月 3 日未竣工验收合
格，那么依照该司法解释规定，也应该以案涉工程移交给被申请人的 2015 年 12
月 3 日为竣工之日。

　　《竣工验收鉴定书》所涉的是由被申请人二向其上级公司被申请人一上报
申请，被申请人一又向其上级公司云南省能源投资集团有限公司上报申请，经
批准后，由被申请人二组织的对项目正常运营三年后的竣工验收，系其集团内
部的行政管理行为，不仅包括总包工程，还包括土建工程、辅助工程、援建学
校和移民村基础设施，与案涉《总承包工程合同》约定的竣工验收不同。

　　被申请人二主张，根据申请人证据《项目竣工验收鉴定书》，本项目竣工
验收日期合格之日是 2018 年 12 月 12 日。且根据《总承包工程合同》通用条款
约定，"竣工验收是指承包人接到考核验收证书，完成扫尾工程和缺陷修复，并
按合同约定提交竣工验收报告、竣工资料、竣工结算资料，由发包人组织的工
程结算与验收"。因此，申请人仅以点火时间作为其竣工验收合格的时间，不符
合合同约定。

　　仲裁庭查明，《总承包工程合同》专用条款约定："通用条款不适用，按如
下约定执行：承包人在接到考核验收证书、完成发包人书面告知的扫尾工程和
缺陷的修复，由承包人组织发包人、设计单位、监理人、土建质检单位进行本
合同交付的永久性工程竣工验收，验收合格后由发包人签发工程竣工验收合格
证书，验收合格之日为工程竣工验收合格之日。"仲裁庭认为，在本案中，《总
承包工程合同》专用条款已取代通用条款的约定，因此，对被申请人方在代理
词中提出的适用通用条款的主张不予支持。

　　仲裁庭注意到，申请人证据《竣工验收鉴定书》确认"2015 年 12 月 3 日，
举行《开业典礼》，项目竣工，投产日"。仲裁庭认为，2018 年 12 月 12 日，申
请人、被申请人一和被申请人二以及监理单位等签署的《竣工验收鉴定书》明
确"项目竣工"且为"投产日"。已明确表明本案工程的竣工日期为 2015 年 12

月 3 日。另外，在申请人主张 2015 年 12 月 3 日为竣工日期，而被申请人二主张《竣工验收鉴定书》签署日期 2018 年 12 月 12 日为竣工日期的情况下，《最高人民法院关于审理建设工程施工合同纠纷案件适用法律问题的解释》第十四条规定："建设工程经竣工验收合格的，以竣工验收合格之日为竣工日期……建设工程未经竣工验收，发包人擅自使用的，以转移占有建设工程之日为竣工日期。"仲裁庭认为，根据上述司法解释第十四条"建设工程未经竣工验收，发包人擅自使用的，以转移占有建设工程之日为竣工日期"的规定，也可据此认定本案工程竣工日期为 2015 年 12 月 3 日。仲裁庭还认为，在本案中，根据申请人陈述的事实以及《竣工验收鉴定书》记录的时间，2015 年 12 月 5 日，生产出第一批合格熟料。2015 年 12 月 18 日，生产出第一批合格水泥产品。2016 年 1 月 22 日，安装各子项工程交工验收结束。截至 2018 年 12 月 12 日（即出具《竣工验收鉴定书》之日），项目已连续运营了 3 年，累计生产水泥 80 多万吨。在项目投产连续运营 3 年，且已生产水泥 80 多万吨后，被申请人二主张在此日期，即 2018 年 12 月 12 日才竣工验收，与事实不符，被申请人方怠于履行自己在专用条款中约定的"验收合格后由发包人签发工程竣工验收合格证书"的义务。因此，应由被申请人方承担相应的合同责任。

综上，仲裁庭认为，仲裁庭对申请人主张的本案工程竣工日期为 2015 年 12 月 3 日予以支持，对被申请人方主张的本案工程竣工日期为 2018 年 12 月 12 日不予支持。

2. 关于质保金何时期满成为应付款

申请人主张，根据《总承包工程合同》专用条款约定，设备的质量保修期应从 2015 年 8 月 30 日起算，安装工程的质量保修期应从 2015 年 12 月 3 日起算。为简化计算，申请人统一以 2015 年 12 月 3 日工程竣工验收合格之日起算设备和安装工程的质量保修期，至 2017 年 6 月 3 日期满。

被申请人二主张，本项目的竣工验收合格之日是 2018 年 12 月 12 日，则质保期到期之日为 2020 年 6 月 12 日。

仲裁庭认为，根据仲裁庭认定的本案工程竣工日期为 2015 年 12 月 3 日，以合同约定的 18 个月质量保修期计算，质保期至 2017 年 6 月 3 日期满。

3. 关于 2019 年 7 月《会议纪要》约定税金分歧，被申请人二是否有权扣留 500 万元

被申请人二称，本案工程项目所涉及老挝地区的税务问题至今仍未解决。

根据被申请人二和申请人签订的 2019 年 7 月的《会议纪要》，被申请人二有权扣留 500 万元，待税金分歧解决后再行协商如何处理这笔款项，因此，该笔款项的付款条件没有成就。

被申请人二主张，《总承包工程合同》中对于税务处理的约定已经被 2019 年 7 月的《会议纪要》的约定变更，申请人并未按照 2019 年 7 月的《会议纪要》的约定妥善解决税金分歧，所以被申请人二有权扣留 500 万元税务分歧质押金。

被申请人二称，根据 2019 年 7 月的《会议纪要》可知，该份协议主要解决了 2 份合同的问题，第一大段主要解决保产合同问题，与本案无关。第二大段的内容是解决《总承包工程合同》项下历史遗留问题，而在该段中明确约定，申请人未解决完税务问题的话，被申请人二一方有权扣留 500 万元税务分歧质押金，现申请人无证据证明其已经处理完税金分歧，故被申请人二扣留 500 万元质押金不支付给申请人，具有合同依据。

申请人主张，关于税收问题，依照合同约定，由双方各自缴纳，与本案无关。《总承包工程合同》通用条款约定："发包人与承包人按国家有关纳税规定，各自履行各自的纳税义务。"且老挝财政部监察局于 2019 年 11 月已向申请人出具了《纳税证明》，证明申请人"已按法律全部履行了纳税义务"。被申请人二在 2020 年 9 月发表的书面质证意见中，对该证据的真实性是予以认可的。申请人还称，被申请人二于 2020 年 9 月提交的 2016 年至 2019 年度被申请人二的完税证明，申请人对该组证据的真实性无法判断，被申请人二未提交该证据的中文翻译件，因是老挝文，该证据究竟是什么内容，申请人无法确认。被申请人二称该证据是年度完税证明，而申请人提交的是项目清算完税证明，性质不同，没有可比性。

仲裁庭注意到，《总承包工程合同》通用条款约定："发包人与承包人按国家有关纳税规定，各自履行各自的纳税义务。"专用条款没有对通用条款的约定进行修改。仲裁庭注意到，2019 年 7 月的《会议纪要》约定："若甲乙双方（指被申请人二和申请人，仲裁庭注）在 2019 年 12 月底之前仍未对税务分歧达成一致意见，则甲方有权预留 500 万元作为分歧质押金，待税务分歧达成一致或取得完税证明后，甲方于 30 个工作日内一次性支付上述款项。"仲裁庭注意到，申请人提供了老挝财政部完税证明，证明其已完成在老挝的纳税义务，因此主张被申请人二无权继续质押 500 万元，应退还给申请人。被申请人提供了

《2016—2019 年度老挝 C 水泥公司的完税证明》，拟证明申请人补充提交的完税证明是虚假的，并不是老挝当局的税务证明，真实的完税证明应当是被申请人二提交的这一组证据。

仲裁庭认为，首先，对于申请人和被申请人二是否履行了其在老挝法律规定的纳税义务，由于涉及申请人和被申请人二与老挝税务当局的法律关系，在本案中，仲裁庭无法认定申请人和被申请人二是否按照老挝法律的规定按期足额缴纳了税款。其次，关于申请人和被申请人二之间的税务事宜，应根据双方签订的合同约定予以判断。在本案中，《总承包工程合同》通用条款约定了"发包人与承包人按国家有关纳税规定，各自履行各自的纳税义务"，因此，申请人和被申请人二应按照合同约定各自履行各自的纳税义务。最后，仲裁庭注意到，2019 年 7 月的《会议纪要》约定了被申请人二预扣申请人 500 万元作为税务分歧质押金。仲裁庭认为，根据《总承包工程合同》通用条款的约定，申请人和被申请人二应按照合同约定各自履行各自向老挝税务当局的纳税义务。因此，被申请人二以存在税务分歧为由质押申请人的 500 万元，缺乏合同依据，不应予以支持，被申请人二应向申请人退还其质押的 500 万元。

4. 关于本案工程是否涉及竣工后的质量问题

被申请人二称，案涉项目存在多处质量问题，被申请人二也多次发函要求申请人予以整改，但是在质保期内，申请人拒绝整改、维修，根据合同约定，被申请人二有权扣留质保金，待维修、整改事项完毕后再行协商质保金的退还或者是申请人予以赔偿。

申请人称，被申请人二答辩称案涉项目存在多处问题，与《竣工验收鉴定书》记载的验收合格的结论不符，其也未提供任何有效的书面证据证明质保期内案涉项目存在质量问题。被申请人二提交的关于质量问题的证据均是其单方制作的，设备从 2015 年 12 月 3 日投产至今已经运行了近 5 年，即便存在质量问题，也属于质保期外的维修问题，需要申请人和被申请人二就维修费用协商一致后，申请人才会进行维修。被申请人二答辩称有权扣留质保金，该观点违反事实和合同约定，不能成立。另外，关于质量问题，《最高人民法院关于审理建设工程施工合同纠纷案件适用法律问题的解释》第十三条规定："建设工程未经竣工验收，发包人擅自使用后，又以使用部分质量不符合约定为由主张权利的，不予支持……"因此，即便存在质量问题，按照该条法律规定，也不予支持。

仲裁庭查明，《总承包工程合同》专用条款质量保修责任约定："通用条款
不适用，双方按如下约定执行：安装工程的质量保修期为自工程竣工验收合格
之日 18 个月，设备的质量保修期为自设备安装调试完毕通过验收后 18 个月，
在质量保修期内出现的质量问题（发包人应及时通知承包人，并提供支持性材
料），由承包人负责维修，费用由承包人承担；承包人没有修复的，发包人有权
从质量保证金中索赔。"

仲裁庭注意到，被申请人二为此提交了共计 15 份证据。仲裁庭认为，根据
前述仲裁庭认定本案工程竣工日期为 2015 年 12 月 3 日，质量保修期至 2017 年
6 月 3 日止。被申请人二某些证据上载明的日期均已超过 2017 年 6 月 3 日，申
请人承担的合同中的保修义务已经结束，超过质量保修期的维修义务，被申请
人二应与申请人协商解决。仲裁庭认为，被申请人某证据载明的日期为 2015 年
3 月 6 日，而申请人于 2015 年 12 月 3 日竣工，被申请人二的某证据发出日期尚
在承包人施工安装工期内，并不在合同约定的自 2015 年 12 月 4 日起算的质量
保修期内。仲裁庭认为，被申请人二证据记录的工程缺陷，不涉及地基和主体
结构的质量问题，因此，不属于在合同约定的质量保修期之外法律规定的申请
人作为承包人仍需履行修复义务的范围。仲裁庭还认为，被申请人二某些证据
为现场照片和简要说明，为被申请人二单方制作，不予采信。

仲裁庭注意到，根据《总承包工程合同》专用条款约定的"承包人没有修
复的，发包人有权从质量保证金中索赔"，此项约定仅规定发包人有权从质量保
证金中索赔，而非约定发包人有权扣留质保金，因此，被申请人二主张其有权
扣留质保金的主张不符合合同约定，不应予以支持。仲裁庭还认为，如被申请
人二认为申请人未能履行维修义务而要求申请人赔偿时，应根据仲裁规则提出
反请求。在被申请人二未能提出反请求的情况下，仲裁庭不能支持其扣留申请
人质保金的主张。

综上，仲裁庭认为，被申请人二提出的本案工程存在质量缺陷，从而主张
不予支付质保金的要求，不应予以支持。

5. 关于被申请人方应付工程欠款金额

申请人称，上述合同签订后，申请人依约履行了合同，2015 年 8 月 30 日，
被申请人二案涉项目举行点火仪式，2015 年 12 月 3 日，被申请人二举行了开业
典礼，案涉项目竣工投产。

2016 年 7 月，被申请人一、被申请人二、申请人三方签订了《补充协议》，

对项目实施过程中变更和增加的部分工程范围，三方确认增加工程价款为 750 余万元。

2016 年 8 月，经第三方中国 D 造价咨询公司审计，案涉工程竣工结算造价为 31230 余万元。

因被申请人一、被申请人二拖欠款项，申请人多次催要并主张逾期付款违约金。2017 年 7 月，被申请人二承诺于 2018 年 7 月前结清全部工程款。2019 年 3 月，被申请人二再次向申请人出具《剩余工程款偿还承诺书》，确认拖欠申请人工程款近 2740 万元及逾期利息，并承诺，如未能按时支付，则承担按中国人民银行发布的年贷款利率之 1.5 倍追溯原始延期支付利息。

截至申请仲裁时，被申请人一、被申请人二先后支付工程款 28690 余万元，尚拖欠工程款近 2540 万元。申请人在庭后递交的代理词中称，经核实，被申请人二于 2020 年 3 月又向申请人支付 50 万元工程款，被申请人方工程款欠款本金现为近 2490 万元。

被申请人二称，本案工程质保金不满足退还条件，申请人无权要求被申请人二退还其质保金。根据 2019 年 7 月的《会议纪要》的约定，双方尚未妥善解决税金分歧，被申请人二有权扣留 500 万元税务分歧质押金。

仲裁庭认为，根据仲裁庭前述认定的被申请人二工程质保金期满日期为 2017 年 6 月，被申请人二应向申请人退还其质押的 500 万元，以及被申请人二提出的本案工程存在质量缺陷从而主张不予支付质保金的要求，不应予以支持的结论，上述工程质保金、税务质押金 500 万元应成为应付款。仲裁庭认为，根据仲裁庭前述对被申请人一债务加入的认定，被申请人一和被申请人二应共同承担连带清偿责任。

仲裁庭查明，申请人证据《竣工结算报告》表明，2016 年 8 月 18 日，第三方中国 D 造价咨询公司审计，竣工结算造价为 31230 余万元。被申请人二的质证意见是对该证据的三性予以认可，被申请人一的质证意见是真实性认可，其三性认定与被申请人二的意见一致。仲裁庭认为，申请人证据表明被申请人二与申请人之间已就本案工程的最终结算金额达成一致，最终结算金额为 31230 余万元。

仲裁庭注意到，申请人证据《剩余工程款偿还承诺书》载明："根据老挝 C 水泥公司水泥生产线总承包（不含土建主体工程）合同及 2016 年 8 月项目结算书，我司（指被申请人二，仲裁庭注）截至目前尚拖欠贵司（指申请人，仲裁庭注）工程款近 2740 万元及逾期利息（双方财务进一步核实对账为准）。我司承诺将按以下计划如期支付所欠贵司工程款及逾期利息，具体如下：

2019 年 4 月底前，支付 400 万元整；

2019 年 7 月底前，支付 400 万元整；

2019 年 10 月底前，支付近 440 万元整；

2019 年 12 月底前，支付 500 万元整；

即到 2019 年 12 月底，共支付近 1740 万元整，如未能按时支付时，则我司愿意承担贵司按照中国人民银行发布的年贷款利率之 1.5 倍追溯原始延期支付利息及本违约付款利息。"

仲裁庭注意到，申请人称，截至申请仲裁时，被申请人一、被申请人二先后支付工程款 28690 余万元，尚拖欠工程款近 2540 万元。申请人主张在《剩余工程款偿还承诺书》后被申请人二支付了 200 万元，被申请人二于 2020 年 3 月 27 日又向申请人支付 50 万元工程款，被申请人方工程款欠款本金现为近 2490 万元。

仲裁庭认为，申请人主张在《剩余工程款偿还承诺书》后被申请人二支付了 200 万元，被申请人二和被申请人一在庭审中认可曾于 2020 年 3 月向申请人支付 50 万元工程款。根据《剩余工程款偿还承诺书》载明的拖欠工程款近 2740 万元，减去被申请人二已支付的 200 万元和 50 万元，则拖欠工程款金额为近 2740 万元 -200 万元 -50 万元 = 近 2490 万元。仲裁庭注意到《剩余工程款偿还承诺书》载明的拖欠工程款近 2740 万元不包括千位的小数。同时，仲裁庭注意到，在庭审和庭后递交的代理词中，被申请人方也未对拖欠工程款本金总额近 2490 万元提出异议。

综上，仲裁庭对于申请人主张的被申请人一和被申请人二支付拖欠工程款近 2490 万元予以支持。

6. 关于申请人请求被申请人一和被申请人二逾期付款违约金

近 1290 万元违约金自应付款之日起算，暂计至申请仲裁之日，利率按照中国人民银行同期贷款利率 4.75% 的 1.5 倍计算，至实际给付之日，仲裁申请日后至实际给付日的利率按同期全国银行间同业拆借中心公布的贷款市场报价利率的 1.5 倍计算的认定。

仲裁庭注意到，仲裁庭在本裁决书第一部分案情中已详细列明了申请人主张被申请人方应承担其拖欠工程款利息的事实、合同约定、起算日期以及计算表格，被申请人一和被申请人二在代理词中阐明了主张，仲裁庭认为，关于本案申请人在仲裁请求中主张的被申请人方拖欠工程款利息涉及的焦点问题是：

1. 被申请人方是否存在拖欠工程款事实？

2. 本案当事人在合同及其会议纪要等文件中关于逾期付款利息的约定是什么？

3. 被申请人一和被申请人二是否应对逾期付款利息承担连带责任？

4. 逾期付款利息利率是什么？

5. 逾期付款利息起算日期是何时？

6. 逾期付款利息逐项计算的具体金额是多少？

对此，仲裁庭根据本案工程的事实、合同约定、当事人签订的会议纪要、补充协议等文件、证据和法律规定，分述如下：

1. 关于被申请人方是否存在拖欠工程款的事实

仲裁庭认为，在本案中，被申请人方存在两种类型的拖欠工程款的违约事实，一是根据仲裁庭前述的认定，仲裁庭支持申请人在仲裁请求中主张的被申请人方拖欠工程款近2490万元的事实；二是依据申请人提供的证据《催款函》《会议纪要》《剩余工程款偿还承诺书》，被申请人方存在在申请人履约过程中未能按期向申请人支付工程进度款的违约事实。对于被申请人方在合同履约中存在的未能按期支付工程进度款的事实，将在利息计算项中予以阐述。

2. 本案当事人在合同及其会议纪要等文件中关于逾期付款利息的约定是什么？

仲裁庭注意到，《总承包工程合同》专用条款约定："发包人未能按照本合同规定的时间向承包人支付款项的，在延期支付满60天起的次日，按同期银行贷款利率向承包人支付延期付款的违约金。"在2019年3月《剩余工程款偿还承诺书》中约定："如未能按时支付时，则我司（指被申请人二，仲裁庭注）愿意承担贵司（指申请人，仲裁庭注）按照中国人民银行发布的年贷款利率之1.5倍追溯原始延期支付利息及本违约付款利息。"仲裁庭认为，上述《总承包工程合同》专用条款的约定和《剩余工程款偿还承诺书》中利息的约定合法有效，具有法律效力，申请人和被申请人方应予遵守。

3. 关于被申请人一和被申请人二是否应对逾期付款利息承担连带责任

申请人主张，被申请人一和被申请人二对工程款逾期付款利息承担共同支付义务。首先，《总承包工程合同》明确约定了逾期付款违约金，申请人主张的逾

期付款利息是《总承包工程合同》约定的逾期付款违约金的计算方法。被申请人
二于 2019 年 3 月出具的《剩余工程款偿还承诺书》，属于《总承包工程合同》专
用条款中约定的合同文件之一，利率标准应以日期在后的《剩余工程款偿还承诺
书》为准，即 1.5 倍。其次，2019 年 7 月《会议纪要》约定："被申请人二自
2019 年 8 月起开始逐步对所欠工程款进行清偿。"该条所依据的正是《总承包工
程合同》，该《会议纪要》并没有不支付利息或放弃利息的约定。最后，《民法总
则》第一百四十条第二款规定："沉默只有在有法律规定、当事人约定或者符合
当事人之间的交易习惯时，才可以视为意思表示。"最高人民法院的判例也表达了
"民事权利的放弃必须采取明示的意思表示才能发生法律效力"的观点。被申请
人二答辩称会议纪要对双方之间的利息约定进行了变更，没有合同依据和法律
依据。

被申请人一主张，即便认定被申请人一在 2019 年 7 月的《会议纪要》中作
出了债务加入或者担保的意思表示，但其明确承诺的承担债务范围仅限于被申
请人二未付的工程款（本金），不包含逾期违约金，故申请人要求被申请人一
就违约金承担连带责任，没有合同依据。

仲裁庭查明，2019 年 7 月申请人与被申请人一和被申请人二签订的《会议
纪要》约定："丙方（指被申请人一，仲裁庭注）同意向乙方（指申请人，仲
裁庭注）承担上述所欠工程款之全额偿还责任。"仲裁庭认为，被申请人一作
为债务加入的第三方，应在约定的范围内承担债务清偿责任。在本案中，《会议
纪要》表述为"所欠工程款"，申请人与被申请人方并未明确约定此类用语，
例如"本金"，"不包括逾期付款利息"或者"不包括利息"等限制性用语，而
仅仅表明"所欠工程款"。根据《总承包工程合同》专用条款约定的发包人应
向承包人支付逾期付款违约金，以及《剩余工程款偿还承诺书》承诺的被申请
人二应向申请人支付逾期付款利息的约定，"工程款"应包括发包人未能依照
合同约定按期支付工程款的利息，即逾期付款利息是工程款的一个组成部分。
据此，仲裁庭认为被申请人一和被申请人二应对逾期付款利息承担连带责任，
申请人的此项主张应予支持。

4. 关于逾期付款利息利率

仲裁庭注意到，《总承包工程合同》专用条款约定："发包人未能按照本合
同规定的时间向承包人支付款项的，在延期支付满 60 天起的次日，按同期银行
贷款利率向承包人支付延期付款的违约金。"在 2019 年 3 月《剩余工程款偿还

承诺书》中约定："如未能按时支付时，则我司（指被申请人二，仲裁庭注）愿意承担贵司（指申请人，仲裁庭注）按照中国人民银行发布的年贷款利率之1.5倍追溯原始延期支付利息及本违约付款利息。"仲裁庭认为，被申请人二在《剩余工程款偿还承诺书》按照中国人民银行的年贷款利率之1.5倍的承诺有效，具有法律约束力，被申请人方应予遵守。

5. 关于逾期付款利息起算日期

仲裁庭注意到，被申请人二主张，根据《总承包工程合同》的约定，"发包人未能按本合同规定的时间向承包人支付款项的，在延期支付满60天起的次日，按同期银行贷款利率向承包人支付延期付款的违约金"。仲裁庭注意到，申请人在计算下述款项的逾期付款利息时采用了到期日次日的计算方法，包括：

（1）5%审计款逾期付款利息；

（2）5%质保金逾期付款利息；

（3）10%履约保证金逾期付款利息；

（4）进度款和交工款逾期付款利息；

（5）《补充协议》增项款近680万元逾期付款利息。

仲裁庭认为，《总承包工程合同》专用条款约定的发包人未能按照本合同规定的时间向承包人支付款项的，在延期支付满60天起的次日计算逾期付款利息的规定有效，《剩余工程款偿还承诺书》中未有对该项约定进行修改或另外约定计算利息及其起算日期的内容，因此，申请人和被申请人方应遵守《总承包工程合同》的约定，自延期支付满60天的次日计算逾期付款利息。

仲裁庭认为，根据《剩余工程款偿还承诺书》的约定，"如未能按时支付时，则我司（指被申请人二，仲裁庭注）愿意承担贵司（指申请人，仲裁庭注）按照中国人民银行发布的年贷款利率之1.5倍追溯原始延期支付利息及本违约付款利息"，逾期付款利息起算日期应追溯到原始延期支付利息以及《剩余工程款偿还承诺书》中载明的剩余工程款逾期付款利息。仲裁庭认为，申请人在计算逾期付款利息时采用追溯方式计算发包人逾期付款利息，在采用追溯法计算逾期付款利息时涵盖了《剩余工程款偿还承诺书》中载明的剩余工程款逾期付款利息，即在计算逾期付款利息时不再单独计算剩余工程款逾期付款利息，应予支持。

6. 关于逾期付款利息逐项计算的具体金额

仲裁庭注意到，申请人在采用追溯法追溯每一项工程款逾期付款利息时，共计对下述 5 项工程款项计算逾期付款利息，如下：

（1）5% 审计款逾期付款利息；

（2）5% 质保金逾期付款利息；

（3）10% 履约保证金逾期付款利息；

（4）进度款和交工款逾期付款利息；

（5）《补充协议》增项款近 680 万元逾期付款利息。

仲裁庭注意到，申请人在计算上述 5 项工程款项逾期付款利息时采用了到期日次日开始起算，并在计息天数中减去 60 天的计算方式。即申请人在计算逾期付款利息时减去了《总承包工程合同》专用条款约定的自到期日满 60 天计算利息的约定，对此，仲裁庭予以支持。

根据申请人提供的相关证据，仲裁庭认可申请人计算的每一项工程款的本金金额，以及每一项工程款成为应付款的到期日，虽然被申请人二在代理词中主张对第（4）项进度款和交工款逾期付款利息的到期日不予认可，但被申请人二并未提供相反证据予以证明，因此，仲裁庭不支持被申请人二提出的主张。

仲裁庭认为，关于每一项款项的到期日及其被申请人方延期付款的日期和欠款金额，在被申请人方未能提供相反的证据，也未在庭审、答辩状和代理词中提出相反的证据证明这些日期和欠款金额的情况下，应根据申请人的主张予以认定，如下：

（1）5% 审计款逾期付款利息；

申请人主张，关于 5% 审计款，因案涉项目通过审计审核的时间为 2016 年 8 月 18 日，故审计款逾期付款时间应从 2016 年 8 月 19 日起算。《总承包工程合同》专用条款约定："项目通过审核审计后支付设备价款的 5%、建安工程费的 5%、设计费及其他项目费用的 5%。" 2016 年 8 月 18 日，案涉项目经中国 D 造价咨询公司审计，竣工结算造价为 31230 余万元，故 5% 审计款金额为 1560 余万元。审计后，被申请人仅支付了部分审计款，分别于 2017 年 10 月支付了 80 余万元、于 2019 年 1 月支付了 300 万元、于 2019 年 10 月初支付了 100 万元、于 2019 年 10 月底支付了 50 万元、于 2019 年 11 月支付了 50 万元，合计支付 580 余万元，尚欠审计款近 980 万元。

仲裁庭认为，对于 5% 审计款的逾期付款到期日以及拖欠本金金额，在被申请人方未能提供相反的证据，也未在庭审、答辩状和代理词中提出相反的证据证明这些日期和欠款金额的情况下，应予认可。

（2）5%质保金逾期付款利息；

仲裁庭认为，根据仲裁庭前述认定的5%质保金应付到期日为2017年6月3日，因此，对于申请人在计算利息时以该日期为到期日，应予支持。仲裁庭认为，根据申请人证据《2017年7月会议纪要》载明了质保金未付金额为1560余万元，对此，应予支持。

（3）10%履约保证金逾期付款利息；

申请人主张，关于10%履约保证金近3300万元，逾期付款起算时间应为2016年2月20日。《建设工程质量保证金管理办法》第六条第一款规定："在工程项目竣工前，已经缴纳履约保证金的，发包人不得同时预留工程质量保证金。"可见，发包人在预留工程质量保证金后，就应该退还履约保证金，不能重复扣留。之前的《建设工程质量保证金管理办法》（建质〔2016〕295号）第六条也是同样的规定。2007年《标准施工招标文件》第四章"合同条款及格式"第一节"通用合同条款"第4.2条"履约担保"规定："承包人应保证其履约担保在发包人颁发工程接收证书前一直有效。发包人应在工程接收证书颁发后28天内把履约担保退还给承包人。"《标准施工招标文件》第四章附件二"履约担保格式"中规定："担保有效期自发包人与承包人签订的合同生效之日起至发包人签发工程接收证书之日止。"2013版《建设工程施工合同》范本（GF-2013-0201）附件八"履约担保"与此规定一致，担保有效期自合同生效之日起至发包人签发或应签发工程接收证书之日止。《竣工验收鉴定书》载明的工程竣工验收和移交的时间是2015年12月3日，工程交工验收时间是2016年1月22日，申请人从宽以后以日期2016年1月22日为计算28天退还期限的起算点，至2016年2月19日届满，故申请人将2016年2月20日作为履约保证金逾期付款的起算时间。

申请人称，被申请人直到2017年8月至12月才分三笔退还完毕履约保证金，金额分别为近1300万元、1000万元、1000万元。

仲裁庭认为，根据《建设工程质量保证金管理办法》第六条第一款规定的在工程项目竣工前，已经缴纳履约保证金的，发包人不得同时预留工程质量保证金。因此，仲裁庭对于申请人主张的10%履约保证金付款到期日2016年2月20日应予支持。仲裁庭认为，对于申请人主张的履约保证金延迟付款本金，在被申请人方未能提供相反的证据，也未在庭审、答辩状和代理词中提出相反的证据证明这些日期和欠款金额的情况下，应予认可。

（4）进度款和交工款逾期付款利息；

关于进度款和交工款逾期付款利息涉及的日期和工程款本金金额，申请人主张如下：

①关于 60% 的"设计费及其他项目费用"570 余万元，《总承包工程合同》专用条款约定："全部施工图完成后次月 15 日内，发包人支付给承包人设计费及其他项目费用的 60%。"《总承包工程合同》专用条款合同价格分项明细表列明设计费为近 300 万元，其他费用为近 660 万元。合计 950 余万元，60% 金额为 570 余万元。

从申请人提交的证据《2015 年 4 月付款申请书》可见，此前申请人已经完成施工图设计，并向被申请人二、监理公司中国 E 监理公司催要 60% 的"设计费及其他项目费用"的款项支付。依照《总承包工程合同》约定，被申请人应于次月 15 日前（即 2015 年 5 月 15 日前）支付。故 60% "设计费及其他项目费用"的逾期付款日期应从 2015 年 5 月 16 日起算，而该笔款项被申请人拖延到 2015 年 12 月 7 日才支付。

②关于设备款 1010 余万元，《总承包工程合同》专用条款约定："所有在线设备安装、联动调试完成并且回转窑点火后，经发包人确认后支付设备价款的 30%。"《总承包工程合同》专用条款合同价格分项明细表列明的设备费金额为 20820 余万元。《竣工验收鉴定书》载明的回转窑点火时间为 2015 年 8 月 30 日。因此，2015 年 8 月 30 日后，被申请人应支付 30% 的设备款近 6250 万元。30% 设备款的逾期付款起算时间应为 2015 年 8 月 31 日。

为简化主张，申请人是从 2016 年 1 月 15 日催告日的次日（即 2016 年 1 月 16 日）起算，且只主张了部分设备款逾期付款利息，主动放弃了一部分利息主张。

③关于安装款，《总承包工程合同》专用条款约定："建安工程价款的 80% 作为工程进度款，由承包人每月 20 日申报，发包人支付；完成单项建安工程交工验收后次月 15 日内，由发包人向承包人支付本合同建安工程款的 10%。"《总承包工程合同》专用条款合同价格分项明细表列明建安工程费为近 11210 万元。

申请人于 2016 年 1 月 15 日再次向被申请人催要近 410 万元和 400 万元安装款系 80% 进度款。为简化主张，申请人以催告日的次日作为逾期付款日期的起算点。

被申请人二对申请人提交的补充证据《2015 年 4 月付款申请书》和《2016 年 1 月的付款申请书》的真实性是认可的，只是认为后续的几份会议纪要对付款时间进行了变更。被申请人二的该说法违反合同约定和事实，不能成立。

《总承包工程合同》约定的交工验收后应支付的 10% 安装款金额为近 11210 万元，1480 余万元的安装款中包含部分 80% 进度款和 10% 交工款，按照《总承包工程合同》约定，10% 交工款应于交工验收后的次月 15 日内支付（即 2016 年 2 月 15 日前支付），为了简化主张，申请人将部分进度款和全部交工款的逾期付款时间统一从 2016 年 2 月 16 日起算。

仲裁庭认为，根据《总承包工程合同》的相关约定及申请人的证据，在被申请人方未能提供相反的证据，也未在庭审、答辩状和代理词中提出相反的证据证明这些日期和欠款金额的情况下，应予认可。

（5）《补充协议》增项款近 680 万元逾期付款利息；

申请人主张，关于《补充协议》中的增项款近 680 万元，申请人提交的本案《补充协议》是 2016 年 7 月由申请人、被申请人二和被申请人一三方签订，三方确认增加工程价款为 750 余万元。该《补充协议》约定与主合同一并履行，故扣除 5% 审计款和 5% 质保金后，被申请人应立即支付 90% 的增项款，金额为近 680 万元。故申请人从《补充协议》签订的次日起算逾期付款天数。

仲裁庭认为，根据《总承包工程合同》的相关约定及申请人的证据，在被申请人方未能提供相反的证据，也未在庭审、答辩状和代理词中提出相反的证据证明这些日期和欠款金额的情况下，应予认可。

仲裁庭逐一核对了申请人在仲裁请求和代理词中的逾期付款利息计算表。

综上，仲裁庭认为，申请人在仲裁请求中主张的被申请人一和被申请人二支付拖欠工程款逾期付款违约金近 1290 万元（自应付款之日起算，暂计至申请仲裁之日，即 2020 年 1 月某日，利率按照中国人民银行同期贷款利率 4.75% 的 1.5 倍计算），主张至实际给付之日，仲裁申请日后至实际给付日的利率按同期全国银行间同业拆借中心公布的贷款市场报价利率的 1.5 倍计算，应予支持。

（七）关于本案仲裁时效的认定

被申请人二在答辩状中主张，申请人要求被申请人二支付延期付款违约金计算表的第三项至第六项已过诉讼时效，已丧失胜诉权。对于申请人所主张的这部分款项，被申请人二已经按约定予以支付，但在申请人收到了该部分款项后，并未继续对利息提出异议，说明其已经认可双方就该笔款项已支付的行为。

同时，有部分款项早已在 2017 年 1 月 22 日之前支付，申请人于 2020 年 1 月 22 日后申请仲裁仍然要求该部分利息，已过诉讼时效。

申请人主张，被申请人二答辩所称 2017 年 1 月 22 日前支付的部分工程款的利息主张已经超过诉讼时效，该观点不能成立。申请人主张逾期付款利息的款项，在 2017 年 1 月 22 日前支付的有三笔。

2017 年 4 月，申请人向被申请人二发函主张逾期付款利息，其中包含了以上三笔款项。被申请人二对该证据的真实性和关联性是予以认可的。另，2019 年 3 月，被申请人二出具了《剩余工程款偿还承诺书》，承诺支付逾期利息。该三笔款项的诉讼时效已经多次发生中断，申请人对该三笔款项逾期付款利息的主张并未超过 3 年的诉讼时效。

仲裁庭注意到，被申请人二所述第三项至第六项的付款日期分别为 2015 年 12 月、2016 年 11 月和 2016 年 5 月。申请人证据《催款函》签发日期为 2017 年 4 月。被申请人二签署的《剩余工程款偿还承诺书》日期为 2019 年 3 月，其内容涉及了逾期付款利息。据此，仲裁庭认为，仲裁时效是指权利人向仲裁机构请求保护其权利的法定期限，即权利人在法定期限内没有行使权利，将丧失提请仲裁以保护其权益的权利。根据《中华人民共和国仲裁法》第七十四条规定："法律对仲裁时效有规定的，适用该规定。法律对仲裁时效没有规定的，适用诉讼时效的规定。"因此，被申请人二在本案所称诉讼时效与《中华人民共和国仲裁法》规定的仲裁时效为同一概念，鉴于本案为仲裁案件，应在本案中称为仲裁时效。2017 年 4 月申请人签发的《催款函》日期尚在最早一笔付款，即 2015 年 12 月的三年仲裁时效范围之内，而且，被申请人二于 2019 年 3 月签署的《剩余工程款偿还承诺书》仍在处理拖欠工程款产生的逾期利息事宜，仲裁时效仍在存续，截至申请人仲裁申请书载明的日期 2020 年 1 月，仲裁时效尚未超过三年。因此，被申请人二对申请人提出的延期付款违约金计算表的第三项至第六项已过仲裁时效的主张不能成立，不应予以支持。

（八）关于申请人为本案支付律师费的认定

申请人主张，律师费系分期支付，虽然申请人在提起仲裁时只支付了部分，但其后的部分律师费在仲裁裁决作出后支付，是必然发生的费用。

申请人还主张，被申请人一和被申请人二对于本案实现债权的费用承担共同支付义务，律师费是其中的一笔费用，因此，被申请人一和被申请人应承担支付责任。

被申请人方主张申请人提交了代理合同，但发票仅开具了部分，且该律师费明显过高，应依法予以调整。

仲裁庭注意到，根据申请人证据《委托代理合同》、律师费收费项目及标准、律师费支付凭证及发票，仲裁代理人已向申请人开具部分发票，申请人已向仲裁代理人支付部分律师费。根据委托代理合同的约定，其余部分律师费在本案裁决书作出后予以支付。仲裁庭认为，根据仲裁庭对本案请求支持的程度，考虑申请人已向仲裁代理人支付了部分律师费，并考虑到仲裁庭前述认定的被申请人一和被申请人二对拖欠工程款承担连带责任，因此，仲裁庭认定被申请人一和被申请人二应向申请人支付为本案支出的律师费。仲裁庭还认为，由于剩余律师费尚未支付，因此，对剩余部分律师费不予支持。

（九）关于本案保全费和保全保险费的认定

仲裁庭注意到，在庭审过程中，申请人提出将保全费和保全保险费增加到仲裁请求中，仲裁庭予以同意。申请人庭后递交了保全费和保全保险费缴纳的相关证据。申请人随后于 2021 年 4 月以书面方式对增加该项仲裁请求予以确认。仲裁庭认为，上述保全费和保全保险费是申请人为本案支出的相关法律费用，根据本案仲裁请求得到支持的情况，上述保全费和保全保险费应全部由被申请人方承担。

（十）关于本案仲裁费和实际费用的认定

根据本案仲裁请求得到支持的情况，根据《仲裁规则》的规定，仲裁庭认为，本案中被申请人方存在违约行为，申请人仲裁请求的全部金额得到支持，结合本案情况，仲裁庭认为被申请人方应承担全部仲裁费用。

三、裁　决

综上，仲裁庭对本案作出裁决如下：

（一）被申请人一和被申请人二向申请人支付拖欠工程款人民币近 2490 万元；

（二）被申请人一和被申请人二向申请人支付拖欠工程款自应付款之日起算至申请仲裁之日（即 2020 年 1 月某日）的逾期付款违约金人民币近 1290 万元，并将逾期付款违约金支付至实际给付之日（计算公式为：自 2020 年 1 月某日起至实际给付日，以拖欠工程款为基数，按全国银行间同业拆借中心公布的同期贷款市场报价利率的 1.5 倍计算）；

（三）被申请人一和被申请人二向申请人支付律师费；

（四）被申请人一和被申请人二向申请人支付保全费和保全保险费；

（五）本案仲裁费全部由被申请人一和被申请人二承担。

以上应付款项，被申请人应当自本裁决作出之日起十五日内支付完毕。

本裁决为终局裁决，自作出之日起生效。

案例评析

【关键词】境外工程总承包　管辖权　债务加入

【焦点问题】

本案争议焦点问题包括：（1）申请人 A 工程设计公司和被申请人一之间的《总承包工程合同》，申请人、被申请人一和被申请人二之间的《协议书》以及申请人、被申请人一和被申请人二之间签订的《会议纪要》涉及的仲裁管辖权问题。（2）本案被申请人一是否承担债务加入责任。

【焦点评析】

一、关于本案管辖权

被申请人一作为发包人与作为承包人的申请人签订了《总承包工程合同》，该合同第二部分《专用条款》约定："在合同签订后 30 日内，发包人与承包人共同协商确定一名调解人，在争议提交调解之日起 30 日内，双方仍存在争议时，或合同任何一方不同意调解的，按以下方式解决：提交中国国际经济贸易仲裁委员会西南分会，按照申请仲裁时该会有效的仲裁规则进行仲裁，仲裁地点为昆明。该仲裁裁决是终局的，对双方均有约束力。"

本案《协议书》第一条约定，自该协议生效之日起，被申请人一作为工程发包人在《总承包工程合同》中所享有的权利及所承担的义务全部转由被申请人二承担，被申请人二作为《总承包工程合同》的实际履行人。第二条约定，申请人认可被申请人二作为《总承包工程合同》的实际履行人及发包人身份，并承诺按《总承包工程合同》的约定向被申请人二如约履行全部承包人义务及责任。第三条约定，该协议适用中华人民共和国法律。如协议履行过程中发生争议，应协商解决，协商不成的，可将争议提交中国国际经济贸易仲裁委员会西南分会，按照该会仲裁规则进行仲裁。

2016 年 7 月，申请人和两位被申请人共同签订《补充协议》，对合同履行中的有关变更事项、TI 接线方式、发包人修改设计导致的延误给予工期延长、新增工程量 750 余万元做了约定。第六条约定："本补充协议未涉及的条款仍然按主合同执行。" 2019 年 7 月，申请人和两位被申请人共同签订《会议纪要》，约定了《总承包工程合同》中的遗留问题，包括质保期内及质保期外问题的处理、税务分歧及其被申请人二有权预留 500 万元作为税务分歧质押金。第四条约定："丙方（指被申请人一，仲裁庭注）同意向乙方（指申请人，仲裁庭注）承担上述所欠工程款之全额偿还责任。"

仲裁庭认为，申请人与被申请人一于 2014 年 2 月签订的《总承包工程合同》确定了申请人与被申请人一之间的合同权利和义务，合同约定对双方当事人具有法律约束力，第二部分《专用条款》将争议最终提交中国国际经济贸易仲裁委员会西南分会的约定有效，双方应予遵守。申请人与两位被申请人于 2014 年 4 月共同签订《协议书》，明确约定被申请人一将《总承包工程合同》项下的权利和义务转由被申请人二承担，符合《合同法》第八十八条规定的"当事人一方经对方同意，可以将自己在合同中的权利和义务一并转让给第三人"。并且，被申请人一将权利和义务一并转让给被申请人二不存在《合同法》第七十九条规定的除外情形。因此，被申请人一将《总承包工程合同》项下的权利和义务一并转让，具有法律效力，应予认可。

2016 年 7 月，申请人和两位被申请人共同签订《补充协议》，明确约定了变更事项、TI 接线方式、发包人修改设计导致的延误给予工期延长、新增工程量 750 余万元的内容，不涉及《总承包工程合同》项下的工程款的偿付事宜，且约定被申请人一作为见证人和监督人，被申请人一在《补充协议》上签字盖章的行为不能认定为其构成了《补充协议》的一方当事人，只能表明被申请人一作为见证人和监督人的身份。根据《总承包工程合同》《协议书》和《补充协议》的约定，被申请人一已在《协议书》中将其在《总承包工程合同》项下的权利和义务一并转让给被申请人二的情形下，被申请人二作为《总承包工程合同》的继受人及当事人，应履行《总承包工程合同》中约定的义务。根据申请人和两位被申请人于 2019 年 7 月共同签订的《会议纪要》第四条，"丙方（指被申请人一，仲裁庭注）同意向乙方（指申请人，仲裁庭注）承担上述所欠工程款之全额偿还责任"，这一约定属于债务加入。

仲裁庭认为，申请人和两位被申请人于 2019 年 7 月签订的《会议纪要》是《总承包工程合同》履行过程中形成的一份文件，构成《总承包工程合同》的一个组成部分。而且，被申请人一在《会议纪要》中作为债务人加入债务中后，其债务加入的标的为《总承包工程合同》项下形成的债务，应受《总承包工程合同》的约束。因此，《总承包工程合同》第二部分专用条款约定的仲裁条款应对申请人、被申请人二和被申请人一均具有约束力，因此，仲裁庭认为仲裁委员会对本案具有管辖权，被申请人一提出的仲裁委员会对本案没有仲裁管辖权的主张不应予以支持。

二、关于本案被申请人一是否承担债务加入责任

根据《会议纪要》第四条的约定，仲裁庭认定作为第三人的被申请人一承诺偿还被申请人二在《总承包工程合同》中的全部债务构成债务加入，成为承担全部债务偿还责任的当事人。

仲裁庭认为，在本案中，对《会议纪要》第四条的解释成为本案确定被申请人一是否承担债务加入责任的核心焦点。《最高人民法院关于适用〈中华人民共和国民法典〉时间效力的若干规定》（法释〔2020〕15号）第三条和《民法典》第五百五十二条可作为判断被申请人一是否承担债务加入责任的法律依据。《最高人民法院关于适用〈中华人民共和国民法典〉时间效力的若干规定》第三条规定："民法典施行前的法律事实引起的民事纠纷案件，当时的法律、司法解释没有规定而民法典有规定的，可以适用民法典的规定，但是明显减损当事人合法权益、增加当事人法定义务或者背离当事人合理预期的除外。"《民法典》第五百五十二条规定："第三人与债务人约定加入债务并通知债权人，或者第三人向债权人表示愿意加入债务，债权人未在合理期限内明确拒绝的，债权人可以请求第三人在其愿意承担的债务范围内和债务人承担连带债务。"

仲裁庭认为，债务加入是指第三人与债权人、债务人达成三方协议或第三人与债权人达成双方协议或第三人向债权人承诺由第三人履行债务人的债务，但同时不免除债务人履行义务的债务承担方式。在本案中，作为已经退出《总承包工程合同》当事人的第三方被申请人一，与作为债权人的申请人和作为债务人的被申请人二达成三方协议，约定被申请人一向申请人承担被申请人二所欠工程款的全部偿还责任，《会议纪要》第四条的约定非常明确，清晰地表明了被申请人一债务加入的承诺。仲裁庭认为，被申请人一债务加入的合意的成立和生效，在三方合意形成时，债务加入合意成立并立即生效。而且，《会议纪要》第四条没有明确约定免除债务人被申请人二的债务。仲裁庭认为，判断第三人愿意承担债务的承诺是否构成保证，应视三方协议的具体约定确定。在本案中，构成三方协议的《会议纪要》第四条的约定没有任何用语表明或可以推断出第三人承担债务的意思表示为明显的保证含义，因此，本案被申请人一的承诺为债务加入，而不是保证承诺。

仲裁庭还认为，债务加入并不导致原债务人退出债务关系，《会议纪要》第四条亦没有约定债务人被申请人二退出债务关系；第三人债务加入后承担债务清偿的范围，应依协议约定的范围确定。本案中，被申请人一承担全部债务的清偿责任，明确了被申请人一的债务责任。仲裁庭注意到，申请人在仲裁请求中要求被申请人一和被申请人二支付工程欠款及其逾期付款违约金，在代理词中主张被申请人一和被申请人二对债务，包括本金和利息和实现债权的费用承担连带责任，在庭审中明确要求被申请人一和被申请人二对债务承担连带责任。仲裁庭认为，根据《民法典》第五百五十二条的规定，本案中作为债务人的被申请人二和作为第三人的被申请人一承担的是同一债务，被申请人一应与作为债务人的被申请人二共同承担连带清偿责任，而非按份责任，申请人可向被申请人一和被申请人二主张债权，要求被申请人一和被申请人二共同清偿债务。

【结语】

本案是典型的"一带一路"仲裁案例，所涉项目是中国企业帮助"一带一路"国家更新水泥生产线的建设工程项目。案涉工程较大，涉及国际工程合同争议中的常见问题。本案中，合同当事人在签订工程合同后，并在履约过程中签订了补充协议以及会议纪要等约束当事人的多份文件。因此，在存在多个约束当事人的文件的情况下，在一方当事人依据工程合同提起仲裁时，另一方当事人往往提出涉及补充协议或者会议纪要文件的管辖权异议。在本案中，仲裁庭在查明全部事实的基础上，认定补充协议以及会议纪要是当事人在履行工程合同中签署的过程文件，应受工程合同的约束，仲裁庭对涉及补充协议以及会议纪要中的争议具有管辖权。对于当事人而言，为解决在履约过程中双方签订的各类协议、补充协议或具有约定权利义务的会议纪要等在国内和国际仲裁中产生的诸如管辖权争议，当事人除在工程合同（主合同）中明确约定仲裁条款或仲裁协议外，还应在履约过程中签署各类协议、补充协议或具有约定权利义务的会议纪要中明确约定适用主合同的有关争议解决的条款，可有效地规避和解决国内仲裁或国际仲裁中可能涉及的不同合同文件之间因约定争议解决方式不同或未约定争议解决方式而产生的管辖权争议。

在本案中，被申请人一作为国外投资项目的发起人，在尚未在国外成立项

目公司的情况下与作为承包人的申请人签订合同，其后在国外的项目公司成立
后退出工程合同，由项目公司作为工程合同一方当事人，替代被申请人一履行
工程合同义务。在工程合同履约过程中，作为项目公司控股股东的被申请人一
又与申请人签订具有债务偿还内容的补充协议和会议纪要，符合《民法典》第
五百五十二条规定的债务加入的要件，应判定为被申请人一承担债务加入责任，
对申请人履行债务清偿义务。需要说明的是，本案反映了中国企业对外投资过
程中出现的一个常见和典型问题，即在对外签订投资协议、特许经营协议或投
资实施协议等合同之前，对外投资企业在尚未在投资国成立项目公司的情况下，
往往为了启动融资需要先行与国内的总承包商签订 EPC 合同，但由于项目公司
尚未成立，对外投资企业仅能以国内企业名义与总承包商签订 EPC 合同，而后
项目公司在投资国成立后将 EPC 合同中的签约主体变更为项目公司，由项目公
司承继对外投资企业的权利和义务。本案实际上还反映了对外投资中暴露的另
外一个问题，即对外投资企业在投资国设计的项目公司的履行 EPC 合同付款义
务往往取决于其控股股东的融资和支付能力，在项目公司（往往是离岸公司）
不能履行债务偿还义务时，项目公司的控股股东往往需要承担债务偿付义务，
再行以签署补充协议、还款协议等方式作为债务人加入债务偿还协议之中，构
成法律上的债务加入，承担相应的债务清偿责任或连带责任。进一步而言，控
股股东是否构成债务加入，还会产生一系列的法律问题，例如对外投资企业是
否构成案件的适格当事人、管辖权、合同效力以及是否适用刺穿公司面纱规则
等诸多法律问题。因此，对外投资企业应加强风险意识，妥善安排项目融资结
构和各主体之间的法律关系，及时处理对外投资中涉及的法律问题和风险。

（评述人：崔军）

案例八　泰国 A 农业公司与中国 B 化工公司国际货物销售合同争议案

中国国际经济贸易仲裁委员会（以下简称"仲裁委员会"）根据申请人泰国 A 农业公司（以下简称"申请人"或"A 公司"）与被申请人中国 B 化工公司（以下简称"被申请人"或"B 公司"）签订的 1 号、2 号、3 号、4 号《销售合同》以及被申请人与案外人中国香港 D 公司（以下简称"D 公司"）签订的 5 号、6 号《销售合同》中的仲裁条款和申请人向案外人 D 公司出具的 Power of Attorney 以及申请人向仲裁委员会提交的仲裁申请书，受理了申请人和被申请人基于上述合同而产生的本争议仲裁案。

本案仲裁程序适用自 2015 年 1 月 1 日起施行的《中国国际经济贸易仲裁委员会仲裁规则》（以下简称《仲裁规则》）。

被申请人提交了"反请求申请书"。

申请人选定 X 担任本案仲裁员，被申请人选定 Y 担任本案仲裁员。由于双方当事人未在规定期限内共同选定或共同委托仲裁委员会主任指定首席仲裁员，仲裁委员会主任根据《仲裁规则》之规定指定 Z 担任本案首席仲裁员。上述三位仲裁员在签署了接受指定的《声明书》后组成仲裁庭，共同审理本案。

被申请人提交"中国 M 市中级人民法院受理通知书"。后仲裁委员会仲裁院通知双方当事人，鉴于双方当事人均确认中国 M 市中级人民法院已经受理被申请人提出的确认仲裁协议效力之诉，根据《仲裁规则》第四十五条第（一）款和第（三）款的规定，仲裁庭决定，本案程序中止。

根据本案的实际情况，仲裁庭经合议后决定本案仲裁程序恢复进行，程序中止期间不计入本案的裁决期限。

仲裁庭如期在北京开庭审理本案。双方当事人均委派仲裁代理人参加了庭审。庭审中，申请人陈述了仲裁请求及其所依据的事实和理由，被申请人陈述了仲裁反请求及其所依据的事实和理由，双方当事人核对了证据的原件，就证据发表了质证意见，就法律问题进行了辩论，并回答了仲裁庭的提问。

本案现已审理终结。仲裁庭根据现有书面材料以及经开庭查明的事实，依法作出本裁决。现将本案案情、仲裁庭意见和裁决内容分述如下：

一、案　情

（一）申请人的仲裁请求、事实与理由

申请人提起仲裁称，自 2016 年 7 月至 2017 年 3 月之间，申请人与被申请人陆续签订了编号分别为 1 号、2 号、3 号、4 号、5 号、6 号的《销售合同》，向被申请人采购草甘膦、毒死蜱、百草枯、多效唑等农药产品。被申请人未在合同约定的合理期限内足额交付申请人采购的货物，致使申请人为完成与下游客户签订的转销合同，不得不以高价从中国 C 化工公司（以下简称"C 公司"）采购替代货物；在部分合同的履行中，申请人还被迫向下游客户支付赔偿。其中，部分法律行为由申请人委托其全资子公司 D 公司实施，其法律后果直接归属于申请人。具体情况如下：

1.1 号《销售合同》的违约行为及其损失

2016 年 7 月，申请人与被申请人签订 1 号《销售合同》，向被申请人采购草甘膦 640000 升，共计 40 货柜，每升单价约 1.2 美元（FOB 中国 N 市），合同总价为近 80 万美元。合同约定第 1 批 10 整柜货物于 2016 年 7 月下旬装船发出，剩余 30 整柜货物于 2016 年 8 月上旬装船发出。

上述合同签订后，申请人于 2016 年 10 月向下游客户泰国 E 公司出具形式发票，向其出售 160000 升草甘膦，约定单价为每升 1.3 美元；于 2016 年 11 月初、2016 年 11 月末向下游客户泰国 F 公司分别出具形式发票，向其出售各 160000 升草甘膦，单价分别为每升约 1.4 美元、每升约 1.6 美元。

被申请人于 2016 年 7 月向申请人发运了 160000 升草甘膦后，申请人已付清相应货款。而被申请人自此之后便未继续履行交付剩余 480000 升草甘膦的义务。

因被申请人的违约行为，申请人不得不于 2017 年 2 月向 C 公司发出 P3 号采购单，向其以每升 1.58 美元的高价采购 480000 升草甘膦，从而遭受价差损失近 17 万美元。

C 公司于 2017 年 2 月分两批向申请人交付了全部货物。申请人因此得以向下游客户履行货物交付义务。

2.2 号《销售合同》的违约行为及其损失

2016 年 10 月，申请人与被申请人签订 2 号《销售合同》，向被申请人采购百草枯 1056000 千克，共计 60 货柜，每千克单价为 1.49 美元（CIF Ladkrabang Port），合同总价为近 160 万美元。合同约定第 1 批 30 整柜货物必须在 2016 年 12 月末前发出，第 2 批 30 整柜货物亦应尽量于 2016 年 12 月末前发出。

上述合同签订后，申请人于 2016 年 11 月向下游客户泰国 G 公司出具形式发票，向其出售 352000 千克百草枯，约定单价为每千克 1.58 美元；于 2016 年 12 月向下游客户泰国 H 公司出具形式发票，向其出售 528000 千克百草枯，单价为每千克 1.65 美元（其中 352000 千克涉及 2 号《销售合同》，176000 千克涉及 4 号《销售合同》）；于 2016 年 12 月向下游客户泰国 J 公司分别出具形式发票，向其出售各 176000 千克的百草枯，单价分别为每千克 1.68 美元、每千克 1.70 美元。

然而，被申请人完全没有履行 1056000 千克百草枯的交付义务。

因被申请人的违约行为，申请人不得不于 2017 年 2 月向 C 公司发出 P3 号采购单，向其采购 176000 千克百草枯，单价为每千克 2.7 美元；于 2017 年 3 月向 C 公司发出 H1 号采购单，向其采购 176000 千克百草枯，单价为每千克 3.1 美元；于 2017 年 3 月向 C 公司发出 H2 号采购单，向其采购 264000 千克百草枯，单价为每千克 3.1 美元；于 2017 年 5 月向 C 公司发出 H3 号采购单，向其采购 352000 千克百草枯，单价为每千克 3.2 美元；于 2017 年 5 月向 C 公司发出 H4 号采购单，向其采购 616000 千克百草枯，单价为每千克 3.3 美元（其中 88000 千克涉及 2 号《销售合同》，528000 千克涉及 4 号《销售合同》）。申请人因此遭受价差损失近 170 万美元。

C 公司在 2017 年 3 月至 2017 年 6 月期间分批向申请人交付了全部货物。申请人因此得以向下游客户履行货物交付义务。

3.3 号《销售合同》的违约行为及其损失

2016 年 11 月，申请人与被申请人签订 3 号《销售合同》，向被申请人采购毒死蜱 100000 千克，每千克单价为 3.7 美元（CIF 泰国 L 港），合同总价为 37 万美元。合同第 6 条约定所有货物应尽快交货。

上述合同签订后，申请人于 2017 年 1 月分别两次向下游客户泰国 E 公司出具形式发票，分别向其出售 20000 千克、40000 千克毒死蜱，约定单价分别为每千克 4.05 美元、每千克 3.95 美元。

被申请人于 2017 年 2 月向申请人交付 40000 千克的毒死蜱后，没有履行剩余 60000 千克毒死蜱的交付义务。

因被申请人的违约行为，申请人不得不于 2017 年 3 月向 C 公司发出采购单，向其采购 40000 千克毒死蜱，单价为每千克 5.35 美元；于 2017 年 4 月向 C 公司发出采购单，向其采购 20000 千克毒死蜱，单价为每千克 5.4 美元。申请人因此遭受价差损失 10 万美元。

C 公司在 2017 年 4 月至 5 月期间分批向申请人交付了全部货物。申请人因此得以向各下游客户履行货物交付义务。

4. 4 号《销售合同》的违约行为及其损失

2016 年 11 月，申请人与被申请人签订 4 号《销售合同》，向被申请人采购百草枯 528000 千克，共计 20 货柜，每千克单价为 1.55 美元（CIF 中国 N 市），合同总价为 82 万美元。合同约定全部货物应在 2017 年 2 月下旬或 3 月上旬左右发出。

上述合同签订后，申请人于 2016 年 11 月向下游客户泰国 G 公司出具形式发票，向其出售 176000 千克百草枯，约定单价为每千克 1.56 美元；于 2016 年 12 月向下游客户泰国 H 公司出具形式发票，向其出售 528000 千克百草枯，约定单价为每千克 1.65 美元（其中 176000 千克涉及 4 号《销售合同》，352000 千克涉及 2 号《销售合同》）；于 2016 年 12 月向下游客户泰国 F 公司出具形式发票，向其出售 176000 千克百草枯，约定单价为每千克 1.68 美元。

然而，被申请人完全没有履行 528000 千克百草枯的交付义务。

因被申请人的违约行为，申请人不得不于 2017 年 3 月向 C 公司发出 H4 号采购单，向其采购 616000 千克百草枯，单价为每千克 3.3 美元（其中 528000 千克涉及 4 号《销售合同》，88000 千克涉及 2 号《销售合同》）。申请人因此遭受价差损失 90 余万美元。

C 公司在 2017 年 6—7 月分批向申请人交付了全部货物。申请人因此得以向各下游客户履行货物交付义务。

5. 5 号、6 号《销售合同》的违约行为及其损失

2016 年 12 月，申请人与被申请人签订 5 号和 6 号《销售合同》，分别向被申请人采购多效唑 10% 溶液 128000 千克、多效唑 15% 溶液 32000 千克，每千克单价分别为 1.57 美元（CIF 泰国 L 市）、2.16 美元（CIF 泰国 L 市），合同总价分别为 20 余万美元、近 7 万美元。两份合同均约定全部货物应在 2017 年 2 月

底前发出。

上述合同签订后，申请人于 2017 年 2 月向下游客户泰国 G 公司出具形式发票，分别向其出售 128000 千克多效唑 10% 溶液和 32000 千克多效唑 15% 溶液，约定单价分别为每千克 1.85 美元、每千克 2.55 美元。然而，被申请人完全没有履行上述两份《销售合同》约定的货物交付义务。

2017 年 6 月，第三人泰国 G 公司向申请人发出索赔通知，向申请人索赔共计近 2 万美元。

上述 6 份《销售合同》均明确约定："合同适用中华人民共和国法律，但在《联合国国际货物销售合同公约》应适用的范围内，不排除该公约的适用。"被申请人不履行或不完全履行上述 6 份《销售合同》约定的交货义务，致使申请人的合同目的无法实现，已构成《中华人民共和国合同法》（以下简称《合同法》）第九十四条第四款所述的根本违约，申请人有权解除合同。此外，被申请人的根本违约也是申请人被迫向第三方购买替代商品，向下游客户支付赔偿金的直接原因。根据《合同法》第一百零七条"当事人一方不履行合同义务或者履行合同义务不符合约定的，应当承担继续履行、采取补救措施或者赔偿损失等违约责任"及《联合国国际货物销售合同公约》（以下简称《公约》）第七十五条"买方已以合理方式购买替代货物，或者卖方已以合理方式把货物转卖，则要求损害赔偿的一方可以取得合同价格和替代货物交易价格之间的差额以及按照第七十四条规定可以取得的任何其他损害赔偿"的规定，被申请人应全额赔偿申请人因此遭受的损失。据此，申请人提出如下仲裁请求：

1. 请求裁决解除申请人与被申请人签订的编号 1 号、2 号、3 号、4 号、5 号、6 号共 6 份《销售合同》；

2. 请求裁决被申请人赔偿申请人因被申请人不履行或不完全履行 1 号、2 号、3 号、4 号《销售合同》项下货物交付义务而向第三方高价购买替代商品产生的价差损失共计近 290 万美元；

3. 请求裁决被申请人赔偿申请人因被申请人不履行 5 号、6 号《销售合同》项下货物交付义务而向第三方支付的赔偿金损失共计近 2 万美元；

4. 请求裁决被申请人负担申请人因本案支出的公证费、翻译费、律师费；

5. 请求裁决被申请人承担本案全部仲裁费用。

后，申请人将其仲裁请求变更为：

1. 请求裁决解除申请人与被申请人签订的编号 1 号、2 号、3 号、4 号共 4

份《销售合同》；

2. 请求裁决被申请人赔偿申请人因被申请人不履行或不完全履行 1 号、2 号、3 号、4 号《销售合同》项下货物交付义务而向第三方高价购买替代商品产生的价差损失共计近 290 万美元；

3. 请求裁决被申请人负担申请人因本案支出的公证费、翻译费、律师费；

4. 请求裁决被申请人承担本案全部仲裁费用。

在庭审中，申请人明确其"解除合同"的含义为：已经履行的，互不返还；尚未履行的，终止履行。

（二）被申请人的答辩意见

针对申请人的仲裁请求，被申请人提出如下答辩意见：

1. 根据《销售合同》的约定，"合同的有效性基于中国 K 保险公司批复的信用限额"，因付款方式为提单日后 30 天或 60 天付款，被申请人对出口货物在中国 K 保险公司（以下简称"K 公司"）投保，申请人获得由被申请人向 K 公司申请的对买方授予的信用限额，这已作为一项交易惯例，申请人拖欠货款 30 日以上，K 公司对申请人的其他待发货物没有理赔责任，即申请人没有了 K 公司的相应出口信用保险的信用限额，被申请人有权根据合同上述约定不履行与申请人有关其他货物出运义务。

被申请人与其全资子公司中国 B1 化工公司在 K 公司作为共同被保险人对出运给申请人的货物均投了"短期出口信用保险"，并对申请人申请了相应的信用限额，K 公司亦批复了对申请人相应出口信用保险的信用限额。

同时，《中国 K 保险公司短期出口信用保险综合保险条款》规定，买方拖欠货款，则保险人 K 公司不对卖方仍继续向买方出口所遭受的损失承担责任。拖欠是指买方收到货物后，违反销售合同的约定，超过应付款日 30 天仍未支付货款的行为。

编号为 7 号、3 号的《销售合同》，分别截至 2017 年 2 月 7 日、2017 年 2 月 12 日、2017 年 2 月 15 日，以及 2017 年 4 月 26 日，应付相应货款，但截至 2017 年 3 月申请人未付款，构成 K 公司规定的逾期 30 日的拖欠。《中国 K 保险公司短期出口信用保险综合保险条款》规定："被保险人知道或应当知道本条款第二条项下约定的风险已经发生，或者由于买方根本违反销售合同或预期违反销售合同，被保险人仍继续向买方出口所遭受的损失。"据此，K 公司对申请人的其他待发货物没有理赔责任，申请人即没有了 K 公司的相应出口信用保险的信用限额。

由于申请人从 2017 年 3 月开始没有 K 公司的信用限额，从 2017 年 3 月开始申请人的拖欠行为致使上述编号为 1 号、2 号、3 号和 4 号的《销售合同》无法执行，上述《销售合同》对被申请人不具有效力。

2. 申请人曲解法律，依约损失应该由申请人自己承担。

编号分别为 1 号、2 号、3 号、4 号的《销售合同》约定有如下条款："合同适用中华人民共和国法律，但在《联合国国际货物买卖合同公约》应适用的范围内，不排除该公约的适用。"《公约》第七十五条规定："如果合同被宣告无效，而在宣告无效后一段合理时间内，买方已以合理方式购买替代货物，或者卖方已以合理方式把货物转卖，则要求损害赔偿的一方可以取得合同价格和替代货物交易价格之间的差额以及按照第七十四条规定可以取得的任何其他损害赔偿。"可见，买方要求赔偿损失的前提是"如果合同被宣告无效，而在宣告无效后一段合理时间内"。本案 4 份《销售合同》截至答辩书出具日没有经有权机关通过法定程序确定无效；因此，不符合《公约》第七十五条的规定，申请人根据《公约》第七十五条要求取得合同价格和替代货物交易价格之间的差额，没有法律依据，不应得到支持。

《公约》第七十七条规定："声称另一方违反合同的一方，必须按情况采取合理措施，减轻由于该另一方违反合同而引起的损失，包括利润方面的损失。如果他不采取这种措施，违反合同一方可以要求从损害赔偿中扣除原可以减轻的损失数额。"本案中，申请人声称被申请人违反合同，因此申请人必须按情况采取合理措施，包括通知被申请人继续履行合同，或者根据《公约》规定的"一方当事人不履行对任何一批货物的义务"，"可以宣告合同对该批货物无效"。然而，申请人未采取合理措施，未作任何通知，违反《公约》第七十七条的规定，其要求取得合同价格和替代货物交易价格之间的差额的仲裁请求不应得到支持。

3. 申请人取消订单，违反编号为 1 号、2 号、3 号和 4 号《销售合同》中关于"双方签署合同后，买方不得取消订单。否则相关损失应该由买方承担"的条款，相关损失应由申请人自己承担。

4. 编号为 1 号、2 号、3 号和 4 号的《销售合同》，根据《合同法》的规定，属于可以继续履行的合同，应继续履行；但申请人未作任何通知的情况，以不合理方式购买替代货物，根据《销售合同》依约损失应该由申请人自己承担，依法应驳回申请人的全部仲裁请求。

（三）申请人代理人的主要代理意见

申请人的代理人于庭后发表了如下代理意见：

1. 关于本案相关事实

（1）关于证据形式问题，申请人指出，案涉交易系国际货物买卖，因国际货物交易中交易文件基本上都是电子件、扫描件，这是国际贸易的交易习惯，因而本案中申请人提供的包括采购订单、商业发票、付款凭证等在内的交易文件基本上为扫描件或电子打印件，申请人无法提供原件是受国际交易惯例客观条件的影响，并不能以"无原件"为由否认交易的真实性。

（2）关于申请人与D公司的委托代理关系，D公司是申请人为便于国际贸易及结算而在香港设立的贸易公司。本案中，D公司出具给下游客户的形式发票及D公司向C公司下达的订单均是代表申请人出具的。

（3）关于部分替代采购的产品品名差异问题，由于2017年农药产品市场货源均较为紧缺，在被申请人不按合同约定交货的情况下，为避免无法向下游客户交货，申请人不得不高价向C公司进行替代采购。即便农药产品存在少量成分、比例的差异，只要不对功能造成实质影响或者差异过大，农药产品买家也都是能够接受的，这是农药产品的交易习惯。在2017年货源紧缺的情况下，买家也更能接受这一少量差异。而且，在货源短缺的客观环境下，该少量差异并未对结算价格产生影响。

（4）关于C公司部分交货提单上无印章的问题，由于部分提单属于电放提单，可以无承运人签章。在被申请人向申请人交货的提单中也有无承运人签章的情况。同时，申请人针对这3份提单对应的商业发票，已支付了大部分货款，因此不存在C公司未向申请人交货的情况。

（5）关于C公司商业发票版式的问题，被申请人提出C公司开具的每份商业发票的盖章及签字的位置及字体都高度一致，以此主张"按日常生活经验法则判断，该些证据涉嫌虚假证据"。就此，C公司已出具了《说明》，解释道"我公司针对出口贸易出具的商业发票，一般使用统一的电子发票，所有的版式（包括印章所在位置）均是一致的"。C公司出具给申请人的商业发票也使用的是统一电子发票，因而不存在申请人"虚构证据"的问题。

（6）关于被申请人提出的申请人向下游交付货物的时间早于C公司交货时间的问题，申请人提供《借货信》及《临时送货单》说明，因被申请人迟迟不履行 4 号《销售合同》，申请人不得不向 C 公司进行替代采购，因 2017 年百草枯等农药产品均存在紧缺的问题，C 公司最后 176000 千克货物的交货时间延误，申请人面临下游客户催货的压力，不得不于 2017 年 6 月向 E 公司求助，请求借用 176000 千克的 50% 百草枯用于交付给下游客户。E 公司同意借出 176000 千克（10FCL，每 FCL17600 千克）50% 百草枯，申请人得以顺利交货给下游客户。C 公司于 2017 年 7 月向申请人交付了最后 176000 千克的 50% 百草枯，申请人于 2017 年 7 月、2017 年 8 月分两批向 E 公司归还全部 176000 千克（10FCL）货物。E 公司于 2020 年 12 月出具的《出借情况说明书》可证实上述借货事实。

（7）关于被申请人提出的申请人证据"未经相关公证认证手续"问题，申请人指出，《最高人民法院关于民事诉讼证据的若干规定》（2019 年修正）第十六条第一款、第二款规定："当事人提供的公文书证系在中华人民共和国领域外形成的，该证据应当经所在国公证机关证明，或者履行中华人民共和国与该所在国订立的有关条约中规定的证明手续。中华人民共和国领域外形成的涉及身份关系的证据，应当经所在国公证机关证明并经中华人民共和国驻该国使领馆认证，或者履行中华人民共和国与该所在国订立的有关条约中规定的证明手续。"可见，除涉及身份关系的证据需要经过所在国公证机关证明并经中华人民共和国驻该国使领馆认证外，其余在境外形成的证据仅须所在国公证机关证明即可。以申请人名义出具的文件，申请人均已依据该规定向泰国外交部办理公证手续，已符合《最高人民法院关于民事诉讼证据的若干规定》（2019 年修正）第十六条关于我国域外证据的要求。D 公司虽然注册地在中国香港特别行政区，但实际经营地在泰国 L 市，D 公司出具的相关文件均已在泰国外交部办理公证手续，符合《最高人民法院关于民事诉讼证据的若干规定》（2019 年修正）第十六条第一款的规定。

（8）关于被申请人提出"发票上签名非有权签字的董事"以及"实际付款金额与发票金额不一致"的问题，申请人指出，在国际贸易中，形式发票、商业发票上的签字可以是公司法定代表人、负责人或经授权的代表签字，经加盖公司印章后，可作为交易相对方付款的依据。C 公司出具的商业发票是由 C 公司统一加盖的电子签名印章，且 C 公司业已出具说明认可其出具的商业发票的效力，被申请人主张该些"商业发票不具有证明力，属于虚假证据"毫无事实和法律依据。

2. 关于合同解除和赔偿损失

首先，编号为 1 号、2 号、3 号和 4 号的 4 份《销售合同》已因被申请人拒不交货的行为导致合同目的无法实现，该 4 份合同继续存续已无意义，申请人有权行使《合同法》第九十四条第（二）项、第（四）项规定的法定解除权。

其次，即便认为本案适用《公约》，申请人也有权依据《公约》第七十三条向被申请人宣告 4 份《销售合同》无效。《公约》第七十三条第一款规定："对于分批交付货物的合同，如果一方当事人不履行对任何一批货物的义务，便对该批货物构成根本违反合同，则另一方当事人可以宣告合同对该批货物无效。"该条第二款规定："如果一方当事人不履行对任何一批货物的义务，使另一方当事人有充分理由断定对今后各批货物将会发生根本违反合同，该另一方当事人可以在一段合理时间内宣告合同今后无效。"依据该规定，申请人与被申请人签订的 4 份《销售合同》约定了货物的交付义务，但被申请人并未按照合同约定交付货物，已构成根本违反合同，申请人有权对未履行交货义务部分的合同宣告无效。《公约》中宣告合同无效属于守约方的权利，不构成守约方的义务，是否宣告合同无效，均不影响违约方承担违约责任。

《公约》第七十四条规定："一方当事人违反合同应负的损害赔偿额，应与另一方当事人因他违反合同而遭受的包括利润在内的损失额相等。"依据该规定，被申请人未依约向申请人交付货物违反合同约定，致使申请人遭受采购价差损失，被申请人应当予以赔偿。

同时，申请人有权依据《合同法》第一百零七条的规定要求被申请人承担全部损失赔偿责任。《合同法》第一百零七条规定："当事人一方不履行合同义务或者履行合同义务不符合约定的，应当承担继续履行、采取补救措施或者赔偿损失等违约责任。"由于被申请人未在合理期间内依约向申请人交付货物，构成严重违约，使申请人遭受价差损失，依据《合同法》前述规定，被申请人应当向申请人赔偿损失。

对于被申请人提出的"取得合同价格和替代货物交易价格之间的差额的前提是如果合同被宣告无效，而在宣告无效后一段合理时间内"，申请人认为这一主张属于对《公约》第七十四条至第七十六条的片面理解。《公约》第七十四条是对损害赔偿责任的概括性规定，第七十五条规定的"转售差价损失"及第七十六条规定的"时价差价损失"是对第七十四条的违约责任类型中"差价损失"计算方式的细化，并非指差价损失需要以"合同被宣告无效，而在宣告无效后一段合理时间内"为前提。

被申请人不依约交货会导致申请人面临对下游客户违约及索赔追究的情况是在合同签订之前足以被预见的。申请人不得不向第三方采购替代货物交付给下游客户是对下游客户违约责任的积极止损，符合《公约》第七十七条关于"声称另一方违反合同的一方，必须按情况采取合理措施，减轻由于另一方违反合同而引起的损失，包括利润方面的损失"的"减损规则"要求。因此，申请人向被申请人主张的采购替代物差价损失，与被申请人的违约行为有直接因果关系、具有可预见性且符合减损规则的要求，被申请人应当依据《公约》第七十四条的规定承担赔偿责任。无论是根据《合同法》还是《公约》，认定被申请人是否构成根本违约，申请人是否有权解除合同或宣告合同无效，均不以申请人有无催告被申请人交货为前提。

（四）被申请人代理人的主要代理意见

被申请人的代理人发表了如下代理意见：

1. 申请人的仲裁请求缺少事实基础

申请人向被申请人采购的产品是特定产品，申请人转售该特定产品。申请人主张向 C 公司进行替代采购，而替代采购的内容是特定的，即申请人向 C 公司采购的产品与其向被申请人采购的产品完全相同。根据申请人提供的证据材料，申请人不仅将与其不具有代理关系的 D 公司与 C 公司、下游客户之间的交易作为自己的交易，并且，申请人诉称向 C 公司采购、向下游客户转销的产品在产品规格（体积百分比和质量百分比）、产品浓度、产品成分、产品状态（晶体和非晶体）与其向被申请人采购的产品完全不同。申请人主张的替代采购系申请人围绕虚假证据作出的虚假陈述，相应的差价损失亦不成立。

2. 申请人的仲裁请求缺少法律基础

双方在合同中没有约定合同解除的条件，不存在约定解除的情形，只存在法定解除的可能。

申请人主张根据《合同法》第九十四条解除合同，根据《公约》第七十五条要求赔偿损失。然而，申请人的上述主张均不成立。

《合同法》第九十六条第一款规定："当事人一方依照本法第九十三条第二款、第九十四条的规定主张解除合同的，应当通知对方。合同自通知到达对方时解除。对方有异议的，可以请求人民法院或者仲裁机构确认解除合同的效力。"

《合同法》对合同法定解除的法律后果进行了明确规定，见《合同法》第九十七条："合同解除后，尚未履行的，终止履行；已经履行的，根据履行情况和合同性质，当事人可以要求恢复原状、采取其他补救措施，并有权要求赔偿损失。"

申请人按《合同法》第九十六条的规定主张解除合同的，应当通知对方，合同自通知到达对方时解除。不符合《合同法》第九十六条规定的，则不能根据《合同法》第九十四条解除合同，进而要求按《合同法》第九十七条要求赔偿。

《公约》第七十五条规定："如果合同被宣告无效，而在宣告无效后一段合理时间内，买方已以合理方式购买替代货物，或者卖方已以合理方式把货物转卖，则要求损害赔偿的一方可以取得合同价格和替代货物交易价格之间的差额以及按照第七十四条规定可以取得的任何其他损害赔偿。"

申请人以合理方式购买替代货物，并要求赔偿购买替代货物价差的前提是"如果合同被宣告无效，而在宣告无效后一段合理时间内"。

本案中，申请人没有向被申请人行使宣告合同无效、通知依法解除合同的行为，当然不享有宣告合同无效、依法解除合同的法律后果。申请人依据《公约》第七十五条、《合同法》第九十四条要求被申请人赔偿全部差价损失的请求不成立。

被申请人还从以下几个方面论证了其不应该承担违约责任。

第一，被申请人从未明确表示或者以自己的行为表示不履行交货义务。上述 4 份《销售合同》没有约定具体的履行期限，根据《合同法》第六十二条第（四）项的规定，申请人可随时要求被申请人履行；被申请人也可以随时履行。但是，申请人没有通知被申请人履行合同，且没有提供任何证据证明其通知被申请人履行交付义务后，被申请人仍不履行交货义务。

第二，被申请人之所以未交付货物，是因为申请人此前没有支付相应货款，其拖欠货款的行为使其丧失了 K 公司的信用限额。上述 4 份《销售合同》均约定："本合同的效力基于中国 K 保险公司批复的信用限额为依据执行。"因此，被申请人未交付货物的行为符合《销售合同》的约定，亦不存在违约行为。

第三，被申请人不存在《合同法》规定的"当事人一方明确表示或者以自己的行为表明不履行合同义务的"情况。在上述合同履行的同时，被申请人还发了其他合同的货物。若申请人认为被申请人预期违约，则申请人有先行通知的义务。

第四，申请人取消订单，属于《销售合同》中关于"双方签署合同后，买方不得取消订单，否则相关损失应该由买方承担"的约定情形，相关损失应由申请人自己承担。

（五）被申请人的反请求、事实与理由

本案的被申请人提起仲裁反请求，称反请求申请人（以下仍称"被申请人"）与反请求被申请人（以下仍称"申请人"）于2016年11月签订3号合同，合同约定内容为：品名规格：毒死蜱97%原药（晶体）；单价：3.7美元/千克；约定数量：100000千克；合同约定出运时间：尽快；付款方式：提单日后60天电汇付款；合同实际发货时间和数量：2017年2月交付40000千克；约定付款时间：2017年4月。合同签订后，被申请人2017年2月出运40吨，货值近15万美元；截至2017年4月申请人没有支付该货款，并且违约至今。

2016年11月，双方签订7号合同，合同约定内容为：品名规格：62%草甘膦异丙铵盐水剂；单价：1.87美元/千克；约定数量：200000千克；约定发货时间：K公司信用限额内尽快出运；付款方式：提单日后30天电汇付款。合同签订后，被申请人于2017年1月分三次出运60吨、60吨和80吨。约定的付款时间分别是出运前一日，截至2017年2月中旬申请人没有支付该货款，并违约至今。

据此，被申请人提出如下反请求：

1. 请求裁决申请人支付买卖合同3号货款，同时支付相应迟延履行货款的利息损失；

2. 请求裁决申请人支付买卖合同7号货款，同时支付相应迟延履行货款的利息损失；

3. 请求裁决申请人负担申请人因本案支出的公证费、翻译费、律师费；

4. 仲裁费用全部由申请人负担。

后，被申请人将其反请求变更为：

1. 请求裁决申请人向被申请人支付买卖合同3号货款共计近15万美元，折合人民币为100余万元；同时以未支付货款人民币100余万元为基数，从2017年4月27日起至实际支付之日止，产生的逾期利息。逾期利息从2017年4月27日起暂计算至2020年11月止，共计人民币24万余元；逾期利息从2017年4月27日起暂计算至2020年12月31日止，共计人民币近25万元。

2. 请求裁决申请人向被申请人支付买卖合同 7 号货款共计近 40 万美元，折合人民币共计近 260 万元。同时支付以未支付货款人民币近 80 万元为基数，从 2017 年 2 月 8 日起至实际支付之日止，产生的逾期利息。以未支付货款人民币近 80 万元为基数，从 2017 年 2 月 13 日起至实际支付之日止，产生的逾期利息；以未支付货款人民币 100 余万元为基数，从 2017 年 2 月 16 日起至实际支付之日止，产生的逾期利息。上述逾期利息分别从 2017 年 2 月 8 日、2017 年 2 月 13 日、2017 年 2 月 16 日暂计算至 2020 年 11 月止，共计人民币近 70 万元；上述逾期利息分别从 2017 年 2 月 8 日、2017 年 2 月 13 日、2017 年 2 月 16 日暂计算至 2020 年 12 月 31 日止，共计人民币 680 余万元。

3. 请求裁决申请人负担被申请人因本案支出的公证费、翻译费、律师费。

4. 请求裁决仲裁反请求费用全部由申请人负担。

（六）申请人就被申请人反请求的答辩意见

就被申请人的反请求，申请人提出如下答辩意见：

1. 申请人暂缓向被申请人支付编号为 3 号、7 号《销售合同》项下货款，系依法行使抗辩权，不属于故意迟延支付货款的违约行为。

在单一合同关系内，被申请人未依约履行全部货物交付义务，申请人有权在被申请人未履行在先的货物交付义务前，拒绝履行在后的货款支付义务。就 3 号合同，被申请人仅于 2017 年 2 月向申请人交付 40000 千克的货物，没有履行剩余的 60000 千克货物的交付义务，导致申请人面临对下游客户的违约，使得申请人不得不向第三方采购替代货物而遭受巨额差价损失。因此，由于被申请人未履行在先的货物交付义务，已属根本违约，且给申请人造成严重损失，申请人有权行使抗辩权，暂缓向被申请人支付该笔货款。

在连续的合同关系内，被申请人在付款期限届满时，完全未履行或未完全履行双方签订的数份《销售合同》中在先的货物交付义务，申请人有权在被申请人履行完毕付款期限届满之前的货物交付义务前行使抗辩权，暂缓履行在后的货款支付义务。被申请人在编号为 7 号的《销售合同》项下付款义务到期之时，并未依约履行签订在先的编号 1 号、2 号、3 号《销售合同》中在先的货物交付义务，在该连续的合同关系中，被申请人亦已构成严重违约。在被申请人的严重违约行为使申请人遭受严重经济损失，且被申请人未赔偿申请人损失的情况下，申请人有权行使抗辩权，暂缓向被申请人支付在后的到期货款。

《合同法》第六十七条规定："当事人互负债务，有先后履行顺序，先履行一方未履行的，后履行一方有权拒绝其履行要求。先履行一方履行债务不符合约定的，后履行一方有权拒绝其相应的履行要求。"据此，申请人暂缓向被申请人支付到期货款，系依法行使抗辩权，不属于违约行为。因此，被申请人要求申请人承担迟延支付货款的利息损失、公证费、翻译费、律师费等缺乏法律依据，依法应当予以驳回。

2. 即便认为申请人应当向被申请人支付到期货款，也应当从被申请人应付申请人的损害赔偿金中予以抵扣。

由于被申请人未依约履行与申请人签订的《销售合同》，导致申请人遭受巨额的采购替代货物的差价损失及下游客户的索赔损失。被申请人对申请人造成的经济损失发生在先，被申请人在反请求中提出的货款到期之日在后，理应先由被申请人向申请人承担违约损害赔偿责任，再由申请人向被申请人支付到期货款。鉴于双方互负债权债务，依据《合同法》第九十九条第一款"当事人互负到期债务，该债务的标的物种类、品质相同的，任何一方可以将自己的债务与对方的债务抵销，但依照法律规定或按照合同性质不得抵销的除外"的规定，申请人有权在被申请人支付的赔偿金中抵扣到期货款。

申请人还提出，被申请人提出的仲裁反请求，要求申请人支付3号、7号《销售合同》项下货款，但是，7号《销售合同》并非申请人仲裁请求的范围，不应通过仲裁反请求的方式主张权利，应当另行提起仲裁，因此，请求驳回被申请人仲裁反请求中第二项仲裁请求。

（七）被申请人的代理人就反请求发表的代理意见

被申请人的代理人就反请求发表如下代理意见：

1. 3号、7号《销售合同》属于相互独立的合同，申请人与被申请人之间不存在申请人辩解的互负债务的情形，其主张的抗辩事由不成立，申请人应当向被申请人支付前述合同项下的货物款项。

就3号《销售合同》，被申请人交付了40000千克货物后，申请人没有通知被申请人发送剩余货物；而就7号《销售合同》，被申请人已经交付了全部货物。被申请人已经先履行货物的交付义务，申请人却并未履行相应的付款义务，且未收到申请人发送剩余货物的任何通知，被申请人未出运剩余货物符合合同约定和法律规定，申请人以其他独立合同中被申请人的履行情况作为辩解，更是对合同法先予履行抗辩权的曲解。

2. 申请人辩解的"单一合同关系""连续合同关系"系曲解法律，与合同相对性矛盾，3号、7号《销售合同》属于相互独立的合同，其辩解理由依法不成立。申请人与被申请人签订的一系列合同之间没有主从合同关系，也不是合同的补充、变更，均系独立合同，无权利义务的关联性。

3. 被申请人主张的仲裁反请求均有法律依据，仲裁请求数额的计算方法符合合同约定和法律规定。

（1）关于第一项反请求

被申请人第一项反请求的法律依据包括：

第一，《合同法》第一百零七条规定："当事人一方不履行合同义务或者履行合同义务不符合约定的，应当承担继续履行、采取补救措施或者赔偿损失等违约责任。"

第二，《公约》第六十二条规定："卖方可以要求买方支付价款、收取货物或履行他的其它义务，除非卖方已采取与此一要求相抵触的某种补救办法。"

第三，《最高人民法院关于审理买卖合同纠纷案件适用法律问题的解释》（法释〔2012〕8号）第二十四条第四款："买卖合同没有约定逾期付款违约金或者该违约金的计算方法，出卖人以买受人违约为由主张赔偿逾期付款损失的，人民法院可以中国人民银行同期同类人民币贷款基准利率为基础，参照逾期罚息利率标准计算。"

第四，《中国人民银行关于人民币贷款利率有关问题的通知》（银发〔2003〕251号）第三条："关于罚息利率问题。逾期贷款（借款人未按合同约定日期还款的借款）罚息利率由现行按日万分之二点一计收利息，改为在借款合同载明的贷款利率水平上加收30%—50%；借款人未按合同约定用途使用借款的罚息利率，由现行按日万分之五计收利息，改为在借款合同载明的贷款利率水平上加收50%—100%。"

第五，《全国法院民商事审判工作会议纪要》（法〔2019〕254号）第三部分关于合同纠纷案件的审理中"关于借款合同"明确提到："……要注意到，为深化利率市场化改革，推动降低实体利率水平，自2019年8月20日起，中国人民银行已经授权全国银行间同业拆借中心于每月20日（遇节假日顺延）9时30分公布贷款市场报价利率（LPR），中国人民银行贷款基准利率这一标准已经取消。因此，自此之后人民法院裁判贷款利息的基本标准应改为全国银行间同业拆借中心公布的贷款市场报价利率。应予注意的是，贷款利率标准尽管发生了变化，但存款基准利率并未发生相应变化，相关标准仍可适用。"

被申请人提出的货款数额和逾期利息数额计算，完全符合合同约定和上述法律法规及规范性文件的规定。逾期利息的计算公式为：逾期利息=未支付合同价款数额×逾期天数×［人民币贷款基准利率（或LPR）/360］×1.5。

（2）关于第二项反请求

被申请人第二项反请求的法律依据与第一项请求相同；货款及逾期利息的计算方法也与第一项请求相同。

（3）关于第三项、第四项仲裁反请求

被申请人第三项和第四项反请求的法律依据和《仲裁规则》依据为：

第一，《合同法》第一百零七条规定："当事人一方不履行合同义务或者履行合同义务不符合约定的，应当承担继续履行、采取补救措施或者赔偿损失等违约责任。"

第二，《仲裁规则》第五十二条规定："（一）仲裁庭有权在裁决书中裁定当事人最终应向仲裁委员会支付的仲裁费和其他费用。（二）仲裁庭有权根据案件的具体情况在裁决书中裁定败诉方应补偿胜诉方因办理案件而支出的合理费用。仲裁庭裁定败诉方补偿胜诉方因办理案件而支出的费用是否合理时，应具体考虑案件的裁决结果、复杂程度、胜诉方当事人及/或代理人的实际工作量以及案件的争议金额等因素。"

（八）申请人代理人就被申请人的反请求的代理意见

申请人的代理人就被申请人的反请求发表了如下代理意见：

1. 仲裁反请求第二项所涉7号《销售合同》货款及所谓违约利息，不属于申请人仲裁请求所涉合同的范围，不应通过仲裁反请求的方式主张权利，应予驳回。

参照《最高人民法院关于适用〈中华人民共和国民事诉讼法〉的解释》（2020年修正）第二百三十三条第二款关于"反诉与本诉的诉讼请求基于相同法律关系、诉讼请求之间具有因果关系，或者反诉与本诉的诉讼请求基于相同事实的，人民法院应当合并审理"的规定，仲裁被申请人提出的仲裁反请求也应当与仲裁申请人提出的仲裁请求基于相同的法律关系，与仲裁请求之间具有因果关系。

申请人提出的仲裁请求仅涉及1号、2号、3号、4号共4份《销售合同》，并不包括被申请人仲裁反请求第二项的7号《销售合同》。因此，被申请人仲裁反请求第二项的7号《销售合同》与申请人仲裁请求并非基于相同的法律关系及合同事实，应当驳回该第二项仲裁反请求。

2. 申请人未向被申请人支付仲裁反请求第一项中3号《销售合同》项下货款，系依法行使抗辩权及法定抵销权。截至申请人应支付该10余万美元时，申请人已因被申请人不交货的违约行为遭受了210余万美元的价差损失，该货款应当在被申请人的违约损失赔偿中进行抵扣，申请人不存在故意迟延支付货款的违约行为。

3. 因为申请人未支付货款不构成迟延支付货款的违约行为，所以不应承担逾期付款利息、律师费、公证费、翻译费，被申请人主张的利息及利息上浮50%的罚息、律师费、公证费、翻译费并无事实依据。

二、仲裁庭意见

(一) 关于本案合同的准据法和本案合同的效力

本案合同，即本案双方当事人之间所订立的申请人据以提起仲裁请求的1号、2号、3号和4号合同，以及被申请人据以提起仲裁反请求的3号合同（与申请人据以提起仲裁请求的3号合同为同一合同），因申请人一方为泰国公司而属于涉外合同。上述合同均约定 "the laws of the People's Republic of China are applicable while United Nations Convention on Contracts for the International Sale of Goods is not excluded wherever applicable." （"本合同适用中华人民共和国法律，但在可适用的情况下，不排除《联合国国际货物销售合同公约》的适用。" 仲裁庭译）根据《中华人民共和国涉外民事关系法律适用法》第四十一条的规定，当事人选择中华人民共和国法律为准据法，该选择有效；至于当事人对《公约》的选择，因为申请人营业地所在的泰国并非《公约》缔约国，中国在加入《公约》时对第一条第一款（b）项作了保留，这意味着只有在合同双方营业地位于不同的缔约国时，中国才承认《公约》的适用。因此，本案双方对《公约》的选择不产生以《公约》为准据法的效果。但基于对当事人意思自治的尊重，在本案合同没有约定以及合同准据法没有规定的情况下，仲裁庭将参照《公约》可适用的条款来判断双方当事人的权利义务关系。

由于本案合同均系双方当事人自愿签订，各方当事人对上述合同的真实性及有效性均不持异议，仲裁庭亦未发现前述合同内容存在违反中华人民共和国法律和行政法规强制性规定的情形，故认定前述协议有效。仲裁庭依据上述合同的约定和相关法律规定审理双方当事人之间的争议。

至于被申请人据以提起反请求的 7 号合同，由于仲裁庭认为被申请人基于该合同所提出的权利主张与本案的本请求并非基于相同的法律关系，请求与反请求之间不存在因果关系，也并非基于同一事实，且申请人不同意与本案本请求合并审理，因此，该合同以及被申请人基于该合同所提出的权利主张不在本仲裁庭的审理范围之内。

（二）关于申请人的各项仲裁请求

1. 关于申请人是否有权解除合同

申请人请求裁决解除其与被申请人签订的编号为 1 号、2 号、3 号和 4 号的 4 份《销售合同》，已经履行的，互不返还，尚未履行的，终止履行。

申请人提出解除上述 4 份合同的事实依据是被申请人未履行或未完全履行相关合同项下的交货义务，构成违约。

申请人提出解除上述 4 份合同的法律依据是《合同法》第九十四条和《公约》第七十三条。《合同法》第九十四条第（二）项规定："在履行期限届满之前，当事人一方明确表示或者以自己的行为表明不履行主要债务"，当事人可解除合同；该条第（四）项规定："当事人一方迟延履行债务或者有其他违约行为致使不能实现合同目的"，当事人可解除合同。由于被申请人不向申请人交付货物，导致申请人不得不向第三方采购替代货物以实现向下游客户交货的目的。被申请人的违约行为已导致申请人签订《销售合同》的目的无法实现，亦构成解除《销售合同》的法定事由。《公约》第七十三条第一款规定："对于分批交付货物的合同，如果一方当事人不履行对任何一批货物的义务，便对该批货物构成根本违反合同，则另一方当事人可以宣告合同对该批货物无效。"

被申请人提出若干理由要求仲裁庭驳回申请人的该项请求，但仲裁庭认为被申请人提出的理由均难以成立。

第一，被申请人提出，本案合同未约定明确的交货日期，被申请人应依据申请人的要求而交付货物，而申请人并没有要求被申请人交付货物，因此，被申请人不交付货物不构成违约，申请人因此无权解除合同。事实上，申请人要求解除的 4 份合同对被申请人交货时间均有约定。1 号《销售合同》约定的交货时间是：第 1 批 10 整柜货物于 2016 年 7 月下旬装船发出，剩余 30 整柜货物于 2016 年 8 月上旬装船发出；2 号《销售合同》约定的交货时间是：第 1 批 30 整柜货物必须在 2016 年 12 月末前发出，第 2 批 30 整柜货物亦应尽量于 2016 年 12 月末前发出；3 号《销售合同》约定的交货时间是："尽快"（as soon as possible）交货；4 号《销售合同》约定的交货日期为 2017 年 2 月下旬或 3 月上旬左右。可见，上述《销售合同》关于被申请人向申请人交付货物的日期均有约定。即使没有明确具体日期的"尽快"交货，也可依据习惯和惯例等明确合理的交货日期。因此，被申请人以合同未约定交货日期为由，主张其未交付或未全部交付货物不构成违约，从而申请人无权要求解除合同的主张无法得到仲裁庭的支持。

第二，被申请人提出，由于申请人未能就此前的合同支付全部价款，从而影响了被申请人在 K 公司的保险限额。《销售合同》约定，"合同的有效性基于中国 K 保险公司批复的信用限额"。因此，被申请人有权不向申请人交付货物。

仲裁庭注意到，本案合同约定："The validity of sale contract is based on apply from Sinosure." 但双方当事人均没有主张向 K 公司提出申请（apply）是本案合同的生效条件；也无法从这一约定推导出如果申请人未能按时支付货款将导致合同终止或者免除被申请人的交货义务。而且，据被申请人称，申请人是从 2017 年 3 月开始不再有 K 公司的信用限额，而 1 号、2 号和 3 号《销售合同》约定的交货日期均在 2016 年年底之前，4 号合同约定的交货日期最迟为 2017 年 3 月上旬。因此，被申请人以保险信用额用尽作为拒绝交货的理由难以成立，其据此认为申请人无权请求解除合同的主张也无法得到仲裁庭的支持。

第三，被申请人提出，其从未明确表示或者以自己的行为表示不履行交货义务，申请人可随时要求被申请人履行交货义务，被申请人也可以随时履行。没有证据证明申请人通知被申请人履行交货义务后，被申请人仍不交货。在这种情况下，申请人无权解除合同。

仲裁庭难以接受被申请人的上述观点。《合同法》第九十四条规定："有下列情形之一的，当事人可以解除合同"，其中所列情形之一是"当事人一方迟延履行债务或者有其他违约行为致使不能实现合同目的"。在这里，没有将"催告"作为解除合同的前提条件。《公约》第二十五条规定："一方当事人违反合同的结果，如使另一方当事人蒙受损害，以致实际上剥夺了他根据合同规定有权期待得到的东西，即为根本违反合同，除非违反合同一方并不预知而且一个同等资格、通情达理的人处于相同情况中也没有理由预知会发生这种结果。"随后，《公约》在第四十九条规定，如果"卖方不履行其在合同或本公约中的任何义务，等于根本违反合同"，则买方可以宣告合同无效。虽然《公约》的第二十六条规定"宣告合同无效的声明，必须向另一方当事人发出通知，方始有效"，但本案中，申请人并非要求仲裁庭确认本案合同已经被解除，而是请求仲裁庭裁决解除前述 4 项合同，因此，申请人是否已通知被申请人解除合同就不再是合同解除的前提条件，只要具备了 "当事人一方迟延履行债务或者有其他违约行为致使不能实现合同目的" 或 "一方当事人违反合同的结果，如使另一方当事人蒙受损害，以致实际上剥夺了他根据合同规定有权期待得到的东西"，那么，就具备了要求解除合同的条件。

被申请人未按照约定的期限交付货物达数月之久应该属于 "实际上剥夺了" 申请人 "根据合同规定有权期待得到的东西"，而且，为了减少损失，申请人已从他处购得替代货物，本案合同所追求的目的已经无法实现。据此，仲裁庭认为，申请人请求裁决解除其与被申请人签订的上述 4 份《销售合同》的仲裁请求应该得到支持。

2. 关于申请人是否有权要求被申请人赔偿其购买替代货物的差价损失

申请人请求裁决被申请人赔偿申请人因被申请人不履行或不完全履行 1 号、2 号、3 号、4 号《销售合同》项下货物交付义务而向第三方高价购买替代商品产生的价差损失共计近 290 万美元。

被申请人拒绝承担申请人主张的差价损失。被申请人首先从多方面质疑申请人购买替代货物的真实性，对此，申请人逐一做出反驳。仲裁庭认为，申请人所提交的证据足以证明，为减少被申请人违反交货义务所带来的损失，申请人购买了替代货物，并因此承担了差价损失，而根据相关法律规定，申请人有权要求被申请人作出赔偿。

第一，关于被申请人对申请人提交证据的形式的质疑，仲裁庭接受申请人提出的理由。申请人提供的包括采购订单、商业发票、付款凭证等在内的交易文件基本上为扫描件或电子打印件而非原件符合国际交易惯例。

第二，关于申请人与 D 公司是否存在委托代理关系的问题。被申请人质疑申请人与 D 公司之间存在委托代理关系，因此，不认可 D 公司所从事的相关交易属于申请人购买替代货物的行为。仲裁庭认为，从订单、发票、货款及货物去向等因素来看，D 公司与第三人所进行的交易与申请人的购买替代货物的行为是对应的，可认定为受申请人委托而从事的行为。而且，即使当时申请人与 D 公司没有订立书面的委托代理协议，也可以基于申请人对 D 公司行为的事后追认而产生委托代理的效果。因此，被申请人否认 D 公司的行为后果归于申请人，并进而否认申请人购买替代货物而遭致损失的主张，不能得到仲裁庭的支持。

第三，关于申请人购买的替代货物中有部分货物与本案合同约定的货物有差异的问题。被申请人提出，申请人购买的部分替代货物与合同约定产品不符，从而否认其为申请人购买的替代货物。仲裁庭认为，申请人对该问题的解释是可以接受的。在被申请人不按合同约定时间交货的情况下，为避免无法向下游客户交货，申请人不得不向第三方购买替代货物。即便替代货物存在少量成分、比例的差异，只要不对功能造成实质影响或者差异过大，申请人的下游客户也都是能够接受的，而且，在货源短缺的情况下，替代货物的少量差异也并不影响结算价格。

第四，关于被申请人提出的 C 公司部分交货提单上无印章的问题，仲裁庭认可申请人的解释，即由于部分提单属于电放提单，可以无承运人签章。而且，由于申请人针对这几份提单所对应的商业发票，已支付了大部分货款，因此不存在 C 公司未向申请人交货的情况。

第五，关于 C 公司商业发票版式的问题，被申请人提出 C 公司开具的每份商业发票的盖章及签字的位置及字体都高度一致，以此认为这些证据涉嫌造假。就此，申请人已提供了 C 公司出具的《说明》，表明 C 公司出具给申请人的商业发票是统一电子发票，因此，其盖章及签字高度一致。

第六，关于被申请人提出的申请人向下游交付货物的时间早于 C 公司交货时间的问题，申请人提供《借货信》及《临时送货单》已经说明，因被申请人迟迟不履行 4 号《销售合同》，申请人不得不向 C 公司进行替代采购，由于当年农药产品紧缺，C 公司最后 176000 千克货物的交货时间延误，申请人面临下游客户催货的压力，不得不于 2017 年 6 月向 E 公司求助，借用了 176000 千克的货物交付给下游客户。申请人在收到 C 公司的货物后，向 E 公司全部归还。E 公司于 2020 年 12 月出具的《出借情况说明书》证实了上述借货事实。

第七，关于被申请人提出的申请人证据"未经相关公证认证"的问题，仲裁庭认为，根据《最高人民法院关于民事诉讼证据的若干规定》（2019 年修正）第十六条规定，除涉及身份关系的证据需要经过所在国公证机关证明并经中华人民共和国驻该国使领馆认证外，其余在境外形成的证据仅需所在国公证机关证明即可。

第八，关于被申请人提出"发票上签名非有权签字的董事"以及"实际付款金额与发票金额不一致"的问题，申请人已经做出解释，C 公司出具的商业发票由 C 公司统一加盖电子签名印章，且 C 公司业已出具说明认可其出具的商业发票的效力，因此，被申请人提出的这些"商业发票不具有证明力，属于虚假证据"的主张无法得到支持。

综上，仲裁庭认为，被申请人迟迟未能依据合同约定的时间交付货物构成违约。在这种情况下，申请人有权购买替代货物，以履行其向下游客户交付货物的义务。同时，申请人购买替代货物也是履行法律要求的"减损义务"。申请人以合理价格购买替代货物所遭受的差价损失属于《合同法》第一百一十三条规定的"因违约所造成的损失"，申请人有权根据该条的规定，要求被申请人予以赔偿。

被申请人称，本案合同约定"双方签署合同后，买方不得取消订单。否则相关损失应该由买方承担"，因此，相关损失应由申请人自己承担。但仲裁庭认为，合同约定的"买方取消订单应自行承担相关损失"，是指买方无故取消订单的处理方法。该项约定不适用卖方长期未按约定日期交货从而构成违约的情形。

被申请人还提出，在其可以履行交货义务的情况下，申请人未作通知，"以不合理的方式购买替代货物"，由此造成的损失应由申请人自行承担。就此，仲裁庭认为，在合同对交货时间有约定的情况下，申请人并无义务催告被申请人交货，只要申请人购买替代货物的价格并非不合理，被申请人即应承担因其违约而给申请人带来的差价损失。

然而，仲裁庭也认为，从善意原则出发，如果申请人在购买替代货物之前告知被申请人，也许双方会商得损失更小的违约补救方法。同时，考虑到被申请人不按约定时间交付货物，确有申请人此前在支付货款方面具有违约行为，使得被申请人依据出口信用保险获得理赔的利益面临风险，并且，就 3 号合同而言，被申请人没有履行后续的交货义务是因为申请人没有就已交付货物支付货款，因此，仲裁庭认为，申请人所遭受的差价损失不应完全由被申请人承担。考虑到本案各方面的情况，仲裁庭认为，由被申请人承担申请人差价损失的90%是合理的。

3. 关于申请人是否有权要求被申请人负担申请人因本案支出的公证费、翻译费和律师费

申请人请求裁决被申请人负担申请人因本案支出的公证费、翻译费、律师费。

被申请人则请求仲裁庭驳回申请人的该项仲裁请求。

仲裁庭认为，申请人要求被申请人承担的上述费用，属于《合同法》第一百一十三条规定的"因违约所造成的损失"，申请人有权要求被申请人予以赔偿。同时，《仲裁规则》第五十二条第（二）款规定："仲裁庭有权根据案件的具体情况在裁决书中裁定败诉方应补偿胜诉方因办理案件而支出的合理费用。"基于上述规定，并考虑到差价损失不应全部由被申请人承担的理由，仲裁庭决定，被申请人应承担上述各项费用的 90%。

4. 关于本案本请求仲裁费的承担

申请人请求裁决由被申请人承担本案的全部仲裁费。

《仲裁规则》第五十二条第（一）款规定："仲裁庭有权在裁决书中裁定当事人最终应向仲裁委员会支付的仲裁费和其他费用。"依据该项规定并考虑到本案的各种情况，仲裁庭认为本案本请求仲裁费由被申请人承担 90%，由申请人承担 10%。

（三）关于被申请人的各项反请求

1. 关于被申请人是否有权要求申请人向其支付 3 号合同项下欠付货款及逾期付款利息

被申请人请求裁决申请人向被申请人支付 3 号合同项下货款近 15 万美元，折合人民币 100 余万元；同时以未支付货款 100 余万元人民币为基数，从 2017 年 4 月 27 日起至实际支付之日止，产生的逾期利息。逾期利息从 2017 年 4 月 27 日起暂计算至 2020 年 12 月 31 日止，共计人民币近 25 万元。

仲裁庭经审理查明，双方当事人于 2016 年 11 月签订 3 号合同。2017 年 2 月，被申请人向申请人交货 40 吨，货值近 15 万美元。申请人至今未向被申请人支付该项货款。

申请人承认上述欠款事实，但认为其暂缓向被申请人支付上述货款，系依法行使抗辩权，不属于故意迟延支付货款的违约行为。申请人称，3 号合同签订后，被申请人仅向申请人交付了 40000 千克的货物，没有履行剩余的 60000 千克货物的交付义务，使申请人不得不向第三方采购替代货物而遭受巨额差价损失。因此，申请人有权行使抗辩权，暂缓向被申请人支付该笔货款。而且，从连续的合同关系看，被申请人完全未履行或未完全履行双方签订的数份合同中在先的货物交付义务，申请人也有权在被申请人履行完毕之前的货物交付义务前行使抗辩权，暂缓履行在后的货款支付义务。

申请人的上述主张难以得到仲裁庭的支持。申请人主张其抗辩权的法律依据是《合同法》第六十七条规定。该条的规定是"当事人互负债务，有先后履行顺序，先履行一方未履行的，后履行一方有权拒绝其履行要求。先履行一方履行债务不符合约定的，后履行一方有权拒绝其相应的履行要求"。然而，申请人不履行付款义务并不满足行使先履行抗辩权的条件。根据合同约定，每批货物的付款时间是"提单日后 60 天电汇付款"，因此，申请人可以某批次的货物未交付为由而拒付该批货物的价款，但不能以后批次的货物尚未交付为由而拒绝就已交付货物行使"先履行抗辩权"。同时，申请人的主张也不符合"先履行一方履行债务不符合约定的，后履行一方有权拒绝其相应的履行要求"。如果申请人认为被申请人已经交付的 40000 千克的货物不符合约定，申请人"有权拒绝其相应的履行要求"，但申请人并未证明被申请人已经交付的 40000 千克的货物如何不符合约定。因此，申请人拒付货款的行为属于违约行为，被申请人有权要求申请人向其支付 3 号合同项下欠付货款。

基于上述认定，申请人也应就逾期付款而向被申请人支付相应利息。

关于利息计算，根据《最高人民法院关于审理买卖合同纠纷案件适用法律问题的解释》（法释〔2012〕8 号）第二十四条第四款的规定，可以中国人民银行同期同类人民币贷款基准利率为基础，参照逾期罚息利率标准计算。根据《中国人民银行关于人民币贷款利率有关问题的通知》（银发〔2003〕251 号）第三条的规定，逾期付款的利息可以基准利息的 1.5 倍计算。根据《全国法院民商事审判工作会议纪要》（法〔2019〕254 号）第三部分"关于借款合同"的内容，自 2019 年 8 月 20 日起，中国人民银行贷款基准利率变更为贷款市场报价利率（LPR）。依据上述规定，申请人就 3 号合同项下欠付货款应向被申请人支付的逾期付款利息的计算方法为：未支付合同价款数额×逾期天数×［人民币贷款基准利率（或 LPR）/360］×1.5，从 2017 年 4 月 27 日起暂计算至 2020 年 12 月 31 日止，共计人民币近 25 万元。

2. 关于被申请人是否有权要求申请人向其支付 7 号合同项下欠付货款及逾期付款利息

被申请人请求裁决申请人向其支付 7 号合同项下货款共计近 40 万美元，折合人民币共计近 260 万元。同时支付以未支付货款人民币近 80 万元为基数，从 2017 年 2 月 8 日起至实际支付之日止，产生的逾期利息。

对被申请人的该项请求，申请人同样以行使抗辩权为由，请仲裁庭予以驳回。

同时，申请人还提出，被申请人要求申请人向其支付 7 号合同项下货款，而该合同并非申请人仲裁请求的范围，不应通过仲裁反请求的方式主张权利，应当另行提起仲裁。

如前所述，由于仲裁庭已经认定被申请人基于 7 号合同提出的权利主张不具有反请求的性质，且申请人不同意合并审理，因此，对于被申请人基于该合同提出的权利主张，仲裁庭不予考虑。被申请人可另行寻求法律救济途径。

3. 关于被申请人是否有权要求裁决申请人负担被申请人因本案支出的公证费、翻译费和律师费

被申请人请求裁决申请人负担被申请人因本案支出的公证费、翻译费及律师费。

仲裁庭认为，基于对申请人拒付货款属于违约行为的认定，被申请人要求申请人承担的上述费用，属于《合同法》第一百一十三条规定的"因违约所造成的损失"，申请人有权要求被申请人予以赔偿。同时，《仲裁规则》第五十二条第（二）款规定："仲裁庭有权根据案件的具体情况在裁决书中裁定败诉方应补偿胜诉方因办理案件而支出的合理费用。"依据上述规定，并考虑到被申请人的前述仲裁请求得到仲裁庭支持的情况，申请人应承担被申请人的上述各项费用的 90%。

4. 关于本案反请求仲裁费的承担

被申请人请求裁决由申请人承担本案的全部仲裁费。

《仲裁规则》第五十二条第（一）款规定："仲裁庭有权在裁决书中裁定当事人最终应向仲裁委员会支付的仲裁费和其他费用。"依据该项规定并考虑到被申请人的仲裁请求得到仲裁庭支持的情况，仲裁庭认为，本案反请求的仲裁费应由申请人承担 90%。

三、裁　决

基于上述意见，经合议，仲裁庭作出裁决如下：

（一）解除申请人与被申请人签订的编号为 1 号、2 号、3 号和 4 号的 4 份《销售合同》；已经履行的，互不返还，尚未履行的，终止履行。

（二）被申请人向申请人支付近 260 万美元（近 290 万美元×90%），以补偿因被申请人不履行或不完全履行 1 号、2 号、3 号、4 号《销售合同》项下货

物交付义务而给申请人带来的差价损失。

（三）被申请人向申请人支付相应费用以补偿其因本案所支出的公证费、翻译费、律师费。

（四）本案本请求仲裁费由被申请人承担 90%，由申请人承担 10%。

（五）驳回申请人的其他仲裁请求。

（六）申请人向被申请人支付 3 号合同项下货款共计近 15 万美元，折合人民币为 100 余万元；同时以未支付货款人民币 100 余万元为基数，从 2017 年 4 月 27 日起至实际支付之日止，产生的逾期利息。逾期利息从 2017 年 4 月 27 日起算，暂计算至 2020 年 12 月 31 日止，共计人民币近 25 万元。

（七）申请人向被申请人支付相应费用以补偿其因本案支出的公证费、翻译费、律师费。

（八）本案反请求仲裁费由申请人承担 90%，由被申请人承担 10%。

（九）驳回被申请人的其他仲裁反请求。

以上裁决的支付款项，应于本裁决作出之日起 30 日内支付完毕。逾期支付上述款项，应依据《中华人民共和国民事诉讼法》的有关规定执行。

裁决为终局裁决，自作出之日起生效。

案例评析

【关键词】 法律适用　违约救济　赔偿范围

【焦点问题】

本案主要涉及两方面的问题：一是如何处理国内法与国际条约的同时适用，特别是在条约的适用条件并不具备，而当事人却选择了适用条约的问题；二是如何处理当事人提出的违约救济请求，特别是如何确定损害赔偿的范围问题。

【焦点评析】

本案纠纷属于中国企业与 "一带一路" 国家企业之间的国际货物销售合同纠纷。仲裁庭的主要工作在于判断作为非违约方的一方当事人提出的救济请求能否得到支持。在此之前，需要确定处理纠纷所应适用的法律。现结合本案案情及双方争议焦点，简略评述如下：

一、国际货物销售合同的法律适用问题

由于本案合同是一份涉外合同，因此处理本案纠纷首先需要明确法律适用问题。

本案有关法律适用的特别之处在于：一方面双方当事人选择了中国法作为准据法，另一方面又选择了本不该适用的《公约》。根据《中华人民共和国涉外民事关系法律适用法》第四十一条的规定，当事人选择中国法为准据法，其选择有效；关于当事人对《公约》的选择，问题稍显复杂，需做进一步的分析。

首先，对于符合《公约》适用条件的国际货物销售合同，其实是不需要当事人对《公约》加以选择的。所谓当事人对《公约》的选择通常是指在不符合《公约》的适用条件下，当事人选择适用《公约》。本案即属于这种情况。根据《公约》第一条第一款规定和我国签署《公约》时对第一条第一款第（二）项所作的保留，只有在合同双方营业地位于不同的缔约国时，我国才承认《公约》的适用，而本案中 A 公司的营业地所在的泰国并非《公约》缔约国，因此，本案在中国不具备适用《公约》的条件。

其次，由于当事人对《公约》的选择不能替代国家关于《公约》适用的立场，因此，本案双方当事人对《公约》的选择不产生使《公约》成为本案准据法的效果。但能否就此认为当事人对《公约》的选择是没有意义的呢？情况并非如此。基于意思自治、契约自由等法律原则，除非当事人的约定与公共秩序相冲突，当事人的约定就应该得到尊重。

我国最高人民法院公布的《关于适用〈中华人民共和国涉外民事关系法律适用法〉若干问题的解释（一）》第九条规定，"当事人在合同中援引尚未对中华人民共和国生效的国际条约的，人民法院可以根据该国际条约的内容确定当事人之间的权利义务，但违反中华人民共和国社会公共利益或中华人民共和国法律、行政法规强制性规定的除外"。由于我国并非缔约国，条约对我国来说并不是法律，该解释中所说的"根据该国际条约的内容确定当事人之间的权利义务"，其实是依据当事人的约定来确定当事人之间的权利义务。相当于条约规定被当事人并入其合同之中。在本案中，仲裁庭认定在本案合同没有约定以及合同准据法没有规定的情况下，将参照《公约》可适用的条款来判断双方当事人的权利义务关系，与前述司法解释的立场是一致的。

至此可见，本案中并不存在严格意义上的中国法与《公约》的同时适用，仲裁庭对中国法的适用属于法律适用，而对《公约》的适用属于对合同条款的适用。

然而，国内法与国际条约同时适用的情况是存在的。如果本案中的 A 公司的营业地不是泰国，而是一个《公约》的缔约国，那么，除非当事人排除《公约》的适用，否则《公约》就是适用的。同时，基于当事人的选择，中国法也是适用的。如果《公约》与中国法的规定相一致，适用其中的哪一种规则都不会带来问题；但如果两类规则的内容不一致，哪一种规则应优先适用就成为一个重要的问题。原《中华人民共和国民法通则》第一百四十二条曾确立了"条约优先适用"原则。虽然后来制定的《中华人民共和国民法总则》和《中华人民共和国民法典》并没有承袭这一规定，但条约优先于国内法适用的原则还是值得坚持的。

二、国际货物销售合同的违约救济问题

"违约救济"强调的是对非违约方的利益补救，使其能够处于假使合同得以履行其所能够处于的地位。在本案当中，当事人提出了三类救济请求：赔偿损失、实际履行和解除合同，仲裁庭对这些请求均作出了正确的回应。

（一）赔偿损失

无论是依据中国法还是依据《公约》，赔偿损失都是一种重要的救济方式。而且，当其他救济方式不足以使非违约方得到救济时，赔偿损失是可以采取的最后的救济方法。

在本案中，申请人提出多项赔偿损失的要求。例如，申请人提出，由于被申请人不如约履行 1 号《销售合同》，申请人不得不以更高的价格购买替代货物，遭受价差损失近 17 万美元，因此要求被申请人予以赔偿。

关于赔偿损失的范围，无论是中国法还是《公约》均确立了"充分赔偿"原则，与此同时也设定了两项重要的限制：一是合理预见原则的限制，二是尽量减损原则的限制。所谓合理预见原则是指违约方承担赔偿责任的范围不得超过他订立合同时应当预见到的违约可能带来的损失。所谓尽量减损原则是指一方当事人在对方违约之后应及时采取措施尽量防止损失的扩大，否则无权就扩大的损失要求赔偿。本案中，仲裁庭认为，如果申请人在购买替代货物之前告知被申请人，也许双方会商得损失更小的违约补救方法，因此，未能全部支持申请人提出的赔偿价差损失的请求。

（二）实际履行

实际履行是指要求违约方依据约定实际履行其合同义务。本案被申请人在其反请求中请求裁决申请人支付 3 号销售合同项下的货款，即属于提出实际履行的救济请求。

对于金钱债务，各国法律均支持债权人提出实际履行的要求；而对于非金钱债务的实际履行主张，各国的立场并不一致。在一些国家，实际履行是一种可供选择的违约救济方式；而在另外一些国家，只有在采用损害赔偿的方法不足以对非违约方进行救济时，法院才会要求违约人实际履行其合同义务。

就此，《公约》第二十八条规定："如果按照本公约的规定，一方当事人有权要求另一方当事人履行某一义务，法院没有义务做出判决，要求具体履行此一义务，除非法院依照其本身的法律对不属于公约范围的类似销售合同愿意这样做。"

因此，从理论上讲，在国际货物买卖领域，买方可以要求卖方实际履行其交货义务，但在实践中这种情况极为罕见。设想，如果本案的申请人不是及时购买替代物，而是坚持要求被申请人实际交付货物，仲裁庭很可能会认定申请人的行为扩大了对方违约所带来的损失，因而应由其自己来承担这部分损失。

（三）解除合同

解除合同是指合同一方基于法律规定或合同约定，宣告合同效力归于消灭的一种单方面法律行为。解除合同是一种积极的自我救济措施。

本案的申请人提出，由于被申请人不履行或不完全履行《销售合同》约定的交货义务，致使申请人的合同目的无法实现，因此要求解除其与被申请人签订的 4 份《销售合同》。申请人的该项请求得到了仲裁庭的支持。

违约可导致合同解除，但并不是说只要一方违约，对方就可以解除合同。《公约》规定，非违约方可在下述 3 种情形下解除合同：一是违约达到根本违约的程度；二是推迟履行合同义务的宽限期满；三是预期违约达到根本违约的程度。

解除合同并不影响解约人要求违约方赔偿其损失的权利。因此，仲裁庭在支持了申请人提出的解除合同的请求的同时，也支持了申请人提出的赔偿损失的仲裁请求。

【结语】

随着"一带一路"建设的深入推进，中国和"一带一路"国家的经贸往来亦更加紧密。国际货物销售合同争议是最常见的一类国际商事争议。

审理国际货物销售合同争议首先需要确定所应适用的法律。在考虑条约的适用时，仲裁庭要注意区分适用条约的依据和适用条约的条件。适用条约的依据是指仲裁机构凭什么可以依据条约进行裁判；适用条约的条件是指仲裁庭在什么情况下可以适用某一特定的条约。以《公约》的适用为例，仲裁庭在审理涉"一带一路"国家的国际货物销售合同争议时，要注意查看有关"一带一路"国家是否《公约》缔约国，并区分不同情形作出不同裁决。在本不应该适用条约的场合，当事人会选择适用《公约》，仲裁庭此时对条约的适用其实是将当事人对条约的选择看作当事人将条约条款纳入合同当中，仲裁庭"适用"的其实是当事人约定的条款，而非条约规定。

关于违约救济问题，本案给我们带来的启示是：并非所有的违约都可以导致合同解除，并非所有的实际履行合同的救济请求都会得到仲裁庭的支持，也不是所有的违约损失都可以从违约方那里获得赔偿。当事人提起仲裁请求时，一定要考虑是否满足合同约定或法律规定的条件。

（评述人：车丕照）

案例九　俄罗斯 A 公司与中国 B 电子公司
国际货物买卖合同争议案

中国国际经济贸易仲裁委员会（以下简称"仲裁委员会"）根据申请人俄罗斯 A 公司（以下简称"申请人"）与被申请人中国 B 电子公司（以下简称"被申请人"）签订的《合作合同》（Cooperation Contract）中仲裁条款的约定、《由中华人民共和国向苏维埃社会主义共和国联盟和由苏维埃社会主义共和国联盟向中华人民共和国交货共同条件议定书》第五十二条的规定，以及申请人向仲裁委员会提交的书面仲裁申请已受理本案。

本案仲裁程序适用自 2015 年 1 月 1 日起施行的《中国国际经济贸易仲裁委员会仲裁规则》（以下简称《仲裁规则》）。

2019 年 5 月，仲裁院收到被申请人的管辖权异议申请书。后，仲裁院收到申请人关于管辖权异议的意见。仲裁委员会作出管辖权决定，仲裁委员会对本案具有管辖权，本案仲裁程序继续进行。

2019 年 6 月，被申请人提交了答辩书、反请求申请书、证据目录及证据。后，被申请人缴纳了反请求仲裁费，仲裁院通知双方当事人被申请人的仲裁反请求获得受理，通知申请人在规定期限内对反请求提交答辩及证据材料。

由于申请人和被申请人未共同选定或共同委托仲裁委员会主任指定一名独任仲裁员，仲裁委员会主任根据《仲裁规则》之规定指定 X 担任本案独任仲裁员。X 在签署了《声明书》后成立仲裁庭，审理本案。

仲裁庭如期对本案进行了开庭审理。申请人和被申请人均委派仲裁代理人出席了庭审。庭审中，申请人、被申请人分别就其仲裁请求/仲裁反请求及所依据的事实和理由进行了陈述，发表了答辩意见；就证据进行了质证，就法律问题进行了辩论，并回答了仲裁庭的提问。鉴于双方当事人均有调解意愿，仲裁庭主持了调解，但双方未达成和解。

本案现已审理终结。仲裁庭根据双方提交的书面材料和证据以及经开庭所查明的事实，依据合同约定、法律规定以及《仲裁规则》的规定，对本案作出裁决。

现将本案案情、仲裁庭意见和裁决结果分述如下：

一、案　情

（一）申请人的仲裁请求、事实和理由

2016年5月，申请人与被申请人签订了《合作合同》。《合作合同》中约定：被申请人作为税控收款机的供应商，申请人在俄罗斯联邦和白俄罗斯共和国境内推广被申请人生产的某型号税控收款机（以下简称"收款机"）。

被申请人负责生产以及备件，并按时交付合格的货物，付款条件为，下单时，申请人支付30%的货款；其余70%必须在待交货前两周支付。

双方签订《合作合同》后，又于2016年6月签订了另一份合同（以下简称《补充合同》），根据该合同约定，申请人向被申请人采购税控收款机。货物的具体价格由被申请人发出的形式发票而定。每批付款都按照形式发票规定的条件安排。交货条件由每批货物的形式发票规定。上述合同约定了双方的权利义务。

在《合作合同》签订后，2017年2月，被申请人开具了第一个订单的形式发票，形式发票列明了货物的名称，订单数量为3万余件收款机，单价每件80美元，总价为250余万美元。同日，双方通过邮件协商将第一个订单的数量由3万余台调整为30000台，每件80美元，总金额为240万美元。申请人与被申请人双方成立第一个订单。

根据被申请人开出的第一个订单的四张形式发票，自2017年2月至7月期间，申请人分批向被申请人支付了第一个订单货款共计250余万美元。第一个订单3万台收款机总额应为240万美元，申请人实际支付的第一个订单的货款已经超过了第一个订单的总额。

被申请人自2017年3月至6月期间向申请人交付了第一个订单中的一部分收款机共计2万余台。第一个订单的剩余近1万台税控收款机，被申请人拒不履行交货的义务。

申请人于2017年4月向被申请人支付了第二个订单的首期款近40万美元，于2017年7月向被申请人支付了第二个订单的首期款7余万美元，共计40余万美元，但二笔订单没有生效，双方并没有对开始生产第二个订单达成一致，被申请人也未开始生产第二个订单。

申请人之所以采购收款机，是由于根据俄罗斯法律要求，俄罗斯商户应当在 2017 年 7 月 1 日之前使用收款机收款，申请人采购后销售给俄罗斯的用户收款使用。申请人收到被申请人生产的收款机后，开始在俄罗斯市场进行销售，俄罗斯用户在 2017 年 7 月之后陆续使用收款机收款。收款机用户在使用中发现被申请人生产收款机发生主板错误，馈电的设备无法启动，导致收款机不能正常使用。至 2017 年 9 月已经有大量的收款机发生了相同的故障，于是申请人将税控收款机发生故障的事情通知了被申请人。被申请人收到申请人的通知后进行了检查，于 2017 年 10 月邮件回复申请人，认为问题出在电路上，并说明原因，承认在设备主板设计方面的错误。

经俄罗斯联邦工商会对被申请人生产的税控收款机进行鉴定，被申请人的 2 万余台收款机终端机存在重大生产缺陷，即安装在主板上的原装实时时钟电池放电。专家指出，在实时时钟电池放电（在带有未经处理的主板的终端机上）的情况下无法开启终端机的问题会导致收款机在购买者（用户）出售商品时不可避免发生中断，无法使用。

为此，双方对产品质量问题进行了磋商，但被申请人未给申请人提供维修。为此，申请人紧急雇用俄罗斯联邦不同地区的客服中心对发生故障的收款机进行维修，对设备故障送至维修地点的物流以及更换材料的成本以及人工费用均由申请人垫付，每台收款机的维修费用以当期卢布汇率结算，折合美元约 30—40 美元。

在磋商过程中，被申请人表示同意给申请人每件 15 美元作为维修费的赔偿，2 万余台收款机维修费共计 30 余万美元。但被申请人没有进行赔偿。

1. 在合同履行中，被申请人拒绝交付第一个订单剩余的近 1 万台税控收款机属于违约行为，未交货的责任应当由被申请人承担，被申请人应当返还申请人已经支付的货款。

《合作合同》签订后，申请人分别于 2016 年 8 月支付近 800 美元，2016 年 10 月支付了 1000 余美元，2017 年 1 月支付近 3600 美元，共计 5400 余美元的研发费，申请人于 2016 年 6 月向被申请人支付了 2 万美元的研发保证金。

在申请人支付了第一个订单的全部货款后，被申请人应当依照合同的约定按时交付合格的货物，但被申请人仅向申请人交付了 2 万余件收款机（货物总价值为 170 余万美元），未交付剩余的近 1 万台收款机（货物总价值为近 70 万美元）。被申请人违背诚实守信的原则，在未事先与申请人协商、未经申请人同意的情况下，其自作主张将申请人已支付的第一个订单中近 40 万美元货款算作第二个订单的预付货款，在申请人已经交付了第一个订单 3 万台收款机全部货款的情况下，无理地要求申请人重复支付第一个订单货款，拒绝交付剩余近 1 万台机器，并称要销毁或处理库存的机器。

在买卖合同中，交付标的物是出卖人的主要合同义务。根据《中华人民共和国合同法》（以下简称《合同法》）第一百三十八条规定，出卖人应当按照约定的期限交付标的物。根据中俄《由中华人民共和国向苏维埃社会主义共和国联盟和由苏维埃社会主义共和国联盟向中华人民共和国交货共同条件议定书》（以下简称《交货共同条件议定书》）附件《由中华人民共和国向苏维埃社会主义共和国联盟和由苏维埃社会主义共和国联盟向中华人民共和国交货共同条件》（以下简称《交货共同条件》）第二章交货期第六条第一款规定，售方必须按照合同规定的期限交货。

申请人与被申请人签订的《合作合同》中对被申请人交货条件进行了明确的约定。根据《合作合同》的约定，被申请人负责生产申请人的订单以及备件，并按时交付合格的货物；交货条件为收到 30% 首付款电汇订单款项后约 70 天交货。

在申请人支付了全部货款后，被申请人应当依照合同的约定按时交付合格的货物，但被申请人仅向申请人交付了第一个订单 2 万余件收款机，第一个订单剩余近 1 万台收款机，被申请人拒绝向申请人交货，其行为已经构成了违约，未交货的责任应当由被申请人承担。

2. 被申请人生产的收款机存在严重的质量问题，被申请人的行为属于违约，责任应当由被申请人承担。

根据被申请人邮件承认在设备主板涉及方面的错误和俄罗斯联邦工商会 N 市工商会的鉴定，已经能够充分的说明，被申请人生产的收款机确实存在质量问题。

根据《合同法》第一百五十三条的规定，出卖人应当按照约定的质量要求交付标的物。第一百五十五条规定，出卖人交付的标的物不符合要求的，买受人可以依照本法第一百一十一条的规定要求承担违约责任。

根据《交货共同条件》第八章第十九条第一款规定："售方应保证货物品质符合合同要求，无缺陷，在一定的期限内（保证期）能按照其用途正常使用。"

根据以上规定，被申请人交付的收款机存在严重的缺陷，不能正常使用，被申请人应当承担赔偿责任。

3. 被申请人在合同履行过程中存在根本违约行为，申请人与被申请人签订的《合作合同》和《补充合同》符合解除的条件，不具有继续履行的可行性，应当予以解除。解除合同的责任应当由被申请人承担。

在本案中，被申请人在合同履行中存在《合同法》第九十四条规定可以解除合同的行为。

(1) 申请人支付了第一个订单全部货款后，被申请人拒绝履行交付剩余近 1 万台收款机义务，并称要销毁或处理库存的机器，其行为已经构成了根本违约。

(2) 申请人在中国采购收款机的根本目的已经无法实现。根据俄罗斯的法律，要求俄罗斯境内所有的商户应当在 2017 年 7 月 1 日之前使用收款机收款，因此在 2017 年 7 月 1 日前后的一段时间，俄罗斯对收款机有较大的市场需求，申请人采购收款机正是利用此期间的商机，采购收款机后销售给俄罗斯的用户。但是被申请人生产的收款机存在严重缺陷，申请人销售收款机商业受损是必然的结果，也必然会给申请人的销售造成极大困难。由于申请人的商业信誉受损，致使申请人在俄罗斯销售额大幅下降，并且目前已经时过境迁，收款机销售市场已经发生了变化，俄罗斯用户已经完成了初期收款机购置，收款机在俄罗斯已经没有了市场空间。申请人在中国采购收款机的根本目的已经不能实现。被申请人的违约行为等于实际上剥夺了申请人签订涉案采购收款机期望得到的利益。

基于以上事实，申请人要求解除合同、返还首期款和赔偿损失的仲裁请求是合理的。

同时根据《合同法》第九十七条的规定，合同解除后，尚未履行的，终止履行；已经履行的，根据履行情况和合同性质，当事人可以要求恢复原状、采取其他补救措施，并有权要求赔偿损失。因此，申请人请求返还首期款和赔偿损失也是合法的。

4. 第二个订单未有效成立，申请人已经支付了第二个订单的首期款 40 余万美元，被申请人应当予以返还。

每个订单的有效成立需要申请人与被申请人双方的共同合意。本案第二个订单中，被申请人出具了形式发票，申请人支付了超过 15% 的部分首期款，但双方并没有对开始生产第二个订单达成一致，被申请人也未生产第二个订单。因此，双方对第二个订单没有达成共同合意，第二个订单没有生效。申请人已经支付了第二个订单的首期款40余万美元，被申请人应当予以返还。

5. 申请人请求被申请人赔偿收款机维修费有事实和法律依据。

根据《合同法》第一百一十一条规定，质量不符合约定的，应当按照当事人的约定承担违约责任。对违约责任没有约定或者约定不明确，依照本法第六十一条的规定仍不能确定的，受损害方根据标的的性质以及损失的大小，可以合理选择要求对方承担修理、更换、重作、退货、减少价款或者报酬等违约责任。

本案中，交付合格的产品是被申请人的法定义务。然而，被申请人生产的收款机，申请人在俄罗斯销售后，收款机不能正常使用，并且被申请人通过自行检查确认了产生问题的原因是主板电路出现错误，可以判定被申请人生产的收款机为不合格产品。

为此，申请人雇用了俄罗斯联邦不同地区的客服中心对被申请人生产的税控收款机进行了维修，每台收款机的维修费用以当期卢布汇率结算，折合美元约为30—40美元。

被申请人作为出售方应当依法承担违约责任并根据申请人的实际损失，要求被申请人承担修理的费用。

并且双方对产品质量问题进行了协商，被申请人也同意给申请人进行赔偿，每台收款机15美元，2万余台×15美元＝30余万美元。

鉴于以上理由，申请人要求被申请人赔偿维修费符合法律规定，并且被申请人同意赔偿，双方对赔偿数额为每台15美元也达成了一致。

综上所述，被申请人在合同履行中迟延履行债务，在申请人已经支付第一个订单全部货款的情况下，拒不交付第一个订单剩余的货物近1万台税控收款机，致使申请人的合同目的——采购合格的收款机在俄罗斯销售不能实现。并且其生产的税控收款机不合格，申请人不得已对产品进行大量维修，导致申请人在俄罗斯市场的商业信誉受到严重影响致使不能实现合同目的。由于被申请人在履行合同中的违约行为符合解除合同的条件，同时申请人请求返还首期款和赔偿损失的各项仲裁请求合法有据，请仲裁庭依法支持申请人的仲裁请求。

申请人提出如下仲裁请求：

1. 请求裁决被申请人向申请人返还货款共计近 130 万美元；

2. 请求裁决被申请人给付申请人近 130 万美元货款的利息，利息以近 130 万美元（折合人民币近 900 万元）为基数，按照中国人民银行同期贷款利率为准，从 2017 年 7 月起计算直至实际给付之日，暂计至 2018 年 12 月为人民币 60 余万元；

3. 请求裁决被申请人向申请人支付税控收款机维修费共计 30 余万美元；

4. 请求裁决解除申请人与被申请人于 2016 年 5 月签订的《合作合同》和解除申请人与被申请人于 2016 年 6 月签订的补充合同；

5. 本案仲裁费及相关费用由被申请人承担。

在本案仲裁程序中，申请人多次提出变更仲裁请求的申请，对于关于解除合同的仲裁请求，申请人未按仲裁委员会通知补缴相应的仲裁费。根据《仲裁规则》第十二条规定，仲裁庭对该项仲裁请求不做审理和裁决。

故申请人最终的仲裁请求为其在落款日期为 2020 年 1 月的《变更和增加仲裁请求申请书》中提出的如下请求：

1. 请求裁决被申请人向申请人返还货款共计近 130 万美元；

2. 请求裁决被申请人给付申请人近 130 万美元货款的利息，利息以近 130 万美元（折合人民币近 900 万元）为基数，按照中国人民银行同期贷款利率为准，从 2017 年 7 月起计算直至实际给付之日，暂计至 2018 年 12 月为人民币 60 余万元；

3. 请求裁决被申请人向申请人支付税控收款机维修费共计 30 余万美元；

4. 本案仲裁费及相关费用由被申请人承担。

（二）被申请人的答辩意见

被申请人提交了完整版的《答辩书》，主要内容如下：

【答辩事项】

1. 被申请人无须向申请人返还任何货款，应裁决驳回申请人第一项仲裁请求。

2. 被申请人无须向申请人支付货款利息，应裁决驳回申请人第二项仲裁请求。

3. 被申请人无须向申请人支付维修费，应裁决驳回申请人第三项仲裁请求。

4. （1）申请人无权解除《合作合同》；（2）《合作合同》自始无效，不存在是否解除的问题；（3）即使经仲裁庭审查因其他客观因素认为应当解除《合作合同》，由于申请人无解除权，其所支付的货款远不足以填平被申请人因履行该合同项下两个订单投入的成本及各项损失，不仅无权主张被申请人向其"返还"任何货款，反而应当承担赔偿被申请人各项费用损失的违约责任。

5. 本案仲裁费不应由被申请人承担。

【事实与理由】

1. 通过多次变更和增加仲裁请求及事实理由，申请人的前两项关于返还款项及利息的请求权基础是第四项仲裁请求"解除合同"。然而申请人根本无解除权。合同约定申请人不得单方解除或更改，且合同已明确约定应先履行付款义务再交货，申请人在两个订单均未付清全款时便停止付款已违约，现在还单方要求解除合同，更是根本违约。被申请人有权要求申请人承担违约责任（包括但不限于继续履行，已在反请求中提出），即使经仲裁庭审查因其他客观因素认为应当解除《合作合同》，由于申请人无解除权，其所支付的货款远不足以填平被申请人因履行该合同项下专为俄方两个订单投入的成本及各项损失，不仅无权主张前两项仲裁请求，反而应当承担赔偿被申请人各项费用损失的违约责任。

《合作合同》约定申请人先付货款 30%，付完订单剩余 70% 货款后，被申请人交付货物。在申请人的要求下，为提交政府相关部门之用，双方随后签订了《补充合同》。双方为进一步明确权利、义务及责任，又签订《备忘录》约定以前一份《合作合同》约定为准。该《备忘录》具体约定为"关于被申请人中国 B 电子公司与申请人俄罗斯 A 公司合作的所有条款仅基于双方于 2016 年 5 月签订的《合作合同》"，"被申请人中国 B 电子公司签订被申请人中国 B 电子公司与申请人俄罗斯 A 公司双方的英文和俄文版本的合同，仅仅为了尊重俄罗斯政府的法律，并帮助申请人俄罗斯 A 公司完成对被申请人中国 B 电子公司的付款，该合同中的所有条款无效，不具有法律效力"。

申请人在原仲裁申请中，仅强调其已支付的货款及交付的货物数量，刻意隐瞒曾经下过两个订单（第一个订单总金额 250 余万美元，第二个订单总金额 240 万美元，共计近 500 万美元、6 万台收款机），且应分别足额支付后才可全部交货的事实。实际上申请人在 2017 年 2 月和 4 月下了两个订单，已付货款近 300 万美元，分别为支付第一个订单近 230 万美元（合同约定 30% 货款+部分尾款），第二个订单 70 余万美元（合同约定的 30%，70% 未支付）。因此，其两个订单都未付清全款，根本无权要求交货或退货款。

后经过被申请人详细举证后，申请人已经在补充仲裁申请书及补充证据中承认了两个订单的情况。申请人现在改口主张在总共支付的近 300 万美元中，第一个订单已付 250 余万美元，第二个订单已付 40 余万美元。双方对 17 笔汇款金额，目前是没有任何争议的。申请人对第一个订单和第二个订单前述付款金额的划分，其有意把双方已经多次对账确认过的对第二个订单的部分货款作为第一个订单的付款，造成第一个订单已经全额付款的假象。这个理由及证据用意更说明了其实申请人也承认了如果没有付清全款，被申请人是有权不发货的。关于两个订单分别支付了近 230 万美元和 70 余万美元在双方的诸多邮件中已获确认，在此不赘述。

依据《合作合同》"付款条件和交货期"中"采购订单经被申请人确认后，不得取消或更改"，故双方的约定本就排除了申请人解除合同的权利。同时，申请人在两个订单均未付清全款时便停止付款已违约，故其根本没有法定解除权，还单方要求解除合同，更是根本违约。被申请人有权要求申请人承担违约责任（包括但不限于继续履行，已在反请求中提出），即使经仲裁庭审查认为因其他客观原因应当解除 2016 年 5 月签订的《合作合同》，由于申请人无解除权，其所支付的货款远不足以填平被申请人因履行该合同项下专为申请人两个订单投入的成本及各项损失，不仅无权主张前两项仲裁请求，反而应当承担赔偿申请人各项费用损失的违约责任。

2. 申请人早已停止付款的违约行为与产品本身是否存在其所谓的质量问题，是没有因果关系的，不能成为其不付款的理由。申请人所谓的质量问题即使存在，也因双方的在先约定排除了被申请人的义务和责任，更何况其所谓的质量问题还由申请人自身所致，更不应由被申请人承担。

首先，申请人早已停止付款的违约行为与产品本身是否存在其所谓的质量问题，是没有因果关系的，不能成为其停止付款的理由。申请人也多次解释因为市场滞销的原因拖延支付两个订单的余款，并为此多次道歉（详见申请人提交的证据）。因此，申请人早已违约，显然其违约与仲裁申请书里所谓的质量问题无因果关系，是其混淆视听。

其次，其所谓的质量问题即使存在，双方的在先约定也排除了被申请人的义务和责任（详见申请人提交的证据）。同时，根据《合作合同》的约定，申请人"自费负责售后服务"且"合同到期时，继续为市场上销售产品提供售后服务工作，向被申请人支付剩余未结款项（如有）"。《合作合同》还约定被申请人以半成品形式交付，且样品必须经过申请人的确认，经申请人后期组装的成品亦应经过俄罗斯财政部的确认才能在当地进行销售。此外，《合作合同》的附件显示为支持申请人自费的售后服务，被申请人会向其提供零部件，且附件中所有零部件都有相应的标价，可见连相应的零部件都尚且无法免费提供，加之双方的邮件沟通，故双方对申请人不会要求被申请人承担维修、退换货的售后相关责任是达成一致意见的。

最后，申请人提交了其 2018 年 10 月在俄罗斯境内单方自行委托的机构进行所谓鉴定的相关材料，还提交了 550 余台机器的维修记录，且其单方主张的维修经费远远高于其首次主张的货款本身，被申请人对鉴定材料和维修记录的真实性、合法性和关联性不予认可。申请人提供的鉴定报告中的过程及结论十分不严谨、不客观中立，譬如在结论中存在"造成重大的财务损失和声誉损失"等表达，显然不应为技术鉴定机构应有的措辞，有失客观中立。因此，无论其鉴定结论为何，根本不应采信。后申请人在被申请人的该质证意见发表后，又进行了第二次鉴定，鉴于该第二次鉴定书存在对故障基本逻辑的谬误，进而错误推导并得出误导性结论。被申请人在申请人向其反映问题后，已经分析是方案的问题，同时软件是经过其本国认证的，无法立即更换使用，即使更换软件，也必须更换电池，那么在成本上无疑对申请人有更大的负担，被申请人向其提议对机器进行改装可以改善目前的问题。但需要注意的是，故障发生后导致不能开机，解决有各种方法，可以更换软件，也可以是其他的方案。在本案中，被申请人恰恰是善意地为解决故障提供硬件改装方法，这是更换软件这一不经济的方案之外，退而求其次的方案，但绝不能推导出造成放电过快的原因就是机器的硬件问题。

因此，中国 M 市产品质量监督研究院进行的鉴定方法（见被申请人证据），才是客观的，在同一硬件平台上运行不同软件，检测出运行申请人软件后，机器电池的放电速度是安装被申请人软件的机器的五倍。软件设计等方案问题才是导致电池放电过快这一故障的根本原因。故申请人模糊了"故障"的本质，从而得出错误的结论，该鉴定报告的逻辑起点是错误的，故该鉴定报告是不客观的，不足以作为认定本案事实的证据。

与此同时，此次鉴定书的出具方、鉴定人员均与申请人首次提交的鉴定书不一致，同样非中国法院及仲裁院认可的鉴定机构，与首次鉴定书出现同样的情况，此次的申请人更换鉴定书出具方及鉴定人员，申请人单方提出的首个问题就直接询问为什么会出现故障如此模糊笼统的问题，直接忽略应当首先对故障进行试验论证和阐述，模糊了故障的本质，以真正的故障（即电池放电过快）产生后，以采用被申请人提供的解决方案后能够正常使用，消极不采用就不能正常使用，来反推是被申请人的硬件问题导致无法开机。基于首个问题逻辑起点的错误，此后继续以诱导式的提问得出所谓的规避申请人软件问题的鉴定结论。这样含混的鉴定书与中国 M 市产品质量监督研究院的《技术鉴定报告》在客观性、科学性、逻辑性方面是有天壤之别的。在产品质量鉴定方面，中国 M 市产品质量监督研究院获得了资质认定验收证书、实验室认可证书等，还进入最高人民法院司法技术专业机构名录，可以接受全国法院委托的产品质量鉴定。因此，该研究院作出的技术鉴定报告是更可信的。再退一步而言，即使双方有约定被申请人必须承担质保义务，申请人所引用的《交货共同条件》第二十一条规定，"如果能够证明发现缺陷是由于购方对机器或设备安装、修理不当，未按照操作、保养规程去做，以及购方对机器、设备进行改动或其他不是由于售方原因而造成的，对此售方不承担保证责任"。从此规定来看，也不应由被申请人承担责任。

因此，申请人早已停止付款的违约行为与产品本身是否存在其所谓的质量问题，是没有因果关系的，不能成为其不付款的理由。其所谓的质量问题即使存在，也因双方的在先约定排除了被申请人的义务和责任，更何况其所谓的质量问题还因申请人自身所致，更不应由被申请人承担。故其第三项仲裁请求亦不应支持。

综上所述，被申请人请求驳回申请人的全部仲裁请求。

（三）被申请人仲裁反请求、事实和理由

被申请人称：

1. 双方签订的合同已明确申请人应先履行付款义务。

双方经协商一致，于 2016 年 5 月签订《合作合同》。合同约定申请人先付30%，付完订单剩余 70%货款后，被申请人交付货物。

2. 申请人在上述合同项下所下的两个订单，亦明确申请人应分别足额支付全部货款，但申请人在两个订单均未付清全款时便停止付款，故其应当承担相应的违约责任。

申请人在签订《合作合同》后，分别于 2017 年 2 月和 4 月下过两个订单。

第一个订单总金额 250 余万美元，第二个订单总金额 240 万美元，共计近 500 万美元，且应分别足额支付后才可全部交货。截至 2017 年 7 月，申请人一共向被申请人支付货款近 300 万美元，分别为支付第一个订单近 230 万美元（合同约定 30%货款+部分尾款），第二个订单 70 余万美元（合同约定的 30%货款，70%未支付）。

就第一个订单而言，申请人尚欠双方约定的近 30 万美元；就第二个订单而言，申请人尚欠双方约定的近 170 万美元。此外，由于申请人拖延付款及提货的违约行为，导致被申请人遭受的仓储费损失共计 10 余万美元。

3. 申请人主张的质量问题不存在，且其无证据证明其主张。即使其所谓的质量问题存在也不应由被申请人承担责任。

申请人延期付款的违约行为与产品本身是否存在其所谓的质量问题是没有因果关系的，不能成为其逾期付款的理由。更何况，申请人所谓的质量问题及对其造成的损失亦无任何证据支持。即使其所谓的质量问题存在，亦因双方的在先约定排除了被申请人的义务和责任。因此，申请人不应将该所谓的质量问题作为阻却其付款的理由。

综上所述，被申请人特提起反请求要求申请人承担其违约责任，即继续履行合同及赔偿被申请人因申请人违约遭受的损失，恳请支持被申请人的全部仲裁请求。

被申请人提出如下仲裁反请求：

1. 裁决申请人继续履行双方的《合作合同》项下的两笔订单：（1）支付第一个订单尚欠货款近 30 万美元，并及时提走未提货物完成交付；（2）支付第二个订单尚欠货款近 170 万美元，并及时提走未提货物完成交付。

2. 裁决赔偿被申请人因申请人违约造成的损失，即仓储费共计 10 余万美元。

3. 申请人承担反请求的仲裁费。

（四）申请人对被申请人仲裁反请求的答辩意见

申请人对被申请人提出的仲裁反请求答辩称：

1. 被申请人第一项反请求，违背事实，理由不能成立。

（1）《合作合同》签订后，申请人向被申请人下了第一个订单，订单数量为 3 万余件收款机，每件 80 美元，总价为 250 余万美元，申请人向被申请人支付了第一个订单全部货款 250 余万美元。之后经双方协商将第一个订单数量变更为 3 万件，单价 80 美元。但被申请人仅向申请人交付了 2 万余件收款机，货物总价值为 170 余万美元。被申请人还差近 1 万件收款机未发货给申请人，这部分总价格为近 70 万美元。申请人已经支付给了被申请人的第一笔货物的货款并且多支付了货款近 20 万美元，申请人要求被申请人把第一个订单的货物全部发出，发给申请人剩余的近 1 万台收款机，但是被申请人拒绝发货。申请人多支付的第一笔货物的货款近 20 万美元，被申请人也应当返还给申请人。

（2）2017 年 4 月申请人准备向被申请人订购第二批货物 3 万台，每台售价 80 美元，总金额为 240 万美元。同日，申请人支付了部分货款近 40 万美元，2017 年 7 月申请人支付了 7 万余美元。第二批货物被申请人并没有发货。

（3）根据俄罗斯法律，俄罗斯商户应当在 2017 年 7 月 1 日之前使用收款机收款。第一个订单的收款机在俄罗斯市场销售后，收款机用户在使用中发现收款机全部存在质量问题，主板错误，馈电的设备无法启动，收款机不能正常使用。至 2017 年 9 月已经有大量用户发现了相同的故障，申请人就产品出现的质量问题通知被申请人。双方对产品质量问题进行了协商，由于技术问题，被申请人没有开始生产第二个订单的货物，并且被申请人没有通知将开始生产第二个订单的货物。

鉴于以上事实，申请人向被申请人支付了第一个订单的全部货款，并不欠被申请人第一个订单的货款，被申请人要求支付货款近 30 万美元毫无根据。相反，由于被申请人第一个订单货物未如数发货，被申请人应当返还申请人未发货部分的货款，并承担违约责任。

被申请人生产的第一批收款机在销售中发现存在严重的质量问题不能正常使用，由于技术问题，被申请人没有开始生产第二个订单的货物。因此，其主张申请人支付第二个订单的货款亦无事实和依据，被申请人应当返还申请人支付的首期款，并承担违约责任。

本案中，被申请人未按照合同的约定履行义务，没有按照约定数量、质量交货，生产的收款机因存在严重的质量问题影响申请人在俄罗斯的销售，并给申请人造成声誉和经济损失，被申请人已经构成根本性违约。并且，由于被申请人的原因履行条件和俄罗斯的市场已经发生变化，被申请人要求申请人履行合同的反请求理由不能成立。

2. 被申请人的货物存在严重的质量问题，责任应当由被申请人承担。

2017 年 9 月已经有大量用户发现了收款机相同的故障，申请人将收款机发生故障的事情通知了被申请人，被申请人告知产生问题的原因是主板电路出现错误，由于收款机发生了故障，出现了质量问题，被申请人没有开始生产第二个订单的货物，并且被申请人没有通知将开始生产第二个订单的货物。双方对产品质量问题进行了协商，但被申请人没有给申请人进行修复、消除产品缺陷。申请人自行聘请维修公司为使用收款机的用户对发生故障的收款机进行维修，为此支付了巨额的维修费，给申请人造成了损失，被申请人拒绝赔偿申请人的维修费用。

经俄罗斯联邦工商会 N 市工商会对被申请人交付的收款机进行鉴定，并做出《专家鉴定书》。根据鉴定结论，被申请人的 2 万余台收款机存在重大生产缺陷，即安装在某型号终端机主板上的原装实时时钟电池放电。专家指出，在实时时钟电池放电（在带有未经处理的主板的终端机上）的情况下无法开启终端机的问题会导致购买者（用户）出售商品时不可避免发生中断，无法使用。

由于被申请人生产的收款机存在质量问题，也是被申请人告知产生问题的原因是主板电路出现错误，对产生的故障的原因，被申请人是知情的。因此对于被申请人生产的收款机确实存在质量问题，而且对于收款机的故障问题，被申请人没有给申请人进行维修和更换，事后也未通知其能够生产合格的产品，被申请人已经构成根本性违约，故被申请人应当承担违约责任和相应的法律后果。

3. 关于仓储费的反请求。

合同签订后，申请人向被申请人下了第一个订单，订单数量为 3 万余件收款机，申请人向被申请人支付了第一个订单全部货款，但被申请人仅向申请人交付了 2 万余件收款机，被申请人却未如数发货，仅仅发了部分货物。被申请人生产的收款机全部发生故障，存在严重的质量问题，第二个订单的货物，被申请人没有生产，也没有发货。被申请人也未告知申请人已经生产了合格的第一个订单未交付的货物和第二个订单的货物，被申请人已经构成违约，被申请人应承担违约责任，并且被申请人也没有发生仓储费用。因此被申请人要求申请人支付仓储费，没有事实和依据。

综上所述，被申请人单方面违约，没有按照约定条件交货，被申请人提出的仲裁反请求均无事实与法律依据，因此，仲裁委员会应当依法驳回被申请人的反请求，依法保护申请人的本申请，以维护申请人的合法权益不受侵犯。

（五）申请人的《代理意见》

庭审后，申请人代理人提交了《代理意见》，主要内容如下：

1. 被申请人反请求要求申请人继续履行双方的《合作合同》，支付第一个订单货款近 30 万美元，第二个订单货款近 170 万美元并及时提走未提货物完成交付，违背事实，理由不能成立。

（1）被申请人要求支付第一个订单货款不具备履行和支付货款的条件。

首先，被申请人对其主张已经生产了第一个订单剩余的近 1 万台收款机负有举证义务。在没有证据证明这一事实的情况下，不能认定被申请人确实生产了第一个订单剩余的近 1 万台税控收款机。

其次，即使被申请人已经生产了第一个订单剩余的近 1 万台税控收款机，那么，被申请人当庭已经明确表示，被申请人已经将第一个订单剩余的近 1 万台税控收款机进行了处理，并且不排除已经销售给了第三方而从中获利，而且其销售的时间不明，亦不能排除其与申请人发生本案纠纷之前就已经销售给他人的可能。被申请人单方将第一个订单剩余的近 1 万台货物进行了处理，其要求被申请人继续履行合同并支付剩余的近 1 万台收款机的货款没有事实依据。

最后，申请人已经向被申请人支付了第一批订单的全部货款。合同签订后，申请人向被申请人下了第一个订单，订单数量为 3 万余件收款机，每件 80 美元，总价为 250 余万美元。同时双方将第一个订单修改为数量为 30000 件收款机，每件 80 美元，总价为 240 万美元。而申请人实际上支付的货款超过了第一个订单的货款总额，申请人共支付了 250 余万美元。因此，申请人不存在欠被申请人第一个订单货款的事实。

因此，被申请人反请求要求申请人继续履行双方的《合作合同》，支付第一个订单货款毫无理据，仲裁庭不应予以支持。相反，被申请人存在违约行为，其应当向申请人返还剩余的全部货款。

（2）被申请人反请求要求支付第二个订单货款近 170 万美元，理由不能成立。

首先，被申请人已经自认第二个订单没有生产。

其次，被申请人没有确实充分的证据证明其购买了第二个订单的配件。被申请人提供的《物料采购订单及明细》中《采购订单》以及《采购支出凭证》等，不能确实充分的证明被申请人采购了第二个订单的配件。

本案中，被申请人提供的用以证明被申请人采购了第二个订单的配件的证据《物料采购订单及明细》和证据《采购支出凭证》，不能确实、充分的证明其主张。

证据《物料采购订单及明细》、证据《物料采购发票》和证据《采购支出凭证》等证据涉及的双方主体中国 C 科技公司与被申请人为同一法定代表人和股东相同，两个公司的法定代表人都是 D，股东也是有 D、E、F，这两家公司是关联企业。因此，被申请人提供的这份《采购订单》以及发票不能排除自行制作的可能性，其真实性存疑，无法判断此证据的真实性，也无法判断该交易真实发生了。并且《采购订单》及《采购订单明细》中没有写明该订单采购的是收款机的配件，也不能证明是为生产申请人订购的收款机而采购的配件，该证据与本案没有关联。

证据《采购支出凭证》中也未能写明该款项的用途，并且与其提供的证据《物料采购订单及明细》中的数额不相等，不能排除该转账汇款属于内部资金周转，也不能证明是为申请人生产收款机采购的配件的支出，此证据与本案没有关联。

被申请人作为电子产品的生产、销售公司，不可能只生产申请人这一单产品，其为生产申请人之外第三方的产品，也必然会采购大量的电子产品配件，因此，其提供的《物料采购订单及明细》和《采购支出凭证》等证据，不能排除是为其他方生产的电子产品而采购的配件。因此被申请人对其主张已经采购了第二个订单的配件证据不足。

最后，第二个订单未有效成立。

根据双方签订的《合作合同》，申请人支付 30% 的首期款，方可开始订单。而且每笔订单包括第一个订单和第二个订单的有效成立需要申请人与被申请人双方的共同合意。本案中的第二个订单，被申请人出具了形式发票，申请人支付了超过 15% 的部分首期款，由于申请人支付首期款未达到货款的 30%，因此，未达到第二个订单的生效条件，也没有达到开始生产的条件。并且双方并没有对开始生产第二个订单达成一致。为此申请人提供了申请人和被申请人的往来邮件证据，双方均没有生产第二个订单的意思表示。

在申请人提交的补充证据中，2017 年 9 月被申请人发给申请人的邮件明确通知申请人"当第二个订单开始时，我们会立即通知您"。这已经明确说明，第二个订单没有开始、没有有效成立。被申请人也未生产第二个订单，双方对第二个订单没有达成共同合意。

因此，被申请人反请求第二个订单货款近 170 万美元，理由不能成立，证据不足。

2. 被申请人仲裁反请求要求赔偿仓储费共计10余万美元，没有合同约定，也没有事实和法律依据，其理由不能成立。

首先，申请人与被申请人签订的合同中，没有关于仓储费的约定，也没有约定仓储费的数额和计算方法，被申请人主张仓储费没有合同依据。

其次，本案中，申请人没有违约行为，没有给被申请人造成任何的损失。

最后，被申请人提出的每天2400美元仓储费的标准没有依据。

仓储费是因储存保管而收取的劳务费，而被申请人提交的租金、服务费、水电费、污水处理费等均不属于仓储的费用。被申请人是公司企业，被申请人提交的租金、服务费、水电费应为被申请人正常经营中产生的费用，与本案涉及的合同标的没有必然的联系。被申请人是公司企业，被申请人提交的经营租金、航空公司开具的服务费、水电费、污水税处理费发票均应为被申请人企业生产经营中产生的费用，并且不能证明是为生产申请人订购的税控收款机而产生的费用，与本案没有关联。而且这些也不属于仓储的费用，不能证明被申请人的仓储损失。

因此，被申请人要求仓储费的损失既无合同约定，也无事实依据亦于法无据，不应予以支持。

3. 被申请人在合同履行过程中存在根本违约行为，申请人要求被申请人返还货款、赔偿损失于法有据。

被申请人违约的事实客观存在，主要存在以下几个方面的违约行为：

（1）在合同履行中，被申请人拒绝交付第一个订单剩余的近1万台税控收款机的属于违约行为。

在买卖合同中，交付标的物是出卖人的主要合同义务。根据《合同法》第一百三十八条规定，出卖人应当按照约定的期限交付标的物。根据中俄《交货共同条件》第二章第六条第一款规定，售方必须按照合同规定的期限交货。

申请人与被申请人签订的《合作合同》中对被申请人交货条件进行了明确的约定。《合作合同》约定，被申请人负责生产申请人的订单以及备件，并按时交付合格的货物；交货条件为收到30%首付款电汇订单款项后约70天交货。本案中，被申请人是出卖人，被申请人应当全面履行交货义务，按照合同约定的交货条件和交货期限向申请人按时交付合格的货物。在申请人已经向被申请人支付了第一个订单全部货款的前提下，被申请人拒绝交付第一个订单的剩余近1万台税控收款机之行为属于违约行为。

在申请人支付了全部货款后，被申请人应当依照合同的约定按时交付合格的货物，但被申请人仅向申请人交付了 2 万余件收款机，货物总价值为 170 余万美元。剩余近 1 万台收款机，被申请人拒绝向申请人交货。被申请人未按时交货，其行为已经构成了违约。被申请人的抗辩理由，不能成立。

（2）被申请人事先未征得申请人同意的情况下，单方将申请人支付的第一个订单的部分货款算作第二个订单的一部分首期款。被申请人的上述行为属于违约行为。

首先，申请人于 2012 年 2 月开始分批向被申请人支付了 30% 的首期款和剩余的货款共计 250 余万美元。而被申请人在合同履行中，违背诚实守信的原则，在没有协议约定、未事先与申请人协商、未经申请人同意的情况下，其自作主张将申请人支付的第一笔中近 40 万美元算作第二个订单的预付货款，在申请人已经交付了第一个订单 3 万台收款机全部货款的情况下，被申请人无理地要求申请人重复第一笔的支付货款，而拒绝发货。

被申请人将申请人支付的第一个订单的部分货款算作第二个订单的首期款这一事实，从申请人的证据和被申请人在仲裁庭发表的意见可知。

在申请人与被申请人磋商的邮件中：2018 年 5 月，申请人发给被申请人邮件："款项的分配比例：（根据你们的版本，因为当你们把款项转到第二个订单时，这变成了另一个问题，但是我们要求推迟第二个订单）。"2018 年 5 月，申请人发给被申请人邮件："贵司甚至将钱从第一个订单转到第二个订单。""如果我司再付钱，我司害怕不会收到任何东西（就像迄今为止一样）。"从这两封邮件可以反映出，申请人明确表示不同意被申请人将申请人支付的第一个订单的部分货款算作第二个订单的首期款。

其次，被申请人称申请人支付的第一个订单中的近 40 万美元为第二个订单的预付的理由不能成立，证据不足。

本案中，被申请人向申请人付款，均是由被申请人出具形式发票。

从申请人提供的证据以及被申请人开具的形式发票可以看出，申请人根据形式发票付款，第 1—3 项为 40 万美元、近 37 万美元、8 余万美元。2017 年 4 月金额为 170 余万美元的形式发票，为被申请人出具的第一个订单的最后一张形式发票，形式发票中，已经写明申请人已经付款的数额，以及剩余的付款数额为 170 余万美元。那么第 4—17 项的付款金额与该发票中的金额相等。

也就是说被申请人开出的第一个订单的形式发票金额与申请人主张的支付

第一个订单货款的每一笔金额以及第一个订单的总金额是一致的。从而说明，申请人主张第一个订单付款的事实情况真实可信。

而被申请人对其主张的第一个订单中有第二个近 40 万美元是第二个订单的首期款，被申请人对此说法负有举证的义务。本案中，按照交易惯例，申请人付款是按照被申请人预先开具的形式发票，那么被申请人应该提供其开具的第二个订单的第二个近 40 万美元的形式发票。现被申请人没有证据能够充分的证明其主张的第一个订单中有第二个近 40 万美元是申请人支付的第二个订单的首期款，因此，被申请人的这一说法不可信。

被申请人违背了诚信原则，无理要求申请人在已经支付了第一个订单全部货款的情况下重复支付第一个订单剩余货物的货款，被申请人的行为明显属于违约行为。

（3）被申请人生产的收款机有严重的质量问题的事实客观存在，被申请人的行为属于违约，责任应当由被申请人承担。

第一，被申请人承认其生产的收款机存在严重的质量问题。

申请人将收款机发生故障的事情通知了被申请人，被申请人告知产生问题的原因是主板电路出现错误，双方对产品质量问题进行了磋商。

第二，经俄罗斯联邦工商会 N 市工商会对被申请人交付的收款机进行鉴定，并做出《专家鉴定书》。根据鉴定结论，被申请人的 2 万余台某型号终端机具存在重大生产缺陷，即安装在某型号终端机主板上的原装实时时钟电池放电。

第三，被申请人在交货时未向申请人提供产品合格的说明和产品检验、检测等买卖合同标的物相关的其他单证和资料。

本案中被申请人是产品制造方和出卖人，其生产的税控收款机在出厂前应当进行检测，还应当按照约定或者交易习惯向买受人即申请人交货的同时提供检测的相关资料。该项义务系属于出卖人在买卖合同中所负担的附随义务，该义务为保证产品的质量，实现买受人的交易目的。交易实践中，与买卖合同标的物相关的其他单证和资料主要包括：产品合格证、产品说明书、质量保证书等。

而被申请人没有提供税控收款机的检测报告和产品合格证、产品说明书、质量保证书，也就是说，被申请人不能证明其生产的产品属于合格产品。

第四，被申请人第一个订单剩余收款机，没有进行技术改进和修复。如果被申请人生产出了剩余的收款机，由于产品有质量问题，被申请人应当进行返工、重做或修复等措施，但是被申请人没有通知申请人对产品进行修复或重做和检测，被申请人也未提供证据证明其对产品进行返工、重做或修复等措施使收款机符合了使用的标准。

（4）申请人在中国采购收款机的根本目的已经无法实现。

根据俄罗斯的法律，要求俄罗斯境内所有的商户应当在 2017 年 7 月 1 日之前使用收款机收款，因此在 2017 年 7 月 1 日前后的一段时间，俄罗斯对收款机有较大的市场需求，申请人采购收款机正是利用此期间的商机，采购收款机后销售给俄罗斯的用户。但是被申请人生产的收款机存在严重缺陷，申请人销售收款机的商业受损是必然的结果，也必然会给申请人的销售造成极大困难。

由于申请人的商业信誉受损，致使申请人在俄罗斯销售额大幅下降，并且目前已经时过境迁，收款机销售市场已经发生了变化，俄罗斯用户已经完成了初期收款机购置，收款机在俄罗斯已经没有了市场空间。申请人在中国采购收款机的根本目的已经不能实现。被申请人的违约行为等于实际上剥夺了申请人签订涉案采购收款机期望得到的利益。

基于以上事实，本案中，被申请人在合同履行中，生产的收款机不合格，未能按时交付合格的产品，并单方将申请人支付的第一个订单的货款算作第二个订单的首期款，在申请人已经支付第一个订单全部货款的情况下，拒不交付第一个订单剩余的货物近 1 万台收款机，因此被申请人存在严重的违约行为，致使申请人的合同目的——采购合格的收款机在俄罗斯销售不能实现。由于被申请人生产的产品的缺陷，申请人不得已对产品大量的维修，导致申请人在俄罗斯市场的商业信誉受到严重影响，申请人已经无法在俄罗斯继续销售收款机，因此，申请人请求返还首期款和赔偿损失也是合理合法的。

4. 本案中，第一个订单剩余的近 1 万台收款机未交货的责任应当由被申请人承担。

（1）关于第一个订单的数量和单价

从双方提供的往来邮件和被申请人开具的形式发票可以得出结论，被申请人开具了第一个订单的形式发票订单数量为 3 万余件收款机，每件 80 美元，总价为 250 余万美元。根据当事人双方的邮件，2017 年 2 月，经过双方协商将第一个订单的数量由 3 万余台调整为 3 万台，每件 80 美元，总金额为 240 万美元。双方在庭审中，对第一个订单 3 万台没有争议。因此，根据形式发票载明的价格，第一个订单的数量以及单价，双方实际执行的数量是 3 万台，每台 80

美元，总金额为 240 万美元。

（2）关于第一个订单的付款

本案中，被申请人向申请人付款，均是由被申请人出具形式发票。从申请人提供的证据以及被申请人开具的形式发票可以看出，申请人根据形式发票付款，被申请人开出的第一订单的形式发票金额与申请人主张的支付第一个订单货款的每一笔金额以及第一个订单的总金额是一致的。从而说明，申请人主张第一个订单付款的事实情况真实可信。

而被申请人对其主张的第一个订单中有近 40 万美元是第二个订单的首期款，被申请人对此说法负有举证的义务。本案中，按照交易惯例，申请人付款是按照被申请人预先开具的形式发票，那么被申请人应该提供其开具的第二个订单的第二个近 40 万美元的形式发票。现被申请人没有证据能够充分的证明其主张的第一个订单中近 40 万美元是申请人支付的第二个订单的首期款，因此，被申请人的这一说法不可信。

（3）第一个订单剩余的近 1 万台收款机未交货的责任应当由被申请人承担

首先，向申请人交付合格的产品是被申请人的法定义务，被申请人生产的收款机，存在严重的缺陷属于不合格产品，本案中第一个订单剩余的近 1 万台收款机，被申请人没有进行修复、消除产品缺陷，是不合格产品。

其次，申请人已经支付了第一个订单的全部货款，并且支付的货款已经超出了第一个订单 3 万台的收款机的货款，即使被申请人认为与申请人的纠纷存在，申请人多付货款也足以覆盖被申请人的损失，因此被申请人没有理由拒绝交货，被申请人理应向申请人交付第一个订单剩余的近 1 万台全部合格的收款机。

但是在申请人多次要求被申请人交付合格的剩余近 1 万件收款机时，被申请人拒绝交付。根据申请人与被申请人的邮件往来，2018 年 5 月，申请人发给被申请人邮件："请确认一下我们可以拿走所有的第一个订单的余额货物（近 1 万台）。"但被申请人回复：不同意申请人的要求。并且被申请人多次通过邮件告知申请人，要求申请人重复支付货款，并多次通知申请人"申请人仍不付款并取走近 1 万台机器，我司将销毁库存机器，因为它们毫无用处"。

被申请人拒不交付第一个订单剩余的近 1 万台全部收款机，被申请人在申请人已经支付货款的情况下，坚持让申请人重复支付货款，拒绝交付剩余近 1 万台机器，并明确告知申请人要销毁或处理库存的机器。而且被申请人在开庭时已经表示，被申请人已经将剩余近1万台机器进行了处理，再者被申请人也没有证据证明其实际生产了第一个订单剩余的近1万台收款机。

鉴于以上事实和理由，被申请人存在严重的违约行为，违约责任应当由被申请人承担。

5. 第二个订单未有效成立，申请人已经支付了第二个订单的首期款40余万美元，被申请人应当予以返还。

根据双方签订的《合作合同》，申请人支付30%的首期款，方开始订单。而且每笔订单包括第一个订单和第二个订单的有效成立需要申请人与被申请人双方的共同合意。本案中第二个订单，被申请人出具了形式发票，申请人支付了超过15%的部分首期款，由于申请人支付首期款未达到货款的30%，未达到第二个订单的生效条件，也没有达到开始生产的条件。并且双方并没有对开始生产第二个订单达成一致。为此申请人提供了双方往来邮件，双方均没有生产第二个订单的意思表示。

在申请人提交的证据中，2017年9月，被申请人给申请人发邮件，明确通知申请人"当第二个订单开始时，我们会立即通知您"。这已经明确说明，第二个订单没有开始、没有有效成立。被申请人也未生产第二个订单，双方对第二个订单没有达成共同合意，因此第二个订单没有生效。

如前所述，申请人在中国采购收款机的根本目的已经无法实现。第二个订单未有效成立，申请人已经支付了第二个订单的首期款，被申请人应当予以返还。

6. 被申请人对其生产的产品负有瑕疵担保义务，其对产品质量不合格的责任应当由被申请人承担。申请人请求被申请人赔偿收款机维修费有事实和法律依据。

根据《合同法》第一百五十三条和《交货共同条件》第八章第十九条第一款规定，本案中，被申请人制作、交付的收款机应当符合质量要求，保证用户能按照其用途正常使用，这一义务为被申请人应承担的瑕疵担保义务。交付合格的产品是被申请人的法定义务。然而，被申请人生产的收款机，申请人在俄罗斯销售后，大量俄罗斯用户在使用中发现，收款机出现故障，设备无法启动，收款机不能正常使用，并且被申请人通过自行检查确认了产生问题的原因是主板电路出现错误。说明被申请人生产的收款机确实存在质量问题。

被申请人在生产、交付时应当进行定型实验和交收检验。根据中华人民共和国税控收款机国家标准（18240.1-2003）第六条检验规则，产品在定型时（设计定型、生产定型）和生产过程中必须按本部分和产品的规定进行检验，并符合各项规定的要求。检验分为定型检验、交收检验，产品在设计定型时均应检验，对批量生产或连续生产的产品，进行逐批全数进行交收检验，检验由承制方负责，并出具检验报告。但被申请人在生产收款机以及交付时，没有按照生产规范进行检验，也没有出具质量合格的报告，并且收款机确实出现了问题，因此，可以判定被申请人生产的收款机为不合格产品。

为此，根据俄罗斯联邦法律以及《保护消费者权益法》，为了保护消费者免于违反税收法律，申请人紧急调动了俄罗斯联邦不同地区的客服中心。从设备故障到送至维修地点的物流以及更换材料的成本以及人工费用均由申请人垫付，每台收款机的维修费用以当期卢布汇率结算，折合美元为30—40美元。

根据《合同法》第一百一十一条规定，申请人对收款机维修所产生的费用，是由于被申请人交付不合格产品所产生的损失，该损失应当依法由被申请人承担。

并且双方对产品质量问题进行了协商，申请人要求被申请人对其产品履行担保义务，被申请人给申请人的邮件中承认其知晓的义务，并声明将履行该担保义务。在2017年秋天被申请人派人到俄罗斯与申请人商谈产品质量问题，被申请人负责人承诺，被申请人承担15美元的维修费。

鉴于以上理由，申请人要求被申请人赔偿维修费符合法律规定，并且被申请人承诺同意赔偿，双方对赔偿数额为每台15美元也达成一致，被申请人应当承担违约责任和相应的法律后果。

综上所述，请仲裁庭依法支持申请人的仲裁请求，驳回被申请人的全部反请求。

（六）被申请人的代理意见

庭后，被申请人代理人提交了《代理词》，就庭审中提到的以下两个问题，补充发表以下代理意见：

1. 被申请人请求赔偿仓储费用是否有法律依据以及是否合理的问题

被申请人认为，被申请人请求赔偿仓储费用损失有充分的法律依据，该费用系必要费用，不仅在双方履行订单中产生该费用时就第一时间提请申请人注意，同时在本次仲裁中被申请人还依法减小该损失的进一步扩大，该反请求的主张不仅合法更合理，恳请支持为盼。

（1）明确仲裁反请求中所述的仓储费用的内容。

如庭审陈述及证据显示，被申请人该项仲裁反请求应当具体为包括库存机器及物料的租金、服务费、水电费等的仓储费用。

（2）机器和物料合理的仓储费用至少为同地段自有仓库进行出租的平均可得利益，根据该计算逻辑所得的仲裁请求已再合理不过。

首先，需要提请仲裁庭注意的是，生产的机器及购买的物料是必然要存放在仓库中，无论是不是自有承租的不动产，则必然产生仓储费用的支出损失或该部分费用的可得利益损失，即包括但不限于不动产让渡使用的使用费（即租金）、物业管理服务费、水电费等。即使仓库为被申请人的自有房产，被申请人应参考平均仓储费用计算得出该部分的可得利益的损失。被申请人若仅提交实际支付仓储费用的证据，申请人必将主张与实际仓储案涉机器及物料无关联性。因此，被申请人特别在首批证据中提交相应证据，实际上正是证明被申请人因申请人的违约行为导致的仓储费用的可得利益损失至少有10万余美元。具体请见如下：

中国M市某区的某航空工业园，如被申请人证据所示，在某区当时的厂房的出租均价（含租金、物业管理服务费等）为30余元/平方米/月。基于3400余台（一个40尺高柜）须占用近70平方米的仓储空间，故案涉合同项下的机器50台占用1平方米仓储场地，由于申请人停止付款且明确表示无法继续付完所有款项，只想提走部分货物，故被申请人若仅按照市场平均价来算至少产生必要仓储费用共计10万余美元，即为仲裁请求中的仓储费用的总金额。

（3）进一步提交的证据更能证明被申请人主张的上述费用损失的仲裁申请的合理性。

被申请人将租用仓库中相当一部分在上述时间区间用于仓储为申请人生产的机器和购买的物料。如被申请人证据所示，2017年5月至2019年6月，分别向某航空工业园所有权人中国G航空工业公司支付租金人民币近80万元、物业服务费人民币9万余元、水费人民币近1万元、电费人民币15万余元，共计人民币100余万元，该金额是被申请人在前述期间实实在在的转账支出，远远超过了仲裁请求的金额10万余美元。因此，进一步提交的证据更能证明被申请人主张的上述费用损失的仲裁申请的合法、合理。

（4）双方履行订单中产生该费用时就第一时间提请申请人注意，因此，反请求关于仓储费用的计算标准与2017年该损失产生时向申请人告知的完全一致，更证明该部分损失的真实性和关联性。

2017 年 6 月中旬被申请人向申请人发送邮件提出："我们的库存机器已经存放了一个半月。由于仓储和管理费用，我们每个月亏损 1200 美元。请告知如何与我们承担费用？自从五月份以来，你们的付款一周又一周地拖延，发生了什么事？第二个订单的生产，我们已经等了一个月了——你们告诉我们再等两个星期，现在我们不能再仓储材料了。如果你们不开始付款并开始第二个订单生产，请告诉我们你们的赔偿被申请人的损失的计划。请给我们一个切实可行的解决办法，而不是像现在这样继续拖延。"

2017 年 6 月下旬，被申请人向申请人发送邮件提出："我们已经库存 1 余万台两个月了。基本仓储费用为每月 1200 美元。现在剩下的货物是近 1 万台。"

2017 年 7 月下旬，被申请人向申请人发送邮件提出："根据我们的会议，你通知我们第一个订单的总余款近 30 万美元将在 7 月支付，第二个订单的余款将在 9 月支付。""请查收附件，按我们之前的指示，剩余总款为近 30 万美元，包括 2 个月的仓储费 2400 美元。很遗憾催促你们，但是到目前为止，我们仍然没有收到任何更新的付款计划以及所储存的货物何时可以提货的信息。我们承受着巨大的仓储压力，财务部门也在催我这一款项，因为已经是 7 月底了。"

2. 第二个订单的成立及生效是否以申请人支付 30% 货款为条件的问题

被申请人认为，申请人支付 30% 货款为双方于 2016 年 5 月签订的《合作合同》约定的申请人在订单中应当履行的义务，根本不是订单成立的条件。申请人在 2017 年 4 月向被申请人下了第二个订单后 3 日内支付了第二个订单的部分货款更是在实际履行该订单，更说明该订单是成立并生效的。

关于《合作合同》中"付款条件和交货期"项下的所有条款，显然是关于订单履行过程中双方的权利和义务的约定。申请人将付款 30% 解释成订单成立的条件，过于牵强附会。其中的法理显而易见，买卖合同并非实践性合同，并非以一方交货或另一方付款作为成立生效条件的；同时合同中"付款条件和交货期"整个部分也显然是在约定各方在订单中的权利和义务。作为申请人更是在下单后马上支付了近 40 万美元作为履行合同义务中支付 30% 货款中的一半，被申请人也立即着手进行物料的采购为最后的组装做好准备。既然双方都在实际履行该订单了，如果还主张该订单没有成立，无非是违约一方逃避履行合同义务的托词罢了。

除上述意见，关于申请人由于本国销量问题拒绝付款的违约行为、申请人提出的所谓"质量问题"根本与其拒绝付款没有因果关系、机器即使存在问题亦不应由被申请人承担相应责任等方面的问题，恳请经过历时三年有余的充分调查论证后，综合所有证据、双方陈述的一贯性和逻辑，依法作出公平、公正、合法、合理的裁决。

二、仲裁庭意见

依据现有证据以及仲裁庭的庭审调查，仲裁庭查明本案有关事实，并作出以下分析和认定。仲裁庭充分考虑了各方在程序过程中提出的意见、审查了各方提交的证据，对于仲裁庭经过审理认为不影响仲裁结论的主张或证据，仲裁庭在下文中将不加以详述或分析。

（一）本案争议处理适用的法律

本案合同为涉外合同，双方当事人在合同中未约定合同适用的法律。仲裁庭在问题清单中询问双方本案争议处理应适用的法律，申请人回复称适用中华人民共和国法律、《交货共同条件议定书》及其附件《交货共同条件》以及《国际货物销售合同公约》。被申请人回复称适用与合同有最密切联系的法律。仲裁庭注意到，双方在本案审理中均引用了《合同法》和《共同交货条件议定书》及其附件《交货共同条件》。双方实际已同意选择适用中华人民共和国法律（以下简称"中国法律"）和《交货共同条件议定书》及其附件《交货共同条件》。据此，根据《中华人民共和国涉外民事关系法律适用法》第四十一条规定，本案争议处理适用中国法律和《交货共同条件议定书》及其附件《交货共同条件》。同时，双方经常营业地位于《国际货物销售合同公约》不同缔约国，该公约也适用于本案。

又，本案系《中华人民共和国民法典》（以下简称《民法典》）施行前的法律事实引起的民事争议，根据2021年1月1日起施行的《最高人民法院关于适用〈中华人民共和国民法典〉时间效力的若干规定》第一条第二款规定，本案争议的处理适用《民法典》施行前当时的中国法律、司法解释的规定，但是中国法律、司法解释另有规定的除外。

（二）双方签订的合同

仲裁庭查明，申请人和被申请人确认双方先后签订了《合作合同》《补充合同》《备忘录》：

1.《合作合同》

2016年5月，申请人与被申请人签订了一份英文版合同，合同封面名称为

Cooperation Contract（《合作合同》）。合同约定，申请人与被申请人共同努力在俄罗斯市场发展税控收款机业务。被申请人作为供应商，申请人在俄罗斯联邦和白俄罗斯共和国境内经销被申请人生产的税控收款机。本合同期限为 2 年，自双方代表在合同上签字之日起生效。此后每年延长一次，直至被申请人或申请人提前两个月向对方发出书面到期通知为止。《合作合同》主要条款内容如下：

（1）申请人的责任

①申请人负责提供当地政府的技术需求和市场需求，协助被申请人完成研发任务。

②申请人应在本合同签订后一个月内向被申请人提供 2 万美元的研发保证金，用于硬件开发，当订单数量达到 2 万台时归还给申请人。

③申请人应负责研发过程中发生的所有一次性工程费用，如接口面板模具。申请人确认设计时，被申请人将提供 1 万美元的预估费用。

④负责自费向俄罗斯财政部提交样品以供审批验证，并在被申请人提供审批样品之日起 2 个月内通过审批。

⑤自费负责合作模式的市场推广、销售和售后服务。

⑥负责培训销售人员、技术人员和最终用户，使他们更好地理解产品。

⑦达到双方同意的最低年销售量。

⑧合同到期时，继续为市场上销售产品提供售后服务工作，向被申请人支付剩余未结款项（如有），并按计划时间提取旧订单库存货物。

（2）被申请人的责任

①负责根据申请人的技术需求完成研发，并提供最终合格产品，这些产品必须具备硬件的全部操作能力。

②负责协助申请人通过审批，并解决俄罗斯财政部报告的技术问题或变更要求。

③订单数量达到 2 万台时，被申请人必须将 2 万美元保证金退还给申请人。

④为申请人提供技术顾问，帮助他们更好地理解产品的操作。

⑤负责生产申请人的订单以及备件，并按时交付合格的货物。

⑥合同到期时，从交付税控收款机之日起的两年内，继续向申请人提供备件，用于销售产品的售后服务；同时，按计划时间交付申请人未完成订单货物。

⑦被申请人必须提供所有税控收款机电路图和示意图。特别是以下必需文

件清单：

　　A. 主板、控制器板、I/O 板的电路图。

　　B. 显示器数据表和编程指南。

　　C. 打印机数据表和编程指南。

　　D. CPU 的 EVK（Nuvoton N32926）。

　　⑧被申请人必须为 Linux 核心构造提供驱动程序和支持。

　　（3）产品价格和规格

　　①价格和 MOQ

某型号终端机 MOQ/订单：1 万台；

MOQ/年 2 万台；

价格：中国 M 市工厂交货，88.42 美元；

订单可以分成几批装运。

备注：

以半成品形式装运某型号终端机，而不是完整组装件形式。

DREAMKAS 申请人必须根据上表完成每年的最低销售量。

　　一旦某型号终端机通过俄罗斯财政部的审批，申请人必须在 1 个月内下第一个订单。

　　如果申请人不能完成每年销售目标，被申请人有权终止合同并寻找新的经销商。

　　②规格表（略）

　　（4）付款条件和交货期

　　①电汇预付。下单时，申请人必须支付 30% 的货款；其余 70% 必须根据待交货通知在交货前两周支付。

　　②交货条件为收到订单 30% 首期电汇款项后约 70 天交货。根据书面订单交货。

　　③采购订单经被申请人确认后，不得取消或更改。

　　（5）保修条款

　　由被申请人提供安全包装的合格产品。为了支持申请人在俄罗斯的售后服务，被申请人应能根据附件 1 中的备件表提供备件，为期两年。

　　（6）通知

　　本合同中要求或允许发出的通知、需求、同意、报价或要求必须采用书面形式，且以专人递送或通过挂号航空邮件或传真、电子邮件或电传形式发送，并通过挂号航空邮件确认。通知应视为在寄出之日送达，但地址变更通知应视为在收到时送达。

本合同自双方代表签字后立即生效。

合同附件 1 为某型号终端机备件表，列明有部件号、说明、图片、价格（美元）。

2.《合同》

2016 年 6 月，申请人为买方与被申请人为卖方用英文和俄文签订《补充合同》，主要条款内容如下：

（1）合同标的

①卖方承诺将货物所有权转让给买方，买方承诺按照本合同规定条款接收货物并付款。

②本合同项下货物包括计算器、收银机、组件和替换部件。

③货物分批装运，直到合同生效。

④根据买方采购需求分批。已就任何形式的协议条款进行讨论。因此，卖方向买方发送形式发票，列明货物名称、数量、货物价格、付款货币、交货条件、装运日期和发货地址、付款条件。

⑤形式发票规定的条款仅适用于该形式发票中列明的货物。

⑥形式发票规定的价格不得更改。

⑦卖方承诺提供服务，根据买方确认的方案开发外壳生产工具（外壳工具）样品，还应提供根据买方确认的方案生产的外壳样品。提供开发服务的期限为自开发工作付款之日起 8 个日历周。工具开发工作的费用为 1 万美元（不含税）。买方承诺在收到形式发票之日起 14 个日历日内支付工具开发服务费用。

⑧买方承诺在收到样品之日起 14 个日历日内接收外壳样品，检查并签署提供服务方案。在签署提供服务方案之前，应可接受买方提出的所有样品索赔。如果买方提出索赔，则外壳样品的测试时间将延长至索赔得到解决。

⑨买方订单所述的外壳工具应在卖方生产线上生产。

⑩卖方承诺根据买方确认的技术要求开发系统板和控制器样品，还应提供系统板和控制器的可操作样品。提供服务的期限为开发工作付款之日起 8 周。系统板和控制器开发工作的费用为 2 万美元（不含税）。买方承诺自收到卖方形式发票之日起 14 个日历日内支付系统板和控制器的开发费用。

⑪买方承诺自收到系统板和控制器样品之日起 14 个日历日内接收系统板和

控制器样品，检查并签署提供服务方案。

在签署提供服务方案之前，应可接受买方提出的所有样品索赔。如果买方提出索赔，则外壳样品的测试时间将延长至索赔得到解决。

⑫如果买方在当前合同有效期内购买 2 万块系统板，则卖方承诺向买方支付 2 万美元（不含税）补贴。补贴只提供一次。卖方向买方提供列明补贴总额的单据-贷项通知单。

⑬本合同中所述的开发服务费用不含税，根据俄罗斯联邦法律，税费须由俄罗斯联邦境内的税务代理人代缴。

（2）付款条件

①合同总价值等于 500 万美元。

②本合同项下的主要货币为美元。

③未达到合同价值，买方不会受到处罚。

④每批货物的价格由形式发票规定。如果没有指定货币，默认情况下，所有账目以美元为单位进行结算。

⑤买方安排将款项转账至形式发票所述的对应卖方账户。

⑥每批付款都以形式发票指定的货币进行安排。如果未指定货币，则默认采用美元。

⑦每批付款都按照形式发票规定的条件安排。如果未规定条件，则按以下条件安排付款：

形式发票的 30%，下订单时，收到形式发票后 14 个日历日内；

形式发票的 70%，在通知货物准备装运后 14 个日历日内，但在装运日期之前。

⑧买方国家的银行佣金由买方支付，卖方国家的银行佣金由卖方支付。

⑨如果买方预先支付所有必需款项，而且货物未在最近一次付款后 90 个日历日内装运，卖方有义务在 10 个日历日内退还款项。

⑩如果提前付款，并且使用美元以外的货币，则按照俄罗斯联邦中央银行的货币汇率结算。

⑪如果在收到货物后以美元以外的货币付款，则按照海关货物申报登记当天俄罗斯联邦中央银行的货币汇率结算。

（3）交货条件

①交货条件由每批货物的形式发票规定。如果未指定交货条件，则适

用 EXW。

②货物转交给买方货运代理的日期被视为装运日期。

③买方签署装运单据的日期被视为收货日期。

④卖方在装运前 3 个工作日通过电子邮件向买方发送以下文件的副本：国际空运提单（空运）、货运提单（海运）、发票、装箱单。

⑤卖方有义务在 7 个日历日内将提单原件交给海运公司，以便电报放货。

⑥并应要求签发原产地证书。

⑦货物将根据运输要求包装运输。包装上需标明商品名称和重量。

⑧由买方负责与俄罗斯联邦货物进口有关的所有活动。由买方支付所有与货物进口相关的关税和税项。

⑨货物由卖方移交给买方货运代理时，货物所有权也从卖方转移给买方。

⑩货物由卖方移交给买方货运代理时，损失或损坏风险也从卖方转移给买方。

⑪买方向俄罗斯联邦进口货物的时间不得超过货物装运后 250 个日历日。

（4）货物验收条款

①将根据发票验收货物数量。

②应根据买方国家立法以书面形式记录数量或质量差异。买方有权以书面形式向卖方提出索赔。

③应在货物验收后 30 个日历日内提出索赔。

④卖方有义务在买方和卖方双方同意的时间内更换有缺陷的产品或交付未交货的货物或退还有缺陷或未交货的货物价值。

⑤所有与更换有缺陷货物或赔偿相关的费用均由卖方承担。

（5）保修条款

①保修期为货物由卖方移交给买方货运代理后一年。

②保修期内，双方同意以下方式之一提供保修：卖方自费向买方提供备件以便进行维修，或者卖方自费向买方提供相同的货物（如果不提供维修）。

（6）不可抗力

①如果出现不可抗力情况，阻碍任一方完全或部分履行其在本合同项下义务，即：战争、军事行动、封锁、禁运、货币和政府限制等超出一方控制的事件，在此期间，双方均免于履行义务（付款除外）。

②如果上述情况持续超过 30 个日历日，则任一方都有权拒绝进一步履行本

合同项下义务，如果在到期日前至少 10 个日历日通知另一方，则无需对这种停止履行义务承担任何责任。

③不可抗力情况的有效性应经被调查者所在国家的工商会确认。

④这种情况的发生并不是买方就不可抗力事件发生之前的货物供应拒绝付款的理由。

（7）仲裁

①双方在履行本合同期间发生的所有争议和分歧将通过谈判解决。

②如果分歧和争议未能通过双方同意得到解决，双方同意交由索赔人所在地的商会仲裁院解决。

（8）其他条款

①合同于双方签署后生效，有效期至 2018 年 5 月 23 日或双方完全履行其义务。

②如果双方都没有在合同有效期届满前取消合同，则合同将被视为自动延长一年。可无限次延长。

③本合同的变更、修正和附录须以书面形式并由本合同授权人士签字方可生效。

④未经合同一方书面同意，任一方不得将其本合同项下的权利和义务转让给第三方。

⑤本合同以俄语和英语签署。两种语言的文本具有同等效力。

⑥通过传真或 PDF 格式的电子邮件收到的所有人文件具有与原件同等的法律效力。

3. 《备忘录》

2016 年 6 月，申请人与被申请人签订一份主题为 "关于被申请人与申请人的合作"《备忘录》，内容如下：

申请人是一家俄罗斯公司。关于被申请人与申请人合作的所有条款仅基于双方于 2016 年 5 月签订的《合作合同》[有效期为 2016 年 5 月至 2018 年 5 月（2 年）]。被申请人与申请人双方合作的英文和俄文版的合同，仅仅是为了尊重俄罗斯政府的法律，并帮助申请人完成对被申请人的付款，该合同中的所有条款无效，不具有法律效力。

（三）双方下订单的情况

仲裁庭查明，双方主要通过往来电子邮件（以下简称 "邮件"）的方式磋商订单的下单和履行等问题，双方主要参与人员如下：

申请人方：

H：首席执行官，代表申请人在《合作合同》《合同》《备忘录》上签名；

I：供应经理，为首席执行官 H 下级业务员；

J：技术专家，为首席执行官 H 下级业务员。

被申请人方：

K：销售总监，代表被申请人在《合作合同》《合同》《备忘录》上签名；

L：销售经理：为 K 下级业务员；

O：总工程师。

为便于陈述，以下双方发送邮件表述为"某某给某某"。

本案涉及两个订单：

1. 关于第一个订单

2017 年 2 月 20 日，申请人与被申请人邮件磋商第一个订单。其中，K 给 I："价格是 80 美元/3 万台，每年最小订货量 10 万台，我们适用的价格是 85 美元/80 美元/80 美元。所以第一个订单是 3 万台，每台 85 美元。我们出具 3 万余台/每台 80 美元的形式发票是为了解决价格不一的问题，因为如你们所说价格不一会在海关出现问题。所以我们将交付 3 万台而不是 3 万余台。当然。每台多收的 5 美元将会在第三个订单近 3 万台时退还给你们。"同日，申请人 I 给 K 发邮件："好的。我们最终确定：（1）订单安排：3 万余台/单价 80 美元（其中 2000 台和第三个订单一起提货），3 万台/单价 80 美元，近 3 万台/单价 80 美元；（2）我们的价格为 80 美元，最小订单量为 3 万台，10 万台/年；（3）我们现在订购 3 万余台/每台 80 美元，今天支付 40 万美元，3 月 6 日前支付近 37 万美元，出货前支付剩余金额；（4）价格 80 美元，包括你们组装+测试+包装；（5）提货安排：1.5 万台于 3 月 15 日+1.5 万台于 4 月 15 日。"同日，K 回复 I："我想再次提醒你们 50-60 天的新订单的交货期，这样你们就能相应安排新订单了。"同日，被申请人向申请人开具了 3 万余台收款机的形式发票。申请人分别于同日和同年 3 月 2 日支付给被申请人 3 万余台收款机总货款 250 余万美元的 30% 首期款近 80 万美元。据此，第一个订单经被申请人正式确认而有效成立。双方对第一个订单已成立生效无异议。之后，被申请人又先后向申请人开具多张形式发票。根据双方的协商结果，第一个订单实际应交货数量为 3 万台收款机。

2. 关于第二个订单

2017 年 4 月 4 日，I 给 K："我准备购买下一个 3 万台，请提供供货安排。我的目标是存货，为 5 月到 7 月的销售做准备，我想让你们按照 30%/70%付款，在 60 天内交货。" 4 月 6 日，I 给 L："我付你 10%，开始第二个 3 万台，好吗？如果我们不能在交货前支付 100%的货款，我希望你们能帮忙给予我们赊销。"同日，K 给 I："为了确认订单，请先支付 30%首期款。这一原则我们不能妥协，因为订单一旦确认，被申请人将投入资金购买所有材料准备生产。我们理解现金流的压力，所以对于剩余的 70%的货款，你们可以分批支付，因为我想我们可以像第一个订单 3 万台那样分批发货。这样可以帮助你们缓解现金流的压力。" 4 月 7 日，K 又给 I："对于 30%首期款，你们能先支付 15%，在 22 天内再付 15%吗？希望这样能有所帮助。"同日，I 给 K："我已为第二个订单 3 万台先支付 15%（近 40 万美元）。见附随的证明，请开始生产吧。"同日，申请人支付被申请人近 56 万美元，其中近 20 万美元为第一个订单的部分货款，近 40 万美元为第二个订单的 15%首期款，被申请人向申请人开具出第一张第二个订单的形式发票。双方对此事实无异议。申请人未在之后的 22 天内再支付第二个订单第二个 15%的首期款，被申请人在 2017 年 4 月 24 日向申请人开具出第二张第二个订单的形式发票，之后未再开具第二个订单的形式发票。

被申请人主张，申请人已付清第二个订单的 30%首期款，第二个订单已成立生效。申请人则主张只支付了第二个订单的 18.07%，并多次通知被申请人不要开始第二个订单的生产。双方均提交了往来邮件证明自己的主张。

被申请人证明其主张的邮件主要有：2017 年 6 月 28 日，I 给 L："现在我们支付了近 220 万美元。"被申请人认为，加上 2017 年 7 月 3 日支付的 10 万美元，合计近 230 万美元，可以证明申请人自认扣除第二个订单的 70 余万美元，与被申请人单独讨论第一个订单。7 月 7 日，L 给 I："我想知道你们为什么把付款时间推迟到下周。你们那边发生了什么事？我们并不想每天都催你们付款，我们信任你，但我希望你们能遵循你们的付款计划。因为我已经通知了我们的财务部门，所有剩余的款项将在下周支付。请不要让我们失望和质疑你们的付款计划的可靠性？我们希望你能给我们一个可靠的付款时间表来支付剩余的货款（近 30 万美元），谢谢！"被申请人称，从该邮件中可知，被申请人当时就 30 余万美元的货款已多次催款。于是在下面的邮件中，申请人又一次进行了付款承诺。7 月 7 日，I 就上面一封的邮件给 L 回复："如果下周进账良好，我们将在 14 日前支付余额。"7 月 20 日和 7 月 25 日，L 给 H、I："根据我们的会议，你通知我们第一个订单的总余款（近 30 万美元）将在 7 月支付，第二个订单的余款将在 9 月支付。""请查收附件，按我们之前的指示，剩余总款为近 30 万美元，包括 2 个月的仓储费 2400 美元。很遗憾催促你们，但是到目前为止，我们仍然没有收到任何更新的付款计划以及所储存的货物何时可以提货的信息。我们承受着巨大的仓储压力，财务部门也在催我这一款项，因为已经是 7 月底了。"7 月 31 日，I 回复 L 上述 7 月 25 日的邮件："对于错误的付款计划，我深表歉意。现在的市场不可预测。现在我们支付第一个订单的 90% 和第二个订单的 30%。我相信这对我们双方都很好。我们会努力尽快付款。请给我两周时间看看市场。然后我会向你们做一些预测。"（被申请人省略了该邮件第一段话内容"额外的费用不在我们的合同范围内，所以没有额外的费用，我们可以帮你们在本周内把所有的余货提完"，仲裁庭注）。被申请人称，上述申请人已确认支付了第一个订单近 230 万美元及第二个订单 70 余万美元，那么此处申请人确认已支付第一个订单的 90% 和第二个订单的 30%，那么一方面确认两个订单已支付的比例，且尚未支付完毕；另一方面亦可反推（各自除以 90% 和 30%），第一个订单总额为 250 余万美元，第二个订单总额为 240 万美元。

申请人证明其主张的邮件主要有：2017 年 9 月 22 日，H 给 K："为了减少库存损失，你们必须先装运第一个订单中已预付货款的产品。我们不明白贵司为什么这样做：1. 下第一个订单，并且已经支付了第二个订单 15% 首期款时，贵司要求我们将首期款增加到 30%。2. 在这种情况下，我们担心第二个订单会延期，贵司要求完成第二个订单的首期款，同时说'不要担心，你们不用这么匆忙，我们不会生产第二个订单'。3. 然后你们开始扣留我们的第一批货。4. 现在的情况是到了下第二个订单时，贵司催逼我司下单，但是我司要求贵司先等待一段时间。看起来我们之间并不是合伙关系。希望我们能解决这个难题。"2018 年 5 月 7 日，H 给 L、K："……我司总共已支付贵司近 300 万美元，款项的分配比例：（根据你们的版本，因为当你们把款项转到第二个订单时，这变成了另一个问题，但是我们要求推迟第二个订单）……我的建议：尽快装运第一个订单，我方不支付任何款项。"2018 年 5 月 30 日，H 给 K："贵司甚至将钱从第一个订单转到第二个订单"，"如果我司再付钱，我司害怕不会收到任何东西（就像迄今为止一样）。"申请人认为，以上邮件证明，申请人不同意被申请人认为申请人支付了第二个订单 30% 首期款的说法，被申请人未经申请人同意擅自改变第一个订单款的用途。

（四）双方履行合同的情况

仲裁庭查明以下事实：

1. 申请人已开具形式发票情况

双方确认，被申请人给申请人开具具体开票情况如下：

第一个订单的形式发票：

双方均提交并共同确认的有以下四张形式发票：

（1）2017年2月20日开具1张，载明：收款机3万余台，单价80美元，总款250余万美元，研发费用扣除2万美元，即期电汇（TT AT SIGHT）总款30%首期款（down payment）中的40万美元。

（2）2017年2月20日开具1张，载明：收款机3万余台，单价80美元，总款250余万美元，研发费用扣除2万美元，即期电汇总款30%首期款中40万美元，即期电汇总款30%首期款的余款近37万美元。

（3）2017年3月9日开具1张，载明：收款机3万余台，单价80美元，总款250余万美元，即期电汇1500台收款机余下70%款8余万美元。

载明：收款机3万余台，单价80美元，总款250余万美元，研发费用扣除2万美元，40万美元形式发票已付，近37万美元形式发票已付，1500台余下70%款8余万美元形式发票已付，总余款170余万美元（指250余万美元中的余款，仲裁庭注）。

被申请人还提交了1张L于2017年7月25日发给I开票日期为2017年2月20日的形式发票，载明：收款机3万余台，单价80美元，总款250余万美元，已收到近230万美元，仓储费2个月2400美元，即期电汇剩余近30万美元。

第二个订单的形式发票：

双方共同确认，被申请人共向申请人开具出两张涉及第二个订单的形式发票：

（1）2017年4月7日开具1张，载明：收款机3万台，单价80美元，总款240万美元，即期电汇3万台收款机100%货款240万美元。

（2）2017年4月24日开具1张，载明：收款机3万台，单价80美元，总款240万美元，通信背板的模具费用近4500美元，研发费用扣除2万美元，即期电汇3万台收款机15%首期款近40万美元。

2. 申请人已付货款情况

双方确认申请人分17次共向被申请人支付了货款近300万美元。

双方共同确认第4次支付近56万美元，其中近20万美元为第一个订单货款，近40万美元为第二个订单第一个15%首期款。双方对共17次付款中是否含有第二个订单的第二个15%首期款近40万美元，亦即是否付清第一个订单的全部货款250余万美元，存在争议。申请人主张只有第4次付款中的近40万美元和第17次付款中的7万余美元合计40余万美元为第二个订单的首期款，为第二个订单18.07%首期款，其余250余万美元为第一个订单的全部货款。被申请人则主张第9—12次支付的共近40万美元为第二个订单第二个15%首期款，申请人已付清第二个订单30%首期款70余万美元，从而未付清第一个订单的全部货款。

申请人和被申请人均提出一些双方往来邮件内容证明自己的主张。申请人还提交了17次俄罗斯外贸银行N市分行汇款申请单和汇款凭证。该17次汇款申请单均注明有付款依据的形式发票，其中第四次汇款申请单注明依据为形式发票（近40万美元）和形式发票差金额，第十七次汇款申请单注明付款依据为形式发票（7万余美元）和形式发票（近3万美元）。其余15次汇款申请单均注明付款依据为第一个订单的形式发票。17次汇款申请单上有俄罗斯国家对外经济委员会专家和俄罗斯外贸银行N市分行人员签章。

3. 被申请人已交付收款机情况

双方确认，被申请人已分七次共交付申请人第一个订单项下收款机2万余台。

第一个订单余下近1万台收款机被申请人曾生产出，申请人亦曾要求被申请人交付，被申请人则以申请人未付清第一个订单的货款为由拒绝交货。庭审时，被申请人确认该近1万台收款机已在两三年前处理掉。

被申请人称，已为准备第二个订单收款机采购了物料，没有进行组装生产，其中包装箱盒外壳等已处理掉。

（五）关于本案争议焦点

综合申请人和被申请人双方意见，本案争议焦点集中为五个问题：（1）案涉几份合同是否都有效；（2）被申请人未交付第一个订单的责任应由谁承担及第二个订单是否成立生效；（3）申请人是否有权要求退还剩余货款并支付货款利息；（4）被申请人是否应当支付申请人收款机维修费；（5）申请人是否应当赔偿被申请人仓储费损失。

仲裁庭分析如下：

1. 关于本案合同效力

申请人主张，《合作合同》和《补充合同》是相辅相成的，双方履行过程中均参照《合同》履行。被申请人主张，根据《备忘录》的约定，本案应以《合作合同》为准，实际亦以该份合同履行。

仲裁庭认为，《备忘录》和《合作合同》是双方的真实意思表示，不违反中国法律和行政法规的强制性规定，合法有效，对双方具有法律拘束力。但同时仲裁庭认为，《合作合同》没有约定的事项，如果双方在实际中按照或参照《合同》的约定履行，仲裁庭可以参照《合同》的约定分析判断双方的责任。

2. 被申请人不交付第一个订单剩余货物的责任应由谁承担及第二个订单是否成立生效

本案中申请人已支付被申请人货款共近 300 万美元。被申请人拒绝交付近 1 万台收款机的理由是，申请人未付清第一个订单的全部货款，因为申请人支付的近 300 万美元中有 72 万美元是作为第二个订单的 30% 首期款，扣除该 72 万美元后，申请人只支付了第一个订单近 230 万美元，尚欠第一个订单近 30 万美元。故其拒绝交付该近 1 万台收款机，不构成违约。申请人则主张只支付了第二个订单首期款 40 余万美元，已付清第一个订单的全部货款 250 余万美元，被申请人拒绝交付第一个订单余下的近 1 万台收款构成违约，应承担相应违约责任，第二个订单未成立生效。

双方提交了双方人员大量往来的电子邮件以证明自己的主张。邮件显示，2017 年 2 月双方通过邮件协商达成第一个订单。双方在履行第一个订单的过程中，申请人于 2017 年 4 月初向被申请人提出了第二个订单要求，被申请人先是要求申请人必须先支付第二个订单 30% 首期款 72 万美元，后又同意申请人先支付 15% 首期款，20 天后再支付另外 15% 首期款。双方磋商后被申请人于 2017 年 4 月 7 日开具了第二个订单的第一张形式发票（编号 20170407 号），申请人于当日支付了该第二个订单 15% 首期款。被申请人于 2017 年 4 月 24 日开具了第二个订单的第二张形式发票（编号 20170407-2 号）。被申请人在 2017 年 6 月 14 日最后一次向申请人交货，2017 年 7 月 3 日申请人最后一次（第十七次）支付被申请人货款。之后双方就支付第一个订单剩余货款和交付第一个订单余货交付及自 2017 年 9 月 22 日就收款机质量等问题反复商谈并发生分歧。

仲裁庭还注意到双方以下一些往来邮件。2017 年 5 月 23 日，I 给 K："我们按原计划先付第一个订单的 3 万台。用火车装运，更有竞争力。如果延误，我们将多付 10% 的空运费。随后我们将支付第二个订单 3 万台的 15%。"5 月 24 日，K 给 I："15% 的首期款应该在 4 月份之内付清。由于延期付款，财务方面不同意再等了。请安排付款。我想说的是，对公司而言，未付的款是 12066 台机器加上 15% 首期款。他们只相信他们收到的数字。所以未付的总金额大约是 100 万美元。在这种情况下，除非款项被付清，否则他们拒绝交付任何机器。请尽快安排付款。"5 月 23 日，I 在给 K 的另一封邮件中写道："我们将支付第一个订单，你们必须交货。我想我们不会混淆两个订单。首期款不能取决于第一个订单的交货。"5 月 24 日，K 给 I："我们没有把两笔订单混在一起。他们对我们来说是一样的。15% 的定金已经逾期了，必须尽快付清……"6 月 1 日，L 给 I："关于第二个订单，2 周过去了，我们什么时候可以开始生产？"同日 I 给 L："关于第二个订单，我们将在近几周知道，现在不要生产。"2017 年 6 月 6 日，I 给 K："我预计我们下周支付 20 万—30 万美元，并于下下周支付余额。我们将在 6 月份考虑第二个订单，销售好的话就开始。合同是真实的。现在没有变化。"2018 年 5 月 8 日，K 给申请人 I、H 等人员："大家好，由于争论会没完没了，请将这封邮件视为被申请人的最后一次回复。我认为计算任何数字都没有意义，这只会浪费时间和精力。争论是：申请人想要购买库存机器+材料，而不支付更多费用。被申请人的答复是否定的。原因很清楚，1. 申请人仍有近 1 万台未付款，因此我们无法将机器交付给你们。2. 申请人已于 2017 年 3 月下了第二个订单 30000 台，至今已有一年了。申请人支付了订单 30% 的首期款；然而，还未付其余 70% 的尾款。被申请人自 2017 年以来就已经准备好生产，并已制定材料采购和库存成本清单……"

仲裁庭注意到，双方大量的往来邮件存在诸多不一致或相互矛盾的地方，双方没有就申请人已付清第二个订单 30% 首期款以及第二个订单已成立生效最终达成协议，双方邮件中的意见属于协商过程的意见，即第二个订单未成立生效。结合双方邮件并根据合同约定和有关法律规定以及交易习惯、诚实信用原则进行综合分析，仲裁庭认为，被申请人拒绝交付第一个订单余下近 1 万台收款机，被申请人应负有主要责任，构成被申请人违约，但同时申请人也负有一定责任。理由如下：

（1）《合作合同》"付款条件和交货期"约定，下单时，申请人必须支付

30%的货款；其余70%必须根据待交货通知在交货前两周支付。同时约定，采购订单经被申请人确认后，不得取消或更改。被申请人在答辩状和反请求申请书中也均确认，合同约定是先付清货款再交货。双方通过邮件协商一致确认在2017年3月2日收到申请人付清30%首期款后，第一个订单成立生效。而被申请人自2017年3月30日开始向申请人交货，至当年6月14日共交付了第一个订单3万台（双方确认第一个订单实际按3万台履行）中的2万余台收款机。根据《合作合同》"付款条件和交货期"约定，应推定被申请人已收到或者默认将会收到第一个订单剩余的70%货款。

（2）被申请人称，被申请人是基于申请人急于要货的要求，所以提前发货。被申请人这种做法，从商业道义上讲无可厚非，但在法律上则给自己留下风险隐患。因为本案是国际货物买卖，而在国际货物买卖实践中，作为卖方为了确保能收到货款，通常约定采用信用证交易方式。在本案中，《合作合同》约定采用电汇交易方式，但同时约定买方必须付清订单货款后卖方才交货，这表明被申请人在订约时已意识到国际贸易中存在货款的风险，从而约定了有利于货款安全的交易方式即先付款后交货。从交易习惯上看，很难理解被申请人有合理的理由改变有利于确保自己货款安全的交易方式。

（3）在申请人已支付的货款有足额的金额作为第一个订单货款且在双方尚未履行完第一个订单、申请人已提出推迟进行第二个订单的情况下，即使如被申请人所称，是基于申请人的要求和双方协商后达成的约定，被申请人也不应轻易改变确保货款安全的交易方式。根据《合作合同》约定和申请人最终确认的"出货前支付剩余金额"的承诺，被申请人也完全可以不接受申请人先交货的要求。被申请人还向申请人提出，由于近1万台收款机库存造成库存费用损失，要求申请人尽快付款提货。但多次以不付款为由拒绝申请人提走近1万台收款机的要求。在申请人已支付的货款有足额的金额作为第1个订单货款且在双方尚未履行完第一个订单、申请人已提出推迟进行第二个订单的情况下，按照交易习惯，并为了避免或减少库存费用损失，被申请人应当先结清第一个订单的货款货物，再考虑接受和履行第二个订单。即使按被申请人主张，申请人已支付了第二个订单30%首期款，第二个订单已成立生效，则其也应当如同第一个订单的履行方式，将近1万台收款机作为第二个订单的货物交付给申请人。因为，第一个订单就是在申请人支付了30%首期款后但尚未付清70%余款时就开始向申请人交货。被申请人销售总监K在2017年4月6日给I的邮件中就曾表示："我们理解现金流的压力，所以对于剩余的 70% 的货款，你们可以分批支付，因为我想我们可以像第一个订单 3 万台那样分批发货。这样可以帮助你们缓解现金流的压力。"双方经过多次反复磋商（其间双方还就收款机质量问题、被申请人第二个订单备货机仓储损失问题等争议进行磋商）无果后，被申请人销售总监 K 于 2018 年 5 月 30 日和 6 月 7 日发给申请人 H 的邮件称："7 月以后，如果申请人仍不付款取走近 1 万台收款机，我司将销毁库存收款机，因为它们毫无用处，只会占用我司的仓库空间。""如果申请人拒绝支付欠被申请人的款项，我司将在 7 月前清空所有库存机器和材料。请将此作为我司的最终决定。被申请人不会再作任何妥协。"仲裁庭认为，被申请人这种宁愿销毁已生产出的收款机却不愿意交付申请人的做法，显然是更不妥的。

（4）在双方往来邮件中，是被申请人一再多次催促要求申请人付清第二个订单的 30% 首期款，但没有申请人明确确认第 9—12 次的近 40 万美元是第二个订单的第二个 15% 首期款的内容。根据申请人提交的 17 次付款时向俄罗斯外贸银行 N 市分行提交的 17 份汇款申请单原始单据，对 17 次付款用途或依据均注明了形式发票的编号，其中第四次付款中的近 40 万美元和第 17 次付款中的 7 万余美元均注明为第二个订单形式发票项下款项，其余均注明为第一个订单形式发票项下款项。在无反证情况下，这些汇款申请单可以证明申请人对近 300 万美元中的 250 余万美元是用作第一个订单的货款，剩余 40 余万美元作为第二个订单的货款，是其申请付款时的真实意思表示。但同时仲裁庭也注意到，申请人在刚开始履行第一个订单后不久又提出准备下第二个订单，而在支付货款时，在告知被申请人支付第一个 15% 的首期款近 40 万美元后未明确告知被申请人只有第十七次付款中 7 万余美元为第二个 15% 的首期款中的部分款项。在双方产生争议后，也未明确告知被申请人第二个订单尚未付清 30% 首期款。从而为被申请人坚持认为申请人已付清第二个订单 30% 首期款、未付清第一个订单全部货款留下了争议空间。对此，申请人对被申请人坚持拒绝交付近 1 万台收款机也应负有一定的责任。

综上，被申请人拒绝向申请人交付第一个订单余下的近 1 万台收款机，其法律性质应认定为违约行为，被申请人应承担相应法律责任。但申请人对此也有一定的过错，仲裁庭在裁决被申请人违约责任时将适当考虑这一因素。第二个订单未成立生效。

3. 申请人是否有权要求退还剩余货款并支付货款利息

申请人请求被申请人退还未交货部分的剩余货款近 130 万美元，其中包括第一个订单已支付的 250 余万美元减去已交付的 2 万余台收款机 170 余万美元后剩余的货款 85 余万美元，和第二订单已支付的首期款 40 余万美元。

被申请人辩称，申请人两个订单都未付清全款，根本无权要求交货或退款。依据《合作合同》"付款条件和交货期"中第三条"采购订单经被申请人确认后，不得取消或更改"，故双方的约定本就排除了申请人解除合同的权利。同时，申请人在两笔订单均未付清全款时便停止付款已违约，故其根本没有法定解除权，申请人应当继续履行两个订单，支付两个订单项下尚欠货款，提走未提货物。

前述仲裁庭已查明认定，被申请人拒绝交付申请人第一个订单余下的近 1 万台收款机构成违约，而第二个订单未成立生效，同时仲裁庭认为，基于双方现状，双方履行第二个订单也不再具有现实性。

《交货共同条件》第四十一条规定："1. 如果合同中未规定别的期限，则当违反合同规定期限逾期四个月以上交货，而非批量生产的大型设备逾期六个月以上交货时，购方有权对逾期交货部分和以前已交货部分（因缺少未交部分而不能使用），拒绝履行合同。2. 对成套工厂和设备，拒绝执行合同的期限由双方每次另行商定。3. 在拒绝履行合同的情况下，售方应将购方支付的款额退还购方并支付百分之六的年息。"

《交货共同条件》第四十一条第一款、第三款规定，申请人有权对第一个订单未交付的近 1 万台收款机以及双方约定在第三个订单中交付的 2000 台收款机（实际上尚未生产出来）不再履行订单义务，同时鉴于第二个订单未最终成立生效，申请人有权要求被申请人退还已付近 300 万美元剩余的货款。同时，仲裁庭认为，第一个订单约定的收款机单价应按被申请人出具的第一个订单的形式发票确定的每台 80 美元计算，被申请人已交付的第一个订单项下 2 万余台收款机货款合计为 170 余万美元，被申请人应将剩余货款近 130 万美元退还给申请人。鉴于此，被申请人关于继续履行两个订单的主张，缺少法律依据，仲裁庭不予采信。

关于货款利息，《合作合同》没有约定被申请人拒绝交货退还货款的利息。《交货共同条件》第四十一条第三款作了规定："在拒绝履行合同的情况下，售方应将购方支付的款额退还购方并支付百分之六的年息。"申请人请求利息以近

130 万美元折算人民币近 900 万元按照中国人民银行同期贷款利率计算利息。仲裁庭认为，《交货共同条件》第四十一条第三款的规定，应是适用于卖方负完全责任而买方不存在任何过错的情况。本案中，虽然被申请人拒绝交货构成违约，但如上所述，申请人亦负有一定责任。此外，申请人请求退还的货款本金为美元，而请求的利息则将美元货款本金按申请仲裁时的汇率折算成人民币计付，该请求缺少合同和法律依据。据上综合考虑，仲裁庭酌定被申请人对应退还的货款近 130 万美元，按年利率 3.1% 计付利息，自 2017 年 7 月 3 日起计付至应退货款本金付清之日止。

4. 被申请人是否应当支付申请人收款机维修费

申请人称，俄罗斯用户在 2019 年 7 月之后陆续使用被申请人交付的 2 万余台收款机，发现存在质量问题，不能正常使用，于是通知了被申请人，被申请人于同年 10 月 18 日邮件回复申请人承认设备主板设计存在错误。为了保护消费者免于违反税收法律，申请人紧急调动俄罗斯不同地区的客服进行维修，每台维修费用折合美元为 30—40 美元。被申请人当年秋天派人到俄罗斯与申请人商谈，被申请人负责人承诺承担每台 15 美元的维修费。故被申请人应赔偿申请人 2 万余台收款机维修费合计 30 余万美元。申请人为此提交了俄罗斯联邦工会 N 市工商会出具的认定案涉收款机存在硬件质量问题的检测报告以及产品维修单据。

被申请人则辩称，根据《合作合同》约定，申请人自费负责售后服务，被申请人有偿提供零配件。被申请人对申请人提交的鉴定报告和产品维修单据的真实性、合法性和关联性均不予认可。被申请人提交了中国 M 市产品质量监督研究院出具的鉴定报告，认为收款机不存在硬件质量问题，属于申请人软件设计存在问题。

仲裁庭查明：从 2017 年 9 月 16 日起，申请人开始通过邮件多次向被申请人提出收款机存在质量问题。其中，2017 年 10 月 18 日被申请人总工程师 O 给 H："我司检查了店里的机器（指案涉收款机，仲裁庭注，下同），并与 CPU 制造商进行了核查。我司认为问题出在电路上……所以，现在我们的解决方案如下，请看绿色圆圈。（不需要更换旧电池）1. 焊接（或剪切）D1，以避免电流损失；2. 短路 U6 的引脚 1 和 P4，以避免电池耗尽时机器无法通电……这是我司修复好的一张电路板图片。"2017 年 10 月 19 日，申请人技术专家 J 给 O："……在任何情况下，修复每件售出商品的价格接近 30—40 美元。此外，我们还想修复所有现有库存产品。"2017年10月20日O给I邮件提出焊接另一个可充电电池的解决方案。在收到申请人之后的几份邮件后，2017年11月29日L给I回复："当然我们会尽最大努力解决问题。但是我们不得不说我们不能给您在财务方面提供支持，因为这个订单中我们的利润非常低。"2018年5月8日，K给I、H等邮件中提出："……3. 申请人在售后服务上花费了时间和金钱，因为收款机有硬件问题。申请人估计/计算的损失为12万—15万美元。由于第二个订单延误，被申请人无法给申请人现金，然而，我们提议从近1万台的单价中扣除15美元，以捐献申请人的损失。这就是我们提供70美元×近1万台的原因。"2018年5月24日，K给H："如果申请人只想谈论库存机器并结束第一个订单，我向你提出我的建议。第一个订单申请人支付了近230万美元，第一个订单申请人取走85美元×2万余台=180余万美元的机器，余款为近230余万美元-180余万美元=近50万美元，第一个订单库存机器70美元×近1万台=60余万美元，申请人向被申请人支付60余万美元-近50万美元=10余万美元，我们将结束第一个订单。对于第二个订单，当申请人完成订单时，我们将赔偿15美元×2万余台=30余万美元。如果申请人同意，这表明你仍然有信心完成你一直提起的第二个订单。如果申请人不同意，我们担心无法达成一致。被申请人不能自行承担所有损失和投资。"

根据双方往来邮件并结合申请人提交的案涉收款机质量鉴定报告和维修单据等证据的分析，仲裁庭得出以下判断和意见：（1）被申请人在多份邮件中已实际认可申请人提出的质量问题，仲裁庭据此可以认定被申请人交付的案涉收款机存在一定的质量问题。（2）被申请人曾同意对案涉收款机存在的质量问题向申请人给予一定的赔偿，但双方未达成最终的赔偿方案。申请人主张被申请人同意按每台15美元对已交付的2万余台收款维修赔偿的依据是上述被申请人2017年5月8日和24日的邮件。但其中的5月8日邮件，被申请人提议的本意是，对未交付的近1万台收款机按每台85美元计价，再对每台扣除15美元作为对申请人损失的赔偿，从而对近1万台收款机按每台70美元计算货款。近1万台扣除的价款合计为近13万美元。申请人对此提议未予接受。其中的5月24日邮件，被申请人建议的本意是，按被申请人建议的计算方法结束第一个订单并履行完第二个订单时，被申请人将对已交付的2万余台收款机每台赔偿15美元，合计赔偿30余万美元。该建议的赔偿方案也是有前提条件的赔偿方案。由于申请人不接受被申请人结束第一个订单的计算付款方案，加上第二个订单没有履行，该建议的赔偿方案也未最终形成。因此，仲裁庭难以根据被申请人的上述两个邮件认定被申请人已确认按每台15美元对2万余台收款机进行赔偿。（3）鉴于上述两点，并结合本案案情的实际情况综合考量，仲裁庭根据公平合理原则酌情裁定被申请人对2万余台收款机按每台5美元，赔偿因收款机质量问题造成的申请人维修损失，合计赔偿10余万美元。

5. 申请人是否应当赔偿被申请人仓储费损失

被申请人称，由于申请人拖延付款及拖延提货的违约行为，导致被申请人遭受的仓储费损失共计10余万美元。该仓储费具体为近1万台收款机和第二个订单3万台收款机的物料在2017年5月到2019年6月间储存发生的费用，包括租金、服务费、水电费等仓储费用；近1万台收款机已在两三年前处理掉了，第二个订单物料采购后没有进行组装生产，其中包装箱盒外壳等已处理掉。被申请人提交的仓储费发生的证据为被申请人向电力部门缴纳的电费增值税专用发票、向水务单位缴纳的水费和污水处理费增值税专用发票、向中国G航空工业公司支付的服务费和租金增值税专用发票。

申请人辩称，被申请人请求赔偿仓储费共计10余万美元，没有合同约定，也没有事实和法律依据，案涉合同中没有关于仓储费的约定，本案中申请人没有违约行为，没有给被申请人造成损失，被申请人主张每天2400美元仓储费的标准没有依据。

仲裁庭注意到，《合作合同》和两个订单中没有由申请人承担收款机及其生产物料存放于被申请人处的仓储费约定，被申请人在给申请人的邮件中曾提出过要求申请人承担仓储费的问题，但申请人在回复邮件中予以明确拒绝。如2017年7月31日I在回复L提到仓储费问题的邮件中写道："额外的费用不在我们的合同范围内，所以没有额外的费用。"

仲裁庭认为，被申请人根据成立生效的订单准备的收款机生产物料及生产出的收款机，在双方约定的交货期内储存在仓库发生的费用，应当属于被申请人的正常成本，在合同没有约定的情况下，根据交易习惯，不应转移给申请人承担。在约定的交货期届满后，如果作为买方的申请人违约延迟或拒绝提货，作为卖方的被申请人有权要求申请人赔偿被申请人存放货物产生仓储费的损失；在申请人所下订单成立生效后，如果申请人要求推迟生产，被申请人有权要求申请人赔偿为生产订单货物购买的物料存放产生的仓储费损失。

(1) 关于近 1 万台收款机仓储费损失

本案中,仲裁庭已认定是被申请人违约拒绝向申请人交付近 1 万台收款机,因而由此产生的近 1 万台收款机存放产生的仓储费损失,应由被申请人自己承担。

(2) 关于第二个订单的物料仓储费损失

仲裁庭注意到,被申请人的证据显示,被申请人是于 2017 年 4 月 5 日与案外人供应商签订《采购订单》,采购被申请人所称的第二个订单的物料,并于 4 月 7 日开始入库。虽然申请人是在 2017 年 4 月 4 日提出准备购买第二个 3 万台,但被申请人并没有立即确认第二个订单,申请人也没有立即支付第二个订单 30% 首期款。申请人紧接着于 4 月 6 日提出先付 10% 首期款的要求,但为被申请人拒绝。被申请人当天回复申请人:"为了确认订单,请先支付 30% 首期款。这一原则我们不能妥协,因为订单一旦确认,被申请人将投入资金购买所有材料准备生产。"被申请人又于 4 月 7 日给申请人邮件提出,对于 30% 首期款,可以先付 15%,在 22 天内再付另外的 15% 首期款。同日,申请人邮件告知被申请人已付第二个订单 15% 首期款。但申请人并没有在此后的 22 天内再支付第二个 15% 首期款。被申请人确认的第二个 15% 首期款是在 2017 年 5 月 19 日至 26 日期间支付的 (即申请人第 9—12 次付款)。按照被申请人的要求,第二个 15% 应当在 2017 年 5 月 26 日付清了第二个订单的 30% 时第二个订单才能被确认。而在 2017 年 6 月 1 日 I 给 L 邮件告知:"关于第二个订单,我们将在近几周知道,现在不要生产。"被申请人主张申请人确认已支付第二个订单 30% 首期款的邮件时间是 2017 年 7 月 5 日、7 月 12 日。但被申请人的证据显示的是在申请人尚未支付第二个订单任何首期款时就开始采购的物料,因而从时间上看,难以认定该批物料是为第二个订单准备的。

既然申请人已在 6 月 1 日告知第二个订单"现在不要生产",而被申请人主张的申请人确认支付了 30% 首期款的时间在此之后的 2017 年 7 月中上旬,则被申请人也不应在 2017 年 7 月中上旬之后采购准备第二个订单的物料。因为之后至 9 月下旬,申请人没有通知被申请人开始第二个订单的生产。相反,H 又于 2017 年 9 月 20 日给 K 邮件写道:"但是我们要求你们停止第二个订单。"接着申请人就向被申请人提出已交货的收款机存在质量问题。同年 12 月 20 日,H 给 K:"……此外,我司也无法理解第二个订单的情况,我司曾要求先别购买材料,先等待一段时间。贵司怎么会出现已经购买了组件的情况?"

仲裁庭认为，被申请人本应该在得到申请人已支付第二个订单 30% 首期款的确认之后并且在没有申请人通知现在不要生产第二个订单的情况下，才可以为准备第二个订单的生产采购物料，但被申请人并没有这样做。因此，本案中即使被申请人采购准备了第二个订单的物料，造成物料仓储费用损失，也应由被申请人自己承担。

（六）关于申请人的仲裁请求

1. 关于第一项仲裁请求：裁决被申请人向申请人返还货款共计近 130 万美元。

基于仲裁庭上述第五项意见，仲裁庭支持该项仲裁请求。

2. 关于第二项仲裁请求：裁决被申请人给付申请人近 130 万美元货款的利息，利息以近 130 万美元（折合人民币近 900 万元）为基数，按照中国人民银行同期贷款利率为准，从 2017 年 7 月 3 日起计算直至实际给付之日，暂计至 2018 年 12 月 6 日为人民币 60 余万元。

基于仲裁庭上述第五项意见，仲裁庭认为，被申请人应当向申请人支付近 130 万美元货款本金的利息，利息以近 130 万美元本金为基数，自 2017 年 7 月 3 日起按年利率 3.1% 计付至所欠货款本金付清之日止。

3. 关于第三项仲裁请求：裁决被申请人向申请人支付税控收款机维修费共计 30 余万美元。

基于仲裁庭上述第五项意见，仲裁庭认为，被申请人应向申请人支付税控收款机维修费 10 余万美元。

（七）关于被申请人的仲裁反请求

1. 关于第一项仲裁反请求：裁决申请人继续履行双方的《合作合同》项下的两笔订单，即（1）支付第一个订单尚欠货款近 30 万美元，并及时提走未提货物完成交付；（2）支付第二个订单尚欠货款近 170 万美元，并及时提走未提货物完成交付。

基于仲裁庭上述第五项意见，仲裁庭不支持该项仲裁反请求。

2. 关于第二项仲裁反请求：裁决赔偿被申请人因申请人违约造成的损失，即仓储费共计 10 余万美元。

基于仲裁庭上述第五项的意见，仲裁庭不支持该项仲裁反请求。

（八）关于本案仲裁费的承担

根据《仲裁规则》第五十二条第（一）款规定并结合本案具体情况和裁决

结果，本案本请求仲裁费应由申请人承担 15%，被申请人承担 85%，本案反请求仲裁费应全部由被申请人承担。

本案在中国 M 市开庭的实际费用应全部由被申请人承担。

三、裁　决

根据上述意见，仲裁庭裁决如下：

（一）被申请人向申请人返还货款共计近 130 万美元。

（二）被申请人向申请人支付近 130 万美元货款本金的利息，利息以近 130 万美元本金为基数，自 2017 年 7 月 3 日起按年利率 3.1% 计付至所欠货款本金付清之日止。

（三）被申请人向申请人支付案涉收款机维修费 10 余万美元。

（四）驳回申请人的其他仲裁请求。

（五）驳回被申请人的全部仲裁反请求。

（六）本案本请求仲裁费由申请人承担 15%，被申请人承担 85%。

本案仲裁反请求仲裁费全部由被申请人承担。该仲裁费已由被申请人预缴给仲裁委员会，与本案仲裁费相抵，仲裁委员会不予退回。

本案在中国 M 市开庭的实际费用由被申请人承担。

以上被申请人应支付给申请人的款项，被申请人应在本裁决作出之日起 20 日内支付完毕。

本裁决为终局裁决，自作出之日起发生法律效力。

案例评析

【关键词】准据法　订单生效条件　违约责任

【焦点问题】

本案涉及的主要焦点问题是，如何确定案涉合同准据法，两个订单是否均成立生效、被申请人拒绝交付第一个订单剩余货物是否构成违约及如何承担违约责任。

【焦点评析】

涉案争议属于"一带一路"背景下中俄两国企业之间的货物买卖合同争议，涉及合同准据法、订单的生效、违约责任确定等典型问题。以下结合本案案情及主要争议焦点评析如下：

一、关于合同准据法

本案申请人为一家俄罗斯公司，被申请人为一家中国公司，双方签订的案涉合同约定由被申请人向申请人供应某种电子产品，是典型的国际货物买卖合同，属于涉外民事关系。但双方未在合同中约定合同准据法。在本案仲裁中，申请人称本案应适用中国法律、中国与苏联签订的《交货共同条件议定书》及其附件《交货共同条件》以及《联合国国际货物销售合同公约》；被申请人则称应适用与合同有最密切联系的法律。

处理国际货物买卖合同争议，首先需要确定合同准据法，即处理合同争议应适用的实体法。本案中，仲裁庭首先就本案争议应适用的法律作出分析认定。

仲裁庭认为，双方在本案审理中均引用了《合同法》和《交货共同条件议定书》及其附件《交货共同条件》，表明双方实际已同意选择适用中国法律和《交货共同条件议定书》及其附件《交货共同条件》。据此，根据《中华人民共和国涉外民事关系法律适用法》（以下简称《法律适用法》）第四十一条规定，本案争议处理适用中国法律和《交货共同条件议定书》及其附件《交货共同条件》。同时，双方经常营业地位于《联合国国际货物销售合同公约》不同缔约国，该公约也适用于本案。

《法律适用法》第四十一条规定："当事人可以协议选择合同适用的法律。"根据国际私法理论和涉外司法审判实践，当事人选择法律，可以有明示选择和默示选择两种方式，双方书面约定为明示选择，双方共同引用或实际执行相同法律则可构成默示选择。本案中，仲裁庭根据双方共同引用中国法律和《交货共同条件议定书》及其附件《交货共同条件》，认定双方已实际共同选择了准据法，从而认定本案应适用中国法律和《交货共同条件议定书》及其附件《交货共同条件》。该认定符合《法律适用法》的规定。需要指出的是，苏联解体后俄罗斯继承了前苏联的国际法主体资格，《交货共同条件议定书》及其附件《交货共同条件》继续适用于中俄两国，仲裁庭认定本案可以适用其中规定，不存在违反《法律适用法》规定的情形。另外，因中俄两国均为《联合国国际货物销售合同公约》缔约国，且本案双方当事人经常营业地位于该公约不同缔约国，仲裁庭同时认定该公约也适用于本案，符合该公约规定。

本案中，仲裁庭具体适用中国法律对案涉合同的效力作出认定，适用《交货共同条件》的相关规定对申请人的合同解除权和被申请人的违约责任作出认定。笔者认为，在可适用的国内法、双方协定、多边公约相关规定互不冲突的情况下，仲裁庭可选择与争议事项最接近的国内法或双方协定、多边公约的规定予以适用。

二、关于两份订单是否都成立生效问题

双方履行案涉合同，具体由申请人向被申请人下订单方式确定被申请人供货的数量、价格和时间等。案涉合同约定，申请人下订单时必须支付30%的预付货款，其余70%必须根据待交货通知在交货前两周支付；交货条件为收到订单30%首期电汇款项后约70天交货；申请人支付货款采用电汇方式。双方具体通过往来电子邮件商定订单。双方确认，根据合同约定，订单正式成立生效的条件是申请人必须付清订单货款30%的预付货款。申请人曾通过电子邮件先后向被申请人提出两个订单要求，对第一个订单，双方确定符合约定条件已成立生效，但对第二个订单是否达到生效条件，双方存在争议。争议的焦点在于，申请人已支付的款项是否包含第二个订单的30%预付货款。

该项争议主要涉及事实的查明和认定。仲裁庭查明，双方确定的第一个订单产品数量为32000台（双方确认第一个订单实际按3万台履行，另2000台将在第三个订单中交货）、单价为80美元、货款总额为250余万美元。申请人向被申请人提出的第二订单产品数量为3万台、单价为80美元、总货款为240万美元。申请人下第一个订单后，先后向申请人支付17笔货款合计近300万美元。被申请人已向申请人提供第一个订单的产品2万余台，剩余近1万台被申请人以申请人未付清货款拒绝供货。在已支付的299万美元中，有36万美元申请人明确注明为第二个订单15%的预付货款。申请人主张，第二个订单预付货款未达到合同约定的订单货款的30%，故第二个订单尚未成立生效。被申请人则主张299万美元中有72万美元属于第二个订单货款的30%预付货款，故第二个订单已成立生效，申请人应继续履行第二个订单付款义务，并应付清第一个订单余款提走剩余货物。对第一个订单的交货问题，被申请人解释称，是根据申请人急于要货的要求提前交货。

仲裁庭在查明相关事实的基础上认为，按照合同约定，申请人须在付清第一个订单剩余70%货款后，被申请人才交货。被申请人已向申请人交付第一个订单2万余台产品，应推定被申请人已收到第一个订单剩余的70%货款，即申请人已付的近300万美元中包含第一个订单的全部货款250余万美元。同时，申请人虽向被申请人提出第二个订单要求并支付了部分预付货款，但未达到30%的比例要求，故第二个订单尚未达到合同约定成立生效的条件。

　　仲裁庭的上述意见，有事实依据，符合合同约定，也合乎逻辑推理和交易习惯。在国际货物买卖实践中，卖方为了确保能收到货款，通常约定采用信用证交易方式。在本案中，合同约定采用电汇付款方式，但同时约定买方必须付清订单货款后卖方才交货，这表明被申请人在订约时已意识到国际贸易中存在货款的风险，从而约定了有利于货款安全的交易方式即先付款后交货。在申请人已付货款超过第一个订单货款的情况下，仲裁庭有理由推定被申请人应是在收到第一个订单全部货款后开始向申请人交付第一个订单货物。

三、关于被申请人是否构成违约及如何承担违约责任问题

　　申请人主张被申请人拒绝交付第一个订单下的剩余货物，构成违约，请求裁决被申请人向申请人返还已支付的剩余货款及其利息，申请人不再接受第一个订单剩余货物。被申请人则辩称其拒绝交付第一个订单是因为申请人未付清货款不构成违约，提出反请求要求申请人继续履行第一个订单、付清剩余货款取走剩余货物，并赔偿货物仓储费损失。

　　仲裁庭在认定第二个订单未成立生效的同时，认定申请人已付清第一个订单全部货款，而被申请人拒绝交付第一个订单的剩余货物构成违约。仲裁庭同时认为，申请人在尚未付清第一个订单全部货款时提出第二个订单要求，在之后的付款中未明确付款用途，在双方产生分歧时又未明确告知尚未付清第二订单的30%预付货款，因此对被申请人拒绝交付第一个订单剩余货物亦负有一定责任。

　　仲裁庭引用《交货共同条件》第四十一条对该争议进行了处理。该第四十一条规定："1. 如果合同中未规定别的期限，则当违反合同规定期限逾期四个月以上交货，而非批量生产的大型设备逾期六个月以上交货时，购方有权对逾期交货部分和以前已交货部分（因缺少未交部分而不能使用），拒绝履行合同。2. 对成套工厂和设备，拒绝执行合同的期限由双方每次另行商定。3. 在拒绝履行合同的情况下，售方应将购方支付的款额退还购方并支付百分之六的年息。"仲裁庭认为，根据上述《交货共同条件》第四十一条第一款规定，申请人有权对第一个订单剩余货物不再履行订单义务，同时鉴于第二个订单未最终成立生效，申请人有权要求被申请人退还已支付的剩余货款，从而裁决支持了申请人要求退还剩余货款的仲裁请求，驳回了被申请人的仲裁反请求。对于申请人的支付利息请求，仲裁庭认为，根据《交货共同条件》第四十一条第三款规定，申请人有权要求被申请人支付退还货款的利息，但该款规定适用于卖方负完全

责任且卖方不存在任何错误的情况下。鉴于本案申请人亦存在一定的过错,仲裁庭酌定被申请人按 3.1% 支付应退还货款的利息。

【结语】

本案裁决在查明事实的基础上,紧扣合同约定,结合国际贸易交易习惯和法理逻辑,分析认定双方责任,引用具体法律条款对双方的仲裁请求和反请求作出了公正处理。

本案给出的提示:一是,俄罗斯是"丝绸之路经济带"中欧亚建设的核心国家,也是"一带一路"建设的重要合作伙伴,在"一带一路"建设中,两国企业可以根据两国《交货共同条件议定书》及其附件《交货共同条件》以及《国际货物买卖合同公约》开展货物贸易,处理好相关争议。二是,对卖方而言,在买方提出多个订单且买方付款用途不完全明确的情况下,应当严格按照约定先履行完前一个订单,不能为招揽更多订单促使更多订单生效而单方决定将买方已付款项分配到下一个订单,从而避免前一个订单违约。或者,应当要求买方明确每笔付款的用途,如提前发货,应当与卖方达成变更"先付清订单货款再开始交货"的约定。对买方而言,在要求卖方交付已生效订单全部货物时,应明确告知卖方已付清订单全部货款,不应在未明确付清第二个订单生效要求的预付货款时要求卖方开始准备第二个订单的货物,从而避免产生误解和争议。

(评述人:周成新)

案例十　中国 A 水泥公司与老挝自然人 B、C、D 股权转让合同争议案

中国国际经济贸易仲裁委员会（以下简称"仲裁委员会"）根据申请人中国 A 水泥公司（以下简称"申请人"）与第一被申请人老挝自然人 B（以下简称"第一被申请人"）、第二被申请人老挝自然人 C（以下简称"第二被申请人"）、第三被申请人老挝自然人 D（以下简称"第三被申请人"，与"第一被申请人""第二被申请人"合称"三被申请人"）之间共同签订的《股权转让合同》中仲裁条款的约定，以及申请人向仲裁委员会提交的书面仲裁申请，受理了上述合同项下的本股权转让合同争议案。

本案仲裁程序适用仲裁委员会自 2015 年 1 月 1 日起施行的《中国国际经济贸易仲裁委员会仲裁规则》（以下简称《仲裁规则》）。

鉴于本案存在多个被申请人，且被申请人未在规定期限内共同选定或共同委托仲裁委员会主任指定仲裁员，仲裁委员会主任根据《仲裁规则》第二十九条第（三）款之规定为双方当事人指定 X、Y 作为本案仲裁员，并指定 Z 作为本案首席仲裁员。上述三位仲裁员在签署了接受指定的《声明书》后组成仲裁庭，共同审理本案。

第一被申请人提交了补充证据材料及《撤销案件或中止审理的申请书》，申请仲裁庭撤销本案或中止审理。

关于第一被申请人提出的撤销案件的申请，仲裁委员会认为该申请系对本案管辖权提出异议，根据《仲裁规则》第六条第（一）款的规定，决定授权仲裁庭单独或在裁决中一并就本案管辖权问题作出决定。仲裁庭决定：对于第一被申请人提出的上述申请，仲裁庭将于本案开庭审理后作出决定。

仲裁庭如期对本案进行了开庭审理，双方当事人均委托仲裁代理人参加了庭审。申请人当庭提交了"授权委托书"及补充证据材料。第二被申请人、第三被申请人当庭共同提交了证据材料。第三被申请人当庭提交了"授权委托书"。庭审开始前，仲裁员将上述材料在当事人之间进行了交换。庭审中，双方

当事人就案件事实进行了陈述，就证据进行了质证，就法律问题进行了辩论，并回答了仲裁庭提出的问题。庭审结束前，仲裁庭经征求双方当事人意见后对庭后程序进行了安排。

本案现已审理完结。仲裁庭根据庭审情况和双方当事人提交的现有书面材料，依据《仲裁规则》的有关规定，经合议，作出本裁决。

现将本案案情、仲裁庭意见和裁决结果分述如下：

一、案　情

（一）《仲裁申请书》列明的仲裁请求及事实和理由

2017年6月，申请人与三被申请人签订《股权转让合同》，约定申请人向三被申请人收购其共同持有的老挝E水泥公司100%股权及名下全部资产设备。

2018年4月，申请人与三被申请人签订了《股权转让合同补充协议》（以下简称《补充协议》）。

《补充协议》约定，三被申请人应于2018年4月开始办理股权变更手续，于2018年5月完成。申请人认为，三被申请人至今未能将老挝E水泥公司的股权变更登记至申请人名下，应当按照合同约定完成股权变更登记。

2018年5月，第一被申请人违反合同约定和不可撤销的《授权委托书》，擅自签署并作出《关于授权书和管理移交取消的通知》（以下简称《撤销授权委托书》）。2018年6月，第一被申请人向申请人发送《申请解除老挝F水泥公司股份买卖协议及老挝E水泥公司股份买卖协议以及相关融资协议》的函（以下简称《解约通知》）。

根据双方签订的《股权转让合同》关于违约责任的约定，第一被申请人应向申请人支付违约金300万美元。

据此，申请人提出仲裁请求如下：

1. 裁决三被申请人继续履行《股权转让合同》；

2. 裁决三被申请人将老挝E水泥公司100%的股权变更登记至申请人名下，并承担股权变更登记所发生的税费；

3. 第一被申请人向申请人支付违约金300万美元；

4. 第一被申请人向申请人偿付为办理本案支出的律师费10万元人民币（暂定，以实际发生为准）；

5. 第一被申请人向申请人偿付为办理本案支出的差旅费10万元人民币

（暂定，以实际发生为准）；

6. 第一被申请人承担本案全部仲裁费用。

（二）第一被申请人提出的撤销或中止审理申请及理由

第一被申请人在向仲裁庭提交的《撤销案件或中止审理的申请书》中提出仲裁庭应当撤销本案，或中止审理本案，待老挝刑事案件诉讼程序结束后，再恢复本案审理。

1. 本案涉及刑事犯罪

2017 年 6 月，申请人与第一被申请人签署了《中老投资合作协议》，约定申请人与第一被申请人拟以申请人占股 73%、第一被申请人占股 27% 的比例，合作收购老挝 F 水泥公司和老挝 E 水泥公司的股权，然后对老挝 E 水泥公司现有水泥生产线进行升级扩建。

根据《中老投资合作协议》的约定，老挝 E 水泥公司的扩建工作由申请人全权负责。老挝 E 水泥公司的扩建达到点火投产所需投入的建设总价 5000 万美元由申请人进行包干。

申请人委托案外人中国 G 水泥公司实际负责老挝 E 水泥公司生产线的升级改造工程。2018 年 5 月，中国 G 水泥公司的负责人 H 向老挝人民民主共和国（以下简称"老挝"）公安部报案，称：（1）中国 G 水泥公司与申请人就老挝 E 水泥公司生产线的升级扩建工程签署的承包合同规定总价款为近 3 亿元人民币（折合 5000 万美元），但是实际建筑价款仅仅为近 2 亿元人民币（折合 3000 余万美元）；（2）申请人拖欠工程款，导致老挝 E 水泥公司生产线建设严重窝工。

第一被申请人于 2018 年 5 月向老挝公安部报案，要求追究申请人一方的刑事责任。

2018 年 10 月，老挝公安部以涉嫌侵占集体财产罪、犯罪未遂、伪证罪向申请人董事长自然人 I 发出开始侦讯命令。2019 年 2 月，老挝公安部将案卷卷宗移送 J 市检察院。2019 年 3 月，J 市检察院对申请人董事长自然人 I 签发逮捕令。2019 年 4 月，老挝公安部向中国外交部请求提供司法协助。本案刑事诉讼程序仍在进行。

2. 本案与老挝刑事案件系基于同一法律关系，本案应作为刑事案件继续由老挝司法机关审理

申请人请求第一被申请人转让老挝 E 水泥公司股权，属于《中老投资合作

协议》项下的义务。申请人涉嫌通过签署《中老投资合作协议》的形式，实施挪用、侵占集体财产之犯罪。因此，本案完整地包含在刑事犯罪的相关事实中。

3. 即便仲裁委员会对本案有管辖权，在刑事案件判决作出前应中止审理本案

第一被申请人认为，由于本案适用老挝法，且案件的争议是在老挝发生的，老挝司法机关更方便对双方争议事实进行查明，且刑事案件中老挝司法机关会对申请人是否通过直接侵吞、挪用差价等手段损害被申请人合法权益作出认定，该认定将是本案中认定申请人是否构成根本违约、第一被申请人是否有权解除合同、被申请人是否有义务转让股权的基本事实前提。因此，第一被申请人认为，即便仲裁委员会对本案有管辖权，仲裁庭现阶段应当先中止本案审理，等待老挝司法机关刑事判决作出后，再恢复本案的审理。

(三) 申请人对撤销或中止审理申请的反驳及理由

申请人在《关于 K〈撤销案件或中止审理的申请书〉的反驳意见》中提出反驳称：

1. 本案不符合撤销案件的情形

仲裁委员会的管辖权仅应根据当事人提起仲裁所依据的合同及仲裁协议进行判断。刑事案件问题并不影响仲裁委员会的管辖权确定。申请人与被申请人签订的《股权转让合同》订立的仲裁条款表达明确、符合关于仲裁协议的要求，并且为各方合同当事人真实、准确的意思表示，该仲裁条款有效。本案属于《仲裁规则》第三条规定的受案范围。因此，仲裁委员会享有对本案的管辖权。

本案申请人未撤回仲裁请求，亦不存在《仲裁规则》第四十六条规定的撤销案件的情形。

2. 本案不符合中止审理的情形

本案中，第一被申请人所称涉及的刑事案件与本案纠纷并非同一法律关系，本案争议是基于《股权转让合同》而提起的股权转让纠纷，而第一被申请人所称刑事案件涉及的是侵占集体财产罪和伪证罪，该刑事案件主要内容是针对案外人 I 个人经营行为的调查，与本案申请人与被申请人之间的股权转让问题无关。

本案也不需要以刑事案件调查结果为依据，老挝 E 水泥公司扩建工程的工程款金额及工程款支付问题都是老挝 E 水泥公司、申请人与案外人中国 G 水泥

公司之间的纠纷问题，与本案中权利义务的履行无关。

本案合同约定适用老挝法，不构成本案中止的理由。仲裁庭可以查明老挝法律予以适用。

（四）第二被申请人、第三被申请人共同答辩意见的主要观点

第二被申请人、第三被申请人共同提交《庭后答辩意见》指出：

1. 第二被申请人、第三被申请人认可并愿意继续履行《股权转让合同》及《补充协议》，第一被申请人无权要求解除合同。

申请人已于 2018 年 4 月分别向第二被申请人、第三被申请人足额支付了股权转让款近 60 万美元和 120 余万美元。申请人已履行了合同约定的股权转让款支付义务。

因此，第二被申请人、第三被申请人同意并认可申请人的仲裁请求。

三被申请人向申请人签发的《授权委托书》是不可撤销的，对于第一被申请人发出的《撤销授权委托书》及解除合同的通知，第二被申请人、第三被申请人事先并不知情，事后也不认可。第一被申请人未经第二被申请人、第三被申请人的同意就擅自发出解除合同通知是无效的。第一被申请人作为老挝 E 水泥公司的股东之一，无权擅自决定终止《股权转让合同》。

2. 第二被申请人、第三被申请人已授权第一被申请人办理股权变更手续，没有违约。

在《股权转让合同》及《补充协议》签订后，为便于股权变更手续办理，第二被申请人、第三被申请人授权第一被申请人代为办理老挝 E 水泥公司股权变更手续。第一被申请人与申请人签订《中老投资合作协议》与第二被申请人、第三被申请人无关，该协议不影响《股权转让协议》的履行。

第一被申请人当庭称由于老挝 E 水泥公司股权处于质押状态，无法办理股权转让手续，但据第二被申请人、第三被申请人了解，泰国银行并不反对老挝 E 水泥公司的股权变更，相反，由于第一被申请人的行为已经违反了与泰国银行的贷款协议，银行对于有实力的投资者作为老挝 E 水泥公司的新股东没有理由反对，因此第一被申请人的抗辩理由不符合事实情况。

第二被申请人、第三被申请人认为，第一被申请人作为第二被申请人、第三被申请人办理股权转让手续的代理人，应当严格按照委托人的要求和意志行事。

综上所述，第二被申请人、第三被申请人同意申请人的仲裁请求，不构成

违约，不应承担违约责任。第一被申请人拒不办理股权变更登记手续，应当单独承担全部违约责任。

（五）申请人《代理意见》的主要观点

1. 申请人与被申请人签订的《股权转让合同》及《补充协议》是当事人真实意思表示，按照老挝法律规定，该《股权转让协议》及《补充协议》合法有效。

《补充协议》对《股权转让协议》以及《中老投资合作协议》中关于老挝 E 水泥公司股权变更登记事宜进行了新的安排，即被申请人应当在 2018 年 4 月开始办理股权变更手续，于 2018 年 5 月完成。此外，申请人按照合同约定于 2018 年 4 月向第二被申请人、第三被申请人支付了股权转让款 180 余万美元。第一被申请人作为第二被申请人、第三被申请人的股权变更手续办理代表，应当将老挝 E 水泥公司 100% 股权变更登记至申请人名下。

2. 第一被申请人夺回工厂、撤销授权、发出解除合同通知、不同意转让股权等行为，同时构成迟延变更股权登记等违约行为，应当承担违约责任。

2018 年 5 月，第一被申请人强行夺走了正在由申请人经营的老挝 F 水泥公司，签署了《撤销授权委托书》，并向申请人发送《解约通知》。2018 年 5 月，第一被申请人尝试强行接管老挝 E 水泥公司未遂。申请人认为，根据老挝相关法律规定，声明不可撤销的《授权委托书》一旦作出就不可撤销。第一被申请人撤销《授权委托书》不能代表其他股东的意志，且构成严重违约。第一被申请人单方面发出的《解约通知》亦不能代表其他股东的意志，且其作为违约方按照老挝法律规定无权行使合同解除权，该《解约通知》无效。

3. 《中老投资合作协议》已被双方合意修改。第一被申请人关于中国 G 水泥公司与申请人产生工程承包合同纠纷，进而有权解除《中老投资合作协议》及《股权转让合同》的抗辩理由，不符合事实且缺乏合同及法律依据。

（1）《中老投资合作协议》可以作为本案证据，但不属于本案审理范围

庭审过程中，双方当事人均认可《中老投资合作协议》在本案中仅作为证据材料使用，不属于本案审理范围。由于合同主体不同、涉及的法律关系不同，《中老投资合作协议》与《股权转让合同》相互独立。《中老投资合作协议》中约定了明确的独立仲裁条款，如果第一被申请人认为申请人违反了《中老投资合作协议》的约定，其应当基于其仲裁条款提起仲裁。因此，本案争议应当围绕《股权转让合同》的约定，不能在本案中审理《中老投资合作协议》的成

立、生效、效力、履行情况等问题。

由于被申请人与申请人签署了《补充协议》，对老挝 E 水泥公司的股权变更登记事宜重新进行了约定和安排，应当视为第一被申请人同意对《中老投资合作协议》项下所约定的针对老挝 E 水泥公司股权转让之条件进行了修改，即老挝 E 水泥公司股权变更不再以申请人向其他股东支付股权转让款为条件。

即便按照《中老投资合作协议》中的约定，申请人亦已向老挝 E 水泥公司的其他股东超额、提前支付股权转让款，履行了合同项下的全部义务。老挝 E 水泥公司 100% 股权变更登记给申请人的条件亦已成就。被申请人同意并签署《补充协议》即意味着其认可老挝 E 水泥公司 100% 股权变更登记至申请人名下的条件已成就的事实。

（2）《中老投资合作协议》与本案《股权转让合同》及《补充协议》的关系

申请人认为，本案争议的《股权转让合同》是申请人与被申请人之间的外部股权转让合同关系，而《中老投资合作协议》是申请人与第一被申请人之间的内部合作关系，两者各自独立。《中老投资合作协议》不具有第一被申请人主张的最高效力。股权转让仍然应当按照《股权转让合同》及其《补充协议》执行，只是在涉及第一被申请人个人与申请人合作之间的最终权利义务上，按照《中老投资合作协议》办理，是先后顺序关系，不是效力高低关系。

《中老投资合作协议》仅对第一被申请人与申请人有约束力，其效力不及于其他股东，因此即便第一被申请人有权解除《中老投资合作协议》，也无权解除《股权转让合同》。

《中老投资合作协议》中关于股权转让价款即股权转让变更登记的约定与《股权转让合同》不冲突，按照《中老投资合作协议》的约定，对第一被申请人的股权转让款无需支付，只需支付第二被申请人、第三被申请人的股权转让款。

（3）申请人没有违反《中老投资合作协议》，被申请人不能依据《中老投资合作协议》解除《股权转让合同》，更不能以中国 G 水泥公司的投诉作为解除合同依据

申请人认为，按照《中老投资合作协议》的约定，老挝 E 水泥公司生产线的扩建工作由申请人以总价 5000 万美元不含税费进行包干。既然是"包干"，那么即使投资超出 5000 万美元，也只能按照 5000 万美元计算。如果不需要

5000 万美元投资就完成建设，那么节约部分利益同样属于申请人。

中国 G 水泥公司已与老挝 E 水泥公司达成补充协议，约定工程款项延迟支付，并以实际工程进度支付工程款。截至 2018 年 5 月，申请人已代老挝 E 水泥公司向中国 G 水泥公司足额支付工程款 2000 余万美元，被申请人主张申请人拖欠工程款导致改扩建窝工不符合事实。

关于工程价款，《中老投资合作协议》明确约定老挝 E 水泥公司的改扩建工程由申请人 5000 万美元"包干"，即申请人负责的投资部分无论高低都认定为 5000 万美元，并未设定下限。因此，即便老挝 E 水泥公司的改扩建工程不足 5000 万美元，只要申请人负责将老挝 E 水泥公司生产能力达到双方约定的指标，便已充分地履行了合同义务。

其次，根据合同的相对性原则，即便中国 G 水泥公司未能足额收到工程款，其也只能向老挝 E 水泥公司基于《老挝 E 水泥公司生产线总承包合同》主张权利。

4. 被申请人以泰国银行不同意在还清贷款前变更股权作为其未能办理涉案股权变更登记的理由与事实不符。

首先，被申请人未能证明泰国银行不同意股权变更登记，应当视为不能继续履行股权转让合同的理由不存在。

其次，第一被申请人未提供股权被质押的证据，开庭仍然表示需要核实是否质押，申请人有理由认为股权质押不存在。申请人虽数次前往泰国银行查询，但由于申请人不是借款人，只能得到确认存在贷款的事实，股权是否已经质押、质押比例等信息均无法查询。由于第一被申请人的严重违约行为，申请人认为如果没有提交股权已经质押的证据材料，则仲裁庭应当认定股权未质押。

事实上，泰国银行从未反对过涉案股权变更登记。根据第二被申请人、第三被申请人所述，泰国银行从未拒绝过针对老挝 F 水泥公司及老挝 E 水泥公司的股权变更登记，针对老挝 E 水泥公司的股权 100% 变更登记至申请人名下的申请事宜，第一被申请人曾代表第二被申请人、第三被申请人进行过申请，后被第一被申请人撤回。

作为代理意见之附件，申请人提交了一份由老挝 L 律师事务所 M 出具的《法律意见书》（以下简称《申请人法律意见书一》），称：

1.《股权转让合同》和《补充协议》的形式和内容符合老挝于 2008 年修订的《合同和侵权法》的要求，并已按照 2009 年《公证法》之规定在双方达成共识的情况下进行了公证，因此《股权转让合同》和《补充协议》具有法律效力，对双方具有约束力。

2. 被申请人出具的《授权委托书》具有约束力。如果授权委托书明确规定授权人放弃撤销权的条款，或以其他方式表明授权委托书不可撤销，则该授权委托书不可撤销。因此，根据老挝《合同和侵权法》第六十八条、第六十九条和第七十条，授权委托书合法且具有约束力，不可撤销。第一被申请人作出的《撤销授权委托书》没有法律效力。

3. 根据老挝《合同和侵权法》的规定，缔约方无权拒绝履行合同，亦无权单方面修改合同条款，仅在特定情况下可终止合同。并且任何缔约方的违约或对合同的终止行为均不构成对缔约方约束力的合同的终止。因此，即使在被申请人有违约事实的情况下，老挝 E 水泥公司的《股份转让合同》和《补充协议》仍可继续履行。

4. 如果在触发《股权转让合同》违约金条款的违约行为可被证明存在的情况下，双方在合同中约定的违约金条款在老挝法律下是合法、有约束力且可执行的。根据《合同和侵权法》第三十三条和第三十六条，对协议继续履行的请求与损害赔偿请求和支付违约金的请求得以同时适用。

（六）第一被申请人《代理意见》的主要观点

对于申请人的仲裁申请、代理意见以及第二被申请人、第三被申请人的答辩意见，第一被申请人在《代理意见》中反驳称：

1. 三个老挝自然人不是适格的被申请人

申请人提起本案仲裁要求三被申请人转让老挝 E 水泥公司的股权。但是，老挝 E 水泥公司的唯一股东是老挝 N 咨询公司。因此三被申请人对老挝 E 水泥公司股权没有处分的权利，不是适格的被申请人。

2. 第二被申请人、第三被申请人无权对股权是否转让提出主张

虽然第二被申请人、第三被申请人是《股权转让合同》和《补充协议》的签署方，但其无权对案涉股权是否转让提出任何主张。

第一，本案系争标的为老挝 E 水泥公司的股权，而老挝 E 水泥公司的唯一股东是老挝 N 咨询公司，因此第二被申请人、第三被申请人无权对案涉股权是否转让提出主张。

第二，即便是从老挝 N 咨询公司的股权结构的角度来审视，老挝 N 咨询公司的三个股东分别为第一被申请人、第二被申请人、第三被申请人，但 2018 年

1月，第二被申请人、第三被申请人将己方持有的老挝 N 咨询公司的股权全部转让给了第一被申请人，并办理了股权变更登记。第一被申请人成为老挝 N 咨询公司的唯一股东，间接持有老挝 E 水泥公司 100% 的股权。

因此，老挝 E 水泥公司的股权不属于第二被申请人、第三被申请人处分的对象，其签署的《补充协议》（签约时已将股权转让给第一被申请人）、后续向老挝政府要求将老挝 E 水泥公司股权转让给申请人均系其脱离了对案涉公司的持股而提出的单方面主张，不能成为判断股权是否应当转让给申请人的依据。

3.《中老投资合作协议》是判断案涉股权是否应当转让的唯一合同依据

鉴于第二被申请人、第三被申请人本就不是老挝 E 水泥公司的直接股东，且已经将其在老挝 N 咨询公司中的股权让渡给了第一被申请人，因此老挝 E 水泥公司的股权是否应当转让给申请人，完全是申请人和第一被申请人之间的法律争议。

鉴于申请人和第一被申请人是《中老投资合作协议》的签署主体，且《中老投资合作协议》约定："……如转让双方所签订的《股权转让合同》存在与本协议约定不一致之处，以本协议约定为准。"因此，《中老投资合作协议》是判断案涉股权是否应当转让的唯一合同依据。

4. 案涉股权不应转让

（1）案涉股权客观上无法转让

《中老投资合作协议》明确约定，老挝 F 水泥公司 66% 的股权和老挝 E 水泥公司 100% 的股权质押给了泰国银行；泰国银行的贷款本金和利息应当由老挝 E 水泥公司承担；如因老挝 E 水泥公司继续使用泰国银行贷款，而泰国银行不同意在还清贷款前变更股权的，则乙方（指申请人，仲裁庭注）对老挝 F 水泥公司 39% 股权变更登记起算日推迟至老挝 F 水泥公司还清泰国银行贷款之日。

由于老挝 E 水泥公司的股权质押给了泰国银行，老挝 E 水泥公司负责偿还贷款本息，在贷款本息还清前，案涉股权客观无法转让，案涉股权转让日期不应早于贷款还清之日。由于老挝 E 水泥公司生产线自始至今都未建设完成，没有销售收入，上述贷款不可能还清。因此，股权质押至今未解除，股权转让条件未成就，客观上无法转让。

（2）案涉股权的转让条件未成就

根据《中老投资合作协议》的约定，老挝 F 水泥公司第二笔股权转让款支付后，才能转让老挝 E 水泥公司的股权。而根据《中老投资合作协议》的约定，老挝 F 水泥公司第二笔股权转让款应当在老挝 E 水泥公司点火投产后才进行支付。由于老挝 E 水泥公司建设未完成，所以老挝 F 水泥公司第二笔股权转让款并未开始支付，因此股权转让条件并未成就。

虽然申请人提交了文件材料主张前两笔股权转让款已经支付，但是第一被申请人认为，申请人提交的文件与股权转让款的支付完全不具有关联性，不能证明其已经完成了前两笔股权转让款的支付。

（3）案涉合同已经被第一被申请人发函解除，申请人无权主张继续履行合同，无权主张股权转让

作为代理意见之附件，第一被申请人提交了一份《EXPERT OPINION OF O》及其中文译本（以下简称《第一被申请人法律意见书》）：

1. 根据老挝《合同关系和侵权责任法》第三十七条，合同当事方的意思自治是确定优先适用的合同的基础。《老挝民法典》第三百七十四条规定，合同当事方或法院应根据订立合同的意图或不违反法律的惯例来对合同进行解释。《老挝民法典》第三百九十八条规定，合同当事方可以通过书面的方式达成合意对合同进行修改。《中老投资合作协议》和《股权转让合同》均有效，且根据《中老投资合作协议》的约定，《中老投资合作协议》应当优先适用。

2. 老挝《合同关系和侵权责任法》第三十七条的规定允许如果对方存在违约行为，除非缔约双方另有约定，受损害一方可以单方面解除合同。《合同关系和侵权责任法》第三十三条规定，违约是指任一方当事人全部或部分不履行合同义务，或不适当履行合同义务。该条第一段还将违约的后果定义为，如任意当事方违反合同，则该方必须负责赔偿（另一方）所产生的损害，除非违约的结果是由不可抗力造成的。

3. 第一被申请人向申请人开出不可撤销授权委托书，这一行为是建立在申请人必须尊重并履行其合同义务的预期之上的。该授权委托书的内容因合同义务未履行而不能得到执行。

4. 老挝 E 水泥公司股权转让合同项下的股权转让义务实质上无法履行，因为所有被申请人均不是老挝 E 水泥公司的股东。根据老挝法律，股权转让合同因合同当事人实质上无法根据该合同转让股权而被视为绝对无效。这也正是合同当事方缔结老挝 N 咨询公司股权转让合同的原因。因此老挝 N 咨询公司股权转让合同应解释为老挝 E 水泥公司股权转让合同的附属协议。

5. 本案的刑事诉讼程序是构成解除合同的依据。老挝《合同关系和侵权责

任法》第五条中的一个核心原则是合同主体之间需秉持诚实、合作、真诚的态度。I 作为申请人的代理人侵占公司资金，申请人忽视了 I 的上述举动，证明申请人对第一被申请人是不诚实、不真诚的，申请人屡次拒收解除合同和授权委托的通知，也证明申请人对第一被申请人是不诚实的。因此，作为遭受损害的一方，第一被申请人可以解除合同。由于开具授权委托书是履行股权转让合同的一部分，所以合同解除，授权委托书也同样应当终止。

（七）申请人反驳意见的主要观点

对于第一被申请人的《代理意见》，申请人在《对被申请人提交材料的异议及反驳意见》中反驳称：

1. 三被申请人是老挝 E 水泥公司的股东，是本案适格的被申请人。

三被申请人都是《股权转让合同》的签署方，且均多次自认是股东的基本事实，也履行了部分合同义务，并接受了申请人支付的股权转让款。老挝 E 水泥公司的《特许登记证》上也注明了三被申请人对老挝 E 水泥公司的持股比例。三被申请人以老挝 E 水泥公司股东的名义与申请人签订《补充协议》的行为更加证明了三被申请人的股东身份不仅真实存在，而且也一直得到第一被申请人的承认和认可。即便第一被申请人声称老挝 N 咨询公司为老挝 E 水泥公司的股东，本案合同仍能继续履行。三被申请人转让老挝 N 咨询公司股权的义务属于连带责任，第一被申请人作为合同当事人，有义务转让全部股权，其作为办理第二被申请人、第三被申请人所持股权转让手续的受委托人，有能力履行转让老挝 N 咨询公司全部股权的合同义务，办理股权转让登记。即使按照所谓老挝 N 咨询公司是老挝 E 水泥公司的股东的说法，其也仍然有义务、有能力转让老挝 E 水泥公司股权，该主张并不构成其履行合同的阻却事由。第一被申请人作为两个合同的当事人，无论其内部股权关系是否变更，都应当根据合同约定履行合同义务。第一被申请人并非善意第三人，不能以自身违反合同约定擅自变更股权关系的行为作为其拒绝履行合同的理由。

2. 第一被申请人未提交关于老挝 E 水泥公司股权被质押的证据，老挝法也没有限制被质押股权转让的规定，股权转让不存在任何事实和法律障碍。

第一被申请人主张其为泰国银行质押合同的当事人，并主张股权被质押，其有能力也有责任提供有关股权被质押的证据，但第一被申请人并没有提供关于银行质押的任何证据。如果第一被申请人坚持称股权不可转让，那么则说明第一被申请人在签订《股权转让合同》时存在欺诈行为，第一被申请人作为过错方，不能因其缔约过失责任获得非法利益。此外，质押合同项下的义务不应约束合同外的第三人。如第一被申请人认为其股权转让行为违反了质押合同的约定，则第一被申请人应当向泰国银行承担违约责任，并不构成不履行本股权转让合同的理由。第一被申请人代理意见和《第一被申请人法律意见书》的论述存在逻辑冲突。《第一被申请人法律意见书》称股权不能转让的依据是与银行签订的协议，而该合同还规定了老挝 N 咨询公司的股权结构不得变更。但第一被申请人的代理意见中称老挝 N 咨询公司的股权已经由三被申请人共同持股变更为第一被申请人单独持股。如第一被申请人认为股权变更必须受与银行签订的协议内容限制，则老挝 N 咨询公司的内部股权结构变更也不可能实现。因此，申请人认为，第一被申请人提出与泰国银行的协议仅为其不履行合同义务的借口，并非股权变更有任何客观障碍。

3. 第一被申请人代理意见中关于付款条件未成就、合同已解除的主张，并无法律和事实依据。

申请人已按《补充协议》约定支付了股权转让款，根据《补充协议》，被申请人有义务进行股权变更登记。即便按照《中老投资合作协议》中的约定，申请人亦已向老挝 F 水泥公司和老挝 E 水泥公司的其他股东超额、提前支付了股权转让款，履行了合同项下的全部义务。第一被申请人是造成老挝 E 水泥公司建设停滞、申请人利益受损及合同无法履行的原因，其作为违约方不应也不可能享有合同解除权。三被申请人共同作为《股权转让合同》的一方当事人，第一被申请人无法代表第二被申请人、第三被申请人意见。

老挝《合同关系和侵权责任法》第三十七条强调，如合同当事人另有约定，受损害一方也不能单方解除合同。《中老投资合作协议》明确约定"任何一方均不得单方解除本协议"，因此第一被申请人认为合同已解除没有任何法律依据。

作为《对被申请人提交材料的异议及反驳意见》之附件，申请人提交了一份由老挝 L 律师事务所 M 出具的法律意见书（以下简称《申请人法律意见书二》），称：

1. 关于如何认定老挝 E 水泥公司的股东，申请人认为，《第一被申请人法律意见书》附件中，老挝计划与投资部颁发给老挝 E 水泥公司的特许权登记证明确记录了第一被申请人、第二被申请人、第三被申请人是老挝 E 水泥公司的股东以及其各自的持股比例。此外，《第一被申请人法律意见书》附件中的股权证书不符合老挝法律要求，在实践中也不规范。根据《企业法》和登记惯例,股权证书应向公司注册地的工商行政管理部门登记,需要企业注册处的盖章和签字作为政府批准公司股权的证明。此外,《股权转让合同》中的条款表明,各方已确认三被申请人是老挝 E 水泥公司的股东及各自的持股比例,三被申请人是本案的适格被申请人。

2.《第一被申请人法律意见书》中的赞助人支持协议双方主要的责任、义务和职责,是在贷款人发出通知要求增加借款人资本以应对成本超支或现金短缺时提供现金支持。因此,赞助人支持协议不构成老挝《担保交易法》所规定的任何形式的老挝 E 水泥公司的股权质押。此外,根据老挝相关法律,股权质押只有在财政部国有资产管理部正式登记后才具有法律效力,由于缺乏股权质押登记证明,所以质押不具有法律效力。

(八) 第一被申请人反驳意见的主要观点

对于申请人的反驳意见及第二被申请人、第三被申请人的答辩意见,第一被申请人答复如下:

三被申请人不是老挝 E 水泥公司的股东,无权处分老挝 E 水泥公司的股权。老挝 E 水泥公司的唯一股东是老挝 N 咨询公司。三被申请人为了诚信履行合同,与申请人还签署了老挝 N 咨询公司的《股权转让合同》,申请人已另案提起仲裁,其履行情况不属于本案仲裁庭的管辖范围。

老挝 E 水泥公司的股权已经质押给泰国银行,未经泰国银行允许,股权不得进行转让。结合《中老投资合作协议》的约定,案涉股权转让日期不应早于贷款还清之日,由于老挝 E 水泥公司水泥厂至今未建成,没有销售收入,不可能还清贷款,因此老挝 E 水泥公司股权存在质押未解除,股权转让条件并未成就,无法转让。

二、仲裁庭意见

仲裁庭审阅了申请人与被申请人提交的全部材料,经过开庭审理,对本案发表意见如下:

(一) 关于本案的管辖权

第一被申请人在向仲裁庭提交的《撤销案件或中止审理的申请书》中申请仲裁庭撤销本案或中止审理本案。关于第一被申请人中止审理的申请,仲裁庭已对此作出不予同意的决定。现基于仲裁委员会之授权就第一被申请人撤销案件的申请即本案管辖权问题作出如下分析决定。

第一被申请人称，中国 G 水泥公司受申请人委托负责老挝 E 水泥公司生产线改扩建的工程建设。后中国 G 水泥公司和第一被申请人向老挝公安部举报申请人隐瞒老挝 E 水泥公司生产线改扩建工程实际造价等重要事实，并企图以此侵占老挝 E 水泥公司的财产，同时申请人挪用老挝 F 水泥公司的资金供老挝 E 水泥公司使用，亦构成侵占集体财产之行为。老挝公安部于 2018 年 10 月以涉嫌侵占集体财产罪、犯罪未遂、伪证罪对申请人董事长 I 进行侦查，并将案卷移送 J 市检察院，J 市检察院对 I 签发了逮捕令，并请求中国外交部进行司法协助，该老挝刑事程序正在进行中。

第一被申请人认为，本案与其所称的老挝刑事案件系基于同一法律关系。对于本案来说，申请人的仲裁请求包括请求转让老挝 E 水泥公司的股权，而此乃《中老投资合作协议》项下的义务。对于刑事程序来说，申请人涉嫌通过签署《中老投资合作协议》的方式实施挪用、侵占集体财产之犯罪。而申请人提出的第一被申请人拒不办理股权转让手续等问题，也在该刑事案件中得到了调查处理。

第一被申请人认为，本案案涉事实与所称的刑事犯罪事实重合，根据《最高人民法院关于在审理经济纠纷案件中涉及经济犯罪嫌疑若干问题的规定》第十一条、《最高人民法院关于当前商事审判工作中的若干具体问题》第十条之规定，应作为刑事案件继续由老挝司法机关审理，仲裁委员会对此没有管辖权，被申请人请求撤销案件。

申请人反驳称，仲裁委员会的管辖权仅应根据当事人提起仲裁所依据的合同及仲裁协议进行判断。本案申请人与被申请人签订的《股权转让合同》中有明确的仲裁条款，符合关于仲裁协议的要求，而且是各方合同当事人真实、准确的意思表示。因此仲裁条款有效。本案作为股权转让合同纠纷，属于《仲裁规则》第三条规定的受案范围。因此，仲裁委员会对本案依法享有管辖权，刑事案件问题并不影响管辖权的确定。此外，本案也不存在《仲裁规则》第四十六条规定之申请人撤回仲裁请求的情形。因此，本案并未出现《仲裁规则》中规定的可以撤销案件的任何情形。

仲裁庭认为，本案仲裁系基于申请人与被申请人于 2017 年 6 月签署的《股权转让合同》中之仲裁协议提起。

本案仲裁协议中部分当事人为老挝国籍，该仲裁协议为涉外仲裁协议。《中华人民共和国涉外民事关系法律适用法》第十八条规定："当事人可以协议选择仲裁协议适用的法律。当事人没有选择的，适用仲裁机构所在地法律或者仲裁地法律。"《股权转让合同》中当事人未就仲裁协议适用的法律作出约定，应当适用仲裁机构所在地或仲裁地法律，即应当适用中国法审查仲裁协议的效力。

仲裁庭认为，《股权转让合同》由合同各方当事人妥善签字并盖章，合同内容是各方真实意思表示。《股权转让合同》中订立的仲裁协议系合同各方自愿达成，且有明确的请求仲裁的意思表示、有明确的仲裁事项，并明确选定仲裁委员会，符合仲裁协议形式及效力的规定，应当认定为有效的仲裁协议。

其次，关于申请人的请求事项是否属于仲裁受理的范围及仲裁协议约定的范围，仲裁庭认为，本案为平等民事主体之间发生的关于《股权转让合同》之民事纠纷，属于仲裁受理之范围。申请人的仲裁请求包括请求继续履行《股权转让合同》、请求履行《股权转让合同》项下转让股权的合同义务、按照《股权转让合同》之约定支付违约金等，均与《股权转让合同》的履行相关，属于《股权转让合同》中仲裁协议约定仲裁事项之范围。因此本案应由仲裁委员会管辖。

关于第一被申请人提出的老挝尚未终止之刑事程序是否构成仲裁委员会对本案管辖权成立的阻却事由，仲裁庭认为，案件涉及刑事纠纷并非《仲裁规则》规定之撤销仲裁案件的事由。第一被申请人主张适用的相关规定乃中国国内诉讼程序中刑事案件与民事案件发生交叉时的处理规则，而本案为中国仲裁机构的仲裁与国外刑事案件交叉的情况。第一被申请人主张将诉讼程序中的刑事民事交叉情况处理规则适用于本案之情况，没有法律上的依据。

退一步讲，即使从第一被申请人主张应当适用的中国诉讼程序中的相关规则来看，本案也不应因存在该刑事程序而撤销。《最高人民法院关于在审理经济纠纷案件中涉及经济犯罪嫌疑若干问题的规定》第一条规定："同一公民、法人或其他经济组织因不同的法律事实，分别涉及经济纠纷和经济犯罪嫌疑的，经济纠纷案件和经济犯罪嫌疑案件应当分开审理。"第十条规定："人民法院在审理经济纠纷案件中，发现与本案有牵连，但与本案不是同一法律关系的经济犯罪嫌疑线索、材料，应将犯罪嫌疑线索、材料移送有关公安机关或检察机关查处，经济纠纷案件继续审理。"《最高人民法院关于当前商事审判工作中的若干具体问题》第十条亦规定："如果商事案件法律事实与刑事案件法律事实不同，那么原则上商事案件应当与刑事案件分别审理。"可见，中国国内诉讼程序以是否属于同一法律事实等因素作为刑民交叉案件处理方式的判断标准。

根据第一被申请人提交之证据，老挝刑事程序基于的事实包括老挝 E 水泥公司与中国 G 水泥公司之间因建设工程施工关系产生的拖欠建设工程施工款项、建设工程施工合同中约定的款项与实际建设花费款项存在差异的问题，以及第一被申请人与申请人之间因挪用老挝 F 水泥公司的资金供老挝 E 水泥公司扩大生产线而产生公司内部股东纠纷等问题。而本仲裁案基于的事实是申请人与被申请人因《股权转让合同》及其《补充协议》的履行发生纠纷之问题。因此，本案与老挝刑事程序基于不同的法律事实。

另外，对于《股权转让合同》及其《补充协议》相关纠纷，需要审查的是合同约定以及作为买卖双方对于合同的履行情况。至于老挝 E 水泥公司是否存在违反建设工程施工合同项下约定之行为、申请人是否利用股东身份有损害公司或其他股东利益之行为，对于本案审理没有影响。

故本案仲裁和老挝刑事程序的当事人不同、产生于不同的法律关系、案件基于不同的法律事实、审理结果互不影响，因此本仲裁案件应当与刑事程序分开进行。

综上所述，仲裁庭对于第一被申请人提出的关于撤销本案的申请不予支持。

（二）仲裁庭认定的事实

老挝 E 水泥公司是一家在老挝注册的公司。案涉《股权转让合同》签署时，三被申请人持有老挝 E 水泥公司 100% 股权，其中第一被申请人持有 45% 股权、第二被申请人持有 35% 股权、第三被申请人持有 20% 股权。

2017 年 6 月，申请人与三被申请人签订了《股权转让合同》，约定三被申请人将老挝 E 水泥公司 100% 股权以 1300 万美元对价转让给申请人，其中第一被申请人分得近 700 万美元，第二被申请人分得 200 万美元，第三被申请人分得 400 余万美元。

《股权转让合同》约定，各方对买卖老挝 E 水泥公司股权的合同义务应当按照如下约定履行：

1. 申请人于 2018 年 4 月支付股权转让款的 30%；

2. 申请人于 2018 年 5 月支付股权转让款的 30%；

3. 申请人于 2018 年 6 月支付股权转让款的 30%；

4. 三被申请人于收到 90% 股权转让款之后 10 个工作日内，将 100% 股权变更登记至申请人名下；

5. 申请人于 100% 股权变更登记完成后 3 日内支付剩余 10% 股权转让款。

此外，《股权转让合同》约定，三被申请人应负责办妥该合同在老挝法院的认证盖章手续。三被申请人应于合同办妥法院认证盖章手续后 3 日内将老挝 E 水泥公司的管理权移交给申请人，移交范围包括但不限于老挝 E 水泥公司的印鉴、证照、批文及合同原件等，并应以老挝 E 水泥公司股东会决议的方式对申请人的经营管理权作出确认，同时第一被申请人应将法定代表人的职权授权给申请人指定人员行使。

同日，申请人与第一被申请人签署了《中老投资合作协议》，其中约定，双方以申请人占股 73%、第一被申请人占股 27% 的比例合作收购老挝 F 水泥公司和老挝 E 水泥公司，并按比例分担收购价款近 3700 万美元，及老挝 E 水泥公司生产线扩建改造成本 5000 万美元。

第一被申请人向申请人转让其实际持有的老挝 F 水泥公司和老挝 E 水泥公司股权的转让款，申请人无需支付。

对于老挝 F 水泥公司及老挝 E 水泥公司其他股权转让款的支付及股权的变更登记，《中老投资合作协议》约定：

1. 老挝 F 水泥公司和老挝 E 水泥公司《股权转让合同》在老挝法院办妥认证盖章手续，且申请人接管两家公司后 10 日内，申请人应支付老挝 F 水泥公司和老挝 E 水泥公司中除第一被申请人之外的股东 600 余万美元；

2. 申请人支付了 600 余万美元后，第一被申请人应在 10 日内将老挝 F 水泥公司 34% 股权变更登记在申请人名下；

3. 老挝 E 水泥公司年产 200 万吨水泥生产线点火投产后，申请人向老挝 F 水泥公司和老挝 E 水泥公司中除第一被申请人之外的股东支付剩余股权转让款，共计 700 余万美元；

4. 申请人支付了上述 700 余万美元股权转让款中的 600 余万美元之时，第一被申请人应在 10 日内将老挝 F 水泥公司 39% 股权及老挝 E 水泥公司 100% 股权变更登记至申请人名下。其余近 100 万美元股权转让款的支付另行约定。

《中老投资合作协议》还约定，老挝 E 水泥公司目前向泰国银行贷款近 2000 万美元，并以老挝 E 水泥公司 100% 股权和老挝 F 水泥公司 66% 股权作为质押担保。如果泰国银行不同意在还清贷款前变更公司股权的，则申请人对老挝 F 水泥公司 39% 的股权及老挝 E 水泥公司 73% 的股权变更登记起算日推迟至老挝 E 水泥公司还清泰国银行贷款之日。

《中老投资合作协议》约定，如转让双方所签订的《股权转让合同》存在与本协议约定不一致之处，以本协议约定为准。

2017 年 6 月，老挝 E 水泥公司作出《2017 年第一次临时股东会会议决议》，同意将公司 100% 股权转让给申请人，并授权第一被申请人负责办理股权转让手续。

2017 年 7 月，三被申请人作为委托人出具了以申请人作为受托人的《授权委托书》，约定申请人代三被申请人行使老挝 E 水泥公司股东的各项权利，完全负责老挝 E 水泥公司的生产经营管理，并载明"本委托书项下的委托为不可撤销委托"。

2017 年 12 月，三被申请人将老挝 E 水泥公司的管理权各项事项，包括公司印鉴等移交给申请人。

2018 年 4 月，申请人与三被申请人签署了《补充协议》，将《股权转让合同》中约定的股权转让款支付及股权变更重新作出如下安排：

1. 申请人于 2018 年 4 月支付股权转让款的 30%，其中支付第二被申请人近 60 万美元，支付第三被申请人 100 余万美元；

2. 申请人于 2018 年 7 月支付股权转让款的 30%；

3. 申请人于 2018 年 8 月支付股权转让款的 30%，并支付第二被申请人、第三被申请人延期利息共计 5 万美元；

4. 三被申请人于 2018 年开始办理股权变更手续，于 2018 年 5 月履行完毕。

2018 年 4 月，申请人向第二被申请人汇款近 60 万美元股权转让款，向第三被申请人汇款 100 余万美元股权转让款。上述股权转让款，第二被申请人、第三被申请人均确认已收到。

2018 年 5 月，负责对老挝 E 水泥公司水泥生产线进行升级改造工程建设的中国 G 水泥公司负责人和第一被申请人，先后向老挝公安机关报案。2018 年 5 月，第一被申请人向申请人发出《关于授权书和管理权移交取消的通知》，称将取消《授权委托书》，并取消对申请人向老挝 E 水泥公司和老挝 F 水泥公司委派的管理团队的授权。2018 年 6 月，第一被申请人向申请人总经理 I 发送了关于"申请解除老挝 F 水泥公司股份买卖协议及老挝 E 水泥公司股份买卖协议以及相关融资协议"事宜的函，称将解除买卖老挝 F 水泥公司和老挝 E 水泥公司股份的买卖协议、融资协议等所有协议。

仲裁庭对以上主要事实的认定不意味着仲裁庭忽略了当事人提交的其他事实证明文件，也不影响仲裁庭在下文中结合其他认定的事实进行法律分析和裁决。

（三）关于本案适用的法律

本案三被申请人国籍均为老挝，案涉《股权转让协议》的转让标的公司为在老挝注册成立的公司，仲裁庭认为应首先确定实体法律问题适用的法律。

《中华人民共和国涉外民事关系法律适用法》第三条规定："当事人依照法律规定可以明示选择涉外民事关系适用的法律。"

《仲裁规则》第四十九条第（二）款规定："当事人对于案件实体适用法有约定的，从其约定。当事人没有约定或其约定与法律强制性规定相抵触的，由仲裁庭决定案件实体的法律适用。"

本案中，《股权转让合同》约定："本合同适用老挝人民共和国法律并依其解释，在合同履行中双方如有分歧，双方应友好协商解决，如不能协商解决，提交中国国际经济贸易仲裁委员会按照其现行的仲裁规则进行裁决，仲裁裁决为一裁终局。"

仲裁庭认为，当事人在案涉协议中明确对合同应适用的法律作出了约定，且未发现该约定存在与法律强制性规定相抵触的情形，故仲裁庭依当事人的约定，并依据老挝法律对本案争议进行审理和作出裁决。

《中华人民共和国涉外民事关系法律适用法》第十条规定："涉外民事关系适用的外国法律，由人民法院、仲裁机构或者行政机关查明。当事人选择适用外国法律的，应当提供该国法律。不能查明外国法律或者该国法律没有规定的，适用中华人民共和国法律。"

申请人在《申请人法律意见书一》《申请人法律意见书二》中提供了老挝《合同和侵权法》第八条、第十条、第十五条、第二十四条、第三十三条至第三十九条、第六十八条至第七十条，《公证法》第十五条，《担保交易法》第五条、第六条等老挝法律条文的英文译本及中文译本。

第一被申请人在《第一被申请人法律意见书》中提供了老挝《合同关系和侵权责任法》第五条、第十一条、第十九条、第二十条、第三十三条、第三十七条，《老挝刑法典》第二百三十四条等老挝法律条文的英文译本及中文译本。

因老挝官方语言为老挝语，故仲裁庭综合当事人提供的老挝法律条文的英文和中文译本，结合当事人提供的其他证据和举证责任，对老挝法律进行查明。

（四）案涉协议的效力

本案申请人的仲裁请求系依据《股权转让合同》及其《补充协议》中的相

关条款提起，仲裁庭认为应首先对上述两份案涉协议的效力发表意见。

仲裁庭注意到，《股权转让合同》及其《补充协议》适用老挝法律并依照老挝法律进行解释，而在本案审理过程中，各方均没有表示《股权转让合同》及其《补充协议》存在违反老挝法律从而构成无效、不生效或失效的情形，各方也没有举证证明《股权转让合同》及其《补充协议》违反老挝法律。从各方陈述来看，各方均认为《股权转让合同》及其《补充协议》是合法有效的。仲裁庭还注意到，《股权转让合同》及其《补充协议》由各合同当事方妥善签字或盖章，系合同各方的真实意思表示，不存在违反法律法规强制性规定的情形，故《股权转让合同》及其《补充协议》依法成立并生效。

（五）《股权转让合同》及其《补充协议》与《中老投资合作协议》之间的关系

第一被申请人认为，《中老投资合作协议》在适用上优先于案涉《股权转让合同》。《中老投资合作协议》约定："……如转让双方所签订的《股权转让合同》存在与本协议约定不一致之处，以本协议约定为准。"因此，《中老投资合作协议》应当优先于《股权转让合同》而适用，是判断案涉股权是否应转让唯一合同的依据。

申请人认为，由于合同主体不同、涉及的法律关系不同，《中老投资合作协议》与《股权转让合同》相互独立。本案争议的《股权转让合同》是申请人与被申请人之间的外部股权转让合同关系，而《中老投资合作协议》是申请人与第一被申请人之间的内部合作关系，《中老投资合作协议》不具有第一被申请人主张的最高效力。《中老投资合作协议》仅对第一被申请人与申请人有约束力，其效力不及于其他股东，股权转让仍然应当按照《股权转让合同》及其《补充协议》执行，只是在涉及第一被申请人个人与申请人合作之间的最终权利义务上，按照《中老投资合作协议》办理，是先后顺序关系，不是效力高低关系。

第二被申请人、第三被申请人认为，第一被申请人与申请人签订《中老投资合作协议》与第二被申请人、第三被申请人无关，不影响《股权转让协议》的履行。

仲裁庭认为，《中老投资合作协议》经双方达成合意并签署生效，其中关于涉及收购老挝 E 水泥公司股权部分的约定是合同双方的真实意思表示，对于申请人和第一被申请人具有约束力。

但是，《股权转让合同》由申请人与三被申请人签署，《中老投资合作协议》由申请人与第一被申请人签署。第一被申请人不是老挝 E 水泥公司 100%股权的唯一卖方，三被申请人共同持有老挝 E 水泥公司的全部股权，《中老投资合作协议》从主体上不能作为本案争议的老挝 E 水泥公司 100%股权买卖关系所依据的基础协议文件。第二被申请人、第三被申请人并非《中老投资合作协议》签署方，《中老投资合作协议》中关于老挝 E 水泥公司股权收购约定效力不能及于第二被申请人、第三被申请人。

《股权转让合同》的权利义务内容为申请人向三被申请人购买老挝 E 水泥公司 100%股权。《中老投资合作协议》的权利义务内容不仅包括申请人与第一被申请人关于收购老挝 E 水泥公司和老挝 F 水泥公司时对双方权利义务的特别约定，还包括在完成收购之后双方股权的分配、对老挝 E 水泥公司水泥厂建设的责任划分、股东权益约定等，其实质上是因为申请人完成对老挝 E 水泥公司和老挝 F 水泥公司股权收购后将与第一被申请人共同持股，双方以合作投资者的身份对投资安排和投资后安排作出约定。

综上，仲裁庭认为，《股权转让合同》是老挝 E 水泥公司 100%股权的卖方与买方关于收购股权的买卖合同关系的约定。《中老投资合作协议》是第一被申请人和申请人作为合作投资方的约定。在整体性判断老挝 E 水泥公司股权是否应当转让时，不应当适用《中老投资合作协议》，而应当适用《股权转让合同》及其《补充协议》。

（六）关于申请人的仲裁请求

1. 关于继续履行《股权转让合同》的仲裁请求

申请人主张，三被申请人与申请人签署了《股权转让合同》，且申请人已经开始实际履行《股权转让合同》，合同各方应当继续履行《股权转让合同》。

第一被申请人认为，由于申请人在履行《中老投资合作协议》过程中，存在侵占并挪用资产、无法完成老挝 E 水泥公司水泥厂改扩建等严重违约行为，第一被申请人发函表示撤销授权并解除案涉合同，因此《股权转让合同》及其《补充协议》已被解除。在第一被申请人提交的《第一被申请人法律意见书》中，第一被申请人委托的律师出具意见认为，根据老挝《合同关系和侵权责任法》第三十七条第三段的规定，如果对方存在违约行为，除非缔约双方另有约定，受损害的合同一方当事人有权单方面解除合同；第四段规定，如果合同为书面形式，则对合同的更改和解除也应通过书面形式作出。合同的解除具有约束力，在收到书面通知或不履行行为发生后生效。因此，申请人延迟支付合同转让款、推迟工厂建设等行为，已经构成违约，第一被申请人有权单方面解除合同。同时，第一被申请人已经通过向申请人发函的方式行使了其对《股权转让合同》及其《补充协议》的合同解除权。而对于不可撤销授权委托书，其基础建立在申请人必须尊重并履行合同义务之上，而该授权委托书的内容因合同义务未履行而不能得到执行。

申请人认为，第一被申请人单方面发出的《解约通知》不能代表其他股东的意志，且其作为违约方按照老挝法律规定无权行使合同解除权，该《解约通知》无效。在申请人提交的《申请人法律意见书一》中，申请人委托的律师出具意见认为第一被申请人发出的解除股权转让协议的通知没有法律效力，并同样引用了老挝《合同和侵权法》第三十七条的规定。对于《授权委托书》，申请人认为，声明不可撤销的《授权委托书》一旦作出就不可撤销。第一被申请人撤销《授权委托书》不能代表其他股东的意志，且构成严重违约。因《授权委托书》明确约定，自签署之日起至股权变更登记至申请人名下之日有效且不可撤销，此乃授权人明确放弃撤销权的条款，该《授权委托书》不可撤销。

第二被申请人、第三被申请人称，对于第一被申请人发出的解除合同的通知，第二被申请人、第三被申请人事先不知情，事后也不认可。第一被申请人只是老挝 E 水泥公司的股东之一，无权擅自决定终止股权转让合同，未经第二被申请人、第三被申请人的同意就擅自发出解除合同的通知是无效的，而第二被申请人、第三被申请人不同意第一被申请人以任何理由实施终止合同的行为，根据老挝《合同和侵权法》，第一被申请人无权单方解除合同，也不能代表第二被申请人、第三被申请人解除合同，而《授权委托书》是不可撤销的。

仲裁庭注意到，关于《股权转让合同》及其《补充协议》是否已被解除事宜，申请人和第一被申请人均援引了老挝《合同和侵权法》第三十七条的规定。该条规定合同双方可以基于合意变更或终止合同；除非双方另有约定，在一方违约的情况下，另一方可享有单方变更或解除合同的权利；合同终止后，双方已履行的部分互不返还，未履行的部分不再履行，如果一方已履行合同义务，则另一方须履行相对应的合同义务。

仲裁庭认为，根据老挝《合同和侵权法》上述规定，在合同无另行约定的前提下，合同一方之单方解除权需基于另一方违约而产生。本案中，第一被申请人解除合同的理由乃申请人存在与案外人中国 G 水泥公司之间建设工程合同违约之情况，造成老挝 E 水泥公司改扩建工程滞期。仲裁庭认为，上述事项并非申请人在案涉《股权转让合同》及其《补充协议》项下合同义务，而是申请人与案外人在相关建设工程合同项下的义务，或者是申请人作为老挝 E 水泥公司股东对老挝 E 水泥公司应承担的股东侵害公司利益之责任，因此第一被申请人以申请人存在《股权转让合同》及其《补充协议》违约之情况而解除《股权转让合同》及其《补充协议》，其理由不能成立，对于第一被申请人享有并已行使单方解约权的主张，仲裁庭不予支持。《股权转让合同》及其《补充协议》未被解除，应当继续有效。

仲裁庭注意到，三被申请人于 2017 年 7 月向申请人出具了《授权委托书》，约定的委托事项为 "老挝 E 水泥公司水泥厂的生产、经营、管理等一切事务即日起由中国 A 水泥公司指定人员负责" "特委托受托人全权行使委托人作为老挝 E 水泥公司水泥厂股东的各项权利"。此外，《授权委托书》载明："本委托书项下的委托为不可撤销委托" "本委托书有效期为长期，自委托人签署之日起生效，至委托人将老挝 E 水泥公司水泥厂股权变更登记至中国 A 水泥公司名下之日止。"

仲裁庭认为，该《授权委托书》是为履行《股权转让合同》之约定而签署的，目的是在《股权转让合同》实际签署至老挝 E 水泥公司 100% 股权实际完成转让期间内，对股权买卖双方对老挝 E 水泥公司的权利义务进行的特殊约定。三被申请人已实际签署了该《授权委托书》，该委托关系成立，至老挝 E 水泥公司股权变更登记完成之日方可终止。截至第一被申请人发函解除委托之日，老挝 E 水泥公司股权变更登记尚未完成，因此该委托仍处于有效期限内。

根据申请人提供的老挝《合同和侵权法》第六十九条的规定，受托人在委托期限内应当全面履行受托义务，完成受托事项。仲裁庭认为，申请人与被申请人提交的证据材料无法证明申请人作为受托人未能完成受托事务。事实上，申请人实际向老挝 E 水泥公司派驻了管理人员，并实际对老挝 E 水泥公司水泥生产线的升级改造工程建设投入了资金，履行了 "对老挝 E 水泥公司行使管理权" 和 "对老挝 E 水泥公司行使股东权利" 两项受托事项。第一被申请人主张授权委托之基础是申请人履行合同义务，而申请人存在违反《中老投资合作协议》或其与案外人中国 G 水泥公司之间的建设工程合同义务的情况，因此有权撤销授权，其理由不能成立。履行《中老投资合作协议》、与案外人之间的建设工程合同等并非《授权委托书》中载明的委托事项，委托人无权以此为由撤销对受托人的委托。

《授权委托书》中明确约定委托期限内不可撤销，该约定是双方当事人就股权变更登记完成之前保障委托代理关系存续稳定的特别约定，乃双方真实意思表示，如无违反法律法规强制性规定或严重违反诚实信用原则之情况，应当对委托人和受托人具有约束力。第一被申请人主张不可撤销的《授权委托书》在申请人存在对其他合同违约之情形时可以撤销，并非《授权委托书》约定不可撤销时的合同双方真意，其理由不能成立。

从形式要件来说，解除对申请人的委托需要三被申请人作为委托人共同达成合意，任一委托人无权代表其他委托人单独解除委托代理关系。因第一被申请人未与第二被申请人、第三被申请人达成撤销授权委托的合意，其单方面作出的撤销授权委托之行为不发生效力。因此《授权委托书》仍然有效，申请人与三被申请人之间的委托代理关系仍然成立。

综上，仲裁庭认为，案涉《股权转让合同》有效，应当继续履行。第一被申请人主张已单方解除《股权转让合同》和《授权委托书》等协议，其理由不能成立。

2. 关于三被申请人将老挝 E 水泥公司 100% 的股权变更登记至申请人名下并承担相关税费之仲裁请求

仲裁庭注意到，第一被申请人主张三被申请人不是老挝 E 水泥公司的股东，因此不负有转让老挝 E 水泥公司股权的合同义务，老挝 E 水泥公司的唯一股东是老挝 N 咨询公司，三被申请人共同持有老挝 N 咨询公司 100% 的股权，且第二被申请人、第三被申请人已将其持有的老挝 N 咨询公司之股份转让给了第一被申请人，第一被申请人是老挝 N 咨询公司的唯一股东。

仲裁庭认为，第一被申请人在《第一被申请人法律意见书》中提交了一份老挝计划和投资部向老挝 E 水泥公司颁发的《特许登记证》，其中老挝 E 水泥公司的投资者列明为老挝 N 咨询公司，同时列明其即（代表）第一被申请人、第二被申请人、第三被申请人。因此，第一被申请人、第二被申请人、第三被申请人作为老挝 E 水泥公司投资人的身份已经老挝计划和投资部确认。此外，第一被申请人未能提供经老挝政府工商行政管理机构认可或出具之股权证书，未能证明老挝 E 水泥公司股东仅为老挝 N 咨询公司。相反，老挝 E 水泥公司 2017 年 6 月作出的《2017 年第一次临时股东会会议决议》载明，"老挝 E 水泥公司的股东 B、C、D 分别将其所持公司 45% 股权、35% 股权和 30% 股权（合计

100%股权）转让给中国 A 水泥公司"，确认了三被申请人在老挝 E 水泥公司的股东身份。且三被申请人已通过签署《股权转让合同》确认了其在老挝 E 水泥公司的持股情况，即第一被申请人持股 45%，第二被申请人持股 35%，第三被申请人持股 20%。此外，第一被申请人还通过签署《中老投资合作协议》确认了第一被申请人与其他股东共同持有老挝 E 水泥公司的股份。因此，三被申请人拥有老挝 E 水泥公司的股东身份之情况，得到了老挝 E 水泥公司及三被申请人的多次确认。

仲裁庭认为，不论三被申请人是直接持有老挝 E 水泥公司股权，还是通过其全资公司老挝 N 咨询公司而间接持有老挝 E 水泥公司股权，均应认定三被申请人为老挝 E 水泥公司之股东，应当履行《股权转让合同》项下相应合同义务。即便第二被申请人、第三被申请人将所持老挝 N 咨询公司股份转让给第一被申请人，乃三被申请人履行转让老挝 E 水泥公司股权之合同义务的一种方式，三被申请人作为股权卖方，内部采用何种方式和程序履行转让股权之合同义务，不影响三被申请人在《股权转让合同》项下负有转让股权的合同义务。

仲裁庭还注意到，第二被申请人、第三被申请人在《股权转让合同》及其《补充协议》签订后，授权第一被申请人代为办理老挝 E 水泥公司股权变更手续。第一被申请人作为第二被申请人、第三被申请人办理股权转让手续的代理人，应当严格按照委托人的要求和意志行事。因此，第一被申请人负有办理老挝 E 水泥公司 100%股权变更登记手续的义务。

关于转让股权之合同义务的履行条件和期限，《股权转让合同》约定，在完成支付 90%股权转让款后，三被申请人应将老挝 E 水泥公司的 100%股权变更登记至申请人名下。《中老投资合作协议》另约定，申请人支付老挝 F 水泥公司和老挝 E 水泥公司除第一被申请人之外股东 600 余万美元后进行老挝 E 水泥公司股权变更登记。如泰国银行不同意在还清贷款前进行股权变更，则老挝 E 水泥公司 73%股权的变更登记顺延至老挝 E 水泥公司还清贷款之日。

在《股权转让合同》签署之后，申请人与三被申请人签署了《补充协议》，重新确认了各方的权利义务。按照该补充协议约定，被申请人应于 2018 年 4 月开始办理老挝 E 水泥公司 100%股权变更手续，于 2018 年 5 月完成。

仲裁庭认为，申请人与三被申请人均为《补充协议》之相对方，且《补充协议》对支付股权转让款和完成股权变更登记两项主合同义务进行了新的约定，应当视为《补充协议》对三被申请人转让老挝 E 水泥公司 100%股权的合同义务进行了变更。因此，三被申请人转让股权的合同义务之履行期限应当以《补充协议》为准，三被申请人应当于 2018 年 5 月前完成变更登记。

此外，申请人已于 2018 年 4 月向第二被申请人支付了近 60 万美元股权转让款，并向第三被申请人支付了 100 余万美元股权转让款。因此，申请人已经按照《股权转让合同》及其《补充协议》的约定，如期支付了第一笔 30% 的股权转让款。

仲裁庭注意到，第一被申请人主张因泰国银行不同意在还清贷款前变更老挝 E 水泥公司股权，因此股权变更登记之合同义务履行条件未能成就。然而，第一被申请人未能提供足够证据证明泰国银行对老挝 E 水泥公司 100% 股权的质权已经设立并生效，亦未在举证期限内提供证据证明股权转让义务到期之前泰国银行明确表示不同意转让该等股权。仲裁庭认为，三被申请人于 2018 年 5 月前完成股权变更登记，是其在《股权转让合同》及其《补充协议》项下的合同义务。老挝 E 水泥公司之股权是否存在质押、质权人是否同意转让股权等事项，不构成拒不履行《股权转让合同》及其《补充协议》的理由。如果因老挝 E 水泥公司股权被质押之原因阻碍了该合同义务的履行，三被申请人应当通过获得质权人同意、清偿贷款、提供其他担保等方式，确保能够履行股权转让的合同义务。

《股权转让合同》约定："老挝 E 水泥公司 100% 股权转让在老挝应缴纳的所有税费（如有，不论缴纳主体是谁），全部由甲方承担。"

综上，仲裁庭认为，三被申请人在《股权转让合同》及其《补充协议》项下转让股权并进行变更登记的合同义务已经届期。三被申请人应当立即转让股权并进行变更登记，并承担股权变更登记实际发生的所有税费。

3. 关于支付违约金 300 万美元的仲裁请求

《股权转让合同》约定："因甲方原因逾期办理约定的股权变更登记的，甲方应向乙方支付违约金 300 万美元，并赔偿乙方实际遭受的经济损失。"根据《补充协议》的约定，股权变更登记的履行期限为 2018 年 4 月。第一被申请人受第二被申请人、第三被申请人之委托办理老挝 E 水泥公司 100% 股权变更登记，而至今仍未办理股权变更登记，且无拒不履行之正当理由，根据上述约定，应当向申请人支付因逾期办理股权变更登记的违约金 300 万美元。

4. 关于律师费、差旅费补偿和仲裁费承担的仲裁请求

申请人提出的第四项、第五项、第六项仲裁请求是第一被申请人向申请人

赔偿因本案支付的律师费、差旅费，并承担本案仲裁费。

《仲裁规则》第五十二条规定："（一）仲裁庭有权在裁决书中裁定当事人最终应向仲裁委员会支付的仲裁费和其他费用。（二）仲裁庭有权根据案件的具体情况在裁决书中裁定败诉方应补偿胜诉方因办理案件而支出的合理费用。仲裁庭裁定败诉方补偿胜诉方因办理案件而支出的费用是否合理时，应具体考虑案件的裁决结果、复杂程度、胜诉方当事人及/或代理人的实际工作量以及案件的争议金额等因素。"

仲裁庭认为，申请人已经按照约定诚实履行了支付第一期股权转让款的义务，并为建设老挝 E 水泥公司实际投入了大量建设资金，第一被申请人拒不履行转让股权之合同义务，没有正当理由，应当认为构成违约。申请人为此提起本案仲裁并发生律师费。第一被申请人应当承担申请人因本案产生的律师费。

因申请人未能证明其因本案实际发生了差旅费用，仲裁庭对申请人提出的要求第一被申请人支付差旅费的仲裁请求不予支持。

考虑到本案系因第一被申请人违反《股权转让合同》的约定而引起，申请人的绝大部分仲裁请求得到支持，仲裁庭认为应由第一被申请人承担本案仲裁费。

三、裁　决

基于上述事实和理由，仲裁庭裁决如下：

（一）第一被申请人、第二被申请人和第三被申请人继续履行《股权转让合同》。

（二）第一被申请人、第二被申请人和第三被申请人将老挝 E 水泥公司100%的股权变更登记至申请人名下，并承担股权变更登记所发生的税费。

（三）第一被申请人向申请人支付违约金 300 万美元。

（四）第一被申请人偿付申请人律师费。

（五）驳回申请人的其他仲裁请求。

（六）本案仲裁费由第一被申请人承担，鉴于本案仲裁费已由申请人全部预缴并予以冲抵，故第一被申请人向申请人支付相应费用，以补偿申请人代其垫付的仲裁费。

上述各项裁决，被申请人应于本裁决作出之日起三十日内履行完毕。

本裁决为终局裁决，自作出之日起生效。

案例评析

【关键词】　海外投资　涉外仲裁的法律适用　法律关系认定

【焦点问题】

本案涉及三个核心焦点：一是因中国企业海外投资引发的涉外商事纠纷，如何确定实体及程序问题的适用法律；二是商事纠纷如涉及跨境办理的刑事案件，仲裁程序能否正常推进；三是在当事人先后缔结多份协议的情况下，如何判断各份协议之间的效力关系，厘清各方当事人间的法律关系。

【焦点评析】

老挝是我国共建"一带一路"的重要伙伴国，在"一带一路"倡议下，中老两国秉承着"和平合作、开放包容、互学互鉴、互利共赢"的丝路精神，在"一带一路"建设中取得了丰硕的成果。特别是中老铁路的建成为两国的经贸、投资、能源、工业、农业和旅游业提供了更便利的环境，两国人员往来及商品贸易日益紧密。尽管如此，由于两国的法律差异，中国企业在老挝遇到的投资纠纷依然不可忽视。

案涉纠纷即是中国企业在老挝投资引发的争议，涉及准据法的选择、民刑交叉案件的处理、多份协议间的效力关系等中国企业海外股权投资常见法律问题，具有"一带一路"案例的典型性。现结合本案案情及双方争议焦点，评述如下：

一、中国企业海外投资引发的商事纠纷，如何确定适用法律

本案中，申请人为中国企业，三名被申请人均为老挝国籍的自然人，案涉转让的目标公司也为在老挝注册成立的公司。对于海外投资纠纷案件等涉外案件而言，解决法律适用问题是展开后续一切法律分析的前提。法律适用又可分为实体法的适用与程序法的适用。本案当事人签署的《股权转让合同》明确约定适用老挝法，故老挝法是涉及当事人实体权利义务的准据法。又因仲裁地选在中国北京，中国法是本案应当适用的程序法。该种法律适用的设计较好平衡了交易双方的权利义务。一方面，股权转让交易的履行将导致公司股本结构发生变更，在此过程中难免需要和本地公司法协调适用，故约定本地法律作为股权转让合同的实体准据法，能够有效防止适用法律之间发生冲突，也有利于增强股权出售方的信心。另一方面，选择在股权购买方所在国的仲裁机构解决潜在争议，有利于减少股权购买方对于可能存在的地方司法保护的担心，并降低

其维权的成本，有利于促成交易。

境外法作为准据法，仲裁庭可以通过当事人的举证，查明该准据法的法律规定、法律原则和法律精神。在中文为仲裁案件的仲裁语言时，仲裁庭通常会要求双方当事人提供所涉境外法的权威中文译本，如涉及对具体条文有不同理解的，双方当事人还可委托境外法律机构以中文出具法律意见书，仲裁庭会根据双方提交的文本和意见进行居中裁断。而境内的程序法，则可由仲裁庭自行理解并遵循。

在 "一带一路" 背景下的商事争议解决案例中，明确法律适用往往是解决纠纷的第一步。该问题具有相当的典型性，需要引起海外投资企业的足够重视，以确保合同中的相关约定明确、合理，更好地保障和平衡交易各方的权利义务。

二、涉及跨境刑事案件的海外投资纠纷，仲裁程序能否正常推进

商事案件中的相关事实有时会涉及刑事犯罪问题，为避免出现同案不同判现象、维护司法裁判的权威性，最高人民法院、最高人民检察院等机关已通过颁布系列司法解释、司法文件的方式，为中国法院审理刑民交叉案件搭建起了一套较明确的程序规则。根据该套规则，中国国内的诉讼程序基本是以 "是否属于同一法律事实" 等因素作为刑民交叉案件处理方式的判断标准，具体规则见《关于在审理经济纠纷案件中涉及经济犯罪嫌疑若干问题的规定》第一条、第十条、第十一条，《最高人民法院关于当前商事审判工作中的若干具体问题》第十条等规定。

本案仲裁程序开始时，老挝公安部已向申请人的董事长发出了开始侦讯的命令、J市检察院也对申请人的董事长签发了逮捕令，相关刑事程序正在进行中。第一被申请人据此向仲裁委提交《撤销案件或中止审理的申请书》，主张刑事程序中查明的事实将影响到本案申请人是否存在违约情节的认定，提出本案应由老挝司法机关审理，仲裁委并无管辖权、本案应予撤销；退一步说，即使不撤销，本案审理也应先行中止，待刑事案件作出判决后再行恢复。

针对第一被申请人的上述主张，裁决书作出了详实的反驳，简要评述如下：

一方面，裁决书认为第一被申请人主张适用的相关规定乃是中国国内法院诉讼程序中民刑交叉案件的处理规则，但本案的情况是中国仲裁机构的仲裁与国外刑事案件交叉。也即是说，《最高人民法院关于当前商事审判工作中的若干具体问题》等规范并不适用于本案，该点反驳理由再次显示出了明确法律适用问题对于解决涉外商事纠纷的重要意义。

另一方面，裁决书认为即使认可适用中国诉讼程序中的相关规则，本案与老挝正在进行的刑事程序也是基于完全不同的法律事实。老挝刑事程序系针对目标公司与第三方公司之间因建设工程施工关系产生的拖欠建设工程施工款项、约定的建设工程款与实际建设花费存在差异等问题，而本案基于的事实是申请人与被申请人之间因《股权转让合同》及《补充协议》的履行发生的股权转让纠纷问题，老挝刑事程序中正在调查或将要查明的事实，对于本案审理没有直接的影响。

据此，裁决书认为，本案仲裁和老挝刑事程序的当事人不同、产生于不同的法律关系、案件基于不同的法律事实、审理结果互不影响，故本仲裁案件应当与刑事程序分开进行。

"一带一路"背景下的商事争议中，部分案件的案情与刑事程序的调查对象存在交叉，此时仲裁程序能否继续进行，就成为双方当事人和仲裁庭需首先解决的问题。本案裁决书从法律适用和法律事实的相关性两方面展开分析，论证思路对类案处理具有借鉴意义。

三、存在多份诉争协议时，如何判断各份协议的关系与效力、厘清各方当事人间的法律关系

本案的另一焦点问题是，申请人与三被申请人之间存在不止一份关涉股权转让的协议，且各份协议对转让事宜的约定内容不尽相同，各方对多份协议的关系和效力问题存在分歧。

2017 年 6 月，申请人与三被申请人共同签订《股权转让合同》，约定三被申请人将目标公司 100% 股权以 1300 万美元对价转让给申请人。

同日，申请人又与第一被申请人单独签署《中老投资合作协议》，其中涉及股权转让款支付的约定不同于《股权转让合同》。

2018 年 4 月，申请人与三被申请人共同签署《补充协议》，对《股权转让合同》中约定的股权转让款支付及股权变更重新作出安排。

针对上述三份协议，第一被申请人根据《中老投资合作协议》第 2.5 条"……如转让双方所签订的《股权转让合同》存在与本协议约定不一致之处，以本协议约定为准"的约定，主张《中老投资合作协议》应优先于案涉《股权转让合同》及其《补充协议》适用。并提出由于申请人在履行《中老投资合作协议》过程中存在严重违约行为，第一被申请人已发函表示解除案涉合同，故《股权转让合同》及其《补充协议》已被解除。

针对前述主张，裁决书给予了说理详实、论证充分的反驳，简要评述如下：

首先，裁决书肯定了《中老投资合作协议》是经双方达成合意并签署生效的协议，认可其中关涉收购目标公司股权部分的约定对申请人和第一被申请人具有约束力。

其次，裁决书强调第一被申请人不是目标公司100%股权的唯一卖方，三被申请人共同持有目标公司的全部股权，故《中老投资合作协议》从主体上不能作为本案争议的目标公司100%股权买卖关系所依据的基础协议文件。基于合同的相对性，《中老投资合作协议》中关于目标公司股权收购之约定的效力不能及于第二被申请人、第三被申请人。

再次，裁决书认为《中老投资合作协议》的权利义务内容不仅包括申请人与第一被申请人关于收购目标公司时对双方权利义务的特别约定，还包括在完成收购之后双方股权的分配、对目标公司水泥厂建设的责任划分、股东权益约定等安排，实质上是双方以合作投资者的身份对投资安排和投后安排作出的约定。

最后，针对第一被申请人提出的《股权转让合同》及其《补充协议》已被通知解除的主张，裁决书认为根据老挝《合同和侵权法》第三十七条，在合同无另行约定的前提下，合同一方之单方解除权需基于另一方违约而产生。本案中第一被申请人主张的违约情节不属于申请人在《股权转让合同》及其《补充协议》项下的义务，故《股权转让合同》及其《补充协议》未被解除，应当继续有效。

基于以上分析，仲裁庭认为，应当适用《股权转让合同》及其《补充协议》整体性判断目标公司股权是否应当转让。又鉴于上述合同约定的转让条件均已成就，仲裁庭最终支持了申请人的主要仲裁请求。

【结语】

本案裁决书条理清晰、剖析深入、说理充分，从程序规则、适用法律、合同关系与效力等多个维度切入论证，针对当事人争议较大的几个问题加以充分回应和评述后，最终支持了申请人的主要仲裁请求。裁决书对中国法、外国法和仲裁程序规则的运用精准，裁决结果不仅契合中外法律精神，亦符合商业交易习惯和社会公平观念，遵循法治至上、独立居中、程序正义、论理分明的裁判准则。

"一带一路"倡议覆盖面十分广阔，"一带一路"国家不仅数量繁多，而且各国法制传统与法制习惯与我国存在巨大差异。在此背景下，不同法律制度规则的跨地区交流必然伴随着大量的法律冲突产生，商事仲裁面临的挑战和难度也会相应增加。因此，中国企业沿着"一带一路"走出去，需对可能遇到的法律风险防范和争议解决问题施以必要关注。本案在该方面具有一定启示：首先，企业应当加强对所投资国家的法律体系的了解，确保守法、诚信、合规经营，避免触犯当地法律及被拖入刑事程序；其次，出海企业应尽早建立专业的法律团队，团队中应包括熟悉当地法律的律师和法律顾问，以便随时咨询和处理潜在的法律纠纷、充分维护海外投资权益；最后，为防范可能存在的地方司法保护等问题，中国企业在订立交易合同时应审慎选择适用法律，并可适当考虑选择国内或境外的知名仲裁机构仲裁作为争议解决管辖机构，以避免自身权益受到不公正、不合理的损害。

从案件审理的角度看，一个好的仲裁裁决需要仲裁庭、代理人、当事人共同努力才能作成，对于"一带一路"背景下的商事争议解决案件而言就更是如此。这类案件中，仲裁庭需要依赖双方的举证以查明事实，多数情况下也需要参考双方的阐述以理解和适用境外法律，因此非常考验仲裁庭和双方当事人、代理人沟通协作的能力。两造相争必有输赢，但对公平性、合法性、合理性的共同追求，也使得双方具有展开合作的基础。仲裁庭必须立足于此基础，对双方施以适当的引导和要求，这是仲裁庭在裁判"一带一路"背景下的商事争议解决案件时应当具备的意识，和主要的努力方向之一。

（评述人：李洪积）

案例十一　新加坡 A 能源公司与新加坡
B 公司红土镍矿合同争议案

中国国际经济贸易仲裁委员会（以下简称"仲裁委员会"）根据申请人新加坡 A 能源公司（以下简称"申请人"）与被申请人新加坡 B 公司（以下简称"被申请人"）签订的《红土镍矿合同》中仲裁条款的约定，以及申请人向仲裁委员会提交的书面仲裁申请，在申请人办理了相关手续后，受理了上述合同项下的本争议仲裁案。

本案仲裁程序适用仲裁委员会自 2015 年 1 月 1 日起施行的《中国国际经济贸易仲裁委员会仲裁规则》（以下简称《仲裁规则》）。

根据《仲裁规则》第二十五条的规定，本案应由三名仲裁员组成仲裁庭进行审理。申请人选定 X 担任仲裁员。被申请人选定 Y 担任仲裁员。由于双方当事人未在规定的期限内共同选定或共同委托仲裁委员会主任指定本案首席仲裁员，仲裁委员会主任根据《仲裁规则》之规定指定 Z 担任本案首席仲裁员。上述三位仲裁员在签署仲裁员接受指定《声明书》后，成立仲裁庭，审理本案。

仲裁庭如期开庭审理本案。双方均委派代理人出席了庭审。庭审前，申请人提交了变更仲裁请求申请书及补充证据材料和相关统计表格，被申请人提交了证据材料。庭审中，申请人陈述了仲裁请求及事实和理由，被申请人进行了答辩；双方就各自提交的证据进行了举证，出示了相关证件原件，并对相对方提交的证据进行了质证。双方当事人还进行了辩论，回答了仲裁庭的调查询问，并作了最后陈述。庭审结束前，仲裁庭对本案庭后仲裁程序作了相应安排。

本案现已审理终结。仲裁庭根据双方提交的书面材料及庭审中查明的事实，依据合同约定和法律规定作出本案裁决。

现将本案案情、仲裁庭意见及裁决结果分述如下：

一、案　情

（一）申请人的仲裁请求及主要事实和理由

申请人与被申请人均为在新加坡注册的公司。2018 年 12 月，申请人作为买方、被申请人作为卖方签署了本案合同，合同标的红土镍矿（以下简称 "W 货物"）从印度尼西亚装运至中国某港。

2018 年 12 月，申请人与被申请人签署了本案合同的附录一（以下简称 "本案合同附录"），价格更改为 "买卖双方同意如下：单价更改为：CIF FO 中国某港 35.20 美元每湿公吨总价：近 200 万美元"。

申请人认为，根据本案合同中 "QUANTITY 数量 55000 WET METRIC TONS（±10%，at seller's option）55000 湿公吨（允许 10% 溢短装，由卖方选择）" 以及本案合同附录中条款的规定，双方的共同理解为：合同项下要装运的货物的最低数量为 55000 湿公吨。

在本案合同及其附录签订后，被申请人未在合同约定的时间内发货，且发出货物的质量和重量也不符合合同约定。因此，申请人认为：

1. 被申请人因未在合同允许的时间内将合同项下购买的货物装运而违约。

本案合同中约定："SHIPPING 装运　最迟装运日：2018 年 12 月 31 日。" 而被申请人未能在上述合同规定的最迟装运日期，即 2018 年 12 月 31 日将合同货物装运，或根本未装运该合同货物。

被申请人告知申请人其无法向申请人提供该合同货物，原因是被申请人于 2019 年 1 月拒收了其上游供应商 C 在 D 号船上装载的货物，即约 3.7 万湿公吨的 W 货物。被申请人向申请人提供了一份由被申请人的新加坡代表律师 E 于 2019 年 3 月发给上游供应商 C 拒收 W 货物的信函副本。

被申请人于 2019 年 4 月发送电子邮件给申请人，试图与申请人达成协议，提出 "本案合同也被视为无效，且合同下的任何索赔被视为已获和解"。申请人同日回复被申请人，拒绝将本案合同视为无效或将该合同下的任何索赔视为已获和解。

申请人认为，至 2019 年 5 月，被申请人已经违反本案合同。其具体表现如下：

（1）未在本案合同允许的时间内将该合同货物装运和交付。

（2）延迟履行合同致使本案合同目的无法达到。

（3）明确表示且通过行为表明其不愿意和/或无法履行其装运和交付本案合同货物的义务。

在这种情况下，在申请人代表律师 F 于 2019 年 5 月发给被申请人的信函中，申请人认为被申请人已毁约性地违反了本案合同，并终止本案合同。

2. 由于被申请人违反了本案合同，从而导致了申请人蒙受损失和损害。

申请人认为，在被申请人与其签订本案合同时，被申请人就知道申请人要将该合同货物转卖给下游买家。由于被申请人未及时或根本未将该合同货物装运并交付给申请人，导致申请人无法履行与其下游买家中国 G 金属科技公司之间于 2018 年 11 月签订的 H 合同项下的义务，申请人从而损失了本应从 H 合同下赚取的盈利。

3. 被申请人雇员的相关行为加重了申请人所遭受的损失。

申请人称被申请人该雇员还曾就 H 合同联系中国 G 金属科技公司，在被申请人与其无任何合约关系的情况下，试图将 D 号船上装载的货物直接卖给中国 G 金属科技公司，进而加重了申请人因被申请人违反合同而遭受的损害。

4. 被申请人的违约行为给申请人造成了损失，应按照合同约定给予赔偿。

申请人认为，其请求相关损失的依据如下：

（1）根据本案合同和本案合同附录所规定的"每湿公吨 35.20 美元"、H 合同中规定的"每湿公吨 46.00 美元"，申请人就该合同货物所蒙受的盈利损失为近 60 万美元。

（2）根据本案合同约定："如果卖方不能按时交货给买方，则视为卖方违约；卖方需向买方支付相当于本合同项下货物总货值 15% 的违约金，同时，买方有权向卖方追索所有由此引起的损失（由买方引起的原因和不可抗力除外）。"所以被申请人应当支付违约金近 30 万美元（合同价近 200 万美元的 15%）。

申请人认为本案的争议焦点为：被申请人是否违反了本案合同的条款，尤其是合同约定的销售、装运和交付该合同货物的义务，以及申请人由此应获得的损害赔偿金额。

申请人还称，其保留因被申请人原因导致申请人与中国 G 金属科技公司之间关系受损，而向被申请人提出索偿的权利。

综上，申请人提出并最终确认如下仲裁请求：

1. 被申请人赔偿申请人的利润损失近 60 万美元；

2. 被申请人支付合同约定的违约金近 30 万美元（合同价近 200 万美元

的 15%）；

3. 被申请人补偿银行费用与保险费用共计近 2000 美元；

4. 被申请人支付前述三项请求自违约之日至实际赔偿之日的相应利息（按照人民银行同期贷款利率自 2019 年 1 月 1 日起至 8 月 19 日止按照中国人民银行同期同档次贷款基准利率计算，自 2019 年 8 月 20 日起至实际履行之日止按同期全国银行间同业拆借中心公布的贷款市场报价利率计算），暂计至 2019 年 7 月提出仲裁申请时为近 2 万美元；

5. 本案仲裁费用以及申请人为处理本案争议的法律费用共计人民币 100 余万元。

（二）被申请人的主要答辩意见

1. 申请人的信用证与本案合同不吻合，被申请人不存在违约行为。

依照本案合同，申请人应向被申请人开立不可撤销的信用证，该信用证的条款应当与本案合同约定的条款一致。

本案合同对信用证的约定是卖方应在提单日后 50 天内向开证银行提交以下单据（允许并认可第三方单据，汇票和发票除外）：（1）全套（3/3）清洁已装船租船提单，抬头为被申请人的开证银行，注明运费根据租船合约支付，通知方空白；（2）卖方依据中国 I 检测服务公司签发的卸港检测结果签发商业发票三份正本；（3）由卖方出具的原产地证三份正本；（4）由中国 I 检测服务公司出具的卸港品质证书复印件一份；（5）由中国 I 检测服务公司出具的卸港重量证书复印件一份。

然而，在开立信用证之前，申请人没有向被申请人发出其信用证草案版本以供核实和确认，这种做法不符合商业交易的习惯。

此外，申请人开具的信用证也与本案合同约定不符，其不符点共有如下几处：

（1）信用证要求提单上的收货人是 to order（根据指示），而非本案合同规定的 to order of issuing bank of B（根据被申请人开证行的指示）。这两者区别很大。如果提单上只写"to order"，提单背书时，应当由印度尼西亚的发货人作空白背书。如果是"根据被申请人开证行的指示"，提单应当由开证行做空白背书。

（2）信用证要求提单上的通知方是 to order，而非本案合同规定的空白。

（3）信用证要求提交的中国 I 检测服务公司出具的重量证书及品质证书是

"原件"，而非本案合同约定的复印件。

（4）信用证要求提交两份受益人证书，然而本案合同却并没有要求受益人提交这两份文件。

被申请人发现上述问题后，立刻要求申请人对信用证进行修改。申请人回复说和最终收货人进行商量。

考虑到申请人可能会修改信用证，被申请人继续为合同的履行做准备。涉案货物于 2019 年 1 月 11 日左右装载完毕，承运人签发了"COGENBILL 1994"提单。

据报告，船舶到达卸货港中国某港的时间为 2019 年 1 月 28 日（07：00）。然而直到货物到港，申请人也没有向被申请人提交修改过的、符合本案合同要求的信用证。为了避免船舶滞期费损失，被申请人不得不向承运人出具保函，将 W 货物卸载在中国某港。

直到现在，申请人仍未向被申请人提交修改过的、符合本案合同要求的信用证，拒绝履行本案合同项下的义务。由此导致本案合同一直无法履行，被申请人因此遭受了巨大的损失。被申请人保留提起反请求或者另案提起仲裁的权利。

在国际贸易中，买方开立信用证是卖方交货的前提条件。本案合同条款也规定申请人开立信用证的时间早于被申请人交货的时间。因此，如果申请人不履行或者不恰当履行开证义务，被申请人享有先履行抗辩权，有权拒绝交货。

倘若信用证不符合合同的约定，将使得卖方交单后因不符点而无法获得付款。这种故意开立无法兑现的信用证的做法，其实等于没有开信用证，属于严重的履约瑕疵。在本案中，申请人先是在合同里要求被申请人按照某种具体的格式获得提单，之后再在信用证里要求另一种格式的提单，并要求原本不需要提交的文件，这样的信用证存在重大瑕疵。对此，被申请人可以主张先履行抗辩权、拒绝交货。直到仲裁启动之日，申请人仍未开立符合合同规定的信用证。

2. 申请人无权向被申请人主张转卖货物的利润损失。

申请人在仲裁申请书中主张，被申请人没有向申请人提供货物，从而导致申请人无法向其下家中国 G 金属科技公司交货，因此主张被申请人赔付转卖货物的利润损失。

然而，被申请人并非申请人与中国 G 金属科技公司之间的合同的当事人，对他们之间的交易情况不甚了解。该交易的细节，申请人负有举证责任。

并且，申请人的上述说法并不成立，经被申请人初步调查得知，中国 G 金属科技公司已经实际取得了前述卸载在中国某港的 W 货物，并已经将货款支付给申请人。

被申请人认为，其未违反本案合同项下任何条款。相反，如前所述，申请人的行为却实质性地违反了本案合同的条款，并且被申请人享有先履行抗辩权。

（三）申请人庭后代理意见的主要内容

申请人认为，被申请人没有按照本案合同的约定，即于本案合同订明之"最迟装运日：2018 年 12 月 31 日"前装运并提供符合约定之品质和数量的合同货物及其单证，已违反本案合同的约定，依照《中华人民共和国合同法》（以下简称《合同法》）第一百零七条之规定，应当承担违约责任。

1. 被申请人违反本案合同约定，已构成违约

（1）被申请人未按时履行本案合同项下之交货义务。

2018 年 12 月，被申请人通过经纪人 J 与申请人、印尼发货方 C 代理人 K 以及中国 G 金属科技公司就指定 D 号船将 W 货物自印尼运往中国某港事宜进行沟通，并最终确认指定该船舶装运货物。记录显示，D 号船于装港印尼某港实际完成装货的时间为 2019 年 1 月 11 日 04：00（与涉案提单签发日一致，实际驶离装港的时间为 2019 年 1 月 21 日 23：30）。显然，实际装运日晚于本案合同约定的最迟装运日（2018 年 12 月 31 日），已经违反合同约定。

另外，按中国 I 检测服务公司在卸货港中国某港对被申请人提供的该批 W 货物检验后于 2019 年 2 月出具的质量证书，该批货物无论从质量还是数量上看，均违反本案合同约定，或者其根本不能提供本案合同所约定的货物。

此外，被申请人以该批货物的实际装运期以及品质不符合合同约定而向 C 公司出函拒收前述由 D 号船运输的约 3.7 万湿公吨 W 货物，同时索赔违约责任。鉴于 W 货物即为本案合同之货物，两合同为背靠背合同，被申请人向 C 公司主张违约赔偿责任的行为，恰恰证实了被申请人清楚了解其已违反本案合同。

综上，被申请人安排 D 号船运载的约 3.7 万湿公吨 W 货物，从装运时间、货物质量及数量方面均不符本案合同之相关约定，其违约之事实显而易见。

（2）被申请人借先履行抗辩权认为其未违约之主张不成立。

被申请人在答辩中提出，由于申请人向其开立的信用证不符合本案合同中对于信用证的要求，违约在先，因此，在申请人未将信用证修改成符合本案合同之约定前，被申请人有权依据《合同法》行使"先履行抗辩权"，并无交付

合同货物之义务，故其不存在违约行为。

申请人认为，被申请人之抗辩与事实和履约、规则均不相符，具体理由如下：

首先，申请人开立符合本案合同信用证与被申请人履行本案合同项下备货、交货之义务之间不存在先予履行与后续履行之先后顺序。

依据《合同法》第六十七条之规定，"当事人互负债务，有先后履行顺序，先履行一方未履行的，后履行一方有权拒绝其履行要求。先履行一方履行债务不符合约定的，后履行一方有权拒绝其相应的履行要求"。可见，先履行抗辩权行使之前提是双方互负给付义务并有履行的先后顺序；然而，本案中买方开立符合合同约定的信用证与卖方备货交货之间并不存在先后顺序。

本案合同与我国法律均未对上述先后顺序作出规定。贸易实践中，按信用证独立原则，买方开立的信用证与贸易合同所约定的货款支付、结算不相关联，因为信用证议付取决于单证、单单是否一致，不受买卖合同之约束；事实上，买卖合同也非信用证议付时所需提交之文件。更何况，买方开立符合要求的信用证不是卖方履行备货、交货义务之前提条件。

因此，无论从本案合同本身还是法律强制性规定出发，抑或是从贸易实践角度审视，申请人提供符合本案合同约定的信用证与被申请人履行交货义务不存在先后履行之顺序，申请人开立之信用证是否符合本案合同约定并不阻碍或免除被申请人作为本案合同卖方应履行交付货物之义务。

其次，即便存在被申请人所主张的先后履行之顺序，被申请人已实际接受了申请人开立之信用证，即放弃对信用证不符合本案合同约定之异议。

在双方漫长的协商过程中，被申请人从未要求申请人修改信用证使之与本案合同的约定相一致，亦未向申请人或通过经纪人 J 向申请人表达过诸如申请人无法修改信用证时，其将不履行供货义务之意图。值得注意的是，被申请人第一次正式提出申请人信用证不符合本案合同是在其 2019 年 10 月提交的仲裁答辩书中，此时距申请人开立信用证后已 10 个月有余。

被申请人在接受申请人开立的信用证后，于 2018 年 12 月与 C 公司签订 L 买卖合同，其中对提单的描述与申请人开立的信用证完全一致。事实上，涉案贸易链条上的三个交易完全背靠背，且均采用信用证付款方式；由于交易过程中的贸易和运输单证只可能存在一个版本，因此三张信用证上对于相关单证的要求必须一致，否则将会产生被申请人在其上游信用证中付款后无法在下游信用证下收到货款的情况。正是基于该考量，被申请人开立的信用证采用了与申请人开立的信用证相一致的内容。被申请人的该举措证明了其对于申请人开立之信用证内容完全接受之事实，并放弃对申请人信用证内容与本案合同约定不符之异议。

另外，D 号船所签发的提单上"Consignee"一栏记载为"TO ORDER"，与申请人开立的信用证中的单证要求（"MADE OUT TO ORDER, BLANK EN-DORSED"）一致，而非本案合同所约定的"MADE OUT TO ORDER OF ISSU-ING BANK OF B"。被申请人在庭审中更主张，其向 C 公司开立的信用证系其在 L 买卖合同交易项下的选择，与本案合同交易无关。倘若如此，其在本案中主张申请人应当按照本案合同约定修改信用证，将使得其根本无法在案涉交易中获得货款。由此可见，被申请人对其开立信用证与申请人之信用证内容一致原因的解释显然站不住脚；从另一个侧面也证明，被申请人没有要求对申请人信用证进行修改。

被申请人选择继续履行本案合同下交货义务，已构成对申请人信用证的接受以及合同相关约定的修改；而关于"先履行抗辩"的主张也有违诚实信用之原则。

被申请人认为因申请人开立的信用证不符合本案合同约定，违约在先，基于"先履行抗辩"之规定，其无履行合同项下供货之义务。而事实上，在申请人开立信用证之后，被申请人一直在积极履行其本案合同项下之供货义务。在 2018 年 12 月，经过涉案贸易链条上各方沟通讨论，指定 D 号船作为承运船舶的安排，最终被申请人确认租用该船舶并指定该船舶于印尼某港装载约 3.7 万吨 W 货物运往中国某港。很显然，被申请人将货物运往中国某港向最终的买家中国 G 金属科技公司交付的安排，目的在于履行本案合同项下交货之义务。鉴于被申请人已经开始履行其交付货物的义务，这消解了其所主张的"先履行抗辩权"，或者构成其对申请人向其开立之信用证中部分文件要求变更的接受，抑或是构成其对申请人应当开立与合同约定一致之信用证之主张的放弃。《合同法》第五十五条关于"撤销权"消灭的规定，即"有下列情形之一的，撤销权消灭：……（二）具有撤销权的当事人知道撤销事由后明确表示或者以自己的行为放弃撤销权"。类推适用该规定中对于当事人放弃权利的情形，申请人认为明知道申请人向其出具的信用证内容不符合本案合同之约定，但选择继续履行合同，显然应当视为对其异议权利之放弃。

另外，被申请人对申请人享有"先履行抗辩权"，但其在该权利产生（2018年12月申请人开立了不符合本案合同的信用证）后，在相当长期间内未行使该权利，直至2019年10月在其答辩状中才首次提出该抗辩，此时距申请人开立信用证后已10个月有余；其间，被申请人实际履行了合同项下的准备、运输和交付货物等义务。一方面，被申请人实际履行买卖合同构成对信用证与合同不一致之放弃并对申请人开立信用证之接受；另一方面，行使"先履行抗辩权"和继续履行合同是一个相对的概念，行使"先履行抗辩权"的条件成就时，权利人可以选择行使"先履行抗辩权"或者选择继续履行后续合同义务，但只能选择其一，否则将使双方合同法律关系处于一种不稳定的状态。被申请人选择继续履行其所谓的"后续义务"，用其自身行动放弃了行使"先履行抗辩权"，已使申请人对被申请人不再行使"先履行抗辩权"产生信赖。而今，被申请人要求行使"先履行抗辩权"，明显违背了《中华人民共和国民法总则》及《合同法》规定的诚实信用原则。

此外，被申请人已安排D号船履行本案合同而且出具与申请人信用证一致的提单，被申请人已经完全接受申请人信用证。至于直至仲裁阶段方才提出申请人信用证不符合本案合同要求，不过出于抗辩策略而已。

综上，申请人认为被申请人先履行抗辩之主张缺乏事实基础也于法无据。即便其享有所谓的"先履行抗辩权"，其已经通过继续履行本案合同的行为表示其接受了申请人开立的信用证。如今其坚持申请人信用证不符合本案合同约定之抗辩，显然违反诚实信用原则。

2. 被申请人之违约给申请人造成了损失

申请人主张的损失包括：（1）预期利润损失：近60万美元；（2）15%本案合同价款的罚金：近30万美元；（3）银行保险费用：近2000美元；（4）利息：自违约之日起暂计至提出仲裁申请日（2019年7月）止近2万美元；（5）律师费：人民币100余万元；（6）仲裁费。

（1）预期利润损失

由于被申请人始终未能向申请人交付本案合同约定之货物，违反合同约定，依据《合同法》第一百零七条、第一百一十三条以及本案合同之规定，申请人有权向被申请人主张因其违约造成的损失。本案中，根据申请人与下游买家中国G金属科技公司合同以及被申请人与申请人合同的约定，若被申请人如实履行本案合同，申请人必然可以获得近60万美元之利益，被申请人应当就此对申请人进行赔偿。

一方面，被申请人主张，申请人没有任何损失，并声称申请人已向中国 G 金属科技公司交付货物，申请人认为：

首先，对于约 3.7 万湿公吨货物的后续处理，实际发生于 2019 年 4 月，乃于 2019 年 3 月被申请人向其上游供货商 C 公司发出拒收函之后。被申请人的拒货行为进一步确认本案合同或 H 合同已无继续履行之可能。被申请人后将其拒收 C 公司提供货物的消息通知了申请人，旨在明确告诉申请人其已无法继续履行本案合同之供货义务。对于前述货物的后续处理和销售仅系各方出于止损之目的，不应视为 H 合同之继续履行，更不能以此否认被申请人未能履行本案合同下交货义务之事实。若被申请人认为其已履行了本案合同项下之供货义务，其理应向申请人提供货物提单以证明其向申请人交付货物，但其始终未能获得提单，更不用说始终未向申请人交付提单正本。

其次，需要强调的是，后续销售的约 3.7 万湿公吨货物的镍含量仅为 1.43%，有别于本案合同约定的最低 1.60% 的含量要求，显然不属于 H 合同货物。该批货物交付显然无法履行 H 合同。

最后，由于该约 3.7 万湿公吨镍矿的品位较低，因此在后续销售安排中，价格也比较低。事实上，若能够交付原本合同下 1.65% 含镍量高品位的货物，申请人的可预期利润为 50 多万美元，申请人原本的可预期利润全部落空。因此，被申请人的违约导致申请人遭受了巨大的利益损失。

另一方面，被申请人主张即便申请人存在损失，该损失系被申请人无法预见的因为其并不知道申请人下游存在与中国 G 金属科技公司的买卖合同及具体合同价格。该抗辩理由极为苍白。

首先，经纪人 J 最初向被申请人介绍涉案镍矿贸易业务时告知该业务背景系一个现存的交易（"an existing transaction"），申请人已经与中国 G 金属科技公司签订了 H 合同。可见，被申请人在其与申请人签订本案合同前已经知道申请人存在下游买家。被申请人深知申请人仅仅是贸易商而并非最终买方，显然能够预见引起违约而将导致申请人潜在的利润损失。

其次，本案合同于 2018 年 12 月签订。2018 年 12 月，申请人向被申请人提供信用证，后被申请人提出其不符合本案合同要求之异议。2018 年 12 月，申请人通过经纪人 J 向被申请人解释无法修改，原因是该信用证必须与中国 G 金属科技公司开立的信用证完全背靠背。可见，被申请人在订立本案合同的过程中完全了解下游买家的存在。

再次，对于 H 合同的价格，作为商业常识，被申请人应当预见到申请人与下游买方的合同价格肯定不会低于其与申请人约定的合同价，因此理应能够预见到其违约行为将导致申请人利润的损失。

最后，申请人需要指出的是，申请人与中国 G 金属科技公司约定的合同单价 46 美元/湿公吨，也是符合当时合同订立时同品位镍矿的市场价格 46—48 美元，不存在任何夸大或虚高等不合理因素。对于因其违约造成申请人直接的利润损失，被申请人显然是可以预见的。

综上，被申请人在订立本案合同之初已明知存在申请人的下游买方，对其违约将给申请人造成利润损失显然能够预见。同时，H 合同的合同单价 46 美元/湿公吨符合当时的市场价格，以此作为计算利润损失之依据显然是合理的。

（2）15%合同价款的罚金

基于被申请人违约之事实，按本案合同约定，申请人在主张逾期利润损失的同时，可同时主张本案合同总价款 15%的罚金。本案合同总价款为近 200 万美元，15%合同总价款为近 30 万美元。

被申请人提出，该条款中同时约定了违约金和实际损失赔偿，依据相关法律规定，两者不可兼得，并援引《合同法》相关司法解释进行论证。该抗辩不符合本案实际情况，且于法无据。

首先，申请人注意到，针对本案合同中"penalty"这一措辞，中文译文中采用的是"违约金"，很显然对于"penalty"一般的理解与"违约金"存在一定的出入，因为"penalty"的文义通常指"罚金"。本案合同对于该中英文本出现歧义或抵触时，约定以英文版本为准。因此，申请人认为此处的"penalty"应作"罚金"之解释，存在惩罚性质，而非"违约金"。

其次，《合同法》以及相关司法解释中所谓的"违约金"其实是带有赔偿性质或补偿性质的一种违约金。赔偿性质的违约金系当事人双方预先估计的损害赔偿总额，一方违约时可方便直接适用该赔偿金额，相当于替代履行。《合同法》第一百一十四条，被申请人援引的《最高人民法院关于适用〈中华人民共和国合同法〉若干问题的解释（二）》［以下简称《合同法司法解释（二）》］第二十八条、第二十九条中的违约金均为赔偿性质。正是因为其自身的赔偿性质，而非惩罚性质，所以前述三条法条中才规定，法院可以按照实际损失之大小对违约金进行调节，使其始终不得超过实际损失，继而给人一种违约金与实际损失不可兼得的印象。然而，正如申请人前文所述，本案合同中使用的"penalty"一词的措辞，自带惩罚性质，显然不是《合同法》第一百一十四条，《合同法司法解释（二）》第二十八条、第二十九条中的"违约金"，故该些法条并不适用于本案争议。

中国法律没有限制惩罚性质的"罚金"与实际赔偿损失的并存。相反，《合同法》第四条赋予当事人自愿订立合同的权利。本案合同约定的"罚金"与"所有由此引起的损失"并存的违约责任承担方式，系双方真实的意思表示，且未违反法律强制性规定，理应合法有效。同时，该合同条款也并未限制守约方仅能选择"罚金"与"所有由此引起的损失"其中一种救济方式，并未约定"择其一而排除其他"限制。

事实上，申请人订立时加入该罚金条款，也考虑除了潜在的利润损失等直接损失外，另一方违约可能导致其他诸如商业信誉、商业机会损失等间接损失。中国 G 金属科技公司系国有企业，对于申请人而言系重要的客户。该合同总价款 15% 的"罚金（penalty）"之确定其实也旨在覆盖部分难以计算的间接损失。

综上，申请人认为其有权依据本案合同同时主张合同总价款 15% 的罚金。

（3）银行费用和保险费用支出

由于被申请人违约在先，导致申请人专门为本案合同履行开立的信用证、信用证的修改以及其购买的货物保险均无用处，使得申请人遭受相关银行费用损失共计近 2000 美元。

（4）前述第一项、第二项、第三项对应之利息

申请人主张前述第一项、第二项、第三项损失总和，自被申请人违约次日，即 2019 年 1 月 1 日起至实际支付之日止的相应利息。

上述利息以本金近 90 万美元为基数，自 2019 年 1 月 1 日起至 8 月 19 日止按照中国人民银行同期同档次贷款基准利率计算，自 2019 年 8 月 20 日起至实际履行之日止按同期全国银行间同业拆借中心公布的贷款市场报价利率计算。暂计至申请人提交仲裁申请之日 2019 年 7 月为近 2 万美元。

（5）申请人所产生的律师费

因被申请人违约，申请人无奈就本案纠纷提起仲裁。申请人委托新加坡 M 律师事务所及中国 N 律师事务所的相关律师作为其本案代理人，故相关律师费用由该两家律师事务所产生的费用构成。

依据申请人提供的本案法律服务委托代理合同及补充协议, 律师费用按照时间计费, 申请人由此争议产生律师费用共计人民币 100 余万元。

申请人认为, 上述费用系因被申请人违约所引起的费用, 且系申请人办理本案而支出的合理费用, 依据《仲裁规则》第五十二条第 (二) 款的规定, 应当由被申请人承担。另外, 被申请人一再无端地制造程序性障碍, 造成各方时间、精力的耗费, 该金额实际上不完全覆盖申请人的法律费用支出。

(6) 仲裁费

依据本案合同、《仲裁规则》第五十二条第 (二) 款, 请求本案仲裁费用由被申请人承担。

3. 总结

综上所述, 被申请人未能按照本案合同的约定按时、按质、按量地履行交付货物之义务, 构成违约。该违约行为给申请人造成巨大的经济损失, 被申请人理应进行赔偿。同时, 申请人要强调的是, 中国 G 金属科技公司通过其他渠道获得该批低品质货物以减少损失, 这是一个全新且独立的交易, 与被申请人没有任何关系。故申请人恳请仲裁庭支持申请人上述全部仲裁请求。

(四) 被申请人庭后代理意见的主要内容

1. 被申请人在本案中并无违约

关于涉案之基本案情, 被申请人在答辩状中已经进行了详细的阐述, 并特别指出: 申请人实际向被申请人开立的不可撤销的信用证中的信用证条款, 与被申请人作为卖方、申请人作为买方签署本案合同中约定的信用证条款完全不一致。申请人亦在庭审时承认前述事实。

双方从未达成合意对合同中约定的信用证条款进行修改。根据《合同法》第七十七条第一款的规定, 变更合同需要双方的意思表示一致。而本案中, 首先, 双方没有签署过任何有关合同条款变更的协议, 也未就合同条款的变更达成任何口头协议, 这一点双方并没有争议。其次, 被申请人曾明确提出申请人开立的信用证不符合本案合同的规定, 需要修改, 申请人亦承认了这一事实; 至于被申请人随后未曾反复提及, 是考虑到当时双方关系不错, 且申请人提出需要中国 G 金属科技公司同时进行改证, 所以出于善意, 允许申请人在说服中国 G 金属科技公司改证之后再作出修改, 并且相信申请人会作出修改, 但被申请人从未改变申请人需要修改信用证这一立场。假设仲裁庭认为被申请人的行为是对修改信用证一事保持沉默, 被申请人的沉默行为也不构成对合同信用证条款的默示修改。根据法理，当事人不提出异议的行为（沉默）至少存在"保留异议权利"或"予以默认"等多种可能，因而在一般情况下，沉默不能作为意思表示的形式，更不能简单地认定为默示。据此，沉默不能产生变更合同的效果。此外，被申请人有关修改信用证的态度前后也是不一致的。根据《合同法》第七十八条的规定，当事人对合同变更的内容约定不明确的，推定为未变更。从被申请人前后不一致的行为中不能推断出其对是否变更、如何变更等问题的明确意见，因而应推定本案合同中约定的信用证条款未变更。

直到现在，申请人仍未向被申请人提交修改过的、符合本案合同要求的信用证，拒绝履行本案合同项下的义务。由此导致本案合同一直无法履行，被申请人因此遭受了巨大的损失。

在国际贸易中，买方开立符合合同的信用证是卖方交货的前提条件。在本案合同条款里，申请人开立信用证的时间早于被申请人交货的时间，因此，倘若信用证不符合合同的约定，将使得申请人交单后因不符点而无法获得付款。这种开立无法兑现的信用证的做法，其实等于没有开信用证，属于严重的履约瑕疵。在本案中，申请人先是在合同里要求被申请人按照某种具体的格式获得提单，之后再在信用证里要求另一种格式的提单，并要求被申请人提交原本不需要提交的文件，这样的信用证存在重大瑕疵。对此，被申请人可以主张先履行抗辩权、拒绝交货。直到仲裁启动之日，申请人仍未开立符合合同约定的信用证，因此被申请人至今仍不需要履行交货义务，更不存在违约一说。

既然被申请人不存在违约，那么当然就不需要承担所谓的违约及赔偿责任。

2. 申请人主张的盈利损失不存在

如前所述，被申请人不存在违约，自然也不需要承担所谓的违约责任。在不损害这一前提下，即使仲裁庭认为被申请人存在违约不交付货物的行为，申请人主张的盈利损失也没有任何依据。

依照申请人的陈述，其与 O 公司签订了 P 合同，购买了 W 货物，以履行修改后的申请人与中国 G 金属科技公司之间的合同。

需要注意的是：申请人亦确认其向中国 G 金属科技公司交付了 W 货物，这说明申请人已经履行了修改后的 H 合同，并收到了中国 G 金属科技公司的货款，但是申请人并没有证明其实际向 O 公司支付了任何货款，也就是说，申请人实际上没有任何盈利损失。

为了证明申请人向 O 公司支付过货款，申请人提供了 P 合同以及申请人向

O 公司付款的银行流水，声称于 2019 年 4 月和 5 月向 O 公司支付了款项。然而，前述款项并不是 P 合同项下的货款。

请注意 P 合同系为了买卖被申请人拒收的货物而订立的，双方在订立时明确知道货物的一切情况，因而合同规定的货款、支付方式应当与实际履行一致。

然而，申请人声称的付款与 P 合同的规定有诸多不符：

（1）合同规定："买方应在收到以下正本单据后 10 个工作日内通过电汇方式支付 100% 货款。"也就是说，货款应当一次性足额付清。但是依照申请人的说法，其是分两笔支付的。而且，依照申请人的说法，O 公司并未向其交付正本提单。既然 O 公司未交付提单，申请人根本没有义务向 O 公司支付货款。申请人在债务未到期时主动付款，很可能是申请人与 O 公司之间的其他交易款项。

（2）合同规定的总价为近 94 万美元，请注意该总价系在货物已经到港、双方已经确定了实际重量和数量、不存在误差的情况下计算所得，属于明确的数字。然而申请人主张实际支付的款项总计为 91 余万美元，与合同约定的总价不一致。两个数字之间的差距为近 3 万美元，即使扣除所谓的速遣费 1 万余美元，也还是不一致。

（3）就 2019 年 4 月申请人主张向 O 公司的付款，请注意付款单/银行流水显示的 Reference No. 与合同号不一致，也没有任何地方备注是为了"nickel ore"付款。

（4）就 2019 年 5 月的申请人主张向 O 公司的付款，付款单/银行流水也没有显示合同号，仅备注了"nickel ore"。

申请人披露的证据只有一份合同加上两笔汇款单，而这两样孤证之间还存有诸多矛盾。申请人迄今为止未能证实该两笔付款与 P 合同有关，亦不能解释前述不符之处。因此，该两笔付款与涉案的 P 合同实际上并无关联。申请人并没有向 O 公司支付任何货款，然而却从中国 G 金属科技公司处获得了货款 96 余万美元（实际上中国 G 金属科技公司应向申请人支付合同价近 98 万美元）。换言之，申请人没有任何盈利损失。

3. 申请人的止损义务、损失的因果关系和可预见性

申请人未尽到止损义务。大宗商品有大量的替代货物，申请人完全可以购买替代货物来履行合同，因此，在国际贸易惯例里，通常计算损失的方法是采用"替代货物比价法"（或者"市场价格比价法"），而不考虑利润损失。本案适用中国法律，中国加入了《联合国国际货物销售合同公约》（"CISG"），本

案的当事人居住地新加坡也是 CISG 成员国，故本案可以参照适用 CISG。按照 CISG 的损失计算方法，在本案中，申请人从 O 公司采购了替代货物，其采购价格低于原合同价格，因此，申请人没有损失。至于申请人与中国 G 金属科技公司之间约定降价，这是因为 O 公司交付的货物质量不好，与被申请人没有关系。

即使不考虑 CISG，而只考虑中国法律，申请人对利润损失的索赔既不是被申请人不交货造成的，也不符合"可预见原则"。

本案中，没有证据证明申请人因为被申请人不交货而终止了 H 合同，事实上，中国 G 金属科技公司从未表示拒收货物，申请人也从 O 公司采购了替代货物，从而继续向中国 G 金属科技公司履行原合同。中国 G 金属科技公司要求申请人降价的理由是货物质量不符合中国 G 金属科技公司的要求。正是由于申请人从 O 公司采购了劣质替代货物，才会产生上述问题，所以与被申请人是否交货无关。此外，在申请人和被申请人订立合同时，申请人从未告诉被申请人其转售给中国 G 金属科技公司的价格（这种商业敏感信息通常是保密的），并且无利润交易在国际贸易中非常常见，在大宗商品贸易中，申请人转售给中国 G 金属科技公司的价格可能低于或者等于本案合同价格从而导致申请人履行本案的交易不产生任何利润。因此，被申请人在订立合同时无从预见申请人会产生利润损失，被申请人更无法预见申请人会产生多少金额的利润损失。

4. 申请人主张的盈利损失的合理构成

假设仲裁庭认为申请人有盈利损失，且被申请人需要赔偿的情况下，通过对申请人主张的盈利损失进行甄别和分析，也能发现申请人夸大损失的不诚信行为。

依据申请人的计算，在原 H 合同的合同价为每吨 46 美元的情况下，申请人每吨盈利损失为 10.8 美元。

然而，依据中国 G 金属科技公司的 R 在微信聊天中的陈述，原 H 合同的合同价实为每吨 41 美元，而不是申请人所称的 46 美元。申请人在其补充证据材料中也承认，申请人和中国 G 金属科技公司曾有过沟通，约定将合同价降到每吨 41 美元，但未进一步披露相关证据。因此申请人以 46 美元作为计算基础显然是不合理的，该 5 美元每吨的差额应从申请人索赔的盈利损失中扣除。

此外，依据 S 和 T 在新加坡诉讼的答辩状中所说，如果交易顺利进行，则申请人需要向一个印尼中介 K 支付每吨 3.6 美元的佣金。然而因为交易没有顺利进行，申请人就不需要支付，因此实际上是申请人减少了支出，这也是一种利益，根据《最高人民法院关于审理买卖合同纠纷案件适用法律问题的解释》第三十一条的损益相抵原则，该3.6美元每吨的金额应从申请人索赔的盈利损失中减去。

依照申请人的主张，其已经通过从O公司处购买的货物，履行了修改后的H合同。依据申请人的主张，其实际向O公司支付了91余万美元，而中国G金属科技公司应向申请人支付合同价近98万美元（实际支付了96余万美元，申请人主张两者的差距是中国G金属科技公司扣除的速遣费，但只给了一个表格，不能证明这笔速遣费事实上发生）。按照前述情况，申请人在两个合同的履行中本应实际获得6余万美元的盈利，该金额理应从申请人索赔的盈利损失中扣除。

关于货物数量计算基础，计算申请人的盈利损失时，货物数量应以non-negotiable提单中记载的约3.7万吨为准。从合同履行的情况来看，在被申请人弃货之前，申请人对提单记载的货物数量是明知的，即其知道货量短少的情况，但从未提出过任何反对意见，这说明申请人和中国G金属科技公司默认同意了约3.7万吨的货物数量。事实上，中国G金属科技公司在收到约3.7万吨货物之后，也没有再针对货物数量短少向申请人进一步索赔。

综合上述几点，即使申请人可以索赔盈利损失，损失金额也应该以如下的方式计算：

申请人本应获得的盈利8余万美元，减去申请人实际获得的盈利（6余万美元）等于盈利损失实际金额（近2万美元）。

综上，假设仲裁庭认为申请人有盈利损失，且被申请人需要赔偿，那么申请人实际的盈利损失也只有近2万美元。

5. 开证费、改证费、保险费和律师费

被申请人并无违约，不需要承担任何违约责任，包括赔偿申请人的开证费、改证费、保险费和律师费。

开证费与改证费属于正常履约必须花费的费用。即使本案合同顺利履行，申请人也需要支付此笔费用，申请人没有因为本案合同没有被履行而在开证、改证费用上有任何损失。

就申请人所谓的购买保险的费用，首先，申请人未能提供相关增值税发票的原件，也未能提供相关保险合同、保单或汇款单作为佐证，因而不能证明申请人真的花钱购买了保险；其次，即使申请人的确购买了保险，这也是申请人的自愿行为，申请人和被申请人从未达成补充协议约定由申请人购买保险；最后，即使双方的确达成了这样的补充协议，且申请人的确购买了保险，那么即使本案合同顺利履行，申请人也需要支付此笔费用，申请人没有因为本案合同没有被履行而在保险费用上有任何损失。

就大部分律师费，没有证据证明申请人向新加坡 M 律师事务所或者中国 N 律师事务所支付了相应的律师费。

（1）就新加坡 M 律师事务所于 2019 年 9 月出具的律师费发票（新币近 3 万元），申请人提供的 2019 年 10 月的付款凭证无法证明所谓支票的付款人是申请人，也无法体现该笔款项的用途是支付本案律师费（注：新加坡律师的常见业务种类之一是替客户保管资金、代收代付，比如代收代付房地产买卖价款、保管双方当事人之间有争议资金，因此，支付给律师事务所的钱未必是支付律师费）。

（2）就中国 N 律师事务所于 2019 年 9 月出具的律师费发票（人民币近 3 万元），没有证据证明申请人支付了该笔款项。

（3）就新加坡 M 律师事务所于 2019 年 12 月出具的律师费发票（新币近 1 万元），申请人未能提供发票原件。

（4）就新加坡 M 律师事务所与中国 N 律师事务所于 2020 年 2 月出具的发票（分别为新币 2 余万元和人民币近 19 万元），没有证据证明申请人支付了该两笔款项。

6. 总结

截至目前，被申请人没有违反本案合同的任何条款。相反，如前所述，申请人的行为却实质性地违反了本案合同的条款，因此被申请人享有先履行抗辩权，在本案中无任何违约之处，亦不应当承担任何违约及赔偿责任。

申请人并未向 O 公司支付货款，因此也就不存在盈利损失。假设申请人真的向 O 公司支付了货款，申请人的利润损失，在法律上缺乏因果关系和可预见性，申请人的止损义务也没有做到位。再者，申请人的实际盈利损失也仅为近 2 万美元。

在不损害前述立场的前提下，申请人支付的开证费、改证费、所谓的保险费均属正常履约必须花费的费用，且并无证据证明申请人的确支付了保险费。同时，并无证据证明申请人支付了全部律师费。

基于前述事实和理由，被申请人认为申请人的仲裁请求完全没有事实依据，亦没有相应的证据可以佐证。有鉴于此，请求仲裁庭驳回申请人的全部仲裁请求。

二、仲裁庭意见

仲裁庭审阅了双方当事人提交的全部材料（案情部分未援引或者未全部援引任何一方当事人的意见或证据，不表明仲裁庭忽略了该方当事人的意见或证据），分析了双方的仲裁请求和抗辩理由，经过开庭审理，在查明事实和法律分析的基础上形成如下意见：

经过庭审和审查双方提交的材料，仲裁庭对本案争议形成如下意见：

（一）关于本案法律适用及合同效力

本案申请人和被申请人均为新加坡公司。双方在本案合同中约定，"合同适用中国法律并依据中国法律解释（The Contract shall be governed and construed by China law）"。据此，仲裁庭确认本案适用中华人民共和国的法律。

仲裁庭认为，本案合同是经双方当事人平等协商后达成的，反映了双方当事人的真实意思，内容不违反中国法律或法规关于合同有效性的强制性规定，形式合法，符合《合同法》规定的合同生效条件，合法有效。

（二）仲裁庭查明的相关事实

经过庭审，仲裁庭确认了与本案相关的下列事实：

2018年12月，申请人与被申请人签署了本案合同，申请人向被申请人购买W货物，从印度尼西亚装运至中国某港。本案合同约定了货物的数量（55000湿公吨±10%）、价格和质量标准，最迟装运日期为2018年12月31日。双方还约定若卖方（即本案被申请人，下同，仲裁庭注）不能按时交货给买方（即本案申请人，下同，仲裁庭注），则视为卖方违约：卖方需向对方支付相当于合同项下货物总货值15%的违约金，同时，买方有权向卖方追索所有由此引起的损失（由买方引起的原因和不可抗力除外）。

2018年11月，申请人与案外人中国G金属科技公司签订W货物合同，除了货物价格为46美元/湿公吨外，其余主要内容，如货物名称、数量、交货日期和质量标准等都与本案合同相同。

2018年12月，申请人开立了信用证，被申请人发现信用证与本案合同约定不符，遂向申请人提出异议。申请人向被申请人说明了不能修改信用证的理由，而被申请人也未再坚持这一主张。

2018 年 12 月，申请人与被申请人签署了本案合同的附录一，对价格做了变更，从原先的 CIF FO 中国某港 38.60 美元每湿公吨变更为 CIF FO 中国某港 35.20 美元每湿公吨。

2019 年 1 月 21 日，载有约 3.7 万吨 W 货物的船只 D 离开装货港，2019 年 1 月下旬到达中国某港。申请人委托的检验机构中国 I 检测服务公司于 2 月就 W 货物的质量出具检验报告。报告显示，该批 W 货物的镍含量为 1.43%，低于本案合同约定 1.65% 的标准。

从 2019 年 3 月初起，双方进行了多轮沟通，但未取得协商一致的结果。

2018 年 12 月，被申请人与其供货商签署了 W 货物购买合同。

2019 年 3 月，被申请人向其供货商发函，称由于对方延迟供货、供货数量短缺且质量没有达到约定的标准，解除被申请人与供货商的合同，并保留进一步索赔的权利。在该函件中，被申请人用中国 I 检测服务公司的检验报告作为信函的附件。

2019 年 4 月，被申请人通过邮件询问申请人本案合同是否可以视为已经无效，双方的索赔已经解决，这一提议遭到申请人的拒绝。

此后双方通过代理人有过多次函件往来。

2019 年 4 月，申请人与中国 G 金属科技公司签订了补充协议，货物为上述 D 号船运到中国某港的约 3.7 万吨 W 货物，并相应修改了货物价格、质量，合同总价为近 98 万美元；2019 年 4 月和 5 月，中国 G 金属科技公司分两笔向申请人支付货款合计 96 余万美元。2019 年 4 月和 5 月，申请人分两笔向上述货物的卖家 O 公司支付货款合计 91 余万美元。

（三）本案的主要争议

1. 被申请人是否违约

（1）被申请人是否享有先履行抗辩权

申请人认为，被申请人没有依据本案合同约定的时间、数量和质量标准发出货物，已经构成违约，而被申请人则抗辩称，依据约定申请人需先开立信用证，而申请人开立的信用证不符合合同的约定，在被申请人指出后又没有修改，因此被申请人享有先履行抗辩权，无需履行合同。

《合同法》第六十七条规定："当事人互负债务，有先后履行顺序，先履行一方未履行的，后履行一方有权拒绝其履行要求。先履行一方履行债务不符合约定的，后履行一方有权拒绝其相应的履行要求。"依据本案合同的约定，"买方应在收到卖方宣船之日起 10 个工作日内开具不可撤销、不可转让的清洁即期信用证给卖方，开证金额为合同货物 100% CIF 总金额"。申请人提出，本案合同中未见双方关于 "买方必须先开立符合合同约定之信用证后，卖方才有义务准备并提供合同货物，否则卖方有权拒绝交货" 之合意；中国法律也未对此有强制性的规定。贸易实践中，按信用证独立原则，买方开立的信用证与贸易合同所约定的货款支付、结算不相关联；买方开立符合要求的信用证不是卖方履行备货、交货义务之前提条件。仲裁庭认为，信用证独立于其基础合同而存在，这已经成了国际贸易中各国普遍接受的做法，但这与货物买卖合同中买方开立信用证和卖方交货的先后顺序并无关联。仲裁庭注意到，申请人开立信用证是在收到被申请人装船通知 10 日内，而卖方装运日应在 2018 年 12 月 31 日之前。虽然从表面看无法判断开立信用证和发货时间的先后，但根据本案的事实，申请人在签订本案合同两天后就开立了信用证，而合同中约定的交货日期在合同签订日 20 多天之后，可见双方当时都知晓在申请人开立信用证后，被申请人才负有交货义务。而事实上，在申请人开立信用证之后，被申请人即提出信用证不符点，可见申请人开立信用证的义务确实先于被申请人发货的义务，因此，仲裁庭不接受申请人的上述主张。仲裁庭认为，如果申请人履行开证义务与合同约定不符，被申请人享有先履行抗辩权。

在本案中，申请人于 2018 年 12 月开立了信用证后，被申请人确实向申请人提出了信用证上的不符点。然而，在申请人对无法修改作了解释之后，被申请人并没有再坚持要申请人修改信用证，也没有发出拒绝履行合同的通知，而是按照本案合同的约定准备履行。2018 年 12 月，申请人与被申请人签订了补充协议，12 月，申请人对先前开立的信用证的价格作了修改。在此过程中，被申请人并没有再次提起信用证条款与合同约定不符的问题。直至本次仲裁庭开庭审理本案之前，在此后双方通过各自代理人的交涉中，被申请人也再未提出过信用证条款不符的问题。仲裁庭认为，被申请人虽然依法享有先履行抗辩权，但其已经通过嗣后的行为放弃了这一权利。

（2）被申请人违约的问题

《合同法》第六十条第一款规定："当事人应当按照约定全面履行自己的义务。"证据显示，被申请人从其供应商处购买的、计划用于履行本案合同的货物从货物的质量、发运时间和重量来看，均不符合本案合同的约定，被申请人显然没有严格依照本案合同履行义务。因此，被申请人已经违反了本案合同，必须依法承担违约责任。

2. 被申请人的违约责任

（1）违约金与赔偿损失是否可以并用

《合同法》第一百零七条规定："当事人一方不履行合同义务或者履行合同义务不符合约定的，应当承担继续履行、采取补救措施或者赔偿损失等违约责任。"本案合同约定："如果卖方不能按时交货给买方，则视为卖方违约，卖方需向对方支付相当于本合同项下货物总货值 15% 的违约金，同时买方有权向卖方追索所有由此引起的损失（由买方引起的原因和不可抗力除外）。"（英文条款为："If the seller cannot deliver the cargo to the buyer on time, the seller will be deemed as breach of the contract. The seller should pay 15% of the total amount of the contract as penalty. At the same time, the buyer shall have the right to recover all losses from the seller（except for the Force Majeure, or the reason caused by the buyer."）被申请人认为，违约金和实际损失赔偿，两者不可兼得；申请人则提出，本案合同中文使用的"违约金"在英文中是"penalty"，根据本案合同，如中英文本出现歧异或抵触时，以英文版本为准，而"penalty"的文义通常指"罚金"，带有惩罚性质，不是《合同法》下的违约金，可以与赔偿实际损失并存。

仲裁庭注意到，"penalty"在英文中的首要含义是"处罚"，"Punishment imposed on a wrongdoer, especially in the form of imprisonment or fine. Though usually for crimes, penalties are also sometimes imposed for civil wrongs."①（对犯错者的惩罚，尤其是以监禁或罚款的形式。尽管通常是针对犯罪行为，有时也是对民事不法行为的处罚。）然而，在同一部词典里，"penalty"也有下列含义"Excessive liquidated damages that a contract purports to impose on a party that breaches. If the damages are excessive enough to be considered a penalty, a court will usu. not enforce that particular provision of the contract. Some contracts specify that a given sum of damages is intended 'as liquidated damages and not as a penalty' – but even that language is not full proof."（合同意图对违约方施加的过高违约金。如果赔偿金过高而被认为是一种惩罚，法院通常不会执行合同中的这一特定条款。有些合同明确，一定数额的损害赔偿旨在"作为违约金而不是作为罚金"——但即使

---

① Black Law Dictionary 7 ed. p. 1153.

那样的措辞也不是完全有效的）。可见，当在本案合同中使用的时候，将 penal-ty 理解为"违约金"更符合合同本意，这也保持了与中文文本一致。

根据《合同法》第一百零七条、第一百一十三条和第一百一十四条的规定，仲裁庭认为，中国合同法确立的是违约损失全部赔偿原则，合同法并未否定违约金与赔偿损失并用，违约金请求权和损害赔偿请求权可以作为两个独立的请求权。如果当事人约定的违约金不足以弥补当事人遭受的损失时，债权人可以请求增加违约金，或是在违约金之外另行主张赔偿损失，但所受赔偿的总额（包括违约金）不应超过其实际损失，即不能使债权人获得额外利益。

对于本案合同，仲裁庭认为其中约定的违约金不具有惩罚性，因此申请人可以根据合同约定请求违约金；如果违约金低于实际损失，申请人还可以请求赔偿损失，但总额不超过实际损失。

（2）申请人的实际损失

关于申请人损失的计算，被申请人提出要参照适用 CISG，理由是本案适用中国法律，中国加入了 CISG，本案的当事人居住地新加坡也是 CISG 成员国，故本案可以参照适用 CISG。仲裁庭认为，CISG 明确规定适用于营业地在不同国家的当事人之间所订立的货物销售合同，而本案双方当事人营业地均在新加坡，因此本案不适用 CISG；且中国合同法规定了违约损失的计算，因此也不必参照 CISG。《中华人民共和国涉外民事关系法律适用法》第三条规定："当事人依照法律规定可以明示选择涉外民事关系适用的法律。"本案双方约定适用中国法律，中国法律在双方发生争议的法律问题上有明确规定，因此，被申请人主张可以参照适用 CISG 的说法是不成立的。仲裁庭确认，本案不适用 CISG。

《合同法》第一百一十三条第一款规定，"当事人一方不履行合同义务或者履行合同义务不符合约定，给对方造成损失的，损失赔偿额应当相当于因违约所造成的损失，包括合同履行后可以获得的利益，但不得超过违反合同一方订立合同时预见到或者应当预见到的因违反合同可能造成的损失"。本案存在先后系列买卖合同，争议的合同是申请人与被申请人之间的货物买卖合同，同时还存在一个申请人与中国 G 金属科技公司之间的货物买卖合同。如果两个买卖合同都得到履行的话，申请人在本案合同下取得货物，会再出售和交付给中国 G 金属科技公司，申请人因此可以取得转售利润。因此，当被申请人不履行本案合同的情况下，申请人的实际损失主要就是转售利润损失；该转售利润损失也即可得利益损失。当计算和认定该可得利益损失时，还应当综合运用可预见规则、减损规则、损益相抵规则以及过失相抵规则等进行调整。

H 合同的签署早于本案合同，从现有证据可以明确，被申请人知道中国 G 金属科技公司这一最终买家的存在，并且知道本案合同的货物最后是要交付给中国 G 金属科技公司的。因此仲裁庭认为被申请人应该可以预见申请人会遭受转售利润损失，但仲裁庭不认为被申请人可以预见货物数量最低为 55000 湿公吨。仲裁庭认为，本案合同约定货物数量为"55000 湿公吨（允许 10% 溢短装，由卖方选择）"，本案合同附录并未变更该约定，因此计算转售利润损失时货物数量以 49500 湿公吨为宜。还有，关于 H 合同的货物价格，申请人提供的合同表明货物价格是 46 美元/湿公吨，被申请人则提出货物实际交易的价格是 41 美元/湿公吨。仲裁庭注意到，被申请人所主张的价格仅体现在有关微信聊天记录中。仲裁庭认为，在没有其他证据佐证的情况下，申请人证据的证明力明显高于被申请人的证据，仲裁庭据此确认申请人转售价格为 46 美元/湿公吨，则每湿公吨的转售利润为 10.8 美元，49500 湿公吨的转售利润为 53 余万美元。

仲裁庭还注意到，申请人为防止损失扩大而进行了一系列操作，将有关货物出售给了中国 G 金属科技公司并获利 5 余万美元。因此根据减损规则，申请人损失应为上述转售利润损失扣减上述获利，金额为 48 余万美元。

（四）关于申请人的仲裁请求

1. 关于申请人的第一项和第二项仲裁请求，即要求被申请人赔偿利润损失近 60 万美元，并支付违约金近 30 万美元。

如前述，仲裁庭认为申请人可以同时请求违约金和赔偿损失；本案合同约定的违约金为补偿性质，当其金额低于申请人损失时，申请人在违约金之外还可以请求赔偿损失，但违约金与损失赔偿的总额不应超过其损失。

本案合同的约定违约金"相当于本合同项下货物总货值的 15%"。仲裁庭认为，计算总货值时货物数量按照 49500 湿公吨计算是合理的，因此违约金为 26 余万美元。

显然，上述违约金数额低于申请人的损失（48 余万美元），因此申请人不仅可以请求支付违约金 26 余万美元，还可以再请求赔偿利润损失 22 余万美元。

2. 关于申请人的第三项仲裁请求，即要求被申请人补偿银行费用与保险费用近 2000 美元。

申请人开立或修改信用证的费用是其为获得转售利润而必须支出的费用和成本，在仲裁庭按照申请人的转售利润来计算其损失的情况下，该银行费用不再支持。

至于保险费用，仲裁庭注意到，本案约定的货物价格是 CIF FO，也就是说，合同价格中已经包括保险，保险费用由卖方承担。申请人作为买方，没有义务投保，其支出保险费系出于自愿，该保险费的支出与被申请人的违约行为无关，因此仲裁庭也不支持申请人的这一仲裁请求。

3. 关于申请人的第四项仲裁请求，即要求被申请人支付前述三项请求自违约之日至实际赔偿之日的相应利息（按照人民银行同期贷款利率自 2019 年 1 月 1 日起至 8 月 19 日止按照中国人民银行同期同档次贷款基准利率计算，自 2019 年 8 月 20 日起至实际履行之日止按同期全国银行间同业拆借中心公布的贷款市场报价利率计算）。

仲裁庭以申请人的实际损失（转售利润损失）为限支持了申请人关于违约金和利润损失的仲裁请求。虽然仲裁庭在审理本案事实的基础上，于 2020 年 8 月明确了被申请人违约的事实及应当承担的违约责任，但违约的事实发生于被申请人未能如期、按质、按量交付本案合同约定的货物时，但考虑到申请人采取减损措施后才能最终确定损失，因此仲裁庭认为，利息自申请人明确主张自己的权利之日（2019 年 5 月 3 日）起算较为适当。申请人要求按照中国人民银行同期贷款利率计算违约金和损失赔偿的利息。仲裁庭注意到，本案双方在合同中对此并无约定，本案双方均为新加坡公司，合同以美元支付，信用证交给卖方后的支付款项也是进入国外的银行。因此，按照新加坡银行间同业拆借美元利率计算利息较为合适。

4. 关于申请人的第五项仲裁请求，即由被申请人承担本案仲裁费用以及申请人为处理本案争议的法律费用人民币 100 余万元。

关于仲裁费用，双方在本案合同第九条中约定"仲裁费由败诉的一方承担"。《仲裁规则》第五十二条规定："仲裁庭有权在仲裁裁决书中裁定当事人最终应向仲裁委员会支付的仲裁费和其他费用。"根据这一规定以及双方在合同中的约定，并结合本案实际情况以及申请人仲裁请求获得支持的程度，仲裁庭认为，本案仲裁费应由申请人承担 40%，由被申请人承担 60%。

《仲裁规则》第五十二条规定："仲裁庭有权根据案件的具体情况在裁决书中裁定败诉方应当补偿胜诉方因办理案件而支出的合理的费用。仲裁庭裁定败诉方补偿胜诉方因办理案件而支出的费用是否合理时，应具体考虑案件的裁决结果、复杂程度、胜诉方当事人及/或代理人的实际工作量以及案件的争议金额等因素。"根据本案的实际情况，仲裁庭决定，被申请人应向申请人支付申请人因本案支出的相应律师费。

三、裁　决

综上，仲裁庭对本案裁决如下：

（一）被申请人赔偿申请人利润损失 22 余万美元。

（二）被申请人向申请人支付违约金 26 余万美元。

（三）被申请人应向申请人支付上述第（一）项和第（二）项款项（合计 48 余万美元）的利息，自 2019 年 5 月 3 日起至实际支付之日止按照新加坡银行间同业拆借利率计算。

（四）被申请人应向申请人支付申请人为本案支出的相应律师费。

（五）本案仲裁费由申请人承担 40%，由被申请人承担 60%。鉴于申请人已全额缴纳本案仲裁预付金并冲抵，被申请人应向申请人支付相应费用以补偿申请人为其垫付的仲裁费。

（六）驳回申请人的其他仲裁请求。

上述各裁决项下应付款项，被申请人应于本裁决作出之日起 30 日内一次性向申请人支付完毕。

本裁决为终局裁决，自作出之日起生效。

案例评析

【关键词】先履行抗辩权　违约金与违约损失

【焦点问题】

本案的焦点问题是：申请人开立的信用证与约定不符，被申请人是否有先履行抗辩权；在合同约定了违约金的情况下，申请人是否可以同时申请赔偿违约造成的损失以及损失如何计算。

【焦点评析】

一、关于先履行抗辩权

《中华人民共和国民法典》（以下简称《民法典》）第五百二十六条（原《合同法》第六十七条）规定："当事人互负债务，有先后履行顺序，应当先履行债务一方未履行的，后履行一方有权拒绝其履行请求。先履行一方履行债务不符合约定的，后履行一方有权拒绝其相应的履行请求。"这就是我们通常说的先履行抗辩权。主张先履行抗辩权，必须符合法律规定的前提条件，即合同双方互负债务、有先后履行顺序、先履行一方未履行或履行债务不符合约定。

本案申请人认为，涉案合同项下买方开立信用证和卖方交货这两个行为之间没有先后履行的顺序，双方在合同中没有约定，我国法律也没有规定，因此被申请人的抗辩不能成立。本案仲裁庭首先审查了合同条款，其中确实没有明确双方履行孰先孰后，申请人还以被申请人已经备货作为理由支持自己的观点。但是从合同约定看，开立信用证和交货在时间上是有先后顺序的，虽然备货是发货的前提，但被申请人备货并非合同义务，因此不能作为确定法律义务的依据。申请人认为双方的履行没有先后顺序，因此被申请人不享有先履行抗辩权。然而，先履行抗辩权是合同法对后履行一方赋予的权利，其具有暂时阻却后履行人履行合同义务的效果而不被认为是违约。本案中，申请人确实有在线义务开立信用证，而其开出的信用证与合同约定不符，被申请人虽然提出了信用证与合同的不符点，但并没有以此为理由暂缓交货，且在申请人作出了解释之后，没有进一步要求修改信用证，反而发出了货物。仲裁庭根据被申请人履行合同的行为，在承认被申请人具有先履行抗辩权的前提下，没有支持被申请人先履行抗辩权的主张。换句话说，被申请人有先履行抗辩权，但其并未适当行使该权利，随后又以自己的履行行为放弃了该权利。

二、关于违约赔偿

1. 违约金和损害赔偿能否兼得

合同约定了违约金，被违约方是否可以在违约金之外要求违约方另行支付损害赔偿？被申请人认为违约金和损害赔偿不能同时存在。仲裁庭认为这种理解是错误的。《民法典》第五百八十五条（原《合同法》第一百一十四条）规定："当事人可以约定一方违约时应当根据违约情况向对方支付一定数额的违约金，也可以约定因违约产生的损失赔偿额的计算方法。约定的违约金低于造成的损失的，人民法院或者仲裁机构可以根据当事人的请求予以增加；约定的违约金过分高于造成的损失的，人民法院或者仲裁机构可以根据当事人的请求予以适当减少……"这一条规定就明确了，如果实际损失超过了双方预定的违约金，被违约方还可以就对方违约造成的实际损失要求赔偿。换句话说，违约金与实际损失之间并不是相互排斥、非此即彼的。如果约定的违约金低于因违约造成的损失，仲裁庭可以根据被违约方的请求，在违约金之外令违约方赔偿损失；若违约金约定过高，通常意味着违约金大大超出违约造成的损失，仲裁庭可以根据被违约方的请求减少违约金的数额。此外，申请人和被申请人在本案合同第十三条也有约定："如果卖方不能按时交货给买方，则视为卖方违约，卖方需向对方支付相当于本合同项下货物总货值15%的违约金，同时买方有权向卖方追索所有由此引起的损失（由买方引起的原因和不可抗力除外）。"可见，不管是从法律规定还是从双方的约定看，被申请人认为违约金和损害赔偿不能同时存在的抗辩都是不能成立的。

2. 实际损失的计算

本案双方约定了违约金的计算方法，但没有具体写明违约金总额，这与合同约定的货物总量有关。根据合同约定，本案合同在明确具体货物重量的情况下，允许被申请人有权决定10%的溢短装。实际上，被申请人只发了合同约定数量68%的货物，故而可以认为被申请人选择了短装，在计算违约金时，根据合同约定的短装上限计算违约金才是合理的，也就是说，违约金按照下列公式计算：合同价格×货物总量的90%×15%＝本案的违约金数额。

关于申请人的实际损失，首先要肯定的是如果申请人的实际损失超过了双方约定的违约金，其超出部分是可以得到赔偿的。《民法典》第五百八十四条规定："当事人一方不履行合同义务或者履行合同义务不符合约定，造成对方损失的，损失赔偿额应当相当于因违约所造成的损失，包括合同履行后可以获得的利益；但是，不得超过违约一方订立合同时预见到或者应当预见到的因违约可能造成的损失。"这里涉及两个问题：一是申请人有没有实际损失，二是被申请人在签约时是否可以预见这一损失。根据本案证据可以确认，申请人购买货物并非自用，而是要转卖给下手买家，按照货物交易的常识以及本案的证据表明，申请人转卖货物就是为了获利，而被申请人在签订合同时不仅知道申请人将转卖合同项下的货物，也知道申请人的下手买家。由此可以确定申请人转卖货物的收益就是其损失，而被申请人应该可以预见申请人因其延迟交付了质量不符且数量不足的货物而遭受转售利润损失。庭审时申请人和被申请人都提交了关于合同所涉货物转售价格的证据，一方的证据是书面合同上约定的价格，另一方的证据是员工微信聊天记录。仲裁庭根据证据的证明力，采纳了合同约定的价格，并据此计算出了申请人的可得利益损失。

【结语】

本案双方当事人均为"一带一路"国家的企业。两个外国企业之间的经贸纠纷选择中国境内的仲裁机构解决纠纷，展现了"一带一路"建设取得的重要成绩，中国仲裁机构的国际公信力不断提升。另外，由于本案申请人将货物专卖给中国企业，本案实际上涉及中国从"一带一路"国家进口货物。因此，仲裁庭对该案的裁决同样值得参考。

本案的法律问题并不复杂，关键是证据的认定，特别是一些细节的认定。根据在案证据厘清与案件相关的一些细节，比如被申请人是否知晓申请人将转售合同货物，货物转手的具体价格等，对于最终确定申请人的实际损失有着关键的作用。

由于本案当事方约定了解决争议的适用法律，故本案不涉及法律适用问题。然而笔者认为有必要就这一问题做一些分析，以便在处理涉及"一带一路"国家的企业经贸纠纷时考虑。我国与"一带一路"国家签订的 200 余份"一带一路"合作文件①中并没有关于争议解决的规定，因此在处理涉及"一带一路"国家经贸纠纷时，确定法律适用的规则与处理一般国际经贸纠纷时相同：在处理国际贸易纠纷时，如合同约定了适用的法律，则依据双方的约定；若合同未约定适用的法律，就需要分析和确定解决争议适用法律问题。

许多人认为，截至 2023 年 6 月 CISG 已经有 95 个成员和 18 个签字国②，而中国已经与 152 个国家和 32 个国际组织签署了 200 余份共建"一带一路"合作文件，如果在"一带一路"国家之间发生贸易纠纷，肯定会适用 CISG。实际上，这是一种误解。在处理"一带一路"国家企业之间的经贸纠纷时，若没有约定合同适用的法律，则要看双方当事人所属国是否为 CISG 的成员且没有在合同中排除 CISG 的适用。"一带一路"国家并非都是 CISG 成员。就以亚洲为例，与我国签署了"一带一路"合作文件的国家中，就有东帝汶、马来西亚、缅甸、柬埔寨、文莱、巴基斯坦、斯里兰卡、孟加拉国、尼泊尔、马尔代夫、阿联酋、科威特、卡塔尔、阿曼、沙特阿拉伯、伊朗、哈萨克斯坦、塔吉克斯坦、泰国、印度尼西亚、菲律宾、也门等 20 多个国家不是 CISG 成员③。对于这些国家的企业与 CISG 成员企业之间的纠纷，在确定法律适用问题时需根据冲突法的规范。例如，《中华人民共和国涉外民事关系法律适用法》第二条第二款规定："本法和其他法律对涉外民事关系法律适用没有规定的，适用与该涉外民事关系有最密切联系的法律。"限于篇幅，在此不予展开分析。

（评述人：朱榄叶）

---

① https://www.yidaiyilu.gov.cn/p/.
② https://treaties.un.org/Pages/ViewDetails.aspx? src=TREATY&mtdsg_no=X-10&chapter=10&clang=_en.
③ 同上。

案例十二　中国 A 公司与中国 B 建设公司
关于在阿尔及利亚承揽工程的工程分包合同争议案

中国国际经济贸易仲裁委员会（以下简称"仲裁委员会"）根据申请人中国 A 公司（以下简称"申请人"）与被申请人中国 B 建设公司（以下简称"被申请人"）签订的《阿尔及利亚 C 项目分包合同》中仲裁条款的约定，以及申请人向仲裁委员会提交的书面仲裁申请，受理了分包合同项下的本争议仲裁案。

本案仲裁程序适用自 2015 年 1 月 1 日起施行的《中国国际经济贸易仲裁委员会仲裁规则》（以下简称《仲裁规则》）。

仲裁院收到被申请人提交的"仲裁反请求事项明确函"。后仲裁院函告双方，被申请人的仲裁反请求已被受理。

申请人选定 X 担任本案仲裁员。被申请人选定 Y 担任本案仲裁员。由于申请人和被申请人未在规定期限内共同选定或共同委托仲裁委员会主任指定首席仲裁员，仲裁委员会主任根据《仲裁规则》之规定指定 Z 担任本案首席仲裁员。上述三位仲裁员在签署了接受指定的《声明书》后，组成仲裁庭，共同审理本案。

仲裁庭如期对本案进行了两次开庭审理。申请人和被申请人均委派仲裁代理人出席了庭审。庭前，被申请人提交了补充证据。庭审中，申请人和被申请人分别陈述了仲裁请求/反请求和事实理由并对对方的请求进行了答辩。双方进行了质证。仲裁庭对事实问题进行了调查、听取了双方的答辩和最后陈述意见并对庭后程序作了安排。

本案现已审理完毕，仲裁庭根据庭审情况和相关证据材料，经合议，作出本裁决。

现将本案案情、仲裁庭意见和裁决结果分述如下。

一、案　情

（一）申请人仲裁请求及其证据

申请人在仲裁申请书中称：

1. 案涉工程分包合同及再分包合同签订情况

案涉工程为阿尔及利亚 C 项目的主体工程，工程范围包括钢筋、模板和混凝土工程等。采用框架-剪力墙结构，±0 以上为清水混凝土，单体类型为 R+3 层（地下 2 层+首层 RDC+地上 3 层），总建筑面积 3 余万平方米。项目业主为阿尔及利亚某项目管理项目部（以下简称"项目业主"），总包商为 D 公司（鉴于申请人和被申请人的再分包合同及往来函件中所称"业主"均是指总包商 D 公司，为方便叙述以下称总包商 D 公司为"业主"或"D 公司"）。

2017 年 8 月，D 公司对申请人发出 E 项目议标邀请后，申请人立刻成立了编标小组，且阿尔及利亚有在施项目的被申请人参与共同开发该项目。申请人安排被申请人负责 E 项目的技术编标工作。同年 9 月，申请人又参与了 C 项目的议标，由于该项目与 E 项目极其相似，故该项目技术标只在 E 项目的标书基础上稍作修改。11 月，D 公司同时对 E 项目和 C 项目进行评标，评标结果是申请人没有中标 E 项目。申请人本来优先考虑实施 E 项目，因为 C 项目地处偏远，当地没有熟悉的施工队伍，不打算承接 C 项目。但随后被申请人得知 D 公司有意把 C 项目授标给申请人，就向申请人表达了实施该项目的强烈意愿，因此，申请人最后与 D 公司就合同条款和价格达成一致，并选择被申请人作为 C 项目的分包商。

2017 年 11 月，申请人与 D 公司签订该项目的分包合同（以下简称"主合同"），主合同总价为不含税总价近 14 亿 Dinar（Dinar 即第纳尔币，以下对该种货币均称为"第纳尔"，仲裁庭注），含税总价为 16 余亿第纳尔，增值税率 19%，外汇比例 15%，工期 6 个月+7 天。

在主合同签署后，D 公司邀请申请人立即进场开始临建施工和搅拌站的安装。申请人随即安排被申请人进场安装临建，同时着手再分包合同的谈判工作。2018 年 2 月，申请人与被申请人签订了再分包合同（为方便叙述，以下简称"分包合同"）。分包合同约定，申请人提取主合同不含税合同总价的 10% 作为管理费用，金额为近 14 亿第纳尔。分包合同约定："本工程采用总分包的方式，甲方（即中国 A 公司）进行协调管理，乙方（即中国 B 建设公司）根据主合同的工作范围负责采购和施工、保修等主合同规定的工作，包工包料、自负盈亏，完成本合同（即分包合同）及主合同中规定的承包商的义务。"分包合同还明文约定了"合同背靠背"，及"乙方完全承担和履行甲方与业主（即 D 公司）签署的主合同的权利和义务。在甲方收到业主付款后，甲方向乙方付款"。分包合同明文约定项目工程应当适用阿尔及利亚强制性法律规定，分包合同应当适用中华人民共和国现行法律。双方同意依据中华人民共和国法律解释本合同。此外，分包合同还约定了申请人需要遵守业主所在地阿尔及利亚国家及地方政府任何法律和法规及其发布的一切与工程实施相关的通知。

分包合同明文约定了分包商的一般义务，包括：（1）"分包商（即被申请人，仲裁庭注）接受所有主合同的条款和甲方对业主的所有承诺并且承担、履行主合同中规定的所有承包商（即中国 A 公司）的责任和义务，包括工期、质量、安全和技术等方面。同时分包商同意并接受主合同中约束甲方（即中国 A 公司）的条款，并承认此类条款就本分包合同涉及的内容来说对乙方具有同样约束力"。（2）"作为有经验的分包商，乙方已全面正确理解本合同有关的全部文件及相关信息，包括当地的材料价格、各种税收、保险、法律、法规和工程图纸、工程地质情况。乙方不得以不了解情况为由向甲方进行索赔"。

根据分包合同履约保函的约定，被申请人向申请人应提交履约保函金额为主合同金额的 5%，采用申请人与 D 公司签署主合同当天汇率折算。根据分包合同约定，被申请人向申请人应提交的预付款保函金额为主合同金额的 15%，同样采用申请人与 D 公司签署主合同当天汇率折算。2018 年 2 月，中国某银行 F 省分行应由被申请人申请，以申请人为受益人，分别开立金额为人民币 1400 余万元的预付款保函和金额为人民币近 470 万元的履约保函。在收到被申请人开具的上述两个保函后，申请人于 2018 年 3 月向 D 公司分别提交了根据主合同约定的预付款保函和履约保函。主合同项下的预付款保函可转汇部分金额为 3000 余万第纳尔（不含税），不可转汇部分金额为 2 余亿第纳尔（含税），主合同项下的履约保函金额为 8000 余万第纳尔（含税）。

分包合同明文约定："主合同开工令下达后，乙方应按照业主和甲方邀请立即开展前期动员工作，乙方需垫资至临建工程施工完成，而不能以没有收到预付款为由拖延前期工作的开展。"分包合同约定："如由于乙方（即中国 B 建设公司）的原因未能在规定的工期内完工，乙方将向甲方（即中国 A 公司）支付违约金，金额与业主扣留甲方的违约金相等且同步进行。延期罚款不超过工程合同总额的10%。"此外合同还约定："无论乙方违约是否造成业主对甲方追责或者要求甲方承担违约金或赔偿责任，甲方均有权要求乙方对甲方承担违约责任或赔偿损失。"分包合同约定，如主合同因业主原因被终止，则分包合同自动终止。

2. 项目工程施工情况

2017年11月，业主向申请人发函，要求开始工地临建工作。该函件由被申请人在场人员接收。同月，被申请人进场开始安装临建。2018年1月，申请人向被申请人发出1号催告函，指出被申请人承建的工程项目自2017年11月开工以来，"在人员配备、机械和材料三大生产要素的组织上均没有按照业主及合同要求按时完成，致现场进展缓慢，从而引发国防部和业主的强烈不满，业主在短短两周内因临建进度及施工进度组织不满意，先后数次给我司予警告"。

2018年3月，业主向申请人发出解约函，原因是尽管多次催促被申请人追赶滞后的施工进度，但被申请人未能遵守合同规定的施工进度。同月，申请人向被申请人发出2号催告函严正指出："截至2018年3月，（中国B建设公司）仅完成了B区垫层浇筑、筏板钢筋绑扎及H区垫层浇筑、40%筏板钢筋绑扎；由于临建未按合同要求进行布设，导致临建PV（临建验收纪要）至今未完成，无法得到预付款，给后期项目推进带来不便；由于（劳工/居住）证件问题，你司（即中国B建设公司）项目经理及翻译均无法进场，导致现场管理力量严重不足，无法与业主直接进行交流沟通，导致业主指令无法传达到位，引起业主及军方的极度不满，对现场施工造成了巨大的障碍，一系列问题致使与业主关系逐步僵化。3月，业主向我方（即中国A公司）发函进行解约，在我方的极力挽回下，业主方暂时收回解约，但项目后续推进仍不容乐观。为改善与业主之间的关系，保证项目后续施工顺利进行并按期完工，现请你司务必在规定时间内完成以下工作：2018年4月1日前，按合同要求完成临建，与业主签署临建PV；2018年4月1日前，安排有经验善交流的翻译进驻现场，保证随时与业主沟通，服从安排，积极配合现场其他工作。2018年4月3日前，安排有合法（劳工/居住）证件的项目经理常驻现场并指导施工，与业主全方位对接。"

2018年5月，申请人向被申请人发出3号催告函，严正指出："C项目自2017年11月签约至今已5个月有余，合同工期为6个月+7天，工期已过80%，但项目目前临建还没通过验收，工期验证滞后，业主对此极为不满。从今年2

月初至今业主 D 公司已发两个催告函及多次向我公司提出解约。经过我公司多次与业主沟通，项目目前才得以继续实施。业主要求 C 项目在 4 个月内（8 月底前）完工，否则将和我公司解约。现我公司要求你公司倒排工期，将 4 个月的施工计划（包括每个月的人、材、机计划）在收到此通知后 3 日内报至我公司备案，并要求你公司严格按照该计划组织实施。"

由于被申请人履约不力，现场施工进展不能满足主合同要求，业主因此迟迟没有支付预付款，项目也无法继续实施。被申请人的违约行为最终导致业主于 2018 年 5 月与申请人、被申请人进行解约谈判。

案涉工程于 2017 年 11 月正式开工后，被申请人存在一系列重大违约行为，现分项说明如下：

（1）被申请人未完成工地临建：主合同对工地临建完成时间的约定是自签署主合同之日起的 4 周内（即 2017 年 12 月 25 日前）。而直至 2018 年 5 月申请人向被申请人发出 3 号催告函时，被申请人仍未完成工地临建，延迟期间达 18 周多。

（2）被申请人在项目上投入的人力设备均不足：中国工人数量没有按照合同要求配置到位而且 80% 以上人员没有劳动证和居住证。业主曾多次要求聘用当地现场操作工人，而且，申请人也根据分包合同明文约定的"原则上阿工人数与中国工人人数的比例上不低于 1∶1"一再督促被申请人务必执行，但被申请人始终无法落实。业主在逼不得已的情况下直接安排当地工人进场施工，双方人员缺乏统一指挥，现场一片混乱。另外，被申请人配置的机械设备没有达到主合同标准，不遵守物力资源动员时间表。

（3）被申请人延迟提交项目有关资料：业主及申请人要求被申请人提供的实施性施组、进度计划（包括人员、材料、机械进场计划）等资料，被申请人总是以各种理由推脱，迟迟不能提供。另外申请人要求被申请人每天翻译现场签署的纪要，并提交申请人查阅，但被申请人以没有必要为由拒绝申请人的要求，因而导致申请人在与业主谈判时没有充足依据，始终处于被动地位。

（4）被申请人私自停工：2018 年 4 月初，被申请人未经申请人同意私自停工，并在现场遗留大量劳务人员，造成了严重的负面影响。

上述原因导致业主一直没有对申请人支付预付款并对已完工程进行验工计价，直至项目解约。因而申请人也无法对被申请人进行验工计价。

3. 被申请人应承担的违约责任

基于被申请人履约过程的违约责任，最终导致业主 D 公司于 2018 年 3 月与申请人解约。在业主与申请人解约后，申请人不得不尽最大能力采取补救措施，但依然遭受了严重损失。

（1）申请人与业主和谈：2018 年 5 月，被申请人与申请人参与了与业主的解约谈判。后由于被申请人拒绝撤场被阿尔及利亚军方强行清场，以及被申请人组织人员冲击申请人驻地逼迫申请人为被申请人垫付人员工资等行为，导致与业主的最终结算未能按预期完成，与业主的结算谈判一度陷入僵局。在与业主的结算谈判过程中，申请人要求被申请人指派人员赴阿负责与总包商的清算，解决现场遗留的物资设备等问题，但被申请人均未给予积极配合。基于被申请人的违约情形，业主分别于 2018 年 7 月及 9 月向申请人致函索赔 7 余亿第纳尔，申请人高度重视，保持与业主沟通，但被申请人在申请人的再三要求下始终未派员赴阿参与谈判工作，且被申请人提供的结算资料缺乏具有说服力的证据支撑。被申请人的消极配合以及业主的强势，导致申请人在谈判中的地位极为不对等。经过多方努力，申请人于 2018 年 10 月与业主的谈判中，业主初步意向由原 7 余亿第纳尔的索赔额降为近 3.6 亿第纳尔。后申请人寻求律师帮助，在艰难的、连续数日的谈判下，最终于 2018 年 11 月将和解金额降到 6500 余万第纳尔。2019 年 4 月，申请人与业主 D 公司签署和解协议，并于 2019 年 5 月向业主一次性支付和解款项 6500 余万第纳尔。这已经是在合理预期下所能达到的最好结果，根据分包合同的约定，被申请人理应承担申请人的该笔损失。

（2）申请人和谈聘用律师费用：为达成和解，申请人聘请法国 G 律师事务所作为法律顾问。在和解过程中该律师事务所作为中间人协调，申请人才得以成功约见 D 公司总裁。该律师团队也从法律角度给出了专业法律意见，起草相关法律文书，有效促进和解进程。为此，申请人累计支出律师费人民币近 100 万元。这已经是在合理预期下能达到的最好结果，根据分包合同约定，被申请人应承担申请人的该笔损失。

（3）申请人损失的工程管理费用：案涉项目投标过程中，申请人三位编标人员 2017 年 8 月工资合计人民币 6 余万元。案涉项目施工期间 2018 年 1 月至 5 月，申请人两位管理人员工资合计人民币近 13 万元。2018 年 10 月至 11 月，申请人两位员工赴阿尔及利亚与业主和解谈判的差旅费及工资合计人民币 9 余万元。根据分包合同约定，被申请人应承担申请人的该笔损失。

（4）申请人为被申请人垫付款项：2018 年 8 月，申请人垫付被申请人工资共计人民币 110 余万元。2018 年 10 月，申请人垫付被申请人前期混凝土欠款共计 430 余万第纳尔（折合人民币 24 余万元）。2018 年 5 月，被申请人向申请人借得款项 100 万第纳尔（折合人民币近 6 万元）。根据分包合同约定，被申请人应承担申请人的该笔损失。

（5）申请人支出的保函费用：为了案涉项目顺利开展及促成主合同终止后和解谈判，申请人向业主提交主合同约定的履约保函。申请人为该履约保函的开立、延期、撤销等支出费用合计人民币近 6 万元。根据分包合同的约定，被申请人应承担申请人的该笔损失。

（6）申请人可得利益损失：因被申请人违约导致主合同及分包合同被终止，给申请人造成的可得利益损失为：分包合同约定的管理费共计人民币近 790 万元。根据分包合同约定和《中华人民共和国合同法》（以下简称《合同法》）第一百一十三条规定，被申请人理应承担申请人该笔损失。

（7）被申请人应承担的延期罚款：案涉工程因被申请人的原因未能在规定的工期内完工，根据分包合同的约定，被申请人应当向申请人支付延期罚款，延期罚款金额为主合同不含税总价的 10%。根据 2019 年 4 月业主 D 公司和申请人签署的和解协议，业主向申请人主张了延期罚款并在 2019 年 5 月得到了实际支付。因此，被申请人应当向申请人支付延期罚款，延期罚款金额为人民币近 790 万元。

（8）申请人在本仲裁案项下支出的律师费：申请人为解决本案纠纷，聘请中国 H 律师事务所律师代理本案仲裁，已支付律师代理费。根据分包合同的约定和《仲裁规则》，被申请人理应承担申请人的该笔损失。

（9）申请人在本仲裁案项下支付的其他费用：申请人为解决本案纠纷所投入的人员差旅费、工资津贴、翻译费、公证费、鉴定费等依法可以向被申请人索赔的其他费用。

（10）利息：以上费用相应的合理利息，采用中国人民银行发布的金融机构人民币同期同类贷款基准利率自每项损失发生之日（含）起计算至 8 月 20 日（不含）的利息和按全国银行间同业拆借中心公布的贷款市场报价利率自 2019 年 8 月 20 日（含）起计算至被申请人实际履行完毕之日止的利息。

综上，业主 D 公司解除主合同，进而索兑履约保函和预付款保函，并拒绝与申请人结算支付工程款和赔偿申请人经济损失的事实，均是由于被申请人违反合同义务导致。被申请人的违约行为严重侵犯了申请人的合法权益，给申请人造成不可弥补的巨额损失。

基于以上事实和理由，申请人最终提出如下仲裁请求：

（1）确认申请人与被申请人签署的《阿尔及利亚 C 项目分包合同》已经终止。

（2）被申请人向申请人支付与总包商 D 公司的和解费用共计人民币近 380 万元；并按中国人民银行发布的金融机构人民币同期同类贷款基准利率自 2019 年 5 月 15 日（含）起计算至 8 月 20 日（不含）的利息和按全国银行间同业拆借中心公布的开口市场报价利率自 2019 年 8 月 20 日（含）起计算至实际履行完毕之日止的利息，以上利息现合并暂计至 2020 年 9 月 27 日，为人民币 22 余万元。

（3）被申请人承担和解谈判过程中聘请律师产生的费用共计人民币近 100 万元；并按中国人民银行发布的金融机构人民币同期同类贷款基准利率自每一笔律师费支付之日（含）起计算至 2019 年 8 月 20 日（不含）的利息和按全国银行间同业拆借中心公布的开口市场报价利率自 2019 年 8 月 20 日（含）起计算至实际履行完毕之日止的利息，以上利息现合并暂计至 2020 年 9 月 27 日，为人民币 7 余万元。

（4）被申请人向申请人支付项目投标、实施和终止谈判期间的工程管理费用（包括管理人员工资、差旅费等）共计人民币 28 余万元；并按中国人民银行发布的金融机构人民币同期同类贷款基准利率自每项费用发生之日（含）起计算至 2019 年 8 月 20 日（不含）的利息和按全国银行间同业拆借中心公布的开口市场报价利率自 2019 年 8 月 20 日（含）起计算至实际履行完毕之日止的利息，以上利息现合并暂计至 2020 年 9 月 27 日，为人民币 3 余万元。

（5）被申请人向申请人支付垫付费用共计人民币 140 余万元；并按中国人民银行发布的金融机构人民币同期同类贷款基准利率自每项费用发生之日（含）起计算至 2019 年 8 月 20 日（不含）的利息和按全国银行间同业拆借中心公布的开口市场报价利率自 2019 年 8 月 20 日（含）起计算至实际履行完毕之日止的利息，以上利息现合并暂计至 2020 年 9 月 27 日，为人民币近 14 万元。

（6）被申请人向申请人支付保函费用（包括各类保函的开立、延期和撤销费用）共计人民币近 6 万元；并按中国人民银行发布的金融机构人民币同期同类贷款基准利率自每项费用发生之日（含）起计算至 2019 年 8 月 20 日（不含）的利息和按全国银行间同业拆借中心公布的开口市场报价利率自 2019 年 8

月 20 日（含）起计算至实际履行完毕之日止的利息，以上利息现合并暂计至
2020 年 9 月 27 日，为人民币 4500 余元。

（7）被申请人向申请人支付分包合同规定的管理费共计人民币近 790 万元；
并按中国人民银行发布的金融机构人民币同期同类贷款基准利率自 D 公司单方
解除主合同之日即 2018 年 3 月 14 日（含）起计算至 2019 年 8 月 20 日（不含）
的利息和按全国银行间同业拆借中心公布的开口市场报价利率自 2019 年 8 月 20
日（含）起计算至实际履行完毕之日止的利息，以上利息现合并暂计至 2020 年
9 月 27 日，为人民币近 92 万元。

（8）被申请人向申请人支付分包合同规定的延期罚款共计人民币近 790 万
元；并按中国人民银行发布的金融机构人民币同期同类贷款基准利率自申请人
向 D 公司实际支付和解费用之日即 2019 年 5 月 15 日（含）起计算至 8 月 20 日
（不含）的利息和按全国银行间同业拆借中心公布的开口市场报价利率自 2019
年 8 月 20 日（含）起计算至实际履行完毕之日止的利息，以上利息现合并暂计
至 2020 年 9 月 27 日，为人民币近 47 万元。

（9）被申请人向申请人支付本仲裁案项下申请人已支付的律师代理费共计
人民币近 27 万元。

（10）被申请人向申请人支付本仲裁案项下，申请人为解决本案纠纷所投
入人员的差旅费、工资津贴、翻译费、公证费、鉴定费等依法可以向被申请人
索赔的其他费用。截至"增加仲裁请求申请书"提交之日，申请人已支出翻译
费人民币 6600 余元。

（11）被申请人承担本案全部仲裁费。

（二）被申请人的答辩意见及其证据

被申请人在答辩状、庭审和庭后代理词中对于申请人的主张进行了答辩，
现综述如下：

1. 申请人请求确认合同终止和被申请人反请求确认无效，争议焦点就在于
合同效力，合同效力问题是首先应当查明的问题。

就本案无争议事实而言，申请人与被申请人签订"背靠背"协议属于典型
的转包合同。申请人与被申请人 2018 年 2 月签订的分包合同"鉴于条款"表
明，双方系根据《合同法》《中华人民共和国建筑法》（以下简称《建筑法》）
的规定签订该合同。分包合同约定适用中国现行法律，同意依据中国法律解释
本合同。

在中国司法实践中，不因工程施工中存在大量违法承包分包行为而认为其有合理性，对于转包、非法分包、无资质挂靠均予以否定性评价，认定为无效合同。本案也不例外，无效是不以双方意志为转移的自始、当然、确定无效。

2. 关于分包合同适用法律问题。申请人与被申请人作为中国企业法人已经选择适用中国法律，符合法律规定。依据申请人与被申请人 2018 年 2 月签订的分包合同，"鉴于条款"写明系依据《合同法》《建筑法》规定签订本合同。分包合同约定适用中国现行法律，同意依据中国法律解释本合同。基于此可以认定双方对于本案法律适用中国法并无争议。

依据《中华人民共和国涉外民事关系法律适用法》（以下简称《法律适用法》）第三条规定，当事人依照法律规定可以明示选择涉外民事关系适用的法律。如前所述，本案申请人与被申请人按照法律规定，在分包合同中明示选择《合同法》《建筑法》等中国法律作为适用法，符合法律规定。本案中双方当事人均为中国企业，双方选择适用中国法律无论从《法律适用法》规定，还是最密切联系原则，均符合相关规定。申请人反对适用双方选择法律，认为应当适用阿尔及利亚法律，既违反约定也不合法。

申请人主张适用阿尔及利亚法律违背前述法律规定及约定，并且如果必须适用相关规定，申请人负有提供相关法律法规履行法律查明义务，其应当向仲裁庭提供相关阿尔及利亚法律。本案中申请人并未提供，依据《法律适用法》不能查明外国法律或者该国法律没有规定的，同样应当适用中华人民共和国法律。且根据《最高人民法院关于适用〈中华人民共和国涉外民事关系法律适用法〉若干问题的解释（一）》第七条，"一方当事人以双方协议选择的法律与系争的涉外民事关系没有实际联系为由主张选择无效的，人民法院不予支持"。因此本案申请人抗辩不能成立，本案应适用《合同法》《建筑法》的规定进行审理。

3. 关于分包合同效力问题。首先，从申请人和被申请人分包合同约定内容看，属于转包。分包合同定义条款约定"合同背靠背"："乙方（即被申请人，仲裁庭注）完全承担和履行甲方（即申请人，仲裁庭注）与业主（即 D 公司，仲裁庭注）签署的合同的权利和义务。"项目管理条款约定"乙方（即被申请人，仲裁庭注）对外以甲方名义开展工作"，该合同约定被申请人以申请人名义进行施工，可以再次验证申请人再分包没有经过 D 公司许可。申请人提供的证据亦可印证申请人再分包没有经过 D 公司事先同意。申请人将承包的全部建设工程转包给被申请人,由此可以证明分包合同纠纷实际并非合法分包,而属于违反强制性规定的转包。

其次,法律规定转包行为属无效民事行为,该种无效的后果不以当事人意志为转移,不论其主观目的为何,都属于确定无效且自始不具有法律效力。依据最高人民法院类案判例,对于名为分包实为转包的合同,因违反了《合同法》《建筑法》《建设工程质量管理条例》等法律法规的强制性规定而无效。对案件的性质和效力审理机构可以依职权进行审查,不受当事人诉讼请求的限制。因此,合同效力问题是仲裁庭依职权查明问题,且合同有效与无效不以合同双方订立或履行中的主观意志或主张为转移。《合同法》第二百七十二条规定:"……承包人不得将其承包的全部建设工程转包给第三人或者将其承包的全部建设工程肢解以后以分包的名义分别转包给第三人。禁止承包人将工程分包给不具备相应资质条件的单位。禁止分包单位将其承包的工程再分包。建设工程主体结构的施工必须由承包人自行完成。"《建筑法》第二十八条规定:"禁止承包单位将其承包的全部建筑工程转包给他人,禁止承包单位将其承包的全部建筑工程肢解以后以分包的名义分别转包给他人。"《最高人民法院关于审理建设工程施工合同纠纷案件适用法律问题的解释》(法释〔2004〕14 号)第四条规定:"承包人非法转包、违反分包建设工程或者没有资质的实际施工人借用有资质的建筑施工企业名义与他人签订建设工程施工合同的行为无效。"《最高人民法院关于审理建设工程施工合同纠纷案件适用法律问题的解释(一)》(法释〔2020〕25 号)第一条第二款规定:"承包人因转包、违反分包建设工程与他人签订的建设工程施工合同,应当依据民法典第一百五十三条第一款及第七百九十一条第二款、第三款的规定,认定无效。"同样对于无效合同而言,如果建设工程经验收合格可以参照所签合同主张工程价款,而非履行原合同约定。本案申请人与被申请人双方均为建筑施工企业,对于转包无效的法律规定明知且清楚,本案双方又选择适用了中国法律,应当承担合同无效的法律后果。该后果不以合同第三人追求的结果为转移。存在即合理的观念显然与法律相悖,有违裁判公正。假如双方在不发生争议的情况下解决相关问题,第三人善后处理相关问题,属于自由处分自己权利和不告不理的范畴。但本案争议已经申请仲裁的情况下,仲裁庭应当对合同无效依法予以确认。

4. 关于双方致使合同无效过错责任及大小问题。双方均为建筑施工企业,均明知此类合同法律后果,对于施工合同无效均有过错。但本案施工现状是必须以申请人名义施工，而申请人在合同签订前、履行中和善后均没有尽到应有义务，应当承担主要责任。首先，双方合同签订前，申请人隐瞒工程风险事实。申请人长期在阿尔及利亚从事建设工程，对于相关项目状态有清醒的认识，并与本案 D 公司长期合作。在其不认可该项目无商业价值的情况下，仍对被申请人隐瞒真实背景，追求所谓管理费收益，导致被申请人第一个非洲项目陷入泥潭。其次，申请人履行主合同过程中已经根本性违约，与业主丧失互信基础。申请人在与被申请人签订分包合同前，长期拖延迟开银行履约保函（应提交时间为 2017 年 12 月 17 日前，实际提交日期为 2018 年 3 月 7 日）、延误工期，导致申请人与业主之间丧失互信关系，致使业主不得不吹毛求疵导致被申请人施工障碍重重，而且成为业主反复催促并以迟延开具履约保函解约的理由。同时，业主早已认定申请人未提前告知 D 公司将工程分包给第三方，违反主合同规定，属于违约行为。

关于劳工问题，实际上阿尔及利亚劳工局要求提供 D 公司与国防部主合同及其他资料，申请人均不能提供（其庭审提交的仅是选择意向，根本不符合劳工局要求且无法办理劳工手续），这是阻碍施工的重要问题。被申请人已经尽其所能，办理相关手续，但因申请人无法提供办理劳工及社保手续和文件，导致不能取得合法劳工许可。被申请人只能通过第三方工地协调调遣劳工进行施工。被申请人现场经理采用商务签证方式，以保障工程施工人员及工程进度，其当时写的施工日志是记录工程施工的客观、真实的反映。但申请人自始至终未能提交阿尔及利亚劳动社会保障部需要的问题，致使现场施工人员身份存在合法性问题，且无法增加新的劳工进入。就此，申请人应当承担主要责任。

关于工程预付款问题，申请人未依约提供预付款保函，且未尽到沟通、协调、管理的义务，导致工程预付款无法取得，申请人有过错。

5. 在终止分包合同的善后处理过程中，申请人和解协议的达成完全是建立在损害被申请人利益之上，单纯维护申请人利益。业主解约后申请人怠于行使权利，置大型施工设施设备无法做到短时间撤离的客观情况于不顾，只是依照业主要求通知被申请人撤场，损害被申请人权益。

关于工期问题，实际上并不存在违约，开工令不代表具备施工条件，不能据此起算工期，而在被申请人反复向申请人述明施工条件以"土方工程完成"为起始点，但申请人并未按工程现状与 D 公司沟通，反而仅仅是单方满足 D 公司利益，牺牲被申请人合法权益。涉案工程开工后，土方工程一直未完成，现场不具备大规模施工条件，致使工程进度严重延误。在D公司已经主张工期延误，申请人在施工过程中应当提出相应的抗辩和索赔，以顺延工期或采用其他方式解决争议，但申请人仅仅以转发信函的方式进行联络，未能进行有效沟通，最终导致施工无法进行，申请人未能合法主张权利协调各方关系，其责任不可推卸。

以此可见，无论是缔约前隐瞒其知悉的事实情况，合同履行过程中过于自信的延迟行为，善后时损害被申请人利益的行为，都足以证实过程失败合同无效的主要责任在申请人。从申请人提交的证据可以看出，已完成工程量1300余万第纳尔被申请人放弃，与D公司损失抵销；被申请人的搅拌站交D公司占有、免费使用。申请人在工地所有物料、设备均被售卖，放弃最终清算单近9600万第纳尔，损害被申请人利益。以放弃被申请人的所有利益为条件，申请人赔偿业主6500余万第纳尔。

6. 双方施工合同无效后损失范围的界定问题

首先，基于无效合同任何一方均不能获得利益，因此本案中除申请人直接向D公司支付的赔偿金外，均属于合同履行利益，既然合同属于自始确定无效，除申请人第二项请求外其余均不应在本案仲裁范围之内，申请人相关请求均应被驳回。本案中直接损失包括被申请人已物化到工程中的损失和工程直接支出，也包括申请人直接向D公司支付的赔偿金。对于被申请人主张的工程损失，申请人与D公司谈判过程中进行审核并加盖公章，视为其确认了相关损失金额。尤其是申请人与D公司和解协议中，直接将被申请人损失与D公司相互抵销，并以此为基础达成赔偿数额，视为申请人已经认可被申请人工程损失，并已经冲抵D公司获得的相关赔偿。该赔偿金应属于被申请人，申请人应予全部返还。其次，申请人投标费用为自己利益支出，无论是否中标均应向劳动者支付报酬。律师费、翻译费等都不是履行过程中产生的损失。同时，基于无效合同任何一方均不能获益，其主张的管理费和违约金均无法律依据。再次，对于申请人第二项请求其直接向D公司支付的赔偿金而言，该赔偿款支付完全时申请人取回保函绝非为了被申请人而支出的赔偿，恰恰相反，是申请人牺牲被申请人主张的建设工程损失（近9600万第纳尔）基础上达成的意见。最后，被申请人要求申请人赔偿经济损失的事实和法律依据充分。被申请人因被强制清场，现场无法进入更无从鉴定工程量，因此无法主张工程款损失，但从另一角度看，合同无效的情况下，仍然可以计算被申请人为该工程支出造成的损失。因分包合同无效，申请人应当赔偿被申请人经济损失人民币 1300 余万元（其中本金人民币近 1200 万元，利息人民币 110 余万元）。界定双方的损失范围应限于以下实质部分：对于申请人而言限于其直接向业主赔付的人民币近 380 万元的和解费；对于被申请人而言则至少包括：（1）已经物化的工程量（因无法进行工程量鉴定，只能参考申请人证据确认已完成工程量 1300 余万第纳尔）；（2）现场物料设备损失（物化的过程和物料设备损失的总和，可依据申请人证据，申请人向业主主张近 9600 万第纳尔）；（3）被申请人直接用于涉案工程并支付给中国 I 劳务公司人民币 300 万元。

综上，分包合同属于转包而自始确定无效，申请人不能就此主张合同履行利益，因此本案实际仲裁范围限于被申请人与申请人因该工程直接发生的直接损失。鉴于申请人从项目选择、项目施工协调管理、不能有效沟通、怠于履行合同义务，其违约且怠于行使权利导致业主解约，其应当承担主要责任。被申请人投入大量人力和物力建设施工，一直秉承善意履行合同，恳请仲裁庭依法查明案件事实，支持被申请人抗辩和请求。

（三）被申请人仲裁反请求及其证据

被申请人称，2018 年 2 月，申请人以涉案工程总包方的身份与被申请人签订分包合同，将其从总承包人 D 公司分包的工程全部转包给被申请人。分包合同约定处理案涉合同纠纷，适用我国法律规定。申请人与 D 公司于 2017 年 11 月所签的总合同约定，未经承包人事先同意，申请人不得将工程分包给第三方。故根据我国法律规定，被申请人与申请人签订的分包合同，因违反我国法律强制性规定为无效合同。

案涉工程始终没有达到申请人与 D 公司所签主合同约定的施工条件。主合同约定，由于承包商土方工程造成交付给分包商的工期延误，将顺延至总工期里面。本案中，截至 2018 年 4 月，D 公司土方工程仍未施工完毕。因申请人没有按照其与 D 公司所签合同规定的时间内提供保函，导致 D 公司启用合同解除条款，致使申请人与被申请人签订的分包合同无法继续履行，导致被申请人被迫撤场。因申请人没有依约履行涉案合同，没有协调当地政府各部门，未提供符合当地政府要求的证明材料，无法取得劳动指标，导致施工人员不能办理工作签证，使被申请人无法组织足够的具有合法手续的施工人员进行施工。

被申请人认为，被申请人为履行案涉合同，无论是施工前准备工作，还是具体开展施工，被申请人均投入了巨大的人力、物力和财力，因申请人的违法和违约行为，给被申请人造成重大财产损失。申请人应当依法予以赔偿。

为此，仲裁庭受理的被申请人的最终仲裁反请求如下：

（1）确认被申请人与申请人签订的分包合同无效。

（2）申请人向被申请人赔偿案涉项目撤场前材料费、机械租赁费、集装箱板房购置及租赁费、周转材料租赁费、小型机械购置费、大型机械租赁费等合计人民币近 270 万元及相应利息。

（3）申请人向被申请人赔偿人工费（包括 C 项目当地雇员工资、已报申请人人工费、未报申请人人工费）合计人民币近 390 万元及相应利息。

（4）申请人向被申请人赔偿工程其他直接费用、办公费、生活费、签证费以及撤场后大型机械使用费、撤场后周转材料使用费、撤场后滞留人员费用合计人民币近 120 万元及相应利息。

（5）申请人向被申请人赔偿租赁集装箱板房、购置搅拌站和水泥罐费合计人民币 110 余万元。

（6）申请人向被申请人赔偿保函手续费人民币 8 余万元。

（7）申请人向被申请人赔偿公证及其他相关费用人民币近 2300 元及相应利息。

（8）申请人向被申请人赔偿垫付资金人民币 300 万元及利息、赔偿预付款保函保证金人民币 280 余万元及利息、赔偿履约保函保证金人民币近 94 万元及利息。

以上本息合计人民币 1300 余万元（汇率按 1 元人民币 = 17.523 第纳尔计算）。

（9）本案仲裁费用及其他相关费用由申请人承担。

（四）申请人对仲裁反请求的答辩意见及其证据

申请人在答辩状、庭审和庭后代理词中对于被申请人的仲裁反请求进行了答辩，现综述如下：

1. 分包合同的有效性问题

被申请人第一项仲裁反请求为"依法确认双方签署的分包合同无效"。被申请人在仲裁反请求中主张主合同约定，未经承包人事先同意，申请人不得将工程分包给第三方，故根据中国法律规定，申请人与被申请人签订的分包合同，因违反中国法律强制性规定而无效。

首先，申请人认为被申请人主张的"分包合同因违反主合同约定而构成无效"是错误的，申请人和业主签署的主合同约定适用阿尔及利亚法律，根据合同相对性原则，申请人是否违反主合同禁止再分包的规定，应当按照阿尔及利亚法律以及主合同的规定进行解释，相关责任是在申请人与业主两者之间解决，与被申请人没有任何关系。

其次，根据《合同法》第五十二条规定的合同无效情形："（一）一方以欺诈、胁迫的手段订立合同，损害国家利益；（二）恶意串通，损害国家、集体或者第三人利益；（三）以合法形式掩盖非法目的；（四）损害社会公共利益；（五）违反法律、行政法规的强制性规定"，以上五种情形不符合本案实际情况。本案系涉外建筑工程分包合同纠纷，《建筑法》有关违法分包的规定并不适用，因为《建筑法》第二条明确规定该法的适用范围为中国境内的建筑活动。而本案所涉工程项目位于阿尔及利亚，并非中国境内，因此，《建筑法》第二十八条、第二十九条第三款违法转包和违法分包导致合同无效的强制性规定，不适用于本案双方签订的分包合同。

再次，被申请人在仲裁前从未提出过"分包合同系违反中国法律强制性规定的无效合同"的异议，因此，基于双方真实意思的表示，分包合同是有效的。另外，在境外将工程由国内建筑企业承包后分包给其他建筑企业的情况屡见不鲜，业界和裁判案件中已经有主流意见认定不能仅以将境外工程转包/分包为由认定合同无效。

最后，在本案中，被申请人在申请人不打算承建案涉项目的情况下主动要求合作，结果被申请人出现违约后逃避与业主的事后处理，给申请人造成了巨大的压力，而被申请人在仲裁中以分包合同无效为由企图逃避责任。

2. 本案工程系申请人和被申请人联合投标

被申请人在 2020 年 9 月庭审中首次主张"主合同不存在联合投标事实"，而在本案工程的施工过程中、撤场后双方往来沟通中，被申请人均未主张该事实。

申请人在仲裁申请书中陈述了被申请人参与本案工程的议标和中标情况，申请人证据证实 2017 年 11 月被申请人向申请人发函承诺"整体分包"本案工程。被申请人证据载明，被申请人三位人员作为招投标人员在本案工程项目上的考勤情况为 2017 年 8 月，该时间与申请人成立编标小组，与被申请人参与共同开发本案项目相契合。被申请人证据证实，"不管中国 B 建设公司主管心态如何，中国 B 建设公司自始至终参与了本案工程的投标报价事宜"。

3. 业主解除主合同的真实原因

业主 D 公司解除主合同的真实原因在于被申请人未完成临建，人力设备投入不足，现场管理人员翻译配备不足导致与业主沟通不畅，迟延递交项目有关资料，私自停工，工期严重滞后等多项违约行为，并非申请人迟延提交保函。关于被申请人的违约行为，申请人此前已详细论述，且有足够证据在案佐证。关于保函问题，事实上，在申请人于 2018 年 3 月向业主分别提交了根据主合同约定的预付款保函和履约保函后，业主接受了两份保函，后续再未以"未提交保函"事项发任何函件。在业主于 2018 年 3 月发出的解约函中，业主 D 公司已表明解约的实际原因是尽管多次催促被申请人追赶滞后的施工进度，但被申请人未能遵守合同规定的施工进度。收到解约函后，经过申请人多次与业主沟通，项目才得以继续实施。申请人多次催告被申请人尽快履约，完成现场工作，但被申请人仍履约不力，现场人员、设备、材料远远不足，施工进展情况不能满足主合同要求。工程临建未能完成，而主合同约定的预付款支付前提条件包括全部临建的完成，业主因此没有支付预付款。被申请人的违约行为最终导致业主于 2018 年 5 月与申请人、被申请人进行解约谈判。

4. 对于被申请人的多项违约行为，并非由申请人原因导致，申请人不应承担相应责任

首先，被申请人主张"造成现场施工人员不足的根本原因是中国 A 公司未履行合同义务，未提供符合当地政府要求的证明材料，无法取得劳动指标，导致不能办理工作签证"这一观点不符合合同约定和实际情况。根据分包合同的规定，申请人的义务仅限于重大问题的协调、与业主和当地主管部门联系、协助办理被申请人派出人员国外工作的必要手续，并非承诺帮助被申请人成功申请到用工指标和成功办理工作签证。劳工签证指标未获批准不免除被申请人按约组织充足人员、设备、材料、保证工程施工进度的合同义务。阿尔及利亚劳工入境劳动，一般从申请劳动指标至劳工入境至少需要 3 个月的时间，而本项目工期仅有 6 个月。根据分包合同，作为有经验的境外工程分包商，被申请人应全面理解并知晓与工程实施有关的信息，包括劳工入境劳动指标的申请时间。鉴于本项目工期短，业主要求严格，境外劳工签证指标审核时间长，被申请人等待劳工签证指标再组织人员进场的做法显然不合理，与被申请人于 2017 年 11 月出具的承诺函不符。同时，分包合同规定，被申请人应尽可能多地、合法地使用当地员工，被申请人本可采取合理手段避免工期延误，但未能采取相应措

施，因此造成的后果应由被申请人承担。

其次，被申请人主张"业主负责的土方工程工期延误应顺延至总工期，现场没有达到施工条件"。这一观点与业主解除合同没有关联关系，与本案申请人提出的仲裁请求或被申请人提出的仲裁反请求也无关。且"业主土方工期延误，现场没有达到施工条件"均不是由于申请人原因导致，申请人不应承担相应责任。根据分包合同对案涉工程施工计划的安排，被申请人负责的工地临建工作是在业主提供的临建区域建设员工生活区，安装搅拌站、模板棚和钢筋棚，而业主负责土方工程是工程主体楼的地基部分。完成土方工程并非完成工地临建的紧前工作。被申请人负责的工地临建工作和业主负责的土方工程没有互为前提关系，也不存在施工的先后次序，相反是可以平行实施的两项工作。被申请人客观上没有完成工地临建，业主因此迟迟没有支付预付款，项目无法继续实施，被申请人的违约行为最终导致业主解除合同。

分包合同约定了"合同背靠背：指乙方完全承担和履行甲方与业主签署的合同的权利和义务。在甲方收到业主付款后，甲方向乙方付款"。分包合同还约定了"主合同开工令下达后，乙方应按照业主和甲方要求立即开展前期动员工作，乙方需垫资至临建工程施工完成，而不能以没有收到预付款为由拖延前期工作的开展"。主合同约定"分包商在本合同生效后，马上动员开始临建工作。在现场临建未完成之前，不得开始任何量单的审批工作"。主合同约定"未将人力和物力资源全部动员或未完成开工所需临建工作之前将不支付任何款项"。在本案中，业主 D 公司没有开始任何量单的审批工作，也没有支付任何款项。因此，根据分包合同和主合同约定，在案涉工程临建未完成的情况下，业主不会向申请人付款，申请人也没有义务向被申请人付款。

5. 被申请人第二项至第九项仲裁反请求无合同和法律依据

鉴于被申请人主张分包合同无效，其仲裁反请求不能主张申请人没有依约履行合同，并根据所谓的"中国 A 公司违约行为"主张赔偿责任。被申请人应根据中国法律有关合同无效后如何处理的规定主张其权利，而不能主张合同无效的同时又声称对方违约，并以违约为由进行索赔。

6. 关于业主 D 公司解约后撤场及撤场后现场物资的处理情况

2018 年 5 月，申请人项目代表直接致电被申请人现场负责人，要求其代表被申请人会同申请人参加与业主 D 公司的与解约有关的紧急会议，但其以各种理由拒绝参加。解约会议当天，业主勒令申请人组织现场人员、设备有序退场，否则将没收申请人提交的保函。申请人当即电告被申请人负责人，其承诺将组织现场人员有序退场。但第二天被申请人仍以工人工资未结清为由拒不退场，导致业主于同月发函表示将没收申请人提交的保函。同月某日，业主 D 公司再次致函申请人，要求进行现场清算。同日，申请人致函被申请人要求积极配合与业主 D 公司进行已完工程的清算，但未得到被申请人的积极回应。同月，业主与申请人召开会议并签署会议纪要，要求被申请人停止所有暴力行为及损坏 D 公司物品行为，停止非法占据现场及封闭现场，便于 D 公司人员接管现场。其后一个月期间，被申请人始终拒绝服从申请人的指示，始终拒绝撤场，持续激化与业主的矛盾，最终于 2018 年 6 月被业主 D 公司强制驱除出现场并强占现场各种设备和材料。

被申请人未能遵守分包合同约定的义务，在业主解除合同的情况下拒绝撤场，导致与业主矛盾激化，由此造成的损失应当由被申请人承担。同时，被申请人拒绝配合与业主解约后的谈判，导致与业主的最终结算未能按预期完成，与业主关系恶化，与业主的结算谈判一度陷入僵局。

直至 2018 年 11 月，被申请人回复申请人称其专业分包商中国 I 劳务公司的存在，以及现场物资已全部转让给中国 J 公司。

7. 本案工程现场物资的所有权为案外人中国 I 劳务公司所有，而非被申请人，并已由案外人中国 I 劳务公司全部转让给案外人中国 J 公司

申请人证据表明，现场机械设备和材料所有权为案外人中国 I 劳务公司所有。现场物资已全部转让给案外人中国 J 公司，被申请人关于现场仍存有遗留物资的主张不能采信，中国 I 劳务公司与中国 J 公司的转让协议首段载明"经甲乙双方协商一致，甲方（即中国 I 劳务公司，仲裁庭注）有偿转让 C 项目所有现场材料和机械设备（所有明细单见附件）给乙方（即中国 J 公司，仲裁庭注）"，转让协议附件共 61 项，共计近 3800 万第纳尔。

被申请人自行制作的《C 项目转给中国 J 公司物资明细表》共 52 项，共计近 3800 万第纳尔，与转让协议附件共 61 项，共计近 3800 万第纳尔有出入，因此，申请人自行制作的《C 项目转给中国 J 公司物资明细表》不能支持被申请人关于现场留存物资的主张。被申请人自行制作的《C 项目转给中国 J 公司后剩余物资明细表》主张现场仍留有 80 项，共计 3500 余万第纳尔的物资没有转让给中国 J 公司，但该主张与转让协议首段载明的"中国 I 劳务公司已将所有现场所有材料和机械设备有偿转让给中国 J 公司"的表述相矛盾，因此，被申

请人关于现场仍存有遗留物资的主张不能采信。

另外，申请人无权处分现场物资，因此，被申请人主张的其作为现场物资的占有人有权请求申请人返还原物或给予赔偿的观点不能成立。事实情况是，在2018年11月，申请人通过证据得知，现场物资已由案外人中国 I 劳务公司全部转让给案外人中国 J 公司。而后在2019年4月，申请人才在与业主签署的和解协议中承认"设备已经售卖"。因此，被申请人主张的无权处分系错误理解。

二、仲裁庭意见

仲裁庭审阅了当事人提交的全部材料，充分听取了申请人的仲裁请求陈述、举证和主张，被申请人对申请人仲裁请求的答辩意见、仲裁反请求、举证和主张。现根据相关法律法规，结合本案庭审情况，阐述意见如下：

（一）关于本案适用法律的认定

仲裁庭注意到，申请人与被申请人于2018年2月签订的分包合同约定："除适用本工程阿尔及利亚当地强制性法律规定外，本分包合同适用中华人民共和国现行法律。双方同意依据中华人民共和国法律解释本合同。"

仲裁庭认为，根据《法律适用法》第三条的规定，当事人依照法律规定可以明示选择涉外民事关系适用的法律。申请人和被申请人在分包合同中选择适用中华人民共和国法律，符合法律规定，因此，分包合同应适用中华人民共和国法律。

（二）关于分包合同法律效力的认定

仲裁庭注意到，关于分包合同法律效力问题，申请人与被申请人持完全相反的主张。

申请人主张分包合同有效。第一，《建筑法》第二条已明确规定其适用范围为中国境内的建筑工程，而本案工程项目所在地为阿尔及利亚，并非中国境内，即使双方第三人在分包合同中约定适用中国《建筑法》也不能改变本案工程的所在地。因此，中国《建筑法》第二十八条禁止转包和第二十九条第三款禁止违法分包的规定不能适用于本案。第二，被申请人在仲裁前的联合投标、中标、与业主签署主合同、双方签署分包合同、施工、撤场后双方往来、申请人与业主和解、申请人2019年9月与被申请人第一次协商会议，直至申请人2020年1月提起本案仲裁的整个过程中，被申请人没有提出过"分包合同系违反中国法律强制性规定的无效合同"的异议。第三，关于在境外工程由国内建筑企业承包后"背靠背"地分包给其他建筑企业的情况屡见不鲜，业主和裁判案件中已经有主流意见认定不能仅以将境外工程转包/分包为由来认定合同无效。第四，被申请人以申请人未能取得其与 D 公司签订的主合同约定的分包批准为由主张分包合同无效，申请人认为其与 D 公司签订的主合同与分包合同适用法律不同，法律关系不同。根据主合同的约定，主合同适用阿尔及利亚法律，与分包合同属于两个不同的法律关系。对于主合同项下的申请人是否涉及分包行为违约问题，应由主合同约定的争议解决方式和适用法律予以确定，与本案无关。第五，被申请人于 2021 年 1 月向仲裁庭提交了《建设工程施工合同无效后处理法律分析及类案检索》及其附件，申请人注意到该报告所引用的法律法规的适用范围为中国境内。该报告所引用的 5 个案例均为国内工程，没有一个涉及境外工程的转包/分包，因此，该报告对于本案几乎没有参考意义。第六，在境外工程的实践中，没有"走出去"的企业往往需要与已经"走出去"的企业合作，以已经"走出去"的企业名义，"背靠背"来承包项目，才能逐渐被当地市场认可。本案中，被申请人在申请人不打算承接 C 项目的情况下主动要求合作，结果被申请人出现违约后逃避于业主的事后处理，给申请人造成了巨大的压力，现在又以分包合同无效为由企图逃避责任。

被申请人主张分包合同无效。第一，从申请人与被申请人分包合同约定的内容看，属于转包。分包合同约定"合同背靠背"，被申请人完全承担和履行申请人与业主 D 公司签署的合同的权利和义务。合同约定被申请人以申请人名义开展工作，表明申请人再分包没有经过 D 公司事先许可，申请人证据也表明申请人再分包没有经过 D 公司事先同意。申请人将承包的全部建设工程转包给被申请人，由此可以证明本案分包纠纷实际并非合法分包，而属于违反强制性规定的转包。第二，法律规定转包行为属无效民事行为，该种无效的后果不以当事人意志为转移，不论其主观目的为何，都属于确定无效且自始不具有法律效力。依据最高人民法院类案判决，对于名为分包实为转包的合同，因违反了《合同法》《建筑法》《建设工程质量管理条例》等法律法规的强制性规定而无效。依据《合同法》第二百七十二条、《建筑法》第二十八条、《最高人民法院关于审理建设工程施工合同纠纷案件适用法律问题的解释》（法释〔2004〕14号）第四条、《最高人民法院关于审理建设工程施工合同纠纷案件适用法律问题的解释（一）》（法释〔2020〕25号）第一条的规定，分包合同应当认定无效。第三，申请人与被申请人均为建筑施工企业，对于转包无效的法律规定明知且清楚，双方当事人又选择了中国法律，应当承担合同无效的法律后果。

仲裁庭注意到，《建筑法》第二条规定："在中华人民共和国境内从事建筑活动，实施对建筑活动的监督管理，应当遵守本法。本法所称建筑活动，是指各类房屋建筑及其附属设施的建造和与其配套的线路、管道、设备的安装活动。"第二十八条规定："禁止承包单位将其承包的全部建筑工程转包给他人，禁止承包单位将其承包的全部建筑工程肢解以后以分包的名义分别转包给他人。"第二十九条第三款规定："禁止总承包单位将工程分包给不具备相应资质条件的单位。禁止分包单位将其承包的工程再分包。"

仲裁庭注意到，分包合同约定："合同背靠背：指乙方（即被申请人，仲裁庭注）完全承担和履行甲方（即申请人，仲裁庭注）与业主（即D公司，仲裁庭注）签署的合同的权利和义务。"合同工程承包方式部分约定："本工程采用总分包的方式，甲方进行协调管理，乙方根据主合同的工作范围负责采购和施工、保修等主合同规定的工作，包工包料、自负盈亏，完成本合同及主合同规定的承包商的义务。"合同中分包商一般义务部分约定："分包商接受所有主合同的条款和甲方对业主的所有承诺并且承担、履行主合同中规定的所有承包商的责任和义务，包括工期、质量、安全和技术等方面。同时分包商同意接受主合同中约束甲方的条款，并承认此类条款就本分包合同涉及的内容来说对乙方具有同样的约束力。"

仲裁庭还注意到，申请人与D公司签订的主合同约定在整个合同期间，除非承包商（即D公司，仲裁庭注）事先同意，分包商（即申请人，仲裁庭注）不得将本合同项下的任何权利和义务转让给第三方。

仲裁庭认为，为了论证分包合同是否具有法律效力，有效或是无效，需要从如下几个方面作出法律判断：

（1）分包合同的法律性质；

（2）分包合同是否存在转包行为；

（3）申请人未能根据主合同获得业主D公司的同意将合同转包/分包给被申请人，申请人在主合同中的违约行为是否导致分包合同无效；

（4）中国《建筑法》第二条适用范围的规定及其第二十八条禁止转包，第二十九条第三款禁止违法分包，以及《合同法》和《最高人民法院关于审理建设工程施工合同纠纷案件适用法律问题的解释》中禁止转包/违法分包问题的适用。

仲裁庭根据本案事实和有关法律规定分述如下：

(1) 分包合同的法律性质

仲裁庭注意到，申请人在仲裁申请书中表明，项目业主为阿尔及利亚某项目管理项目部，为阿尔及利亚 C 项目发包人，总承包商为 D 公司。

仲裁庭认为，分包合同实际为阿尔及利亚 C 项目总承包商 D 公司与作为分包商的申请人签订分包合同之后，申请人与被申请人之间就申请人承建的分包工程内容签订合同，因此，申请人与被申请人之间签订的分包合同为"再分包合同"。

(2) 分包合同是否存在转包行为

仲裁庭注意到，分包合同工程承包方式部分约定本案工程采用总分包的方式，申请人进行协调管理，被申请人根据主合同的工作范围负责采购和施工、保修等主合同规定的工作，包工包料、自负盈亏，完成本合同及主合同规定的承包商的义务。合同分包商一般义务部分约定被申请人作为分包商接受所有主合同的条款和申请人对业主 D 公司的所有承诺并且承担、履行主合同中规定的所有承包商的责任和义务。同时被申请人同意接受主合同中约束申请人的条款，并承认此类条款就分包合同涉及的内容来说对被申请人具有同样的约束力。仲裁庭还注意到，分包合同甲方一般义务部分约定申请人作为甲方应负责工程相关的重大问题的协调及与业主和当地各级政府主管部门联系，协助办理被申请人派出人员的出国签证、购买机票和国外工作的必要手续，费用由被申请人承担，另外，申请人参与项目管理。分包合同约定，申请人从项目开始将派人参与项目实施管理，但申请人派人参与项目管理丝毫不减轻被申请人的合同责任。

仲裁庭注意到，《建设工程质量管理条例》第七十八条第三款规定："本条例所称转包，是指承包单位承包建设工程后，不履行合同约定的责任和义务，将其承包的全部建设工程转给他人或者将其承包的全部建设工程肢解以后以分包的名义分别转给其他单位承包的行为。"

仲裁庭认为，根据分包合同的约定，被申请人的主要义务是负责工程相关重大问题的协调及业主和当地各级政府主管部门的联系，协助办理被申请人派出人员的工作签证和国外工作的必要手续，参与项目管理。关于分包合同约定的参与项目管理义务，实际上申请人并未实质性参与现场工程施工管理，仅是通过重大问题的协调及与业主联系等进行项目管理。另外，被申请人作为分包商在现场实施由申请人在主合同项下的全部分包工程。据此，从分包合同的约定和履约事实，符合将全部建设工程转给他人的转包定义，可以判断分包合同为转包行为。

（3）申请人未能根据主合同获得业主 D 公司的同意将合同转包/分包给被申请人，申请人在主合同中的违约行为是否导致分包合同无效

仲裁庭注意到，考虑到申请人在分包合同法律效力的意见中主张其与 D 公司签订的主合同适用法律应以主合同约定为准，不适用中华人民共和国法律的问题，而被申请人主张申请人未根据主合同约定取得业主同意分包，构成申请人违反主合同项下义务。

D 公司之间签订的主合同的适用法律，应依据申请人与 D 公司之间的主合同约定予以确定。主合同争议解决和适用法律部分约定 "本合同的解释、效力和履行应受阿尔及利亚法律的管辖"。因此，申请人与 D 公司签订的主合同应适用双方当事人约定的阿尔及利亚法律。仲裁庭认为，关于申请人在主合同项下是否违反约定，是否构成违约行为以及违约行为的后果，应属阿尔及利亚法律管辖。从分包合同终止合同原因看，业主 D 公司终止合同并非出于申请人违反合同义务导致，因此，申请人未根据主合同的约定获得业主同意转包/分包的行为，不能导致分包合同无效。

仲裁庭注意到，申请人证据表明，案涉工程项目发包人同意申请人的分包资格。仲裁庭认为，该项证据仅能证明案涉工程项目发包人同意申请人作为分包商，但不能证明案涉工程项目 D 公司同意被申请人的分包资格以及对被申请人作为分包商的批准。

（4）《建筑法》第二条关于适用范围的规定及其第二十八条禁止转包，第二十九条第三款禁止违法分包以及《合同法》和《最高人民法院关于审理建设施工合同纠纷案件适用法律问题的解释》中禁止转包/违法分包问题的适用

仲裁庭认为，判断分包合同法律效力的关键要素是中国《建筑法》的适用范围。《建筑法》第二条第一款规定："在中华人民共和国境内从事建筑活动，实施对建筑活动的监督管理，应当遵守本法。"首先，《建筑法》第二条明确规定其适用范围为中华人民共和国境内。其次，《建筑法》第二十八条、第二十九条第三款禁止转包和违法分包的规定，系规制建筑主体行为的法律，上述法律规定应受第二条适用范围的限制，不宜将《建筑法》的适用范围理解为适用

建筑地点位于境外的国际工程项目。再次,《建筑法》第二条适用范围的规定是属地主义原则,而非属人主义原则。最后,《建筑法》作为建筑活动的上位法,其效力优先于其他法律规定和司法解释。另外,作为《建筑法》同位法的《合同法》第二百七十二条规定位于《合同法》第十六章建设工程合同,其规定与《建筑法》第二十八条的规定相同。仲裁庭认为,分包合同是位于中国境外的工程项目,而中国《建筑法》第二条适用于中国境内的建筑活动,因此,《建筑法》及其他法律中规定禁止转包和违法分包的有关规制建筑主体及其市场行为的法律不适用分包合同,被申请人以此为由主张分包合同无效的主张不应予以支持。仲裁庭还认为,分包合同是当事人的真实意思表示,其法律效力不受双方当事人是否存在联合投标事实的影响,也不受被申请人未能在签约前、签约时、履约及其争议解决过程中未提出分包合同无效异议的影响,分包合同具有法律效力,申请人与被申请人均应当按照分包合同的约定履行各自的义务。

(三)关于分包合同项下当事人违约责任的认定

仲裁庭认为,根据本案申请人提出的仲裁请求和被申请人提出的仲裁反请求,判断仲裁请求和仲裁反请求是否得到支持取决于当事人的违约责任。为确定当事人是否存在违约及其违约程度,本案涉及的焦点问题如下:

1. 分包合同约定双方当事人各自的主要义务是什么?

2. 本案中双方当事人的主张及其实际履约情形是什么?

3. 业主 D 终止分包合同的理由是什么?

4. 在分包合同中违约责任的合同约定及其当事人违约责任是什么?

5. 在本案中被申请人是否要承担业主终止主合同的法律后果?

根据申请人的仲裁请求、主张和证据,被申请人提出的反请求、对仲裁请求的抗辩意见、主张和证据,结合庭审情况,仲裁庭对上述焦点问题分述如下:

1. 分包合同约定双方当事人各自的主要义务

仲裁庭查明,申请人证据所示分包合同约定的申请人的主要义务如下:

(1)申请人负责工程相关的重大问题的协调及与业主和当地各级政府主管部门联系。

(2)协助办理被申请人派出人员的出国签证、购买机票和国外工作的必要手续,费用由被申请人承担。

(3)申请人参与项目管理,从项目开始将派人参与项目实施管理,此部分的人员薪酬和福利由申请人承担。但申请人派人参与项目管理丝毫不减轻被申请人的合同责任。

（4）申请人协助被申请人办理主合同规定的保险。

（5）申请人负责协助被申请人用于本案工程的材料、机械设备的进出报关、清关等协调工作。

（6）申请人协助被申请人进行由于业主原因造成的前期工期延期的索赔。

（7）在被申请人代表申请人向业主报送施工日志和月进度款请款报告并负责完成于业主、监理的结算工作的基础上，在申请人收到业主付款后，申请人在扣除其为被申请人代扣、代缴费用、申请人总包管理费和被申请人的其他各种应扣款后，向被申请人支付应付工程款。

仲裁庭查明，申请人证据所示分包合同约定的被申请人的主要义务如下：

（1）被申请人完全承担和履行申请与业主签署的主合同的权利和义务。

（2）被申请人根据主合同的工作范围负责采购和施工、保修等主合同规定的工作，包工包料、自负盈亏，完成分包合同及主合同中规定的义务。

（3）被申请人接受所有主合同的条款和被申请人对业主的所有承诺并且承担、履行主合同中规定的所有承包商的义务，包括工期、质量、案情和技术等方面。同时，被申请人接受主合同中约束申请人的条款，并承认此类条款就分包合同的内容来说对被申请人具有同样的约束力。被申请人作为有经验的分包商，全面正确理解本分包合同有关的全部文件及相关信息，包括当地的材料价格、各种税收、保险、法律、法规和工程图纸、工程地址情况。被申请人不得以不了解情况为由向申请人提出索赔。

（4）被申请人承诺满足申请人与业主的有关关键工期的要求，其他工期要求与申请人和业主签订的主合同一致。

（5）被申请人对外以申请人名义开展工作。

（6）被申请人遵守阿尔及利亚政府部门关于使用当地员工的数量要求，申请人要求被申请人尽可能多地、合法地使用当地员工，原则上当地工人人数与中国工人人数比例不低于1∶1。由于使用当地员工数量不足和不符合法律而造成的处罚，被申请人承担责任和损失。

（7）被申请人在分包合同签订之日两周内向申请人提供金额为人民币近470万元履约保函。被申请人应向申请人提供金额为人民币1400余万元的预付款保函。

（8）被申请人负责为本案工程提供所需的施工机械和其他必要的设备。

（9）被申请人不得将本案工程的任何部分以任何方式转包、转让给第
三方。

2. 本案中双方当事人的主张及其实际履约情形

仲裁庭注意到，申请人在仲裁申请书和代理词中主张自 2017 年 11 月正式
开工后被申请人存在如下重大违约行为：

（1）被申请人未能完成工地临建。主合同对工地临建完成时间的规定是自
签署主合同之日起的 4 周内（即 2017 年 12 月 25 日前）。而直至 2018 年 5 月申
请人向被申请人发出第 3 号催告函时，被申请人仍未完成工地临建，延迟时间
达 18 周多。

（2）被申请人在项目上投入的人力设备不足。中国工人数量没有按照合同
要求配置到位且 80% 以上人员没有劳动证和居住证。业主曾多次要求聘用当地
现场操作人员，且申请人一再督促被申请人按照分包合同明文规定的当地工人
与中国工人 1∶1 比例执行，但被申请人始终无法落实。业主在迫不得已的情况
下直接安排当地工人进场施工。另外，被申请人的机械设备配置没有达到主合
同标准，不遵守物力资源动员时间表。

（3）被申请人现场管理人员、翻译配备不足，造成与业主沟通不畅。被申
请人配置的项目经理不能与现场业主直接交流，没有劳动证和居住证，遭到业
主多次驱逐，现场也没有配置一名擅长法语的翻译人员。

（4）被申请人延迟提交项目有关资料。业主和申请人要求被申请人提供的
实施性施工组织设计、进度计划等，被申请人以各种理由推托，迟迟不能提供。

（5）被申请人私自停工。2018 年 4 月初，被申请人未经申请人同意私自停
工，并在现场遗留大量劳务人员，造成了严重的负面影响。

（6）被申请人在业主终止分包合同后拒绝撤场。2018 年 5 月，业主致函申
请人，要求派人与其代表进行现场清算，且要求现场以及生活区的人员全部离
场，同时告知不清场将采取法律手段。同日，申请人致函被申请人要求配合进
行已完工程的清算，但未得到被申请人的积极回应。2018 年 5 月，业主要求解
约后尽快撤场与申请人召开了会议，并签署了会议纪要，要求被申请人停止所
有暴力行为及损坏 D 公司物品行为，停止非法占领现场及封闭现场。但其后一
个月期间，被申请人拒绝撤场，持续激化与业主的矛盾，最终于 2018 年 6 月被
业主强制驱逐出现场并强占现场各种设备和材料。

仲裁庭注意到，被申请人在仲裁反请求和代理词中主张被申请人以申请人

名义施工，而申请人在分包合同签订前、履行中和善后时没有尽到应有义务：

（1）分包合同签订前申请人隐瞒工程风险事实。申请人在其不认可该项目无商业价值的情况下，仍对被申请人隐瞒真实背景，追求所谓管理费收益，导致被申请人陷入泥潭。

（2）申请人在履行业主合同过程中已经根本性违约，与业主丧失互信基础。申请人在与被申请人签订分包合同前，长期延迟开具银行履约保函（应提交时间为2017年12月17日，实际提交日期2018年3月7日）、延误工期，导致申请人与业主之间丧失互信关系，致使业主不得不吹毛求疵导致被申请人施工障碍重重，而且成为业主反复催促并以延迟开具履约保函解约的理由。同时，业主早已认定申请人未提起告知D公司将工程分包给第三方，违反主合同的规定，属于违约行为。

（3）申请人不能提供办理劳工签证资料，D公司始终未提供其与发包人的初始合同复印件，故导致劳工无法满足施工要求的原因是D公司造成。被申请人已经尽其所能，办理相关手续，但因申请人一方无法提供办理劳工及社保手续和文件，导致不能取得合法劳工许可。被申请人现场经理采用商务签证的方式，保证施工人员和工程进度。鉴于办理签证和居住证资料不完备，导致无法取得劳务用工审批。

（4）申请人未依约提供预付款保函，且未尽到沟通、协调、管理的义务，工程预付款无法取得，项目进入死循环：不付预付款—工程停工—不垫资施工不付预付款，最终导致工程失败。

（5）在分包合同终止善后过程中，申请人怠于行使权利，置大型施工设施设备无法做到短时间撤离的客观情况于不顾，只是依照业主要求通知被申请人撤场。申请人与业主签订的合同约定："由于承包商（即D公司，仲裁庭注）土方工程造成交付给分包商（即中国A公司，仲裁庭注）工期延误，将顺延至总工期里面。"土方工程本应由D公司在合同签订后2周内完成，但实际至被申请人撤场时仍未完成。在本案分包工程开工后，土方工程一直未完成，现场不具备大规模施工条件，致使工程进度严重延误。而申请人未能尽到协调沟通作用，最终导致本案分包工程无法进行。

根据本案仲裁请求、仲裁反请求、双方当事人的答辩、代理意见、证据和分包合同的约定，仲裁庭对申请人和被申请人的主张及其履约情形和分歧问题分述如下：

（1）关于被申请人是否参与本案工程项目的联合投标的认定

仲裁庭注意到，关于本案签约背景及其被申请人是否愿意参与分包合同的投标，申请人主张双方共同联合投标，以上事实由申请人陈述、双方当事人往来信函、被申请人承诺函、双方当事人投标人员考勤记录、被申请人证人证词、分包合同约定予以佐证。而被申请人认为不存在上述共同联合投标情况，申请人隐瞒分包合同风险，应对此承担责任。

2017 年 8 月申请人应 D 公司邀请参加 E 项目投标，申请人安排被申请人负责 E 项目的技术编标工作。2017 年 9 月，申请人又参与了 C 项目的议标。2017 年 11 月，D 公司同时对 E 项目和 C 项目进行评标，评标结果是申请人没有中标 E 项目。但随后被申请人得知 D 公司有意把 C 项目授标给申请人，就向申请人表达了实施该项目的强烈意愿，因此申请人最后与 D 公司就合同条款和价格达成一致，并选择了被申请人作为 C 项目的分包商。

签发日期为 2017 年 12 月的函载明"中国 A 公司阿尔及利亚分公司于 2017 年 11 月中标阿尔及利亚 C 项目。贵司（指被申请人，仲裁庭注）作为潜在合作伙伴自从项目投标伊始、洽商、实施准备等阶段都做了大量工作，对此我司（指申请人，仲裁庭注）表示感谢"。申请人签发日期为 2017 年 11 月的《承诺函》载明："我公司（指被申请人，仲裁庭注）承诺，作为贵司（指申请人，仲裁庭注）分包商，整体分包贵司承揽的 C 项目，完整实施该项目，履行该项目合约，完成项目施工和缺陷责任义务。同时不因我公司行为损害中国 A 公司集团利益和声誉。"申请人证据载明，被申请人三位人员为投标人员在案涉工程项目上的考勤情况为 2017 年 8 月。综上，仲裁庭认为，申请人的上述证据足以证明被申请人参与了本案分包工程项目的投标工作，特别是申请人签发日期为 2017 年 11 月的《承诺函》，明白无误地表明被申请人对本案分包工程的意愿和对于分包方式的承诺。而且，申请人证据载明，本案分包工程项目为阿尔及利亚国防部重点工程之一，项目工期、质量等各方面要求严格，该项目已进入业主签约、分包商签约阶段，需要被申请人确认同步快速开展，加快项目实施进度，第一，阿国机械设备、周转材料 12 月 25 日之前转场到位；第二，临建设施 12 月 25 日之前搭建完善等。被申请人在庭后代理词中主张的"在申请人不认可该项目无商业价值情况下，仍对被申请人隐瞒真实背景，追求所谓管理费收益，导致中国 B 建设公司第一个非洲项目陷入泥潭"的说法，没有相应的证据支持，且与事实不符，不应予以支持。

仲裁庭还注意到，分包合同分包商一般义务部分约定："乙方（即被申请人，仲裁庭注）不得以不了解情况为由向甲方（即申请人，仲裁庭注）提出索赔。乙方清楚了解甲方对业主的报价。在本合同签署前有充分的机会了解分析所有有关价格和成本情况，包括在甲方对业主报价中可能存在多报、少报、漏报或误报等情况。乙方已经充分地考虑到此种情况对其成本的影响，不会因此向甲方提出索赔。"仲裁庭认为，分包合同明确约定了被申请人对本案分包工程和申请人与业主之间的报价和案涉项目情况，因此，被申请人主张以没有参与投标，对案涉分包工程不了解的主张，不应予以支持。

（2）关于分包合同开工日期的认定

仲裁庭注意到，关于分包合同开工日期，申请人主张应自 2017 年 11 月 27 日起算，而被申请人主张：第一，应以业主 D 公司完成土方工作面作为工程的开工日期，分包合同没有明确从哪一天开始；第二，2017 年 11 月 27 日只能适用于申请人，因双方尚未签署分包合同；第三，被申请人于 2018 年 1 月 20 日才进场；第四，K、L 等人在 2018 年 1 月 20 日之前不是被申请人的人员。

仲裁庭还注意到，对于被申请人的抗辩主张，申请人在代理词中主张：

第一，分包合同约定："分包商（即被申请人，仲裁庭注）接受所有主合同的条款和甲方（即申请人，仲裁庭注）对业主（即 D 公司，仲裁庭注）的所有承诺并且承担、履行主合同中规定的所有承包商的责任和义务，包括工期、质量、安全和技术等方面。"分包合同约定："本工程的总工期与主合同一致。乙方（即被申请人，仲裁庭注）承诺满足甲方（即申请人，仲裁庭注）与业主的有关关键工期的要求，其他工期要求与甲方与业主签订的主合同一致。"分包合同约定："主合同开工令下达后，乙方应按照业主和甲方要求立即开展前期动员工作，乙方需垫资至临建工程施工完成，而不能以没有收到预付款为由拖延前期工作的开展。"主合同约定："分包商承诺按照主合同和附加的补充合同中的规定进行施工。除另有规定外，施工期限包括工程实际开工前的准备期。工程完整施工期为 6 个月，从 T1 日算起 [T0+1 周：土方和设计（两个区块）部分验收] 并遵循如下里程碑：T0：签署本合同（申请人注：2017 年 11 月 27 日）；T0+48 小时：开始建设员工生活区（申请人注：2017 年 11 月 29 日）；T0+1 周：开始安装搅拌站、模板棚和钢筋棚（申请人注：2017 年 12 月 4 日）；T0+4 周：整个工地临建结束（申请人注：2017 年 12 月 25 日）。"主合同约定："分包商在本合同生效后，马上动员和开始临建工作。"

第二，申请人证据表明，业主 D 公司已于 2017 年 11 月 27 日发出开工通知，该通知由被申请人现场人员 L 签收。

第三，被申请人在其证据 2018 年 3 月 14 日日志已自认于 2017 年 11 月 27 日进场。

第四，被申请人在其证据中已自认支付 2017 年 12 月工资。

第五，被申请人在其证据中已自认其两位人员在 2017 年 11 月考勤天数为 5 天。

第六，被申请人在其证据中已自认其三位管理人员在 2017 年 11 月考勤天数为 5 天。

第七，被申请人在其证据中已自认其管理人员 K 作为经理的考勤是从 2017 年 11 月至 2018 年 7 月。L 作为项目负责人的考勤情况为 2017 年 11 月至 2018 年 5 月。

第八，在业主发函以及申请人向被申请人发函中，反复提及工期延误、工程进度之后，所依据的实际正是主合同的约定，即 2017 年 11 月 27 日。

分包合同明确约定了主合同的约定和效力及于分包合同，本案的双方当事人不仅应遵守分包合同的约定，而且还应遵守主合同的约定，承担履行主合同不力或违约的后果。仲裁庭还查明，申请人证据表明，案涉分包工程开工日期为 2017 年 11 月 27 日。因此，仲裁庭认为，在存在主合同项下的开工通知时，且分包合同明确约定分包合同适用于主合同工期的情况下，应以主合同项下的开工通知作为分包合同的开工通知，即应以 2017 年 11 月 27 日业主签发的开工令作为开工日期，符合《最高人民法院关于审理建设工程施工合同纠纷案件适用法律问题的解释（二）》第五条规定的当事人对建设工程开工日期有争议的，应当分别按该条第（一）项规定处理，即开工日期为发包人或者监理人发出的开工通知载明的开工日期。

仲裁庭还认为，在存在主合同项下的具体日期明确的开工令，且主合同条款及其效力及于分包合同的情况下，被申请人主张的以 2018 年 1 月 20 日实际进场日期作为开工日期不能成立，不应予以支持。

仲裁庭注意到，分包合同签订日期为 2018 年 2 月 6 日，迟于 2017 年 11 月 27 日的开工日期。仲裁庭认为，分包合同签订日期不影响本案分包工程在较早的日期开工。参照《最高人民法院关于审理建设工程施工合同纠纷案件适用法律问题的解释（二）》第五条的规定，开工日期的确定存在不同情形，签订合同日期并不必然推定为开工日期。

（3）关于K、L等人身份的认定

仲裁庭注意到，申请人主张K、L等人至少自案涉工程开工日期起即作为被申请人管理人员实际参与施工过程，而被申请人主张K、L等人在2018年1月20日之前不是被申请人的人员。

仲裁庭注意到，被申请人证据载明其三位管理人员在2017年11月考勤天数为5天；载明K作为经理，在案涉工程上的考勤情况自2017年11月到2018年7月。L作为项目负责人在案涉项目的考勤情况从2018年5月至7月。L作为劳务经理的考勤情况为2017年11月至2018年5月。

仲裁庭还注意到，被申请人提供了证据主张K、L于2008年9月11日成立中国I劳务公司，在2018年1月20日之前不是被申请人人员，且证据25表明中国I劳务公司挂靠中国M建设公司，后中国M建设公司破产。被申请人与申请人签订分包合同之前K的行为是独立的市场行为，不应由被申请人承担责任。仲裁庭还注意到，申请人证据表明，被申请人回复申请人称L、K等人系中国I劳务公司的人员，是被申请人的专业分包商。仲裁庭认为，申请人证据和被申请人证据表明，K、L等人作为分包合同现场施工的实施人员，作为被申请人的分包商，被申请人应该为其现场施工的实施人员或分包商的履约承担相应的法律责任。

（4）关于被申请人是否按期完成临建设施义务的认定

仲裁庭注意到，申请人主张被申请人未能在主合同约定的工期期限内完成临建设施，而被申请人认为其已经按照分包合同的约定完成并满足施工要求，且临建区域已经无建设基地可用。

施工期限—施工计划部分约定："T0+4周：整个工地临建结束。"仲裁庭注意到，根据主合同约定，T0为主合同签署日期2017年11月27日，整个工地临建工程应于2017年12月25日完成（2017年11月27日+4周）。仲裁庭还注意到，分包合同约定："分包商（指被申请人，仲裁庭注）接受所有主合同的条款和甲方（即申请人，仲裁庭注）对业主（即D公司，仲裁庭注）的所有承诺并且承担、履行主合同中规定的所有承包商的责任和义务，包括工期、质量、安全和技术等方面。"分包合同约定："本工程的总工期与主合同一致。乙方（即被申请人，仲裁庭注）承诺满足甲方与业主的有关关键工期的要求，其他工期要求与甲方与业主签订的主合同一致。"分包合同约定："主合同开工令下达后，乙方应按照业主和甲方要求立即开展前期动员工作，乙方需垫资至临建工程施工完成，而不能以没有收到预付款为由拖延前期工作的开展。"为此，仲裁庭认为，分包合同约定了被申请人应当按照主合同约定的工期实施工程，在约定的工期内完成临建义务。仲裁庭还注意到，申请人证据日期为 2017 年 12 月 4 日的函件表明，业主发函表示现场临建进度严重滞后，未开始临建设施的建设安装。申请人证据日期为 2017 年 12 月 14 日的函件表明，被申请人未完成临建设施的搭建。申请人证据日期为 2018 年 1 月 14 日的函件表明被申请人人员、设备和材料均未按分包合同约定完成。申请人证据日期为 2018 年 1 月 16 日的函件表明，申请人在得到被申请人承诺后承诺于 2018 年 1 月底之前完成临建工作。申请人证据日期为 2018 年 1 月 28 日的函件表明，被申请人未按照分包合同附件计划完成木工棚和钢筋棚的安装。申请人证据表明截至 2018 年 2 月 13 日，被申请人尚未完成临建工作。申请人证据表明截至 2018 年 3 月 8 日，被申请人未完成临建工作。而且，申请人部分证据表明，截至 2018 年 5 月 1 日被申请人的临建工程仍未通过验收。仲裁庭认为，根据申请人提供的证据，被申请人未能在约定的工期内，即 T0+4 周的工期期限 2017 年 12 月 25 日之前完成临建工程，违反了分包合同约定的工期义务，系被申请人违约。

仲裁庭注意到，被申请人引用《施工日志》表明其已经完成了临建工作，被申请人提供《C 项目完成进度示意图 1 张和总平面图 1 张》《现场施工照片 50 张》用以证明被申请人依约履行了合同义务。仲裁庭认为，从上述证据中无法也不足以得出被申请人完成临建工作的具体日期，因此，被申请人主张的其已经依约履行了分包合同义务的概括性主张缺乏证据支持，仲裁庭无法据此认定被申请人在约定的工期期限内完成了临建工作。仲裁庭还认为，被申请人未能完成临建义务是否构成业主终止主合同的理由，被申请人是否应对此承担相应的责任，应视业主终止主合同的理由具体确定。

（5）关于被申请人是否完成本案分包工程义务的认定

仲裁庭认为，申请人证据表明，被申请人未能在分包合同规定的工期期限内完成案涉分包工程。被申请人引用的证据仅能证明被申请人完成了部分案涉分包工程，但不能表明其完成了全部案涉分包工程。仲裁庭认为，在本案中，被申请人未能按照分包合同实施和完成案涉分包工程，违反了分包合同约定的工期义务，构成违约。

仲裁庭注意到，根据申请人证据《中国 A 公司和业主的和解协议》、被申请人证据《C项目撤场结算明细表》，被申请人完成了一部分工程的施工，即ABEFGH区垫层及基础钢筋工作，但截至业主终止主合同之日并直至2018年5月8日被申请人撤场，被申请人没有完成医院主体结构工程。

仲裁庭还认为，被申请人未能实施和完成案涉分包工程是否构成业主终止主合同的理由，被申请人是否应对此承担相应的责任，应视业主终止主合同的理由具体确定。

（6）关于业主未能完成土方工程是否构成被申请人无法依约实施和完成案涉分包工程的认定

仲裁庭注意到，被申请人在代理词中主张案涉分包工程开工后，业主负责的土方工程一直未完成，现场不具备大规模的施工条件，致使工程进度严重延误。在D公司已经主张工期延误，申请人在工程施工过程中应当提出相应抗辩和索赔，以顺延工期或采用其他方式解决争议，真正起到协调和沟通作用，但申请人仅以转发信函方式进行联络，最终导致D公司与被申请人的施工无法进行。而申请人主张：第一，被申请人的这一观点与"业主解除主合同"没有关联关系，与本案仲裁请求和仲裁反请求无关。第二，所谓的"业主土方工期延误，现场没有达到施工条件"均不是申请人的原因导致，申请人不承担相应责任。第三，根据主合同对施工计划的安排，被申请人负责的工地临建工作是在业主提供的临建区域建设员工生活区、安装搅拌站、模板棚和钢筋棚，而业主负责的土方工程位于医院主体楼房的地基部分。完成土方工程并非完成工地临建工程的紧前工作。被申请人负责的工地临建和业主负责的土方工程没有互为前提关系，也不存在施工的先后次序，相反是可以平行实施的两项工作。第四，被申请人客观上没有完成工地临建，业主因此迟迟没有支付预付款，被申请人的违约行为最终导致业主解除主合同。

仲裁庭注意到，主合同施工期限——施工计划部分约定："T0+1周：土方和设计（两栋楼）部分验收。"主合同还约定："由于承包商（即D公司，仲裁庭注）土方工程造成交付给分包商（即申请人，仲裁庭注）造成的工期延误，将顺延至总工期里面。"仲裁庭还注意到，分包合同工期部分约定："甲方（即申请人，仲裁庭注）协助乙方（即被申请人，仲裁庭注）进行由于业主原因造成的前期工期延期的索赔。"分包合同工程索赔条款部分约定："在施工过程中，由甲乙双方配合负责对外索赔。"仲裁庭还注意到，被申请人证据《法院调查报告》及中文翻译，由C项目当地法院于2018年4月16日出具。申请人的质

证意见是：申请人不知晓该证据的存在，对该证据的真实性、关联性、合法性
均持有异议。

仲裁庭认为，第一，根据主合同仅约定 T0+1 周土方和设计（两栋楼）部
分验收时间，没有约定医院主楼全部土方工程完成时间。第二，申请人主张的
临建工程与医院主楼地基土方工程处于不同的工作面，两项工作可平行作业，
相互不为前提条件的意见，符合本案分包工程施工的实际情况，应予以支持。
第三，被申请人证据无法表明案涉分包工程施工中遇到的土方工程滞后导致被
申请人无法进行主体结构施工的情形。第四，根据分包合同的约定，被申请人
应以申请人的名义向业主主张因土方工程延误造成案涉分包工程的工期顺延，
但被申请人未能提出此类索赔，也无从谈起分包合同涉及的工程索赔中申请人
配合被申请人进行协调的问题，因此，被申请人提出的申请人未能履约索赔义
务的主张不应予以支持。第五，被申请人证据《法院调查报告》的真实性无法
认可，其载明的内容也不能清晰和完整说明业主负责的土方工程延误了被申请
人的临建工程和主体工程的施工。第六，根据被申请人证据，本案分包工程地
块共有 ABCDEFGHI 九个地块，分包商可以在不受土方工程干扰的地块进行施
工。第七，事实上，截至业主终止主合同和被申请人撤场之日，被申请人仅完
成了 ABEFGH 六个地块垫层及基础钢筋施工。综上，对被申请人关于"业主土
方工期延误，现场没有达到施工条件"以及土方工程未能完成导致案涉分包工
程延误的主张不应予以支持。

（7）关于申请人是否按期递交银行保函的认定

仲裁庭注意到，被申请人主张申请人在签署分包合同之前，长期拖延向业
主开具银行履约保函，申请人应在 2017 年 12 月 17 日前提交，实际提交日期为
2018 年 3 月 7 日，导致申请人与业主丧失互信关系，成为业主反复催促并以延
迟开具履约保函为由解约。而申请人主张：第一，被申请人证据《2018 年 2 月
19 日 D 公司发给中国 A 公司的催告函》是业主对申请人提交履约保函的催促函
件，这只是业主表示单方面解除主合同的可能性，并非业主实际上已发出单方
面解除主合同的意思表示。第二，申请人已于 2018 年 3 月 5 日和 3 月 7 日分别
向业主提交了根据主合同约定的预付款保函和履约保函，业主接收了两份保函，
并再未以"未提交保函"事项给申请人发文。

仲裁庭查明，主合同履约保函部分约定："分包商（即申请人，仲裁庭注）
须在本合同签署的 30 天内递交履约保函，该保函须由阿尔及利亚一级资质银行

开具，保函金额为合同总金额的百分之五（5%）。"仲裁庭查明，根据申请人证据，申请人于 2018 年 3 月 7 日向业主递交了履约保函。仲裁庭还查明，分包合同中未约定申请人向业主递交履约保函的条款。

仲裁庭查明，被申请人证据表明履约保函的提交截止日期为 2017 年 12 月 17 日，但至业主发函之日 2018 年 2 月 19 日尚未提交，否则，业主将不得不启用关于合同解除的规定。仲裁庭认为，该证据证明截止到 2018 年 2 月 19 日申请人尚未向业主提交履约保函，业主警告将启用解除合同条款。

仲裁庭认为，申请人未能在主合同约定的期限内向业主提交履约保函，构成主合同项下的违约。仲裁庭还认为，申请人未能在主合同约定的期限内向业主提交履约保函是否构成业主终止主合同的理由，申请人是否应对此承担相应的责任，应视业主终止主合同的理由具体确定。

（8）关于分包合同中被申请人派出人员国外工作手续义务的认定

仲裁庭注意到，被申请人主张造成现场施工人员不足的根本原因是申请人未履行合同义务，未提供符合当地政府要求的证明材料，无法取得劳动指标，导致不能办理工作签证。申请人主张，第一，根据分包合同的约定，申请人的义务仅限于重大问题的协调、与业主和当地主管部门联系、协助办理被申请人派出人员国外工作必要的手续，并非承诺帮助被申请人申请到用工指标和成功办理工作签证。第二，事实上，申请人已协助被申请人初次向 C 项目所在地劳动局递交所有劳动签证的申领材料。后续 C 项目所在地劳动局要求 D 公司出具相关补充证明材料，申请人积极联系，协调 D 公司予以出具，但 D 公司以涉密为由拒绝提供。第三，劳动签证指标未获批不免除被申请人按约组织充足人员、设备、材料，保证工程施工进度的合同义务。据申请人了解，阿尔及利亚境外劳工入境劳动，一般从申请劳动指标至劳工入境至少需要 3 个月的时间，而本项目工期仅有 6 个月。根据分包合同约定，作为有经验的境外工程分包商，被申请人应全面理解并知晓与工程实施有关的信息。鉴于本项目工期短，业主要求严格，境外劳动签证指标审核时间长，被申请人等待劳工签证指标批准后再组织人员进场的做法显然不合理，与被申请人 2017 年 11 月 30 日出具的承诺函不符。第四，分包合同约定，被申请人应尽可能多地、合法地使用当地员工。被申请人可采取但不采取合理手段避免工期延误，因此造成的一切后果应由被申请人承担。

仲裁庭查明，分包合同约定："协助办理乙方（即被申请人，仲裁庭注）

派出人员的出国签证、购买机票和国外工作的必要手续。"分包合同约定:"乙方要遵守阿尔及利亚政府部门关于使用当地员工的数量要求,甲方(即申请人,仲裁庭注)要求乙方尽可能多地、合法地使用当地员工。"申请人证据《关于加快 C 项目实施进度的函》载明:"该项目作为该国国防部重点工程之一,项目工期、质量等各方面要求相当严格,故要求贵司(即被申请人,仲裁庭注)从项目启动初期就要高度重视,迅速行动,组织协调好国内外一切优势资源大干快干。"被申请人证据载明内容为被申请人向当地社保局、休假工资和劳动局递交劳务指标和用工手续,劳动局致函申请人要求补充资料。

仲裁庭认为:第一,根据分包合同的约定,申请人的合同义务为协助被申请人办理劳务指标和用工手续,属于协助义务,而不是办理被申请人国内派出劳务人员的劳务指标和用工手续的义务,因此,办理被申请人国内派出人员的劳务指标和用工手续的主体责任是被申请人。第二,根据分包合同的约定,被申请人未能如期办理劳务指标和用工手续,应采取合理措施减轻不利影响,即按照约定雇用当地工人和劳务,但在本案中,被申请人未能按照约定雇用足够的当地工人和劳务,导致现场施工人员不足。第三,分包合同没有约定被申请人必须或只能使用国内派出劳务进行施工的要求,相反,分包合同约定的是被申请人应充分利用当地工人和劳务资源进行施工。第四,申请人证据表明申请人一再提示案涉分包工程的工期只有 6 个月,工期短,业主要求高,因此,被申请人必须采取适当措施解决施工劳务和用工问题。第五,当地劳动局需要申请人补充的资料,须由 D 公司提供。在 D 公司以涉密理由不能提供时,申请人不应承担相应的责任,也不免除被申请人雇用当地工人和劳务的义务。第六,阿尔及利亚国别承包工程市场是中国企业的重点市场之一,中国企业聚集,中国国内派出管理人员和劳务人数众多,境外劳动签证指标审核时间长。在本案中,被申请人等待劳工签证指标批准后再组织人员进场的做法显然不合理。第七,分包合同约定了被申请人理解分包合同有关的全部文件及相关信息,且不得以不了解情况为由向申请人提出索赔。综上,对被申请人提出的"申请人未履行合同义务,未提供符合当地政府要求的证明材料,无法取得劳动指标,导致不能办理工作签证"的主张,不应予以支持。

(9)关于分包合同中预付款支付义务的认定

仲裁庭注意到,被申请人主张:第一,工程预付款是案涉项目正常施工的前提和基础,但申请人未依约提供预付款保函且未尽到沟通、协调、管理的义务，导致工程预付款无法取得，申请人有过错。第二，申请人延迟提交预付款保函，延误工期已经消耗掉 D 公司的仅有信任，导致工程进入一个死循环：不付预付款—工程停工—不垫资施工不付预付款，最终导致工程失败。第三，阿尔及利亚的工程项目只能开立一个银行账户以便监管，因此，工程预付款成为维持建设工程施工的必要前提。而支付预付款的前提是申请人开出预付款保函以及申请人与业主签署临建 PV。申请人向业主提交预付款保函日期为 2018 年 3 月 5 日，而案涉分包合同临建已经完成并满足施工要求。申请人主张：第一，分包合同约定，在申请人收到业主付款后，申请人才向被申请人付款。第二，分包合同约定，被申请人须垫资至临建施工完成，而不能以没有收到预付款为由拖延前期工作的开展。第三，分包合同约定，分包商在本合同生效后，在现场临建未完成之前，不得开始任何量单的审批工作。第四，分包合同约定，被申请人未完成开工所需的临建工作之前将不支付任何款项。第五，业主 D 公司始终没有开始任何量单的审批工作且没有支付任何款项。

仲裁庭查明，分包合同约定："合同背靠背：指乙方（即被申请人，仲裁庭注）完全承担和履行甲方与业主签署的合同的权利和义务。在甲方（即申请人，仲裁庭注）收到业主付款后，甲方向乙方付款。"分包合同约定："主合同开工令下达后，乙方应按照业主和甲方要求立即开展前期动员工作，乙方需垫资至临建工程施工完成，而不能以没有收到预付款为由拖延前期工作的开展。"分包合同约定："分包商（即被申请人，仲裁庭注）在本合同生效后，马上动员和开始临建工作。在现场临建未完成之前，不得开始任何量单的审批工作。"分包合同约定："未将人力和物力资源全部动员或未完成开工所需临建工作之前将不支付任何款项。"仲裁庭查明，申请人向业主 D 公司提交预付款保函日期为 2018 年 3 月 5 日。仲裁庭还查明，在施工过程中，业主 D 公司未向申请人支付任何预付款项。

仲裁庭认为：第一，分包合同明确约定了被申请人在分包合同中的垫资义务，明确约定了附条件付款方式，明确约定了在现场临建未完成之前不支付任何款项的条款。第二，根据分包合同的约定，被申请人正确理解和知晓分包合同全部文件和有关信息，在签署分包合同之前有充分机会了解并分析所有有关价格和成本情况。第三，根据分包合同的约定，申请人向被申请人支付工程进度款项的情形是申请人计量款到位和/或预付款拨付到位。第四，在本案中，分包合同约定的预付款支付条件为现场临建完成，根据仲裁庭前述认定，被申请人未能完成现场临建工程，预付款支付前提条件未能成就，申请人对被申请人不负有支付预付款的义务。同时，分包合同约定的第二个付款前提条件是预付款拨付到位，而在本案中，业主 D 公司未向申请人支付预付款，因此，申请人向被申请人支付预付款的第二个前提条件未成就，申请人对被申请人不负有支付预付款义务。第五，仲裁庭了解和清楚的是，申请人向 D 公司提交预付款保函是 D 公司向申请人支付预付款的前提条件，但该项前提条件受到现场临建完成和临建 PV 签署的制约，在业主 D 公司认为现场临建未能完成的情况下，即使申请人于 2018 年 3 月 5 日提交了预付款保函，业主 D 公司仍未向申请人支付预付款。第六，在国内和国际建设工程中，很多工程项目并未约定预付款项，工程预付款并不必然构成建设工程正常施工的前提和基础。综上，仲裁庭认为，对被申请人关于申请人未能支付预付款阻碍了被申请人的施工进度的主张不应予以支持。

（10）关于申请人是否履行了协调和联系义务的认定

仲裁庭注意到，申请人主张其已积极履行了分包合同中的协调和联系义务，包括劳务指标和用工手续办理、预付款、主合同被终止后的争议解决等。而被申请人认为申请人未能尽到履行协调和联系义务，导致业主 D 公司终止主合同，给被申请人造成巨大经济损失。

仲裁庭查明，分包合同约定："1. 负责工程相关的重大问题的协调及与业主和当地各级政府主管部门联系。2. 协助办理乙方（即被申请人，仲裁庭注）派出人员的出国签证、购买机票和国外工作的必要手续，费用由乙方负责。"

仲裁庭认为：第一，关于分包合同约定的申请人的协调和联系义务，与建设工程中的工期、质量和安全义务可以量化和确定履约指标不同，协调和联系义务无法量化和确定履约指标，分包合同也没有约定协调和联系义务的履约指标，也没有约定申请人未能履行协调和联系义务的法律责任和后果。第二，关于分包合同约定的申请人协助被申请人办理劳务指标和用工手续，仲裁庭已在前述裁决意见中予以判断。第三，在国际工程项目中，在承包商获得工程合同后将整个合同工程交由分包商并以承包商名义进行实施，而承包商负责项目协调和联系并收取一定比例的管理费的情形下，对外履约责任主体应为分包商。第四，在合同仅约定协调和联系义务的情况下，而没有约定量化或确定履约指标时，仲裁庭认为，应从下述两个方面予以法律检验：承担协调和联系义务的一方当事人是否履行了注意义务；承担协调和联系义务的一方当事人是否怠于履行注意义务。仲裁庭注意到，在本案中，从分包合同中的约定，至2017年11月30日被申请人向申请人出具的《承诺函》，到2017年12月14日申请人向被申请人提示工期短要求高的函件，以及申请人及时向被申请人多次致函，指出被申请人未能履约构成违约行为，在主合同被终止后积极协调业主解决争议问题来看，申请人提交的证据形成了完整的证据链，可以证明申请人履行了注意义务，且申请人没有怠于行使注意义务。第五，根据仲裁庭前述裁决意见，被申请人未能在合同约定的工期内完成临建工程和主体工程。综上，被申请人提出的申请人未能尽到协调和联系义务导致业主 D 公司终止主合同，给被申请人造成巨大经济损失的主张与事实不符，不应予以支持。

　　3. 业主 D 公司终止分包合同的理由

　　仲裁庭注意到，申请人主张业主终止主合同是由于被申请人未能在约定的工期内完成临建工程，未能在约定的工期内完成本案分包工程、人力设备投入不足、现场管理人员和翻译配备不足导致与业主沟通不畅、延迟提交项目有关资料、私自停工、工期严重滞后等多项违约行为。被申请人主张业主终止主合同是由于申请人未能在主合同约定的期限内提交履约保函，未能支付预付款，业主负责的土方工程未能按期完成阻碍了被申请人主体工程的施工，申请人未能履行协调和联系义务，导致业主终止合同。

　　仲裁庭查明，申请人证据日期为2018年3月14日的"解约函"载明：我司（即 D 公司，仲裁庭注）借此函通知贵司（即申请人，仲裁庭注），我司决定对你方2017年11月17日签署的合同进行解约。事实上，我司决定解约是因为贵司未遵守根据上述合同作出的承诺，尽管我司多次催促贵司追赶明显滞后的施工进度，具体表现在2018年2月21日发送的催告函。此外，我司提醒贵司，合同明确约定，若合同一方未按合同规定履行其中任何一项义务，另一方在发出催告函的15天预先通知过后有权解约。上述15天预先通知期过后的日期为2018年3月9日，因此本合同解约（程序）将就此生效。仲裁庭查明，在2018年3月14日解约函中，申请人与 D 公司签约日期应为2017年11月27日，而非2017年11月17日。另外，解约函中表述的"具体表现在2018年2月21日发送的催告函"语句中日期错误，应为解约函中表述的"项目：催告函，日期：2018年2月12日"中的2018年2月12日催告函。

　　仲裁庭查明，2018年2月12日催告函载明："因此，这些问题还没有得到解决，因为仍然存在以下情况：1. 现场安装未完成：中国 A 公司曾在2018年1

月 14 日的会议记录和 2018 年 1 月 31 日的函件中，两次承诺完成现场安装施工，即混凝土拌合站、钢筋车间、模板车间以及办公区和住宿区的安装。2. 人力和物力资源动员情况：不遵守人力资源动员的时间表，不遵守物力资源动员的时间表。3. 根据合同的规定，以合同所附进度计划为基础的详细的进度计划制定有所延迟。4. 现场混凝土供应延迟：为遵守进度计划，现场混凝土供应量至少为 60 吨/天。5. 混凝土浇筑施工延迟：完成混凝土配合比实验以便投入使用。6. 分包商代表未经承包商批准：未将项目经理的简历提交给承包商审批；没有长期驻场翻译。7. 分包商未提交任何报告。8. 根据合同，分包商需要申请垫层混凝土机器模板的验收。"

仲裁庭认为：第一，2018 年 3 月 14 日业主 D 公司发出的解约函表明，业主解除主合同的解约函生效日期为 2018 年 3 月 14 日。第二，主合同约定在业主 D 公司发出催告函后的 15 天，业主可发出解约函，并立即生效。第三，2018 年 2 月 12 日的催告函清晰表明了业主 D 公司终止主合同的理由，共计 8 项，与申请人在代理词和答辩状中的业主终止合同理由相符合，与被申请人主张的业主终止主合同的理由不相吻合。第四，业主在 2018 年 2 月 12 日催告函陈述的解约理由，系被申请人违约所致，被申请人应承担因此导致的解约责任，并承担相应的损害赔偿责任。

4. 在分包合同中违约责任的合同约定及其当事人违约责任

仲裁庭注意到，分包合同约定："如由于甲方（即申请人，仲裁庭注）未能按照合同履行有关的责任或义务，因此给乙方（即被申请人，仲裁庭注）造成的损失，乙方有权从甲方获得赔偿。如由于乙方的原因工程未能在规定的工期内完工，乙方将向甲方支付违约金，金额与业主扣留甲方的违约金相等且同步进行。延期罚款不超过工程合同总额的 10%……由于乙方原因在本合同实施过程中给甲方造成的经济、名誉损失，其金额超出甲方扣留不符款项时，甲方有权向乙方索赔。另无论乙方违约是否造成业主对甲方追责或者要求甲方承担违约金或赔偿损失，甲方均有权要求乙方对甲方承担违约责任或赔偿损失。"

根据仲裁庭前述认定，仲裁庭认为，构成业主终止主合同的原因已在 2018 年 2 月 12 日催告函中列明，这些列明的违约责任均与被申请人有关，即被申请人未能履行约定的合同义务，构成违约并导致业主终止合同。仲裁庭还认为，被申请人主张的申请人违约行为，例如申请人未能在约定的期限内提交履约保函和预付款保函，不在业主 2018 年 2 月 12 日催告函中列明的终止主合同的理由之中，即使构成主合同项下的违约，但不构成业主终止主合同的理由，未能产生违约后果。而申请人未能提供劳务指标和用工手续、未能履行协调和联系义务、业主负责的土方工程阻碍了被申请人履行义务等，仲裁庭已在前述裁决中予以判定不能成立。因此，仲裁庭认为，被申请人存在 2018 年 2 月 12 日催告函中列明的违约行为，作为案涉工程项目的履约主体，根据分包合同的约定，应对其违约行为造成的违约后果承担责任。

5. 在本案中被申请人是否要承担业主终止主合同的法律后果

仲裁庭查明，分包合同约定："合同背靠背：指乙方（即被申请人，仲裁庭注）完全承担和履行甲方（即申请人，仲裁庭注）与业主签署的合同的权利和义务。"分包合同分包商一般义务部分约定："分包商（即被申请人，仲裁庭注）接受所有主合同的条款和甲方（即申请人，仲裁庭注）对业主的所有承诺并且承担、履行主合同中规定的所有承包商（即申请人，仲裁庭注）的责任和义务，包括工期、质量、安全和技术等方面。同时分包商同意接受主合同中约束甲方的条款，并承认此类条款就本分包合同涉及的内容来说对乙方具有同样的约束力。"仲裁庭认为，分包合同的约定，突破了合同相对性原则，使得被申请人承担了申请人在主合同项下的所有的权利、义务和责任，因此，在业主终止主合同的情况下，被申请人作为分包合同的当事人，作为案涉分包工程履约主体，应承担业主终止主合同的所有的责任及其法律后果。

（四）关于申请人仲裁请求的认定

仲裁庭注意到，申请人在仲裁申请书及其变更的仲裁请求中将其仲裁请求确定为 11 项，除第一项确认分包合同终止和第十一项要求被申请人承担本案仲裁费用外，其他第二项至第十项为损害赔偿请求。仲裁庭还注意到，申请人在第二项至第十项损害赔偿金额请求中均主张了利息及其金额，仲裁庭认为，申请人利息请求将由仲裁庭在仲裁裁决书中单项处理。

仲裁庭根据申请人的仲裁请求、主张、庭审和庭后代理词、证据和被申请人的抗辩、主张、庭审和庭后代理词、证据以及仲裁庭前述作出的判断，分述如下：

1. 关于申请人请求确认分包合同已经终止的认定

仲裁庭查明，本案主合同由业主 D 公司与申请人于 2017 年 11 月 27 日签订，自签订合同之日起生效。案涉分包工程于 2017 年 11 月 27 日开工。2018 年 3 月 14 日业主 D 公司以工期进度滞缓为由发出解约函，终止和解除了申请人与业主 D 公司之间签订的主合同。

仲裁庭还查明，分包合同由申请人和被申请人于 2018 年 2 月 6 日签订，并于签署之日生效。仲裁庭注意到，在 2018 年 3 月 14 日业主 D 公司向申请人发出解约函终止和解除主合同后，没有证据表明申请人向被申请人发出终止和解除分包合同通知。仲裁庭还注意到，2018 年 5 月 9 日，申请人与业主 D 公司达成撤场会议纪要，要求被申请人施工人员撤离现场。仲裁庭注意到，申请人证据表明，在业主 D 公司要求被申请人撤场后，被申请人于 2018 年 5 月 10 日拒绝撤场，同日业主 D 公司启动退场司法程序，2018 年 5 月 17 日，当地法院寄送了撤场命令。2018 年 6 月 6 日，业主 D 公司强行将被申请人清除现场。仲裁庭注意到，在 2018 年 5 月 9 日业主要求被申请人撤场后，申请人证据表明，申请人与业主 D 公司进入合同解约后的清算和争议解决阶段。申请人证据表明申请人要求被申请人参加业主 D 公司解约后的清算和争议解决过程。仲裁庭还注意到，自 2018 年 5 月 9 日被申请人撤场直至申请人提起本案仲裁，双方当事人就违约和损害赔偿责任一直存在争议，双方就争议事项尚未得到解决。

仲裁庭认为，在主合同被业主 D 公司已于 2018 年 3 月 14 日终止的情况下，分包合同的基础已不存在，且分包合同被仲裁庭判定为转包合同，被申请人已无权作为分包商继续实施案涉分包工程，鉴于此，申请人在仲裁请求中提出的确认分包合同已经终止的主张，应予支持。

2. 关于申请人要求被申请人承担其与 D 公司和解费用人民币近 380 万元的认定

仲裁庭注意到，申请人主张：第一，被申请人的多项违约行为导致 D 公司解除主合同，和解费用系申请人损失。第二，由于被申请人未积极配合，对损失扩大持放任态度。第三，申请人通过自身努力，将 D 公司的索赔从 7 余亿第纳尔降至 6500 余万第纳尔，这是在合理预期下所能达成的最好结果。第四，根据分包合同，被申请人应承担申请人的该笔损失。被申请人主张：本案和解目的在于申请人要回保函，并且将被申请人的现场设备设施物资全部处置给业主，严重损害了被申请人合法利益。

仲裁庭注意到，申请人证据表明，在业主 D 公司终止主合同后，申请人多次致函被申请人要求参与后续与业主的谈判，但被申请人始终未予积极回应，始终没有派人赴阿尔及利亚参与谈判工作。仲裁庭认为，被申请人对分包合同损失持放任态度，应承担相应的责任。仲裁庭注意到，自 2018 年 5 月 9 日申请人与业主 D 公司签订退场会议纪要，被申请人拒绝将设备等撤离现场，导致业主 D 公司不得不采取司法行动，并于 2018 年 6 月 6 日强行清场，仲裁庭认为，在 2018 年 3 月 14 日业主 D 公司发出解约函后，被申请人应根据主合同的约定按照终止合同义务履行撤场义务，但被申请人拒绝履行撤场义务，将设备等大量滞留现场，导致在 2018 年 6 月 6 日被业主 D 公司强行清场后无法将设备运出现场，对此，被申请人应承担相应的责任。仲裁庭还注意到，申请人证据表明，2018 年 5 月 16 日，在申请人与业主 D 解决争议过程中，申请人向业主提出最终结算单，要求支付 9500 余万第纳尔，但该清算单被业主驳回。2018 年 7 月 2 日，业主 D 公司向申请人发出反索赔清算单，要求支付 7 余亿第纳尔。2018 年 7 月 25 日，申请人向业主 D 公司发函拒绝反索赔清算单。2018 年 9 月 9 日，业主 D 公司复函申请人，向申请人再次提出索赔 7 余亿第纳尔。

仲裁庭注意到，申请人证据表明，2019 年 4 月 16 日，申请人与业主 D 公司签署和解协议，承诺向 D 公司支付 6500 余万第纳尔，用以补偿 D 公司在本项目合同下所有损失主张，特别是延期违约金，并且完成的工程已经被纳入上述金额的计算之中。

仲裁庭还注意到，申请人证据表明，申请人已于 2019 年 5 月 15 日向业主 D 公司开具金额为 6500 余万第纳尔的支票，申请人已向业主 D 公司支付该笔费用。

仲裁庭认为，如前所述，判断被申请人是否承担和解费用取决于被申请人是否存在违约行为，被申请人是否承担违反主合同义务的责任。根据仲裁庭前述判定，被申请人存在 2018 年 2 月 12 日业主 D 公司催告函中列明的多项违约行为，而申请人未能在主合同约定的期限内提供履约保函并未构成业主终止主合同的理由。而且，分包合同约定被申请人承担了申请人在主合同项下的所有的权利、义务和责任，应承担业主终止主合同的所有的责任及其法律后果。另外，在业主 D 公司解除主合同后清算和解除合同过程中，被申请人对其损失采取放任态度。因此，申请人在仲裁请求中主张要求被申请人承担其与业主和解费 6500 余万第纳尔，折合人民币近 380 万元，应予支持。

3. 关于申请人要求被申请人承担和解谈判过程中聘请律师产生的费用共计人民币近 100 万元的认定

仲裁庭注意到，申请人主张，被申请人的多项违约行为导致业主 D 公司解除主合同，和解过程中产生的律师费是申请人的损失。在和解过程中，申请人聘请法国 G 律师事务所律师作为中间人协调，有效促进和解进程。上述律师费的支付已经是合理预期下能达到的最好结果。根据分包合同的约定，被申请人应承担申请人支付的律师费的损失。被申请人主张，申请人为其自身利益支出应由其自付，且和谈过程以损害被申请人已完工程、现场设备设施等为条件。

仲裁庭注意到，申请人证据表明，申请人聘请了法国 G 律师事务所作为和解过程中的法律顾问，申请人向法国 G 律师事务所支付了律师费折合人民币近 100 万元。

仲裁庭认为，确定被申请人是否承担和解过程中产生的律师费取决于被申请人是否存在违约行为，被申请人是否承担违反主合同义务的责任，以及该笔律师费的发生是否与被申请人违约之间存在因果关系。仲裁庭认为，在前述裁决中已经确定被申请人存在多项违约行为，被申请人应承担违反主合同义务的情况下，申请人聘用律师协助其与业主 D 公司在终止主合同后的和解及争议解决中发生的费用，源于被申请人未能履行主合同和分包合同项下的义务而被业主 D 公司解约，业主 D 公司解约与被申请人未能履行多项合同义务之间存在因果关系，且申请人律师费用的支出与被申请人未能履行多项合同义务之间存在直接的因果关系。为判定被申请人应承担申请人和解过程中发生的律师费用，仲裁庭还认为，应采用"除外法"原则进行验证，即如果被申请人没有存在多项违约行为，业主 D 公司就不会解除主合同，申请人就不会与业主 D 公司进行解约后的和解和争议解决，申请人就不会聘请律师参与和解过程，申请人因此也不会发生因和解过程产生的律师费用。仲裁庭还认为，申请人为和解支持的律师费构成了申请人的一项损失。综上，仲裁庭认为，申请人在仲裁请求中主张的要求被申请人承担和解谈判过程中聘请律师产生的费用共计人民币近 100 万元，应予支持。

4. 关于申请人主张的被申请人支付项目投标、实施和终止谈判期间的工程管理费用（包括管理人员工资、差旅费等）共计人民币 28 余万元的认定

仲裁庭注意到，申请人主张，在案涉项目投标过程中，申请人三位编标人员 2017 年 8 月工资合计人民币 6 余万元；在案涉分包合同施工期间 2018 年 1 月至 5 月，申请人两位管理人员工资合计人民币近 13 万元；2018 年 10 月至 11 月，申请人两位员工赴阿尔及利亚与业主和解谈判的差旅费及工资合计人民币 9 余万元。根据分包合同的约定，被申请人应承担申请人的该笔损失。被申请人主张，本案分包工程投标时尚未与被申请人达成协议，与其无关。工程管理

费是正常市场主体应付出的实际成本，不应转嫁被申请人。

仲裁庭认为，第一，在案涉项目投标过程中，申请人三位编标人员 2017 年 8 月工资合计人民币 6 余万元，系申请人与被申请人签署分包合同之前发生的费用，且上述投标费用系申请人为了获得案涉分包合同项目而需要支持的招投标费用，因此，不应予以支持。第二，关于 2018 年 1 月至 5 月申请人两位管理人员工资合计人民币近 13 万元，上述费用是申请人为了案涉分包工程支出工程管理费用中的人工费用，是申请人为案涉分包工程提供管理服务的组成部分，应由申请人自己承担，因此，不应予以支持。第三，关于 2018 年 10 月至 11 月申请人两位员工赴阿尔及利亚与业主和解谈判的差旅费及工资合计人民币 9 余万元，该笔费用是为了解决业主 D 公司因被申请人多项违约行为解除合同后的和解过程的支出，该笔费用与被申请人多项违约行为存在直接的因果关系，应予支持。

5. 关于申请人主张的被申请人支付垫付费用共计人民币 140 余万元的认定

仲裁庭注意到，申请人主张，2018 年 8 月 6 日，申请人垫付被申请人工资共计人民币 110 余万元；2018 年 10 月 9 日，申请人垫付被申请人前期混凝土欠款共计 430 余万第纳尔，折合人民币 24 余万元；2018 年 5 月 19 日，被申请人向申请人借款 100 万第纳尔，折合人民币近 6 万元，被申请人应承担申请人上述损失。被申请人主张，经被申请人确认的部分，双方依过错比例分担。但未经被申请人确认的部分，被申请人不予认可。

仲裁庭注意到，申请人证据表明了申请人为被申请人垫付工资 110 余万元，申请人为被申请人垫付前期混凝土欠款共计 430 余万第纳尔，被申请人向申请人借得款项 100 万第纳尔。申请人证据明确和清楚地表明了申请人主张的事实情况。仲裁庭认为，无论主合同还是分包合同是否被解除，申请人为被申请人垫付的人员工资、前期混凝土欠款应由被申请人承担，被申请人应予偿还。被申请人向申请人的借款，应予还清。因此，申请人主张的被申请人支付垫付费用共计人民币 140 余万元，应予支持。

6. 关于申请人主张的被申请人支付保函费用（包括各类保函的开立、延期和撤销费用）共计人民币近 6 万元的认定

仲裁庭注意到，申请人主张，为了案涉项目顺利开展及促成主合同终止后和解谈判，申请人向业主 D 公司提交主合同约定的履约保函。申请人为履约保函的开立、延期、撤销等支出费用合计人民币近 6 万元。根据分包合同的约定，

被申请人应承担申请人的该笔损失。被申请人主张，申请人开具履约保函是为其自身利益开具。并且，履约保函开具日期已经实质性长期违约，是申请人对工程管理不力所致。

仲裁庭查明，分包合同价格部分约定："主合同项下的甲方（即申请人，仲裁庭注）向业主开具的银行保函费用［保函费用由乙方（即被申请人，仲裁庭注）承担］，包括履约保函和预付款保函（工程预付款和材料预付款）。"仲裁庭注意到，根据申请人证据，申请人已向多个开证行支付了其主张金额的保函手续费。仲裁庭认为，分包合同约定了履约保函和预付款保函费用应由被申请人承担，且履约保函和预付款保函费用应包含在分包合同价格之中。与分包合同是否解除无关，被申请人均应根据分包合同约定承担申请人开具履约保函和预付款保函的手续费，因此，申请人在仲裁请求中主张的被申请人支付保函费用（包括各类保函的开立、延期和撤销费用）共计人民币近 6 万元，应予支持。

7. 关于申请人主张的被申请人支付分包合同规定的管理费共计人民币近790 万元的认定

仲裁庭注意到，申请人主张，因被申请人违约导致主合同及分包合同被终止，给申请人造成的可得利益损失为分包合同约定的管理费共计人民币近 790万元。根据分包合同约定和《合同法》第一百一十三条规定，被申请人应承担申请人的该笔损失。被申请人主张，基于被申请人无效合同的抗辩，双方当事人均不得获益。

仲裁庭查明，分包合同价格部分约定："甲方（即申请人，仲裁庭注）提取合同不含税合同总价的百分之十（10%）作为管理费用（为税后净利润），金额为近 1.4 亿第纳尔。"仲裁庭注意到，《合同法》第一百一十三条第一款规定："当事人一方不履行合同义务或者履约合同义务不符合约定，给对方造成损失的，损失赔偿额应当相当于因违约所造成的损失，包括合同履行后可以获得的利益，但不得超过违反合同一方订立合同时预见到或者应当预见到的因违反合同可能造成的损失。"

仲裁庭认为，第一，根据《合同法》第一百一十三条的规定，可得利益是违约方在缔约时应当预见的因违约造成的损失。第二，根据《合同法》第一百一十三条的规定，可得利益是合同被履行后可以取得的利益。第三，申请人在本案中主张的可得利益是分包合同约定的可预期利益，被申请人作为违约方应当预见到因违约造成的损失。第四,申请人在本案中主张的可得利益在分包合同约定的范围之内,没有超出分包合同约定的范围。第五,赔偿可得利益可以弥补因违约方给守约方造成的全部实际损失,使守约方恢复到合同得到严格履行情况下的状态,促使当事人诚信履行合同。第六,根据仲裁庭前述判定的被申请人存在多项违约行为并导致业主终止主合同,被申请人承担全部违约责任的结论,本案中的可得利益损失赔偿不存在申请人应当按照过失相抵原则进行违约责任部分抵销的情形。第七,在本案中,在业主 D 公司终止主合同后,被申请人未能及时将人员和设备撤离现场,并且拒绝参与申请人与业主 D 公司进行终止主合同后的清算和谈判,放任损失进一步扩大。申请人在业主 D 公司提出高额索赔后,经过自 2018 年 3 月 14 日至 2019 年 4 月 16 日一年多的努力,将损失减少到其能够减轻损失的合理程度,尽到了减损义务。综上,根据分包合同的约定和《合同法》第一百一十三条的规定,对于申请人主张的被申请人支付分包合同规定的管理费共计人民币近 790 万元,应予支持。

8. 关于申请人主张的被申请人支付分包合同约定的延期罚款共计人民币近790 万元的认定

仲裁庭注意到,申请人在庭后代理词中主张:第一,申请人主张的延期罚款,系被申请人因自身原因造成的工程未按期完工而应支付的违约金。第二,中国法律没有规定可得利益损失和违约金不可以同时主张。第三,关于延期罚款的计算,主合同约定分包商承诺按照本合同和附件的补充合同中的规定进行施工。除另有规定外,施工期限包括工程实际开工前的准备期。工程竣工期为6 个月,其中 T0+4 周:整个工地临建结束(申请人注:2017 年 12 月 25 日)。第四,主合同载明,延期相关罚款,由于分包商方面的原因,出现部分工期滞后的情况,每滞后一个公立日,罚款如下:其中:P = 日罚款,M = 合同额,D = 工期(公历日),N = 延迟日期(公历日)。第五,分包合同约定因被申请人原因工程未能在规定的工期内完工,被申请人将向申请人支付违约金,金额与业主扣留甲方的违约金相等且同步进行。延期罚款不超过分包合同总额的 10%。第六,直至 2018 年 5 月 6 日撤场之日,被申请人的临建工程仍未完成,超过主合同规定的临建工程完成的里程碑日期 2017 年 12 月 25 日达 132 天。第七,根据主合同约定的延期罚款公式,被申请人应承担的延期罚款 P = (M×132)/7×180 = 0.1079×M = 10.79%M,大于 10%M,M 为合同额。根据主合同约定的延期罚款不超过合同以及补充合同金额的百分之十(10%),意味着被申请人应承担

的主合同项下的延期罚款已经达到延期罚款上限，因此，业主在 2018 年 7 月 2
日和 2018 年 9 月 9 日索赔函中采用 10% 上限主张误期罚款近 1.4 亿第纳尔是有
依据的。被申请人主张，基于无效合同的抗辩，双方均不得获益。

仲裁庭查明，主合同施工期限-施工计划部分约定："分包商（指申请人，
仲裁庭注）承诺按照本合同和附加的补充合同中的规定进行施工……工程竣工
期为 6 个月，从 T1 日算起［T0+1 周：土方和设计（两栋楼）部分验收］并遵
循以下里程碑：T0：签署本合同；……T0+1 周：开始安装搅拌站、模板棚和钢
筋棚；T0+4 周：整个工地临建结束；……T1+26 周：临时验收。"主合同延期
相关罚款部分约定："超过工程工期罚款。分包商将为工期滞后支付延期罚款。
由于分包商方面原因，出现部分工期滞后的情况，每滞后一个公历日，罚款如
下：其中：P = 日罚款，M = 合同额，D = 工期（公历日），N = 延迟日期（公历
日）。延迟的每一天以及影响其他为承包商服务的公司的天数都算作分包商的延
迟日期。"主合同约定："延期罚款不超过合同以及补充合同金额的百分之十
（10%）。"分包合同约定："如由于乙方（指被申请人，仲裁庭注）的原因工程
未能在规定的工期内完工，乙方将向甲方（即申请人，仲裁庭注）支付违约
金，金额与业主扣留甲方的违约金相等且同步进行。延误罚款不超过工程合同
总额的 10%。"

仲裁庭注意到，根据仲裁庭前述判定的被申请人存在多项违约行为并导致
业主 D 公司解除主合同的结论，仲裁庭前述判定的分包合同自 2017 年 11 月 27
日开工，2017 年 11 月 25 日被申请人应完成临建工程，2018 年 3 月 14 日业主
解除主合同的事实，按照主合同约定的完工里程碑和工期误期罚款公式，仲裁
庭据此计算延期天数为：2018 年 3 月 14 日-2017 年 12 月 25 日 = 79 天，将上述
延期天数和分包合同总额带入延期罚款计算公式得出，按照申请人主张的汇率
（1 元人民币 = 17.3572 第纳尔）折合人民币 490 余万元。

仲裁庭注意到，上述主合同条款清晰约定了延期罚款的原因、计算公式及
其延期罚款上限等内容。分包合同约定了被申请人因其自身原因导致的工期延
误应承担延期罚款的责任，但同时约定："金额与业主扣留甲方的违约金相等且
同步进行。"仲裁庭注意到，在申请人与业主 D 公司于 2019 年 4 月 16 日签订的
《和解协议》约定："承诺向 D 公司支付 6500 余万第纳尔用以补偿 D 在本项目
合同下所有损失主张，特别是延期违约金；并且完成的工程已经纳入了上述金
额的计算中。"仲裁庭还注意到，业主 D 公司在 2018 年 7 月 2 日和 2018 年 9 月

9 日索赔函中采用 10%上限主张逾期罚款近 1.4 亿第纳尔。仲裁庭认为，根据分包合同"金额与业主扣留甲方的违约金相等且同步进行"的约定，在《和解协议》中申请人与业主 D 公司达成和解费用 6500 余万第纳尔，其中包括延期违约金，但该和解金额未能将延期违约金金额明确。考虑到仲裁庭已支持申请人仲裁请求第二项和解费用，其中包括延期违约，因此，在本项请求中不应重复计算被申请人应承担的延期违约金。据此，仲裁庭认为，申请人主张的被申请人支付分包合同约定的延期罚款共计人民币近 790 万元，不应予以支持。

9. 关于申请人为解决本案支出翻译费为人民币 6600 余元的认定

仲裁庭注意到，申请人主张，申请人为支持本案件支出翻译费人民币 6600 元，根据分包合同和本会仲裁规则，被申请人应承担该笔损失。被申请人主张，申请人的该项仲裁请求没有合同及法律依据，双方应各自承担仲裁成本。仲裁庭还注意到，根据申请人证据，申请人已支付翻译费用。

仲裁庭认为，根据仲裁庭前述认定的被申请人存在多项违约行为并导致业主 D 公司终止主合同，被申请人应承担相应责任的意见，根据申请人的仲裁请求被支持的程度，被申请人应承担申请人为本案支出的翻译费人民币 6600 余元。

10. 关于申请人在第二项至第八项仲裁请求中主张被申请人应支付相应利息的认定

仲裁庭注意到，申请人在仲裁请求第二项至第八项中提出，被申请人支付按中国人民银行发布的金融机构人民币同期同类贷款基准利率自每项损失发生之日（含）起计算至 2019 年 8 月 20 日（不含）的利息和按全国银行间同业拆借中心公布的开口市场报价利率自 2019 年 8 月 20 日（含）起计算至实际履行完毕之日止的利息，利息金额总计为人民币近 190 万元。被申请人主张，基于合同无效的抗辩，被申请人不应承担相应的利息。

仲裁庭认为，申请人在仲裁申请书中提出的第二项至第八项仲裁请求的法律性质不同，不应按照申请人的利息请求计算利息金额。仲裁庭认为，申请人第二项、第三项、第四项、第六项、第七项和第八项请求属于因被申请人违约造成的损害赔偿，双方当事人从主合同被业主 D 公司解约直至申请人提起本案仲裁，上述损害赔偿费用一直处于争议之中，双方当事人并未达成一致，因此，不应从申请人认为的损失发生之日开始计算利息，而应自本仲裁裁决书作出次日，按照全国银行间同业拆借中心公布的同期贷款市场报价利率，以仲裁庭认定的被申请人应向申请人支付的各项请求金额为基数，计算利息，并至实际履行完毕之日止。

仲裁庭认为，关于申请人仲裁请求第五项，该项属于申请人为被申请人垫付工资、垫付被申请人前期混凝土欠款和被申请人借款，被申请人应予偿还，并应从每项费用发生之日起计算利息。因此，申请人第五项请求的利息应自每项费用发生之日（含），按照中国人民银行发布的金融机构人民币同期同类贷款基准利率计算至 2019 年 8 月 20 日（不含）的利息和按全国银行间同业拆借中心公布的开口市场报价利率自 2019 年 8 月 20 日（含）起计算，暂计至 2020 年 9 月 27 日为人民币近 14 万元，至实际履行完毕之日止。

（五）关于被申请人仲裁反请求的认定

仲裁庭注意到，被申请人反请求共计九项，除第一项请求分包合同无效和第九项仲裁费外，第二项至第五项系主张申请人违约及其现场人员、现场材料、现场设施、机械设备租赁费的损害赔偿。第六项至第八项为保函手续费、公证费用和向案外人垫付资金费用的请求。仲裁庭还注意到，被申请人在仲裁反请求第二项至第七项主张相应利息，仲裁庭认为，被申请人利息请求将由仲裁庭在仲裁裁决书中单项处理。

仲裁庭根据被申请人的仲裁反请求、主张、庭审和庭后代理词、证据和申请人的抗辩、主张、庭审和庭后代理词、证据以及仲裁庭前述作出的判断，分述如下：

1. 关于被申请人主张的分包合同无效的认定

仲裁庭已在本裁决书第二部分第二节认定分包合同有效，故仲裁庭认为申请人主张的分包合同无效的主张不应予以支持。

2. 关于被申请人主张的第二项至第五项仲裁反请求的认定

仲裁庭认为，被申请人主张的第二项至第五项仲裁反请求系属同一性质的损害赔偿请求，即在被申请人主张申请人违约的情况下，被申请人主张申请人应赔偿实际投入的资源，例如人工、机械设备购置和租赁费用、设施租赁费用以及其他间接费用、办公费、生活费、签证费、撤场后大型机械使用费、周转材料使用费和撤场后滞留人员费用。仲裁庭注意到，在庭审过程中，仲裁庭多次向被申请人释明：被申请人在仲裁请求中向申请人索赔的费用系投入案涉分包合同的资源费用，包括人工、材料（包括设施）和机械设备直接费和间接费，而不是向申请人主张其已完成的案涉分包工程的工程款。仲裁庭认为，根据此类费用系属同一性质的认定，仲裁庭宜在本案裁决书中一并处理。

仲裁庭注意到，被申请人在庭审和庭后代理词对于第二项至第五项向仲裁反请求主张：第一，D公司未完成案涉工程土方工程，依照申请人与业主D公司所签合同工期应顺延，但其至2018年4月11日尚未完成土方工程，被申请人始终不具备案涉工程施工条件，不存在工期延误。第二，申请人没有履行合同义务，未提供符合当地政府要求的证明材料，无法取得劳动指标，导致被申请人施工人员不能办理工作签证，造成施工人员不足。第三，申请人违反主合同，导致主合同被解除的原因，也导致D公司未支付预付款。第四，因申请人违约导致主合同被解除，造成分包合同无法继续履行，申请人应承担赔偿责任。第五，申请人未经业主D公司书面同意擅自将案涉分包工程转包给被申请人，导致分包合同无效，申请人应承担过错责任。为此，申请人应赔偿被申请人的经济损失本金及利息。

仲裁庭注意到，申请人主张：

第一，关于业主D公司解约后撤场及撤场后现场物资的处理情况。2018年5月3日，申请人代表致电被申请人现场负责人，要求其参加与业主D公司与解约相关的紧急会议，但申请人现场负责人予以拒绝并承诺组织现场人员有序撤场，但第二天被申请人仍以工人工资未结为由拒不退场。5月6日，申请人致函被申请人要求配合业主D公司进行已完工程的清算，但未得到被申请人的积极回应，被申请人其后拒绝退场。6月6日，业主D公司强制清场并强占现场各种设备和材料。申请人认为被申请人对可能存在的损害后果持放任或过失的主观心态，应对其遭受的损失承担责任。

第二，案涉分包工程项目现场物资所有权为案外人中国I劳务公司所有，而非被申请人所有。申请人证据《关于限期内解决现场设备相关问题的通知的回函》证明，项目现场物资已由案外人中国I劳务公司全部转让给案外人中国J公司。被申请人在申请人证据中已自认，现场机械设备和材料所有权为其专业分包商中国I劳务公司所有。被申请人对申请人证据的真实性予以认可。申请人认为，被申请人并非机械设备和材料的所有人，被申请人无权在本案仲裁程序中提出相关仲裁反请求。

第三，被申请人违反分包合同约定的有关禁止分包的规定。

第四，在申请人证据中，附有中国I劳务公司与中国J公司签署的《设备和材料转让协议》及转让协议附件。申请人主张，被申请人自行制作两份物资清单，一份为《C 项目转给中国 J 公司物资明细表》，另一份为《C 项目转给中国 J 公司后剩余物资明细表》，申请人认为，现场物资已全部转让给案外人中国 J 公司，被申请人关于现场仍存有遗留物资的主张不能采信，这是因为转让协议第一段载明："甲方（即中国 I 劳务公司，仲裁庭注）有偿转让 C 项目所有现场所有材料和机械设备给乙方（即中国 J 公司，仲裁庭注）。"转让协议附件共 61 项，共计近 3800 万第纳尔。而被申请人自行制作的《C 项目转给中国 J 公司物资明细表》共 52 项，共计近 3800 万第纳尔，与转让协议共 61 项存在数量上的差异。因此，申请人认为被申请人自行制作的《C 项目转给中国 J 公司物资明细表》项目不全，不能支持被申请人关于现场存有遗留物资的主张。

第五，被申请人自行制作的《C 项目转给中国 J 公司后剩余物资明细表》主张现场仍留存 80 项，共计 3500 余万第纳尔。申请人认为，被申请人的该项主张与转让协议第一段载明的内容相矛盾，且被申请人没有提及实际占有现场物资的中国 J 公司或业主 D 公司盖章签署的"实际占有物资明细表"，或者通过对比业主 D 公司或申请人盖章确认的"进场物资表"与转让协议的 61 项区别来说明现场存有遗留物资，因此，被申请人关于现场仍存有遗留物资的主张不能采信。

第六，在 2018 年 11 月 9 日，申请人通过证据得知，现场物资已由案外人中国 I 劳务公司全部转让给案外人中国 J 公司。在 2019 年 4 月 16 日，申请人才与业主 D 公司签署的和解协议中承认"设备已经售卖"。

仲裁庭认为，根据被申请人的请求、主张和证据以及申请人的答辩意见和证据，认定被申请人是否有权向申请人主张第二项至第五项仲裁反请求取决于：申请人在本案中是否存在违约行为以及其违约行为是否导致业主 D 公司终止主合同；以及被申请人是否具有请求权。

第一，仲裁庭认为，根据仲裁庭前述判定申请人虽然未能在主合同约定的期限内提供履约保函，但其行为没有构成导致业主 D 公司终止主合同的因素，以及仲裁庭前述判定被申请人存在多项违约行为并导致业主终止主合同，使得分包合同无法继续履行的意见，因此，被申请人要求申请人承担其遭受损失的仲裁反请求无法成立。

第二，仲裁庭注意到，申请人证据表明，被申请人在 2018 年 11 月 9 日《关于限期内解决现场设备相关问题的通知的回函》中表明，"现场被扣的主要设备、材料为我公司（即被申请人，仲裁庭注）专业分包方中国 I 劳务公司所有"。《设备和材料转让协议》第一段载明："甲方（即中国I劳务公司，仲裁庭注）有偿转让C项目所有现场所有材料和机械设备给乙方（即中国J公司，仲裁庭注）。"仲裁庭认为，被申请人认可现场所有设备和材料均属于案外人中国I劳务公司所有，且在业主D公司终止主合同后由中国I劳务公司于2018年8月31日（《设备和材料转让协议》中国I劳务公司的签署日期）有偿转让给另一案外人中国J公司。在案涉分包工程项目的现场所有设备和材料均属于案外人中国I劳务公司所有的情况下，被申请人在本案中主张的仲裁反请求没有请求权基础，被申请人不能就其所有权之外的设备和材料主张请求权，而且案外人中国I劳务公司也未授权被申请人作为代理人在本案中主张其损失。

第三，关于被申请人证据《C项目撤场结算明细表》第59—63页，仲裁庭注意到该证据为业主D公司终止主合同后申请人代被申请人向业主提出的已完工程结算申请表，上有申请人盖章。但该结算申请表已被业主予以拒绝。仲裁庭认为，在庭审过程中，仲裁庭多次释明被申请人向申请人主张中不包括已完工程数量和金额，而是以被申请人投入现场的资源，包括人力、机械设备和材料等直接费和间接费向申请人提出索赔。

第四，关于被申请人自行制作的《C项目转给中国J公司物资明细表》《C项目转给中国J公司后剩余物资明细表》，申请人认为上述证据为被申请人自行制作，真实性不予认可，且与案外人中国I劳务公司与案外人中国J公司签订的《设备和材料转让协议》附件不符。仲裁庭对申请人的主张予以认可。

第五，关于被申请人第二项赔偿撤场前材料费、机械租赁费、集装箱板房购置及租赁费、周转材料租赁费、小型机械购置费、大型机械租赁费共计人民币近270万元，仲裁庭认为，鉴于仲裁庭前述判定的被申请人在本案中主张的仲裁反请求没有请求权基础，被申请人不能就其所有权之外的设备和材料主张请求权的意见，被申请人的第二项反请求不应予以支持。

第六，关于被申请人在第三项仲裁反请求中主张赔偿人工费人民币近390万元，仲裁庭注意到，上述人工费系被申请人实施案涉分包工程应支出的费用，在分包合同价格中应该包括的费用，应体现在已完工程结算金额之中，但被申请人没有以已完工程金额作为仲裁反请求，而是以申请人违约为由主张上述人工费，仲裁庭认为，考虑到仲裁庭签署判定被申请人存在多项违约行为并导致业主D公司终止主合同，被申请人应承担相应的法律责任的意见，被申请人对于上述人工费的主张缺乏请求权基础，不应予以支持。

第七，关于被申请人第四项要求申请人赔偿其他直接费用、办公费、生活费、签证费以及撤场后大型机械使用费、撤场后周转材料使用费、撤场后滞留人员费用共计人民币 110 余万元，仲裁庭认为，被申请人第四项请求中的费用包括两项，一是其他直接费用和间接费用，二是撤场后大型机械使用费、周转材料使用费和撤场后滞留人员费用。仲裁庭认为，其他直接费用和间接费用，包括办公费、生活费和签证费，在分包合同价格中应该包括的费用，应体现在已完工程结算金额之中，但被申请人没有以已完工程金额作为仲裁反请求，而是以申请人违约为由主张上述人工费，仲裁庭认为，考虑到仲裁庭签署判定被申请人存在多项违约行为并导致业主 D 公司终止主合同，被申请人应承担相应的法律责任的意见，被申请人对于其他直接费和间接费，包括办公费、生活费和签证费的主张缺乏请求权基础，不应予以支持。仲裁庭还认为，被申请人在第四项主张的撤场后大型机械使用费、撤场后周转材料使用费，鉴于上述机械设备和材料的所有人为案外人中国 I 劳务公司，而不属于被申请人，且案外人中国 I 劳务公司已将机械设备和材料有偿转让给另一案外人中国 J 公司，因此，被申请人对此没有请求权，不应予以支持。仲裁庭还认为，关于被申请人主张的撤场后滞留人员的费用，被申请人上述人员应在业主 D 公司终止合同后 2018 年 5 月 6 日签署会议纪要后撤场，但被申请人拒绝撤场，且被申请人主张以申请人违约为由主张该项费用，考虑到仲裁庭前述判定被申请人存在多项违约行为并导致业主 D 公司终止主合同，被申请人应承担相应的法律责任的意见，被申请人对于撤场后滞留人工费用的主张缺乏请求权基础，不应予以支持。

第八，关于被申请人第五项要求申请人赔偿集装箱板房、购置搅拌站和水泥罐费合计人民币 110 余万元，仲裁庭认为，鉴于仲裁庭前述判定的被申请人在本案中主张的仲裁反请求没有请求权基础，被申请人不能就其所有权之外的设备和材料主张请求权的意见，被申请人的第二项反请求不应予以支持。

综上，仲裁庭认为对于被申请人第二项至第五项仲裁反请求，不应予以支持。

3. 关于被申请人主张的第六项赔偿保函手续费人民币 8 余万元的认定

仲裁庭注意到，被申请人主张申请人赔偿保函手续费的理由已在第二项至第八项反请求主张中阐明。申请人主张，预付款保函金额为人民币 1405 余万元，履约保函金额为人民币 468 余万元，然而保函手续费同为人民币 4 余万元，存在不合理之处。而且，被申请人未出示其与交通银行签署的开立保函协议，不能证明该手续费与本案项目有关。

仲裁庭查明，分包合同履约保函部分约定被申请人在其分包合同签订之日两周之内，向申请人提供履约保函，金额为人民币近 470 万元。分包合同预付款及预付款支付时间部分约定被申请人应向申请人提供对应金额预付款保函，预付款保函总额为主合同金额的 15% 共计人民币 1400 余万元。仲裁庭还查明，根据被申请人证据，被申请人于 2018 年 2 月 9 日开具了以申请人为受益人的履约保函为预付款保函。仲裁庭注意到，根据被申请人证据，被申请人为履行分包合同支出的保函手续费为人民币 8 余万元。仲裁庭认为，被申请人开具的履约保函和预付款保函系按照分包合同约定的义务，开具保函手续费应包括在分包合同价格中。在本案中，被申请人以申请人违约为由主张赔偿责任，考虑到仲裁庭前述判定被申请人存在多项违约行为并导致业主 D 公司终止主合同，被申请人应承担相应的法律责任的意见，被申请人对于保函手续费的主张缺乏请求权基础，不应予以支持。

4. 关于被申请人主张的第七项赔偿公证和其他相关费用人民币近 2300 元的认定

仲裁庭注意到，被申请人主张申请人赔偿公证费用的理由已在第二项至第八项反请求主张中阐明。申请人主张，被申请人的证据未能指明公证对象，不能证明与本案有关。

仲裁庭认为，在本案中，被申请人以申请人违约为由主张赔偿责任，考虑到仲裁庭前述判定被申请人存在多项违约行为并导致业主 D 公司终止主合同，被申请人应承担相应的法律责任的意见，被申请人对于公证费用的主张缺乏请求权基础，不应予以支持。

5. 关于被申请人主张的第八项赔偿垫付人民币 300 万元、赔偿预付款保证金人民币 280 余万元、赔偿履约保函保证金人民币近 94 万元的认定

仲裁庭注意到，被申请人主张申请人赔偿向案外人中国 I 劳务公司垫付人民币 300 万元的理由已在第二项至第八项反请求主张中阐明。申请人主张，该笔费用系被申请人与案外人中国 I 劳务公司之间的款项往来，与本案无关。分包合同约定不得将合同进行转包，而被申请人将分包合同转包给案外人中国 I 劳务公司，系违约行为，不应因此获利。即使分包合同无效，本项垫付资金也是被申请人与案外人之间的经济往来，其自身应承担相应责任。

仲裁庭认为，被申请人主张向案外人中国 I 劳务公司为案涉分包工程垫付

资金人民币 300 万元，系被申请人与案外人中国 I 劳务公司之间的商业往来，而且，被申请人不能证明该笔款项已经实际用于案涉分包工程，因此，被申请人的此项主张与本案无关，不应予以支持。

仲裁庭注意到，被申请人在第八项仲裁反请求中主张赔偿预付款保函保证金人民币 280 余万元、履约保函保证金人民币近 94 万元。仲裁庭认为，在本案中，被申请人于 2018 年 2 月 9 日开具了履约保函和预付款保函，被申请人在开证银行开具银行保函时，在其信用不足时，开证银行可能要求客户提供资金以保证金名义存入保证金账户。上述保证金应在客户退回银行保函或银行保函到期后予以退还，从保证金账户转入一般存款账户。在发生银行保函索赔的情况下，开证银行会要求客户将足够的资金转入保证金账户，以便发生银行保函索兑时予以支付。仲裁庭注意到，在本案中，双方当事人没有证据表明申请人向被申请人索兑其开具的履约保函和预付款保函。在本案中，考虑到仲裁庭前述判定被申请人存在多项违约行为并导致业主 D 公司终止主合同，被申请人应承担相应的法律责任的意见，被申请人对于银行保函保证金的主张缺乏请求权基础，因此，被申请人主张的赔偿预付款保函保证金人民币 280 余万元、履约保函保证金人民币近 94 万元，不应予以支持。

6. 关于被申请人在仲裁反请求第二项至第八项中主张的相应利息的认定

仲裁庭注意到，在被申请人提出的仲裁反请求第二项至第八项中主张相应利息。被申请人在仲裁反请求申请书附件中附有利息计算明细表和说明，合计利息人民币 1300 余万元。

仲裁庭认为，考虑到仲裁庭前述判定被申请人存在多项违约行为并导致业主 D 公司终止主合同，被申请人应承担相应的法律责任的意见，被申请人第二项至第八项仲裁反请求未得到仲裁庭的支持，因此，被申请人在第二项至第八项仲裁反请求中的利息主张缺乏请求权基础，不应予以支持。

（六）关于申请人仲裁请求中律师费及其他费用的认定

仲裁庭注意到，在本案中，申请人提出要求被申请人支付律师费共计人民币近 27 万元，被申请人未在仲裁反请求中要求申请人支付律师费的请求。仲裁庭认为，根据本案中申请人的仲裁请求被支持程度以及被申请人仲裁反请求没有得到支持的情况，仲裁庭酌定被申请人向申请人支付人民币 20 万元律师费。

（七）关于本案仲裁费的认定

关于本案仲裁费用，根据本案中申请人的仲裁请求被支持程度以及被申请人仲裁反请求没有得到支持的情况，仲裁庭酌定本案本请求和反请求仲裁费用全部由被申请人承担。

三、裁　决

仲裁庭依据上述全部有关证据分析采信、事实认定及法律适用的意见，裁决如下：

（一）确认申请人与被申请人于 2018 年 2 月签订的《阿尔及利亚 C 项目分包合同》已经终止。

（二）被申请人向申请人支付其与阿尔及利亚 D 公司和解费用人民币近 380 万元，并按全国银行间同业拆借中心公布的贷款市场报价利率自本仲裁裁决书作出次日起计算利息，至实际履行完毕之日。

（三）被申请人向申请人支付其与阿尔及利亚 D 公司和解谈判过程中聘请律师产生的相应费用，并按全国银行间同业拆借中心公布的贷款市场报价利率自本仲裁裁决书作出次日起计算利息，至实际履行完毕之日。

（四）被申请人向申请人支付其与阿尔及利亚 D 公司解约后谈判期间费用人民币 9 余万元，并按全国银行间同业拆借中心公布的贷款市场报价利率自本仲裁裁决书作出次日起计算利息，至实际履行完毕之日。

（五）被申请人向申请人支付垫付费用人民币 140 余万元，并按中国人民银行发布的金融机构人民币同期同类贷款基准利率自每项费用发生之日（含）起计算至 2019 年 8 月 20 日（不含）的利息和按全国银行间同业拆借中心公布的贷款市场报价利率自 2019 年 8 月 20 日（含）起暂计至 2019 年 12 月 31 日，计人民币近 14 万元，至实际履行完毕之日。

（六）被申请人向申请人支付保函费用人民币近 6 万元，并按全国银行间同业拆借中心公布的贷款市场报价利率自本仲裁裁决书作出次日起计算利息，至实际履行完毕之日。

（七）被申请人向申请人支付分包合同约定的管理费人民币近 790 万元，并按全国银行间同业拆借中心公布的贷款市场报价利率自本仲裁裁决书作出次日起计算利息，至实际履行完毕之日。

（八）被申请人向申请人支付翻译费人民币 6600 余元。

（九）被申请人向申请人支付其为本仲裁案件支出的相应律师费用。

（十）驳回申请人的其他仲裁请求。

（十一）驳回被申请人的全部仲裁反请求。

（十二）本案本请求仲裁费全部由被申请人承担。由于该笔本请求仲裁费用已与申请人缴纳的等额仲裁预付金相冲抵，故被申请人应支付申请人相应费用以补偿申请人垫付的仲裁费用。

（十三）本案反请求仲裁费由被申请人承担。该笔反请求仲裁费已与被申请人缴纳的等额仲裁预付金相冲抵。

上述被申请人应支付申请人的费用，应于裁决作出之日起十五日内支付完毕。

本裁决为终局裁决，自作出之日起生效。

案例评析

【关键词】境外工程转包合同　合同效力

【焦点问题】

在适用中国法时国际工程分包合同构成转包时是否为无效合同。

【焦点评析】

申请人与被申请人在阿尔及利亚的工程项目中签订工程分包合同，约定申请人按照工程分包合同收取一定金额的管理费用，而项目完全由分包商实施，自负风险和盈亏，申请人作为总包商仅负责对外商务联系和沟通等义务。被申请人主张，根据中国建筑工程法律，涉案工程分包合同属于转包合同，转包是中国法律明文禁止的行为，因此，双方当事人签署的分包合同无效。

在中国企业 1979 年进入国际承包工程市场以来，为促进央企和各省市企业参与国际工程承包市场，非施工类型的主要央企纷纷成立国际工程公司，各省市地区也相继成立了国际经济技术合作公司，凭借其在国际市场的商务能力获得工程合同后交由国内的施工企业承担施工任务，这些商务型企业与在中国拥有各类施工资质的企业一起成为中国企业实施"走出去"战略和"一带一路"倡议的主要力量之一。本案是在此背景下发生的一个典型仲裁案。涉案纠纷属于国际工程项目中中国总包商与中国分包商发生境外工程合同争议时涉及的一个典型问题，本案涉及的合同效力争议也是仲裁庭可能需要面对和处理的第一个争议焦点问题。现结合本案案情及双方争议焦点，评述如下：

一、分包合同的法律性质

仲裁庭注意到，申请人在仲裁申请书中表明，项目业主阿尔及利亚基础设施项目管理项目部，为案涉项目发包人，总承包商为 D 公司。申请人与被申请人之间签订的分包合同实际为 D 公司与作为分包商的申请人签订分包合同之后，申请人与被申请人之间就申请人承建的分包工程内容签订合同，因此，申请人与被申请人之间签订的分包合同为"再分包合同"。

二、关于是否存在转包行为

案涉分包合同第四条约定本案工程采用总分包的方式，申请人进行协调管理，被申请人根据主合同的工作范围负责采购和施工、保修等主合同规定的工作，包工包料、自负盈亏，完成本合同及主合同规定的承包商的全部义务。第七条约定被申请人作为分包商接受所有主合同的条款和申请人对阿尔及利亚总承包商 D 公司的所有承诺并且承担、履行主合同中规定的所有承包商的责任和义务。同时被申请人同意接受主合同中约束申请人的条款，并承认此类条款就分包合同涉及的内容来说对被申请人具有同样的约束力。分包合同第十条约定申请人作为甲方应负责工程相关的重大问题的协调及与业主和当地各级政府主管部门联系，协助办理被申请人派出人员的出国签证、购买机票和国外工作的必要手续，费用由被申请人承担，另外，申请人参与项目管理。分包合同第十一条第十三款约定，申请人从项目开始将派人参与项目实施管理，但申请人派人参与项目管理丝毫不减轻被申请人的合同责任。

仲裁庭认为，《建设工程质量管理条例》第七十八条第三款规定："本条例所称转包，是指承包单位承包建设工程后，不履行合同约定的责任和义务，将其承包的全部建设工程转给他人或者将其承包的全部建设工程肢解以后以分包的名义分别转给其他单位承包的行为。"根据分包合同第四条、第七条、第十一条第十三款的约定，被申请人的主要义务是负责工程相关重大问题的协调及业主和当地各级政府主管部门的联系，协助办理被申请人派出人员的工作签证和国外工作的必要手续，参与项目管理。关于分包合同第十一条第十三款约定的参与项目管理义务，实际上申请人并未实质性参与现场工程施工管理，仅是通过重大问题的协调及与业主联系等进行项目管理。另外，被申请人作为分包商在现场实施由申请人在主合同项下的全部分包工程。据此，从分包合同的约定和履约事实，符合将全部建设工程转给他人的转包定义，可以判断分包合同为转包行为。

三、违约转包/分包是否导致分包合同无效

主合同第二十二条规定，转包/分包须征得总包商 D 公司的同意。本案申请

人在转包/分包给被申请人之前，并未获得总包商 D 公司的同意。由此带来的一个问题是，申请人违反主合同的约定进行的转包/分包是否导致分包合同无效。

仲裁庭认为，申请人与阿尔及利亚总承包商 D 公司之间签订的主合同的适用法律，应依据申请人与 D 公司之间的主合同约定予以确定。而主合同第三十七条（争议解决和适用法律）约定"本合同的解释、效力和履行应受阿尔及利亚法律的管辖"。因此，申请人与 D 公司签订的主合同应适用双方当事人约定的阿尔及利亚法律。关于申请人在主合同项下是否违反第二十二条的约定，是否构成违约行为以及违约行为的后果，应属阿尔及利亚法律管辖。从分包合同终止合同原因看，某国总包商 D 公司终止合同并非出于申请人违反第二十二条义务导致，因此，申请人未根据主合同的约定获得业主同意转包/分包的行为，不能导致分包合同无效。

四、有关禁止转包/违法分包方面中国法律规范的适用

仲裁庭认为，判断分包合同法律效力的关键要素是中国《建筑法》的适用范围。《建筑法》第二条第一款规定："在中华人民共和国境内从事建筑活动，实施对建筑活动的监督管理，应当遵守本法。"首先，《建筑法》第二条明确规定其适用范围为中华人民共和国境内。其次，《建筑法》第二十八条、第二十九条第三款禁止转包和违法分包的规定，系规制建筑主体行为的法律，上述法律规定应受第二条适用范围的限制，不宜将《建筑法》的适用范围理解为适用建筑地点位于境外的国际工程项目。再次，《建筑法》第二条适用范围的规定是属地主义原则，而非属人主义原则。最后，《建筑法》作为建筑活动的上位法，其效力优先于其他法律规定和司法解释。另外，作为《建筑法》同位法的《合同法》第二百七十二条规定位于《合同法》第十六章建设工程合同，其规定与《建筑法》第二十八条的规定相同。仲裁庭认为，分包合同是位于中国境外的工程项目，而中国《建筑法》第二条适用于中国境内的建筑活动，因此，《建筑法》及其他法律中规定禁止转包和违法分包的有关规制建筑主体及其市场行为的法律不适用于分包合同，被申请人以此为由主张分包合同无效的主张不应予以支持。仲裁庭还认为，分包合同是当事人的真实意思表示，其法律效力不受双方当事人是否存在联合投标事实的影响，也不受被申请人未能在签约前、签约时、履约及其争议解决过程中未提出分包合同无效异议的影响，分包合同具有法律效力，申请人与被申请人均应当按照分包合同的约定履行各自的义务。

北京四中院在对本案进行司法审查时，认为仲裁庭在分析具体的案情和阐述其对相关法律内涵的理解后，认定《建筑法》及其他法律中规定禁止转包和违法分包的有关规则建筑主体和市场行为的法律不适用本案分包合同，系仲裁庭裁量权范围，不属于撤销涉外仲裁裁决司法审查范围，法院不予审查。

中国对外承包工程事业始于1979年。为解决企业的对外承包经营权问题，许多在国内并无工程资质的外经企业在国外承揽工程，然后转包给国内的施工企业进行施工。自2017年3月20日取消对外承包工程经营许可以来，至今仍存在一定数量的外经公司利用多年来在国际市场上积累的业绩和品牌，在国外承揽工程后交给国内施工企业进行施工。2017年修订的《对外承包工程管理条例》规定了境外工程项目的分包与转包事项，第十条规定："……对外承包工程的单位将工程项目分包的，应当与分包单位订立专门的工程质量和安全生产管理协议，或者在分包合同中约定各自的工程质量和安全生产管理责任，并对分包单位的工程质量和安全生产工作统一协调、管理……分包单位不得将工程项目转包或者再分包……"根据《对外承包工程管理条例》的有关规定，该条例仅限定分包单位不得转包或再分包，但未规定总承包单位不得将工程项目转包。因此，处理此类争议的关键在于《建筑法》第二条适用范围的适用，不能将境内的转包为非法行为适用到境外的工程承包合同。如果简单地将中国涉及建筑工程的法律法规及司法解释适用于境外的工程承包合同，在中国招投标法规的范畴下，势必导致绝大部分工程合同都不符合中国的招标规范而无效。这样的结果显然不符合中国企业"走出去"的战略和"一带一路"倡议的贯彻和落实，也与国际的通行做法大相径庭。因而亦不应将境内的其他涉及建设工程效力的法规适用到境外的工程承包合同。

（评述人：崔军）

案例十三　新加坡 A 钢铁公司
与中国 B 货运代理公司租约争议案

中国国际经济贸易仲裁委员会（以下简称"仲裁委员会"）根据申请人新加坡 A 钢铁公司（以下简称"申请人"）和被申请人中国 B 货运代理公司（以下简称"被申请人"）签订的《Fixture Note》（以下简称"本案合同"）中仲裁条款的约定，以及申请人向仲裁委员会提交的书面仲裁申请，受理了申请人和被申请人之间在上述合同项下的本争议仲裁案。

本案仲裁程序适用仲裁委员会自 2015 年 1 月 1 日起施行的《中国国际经济贸易仲裁委员会仲裁规则》（以下简称《仲裁规则》）。鉴于本案争议金额未超过人民币 500 万元，根据《仲裁规则》第五十六条的规定，本案程序适用《仲裁规则》第四章"简易程序"的规定；该章没有规定的事项，适用《仲裁规则》其他各章的规定。

委员会主任指定一名独任仲裁员，仲裁委员会主任根据《仲裁规则》之规定指定 X 担任本案独任仲裁员。X 仲裁员在签署接受指定的《声明书》后，成立仲裁庭，审理本案。

仲裁庭如期对本案进行了开庭审理。双方当事人均委派代理人参加了视频庭审。庭审中，双方均确认收到了对方上传至视频庭审系统的补充材料，并就本案事实和仲裁请求进行了陈述，展示了证据原件，就证据进行了质证，就法律问题进行了辩论，回答了仲裁庭的提问。庭审结束前，仲裁庭经征求双方当事人意见后对庭后程序进行了安排。

本案现已审理终结。仲裁庭根据双方当事人提交的书面材料以及经开庭查明的事实，依据《仲裁规则》的有关规定，作出本裁决。

现将本案案情、仲裁庭意见及裁决结果分述如下：

一、案　情

（一）申请人的仲裁请求

申请人称，2021 年 1 月 29 日，申请人就中国 C 港出口至缅甸 D 港的钢铁海运运输航次班轮进行招标。被申请人投标后与申请人议价并于 2021 年 2 月 5 日签订本案合同，合同约定运输的货物为中国 C 港至缅甸 D 港卷钢 6000 余吨，运费为 25 美元/吨（FILO）。受载期（LAYCAN）为 2021 年 2 月 19 日至 2 月 23 日。

2021 年 2 月 22 日，申请人就本案合同装载数量与被申请人提出磋商，但被申请人报价过高，申请人未同意新的价格，双方未就变更原租船合同达成新的合意，本案合同继续有效。此后申请人一直催促其履行合同，但被申请人在超出合同约定的受载期后仍拒绝履行。鉴于此，申请人于 2021 年 3 月 3 日向其发送律师函，要求其在收到律师函后三日内按本案合同约定的运费及其他条款提供适航船舶，否则申请人将解除合同并要求被申请人赔偿各类损失。被申请人于 2021 年 3 月 4 日收到律师函后一直未予回应。

为保证货物及时出运，申请人对拟出运的货物重新进行招标，并在对投标人进行综合比对后，确定中国 E 货运代理公司中标并于 2021 年 3 月 11 日与其签订《Fixture Note》，约定运输的货物为中国 C 港至缅甸 D 港卷钢 6000 余吨，运费为 44 美元/吨（FILO）。受载期（LAYCAN）为 2021 年 3 月 19 日至 3 月 23 日。

由于被申请人违约，导致申请人重新签订租船合同时，运费由原合同的 25 美元/吨（FILO）上涨至 44 美元/吨（FILO），每吨运费差额为 19 美元，按本案合同 6000 余吨的运载量计算运费损失数额为近 12 万美元。申请人为本案支付律师费人民币 1 余万元。

申请人提出如下仲裁请求：

1. 解除申请人与被申请人签订的本案合同；

2. 被申请人支付申请人因违反本案合同给申请人造成的损失近 12 万美元（或按美元兑人民币汇率 1∶6.5 折算为人民币近 76 万元）；

3. 被申请人支付申请人为本案支付的律师费人民币 1 余万元；

4. 仲裁费用由被申请人承担。

（二）被申请人的主要答辩意见及主要代理意见

1. 申请人第一项仲裁请求并非可裁或仲裁管辖争议事项。

根据《中华人民共和国民法典》（以下简称《民法典》）第五百六十五条第一款的规定，是否解除合同（即行使合同解约权）属合同当事方自行行使的民事权利，而非仲裁庭的职权，仲裁庭仅是认定合同当事方解除合同的行为是否合法合约或是否错误，即确认解除合同的效力。因此，申请人所提第一项仲裁请求并非可裁或仲裁管辖争议事项，仲裁庭不应予以审理。

2. 申请人并非本案适格主体。

第一，结合被申请人证据《询价单》，2021 年 1 月 29 日，案外人中国 F 物流公司作为招标人，向作为竞标人的被申请人发送《询价单》，邀请被申请人就合计 2 余万吨货物（含本案 6000 余吨货物、1 号仲裁案下的近 3700 吨非案涉货物和 2 号仲裁案下的 1 余万吨非案涉货物，以下合称"全部货物"）的航次租船运输进行"一船报价"或"分船报价"的投标。

《中华人民共和国招标投标法》（以下简称《招标投标法》）第八条规定："招标人是依照本法规定提出招标项目、进行招标的法人或者其他组织。"第十条规定："……邀请招标，是指招标人以投标邀请书的方式邀请特定的法人或者其他组织投标。"依上述规定，中国 F 物流公司是涉案租船运输的招标人，申请人并非招标人。

第二，结合被申请人证据，作为中标人的被申请人，是应中国 F 物流公司的要求，分别与代表中国 F 物流公司的申请人、G 公司和 H 公司签订案涉货物的本案合同、1 号案货物的《Fixture Note》（以下简称"1 号案租约"）和 2 号案货物的《Fixture Note》（以下简称"2 号案租约"）。因此，案涉租船运输的招标人系中国 F 物流公司，并非申请人，申请人仅是代表中国 F 物流公司与作为中标人的被申请人签署本案合同。

第三，结合被申请人证据，被申请人作为竞标人向中国 F 物流公司支付了涉案投标保证金合计人民币 50 万元，清楚证明申请人并非招标人。

第四，在案涉招投标的整个过程中，申请人从未向被申请人告知和/或披露其所谓的中国 F 物流公司为申请人的代理，被申请人从不知悉也无理由知悉其所谓的中国 F 物流公司为申请人的代理人，且申请人也没有任何证据证明中国 F 物流公司为其代理人，代其进行案涉招投标。

第五，《招标投标法》第四十六条第一款规定："招标人和中标人应当自中标通知书发出之日起三十日内，按照招标文件和中标人的投标文件订立书面合同。招标人和中标人不得再行订立背离合同实质性内容的其他协议。"

因此，只有招标人和中标人才能作为中标合同的签订主体。故申请人仅是代表中国 F 物流公司与作为中标人的被申请人签署本案合同。

第六，申请人所谓的本案合同佣金条款证明中国 F 物流公司为申请人的代理是无法成立的。佣金条款是常见的商业条款。被申请人证据《询价单》记载"……（二）包含我司 3.75%佣金"，恰恰证明中国 F 物流公司和被申请人就佣金条款达成了一致，本案合同符合案涉招标文件和中标文件的内容，即招标人收取该"3.75%佣金"的回佣，这种合同一方向对方支付"回佣"佣金的做法并不违反任何法律法规规定。

第七，假设仲裁庭认定申请人是本案合同的当事方，本案合同因变更招标人构成背离合同实质性内容，应被认定为无效合同。

参考（2013）民申字第 876 号一案，最高人民法院认定《招标投标法》第四十六条为法律强制性规定。

3.《询价单》、《投标文件》、《中标确认书》、本案合同、1 号案租约和 2 号案租约属于不可分割的整体。

《招标投标法》第四十六条明令禁止订立背离合同实质性内容的其他协议。因此，《询价单》《投标文件》《中标确认书》虽然不是正式合同，但该文件是招标方和中标方签订书面合同的直接依据，对招标人和投标人都有约束力。

因此，案涉《询价单》、《投标文件》、《中标确认书》、本案合同、1 号案租约和 2 号案租约属于不可分割的整体，共同构成案涉招投标所达成并建立的整体租船运输合同。

4. 中国 F 物流公司或申请人就全部货物达成了"一船报价"的整体租船运输合同。

第一，结合被申请人证据《询价单》记载"报价：可以一船报价，也可以根据目的地分两船，如需分船请详细说明每船的承载合同及货量，及 LAYCAN"。

招标的法律性质为要约邀请，故中国 F 物流公司或申请人已在要约邀请中明确投标人可以"一船报价"，也可以"分船报价"。

结合被申请人证据《投标文件》记载"货量：2 余万吨 溢短装 10%"和"执行船：M/V HG SINGAPORE OR SUB"，被申请人明确整船运输全部货物 2

余万吨，从未以分船运输及分船运输的货量进行投标。

结合被申请人证据《中标通知书》，合同采取要约与承诺的方式订立，招标的法律性质为要约邀请，而投标的法律性质为要约，中标属于承诺。《中标通知书》也清楚证明通过案涉招投标与中标，中国 F 物流公司或申请人就全部货物达成了"一船报价"的整体租船运输合同。

第二，结合被申请人证据聊天记录，被申请人再次确认"2 余万吨"货量以"一船"装运，中国 F 物流公司或申请人知悉也从未对此提出过任何异议。

第三，根据《民法典》第四百八十八条和《招标投标法》第四十六条规定，申请人所谓的"分船"装运显然属于合同数量和履行方式的变更，构成实质性变更。故申请人所谓的"分船"装运无法成立，中国 F 物流公司或申请人就全部货物达成了"一船报价"的整体租船运输合同。

第四，参考上述（2013）民申字第 876 号一案，假设仲裁庭认定中国 F 物流公司或申请人达成"分船"装运的，该变更属于实质性变更，故本案合同因背离合同实质性内容，应被认定为无效合同。

综上，中国 F 物流公司或申请人就全部货物达成了"一船报价"的整体租船运输合同。

5. 中国 F 物流公司或申请人违反整体租船运输合同下的货量保证，申请人关于运费差价损失的仲裁请求应由其自行承担，与被申请人无关。

首先，经案涉招投标，中国 F 物流公司应保证提供"2 余万吨"货量以"一船"装运，否则，视为违约，且由此导致该整体租船运输合同的合同目的无法实现并导致被申请人基于此货量保证"一船报价"的运费失效。

其次，结合被申请人证据电子邮件，中国 F 物流公司在受载期（LAYCAN）届满前就已违约解除/不履行本案租约并致本案租约因此已被终止/解除/无法履行；且中国 F 物流公司或申请人擅自大幅减少货量，违反了先前达成的整体租船合同下的货量保证，构成中国 F 物流公司或申请人违约。

最后，结合申请人证据往来电邮，中国 F 物流公司或申请人于 2021 年 2 月 24 日经电邮告知被申请人"我司已安排重新招标"。

因中国 F 物流公司或申请人违反上述货量保证并因此致合同目的无法实现，中国 F 物流公司或申请人无权重新招标，更无权解除本案合同；中国 F 物流公司或申请人擅自重新招标的行为，已构成违约并导致本案合同无法执行/履行，故应由中国 F 物流公司或申请人承担本案合同无法执行/履行的违约责任及其后果。

6. 中国 F 物流公司或申请人从未通知被申请人解除本案合同，本案合同至今有效。

首先，申请人的第一项仲裁请求，恰恰证明中国 F 物流公司或申请人至今尚未解除本案合同。

其次，假使申请人第一项仲裁请求属于《民法典》第五百六十五条第二款规定的 "当事人……直接以……申请仲裁的方式依法主张解除合同" 情形，且仲裁庭裁决解除本案合同的，本案合同也仅是于被申请人收到申请人所交《仲裁申请书》当日（即 2021 年 6 月 16 日）方才解除。

再次，根据《民法典》第五百六十五条的规定，在本案合同未被通知解除的情况下，仍应视为有效存在。

中国 F 物流公司或申请人于 2021 年 2 月 24 日经电邮告知被申请人 "我司已安排重新招标"，并未通知被申请人解除本案合同，而且是在本案合同未解除的情况下，违约擅自重新招标并因此导致本案合同无法执行/履行。

最后，结合申请人证据《律师函》，落款日期为 2021 年《律师函》记载 "请贵司继续履行本《租船协议》"。随后，中国 F 物流公司或申请人也未通知被申请人解除本案合同。

7. 假使被申请人未按时派船装运货物构成违约，中国 F 物流公司或申请人在本案合同未解除的情况下就重新招标，已构成违约行为，且本案合同系因中国 F 物流公司或申请人该违约行为而无法履行，与被申请人无关。故应由中国 F 物流公司或申请人承担由此产生的违约责任和一切后果。

8. 假设认定本案合同系因被申请人违约行为被有效解除的，中国 F 物流公司或申请人无法证明替代租约是真实有效、最低报价且已履行完毕。

首先，申请人的索赔证据无法证明其所谓的与中国 E 货运代理公司签订的替代租约《Fixture Note》真实有效。中国 E 货运代理公司并无国际海上货物租船运输资质，替代租约应被认定为无效。

其次，遭受损失的一方应采取必要的措施，以防止损失的扩大。然而，假设认定本案合同系因被申请人违约行为被有效解除的，中国 F 物流公司或申请人无法证明替代租约下运费 44 美元/吨是重新招投标中竞标最低的投标。

再次，申请人证据《中标通知书》记载 "C 港—D 港、I 港 2 余万吨的招标"，货物数量并不一致。中国 F 物流公司或申请人无法证明上述招标的货物就是全部货物，更无法证明替代租约下的货物就是本案货物。

最后，中国 F 物流公司或申请人无法证明替代租约已履行完毕，也无法证明其所称海运费已如实支付。

9. 中国 F 物流公司或申请人未尽减损义务，由此增加的损失应由其自行承担。

被申请人证据微信聊天记录证明了，中国 F 物流公司或申请人告知将重新招标后，即本案合同因此重新招标无法执行/履行后，被申请人于 2021 年 2 月 25 日就全部货物的整体租船运输，在案涉租船合同所含条款和内容的基础上，提供实盘报价要约："D 港 filo42，I 港 filo28。"

假设本案合同因被申请人违约被有效解除的，中国 F 物流公司或申请人拒绝被申请人上述实盘报价要约 "D 港 filo42，I 港 filo28"，属于守约方未尽减损义务，由此增加的损失即 2 美元/吨的单价差价，合计 1 余万美元的损失应由中国 F 物流公司或申请人自行承担，不能向被申请人索赔。

10. 申请人应自行承担其在上述案中支出的所有费用。

如上所述，申请人所谓被申请人违反本案合同并不存在，恰恰是中国 F 物流公司或申请人违反货量保证并因此致合同目的无法实现，且在本案合同未解除的情况下重新招标，构成违约。因此，中国 F 物流公司或申请人无权要求被申请人承担赔偿责任，且申请人应自行承担其在上述案中支出的所有费用。

假设认定本案合同因被申请人违约被有效解除，本案合同约定由败诉方承担仲裁费用，并未明确约定由败诉方承担胜诉方的律师费，故中国 F 物流公司或申请人无权要求被申请人承担律师费。

（三）申请人的主要代理意见

1. 申请人为适格主体。

申请人提交的其与中国 F 物流公司及中国 J 国际贸易公司的委托合同，可以证明中国 F 物流公司只是代申请人进行招标的主体，而并非与被申请人签订租船合同的合同主体。

《招标投标法》第四十六条规定的"招标人和中标人不得再行订立背离合同实质性内容的其他协议"未明确释明"实质性内容"的内涵；根据《民法典》第四百八十八条的规定，合同主体并非实质性变更。另根据最高人民法院在（2015）民申字第 280 号再审民事裁定书的认定，《招标投标法》第四十六条第一款属于管理性强制性规定，而非效力性强制性规定。因此，虽然招标主体并非最终签约主体，也不会因此导致合同无效，申请人与被申请人签订的租船合同合法有效，应作为双方权利义务的依据，并对合同双方有约束力。

2. 招投标确定的海运费并非"一船报价"。

中国 F 物流公司在代申请人招标时，已将三个合同编号及对应运量列明，已明确表明三批货物，签三个合同。被申请人与申请人签订租船合同时也未有任何异议。因此，不存在所谓"一船报价"，本案运量并未调整，申请人就运量调整的协商并未违约，被申请人违反本案合同约定，应承担违约赔偿责任。

3. 中国 F 物流公司代申请人重新招标属于自力救济。

申请人经多次催促被申请人履约未果，又通过律师函催促其履约并告知不履约的后果，但被申请人在收到通知后仍不履约。申请人通过中国 F 物流公司重新招标是在被申请人违约在先的情况下采取的自力救济措施，如不及时出运货物，申请人将面临更高的贸易损失及物流损失，因此申请人有权重新招标，被申请人应承担因违约给申请人造成的损失。

4. 申请人的贸易交易与物流交易真实有效。

申请人应被申请人的披露要求，补充提交了买卖合同、提单、付款记录、船舶装卸港的准备就绪通知及装卸船事实记录等证据，可以证明申请人与被申请人签订的租船合同依托的是真实的贸易交易。

因被申请人违约，申请人与中国 E 货运代理公司后来签订的替代租约为真实有效、在招标时亦为最合理价格，且通过申请人补充提交的证据也可证明物流交易已履行完毕。

5. 申请人与中国 E 货运代理公司的租船合同价格为市场公允价格。

申请人通过委托中国 F 物流公司招投标确定中国 E 货运代理公司中标，中国 E 货运代理公司的报价最为合理。另外，通过申请人补充提交的波罗的海干散货指数，2021 年 2 月 19 日（此日期为与被申请人签订的本案合同约定的船舶受载日）的 BDI 为 1725 点，2021 年 3 月 19 日（此日期为与中国 E 货运代理公司所签订的租约约定的船舶受载日）的 BDI 上涨到 2256 点。印证了因被申请人违约，申请人重新对钢材海运进行招标后确定的海运价格大幅上涨，遭受巨大损失。

6. 申请人的索赔数额准确、真实。

因申请人与被申请人签订的租船合同未实际履行，只能以原合同的货量计算损失。申请人聘请律师的费用已经支付，申请人已补充提供银行收款记录，可以证明律师费已实际支付。

综上，申请人是合同主体适格，因被申请人违约遭受巨大损失，请求仲裁庭依法裁决支持申请人的仲裁请求。

二、仲裁庭意见

（一）关于本案的法律适用

《中华人民共和国涉外民事关系法律适用法》第四十一条规定，当事人可以协议选择合同适用的法律。本案合同约定，仲裁中适用中华人民共和国法律。按照前述法律规定及合同约定，仲裁庭应根据中华人民共和国法律审理本案。

《最高人民法院关于适用〈中华人民共和国民法典〉时间效力的若干规定》（法释〔2020〕15 号）第一条第一款规定："民法典施行后的法律事实引起的民事纠纷案件，适用民法典的规定。"

本案合同签订于 2021 年 2 月 5 日，在《民法典》施行后。因此，本案应适用《民法典》的规定。

（二）关于本案合同效力

2021 年 1 月 29 日，K 购销管理平台发布招标，中国 C 港出口至缅甸 D 港和马来西亚 I 港的钢铁海运运输航次班轮招标信息。被申请人提供的《询价单》抬头为：中国 F 物流公司，落款为询价人：L。2021 年 2 月 5 日，落款为中国 J 国际贸易公司的《中标通知书》记载："中国 B 货运代理公司：贵单位参加的中国 J 国际贸易公司出口租船：2 余万吨 C 港—D 港、I 港的招标，现已完成评标工作，确定贵单位中标……"2021 年 2 月 5 日，申请人与被申请人双方签订本案合同，合同约定运输的货物为中国 C 港至缅甸 D 港卷钢 6000 余吨，运费为 25 美元/吨（FILO）。受载期（LAYCAN）为 2021 年 2 月 19 日至 2 月 23 日。

被申请人提出申请人非案涉合同适格主体。理由为：案涉合同招标人为中国 F 物流公司，根据《招标投标法》，本案合同系由申请人与中标人被申请人签订，属于合同实质性内容背离招标公告，故本案合同无效，申请人非适格主体。

申请人认为，中国 F 物流公司系申请人的招标代理，提供了申请人与中国 F 物流公司签订的委托代理协议。

仲裁庭认为，《招标投标法》第十二条规定："招标人有权自行选择招标代理机构，委托其办理招标事宜。"申请人提供的其与中国 F 物流公司签订的委托代理协议能够证明申请人委托中国 F 物流公司代为招标。被申请人在与申请人签订本案合同以及履行过程中从未对申请人的合同主体资格提出过异议，可以认定中国 F 物流公司为申请人的招标代理人。申请人委托中国 F 物流公司代为招标，不违反《招标投标法》，本案合同实体内容与招标文件相符，没有出现实质性背离。申请人向仲裁委员会提起本案的依据为双方当事人签署的本案合同，故仲裁庭认定申请人是本案的适格主体。

本案合同系双方真实意思表示，合同内容没有违反中国法律和行政法规强制性规定，合同双方均盖章确认，符合合同生效的形式和实质要件。故仲裁庭认定本案合同合法有效，双方权利义务应按照合同条款和相关法律规定确定。

（三）关于双方争议焦点

1. 关于三份租船合同与一船报价问题

仲裁庭认为，《询价单》要求可以一船报价也可以分船报价，如果分船应说明每船的承载合同及货量，及受载期（LAYCAN）。从《投标文件》内容来看，被申请人只列明了一条船的信息，双方显然达成的是一船报价。但无论是《询价单》还是《投标文件》都列明了三个租船合同号且被申请人的投标文件对于目的港 D 港和 I 港的运费进行了分别报价，即 C 港—D 港 USD25.6/MT、C 港—I 港 USD15.5/MT。也就是说，尽管为一船报价，双方应分别签订三份租船合同。两者并不矛盾。从双方的 QQ 聊天记录和往来邮件来看，申请人也从未要求被申请人分别派船履行本案合同以及 1 号案合同和 2 号案合同。即双方都明确被申请人派一条船装运本案合同货物以及 1 号案合同和 2 号案合同货物，这一点从申请人的联系人 L 和被申请人 M 2021 年 2 月 5 日的 QQ 聊天记录可以证明，双方在履行合同磋商的过程中也从未产生争议。2021 年 2 月 5 日，L 询问被申请人 M "对，合同我做，和 I 港一条船还是分开装，能确定吗"；同日，被申请人 M QQ 确认："对的，是一个船装走，这样也省事。"

2. 关于申请人违约还是被申请人违约的问题

本案合同约定：申请人的联系人为 L；被申请人的联系人为 N。鉴于此，仲裁庭认为，无论 L 是否为申请人员工，在本案合同履行过程中，L 代表的是申请人而非中国 F 物流公司。仲裁庭不认可被申请人关于 L 在本案合同履行过程中代表的是中国 F 物流公司的主张。

2021 年 2 月 18 日，被申请人 M 与申请人 L 的 QQ 聊天记录。L 问："M，船还没有宣？"M 答："是这样的，上午的船本来 ok 的，结果原船东临时变卦不来装了，现在又要重新谈别的。"

2 月 19 日两人的聊天记录。L："M，船还没进展？" M："L，还没有。"
"晚点我问问情况，现在还处于找船中。" "L，D 港和 I 港的备货怎么样，都好
了吗？" L："D 港差 800 来吨，生产完了，C 港接货能力不行，在发运中" "I
港全了。"

2 月 22 日两人的聊天记录。L："船，今天得宣啦。" "再晚可就凉了。" M：
"明白，L，我们还在催。"

2 月 22 日 L 发给 M 的电子邮件："M，按照约定，三个合同的 LAYCAN，
2021 年 2 月 19—23 日，今天已经 22 号仍未见宣船，请尽快确定适用船舶，并
保证在约定最迟装期内出运。"

2 月 22 日，L 发给 N 的邮件："N，受缅甸局势动荡影响，刚刚接到客户通
知，前期招标的 6000 余吨 C 港—D 港的卷钢，暂时不发货，发货时间再议。其
余两票：1 余万吨 C 港的 H 型钢和近 1700 吨 I 港的冷卷仍正常发货，发运要求
不变。因事发突然，请尽快调整装运计划，未尽事宜再行协商。"

同日，N 回复 L："由于货量变化很大，该批货物的价格需要重新再议，运
费确定后，我司再安排海船发运。"

2 月 23 日，N 发给 L 邮件："L：您好！根据目前市场情况，这票货物我司
运费报价：I 港：filo23/MT；D 港：filo37/MT；鉴于目前市场情况，装期预计
推迟到 3 月 1—10 日。" L 回复邮件："N，该报价远远超出我司预算，不能接
受。经综合考量，我司决定执行原租船协议。如有异议，请在今天 16：00 前回
复，否则视同接受，双方将继续履约。"同日 15：00，N 回复 L："按贵司之前
的邮件，由于货量变化，我司已经调整了拿船计划。现在出运又有变更，海运
费需要重新议价。"同日 15：52，L 回复 N："虽然货量中间有变化，但不影响
合同正常履行，我司没有表达过不接受亏舱继续执行合同的意愿，因此，贵司
提出的重新议价我司不能接受。在双方未解除合同的前提下，我们也严正要求
贵司继续履约。如贵司不能继续履行租船协议，请在 16：10 时前给予书面回
复。鉴于装期已到，我司将重新招标租船，由此造成的运费差和贸易损失，我
司将向贵司提出索赔。"同日 16：05，N 回复 L："我司之前已经反复跟贵司确
认过货物是否有变动，你们明确货物不上，要我司调整装运计划。我司已经做
了新的装运计划，且已经报价给了贵司。贵司对货量变更后的重新招标，我司
无异议，但相关运费与贸易损失，与我司无关。"同日 21：09，申请人 O 回复

N："贵司就货量更改报出新的价格，我司并未接受，并立即通知贵司货量不变。贵司一直未在合理期间宣船和做出实质性装运计划调整，提出海运费重新议价实难理解。请贵司遵守契约精神，按照协议安排装运船舶。"

2月24日05：02时，O发给N："原租船协议规定的装载期最后期限已过，贵司一直没有宣船，这是明显的违约行为。为了不致产生更大损失，我司已安排重新招标。由此导致的运费损失和时间延误损失及可能发生的贸易损失我司将向贵司提出索赔，请周知。"

后申请人委托P律师事务所向被申请人发送了律师函："2021年1月29日，委托人就中国C港出口至缅甸D港的钢铁海运运输航次班轮进行招标，贵司投标后与委托人议价并于2021年2月5日签订上述《租船协议》，《租船协议》合同约定运输的货物为中国C港至缅甸D港卷钢6000余吨，运费为25美元/吨（FILO）。受载期（LAYCAN）为2021年2月19日至2月23日。

截至本律师函发送之日，贵司仍未按照《租船协议》约定的受载期提供船舶，属明显的违约行为。

"请贵司继续履行本《租船协议》，在接到本函后三日内按本《租船协议》约定的运费及其他条款提供适航船舶，否则，委托人将解除《租船协议》，并根据《民法典》及《中华人民共和国海商法》第九十七条第二款的规定，采取扣船等一切可行的措施要求贵司履行义务，包括但不限于要求贵司赔偿因重新招标导致的运费损失、时间延误损失、可能发生的贸易损失、诉讼费、律师费等。"该律师函被申请人于2021年3月4日签收。

仲裁庭认为，上述事实表明，在本案合同约定的受载期届满前，2月22日，被申请人船仍未谈妥，同日，申请人提出了调整货量的请求，被申请人针对调整后的货量进行了重新报价，并提出了新的受载期。申请人当日反馈新的报价不能接受，并要求被申请人按照原合同执行。上述协商的过程表明，双方就原合同的修改并未达成新的协议。申请人即表明仍按原合同执行。故原合同仍然有效，双方应按照原合同的约定执行。但被申请人并未在合同约定受载期内派船。申请人通过发送律师函告诉被申请人，要求被申请人继续履行合同，并给予被申请人派船宽限期至被申请人接到律师函后的3日内，证据显示，被申请人于2021年3月4日接到律师函，但被申请人仍未在律师函规定的宽限期内派船执行案涉合同。故仲裁庭认定被申请人违约未执行本案合同。被申请人提出是因申请人违反最低货量保证致使被申请人失去履行本案合同的基础，仲裁庭认为该主张不能成立。在双方就调整货量未达成一致的基础上，在本案合同约定的受载期届满前，申请人已经明确表示按原合同执行。然而被申请人仍未派船，如果被申请人按照合同约定派船，即使申请人货未备妥，被申请人有权按合同向申请人主张亏舱费。

3. 关于本案合同的解除问题，即申请人的第一项仲裁请求

仲裁庭认为，在被申请人违约不派船的情况下，根据《民法典》第五百六十三条规定："有下列情形之一的，当事人可以解除合同：……（三）当事人一方迟延履行主要债务，经催告后在合理期限内仍未履行……"第五百六十五条规定："当事人一方依法主张解除合同的，应当通知对方。合同自通知到达对方时解除；通知载明债务人在一定期限内不履行债务则合同自动解除，债务人在该期限内未履行债务的，合同自通知载明的期限届满时解除……"申请人委托律师于 2021 年 3 月 4 日通知被申请人，限被申请人收到通知后 3 日内派船。2021 年 3 月 7 日该通知载明的期限届满时，被申请人仍未履行案涉合同下主要义务。故仲裁庭认定案涉合同已于 2021 年 3 月 7 日解除。

4. 关于申请人的第二项仲裁请求，即替代租约的运费差价损失

在本案合同因被申请人不履行其主要义务，申请人解除合同的情形下，申请人于 2021 年 3 月 11 日再次公告招标寻求替代船履行案涉合同项下货物运输，属于申请人为了减损而采取的合理行为，因此而产生的运费差额等相关损失应由被申请人承担。

2021 年 3 月 11 日，申请人重新公告招标，中国 E 货运代理公司中标。同日，申请人与中国 E 货运代理公司签订《Fixture Note》，约定运输的货物为中国 C 港至缅甸 D 港卷钢 6000 余吨，运费为 44 美元/吨（FILO）。受载期（LAYCAN）为 2021 年 3 月 19 日至 3 月 23 日。申请人提交了该替代船招投标文件、租船合同、运费支付凭证等证据，可以证明该替代租约已经履行完毕。上述案件事实由申请人提供的买卖合同、提单、付款记录、船舶装卸港的准备就绪通知及装卸船事实记录等补强证据进一步证明。被申请人所谓中国 E 货运代理公司无国际货物运输租船资质，中国 E 货运代理公司非替代租约的实际承运人的抗辩仲裁庭不予采信。中国 E 货运代理公司有经营海上国际货物运输代理业务的资质，有权以无船承运人的身份与申请人签订国际货物运输代理或运输合同。即使中国 E 货运代理公司没有无船承运人资质，其与申请人签订国际海上货物运输代理或运输合同也不因其违反相关主管部门有关经营范围管理性规

定而无效。

被申请人曾于 2021 年 8 月 26 日书面申请仲裁庭就 2021 年 2 月 23 日至 28 日中国 C 港至缅甸 D 港的 FILO 运费市场价格进行鉴定/评估。对此，仲裁庭已在本案开庭审理时明确，如被申请人要进行鉴定应在庭后规定期限内进行，或就运费市场价格予以举证。但被申请人在庭后并未提交任何有关鉴定进展的材料。鉴于申请人提交了波罗的海干散货交易指数（BDI），以进一步证明其二次招标所确定的价格的合理性，且被申请人亦未就该时期内的运费市场价格提供反证，故仲裁庭对申请人提交的波罗的海干散货交易指数（BDI）予以采信。

由于被申请人违约，导致申请人重新签订租船合同时，运费由原合同的 25 美元/吨（FILO）上涨至 44 美元/吨（FILO），每吨运费差额为 19 美元，按本案合同约定的 6000 余吨的运载量计算运费损失数额为近 12 万美元。

5. 关于本案律师费和仲裁费

仲裁庭认定本案系因被申请人违约而产生，根据《仲裁规则》的相关规定，申请人因本案而产生的仲裁费和合理的律师费应由被申请人承担。申请人已经提交委托代理协议和律师费支付凭证，故仲裁庭裁定被申请人支付申请人为本案支付的律师费人民币 1 余万元；本案仲裁费应全部由被申请人承担。

三、裁 决

综上，仲裁庭裁决如下：

（一）仲裁庭确认申请人与被申请人之间签订的本案合同已于 2021 年 3 月 7 日解除。

（二）被申请人向申请人支付替代船租金差价损失近 12 万美元。

（三）被申请人向申请人支付申请人因办理案件而支出的律师费人民币 1 万余元。

（四）本案仲裁费全部由被申请人承担。鉴于上述仲裁费已与申请人向仲裁委员会缴纳的仲裁预付金全额冲抵，故被申请人应向申请人支付相应美元，以补偿申请人代其垫付的仲裁费。

被申请人应于本裁决作出之日起 20 日内支付完毕。

本裁决为终局裁决，自作出之日生效。

案例评析

【关键词】 招投标法　Fixture Note（租船确认书）　合同解除　违约责任

承担

【焦点问题】

本案主要涉及以下三个核心问题：第一，在本案合同系通过招投标方式签订时，承租人非招标文件载明的招标人是否影响其作为本案合同当事人的主体适格性以及本案合同的效力；第二，根据招投标文件，双方所达成的是否"一船报价"；第三，本案中的违约责任主体及合同解除时间如何确定。

【焦点评析】

涉案纠纷属于租约纠纷，聚焦本案合同的适格主体及效力、受载期之意义、违约责任主体及本案合同解除的条件和期限等具体问题，现结合本案案情及双方争议焦点，评述如下：

一、《招标投标法》项下案涉租船合同的适格主体及效力问题

按照相关法律法规及/或企业内部规章规定，部分企业会以招投标的方式确定交易对象并签订交易合同，实务中有时会存在招标文件载明的招标人与招标项目合同的签订方不一致的情形。一旦合同双方就案涉合同的履行产生任何纠纷，合同主体的适格性、合同的有效性常常会成为双方的争议焦点。

本案中，申请人为新加坡 A 钢铁公司，被申请人为中国 B 货运代理公司。双方经招投标后签订本案合同，对装载货量、运费、受载期进行约定，后因装载货量变更协商不成、被申请人未安排适航船舶等原因发生纠纷。双方提供的证据显示，相关招投标文件落款为中国 F 物流公司，非本案合同当事方申请人。对此，被申请人援引了我国《招标投标法》第八条和第十条来支持其主张。我国《招标投标法》第八条规定："招标人是依照本法规定提出招标项目、进行招标的法人或者其他组织。"第十条规定："……邀请招标，是指招标人以投标邀请书的方式邀请特定的法人或者其他组织投标。"根据上述规定，被申请人主张，招标文件载明的案外人 S 公司应为招标人。另外，《招标投标法》第四十六条第一款规定："招标人和中标人应当自中标通知书发出之日起三十日内，按照招标文件和中标人的投标文件订立书面合同。招标人和中标人不得再行订立背离合同实质性内容的其他协议。"据此，被申请人辩称，只有招标人和中标人才能作为中标合同签订的主体，故本案中，申请人并非本案合同的适格当事方，属于对于合同实质性内容的变更，背离招标公告，使合同目的难以实现。

针对上述观点，仲裁庭援引《招标投标法》第十二条进行分析。该条规定："招标人有权自行选择招标代理机构，委托其办理招标事宜。"仲裁庭认

为，申请人提供的其与中国 F 物流公司签订的委托代理协议能够证明申请人委托中国 F 物流公司代为招标，且有证据显示申请人在招投标过程中向被申请人披露中国 F 物流公司为招标代理人；另外，被申请人在与申请人签订本案合同以及履行过程中从未对申请人的合同主体资格提出过异议，可以认定中国 F 物流公司为申请人的招标代理人。申请人委托中国 F 物流公司代为招标，不违反《招标投标法》。本案合同实体内容与招标文件相符，没有出现实质性背离。申请人向仲裁委员会提起本案的依据为双方当事人签署的本案合同，故仲裁庭认定申请人是本案的适格主体。此外，本案合同系双方真实意思表示，合同内容没有违反中国法律和行政法规强制性规定，合同双方均盖章确认，符合合同生效的形式和实质要件。故仲裁庭认定本案合同合法有效，双方权利义务应按照合同条款和相关法律规定确定。

二、关于"一船报价"的认定

本案中，中国 F 物流公司代招标时，招标文件列明三个租船合同编号以及分别对应的装卸港、三票货物名称及运量，在《询价单》中明确记载"报价：可以一船报价，也可以根据目的地分两船，如需分船请详细说明每船的承载合同及货量，及 LAYCAN"。

合同履行过程中，双方联系人聊天记录显示，申请人表示第一票货物（即案涉货物）暂不发货，其余两票正常发运，发运要求不变。被申请人表示货量调整较大申重新报价，双方未就新的报价达成一致，申请人坚持按照原合同履行，此后双方发生纠纷。

申请人主张三批货物对应三个合同，被申请人中标后，双方签订本案合同时未有异议，因此不存在所谓"一船报价"，本案运量并未调整，申请人就运量调整的协商并未违约。被申请人表示，相关招投标文件均已表明，当事人就全部货物达成了"一船报价"的整体租船运输合同。仲裁庭认为，被申请人在投标文件中仅仅列明一条船的信息，双方显然达成的是一船报价；相关招投标文件都列明了三个租船合同号且被申请人的投标文件对于不同目的港的运费进行了分别报价。也就是说，尽管为一船装运，双方应分别签订三份租船合同。两者并不矛盾。此外，本案中双方当事人提供的双方往来聊天记录也证明了双方在合同履行过程中并未对通过一船履行三个租船合同的事实产生任何争议。

三、本案中违约责任主体及合同解除期限

关于违约责任的承担、违约责任主体的问题，本案中，究其本质实为合同成立、履行、变更和是否达成新的合意从而形成新的合同的问题。如双方提供的往来对话记录之证据所示，双方曾数次就宣船、备货、货物数量、运费的报价、装卸期、披露重新招标、违约责任承担等内容进行沟通。

在前款论证下，双方主体适格，意思表示真实，亦对合同予以盖章确认，案涉租船合同成立且有效。则合同中的受载期（LAYCAN）条款极为关键。本案双方提供的证据事实可表明，在合同约定的受载期届满前，被申请人仍未宣船、装货；受载期最后一日，申请人提出了调整货量的请求，被申请人针对调整后的货量进行了重新报价，提供了新的受载期，但申请人对新报价予以明确拒绝，并要求被申请人按照原合同执行。上述协商的过程中，双方并未完成新的要约和承诺，同理，双方未就新的货物数量、报价等达成新的合意形成新的协议。而且，申请人多次明确表明"虽然货量中间有变化，但不影响合同正常履行，我司没有表达过不接受亏舱继续执行合同的意愿"，要求被申请人仍须按原合同执行，故原合同仍然有效，此时未发生影响合同执行及解除合同的法定或约定事项，双方应按照原合同的约定执行。

但被申请人并未在合同约定受载期内派船，并未按照合同约定履行其宣船的义务。在此项下，申请人向被申请人发送的要求其继续履行合同的律师函，给予被申请人派船宽限期进行更改、延长。证据显示，被申请人虽接收到申请人发送的律师函，但被申请人并未在律师函规定的新的受载期内进行宣船派船继续履行合同义务，故仲裁庭认定被申请人因未按照约定履行合同义务而违约。而针对被申请人提出是因申请人违反最低货量保证致使被申请人失去履行本案合同的基础这一主张，仲裁庭则认为，申请人多次表明可继续履行合同并对变更货量造成的损失予以承担亏舱费，如果被申请人按照合同约定派船，即使申请人货未备妥，被申请人亦有权按合同向申请人主张亏舱费，因此可认定影响合同履行的并非申请人变更货量，被申请人的主张不能成立。

关于本案合同的解除问题，仲裁庭认为，申请人委托律师通知被申请人，限被申请人收到通知后 3 日内派船。该通知载明的期限届满时，被申请人仍未履行案涉合同下主要义务。《民法典》第五百六十三条规定："有下列情形之一的，当事人可以解除合同：……（三）当事人一方迟延履行主要债务，经催告后在合理期限内仍未履行……"第五百六十五条规定："当事人一方依法主张解除合同的，应当通知对方。合同自通知到达对方时解除；通知载明债务人在一定期限内不履行债务则合同自动解除，债务人在该期限内未履行债务的，合同自通知载明的期限届满时解除……"据此，仲裁庭认为，在被申请人违约不派船的情况下，案涉合同已解除。

【结语】

随着"一带一路"建设的深入推进，中国和"一带一路"国家的经贸往来日益紧密。本案涉及从中国运送货物到"一带一路"国家新加坡所签订的租船合同纠纷。该争议能否得到顺利解决，关系到"一带一路"倡议下的"贸易畅通"能否得到顺利开展。

本案给我们的提示是，企业在以招投标方式签订合同时，要满足企业合规规范，同时也应厘清相关的法律规定以避免合同效力瑕疵问题。《招标投标法》第四十六条并非强制性规定，并未规定招标方与项目合同签订方须保持一致。企业若选用代理开展招投标，应达成合法有效的委托代理协议，向招标项目合同另一方予以披露，以避免任何关于合同主体适格性以及合同效力的潜在争议。企业在履行合同过程中如有障碍，应妥善地采取应对措施，或选择重新协商履行条件及履行内容，但应注意是否就变更的合同内容达成一致，所变更的内容是否构成对合同的实质性变更；若无法就变更内容协商一致，应慎重、及时地考虑解除合同，避免因履行不能承担违约责任。

（评述人：陈波）

案例十四　中国 B 建设公司、泰国 C 建设公司与泰国 A 公司担保函争议案

泰国 A 公司（以下简称"被申请人"）出具给第一申请人中国 B 建设公司（以下简称"第一申请人"）、第二申请人泰国 C 建设公司（以下简称"第二申请人"，与第一申请人合称"申请人"）的《公司担保函》中仲裁条款的约定，以及申请人提交的书面仲裁申请，受理了申请人和被申请人之间因履行上述担保函而产生的本争议仲裁案。

本案仲裁程序适用仲裁委员会自 2015 年 1 月 1 日起施行的《中国国际经济贸易仲裁委员会仲裁规则》（以下简称《仲裁规则》）。

申请人共同选定 X 担任本案仲裁员，由于被申请人未在规定期限内选定或委托仲裁委员会主任指定仲裁员，仲裁委员会主任根据《仲裁规则》之规定指定 Y 担任本案仲裁员。由于双方未在规定期限内共同选定或共同委托仲裁委员会主任指定首席仲裁员，仲裁委员会主任根据《仲裁规则》之规定指定 Z 担任本案首席仲裁员。上述三位仲裁员在签署了接受指定的《声明书》后，组成仲裁庭，共同审理本案。

仲裁庭如期对本案进行了两次开庭审理。申请人和被申请人均委派仲裁代理人参加了庭审。庭审前，申请人提交了补充证据材料。庭审中，申请人陈述了仲裁请求和事实理由。申请人出示了证据原件，双方就法律问题进行了辩论。仲裁庭就事实问题进行了调查并听取了双方的意见。对庭后程序和书面质证程序作出安排。

仲裁院函告双方当事人，鉴于被申请人在其代理意见中提出管辖权异议，考虑到该异议涉及实体审理问题，根据《仲裁规则》第六条的规定，仲裁委员会授权仲裁庭在裁决中对此作出决定。

本案现已审理终结。仲裁庭根据本案双方当事人提交的现有书面材料和庭审查明的事实，依据《仲裁规则》的有关规定，经合议，作出本裁决。

现将本案案情、仲裁庭意见以及裁决结果分述如下：

一、案　情

（一）申请人的仲裁请求

申请人提起仲裁请求称：

申请人与泰国 D 公司（以下简称"业主"，仲裁庭注）于 2016 年 12 月 18 日就泰国 E 市建设工程施工项目签订了 CONSTRUCTION CONTRACT（以下简称"施工合同"，仲裁庭注）。施工合同对合同价款、期中付款证书、付款时间、逾期付款、保证担保等重要事项均作出了明确约定。2016 年 12 月 23 日，申请人与业主签订了《SUPPLEMENTAL AGREEMENT（I）》（以下简称"补充协议一"，仲裁庭注）。协议约定：在乙方（本案第一申请人，下同，仲裁庭注）和承包商（本案第二申请人，下同，仲裁庭注）的合理协助下，雇主（本案业主，下同，仲裁庭注）在 2017 年 1 月 18 日前提交母公司担保并完成抵押登记，以及提供承包商和（或）乙方根据（雇主的资金安排）规定要求的此类担保和抵押的全部文件。各方承认满足此条款是与中国 F 保险公司签订保险合同且获得此类保单的先决条件之一。为履行上述保证责任，作为业主全资控股股东的被申请人承诺就业主的全部债务向申请人提供保证责任。2017 年 1 月 17 日，被申请人向申请人出具《公司担保函》，承诺被申请人愿意对申请人在施工合同项下享有的全部债权承担担保责任，并承诺在申请人第一次提交书面索付通知后的 5 个工作日内无条件按照通知要求的方式清偿本《公司担保函》的一切担保责任。2017 年 5 月 5 日，申请人与业主签订了《SECOND SUPPLEMENTAL AGREEMENT》（以下简称"补充协议二"，仲裁庭注），允许业主付款金额不超过近 3600 万美元，依据施工合同每笔工程款延期付款期限为 18 个月，延期付款期限内融资成本为近 320 万美元。2018 年 7 月 2 日，申请人与业主签订了《施工合同第四次补充协议》（以下简称"补充协议四"，仲裁庭注），约定修改后的中标合同金额为近 4400 万美元。该金额未包括实际的融资成本。同时，被申请人再次就指定的分包商实施部分的债务向申请人提供责任保证并出具了《Letter of Company Guarantee》（以下简称"担保函 2"，仲裁庭注）。

2017 年 12 月 1 日至 2018 年 12 月 25 日之间，业主总计开具 21 份付款证书（英文：Payment Certificate，仲裁庭注），确认工程款本金为近 4200 万美元。其中预付款抵扣近 630 万美元，实际计入延期付款部分的总额为近 3600 万美元。该金额与施工合同及补充协议约定的延期付款额度一致。

2019 年 1 月 29 日，业主出具付款证书 15，该笔付款金额 330 余万美元已经支付完毕。

2019 年 3 月 23 日，业主出具付款证书 16，该笔付款金额近 190 万美元，实际支付近 170 万美元，欠付金额为 24 余万美元。

2019 年 4 月 8 日，申请人提交了第 17 期付款申请（英文：Application for Interim Payment Certificate The［NO. 17］Interim Payment Certificate，仲裁庭注），经项目泰国 G 管理公司 Thailand 两次审核后，申请人于 2019 年 8 月 8 日第三次提交申请，泰国 G 管理公司于 2019 年 8 月 9 日予以签收，但业主至今未出具付款证书也未给出拒绝出具付款证书的理由。依据施工合同专用条款的约定，该期付款申请应当在 14 天内被确认，否则在最后一天（即 2019 年 8 月 22 日）视为已经颁发期中付款证书，该笔欠款金额为 230 余万美元。根据施工合同的约定，付款证书 15、付款证书 16、第 17 期付款申请中的金额已经超过了延期付款额度，需要在出具付款证书后 21 日内立即支付。业主欠付的应当立即支付的工程款本金总额为近 260 万美元（16 笔付款欠款 24 余万美元＋17 笔付款 230 余万美元）。

2019 年 6 月 20 日，业主向申请人出具了竣工《证明书》，明确表示工程已经全部施工完毕。但是业主未能按照合同约定支付工程价款和融资成本、融资费用，构成违约。

自 2019 年 7 月起，申请人多次致函被申请人，告知其业主债务出现违约，并要求其履行保证责任。申请人也多次催告业主，业主在 2019 年 11 月 29 日向申请人提供了还款计划，但未能支付拖欠的合同价款。被申请人也承认违约，并表示正在积极解决此事。

3600 余万美元、融资成本 180 余万美元，并表达了还款意愿和就融资费用（指融资费用近 280 万美元，但未涉及具体确定金额）进一步协商的意愿。友好协商会之后，被申请人提供了还款计划，但该计划提出的自 2022 年开始还款的期限不符合申请人的内部管理制度和审计制度，双方就还款事项未能达成一致。

申请人注意到，因疫情影响和国际经济形势的变化，被申请人子公司开发的泰国 E 市传奇项目面临困难。申请人也一直与被申请人就偿还拖欠的款项进行协商和谈判，但是至今未能找出解决问题的途径。

申请人的仲裁请求为：

1. 被申请人向申请人支付如下款项，暂计至 2020 年 12 月 31 日合计为近

4200 万美元：

（1）合同约定可以延期付款但业主方未能在延期付款期限届满前支付的工程款本金近 3400 万美元；

（2）合同约定不可延期付款（合同约定应当立即支付部分）且业主未能按时支付的工程款本金近 260 万美元；

（3）合同约定的延期付款期限内（18 个月）未支付的融资成本合计 180 余万美元；

（4）上述第一项、第二项工程款本金自每一笔债权应付之日起计算至 2020年 9 月 30 日止的融资费用 280 余万美元；

（5）以工程款本金 3600 余万美元为基数，按照年利率 12%计算，自 2020年 10 月 1 日起计算至实际付款之日止的融资费用及因融资费用逾期支付产生的复利（暂计至 2020 年 12 月 31 日，融资费用为 100 余万美元，复利为 1 万余美元）。

2. 被申请人承担申请人为本案支出的律师费人民币 90 万元。

3. 本案翻译费人民币 13 余万元和仲裁费全部由被申请人承担。

（二）被申请人的答辩意见

针对申请人的仲裁请求，被申请人辩称：本案系申请人依据《公司担保函》提起的担保合同纠纷案，仲裁庭应仅依据《公司担保函》及主合同争议案生效裁决确定的主债权对被申请人的担保责任及范围作出认定，在查明事实的基础上依法作出裁决。

1. 被申请人并未签署担保函 2，申请人与被申请人之间并未就担保函 2 成立有效的仲裁协议，仲裁庭对与该担保函有关的争议没有管辖权

2. 第一申请人在施工合同项下不享有任何实体权利及债权，被申请人无需对其承担任何保证责任

《公司担保函》约定："泰国 A 公司（本案被申请人，仲裁庭注）愿意对中国 B 建设公司（本案第一申请人，仲裁庭注）及泰国 C 建设公司（本案第二申请人，仲裁庭注）在上述合同（施工合同，仲裁庭注）项下享有的全部债权承担连带担保责任……"即被申请人在《公司担保函》项下的主债权为申请人在施工合同项下享有的债权。本案施工合同的承包商为第二申请人，第一申请人仅作为乙方（Party B）签署施工合同相关协议，不享有任何的实体权利。施工合同明确约定：业主在该合同项下的所有付款义务仅指向第二申请人，而非第

一申请人。

3. 第二申请人未在保证期间内要求被申请人承担保证责任，被申请人不再承担保证责任

《最高人民法院关于适用〈中华人民共和国民法典〉时间效力的若干规定》第一条第三款规定："民法典施行前的法律事实持续至民法典施行后，该法律事实引起的民事纠纷案件，适用民法典的规定，但是法律、司法解释另有规定的除外。"《中华人民共和国民法典》（以下简称《民法典》）第六百九十二条第二款规定："债权人与保证人可以约定保证期间，但是约定的保证期间早于主债务履行期限或者与主债务履行期限同时届满的，视为没有约定；没有约定或者约定不明确的，保证期间为主债务履行期限届满之日起六个月。"第六百九十三条第二款规定："连带责任保证的债权人未在保证期间请求保证人承担保证责任的，保证人不再承担保证责任。"《公司担保函》约定："……本保函持续有效，有效力将保持到上述合同的全部债权得到清偿为止后 3 个月。"该等关于连带责任保证人保证期间的约定明显属于约定不明。根据法律规定，被申请人的保证期间应为主债务履行期限届满之日起六个月。本案中，根据申请人提交的"泰国 E 市项目应收款计算表"，案涉数笔债权到期之日介于 2019 年 7 月 9 日至 2020 年 6 月 25 日间，则相应的保证期间应于 2020 年 1 月 8 日至 12 月 24 日间陆续届满。然而第二申请人仅在 2021 年 1 月 11 日提起本案仲裁，并未在签署期间内要求被申请人承担保证责任，根据法律规定被申请人不再承担保证责任。

4. 本案主债债务金额尚未明确，被申请人的担保范围尚未确定

《中华人民共和国担保法》（以下简称《担保法》，仲裁庭注）第十五条规定："保证合同应当包括以下内容：（一）被保证的主债权种类、数额；……"第十八条第二款规定："连带责任保证的债务人在主合同规定的债务履行期届满没有履行债务的，债权人可以要求债务人履行债务，也可以要求保证人在其保证范围内承担保证责任。"《民法典》第六百八十四条规定："保证合同的内容一般包括被保证的主债权的种类、数额，债务人履行债务的期限，保证的方式、范围和期间等条款。"第六百八十八条第二款规定："连带责任保证的债务人不履行到期债务或者发生当事人约定的情形时，债权人可以请求债务人履行债务，也可以请求保证人在其保证范围内承担保证责任。"据此，保证人承担保证责任应以债务人不履行债务且存在明确具体的债务为前提。本案中，施工合同项下的债务

尚未明确，且申请人已就施工合同有关争议另案对业主提起仲裁，被申请人的担保范围亦未确定，申请人要求被申请人承担保证责任于法无据。

5. 业主作为主债务人已对担保债权提供了土地及地上建筑物的抵押担保，申请人应当先就该抵押物的担保实现债权

6. 申请人与业主未经被申请人书面同意协议变更施工合同项下主债务，被申请人对债务加重部分不应承担保证责任

《担保法》第二十四条规定："债权人与债务人协议变更主合同的，应当取得保证人书面同意，未经保证人书面同意的，保证人不再承担保证责任。保证合同另有约定的，按照约定。"《最高人民法院关于适用〈中华人民共和国担保法〉若干问题的解释》（以下简称"担保法司法解释"，仲裁庭注）第三十条第一款规定："保证期间，债权人与债务人对主合同数量、价款、币种、利率等内容作了变动，未经保证人同意的，如果减轻债务人的债务的，保证人仍应当对变更后的合同承担保证责任；如果加重债务人的债务的，保证人对加重的部分不承担保证责任。"《民法典》第六百九十五条第一款规定："债权人和债务人未经保证人书面同意，协商变更主债权债务合同内容，减轻债务的，保证人仍对变更后的债务承担保证责任；加重债务的，保证人对加重的部分不承担保证责任。"本案中，《公司担保函》形成于补充协议二、补充协议三、补充协议四及申请人与业主及被申请人之间订立于 2021 年 7 月 1 日的《泰国 E 市传奇项目之补充协议》（以下简称"2021 年 7 月 1 日补充协议"，仲裁庭注）之前。《公司担保函》出具之后的各补充协议均对施工合同的施工范围及合同价款进行了变更，且均未经被申请人书面同意，根据法律规定被申请人对加重债务的部分不承担保证责任。

二、仲裁庭意见

（一）关于本案的适用法律、《公司担保函》效力、仲裁语言和审理范围

1. 适用法律

仲裁庭注意到，《公司担保函》载明："本保函应受中国法律管辖并根据中国法律解释……"仲裁庭认为，根据《公司担保函》上述内容，解决本案争议适用中国法律。

2.《公司担保函》的效力

仲裁庭认为，《公司担保函》是被申请人的真实意思表述，且不违反中国

法律和行政法规中的强制性规定，故合法有效。

3. 仲裁语言

鉴于《公司担保函》未就仲裁语言作出说明，根据《仲裁规则》的规定，本案审理的语言为中文。

4. 担保函 2 的管辖权

被申请人提出，其对于申请人依据《公司担保函》所载仲裁条款提起本案仲裁并无异议。但是申请人的部分仲裁请求依据的是担保函 2，要求被申请人对补充协议四新增的债务承担保证责任，超出了《公司担保函》仲裁条款的范围，仲裁庭对于超出部分没有管辖权。被申请人从未签署担保函 2，担保函 2 是业主依据补充协议四增加的工程量向申请人出具，落款处仅有业主的签字盖章，担保函 2 没有仲裁条款。鉴于申请人与被申请人之间并未就担保函 2 成立有效的仲裁协议，仲裁庭对于与担保函 2 有关的争议没有管辖权。

申请人辩称：被申请人作为业主的 100% 控股股东，在补充协议四所附的担保函 2 中，不仅明确约定了申请人有权直接根据《公司担保函》要求被申请人承担担保责任的权利，而且 H 还明确以被申请人的董事长身份在担保函 2 上签字确认。被申请人、业主与第一申请人、第二申请人共同签订的 2021 年 7 月 1 日补充协议，就第一申请人与第二申请人对被申请人所享有的担保债权的具体金额和还款时间等进一步进行了明确。

仲裁庭注意到，担保函 2 基于补充协议四，由业主而非本案被申请人出具。仲裁庭认为，本案受理的依据为被申请人向申请人出具的《公司担保函》，被申请人承担连带责任的承诺针对申请人在施工合同项下享有的全部债权，而补充协议及担保函 2 都是对债权的补充约定和确认。申请人主张的补充协议和担保函 2 在本案中系对债权确认的证据，核心还是依据《公司担保函》要求被申请人对施工合同项下债权承担保证责任，因此，本案系因《公司担保函》引起的争议，仲裁委员会有管辖权。担保函 2 作为证据，不影响本案管辖权的确定。

（二）关于本案的事实

仲裁庭经审理查明如下事实：

2016 年 12 月 18 日，申请人与业主签订施工合同。

2016 年 12 月 23 日，申请人与业主签订了补充协议一，约定业主在 2017 年 1 月 18 日前提交母公司担保并完成抵押登记。

2017 年 1 月 17 日，被申请人向申请人出具《公司担保函》，承诺被申请人愿意对申请人在施工合同项下享有的全部债权承担连带保证责任，并承诺在申请人第一次提交书面索付通知后的 5 个工作日内无条件按照通知要求的方式清偿《公司担保函》的一切保证责任。

2017 年 5 月 5 日，申请人与业主签订补充协议二，允许业主付款金额不超过近 3600 万美元，每笔工程款延期付款期限为 18 个月，延期付款期限内融资成本为近 320 万美元。

2018 年 7 月 2 日，申请人与业主签订补充协议四，约定修改后的中标合同金额为近 4400 万美元。该金额未包括实际的融资成本。同时，被申请人再次就指定的分包商实施部分的债务向申请人提供连带责任保证并出具了担保函 2。

2017 年 12 月 1 日至 2018 年 12 月 25 日之间，业主总计出具了 21 份付款证书，确认工程款本金为近 4200 万美元。其中预付款抵扣 600 余万美元，实际计入延期付款部分的总额为近 3600 万美元。

2019 年 1 月 29 日，业主出具付款证书 15，该笔付款金额 330 余万美元已经支付完毕。

2019 年 3 月 23 日，业主出具付款证书 16，该笔付款金额近 190 万美元，实际支付近 170 万美元，欠付金额为 24 余万美元。

2019 年 4 月 8 日，申请人提交了第 17 期付款申请（金额为 230 余万美元），业主至今未出具付款证书。

2019 年 6 月 20 日，业主向申请人出具了项目竣工的《证明书》（原文为泰文，申请人提交了翻译公司的翻译件，仲裁庭注），表示工程已经全部施工完毕。

2019 年 11 月 29 日，业主致函申请人，提出了还款的计划（原文为泰文和英文，申请人提交了翻译公司的翻译件，仲裁庭注）。

2020 年 10 月 30 日，申请人向业主发函表示愿意友好协商。

2020 年 11 月 9 日，申请人与被申请人通过视频会议的方式对本项目的债权金额进行了核对与确认。

2021 年 4 月 16 日，业主致函仲裁委员会（以下简称"业主 2021 年 4 月 16 日函"，仲裁庭注），就申请人的仲裁请求确认施工合同债务近 3400 万美元和施工合同中财务成本计算所产生的债务 180 余万美元，不同意付款证明开票当中的第 17 期和第 18 期（原文如此，应为第 16 期和第 17 期，仲裁庭注）近 260 万美元工程款，因为该期工程正处于审核状态，公司尚未验收工程，而且工程款目前处于泰国法院上诉阶段。业主也不同意 3600 余万美元以年利率 12% 计算的 280 余万美元逾期付款债务，因工程款仍在审核中，并且处于起诉时期。

2021 年 7 月 1 日，申请人与被申请人和业主签订 2021 年 7 月 1 日补充协议，共同确认各方对于工程款本金近 3400 万美元 [申请人第 1.（1）项仲裁请求，仲裁庭注）无争议]；对于未支付的融资成本 180 余万美元 [申请人第 1.（3）项仲裁请求，仲裁庭注] 无争议；对于申请人请求的工程款近 260 万美元 [申请人第 1.（2）项仲裁请求，仲裁庭注] 中的 230 余万美元无争议，对于第 16 期支付凭证中的工程款 24 余万美元被申请人和业主不予认可。就未予认可的部分，各方同意开始为期四个月的协商；对于计算至 2020 年 9 月 30 日止的融资费用 [申请人第 1.（4）项仲裁请求，仲裁庭注] 中以近 3400 万美元为基数计算的融资费用和利息无争议，但是被申请人和业主对于第 16 期支付凭证中的工程款 24 余万美元和第 17 期付款申请的 230 余万美元融资费用和利息计算不予认可，并希望通过协商免除复利；对于 2020 年 10 月 1 日起的融资费用 [申请人第 1.（5）项仲裁请求，仲裁庭注] 未达成一致意见。

（三）申请人的仲裁请求

仲裁庭认为，本案所涉争议并非施工合同项下就工程结算款产生的争议，仲裁庭审理的亦非建设工程争议。申请人主张被申请人承担连带付款责任是基于被申请人出具的《公司担保函》。仲裁庭仅就申请人是否享有相应金额的债权做出判断，并据此裁定被申请人是否承担相应的付款责任。

1. 关于《民法典》适用的问题

仲裁庭注意到，双方当事人在代理意见中均引用了《民法典》，双方对于适用《民法典》无争议。仲裁庭还注意到，根据双方提交的证据，施工合同项下业主迟延付款的情形在 2017 年 12 月 1 日至 2018 年 12 月 25 日之间基于 21 份付款证书已经发生，而申请人依据《公司担保函》向被申请人主张责任则见于落款日期为 2019 年 9 月 24 日第一申请人向被申请人发送的索付通知（Payment Notice），均早于《民法典》于 2021 年 1 月 1 日实施日期。另外，业主于 2021 年 4 月 16 日致函仲裁委员会，确认了施工合同无争议的债务及尚存争议的事项。2021 年 7 月 1 日，申请人与被申请人和业主签订 2021 年 7 月 1 日补充协议，再次共同确认了各方对工程款本金近 3400 万美元和未支付融资成本 180 余万美元以及计算至 2020 年 9 月 30 日止融资费用利息无争议，但是对于其他事项尚存争议。就此，双方纠纷持续至《民法典》施行后。

仲裁庭认为，根据 2021 年 1 月 1 日起施行的《最高人民法院关于适用〈中华人民共和国民法典〉时间效力的若干规定》第一条第三款"民法典施行前的法律事实持续至民法典施行后，该法律事实引起的民事纠纷案件，适用民法典的规定，但是法律、司法解释另有规定的除外"的规定，本案适用《民法典》。

2. 关于被申请人的抗辩意见

（1）2021 年 7 月 1 日补充协议

被申请人辩称，被申请人所担保的主债权基于施工合同而非 2021 年 7 月 1 日补充协议。2021 年 7 月 1 日补充协议并非主债权形成的合同基础，不构成被申请人对主债权金额及其担保范围的确认，更不构成新的担保。2021 年 7 月 1 日补充协议与被申请人应承担的保证责任及范围无关，不属于本案仲裁庭的审理范围。另外，2021 年 7 月 1 日补充协议的核心目的是给予被申请人筹款期限，撤回新加坡仲裁，同时变更案涉协议的争议解决条款。

申请人则称，2021 年 7 月 1 日补充协议是四方就本项目及本案仲裁争议的解决所共同重新签订的最新的还款协议。首先，2021 年 7 月 1 日补充协议是被申请人、业主与第一申请人、第二申请人为了尽快有效解决本项目及本案仲裁的争议所共同重新达成的最新的还款协议，被申请人与业主对 2021 年 7 月 1 日补充协议中约定的还款义务亦明确认可。其次，2021 年 7 月 1 日补充协议是被申请人、业主与第一申请人、第二申请人共同重新就四方之前所分别签订的施工合同及其项下的各补充协议、《公司担保函》、担保函 2、《土地抵押协议》以及被申请人与业主在 2020 年 11 月 9 日友好协商会议上作出的确认和其已向第一申请人、第二申请人提供的诸多书面还款计划和/或承诺等所作出的最新的书面约定。最后，2021 年 7 月 1 日补充协议是被申请人、业主与第一申请人、第二申请人就四方之间的债权债务金额确认与承担、尚存在争议的具体事项及其处理方式、清偿债务及仲裁延期的前提条件、诉讼时效（时效）的重新起算、被申请人与业主的违约、2021 年 7 月 1 日补充协议与施工合同、《土地抵押协议》或《公司担保函》的约定发生不一致时以 2021 年 7 月 1 日补充协议的约定为准、向仲裁委员会提交一份 2021 年 7 月 1 日补充协议原件以共同证明四方已就本项目及本案仲裁的争议达成了最新的书面协议等相关重要事项所达成的最新协议。

仲裁庭注意到如下事实：2021 年 1 月 11 日，申请人向仲裁委员会提交仲裁申请。2021 年 3 月 29 日，第一申请人向仲裁委员会发出《关于在贸仲仲裁程序下进行沟通的函》，称在仲裁委员会受理本案后，被申请人通过不同渠道与方式希望申请人同意延期四个月提起仲裁等，第一申请人表示鉴于本案已进入仲裁程序，为避免双方之间对沟通行为本身发生争议及提高效率，第一申请人明确只接受仲裁程序内的沟通。2021 年 7 月 1 日，本案申请人与被申请人及业主签署 2021 年 7 月 1 日补充协议，其"鉴于"条款载明："甲方（申请人，下同，仲裁庭注）已经启动仲裁程序，甲乙双方正处于仲裁的过程中，现乙方（被申请人及业主，下同，仲裁庭注）愿意尽快筹集资金以便尽快偿还债务，甲方愿意给予乙方四个月期限用于筹集资金。"而"仲裁延期"条款载明："在双方在本协议上合法有效地签字与加盖公章并提交给新加坡国际仲裁中心与中国国际经济贸易仲裁委员会后，甲方将向新加坡国际仲裁中心与中国国际经济贸易仲裁委员会提出申请，撤回仲裁请求或者中止案件的审理。"仲裁庭认为，根据上述时间节点及 2021 年 7 月 1 日补充协议的约定，2021 年 7 月 1 日补充协议除双方在新加坡国际仲裁中心的仲裁案件外，同时亦是针对本案仲裁程序，是双方就申请人已经提交的以《公司担保函》为由的本案仲裁事宜进行的协商。因而《公司担保函》确实诚如被申请人所述不是 2021 年 7 月 1 日补充协议的从合同，但 2021 年 7 月 1 日补充协议是被申请人对履行《公司担保函》中约定的担保义务的补充约定。因而，即使 2021 年 7 月 1 日补充协议未直接提及《公司担保函》，但是其确定的内容即是属于被申请人在《公司担保函》项下承担担保义务的范畴。

仲裁庭还认为，2021 年 7 月 1 日补充协议中确定的申请人对于业主的债权，同时构成了业主对施工合同项下债务金额的确认，因而属于申请人本案中要求被申请人承担担保义务的范畴。

（2）第一申请人是否有权向被申请人主张保证责任

被申请人辩称，第一申请人在施工合同项下不享有任何实体权利及债权，被申请人无需对其承担任何担保责任，第一申请人的仲裁请求应予驳回。

申请人则称，本项目是一个国际工程项目，作为本项目的共同投标、中标、签约与履约的合同主体，第一申请人根据施工合同及其相关补充协议的约定，承担了部分合同义务，即主要由第二申请人负责本项目的施工，由第一申请人负责本项目的融资、与中国 F 保险公司的保险、出具预付款保函等。《公司担保函》明确约定被申请人对第一申请人在施工合同项下享有的全部债权承担连带担保责任，并在业主未能向第一申请人支付到期的金额时，被申请人不可撤销地并无条件地承诺向第一申请人支付该欠款。

仲裁庭注意到，《公司担保函》是由被申请人向第一申请人和第二申请人开具，而其中"泰国 A 公司愿意对中国 B 建设公司及泰国 C 建设公司在上述合同项下享有的全部债权承担连带保证责任……"而施工合同由业主和第一申请人与第二申请人共同签署。施工合同载明："鉴于（a）业主发布了招标公告，而乙方（第一申请人，下同，仲裁庭注）和承包商（第二申请人，下同，仲裁庭注）提交了投标申请书，并取得了投标人资格。（b）乙方和承包商提交了符合规定的投标文件。业主确认，乙方和承包商提交的投标书最大限度地能够满足招投标文件各条款规定的评标标准和实质性要求。因此，承包商被选为本工程的承包商。"（原文为英文，申请人提交了翻译公司的翻译件，仲裁庭注）

仲裁庭认为，根据施工合同的约定，业主为施工合同所涉项目的招标人，而第一申请人和第二申请人共同为投标人且基于其共同的投标申请书满足了业主的招标要求，所以第一申请人和第二申请人共同与业主订立了施工合同。施工合同约定业主向第二申请人支付款项，仅是合同价款支付的路径，而非对第一申请人权利的限制。况且，《公司担保函》将第一申请人纳入权利人同样说明第一申请人在施工合同项下拥有向被申请人提出主张的权利。故第一申请人与第二申请人一同拥有要求被申请人承担保证责任的权利。

（3）申请人是否未在保证期间内要求被申请人承担保证责任

被申请人辩称：申请人在债权确定的情况下没有及时向被申请人主张债权，被申请人不再承担保证责任。

申请人则称，《民法典》第六百九十四条第二款规定："连带责任保证的债权人在保证期间届满前请求保证人承担保证责任的，从债权人请求保证人承担保证责任之日起，开始计算保证债务的诉讼时效。"2021 年 7 月 1 日补充协议明确约定："鉴于双方就甲方享有的债权清偿达成新的协议，故甲方向乙方（一）和乙方（二）主张的全部债权的诉讼时效（时效）均应自本协议延期仲裁四个月期限届满之日的次日起重新起算。"由上述《民法典》的规定与 2021年 7 月 1 日补充协议的明确约定可知，第二申请人已经根据相关法律规定及约定请求被申请人承担保证责任，并且申请人已经与被申请人明确约定了重新起算诉讼时效（时效）。除此之外的其他文件亦能够证明申请人持续主张债权、被申请人和业主持续承诺还款的事实。

仲裁庭注意到，《民法典》第六百九十二条第二款就担保期间规定："债权人与保证人可以约定保证期间，但是约定的保证期间早于主债务履行期限或者与主债务履行期限同时届满的，视为没有约定；没有约定或者约定不明确的，保证期间为主债务履行期限届满之日起六个月。"而《公司担保函》载明："本保函持续有效，有效力将保持到上述合同的全部债权得到清偿后的 3 个月。"仲裁庭认为，《公司担保函》约定了保证期为主债务履行期限届满后的 3 个月，明确无误，不存在任何的不明之处。施工合同项下业主的全部债务目前尚未完全确定，这一点被申请人在其代理意见中亦予以强调。因而根据《民法典》的规定，《公司担保函》尚处于保证期间。《公司担保函》项下只要发生业主逾期支付债务的情况，申请人即可以向被申请人主张权利，保证期直至施工合同项下申请人的全部债权得到清偿后的 3 个月。

仲裁庭还认为，被申请人一方面主张申请人在债权确定的情况下没有及时向被申请人主张债权丧失了权利，另一方面又主张申请人的债权尚未确定，其主张自相矛盾，缺乏逻辑性和合理性。

故仲裁庭对被申请人的此项抗辩不予采纳。

（4）本案主债务金额是否确定

被申请人辩称，本案主债务金额尚未明确，被申请人的担保范围尚未确定，申请人要求被申请人承担保证责任于法无据。2021 年 7 月 1 日补充协议仅仅是各方对部分中期付款证书金额的确认，属于暂定性确认，不具有终局性，不构成对主债权金额的最终确认。

申请人则称，本项目已经交付使用，且业主已经出具《竣工证明》，且被申请人于 2021 年 3 月 18 日向申请人提交的由业主签字的《交付、使用及放弃索赔确认函》的中文书面函件中，业主就明确表示"该项目的建筑施工合同自 2016 年 12 月 18 日起签订，并完成交付工作"，并且，业主还在该书面函件中明确提到本项目自 2019 年 2 月 22 日起开业并开始为游客提供服务，以及明确表示其已放弃以合同中规定向申请人提出的任何工程延误所要求的赔偿。另外，2021 年 7 月 1 日补充协议是被申请人、业主与第一申请人、第二申请人就本项目及本案仲裁的争议所共同重新达成的最新的还款协议，其对四方均产生法律约束力，对于该协议中四方已经共同确认的债权金额，四方均已无争议。因此，业主对申请人的主债务金额已经具体明确，被申请人对申请人的担保范围也已经具体确定。

仲裁庭认为，根据上述仲裁庭的意见，《公司担保函》项下申请人可以分数次向被申请人主张权利，直至施工合同项下申请人的全部债权得到清偿。这一权利是持续的。申请人本案中请求的是已经确定的债权，也就是被申请人自认的中期付款证书金额，与施工合同是否终局性结算无关。故仲裁庭对于被申请人的此项抗辩不予采纳。

（5）申请人与业主是否未经被申请人书面同意协议变更施工合同项下主债务

被申请人辩称，申请人与业主未经被申请人书面同意，协议变更施工合同项下主债务，被申请人对债务加重部分不应承担担保责任。

申请人则称，首先，2021年7月1日补充协议属于被申请人和业主对主债务具体金额及其担保范围的书面确认与同意。此外，被申请人此前向申请人提供的相关还款计划以及共同对债权债务金额进行核对与确认的行为等，亦是其对主债务具体金额及其担保范围的书面确认与同意。其次，担保函2明确约定了申请人有权直接根据《公司担保函》要求被申请人承担担保责任的权利。最后，2021年7月1日补充协议就本项目及本案仲裁的争议所共同重新达成的新的书面还款协议，对于该协议已经共同确认的具体事项，均应以该协议的约定为准。

仲裁庭认为，2021年7月1日补充协议已经对申请人提出的针对施工合同的债权进行了讨论及部分的确认，说明被申请人对于补充协议二之后签署的协议纳入《公司担保函》范畴没有异议。故仲裁庭对于被申请人的此项抗辩不予支持。

（6）申请人是否应当先就业主的抵押物的担保实现债权

被申请人辩称，业主作为主债务人已对被担保债权提供了土地及地上建筑物的抵押担保，申请人应当先就该抵押物的担保实现债权；在此之前，被申请人不应承担担保责任。

申请人则称，根据2021年7月1日补充协议的约定，申请人有权直接要求被申请人支付欠付的金额。另外，补充协议二与《公司担保函》等均明确约定申请人有权直接要求被申请人先行承担担保责任。再者，除有上述合同的明确约定外，被申请人对尚欠付的债权金额进行核对与确认，并向申请人提供还款计划以及与申请人达成协议的行为，已证明被申请人亦已明确同意申请人有权直接要求其支付欠付金额的权利。

仲裁庭注意到，《民法典》第三百九十二条规定："被担保的债权既有物的担保又有人的担保的，债务人不履行到期债务或者发生当事人约定的实现担保物权的情形，债权人应当按照约定实现债权；没有约定或者约定不明确，债务人自己提供物的担保的，债权人应当先就该物的担保实现债权；第三人提供物的担保的，债权人可以就物的担保实现债权，也可以请求保证人承担保证责任。提供担保的第三人承担担保责任后，有权向债务人追偿。"仲裁庭认为，根据《民法典》的上述规定，在没有约定的情况下申请人应当先就业主提供的土地抵押物的担保实现债权。若有约定，则申请人可以按照约定实现债权。而补充协议二约定"为确保业主根据《施工合同》正确地支付价款……业主应提供：（i）应由泰国 A 公司出具给承包商的母公司担保和（ii）抵押物给承包商，该抵押物为承包商实施的泰国 E 市传奇项目的永久性工程和土地。如业主在九十天内未能支付任何应付价款的……则承包商和乙方应有权实现由业主提供的上述抵押权利和/或要求泰国 A 公司承担上述担保责任"。申请人提交的翻译公司翻译件，原文为 "The Employer shall provide（i）parent company guarantee which shall be issued by Company A to the Contractor and（ii）collateral to the Contractor, which is a registered mortgage of the Permanent Works of the Legend executed by the Contractor and the land, for the proper payment made by the Employer under the Construction Contract... which the Contractor is entitled to demand from the Employer and the Employer has not yet paid to the Contractor... In case the Employer fails to make any due payment... within ninety（90）days, the Contractor and the Party B shall be entitled to realize the right of such mortgage provided by the Employer and/or require the Company A to assume the guaranteed liability"。根据上述约定，被申请人于 2017 年 1 月 17 日向申请人出具了《公司担保函》，业主则与第二申请人于 2017 年 8 月 9 日就相关土地签订了《土地抵押协议》。因而补充协议二申请人"有权实现由业主提供的上述抵押权利和/或要求泰国 A 公司承担上述担保责任"的约定，其中"和/或"的表述明确了在债务人不履行到期债务或者发生当事人约定的实现担保物权的情形下，申请人作为债权人有权在业主提供的抵押物和第三人提供的担保中自行选择如何实现债权。因而即使业主提供了土地及地上建筑物的抵押担保，申请人亦没有义务先就业主的抵押物实现债权。

综上，仲裁庭认为，由于双方协议了申请人有权就抵押物或者第三人担保同时处分，故仲裁庭对于被申请人的此项抗辩不予采纳。

3. 关于被申请人应支付款项的问题

仲裁庭注意到，《公司担保函》载明，被申请人就施工合同项下业主的债务向申请人承担"全部债权连带保证责任，担保的范围包括主债权及利息、违约金、损害赔偿金和实现债权及担保的费用"。仲裁庭认为，根据上述内容，被申请人应就施工合同项下业主的债务向申请人承担连带保证责任。而该保证责任包括主债权、利息、违约金、损害赔偿和实现债权及担保的费用。被申请人是否向申请人承担相应的连带保证责任，需先确认施工合同项下申请人对业主债权的金额。

（1）工程款本金近 3400 万美元

申请人请求被申请人对于已确认的，合同约定可以延期付款但业主未能在延期付款期限届满前支付的工程款本金近 3400 万美元承担保证责任并向申请人支付该笔款项。

仲裁庭注意到，业主 2021 年 4 月 16 日函确认了施工合同债务近 3400 万美元。2021 年 7 月 1 日补充协议载明："甲方与乙方对本项目施工合同约定的可以延期付款单乙方（一）未能在延期付款期限届满前支付的工程款本金近 3400 万美元共同进行确认，此部分的金额无任何异议。"仲裁庭认为，上述业主的表示及约定明确了业主该笔应向申请人支付及被申请人承担保证责任的金额。

仲裁庭认为，在业主欠付的金额及被申请人应当承担的保证责任金额明确的情况下，申请人要求被申请人支付上述款项符合《公司担保函》的约定，故仲裁庭对于申请人仲裁请求中的此项请求予以支持。

（2）工程款本金近 260 万美元

近 260 万美元承担保证责任并向申请人支付该笔款项。该笔款项为付款证书 16 的 24 余万美元和第 17 期付款申请的 230 余万美元。就付款证书 16，申请人称 2019 年 3 月 23 日业主出具付款证书 16 的含税金额为近 190 万美元，业主实际只支付了其中的近 170 万美元，欠付金额为 24 余万美元。

仲裁庭注意到，业主 2021 年 4 月 16 日函表示不同意付款证明开票当中近 260 万美元工程款，因为该期工程正处于审核状态，公司尚未验收工程，而且工程款目前处于泰国法院上诉阶段。而 2021 年 7 月 1 日补充协议载明："对于本项目施工合同约定的不能延期付款（合同约定应当立即支付部分）且乙方未能按时支付的工程款本金的金额，甲方对此部分金额同意确认的金额为（230 余万美元，但是不包括我们拒绝的工程第 16 笔 24 余万美元），而甲方对此部分金额主张的金额为近 260 万美元……"

①第 17 期款项 230 余万美元

仲裁庭认为，2021 年 7 月 1 日补充协议明确了业主第 17 期应向申请人支付及被申请人承担保证责任的金额。在业主欠付的金额及被申请人应当承担的保证责任明确的情况下，申请人要求被申请人支付上述款项符合《公司担保函》的约定，故仲裁庭对于申请人仲裁请求中的此笔金额予以支持。

②第 16 期款项 24 余万美元

当事人对于第 16 期款项存在争议。被申请人称，工程正处于审核状态，公司尚未验收工程，而且工程款目前处于泰国法院上诉阶段，因而对于第 16 期付款证书尚余的 24 余万美元不予认可。

就申请人此项请求中第 16 期付款证书尚余的 24 余万美元，仲裁庭注意到业主已经于 2019 年 3 月 23 日通过付款证书对于近 190 万美元的金额作出了确认，而对于仅支付了其中近 170 万美元的事实未持异议。而业主在其 2019 年 11 月 29 日给申请人的函件中亦列入了该笔款项，对于第 16 期支付凭证尚欠的 24 余万美元做了确认。仲裁庭认为，既然业主已经在 2019 年 3 月 23 日的付款凭证中对于包括该 24 余万美元的金额做出了确认，且亦认可该笔款项尚未支付，该笔款项即可认作为申请人对于业主的债权，与工程是否处于审核阶段、工程是否验收等事宜无关。另外，根据业主在 2019 年 11 月 29 日给申请人的函件中对第 16 期付款凭证中尚欠的 24 余万美元作为欠付款项的认可，基于"禁反言"的原则，该笔款项应属业主向申请人支付的工程款本金，故申请人有权向被申请人主张该笔款项。

综上，仲裁庭对于申请人仲裁请求中的此项请求予以支持。

（3）融资成本 180 余万美元

申请人请求被申请人对于已确认的，合同约定的延期付款期限内（18 个月）未支付的融资成本合计 180 余万美元承担保证责任并向申请人支付该笔款项。

被申请人辩称，申请人主张 6% 的融资成本超过了中国法律的法定上限，超出部分依法不应获得支持。在中国法下，《最高人民法院关于审理建设工程施工合同纠纷案件适用法律问题的解释（一）》第二十五条第一款规定，"当事人对垫资和垫资利息有约定，承包人请求按照约定返还垫资及其利息的，人民法院应予支持，但是约定的利息计算标准高于垫资时的同类贷款利率或者同期贷款市场报价利率的部分除外"。即使仲裁庭认为该问题应适用泰国法律，根据被申请人寻求的泰国法律意见，案涉融资成本在泰国法下也将被视为违约利息，相关年利率上限为 5%。就此，申请人对其主张的利息合法具有相应的举证责任，但其并未提供任何证据予以证明，应承担举证不能的后果。

申请人则称，因为本项目是国际工程项目，申请人在本项目中不仅承担了按图施工的合同义务，还承担了项目的融资与保险的办理等特殊合同义务，在此情况下，申请人对本项目没有任何的经济利润，如果被申请人与业主未能按照约定及时向申请人支付价款，申请人将面临巨大的偿还银行贷款的压力与面对下游分包商的诉讼，所以，正是基于此特殊因素考虑，被申请人、业主与申请人才会在相关的合同中对申请人的权益保护作出按年 6% 收取融资成本的特殊救济机制。最后，施工合同的适用法律为泰国法律，申请人在此前对业主提起的国际工程仲裁中，已就施工合同项下所约定的融资成本与融资费用等权利主张经过泰国律师的审核。

仲裁庭注意到，业主 2021 年 4 月 16 日函确认了施工合同中财务成本计算所产生的债务 180 余万美元，而 2021 年 7 月 1 日补充协议载明："甲方与乙方对本项目施工合同约定的延期付款期限内（18 个月）未支付的融资成本金额 180 余万美元共同进行确认，此部分的金额无任何异议。"仲裁庭认为，上述约定明确了业主该笔应向申请人支付及被申请人承担保证责任的金额，因而双方就业主欠付融资成本 180 余万美元不存在争议。被申请人对于双方经多次确认，且在申请人提起仲裁申请之后亦再次确认的不存在争议事项提出异议，不符合诚信原则。

仲裁庭还认为，虽然本案审理适用中国法律，但是本案申请人要求被申请人承担的债务却是依据施工合同，而本案审理中双方未就施工合同适用中国法律作出意思表示或者达成一致。而被申请人也未就其主张的泰国法律限制 6% 融资成本向仲裁庭提交证据予以说明，仲裁庭无法得出 6% 的融资成本违反泰国法律的结论，故对于被申请人的此项抗辩无法采纳。在双方就被申请人应当承担的融资成本债务金额已经达成一致的情况下，申请人要求被申请人支付上述款项符合《公司担保函》的约定，故仲裁庭对于申请人仲裁请求中的此项请求予以支持。

（4）至 2020 年 9 月 30 日融资费用 280 余万美元

申请人请求被申请人对于上述第一项、第二项工程款本金自每一笔债权应付之日起计算至 2020 年 9 月 30 日止的融资费用 280 余万美元承担保证责任并向申请人支付该笔款项。按照申请人提交的计算至 2020 年 9 月 30 日的《泰国

E市项目应收款计算表》，申请人此项仲裁请求按照年利率12%计算，分别为上述第一项以近3400万美元为基数所得的近230万美元融资费用，第二项以近260万美元所得的34余万美元融资费用和前述融资费用的逾期付款复利近19万美元（280余万美元=近230万美元+34余万美元+近19万美元）。

被申请人辩称，申请人主张的融资费用超过了中国法律的法定上限，超出部分依法不应获得支持。在中国法下，《最高人民法院关于审理建设工程施工合同纠纷案件适用法律问题的解释（一）》第二十六条规定，"当事人对欠付工程价款利息计付标准有约定的，按照约定处理。没有约定的，按照同期同类贷款利率或者同期贷款市场报价利率计息"。申请人主张的利息也违反了泰国法律的规定。泰国《民商法典》第二百二十四条和第七条不允许收取复利，并规定以百分之五的年利率计算违约利息。

仲裁庭理解，申请人此项仲裁请求主张的"融资费用"与上述"融资成本"不同，是业主欠付合同价款的逾期付款利息。仲裁庭注意到，12%的利率见于施工合同专用条款："如果承包商没有按照规定收到付款，承包商应有权就未付款额按月以复利计收延付期内的融资费用。延付期应被视为从约定的支付日期开始计算，而不考虑［就第（b）段而言］中期付款证书签发的日期。这些融资费用应按12%的年率计算，并应以美元支付……"申请人提交的翻译公司的翻译件，原文为"If the Contractor does not receive payment, the Contractor shall be entitled to receive financing charges compounded monthly on the amount unpaid during the period of delay. This period shall be deemed to commence on the date for payment, irrespective［in the case of its sub-paragraph（b）］of the date on which any Interim Payment Certificate is issued. These financing charges shall be calculated at the annual rate of twelve percent, and shall be paid in US Dollar"，亦见于补充协议五中双方的约定。

根据仲裁庭上述就融资成本的意见，仲裁庭认为被申请人并未就其主张的泰国法律限制规定以5%的年利率计算违约利息向仲裁庭提交证据予以说明，仲裁庭无法得出12%的融资费用违反泰国法律的结论，故对于被申请人的此项抗辩无法采纳。在合同约定了12%利率的情况下，仲裁庭对此予以采纳。

①融资费用近230万美元

仲裁庭注意到，2021年7月1日补充协议载明："对于自每一笔工程款本金到期之日起至 2020 年 9 月 30 日止期间的融资费用及因融资费用逾期支付产生的复利的金额，乙方对此部分金额同意（从近 3400 万美元中计算，但是不包括我们拒绝支付的第 16 笔 24 余万美元和第 17 笔 230 余万美元，并且乙方希望通过协商免除复利）……"

仲裁庭认为，上述约定明确了业主以近 3400 万美元为基数向申请人支付融资费用，对于申请人此项仲裁请求中的第一项工程款融资费用予以了认可，故仲裁庭对于申请人仲裁请求中的此项请求金额予以支持。

②融资费用 34 余万美元

就申请人此项仲裁请求中涉及上述第二项的融资费用 34 余万美元，被申请人在 2021 年 7 月 1 日补充协议中明确不予认可。仲裁庭认为，根据仲裁庭对于申请人上述第 1.（2）项仲裁请求的意见，上述第二项款项的工程款本金应作为融资费用的基数。故仲裁庭对于申请人仲裁请求中的此项请求金额予以支持。

③复利近 19 万美元

就申请人请求的上述融资费用的逾期付款复利，仲裁庭注意到施工合同通用条款约定了复利的计算。被申请人虽然在补充协议五中表示"希望通过协商免除复利"，但是双方并未协商达成一致。

仲裁庭还认为，计取复利常见于银行按揭、融资租赁等金融领域。但是金融业不同于其他领域，因为对于金融业而言，利息中含有利润，是"钱生钱"。而欠付工程款的利息，属于法定孳息，或者说是"资金占用成本"。虽然都是利息，性质有所不同。按照复利方式计算利息，往往比常用的利息计算方式高出很多。因而虽然合同有明确约定，但是根据本案争议的性质，适用金融业的惯例有可能导致不适当地加重违约方的责任，因而在实际执行中还应该本着实事求是和公平原则。在被申请人明确提出希望通过协商免除复利的情况下，考虑到不同行业的实际情况和本案业主欠款的性质，仲裁庭对于申请人请求的复利不予支持。

综上，被申请人应按照 12% 的利率，以上述第一项近 3400 万美元为基数向申请人支付至 2020 年 9 月 30 日融资费用近 230 万美元，以上述第二项近 260 万美元为基数向申请人支付至 2020 年 9 月 30 日融资费用 34 余万美元，共计 260 余万美元（260 余万美元=近 230 万美元+34 余万美元）。

（5）自 2020 年 10 月 1 日融资费用 100 余万美元和复利 1 余万美元

申请人要求被申请人以上述第一项、第二项工程款本金 3600 余万美元为基数，按照年利率 12% 计算，自 2020 年 10 月 1 日起计算至实际支付之日止的融资费用及因融资费用逾期支付产生的复利（暂计至 2020 年 12 月 31 日，融资费用为 100 余万美元，复利为 1 余万美元）承担保证责任并向申请人支付该笔款项。

申请人就此向仲裁庭提交了计算至 2020 年 12 月 31 日的《泰国 E 市项目应收款计算表》，其中显示该部分的融资费用为 100 余万美元，复利为 1 余万美元。仲裁庭认为申请人提交的融资费用的计算方式符合施工合同的约定，仲裁庭予以采纳。

根据仲裁庭就复利的意见，仲裁庭对于申请人此项请求中的复利不予支持。

综上，被申请人应按照 12% 的利率，以上述第一项、第二项 3600 余万美元为基数向申请人支付自 2020 年 10 月 1 日起至实际付款之日止的融资费用，暂计至 2020 年 12 月 31 日为 100 余万美元。

4. 关于申请人律师费人民币 90 万元的问题

仲裁庭注意到，《公司担保函》的担保范围包括申请人为实现债权的费用。仲裁庭认为，申请人为本案支出的律师费属于申请人为实现债权的费用，应由被申请人承担。

仲裁庭注意到，申请人就此提交的《案件委托代理合同》的委托事项为："代理甲方（本案申请人，仲裁庭注）与泰国 D 公司、泰国 A 公司之间就'泰国 E 市传奇项目'产生的主债权施工合同纠纷、保证合同纠纷、抵押权纠纷及其他纠纷的……法律事务"，而"代理费计算及支付方式"中的"启动费用"为人民币 50 万元，"保证合同纠纷"项下的基础费用为人民币 40 万元。其余费用涉及裁决的执行、风险代理等。考虑到申请人与被申请人及业主之间存在其他的法律纠纷，且申请人已经支付的律师费无法区分是否全部属于本案项下产生的费用，结合本案审理的实际情况，仲裁庭酌情裁定被申请人向申请人支付申请人为本案支出的律师费。

5. 关于翻译费人民币 13 余万元的问题

申请人请求被申请人支付其为本案支出的翻译费人民币 13 余万元。

仲裁庭注意到，申请人证据《中国 B 建设公司国际工程事业部泰国 E 市传奇项目资料翻译服务框架协议》（以下简称"翻译协议"，仲裁庭注）的"服务内容"载明翻译的内容"包括但不限于译文满足中国国际经济贸易仲裁委员会及新加坡国际仲裁中心文件翻译要求"。仲裁庭认为，申请人证据的翻译协议不仅为本案所需的翻译文件，还有申请人为在新加坡国际仲裁中心提起仲裁所需的翻译文件。故不能将翻译协议项下的支出均归属于本案项下申请人实现债权的费用。

仲裁庭还注意到，翻译协议"结算条款"中列出的翻译文件为：01. 主合同、02. 补充协议、03. 土地抵押文件、04. 期中付款证书、05. 竣工证明（即《证明书》，仲裁庭注）、06. 催款通知、07. 还款计划。其中还包括泰文译英文、中文译英文、英文译中文的事项。申请人向仲裁庭提交了下述翻译件：施工合同的主要条款（英译中）、补充协议一（英译中）、补充协议二（英译中）、《证明书》（泰译中）、付款证书16（英译中）、《还款计划》（英译中）、担保函2（英译中）、地契及土地抵押文件（泰译中）等。

仲裁庭认为，申请人的翻译费的支出亦是为其实现债权的费用，应由被申请人承担。根据本案审理的实际情况及申请人提交的翻译文件，仲裁庭酌情裁定被申请人向申请人支付申请人支出的翻译费人民币8万元。

（四）本案仲裁费

申请人请求被申请人承担本案的全部仲裁费。根据本案的实际审理情况，仲裁庭认为本案仲裁费全部由被申请人承担。

三、裁　决

综上，经合议，仲裁庭裁决如下：

（一）被申请人向申请人支付如下款项：

1. 合同约定可以延期付款但业主方未能在延期付款期限届满前支付的工程款本金近3400万美元；

2. 合同约定不可延期付款（合同约定应当立即支付部分）且业主未能按时支付的工程款本金近260万美元；

3. 合同约定的延期付款期限内（18个月）未支付的融资成本合计180余万美元；

4. 上述第一项、第二项工程款本金自每一笔债权应付之日起计算至2020年9月30日止，按照年利率12%计算的融资费用260余万美元；

5. 以工程款本金3600余万美元为基数，按照年利率12%计算，自2020年10月1日起计算至实际付款之日止的融资费用，暂计至2020年12月31日为100余万美元。

（二）本案仲裁费全部由被申请人承担。由于申请人已向仲裁委员会预缴并冲抵本案仲裁费，被申请人应支付申请人相应费用，以补偿申请人代其垫付的仲裁费。

上述被申请人应向申请人支付的款项，被申请人应于本裁决作出之日起 30 日内支付完毕。

本裁决为终局裁决，自作出之日起发生法律效力。

案例评析

【关键词】境外工程　境外工程担保

【焦点问题】

本案申请人中国 B 建设公司和泰国 C 建设公司在泰国承包泰国业主发包的工程项目，与业主订立了施工合同。被申请人泰国 A 公司作为泰国业主的母公司，向申请人出具了《公司担保函》，承诺对申请人在施工合同项下享有的全部债权承担担保责任。

本案涉及的核心问题是境外工程项目尚未竣工结算，被申请人就其为泰国业主担保的业主与申请人之间施工合同项下工程款担保的范围和担保条件是否成就。

【焦点评析】

涉案纠纷属于境外"一带一路"国家建设工程担保纠纷，涉及境外未办理竣工结算工程款的境外担保问题，现结合本案案情及双方争议焦点，评述如下：

一、境外建设工程担保纠纷审理范围的问题

为了减少在"一带一路"国家工程施工的风险，中国公司经常会要求业主就工程款的支付提供担保。而就境外施工合同的工程价款担保问题，当事人往往会先就工程价款的金额存在争议，进而将担保合同纠纷延伸到施工合同价款的纠纷，稍有不慎，将会导致仲裁庭的审理范围出现问题。

本案中，被申请人作为担保人，向申请人出具了《公司担保函》，承诺就申请人在施工合同项下享有的全部债权承担担保责任。仲裁庭首先确认本案所涉争议并非施工合同项下就工程结算款产生的争议，仲裁庭审理的亦非施工合同争议。另外明确了因申请人主张被申请人承担连带付款责任是基于被申请人出具的《公司担保函》，仲裁庭仅就申请人是否享有相应金额的债权做出判断，并据此裁定被申请人是否承担相应的付款责任。通过这样的界限

划分，仲裁庭避开了担保纠纷项下的工程价款的争议，从而就仲裁庭的审理范围做出了确定。

二、被申请人在施工合同项下担保金额如何确定的问题

正因为仲裁庭审理的是《公司担保函》项下的争议而非建设工程结算价款的争议，因而确定被申请人所担保的施工合同价款金额是仲裁庭面临的实质性问题。

在本案中，申请人、被申请人及业主曾经就施工合同项下各阶段已经产生的价款以及业主应当承担的融资费用（本案申请人属于垫资施工）等金额签署了补充协议。虽然本案工程尚未结算，但是被申请人与业主确认了业主在合同履行的各个阶段应付款金额及业主应当承担的融资费用，另外也就尚未达成一致的部分作出了意思表示。

申请人主张该补充协议所涉金额均为其已经完成施工部分的金额，其仲裁请求的金额仅局限于该补充协议所涉及的金额，除此之外申请人在施工合同项下不再主张其他的结算金额。

被申请人 A 则辩称其所担保的主债权基于施工合同而非补充协议。补充协议并非主债权形成的合同基础，不构成被申请人 A 对主债权金额及其担保范围的确认，更不构成新的担保。因而补充协议与被申请人 A 应承担的保证责任及范围无关，不属于本案仲裁庭的审理范围。

对此，仲裁庭在裁决中首先确认补充协议是被申请人 A 对履行《公司担保函》中约定的担保义务的补充约定，因而补充协议的内容属于被申请人在《公司担保函》项下承担担保义务的范畴，再进一步确认补充协议确定了申请人对于业主的债权，同时也构成了业主对施工合同项下债务金额的确认，因而属于申请人本案中要求被申请人 A 承担担保义务的范畴。仲裁庭根据补充协议的约定，支持了申请人仲裁请求中被申请人 A 和业主在补充协议中已经确认的进度款金额和融资费用。对于被申请人和业主尚存异议的金额，仲裁庭则根据案件审理的实际情况做出了认定。

三、业主与申请人之间的洽商变更是否加重被申请人的担保责任的问题

施工合同履行过程中，经常发生业主的设计变更、增项等内容，在境外"一带一路"国家施工合同中亦属常见。这些变更和增项势必导致施工合同价款的变动，尤其是导致施工合同价款的大幅度增加。这些设计变更和增项导致增加的合同价款是否还属于被申请人担保的施工合同价款范围，确实存在争议。

本案中也存在类似问题。

被申请人主张，申请人与业主未经被申请人书面同意，协议变更施工合同项下主债务，被申请人对债务加重部分不应承担担保责任。

申请人则称，补充协议构成了被申请人和业主对主债务具体金额及其担保范围的书面确认与同意。被申请人担保的是施工合同项下业主的付款责任，但是施工合同约定的工程价款往往不是最终的，而是随着工程进展不断发生变化的。

鉴于申请人、被申请人与业主签订了补充协议，各方已经对申请人提出的针对施工合同的债权进行了讨论及大部分的确认，仲裁庭认为这说明被申请人对于补充协议所涉内容纳入《公司担保函》范畴没有异议，故对于被申请人的此项抗辩未予采纳。

【结语】

随着中国在"一带一路"国家投入的增加，遇到与工程相关的纠纷，例如本案的工程担保纠纷亦会常见。本案裁决书所涉的问题既具有共性，也具有特殊性，尤其是因为涉及境外施工合同和相关的境外担保，仲裁庭不仅需要对于境外担保所涉及的各个法律问题有扎实的功底，亦需对于国际工程施工合同所涉及的专业问题有扎实的功底。

本案裁决书对于仲裁庭在《公司担保函》项下的审理范围、被申请人担保金额的确定等棘手问题上——破解相关的难题，裁决结果符合诚信原则的要求，尊重了当事人的真实意思表示，最终在较大程度上支持了申请人的仲裁请求。

本案给我们的提示是，在境外工程价款的担保合同纠纷中，如果工程价款没有确定，或者工程价款因设计变更或者增项导致增加，施工人要求担保人承担担保义务时，担保人就其所承担的担保责任范围可能会提出异议，双方产生纠纷。这是中国工程公司在境外，尤其是在"一带一路"国家中承揽工程项目并要求业主提供担保时，需要认真注意和思考及专业性针对的问题。

（评述人：赵杭）

案例十五　新加坡 A 资本公司与中国 B 科技公司保证合同争议案

中国国际经济贸易仲裁委员会（以下简称"仲裁委员会"）根据申请人新加坡 A 资本公司（以下简称"申请人"）与被申请人中国 B 科技公司（以下简称"被申请人"）签订的《保证合同》中仲裁条款的约定，以及申请人向仲裁委员会提交的书面仲裁申请，受理了双方当事人因履行上述合同产生的本争议仲裁案。

本案仲裁程序适用自 2015 年 1 月 1 日起施行的《中国国际经济贸易仲裁委员会仲裁规则》（以下简称《仲裁规则》）。

根据本案仲裁条款的约定，本案应由一名仲裁员成立独任仲裁庭进行审理。由于双方当事人未在《仲裁规则》规定的期限内共同选定或共同委托仲裁委员会主任指定一名独任仲裁员，仲裁委员会主任根据《仲裁规则》之规定指定 X 担任本案独任仲裁员。X 仲裁员在签署了接受指定《声明书》后，成立仲裁庭，审理本案。

仲裁庭如期开庭审理本案。申请人和被申请人分别委派仲裁代理人出席了庭审。庭审前，申请人提交了补充证据材料及出庭人员授权委托手续。庭审中，双方就案件事实作了陈述，回答了仲裁庭的调查询问，对证据进行了说明，出示了相关证据原件，并作了最后陈述。庭审结束前，仲裁庭就庭后仲裁程序作出了相应安排。

本案现已审理终结。仲裁庭根据当事人提交的现有书面材料及庭审查明的事实，作出本裁决。

现将本案案情、仲裁庭意见及裁决结果分述如下：

一、案　情

1. 被申请人与申请人签订《保证合同》，为债务人在《贷款协议》项下对申请人的债务提供无限连带责任保证

2020 年 5 月 7 日，申请人与 C 公司（"债务人"）签署了关于 500 万美元贷款的 Facility Agreement（"《贷款协议》"），申请人同意向债务人提供本金金额不超过 500 万美元的贷款，借款利率为 9.5%/年，罚息利率为 12%/年，债务人按照申请人于用款日提供的还款计划表偿还本息债务。

被申请人作为债务人的关联公司，经过董事会及股东会决议通过后，于 2020 年 5 月 7 日与申请人签订了《保证合同》，同意为债务人在《贷款协议》项下债务提供无限连带责任保证。

2. 申请人根据《贷款协议》约定，向债务人提供本金为 200 万美元的贷款，借款期限为 24 个月，偿付方式为逐月等额偿还本金及相关利息

2020 年 5 月 25 日，债务人依据《贷款协议》向申请人请求提取 200 万美元的贷款。申请人于 2020 年 5 月 27 日通过 D 银行以汇款方式向债务人提供了 200 万美元的贷款，债务人于 2020 年 5 月 28 日确认收到该笔贷款。

根据《贷款协议》之约定，债务人的还款进度安排由申请人于用款日提供，债务人需依据该等还款计划进行还款。

2020 年 5 月 28 日，申请人向债务人发送还款计划表。根据还款计划表，前述 200 万美元的贷款期限为 2020 年 5 月 28 日至 2022 年 6 月 1 日，债务人自 2020 年 7 月 1 日起（含该日），每月 1 日等额偿还本金 8 余万美元并支付上一计息期产生的利息。

3. 债务人未按期偿还借款本息，剩余借款本金亦已加速到期，被申请人应向申请人承担保证责任

（1）债务人自 2021 年 1 月 1 日起逾期未支付相应部分本金及利息

截至 2020 年 12 月 31 日，债务人累计按约偿还本金 50 余万美元，剩余本金为近 150 万美元。根据还款计划表，2021 年 1 月 1 日，债务人本应偿还到期本金 8 余万美元及利息 1 余万美元，但债务人至今逾期未予偿还。

（2）剩余贷款加速到期

根据《贷款协议》所附 Standard Terms（"标准条款"）之约定，债务人未按期偿还本息的，构成合同约定的 EVENTS OF DEFAULT（"违约事件"），申请人有权宣布剩余借款本金加速到期，并有权要求债务人立即全额偿还。

鉴于债务人逾期未偿还 2021 年 1 月 1 日到期的本金及利息，所以申请人根据上述协议约定，已于 2021 年 1 月 11 日宣布剩余借款本金加速到期，并通知债务人立即全额偿还，但债务人至今仍未履行还款义务。

《中华人民共和国民法典》第六百八十八条第二款规定："连带责任保证的债务人不履行到期债务或者发生当事人约定的情形时，债权人可以请求债务人履行债务，也可以请求保证人在其保证范围内承担保证责任。"据此，申请人有权请求被申请人承担保证责任。

4. 被申请人承担保证责任的范围及金额计算

《保证合同》关于担保的范围部分约定："保证人同意按本合同的约定无条件并不可撤销地就债务人按时足额偿付或履行所有被担保债务向债权人提供连带责任保证。"该合同关于"被担保债务"的定义为"被担保债务指债务人在所有贷款协议及其他融资文件项下现在或将来任何时候应向债权人偿付的任何债务。上述债务包括但不限于本金、利息、逾期利息、复利、罚息、赔偿金、税费等一切债务以及为实现本合同项下之担保而发生的一切费用（包括但不限于诉讼费用、律师费用、公证费用及执行费用）和其他应付款项，无论该项支付是在有关贷款到期日应付或在其它情况下成为应付（包括借款人申请提前偿还的债务以及被宣布加速偿还的债务）"。

根据上述法律规定及合同约定，申请人认为被申请人应承担的保证责任范围为：

（1）剩余借款本金

包括 2021 年 1 月 1 日到期本金 8 余万美元及申请人宣布加速到期的剩余全部本金 140 余万美元，共计近 150 万美元。

（2）借款利息

根据还款计划表，截至 2021 年 1 月 1 日（含该日），债务人应偿还的利息为 1 余万美元；2021 年 1 月 2 日（含该日）至 2021 年 1 月 11 日（含该日）产生的利息为 140 余万美元×9.5%÷365 天×10 天＝近 3700 美元。利息总额为 1 余万美元+近 3700 美元＝近 1.6 万美元。

（3）逾期利息及罚息

《贷款协议》定义部分载明，Facility Interest Rate（"借款利率"）为 9.5%/年，Default Interest Rate（"罚息利率"）为 12%/年。根据《贷款协议》之规定，若债务人逾期未还到期本金或利息的，则在逾期期间对未付本金和利息按照借款利率继续计算逾期利息；并以未付本金、未付利息及逾期利息为基数，按照罚息利率计算罚息。逾期利息自用款日之日起的每一周年结束时纳入下一周年度罚息的计算基数。

根据上述约定，被申请人应当支付的逾期利息及罚息计算如下：

（1）逾期利息

①自 2021 年 1 月 2 日（含该日）起至 2021 年 1 月 11 日（含该日），以未付本息近 10 万美元（8 余万美元 + 1 余万美元）为基数，以 9.5%/年为标准，逾期利息 = 近 10 万美元 × 9.5% ÷ 365 天 × 10 天 = 近 250 美元；

②自 2021 年 1 月 12 日（含该日）起至实际清偿日，以未付本息 150 余万美元（近 150 万美元 + 近 1.6 万美元）为基数，以 9.5%/年为计算标准，逾期利息 = 150 余万美元 × 9.5% ÷ 365 天 × [自 2021 年 1 月 12 日（含该日）至实际清偿日之间的天数]。

根据上述计算公式，截至 2021 年 1 月 15 日，逾期利息为 1800 余美元，截至 2021 年 5 月 27 日，逾期利息为 5 余万美元。

（2）罚息

根据合同约定，债务人逾期未偿还债务的，则自用款日（即 2020 年 5 月 28 日）每满一周年，将上一年度产生的逾期利息并入下一年度罚息的计算基数。

2021 年 1 月 2 日（含该日）至 2021 年 5 月 27 日（含该日）产生的逾期利息为 5 余万美元；2021 年 5 月 28 日（含该日）后每周年产生的逾期利息为 150 余万美元 × 9.5% = 14 余万美元。

①自 2021 年 1 月 2 日（含该日）起至 2021 年 1 月 11 日（含该日），罚息 = 近 10 万美元 × 12% ÷ 365 天 × 10 天 = 300 余美元；

②自 2021 年 1 月 12 日（含该日）起至 2021 年 5 月 27 日（含该日），罚息 = 150 余万美元 × 12% ÷ 365 天 × [自 2021 年 1 月 12 日（含该日）至实际清偿日之间的天数]；

③自 2021 年 5 月 28 日（含该日）起至实际清偿日止每一周年内，罚息 = [150 余万美元 + 5 余万美元 + 14 余万美元 × (n-1)] × 12% ÷ 365 天 × [365 天（该周年内未清偿情形）或当年 5 月 28 日（含该日）至实际清偿日的间隔天数（该周年内已清偿情形）] = [近 160 万美元 + 14 余万美元 × (n-1)] × 12% ÷ 365 天 × [365 天（该周年内未清偿情形）或当年 5 月 28 日（含该日）至实际清偿日的间隔天数（该周年内已清偿情形）]，n 为自 2020 年 5 月 28 日至实际清偿日的周年数。

根据上述计算公式，截至 2021 年 1 月 15 日，罚息为 2300 余美元。

（3）申请人为实现《保证合同》项下之担保而发生的一切费用

为实现《保证合同》项下担保权利，申请人为此支出了包括但不限于律师费、公证认证费、翻译费、保全费、保全保险费等各项费用，应由保证人承担。

基于上述事实及计算，申请人提出并最终确认如下仲裁请求：

1. 裁决被申请人向申请人偿还借款本金近 150 万美元及借款利息近 1.6 万美元。

2. 裁决被申请人向申请人支付逾期利息，自 2021 年 1 月 2 日（含该日）起至 2021 年 1 月 11 日（含该日），逾期利息为近 250 美元；自 2021 年 1 月 12 日（含该日）至全部清偿日，逾期利息为：150 余万美元×9.5%÷365 天×［自 2021 年 1 月 12 日（含该日）至实际清偿日的天数］。

3. 裁决被申请人向申请人支付罚息，自 2021 年 1 月 2 日（含该日）起至 2021 年 1 月 11 日（含该日），罚息为 300 余美元；自 2021 年 1 月 12 日（含该日）起至 2021 年 5 月 27 日（含该日），罚息为 150 余万美元×12%÷365 天×［自 2021 年 1 月 12 日（含该日）至实际清偿日的天数］；自 2021 年 5 月 28 日（含该日）起至实际清偿日止每一周年内：罚息=［近 160 万美元+14 余万美元×（n-1）］×12%÷365 天×［365 天（该周年内未清偿情形）或当年 5 月 28 日（含该日）至实际清偿日的间隔天数（该周年内已清偿情形）］，n 为自 2020 年 5 月 28 日至实际清偿日的周年数。

4. 裁决被申请人赔偿申请人因本案支出的各项费用，包括：公证认证费近 7000 新加坡元、保全费人民币 5000 元、诉讼财产保全责任险保险费人民币近 1 万元、律师费人民币 10 万元。

5. 裁决被申请人承担本案的全部仲裁费用。

（截至 2021 年 1 月 15 日，前三项仲裁请求共计 150 余万美元。）

被申请人主要意见：

根据被申请人所提交的《答辩意见》《代理意见》等书面意见，以及被申请人庭审中的陈述，被申请人的主要意见包括以下两方面，具体如下：

虽然申请人已证明本案主合同《贷款协议》成立，但未能充分证明根据《贷款协议》的准据法新加坡法《贷款协议》应当被认定为有效合同。而申请人据以提请本案仲裁请求的《保证合同》为《贷款协议》的从合同，倘若主合同无效，从合同也就无效。据此，被申请人认为，申请人依据《保证合同》所提出的所有仲裁请求均无法成立。

申请人关于利息的计算有误。根据中国法律,《保证合同》所适用的逾期付款利息不应超过总利息的 15.4%,亦即 4 倍之 LPR。

申请人提交的证据:

为支持其主张,申请人分三次,共计提交证据三十二项,具体情况如下:

证据 1:《贷款协议》,证明:申请人同意向债务人提供本金不超过 500 万美元的贷款;借款利率为 9.5%,罚息利率为 12%;根据约定,还款计划表由申请人于用款日提供。

证据 2:董事会决议,证明:被申请人为债务人于《贷款协议》项下的债务提供无限连带责任保证。

证据 3:股东会决议,证明目的同上。

证据 4:《保证合同》,证明目的同上。

证据 5:Utilisation Request,证明:申请人于 2020 年 5 月 27 日向债务人提供 200 万美元的贷款。

证据 6:汇款凭证,证明目的同上。

证据 7:微信记录,证明目的同上。

证据 8:还款计划表,证明:贷款期限为 2020 年 5 月 28 日至 2022 年 6 月 1 日;债务人自 2020 年 7 月 1 日起(含该日)每月 1 日前需等额偿还本金 8 余万美元,并支付上一计息期间产生的利息。

证据 9:收款回单,证明:债务人对申请人提供的还款计划表不持异议,且已按照该计划表履行了 2020 年 7 月至 12 月的还款义务。

证据 10:付款通知书及沟通记录,证明:债务人对其应于 2021 年 1 月 1 日前偿还的本金、利息及期限不持异议;债务人逾期未还于 2021 年 1 月 1 日到期的本息。

证据 11:加速到期通知函,证明:剩余借款本金于 2021 年 1 月 11 日全部加速到期。

证据 12:《贷款协议》(证据 1 的中英文对照翻译件),证明:是对英文证据材料的中文翻译文件,无新的证明目的。

证据 13:提款申请(证据 5 的中英文对照翻译件),证明目的同上。

证据 14:电汇凭证(证据 6 的中英文对照翻译件),证明目的同上。

证据 15:还款计划表(证据 8 的中英文对照翻译件),证明目的同上。

证据 16:收款通知书(证据 9 的中英文对照翻译件),证明目的同上。

证据 17：付款通知书（证据 10 的中英文对照翻译件），证明目的同上。

证据 18：致 C 公司的加速到期通知书（证据 11 的中英文对照翻译件），证明目的同上。

证据 19：Disbursement，证明：申请人为提起仲裁申请而委托新加坡 E 公司办理关于主体文件、授权文件的公证认证程序，为此支出近 7000 新加坡元。

证据 20：付款凭证，证明目的同上。

证据 21：Receipt，证明目的同上。

证据 22：收据（证据 21 的中英文对照翻译件），证明目的同上。

证据 23：INVOICE，证明目的同上。

证据 24：发票（证据 23 的中英文对照翻译件），证明目的同上。

证据 25：付款凭证，证明：申请人为申请财产保全措施支出保险费人民币近 1 万元。

证据 26：诉讼财产保全责任保险费用发票，证明目的同上。

证据 27：财产保全费发票，证明：申请人为申请财产保全措施支出保全费人民币 5000 元。

证据 28：专项委托代理协议，证明：申请人为提起仲裁申请而支出律师费人民币 10 万元。

证据 29：付款凭证，证明目的同上。

证据 30：律师费发票，证明目的同上。

证据 31：Legal Opinion fromF LLC 证明：《贷款协议》经申请人与债务人合法签署，包括利息与罚息约定在内的全部合同内容符合新加坡法律规定，系属合法有效。

证据 32：新加坡 F 法律公司出具的"法律意见书"（证据 31 的中英文对照翻译件），证明目的同上。

（4）仲裁庭对本案证据的采信情况

被申请人虽未提交任何证据，但对于申请人提交的证据逐一发表了质证意见。除对于申请人提交的证据 1、证据 4、证据 12 外，被申请人对于申请人提交的其余证据的真实性均予以认可。故，仲裁庭对于申请人所提交的证据 2、证据 3，证据 5 至证据 11，证据 13 至证据 32 均予以采信。

关于申请人提交的证据 1，仲裁庭认为，《贷款协议》由申请人、债务人共同签署，被申请人也不否认该协议的真实性，故仲裁庭对于该项证据予以采信。

关于申请人提交的证据 4，仲裁庭认为，被申请人不否认签署过该《保证合同》，也不否认该合同的成立，故仲裁庭对于该项证据予以采信。

仲裁庭对于申请人提交的证据 12 予以采信，理由同对"证据 1《贷款协议》"的采信理由。

综上，仲裁庭对于申请人所提交的三十二项证据均予以采信。

二、仲裁庭意见

基于上述事实，仲裁庭认为本案主要争议焦点集中于以下几点：

（一）关于本案适用法

本案属于涉外仲裁案件，《中华人民共和国涉外民事关系法律适用法》第四十一条规定："当事人可以协议选择合同适用的法律。当事人没有选择的，适用履行义务最能体现该合同特征的一方当事人经常居所地法律或者其他与该合同有最密切联系的法律。"也就是说，当事人可以协议选择本案的适用法律。而涉案《保证合同》约定："本合同及本合同项下双方的权利和义务在任何方面均应适用中国法律，并按照中国法律解释。"根据上述法律规定及合同约定，仲裁庭认为本案适用法应为中国法。

（二）关于涉案《保证合同》的效力

根据当事人双方提交的书面意见以及庭审当中的陈述，被申请人认为，鉴于根据《贷款协议》准据法"新加坡法律"，无法判断《贷款协议》的效力，而申请人据以提起仲裁的从合同《保证合同》的效力又必须依据主合同来判断，因此申请人所提出的仲裁请求均无法成立；申请人则认为，《贷款协议》已经合法成立且生效，并且申请人已经按照合同约定向债务人发放了 200 万美元贷款，债务人在 2020 年 7 月至 12 月期间，已按照《贷款协议》约定履行还款义务，也就是说，《贷款协议》已经实际履行，而此时被申请人否认主合同效力问题，申请人认为不能成立。

庭审后，申请人请新加坡 F 法律公司出具了《法律意见书》，以证据的形式提交，说明《贷款协议》经申请人与债务人合法签署，包括利息与罚息约定在内的全部合同内容符合新加坡法律规定，系属合法有效。针对该项证据，被申请人于 2021 年 7 月 26 日提交《质证意见》，认可该证据的真实性，但不认可其合法性和关联性。

仲裁庭认为，鉴于《贷款协议》的准据法为新加坡法律，有关《贷款协议》的效力应当基于新加坡法律依据该协议约定的仲裁条款予以处理。

　　本案项下，申请人是基于《保证合同》仲裁条款的规定提出的仲裁申请，请求被申请人为债务人在《贷款协议》项下对申请人的债务承担无限连带保证责任。依据《保证合同》的规定，被申请人的保证责任范围为 "被担保债务"，而被担保债务指 "债务人在所有贷款协议及其他融资文件项下现在或将来任何时候应向债权人偿付的任何债务。上述债务包括但不限于本金、利息、逾期利息、复利、罚息、赔偿金、税费等一切债务以及为实现本合同项下之担保而发生的一切费用（包括但不限于诉讼费用、律师费用、公证费用及执行费用）和其它应付款项，无论该项支付是在有关贷款到期日应付或在其它情况下成为应付（包括借款人申请提前偿还的债务以及被宣布加速偿还的债务）"。因此，尽管《保证合同》与《贷款协议》所约定的准据法、仲裁协议均不同，但审理申请人基于《保证合同》所提起的本仲裁案，不能脱离《贷款协议》的规定。本案中，申请人将《贷款协议》作为证据提交以支持其仲裁请求；庭审中被申请人业已明确承认《贷款协议》的签署事实。因此，本案仲裁庭并未审理《贷款协议》下的纠纷，而是审理的《保证合同》项下的纠纷，本案仲裁请求及其计算方式依赖于《贷款协议》这一提交的证据丝毫不表明本案仲裁庭对《贷款协议》行使了管辖权。而针对申请人基于《保证合同》发起的本案仲裁，被申请人仅指出根据现有证据无法判断《贷款协议》的效力，以及根据中国法律，利息应不超过 15.4%，即四倍之 LPR 两点主要答辩意见。申请人已提交《法律意见书》等证据充分说明《贷款协议》合法、有效；被申请人却未能提交任何证据否认《贷款协议》的效力。与此同时，涉案《保证合同》所适用的准据法是中国法律。根据《保证合同》签署当时有效的《中华人民共和国担保法》第五条第一款之规定，担保合同是主合同的从合同，主合同无效，担保合同无效。

　　如上所述，仲裁庭认为被申请人未能举证说明 "主合同无效，担保合同无效" 的情形，相反，申请人已提交证据足以说明《保证合同》的主合同《贷款协议》的效力。与此同时，《保证合同》是当事人双方在平等、自愿的原则下所达成的合意，体现了双方的真实意思表示，且未发现存在违反中国法律行政法规的强制性规定、损害社会利益、第三人合法权益等情形，应为合法有效，对双方具有拘束力。

　　综上所述，仲裁庭认定涉案《保证合同》应为合法有效。

　　（三）关于逾期利息和罚息的计算标准

　　关于逾期利息和罚息标准，申请人认为，涉案《贷款协议》对于借款利率、罚息利率均有明确约定。具体而言,《贷款协议》定义部分载明,借款利率为 9.5%/年,罚息利率为 12%/年,相关借款利率、罚息利率应参照《贷款协议》的约定执行;而被申请人却认为,根据中国法律,《保证合同》所适用的逾期付款利息不应超过总利息的 15.4%,亦即四倍之 LPR。

就此,仲裁庭认为,如上所述,鉴于仲裁庭已经明确《贷款协议》是合法、有效的,其项下的"借款利率、罚息利率"亦应当予以遵守。与此同时,《保证合同》有关"被担保债务"的定义显示"'被担保债务'指债务人在所有贷款协议及其他融资文件项下现在或将来任何时候应向债权人偿付的任何债务。上述债务包括但不限于本金、利息、逾期利息、复利、罚息、赔偿金、税费等一切债务以及为实现本合同项下之担保而发生的一切费用(包括但不限于诉讼费用、律师费用、公证费用及执行费用)和其它应付款项,无论该项支付是在有关贷款到期日应付或在其它情况下成为应付(包括借款人申请提前偿还的债务以及被宣布加速偿还的债务)"。上述定义也进一步说明,被申请人作为保证人应当向申请人承担的"被担保债务"包括基于《贷款协议》所产生的"利息、逾期利息、罚息"等。换言之,相关"借款利率、罚息利率"的标准应参照《贷款协议》执行。

本案《保证合同》只是确立了被申请人对债务人基于《贷款协议》所负有的债务承担保证责任,该合同本身并未就利息的计算进行约定。而申请人对债务人所享有的债权数额,包括利息金额等应当且只能基于《贷款协议》约定计算而得。

综上,仲裁庭认为,被申请人主张适用中国法律框架下的司法解释来计算履行《贷款协议》所产生的"利息、逾期利息"等,不符合案涉合同的约定。主合同《贷款协议》存在明确约定的,应当参照明确约定执行,即"借款利率适用 9.5%/年,罚息利率适用 12%/年"。

(四)关于申请人提出的仲裁请求

根据《保证合同》关于担保的范围的约定,以及《保证合同》关于"被担保债务"的定义,被申请人对于申请人基于《贷款协议》对债务人所享有的债权负有连带赔偿责任。对于申请人的仲裁请求,应当基于上述规定进行处理。

1. 关于申请人提出的第一项仲裁请求

根据仲裁庭查明的事实,2020 年 5 月 7 日,申请人与债务人签署《贷款协议》。5 月 25 日,债务人依据《贷款协议》向申请人请求提取 200 万美元的贷款。申请人于 2020 年 5 月 27 日通过新加坡大华银行以汇款方式向债务人提供了 200 万美元的贷款，债务人于 2020 年 5 月 28 日确认收到该笔贷款。截至 2020 年 12 月 31 日，债务人累计按约偿还本金 50 余万美元，剩余本金为近 150 万美元。

基于上述事实，另考虑到被申请人于庭审中明确承认，其对于申请人所主张的相关借款事实不存在任何异议，包括申请人所主张的借款本金金额。故，仲裁庭认为，被申请人作为债务人就《贷款协议》的保证人，有义务向申请人偿还借款本金近 150 万美元。

就申请人所主张的借款利息而言，《贷款协议》明确约定，"借款人应该依照贷款人在用款日提供的还款计划偿还贷款"；另，根据《贷款协议》文首关于"借款利率"的定义，借款利率为每年百分之九点五（9.5%）。2020 年 5 月 25 日，债务人向申请人借取 200 万美元的贷款。2020 年 5 月 28 日，债务人确认收到贷款。2020 年 5 月 28 日，申请人向债务人发送还款计划表。根据还款计划表，截至 2021 年 1 月 1 日，债务人应偿还的利息为 1 余万美元。

基于上述事实，另考虑到被申请人于庭审中明确承认，其对于申请人所主张的相关借款事实不存在任何异议。故，仲裁庭认为，被申请人作为债务人就《贷款协议》的保证人，有义务向申请人偿还借款利息 1 余万美元。然而，由于截至 2021 年 1 月 2 日债务人的借款已经逾期，也就是说，"2021 年 1 月 2 日至 2021 年 1 月 11 日"这一期间为逾期期间，而非借款期间。在该期间内，应当开始起算逾期利息，不可同时重复计算借款利息。故申请人主张的 2021 年 1 月 2 日至 1 月 11 日的借款利息"近 3700 美元"，仲裁庭认为不应予以支持。

关于借款本金和利息，仲裁庭认为，根据双方所认可的还款计划表，截至 2021 年 1 月 2 日，债务人应向申请人偿还的借款本金和借款利息 = 近 150 万美元 +1 余万美元 = 151 余万美元。而被申请人作为《保证合同》的保证人有义务代替债务人偿还上述借款本金和利息。综上所述，申请人所主张的借款本金和借款利息中的 151 余万美元应当予以支持，其他部分不予以支持。

2. 关于申请人提出的第二项仲裁请求

《贷款协议》约定，若债务人逾期未还到期本金或利息的，则在逾期期间对未付本金和利息按照借款利率继续计算逾期利息；并以未付本金、未付利息及逾期利息为基数，按照罚息利率计算罚息。逾期利息自用款日之日起的每一周年结束时纳入下一周年度罚息的计算基数。

据此，仲裁庭理解，鉴于债务人自 2021 年 1 月 2 日起便已经逾期，自该日起则应当计算逾期付款利息。根据《贷款协议》之规定，逾期利息应当以未付本金、未付利息为基数，按照借款利率继续计算逾期利息。2021 年 1 月 2 日（逾期付款日）至 2021 年 1 月 11 日（申请人向债务人发出加速到期通知函日）期间，以未付本息近 10 万美元（8 余万美元+1 余万美元）为基数，以 9.5%/年为标准，可算得逾期利息=近 10 万美元×9.5%÷365 天×10 天=近 250 美元；2021 年 1 月 11 日，申请人向债务人发出加速到期通知函，所有债务均加速到期。2021 年 1 月 12 日（申请人向债务人发出加速到期通知函次日）至实际清偿日，以未付本息 151 余万美元（近 150 万美元+1 余万美元）为基数，以 9.5%/年为标准计算逾期利息，具体计算公式如下：逾期利息=151 余万美元×9.5%÷365 天×［自 2021 年 1 月 12 日（含该日）至实际清偿日之间的天数］。

综上，仲裁庭认为，首先，被申请人作为《保证合同》的保证人有义务为债务人向申请人偿还逾期利息。关于逾期利息应当予以支持的部分为，2021 年 1 月 2 日至 11 日期间的逾期付款利息近 250 美元，以及以未付本息 151 余万美元为基数，以 9.5%/年为标准计算得出的逾期利息，具体公式为：逾期利息=近 250 美元+151 余万美元×9.5%÷365 天×［自 2021 年 1 月 12 日（含该日）至实际清偿日之间的天数］，暂计至 2021 年 1 月 15 日为 1800 余美元，暂计至 2021 年 5 月 27 日为 5 余万美元。申请人所主张其余部分不应予以支持。

3. 关于申请人提出的第三项仲裁请求

《贷款协议》约定，若债务人逾期未还到期本金或利息的，则在逾期期间对未付本金和利息按照借款利率继续计算逾期利息；并以未付本金、未付利息及逾期利息为基数，按照罚息利率计算罚息。逾期利息自用款日之日起的每一周年结束时纳入下一周年度罚息的计算基数。另，根据《贷款协议》项下有关罚息利率的定义可知，罚息利率为每年百分之十二（12%）。

据此，仲裁庭理解，鉴于债务人的债务自 2021 年 1 月 2 日起便已经逾期，自该日起便可以计算罚息。此外，根据《贷款协议》之规定，计算罚息时，作为计算基数的逾期利息应当自用款日之日起的每一周年结束时纳入下一周年度累计。据此，关于罚息的计算应当分以下三部分：（1）2021 年 1 月 2 日至 1 月 11 日期间所产生的罚息；（2）申请人向债务人发出加速到期函的次日，即 2021 年 1 月 12 日，至用款日 2020 年 5 月 28 日起满一周年，即 2021 年 5 月 27 日期间所产生的罚息；（3）2021 年 5 月 28 日至被申请人实际清偿日每一周年内所产生的罚息，具体计算方式如下：

首先，关于 2021 年 1 月 2 日至 1 月 11 日期间所产生的罚息，未付本息金额为近 10 万美元（8 余万美元+1 余万美元），该期间的罚息=近 10 万美元×12%÷365 天×10 天=300 余美元。

其次，申请人向债务人发出加速到期函的次日，即 2021 年 1 月 12 日，至用款日 2020 年 5 月 28 日起满一周年，即 2021 年 5 月 27 日期间所产生的罚息计算方式如下：罚息=151 余万美元×12%÷365 天×136 天=近 7 万美元。

最后，关于自 2021 年 5 月 28 日至被申请人实际清偿日每一周年内所产生的罚息计算方式如下：根据《贷款协议》之约定，2021 年 5 月 28 日起至实际清偿日止的每一周年内，罚息应当以"未付本金、未付利息及逾期利息为基数"进行计算。而根据上述计算，未付本息金额为"151 余万美元"；2021 年 1 月 2 日至 5 月 27 日的逾期利息为"5 余万美元"，计算公式为：逾期利息=2021 年 1 月 2 日至 11 日间的逾期利息"近 250 美元"（逾期利息=近 10 万美元×9.5%÷365 天×10 天=近 250 美元）+2021 年 1 月 12 日至 5 月 27 日的逾期利息"5 余万美元"（逾期利息=151 余万美元×9.5%÷365 天×136 天=5 余万美元）；此后每经过一周年的逾期利息为"14 余万美元"（逾期利息=151 余万美元×9.5%÷365 天×365 天）。也就是说，自 2021 年 5 月 28 日起至实际清偿日止的每一周年内，罚息的基数为"近 160 万美元+14 余万美元×（n-1）"，n 为自 2020 年 5 月 28 日至实际清偿日的周年数。而自 2021 年 5 月 28 日（自用款日起一周年结束）起至实际清偿日止每一周年内，罚息的计算方式如下：罚息=［近 160 万美元+14 余万美元×（n-1）］×12%÷365 天×［365 天（该周年内未清偿情形）或当年 5 月 28 日（含该日）至实际清偿日的间隔天数（该周年内已清偿情形）］，其中，n 为自 2020 年 5 月 28 日至实际清偿日的周年数。

综上，仲裁庭认为，被申请人作为《保证合同》的保证人有义务向申请人偿还罚息，暂计至 2021 年 1 月 15 日，应偿还的罚息为 2300 余美元，暂计至 2021 年 5 月 27 日为近 7 万美元。被申请人于 2021 年 5 月 28 日（含该日）以后还款的，2021 年 5 月 28 日至实际清偿日止每一周年内罚息的计算公式为：罚息=［近 160 万美元+14 余万美元×（n-1）］×12%÷365 天×［365 天（该周年内未清偿情形）或当年 5 月 28 日（含该日）至实际清偿日的间隔天数（该周年内已清偿情形）］，其中，n 为自 2020 年 5 月 28 日至实际清偿日的周年数。申请人所主张其余部分不应予以支持。

4. 关于申请人提出的第四项仲裁请求

2021 年 6 月 10 日，申请人提交"申请人明确第四项仲裁请求的说明"，对申请人因本案支出的各项费用，包括公证认证费近 7000 新加坡元、保全费人民币 5000 元、诉讼财产保全责任险保险费人民币近 1 万元、律师费人民币 10 万元进行了明确，并提交了相应证据予以说明。对于上述证据的真实性，被申请人发表书面质证意见予以认可。

根据申请人提交的证据情况，以及《仲裁规则》第五十二条之规定，仲裁庭认为申请人的该项仲裁请求应当予以支持。

5. 关于申请人提出的第五项仲裁请求

结合本案的审理情况，根据仲裁庭对本案争议焦点的分析，并根据《仲裁规则》第五十二条之规定，仲裁庭认为，本案仲裁费全部应由被申请人承担。

三、裁　决

基于以上事实和理由，仲裁庭裁决如下：

（一）被申请人向申请人支付应付而未付的借款本金和利息共计 151 余万美元。

（二）被申请人向申请人支付逾期利息，具体计算公式为：逾期利息 = 近 250 美元 + 151 余万美元 × 9.5% ÷ 365 天 ×［自 2021 年 1 月 12 日（含该日）至实际清偿日之间的天数］，暂计至 2021 年 1 月 15 日为 1800 余美元。

（三）被申请人向申请人支付罚息，鉴于被申请人至本裁决作出之日尚未还款，被申请人应偿还的罚息暂计至 2021 年 1 月 15 日为 2300 余美元，暂计至 2021 年 5 月 27 日为近 7 万美元。2021 年 5 月 28 日至被申请人实际清偿日每一周年内，罚息的计算公式如下：罚息 =［近 160 万美元 + 14 余万美元 ×（n-1）］× 12% ÷ 365 天 ×［365 天（该周年内未清偿情形）或当年 5 月 28 日（含该日）至实际清偿日的间隔天数（该周年内已清偿情形）］，n 为自 2020 年 5 月 28 日至实际清偿日的周年数。

（四）被申请人向申请人支付公证认证费近 7000 新加坡元，保全费人民币 5000 元，诉讼财产保全责任险保险费人民币近 1 万元，律师费人民币 10 万元。

（五）本案仲裁费全部由被申请人承担。上述款项已由申请人向仲裁委员会预缴，被申请人应向申请人支付相应美元，以补偿申请人代其垫付的仲裁费。

上述被申请人应向申请人支付的款项，被申请人应于本裁决作出之日起二十日内向申请人履行完毕。

本裁决为终局裁决，自作出之日起生效。

案例评析

【关键词】 保证合同　适用法　贷款利率

本案核心争议体现在，在主合同《贷款协议》与从合同《保证合同》项下仲裁条款、适用法均完全不同的情况下，债权人一方是否可基于《保证合同》发起仲裁，并要求保证人按照《贷款协议》约定的利率标准还款。

【焦点评析】

本案属于保证合同纠纷，主合同《贷款协议》项下的仲裁条款约定，一切争议适用新加坡国际仲裁院仲裁规则，于新加坡进行仲裁，合同适用法为新加坡法；从合同《保证合同》项下的仲裁条款则约定，因《保证合同》引起的或与《保证合同》有关的任何争议均应提交至位于北京的仲裁委员会进行仲裁，合同适用法为中国法。

基于上述合同约定，申请人并未也无法同时基于《贷款协议》与《保证合同》向仲裁委员会发起多份合同的仲裁。在这一特殊情形下，作为从合同的本案《保证合同》的效力是否可能因主合同《贷款协议》无效而无效，以及中国法项下针对贷款利率的限制是否适用于本案，则成为案件焦点。与此同时，本案申请人为新加坡公司，被申请人为中国公司，因新加坡是我国重要的"一带一路"国家，本案也很好地展现了在"一带一路"建设背景下的国际法律冲突与协调问题。

一、主从合同适用法不同，从合同效力应如何确定

本案中，被申请人的主要答辩意见为，申请人的请求依据是基于《保证合同》，《保证合同》从属于主合同《贷款协议》，倘若主合同无效，从合同也无效，申请人对于主合同有效负有举证责任。诚然，合同效力是仲裁庭审理案件首先应当厘清的问题，但本案仲裁庭并没有选择长篇大论地适用新加坡法律对主合同《贷款协议》进行效力分析，结合本案特殊性，仅把握如下两点便简明扼要地认定了本案《保证合同》效力，并规避了对不享有管辖权的《贷款协议》纠纷进行过度审理。

首先，仲裁庭开宗明义地交代了本案管辖权问题，明确了《贷款协议》在案件中的地位。本案中，申请人基于《保证合同》项下的仲裁条款发起仲裁，

请求被申请人为债务人在《贷款协议》项下对申请人的债务承担无限连带保证责任，而《贷款协议》在本案中的角色则是支持申请人一方主张的书面证据。囿于管辖权，仲裁庭只能审理《保证合同》项下的纠纷，本案审理需要依赖于《贷款协议》这一证据，丝毫不表明本案仲裁庭对《贷款协议》纠纷行使了管辖权。

其次，仲裁庭基于当事人在庭审过程中的举证情况，在保证仲裁庭审效率的同时，公平合理地作出了裁判。根据《保证合同》签署当时有效的《中华人民共和国担保法》第五条第一款，担保合同是主合同的从合同，主合同无效，担保合同才无效。尽管被给予了充分的时间与机会，被申请人一方虽未能举证说明本案存在"主合同无效，担保合同无效"情形，但对《贷款协议》的签署及履行事实予以认可。申请人一方则提交了由新加坡律师出具法律意见书作为证据，充分论证了《贷款协议》有效性，被申请人一方也认可了该项证据的真实性。

基于以上逻辑与庭审事实，仲裁庭认为，本案《保证合同》体现了双方真实意思表示，不存在违反中国法律行政法规强制性规定、损害社会公共利益、第三人合法权益等情形，因此本案《保证合同》应为合法有效，对双方具有拘束力。

二、中国法下针对贷款利率的限制是否适用于本案

本案中，《贷款协议》约定的借款利率为 9.5%/年，罚息利率为 12%/年。而被申请人却认为，根据中国法，《保证合同》所适用的逾期付款利息不应超过总利息的 15.4%，亦即贷款市场报价利率（LPR）的四倍。

面对复杂的贷款利率问题，仲裁庭先是明确了根据本案的基本事实和举证情况，《贷款协议》是合法、有效的，其项下的"借款利率、罚息利率"应当予以遵守。在此基础上，仲裁庭进一步指出了《保证合同》项下有关"被担保债务"的定义，即"被担保债务"是指债务人所有贷款协议及其他融资文件项下现在或将来任何时候应向债权人偿付的任何债务。上述债务包括但不限于本金、利息、逾期利息、复利、罚息、赔偿金税费等一切债务以及为实现本合同项下之担保而发生的一切费用。据此定义，裁决书顺理成章地将适用新加坡法的《贷款协议》项下的债务，与适用中国法《保证合同》项下的被担保债务联系了起来，并指明根据当事人之间的约定，"借款利率、罚息利率"标准应当参照《贷款协议》执行。

此后，通过以更加独立的视角审视本案《保证合同》，仲裁庭发现，《保证合同》只是确立了被申请人对债务人基于《贷款协议》所负有的债务承担保证责任，该合同本身并未就利息的计算进行约定，申请人对债务人所享有的债权数额，包括利息金额等应当且只能基于《贷款协议》相关约定计算而得。概言之，适用中国法的《保证合同》项下本身即不存在有关贷款利率的约定，显然不应受中国法对于贷款利率的限制。

综上，仲裁庭认定，尽管本案适用法为中国法，但中国法框架下对于贷款利率的限制不应适用于本案。上述分析不仅尊重了当事人之间有关贷款利率的约定，同时也将案件说理维持在中国法律框架的红线以内，展现了仲裁庭对当事人意思自治原则的尊重与智慧。

三、对于裁决具体金额的认定，勤勉尽责、不偏不倚

尽管在本案核心争议焦点问题上，仲裁庭支持了申请人一方的主张，但在具体裁决上，仲裁庭并没有一刀切地支持申请人的全部仲裁请求。事实上，本案当事人之间约定的利息计算方式十分复杂，不仅包括《还款计划表》，剩余贷款加速到期的设定，对罚息的确定还区分了周年内已清偿或未清偿的情形适用不同的计算方式。面对如此复杂的利息约定，仲裁庭始终保持着冷静、中立的态度，经仔细审核发现，申请人提出的仲裁请求金额其实存在误差，对此，裁决书客观地进行了说明，并对错误计算的部分未予以支持，做到了勤勉尽责、不偏不倚。

【结语】

本案诞生于"一带一路"倡议的大背景下，随着各国民商事交往的不断深入，如何更好地协调我国与"一带一路"国家在法律制度上的冲突，也成为涉外民商事争议解决过程中不得不面对的问题。本案就充分反映了中新两国在贷款利率法律制度方面的差异，面对这一特殊情况，本案仲裁庭简明扼要地进行了分析论证，逻辑清晰紧凑、语言严谨规范，极具说服力，很好地体现了我国仲裁法精神。而在"一带一路"倡议提出十周年之际，本案带给我们的启示主要包括以下三个方面：

首先，面对"一带一路"建设中的跨文化法律协调问题，仲裁庭应当时刻警惕管辖权上的界限和限制，避免对不享有管辖权的事项进行裁决。也因此，本案裁决书中多处就管辖权问题进行了交代，包括明确本案合同只有《保证合同》，而《贷款协议》在本案中角色仅作为厘清事实必不可少的证据。

其次，在我国与"一带一路"国家合作的过程中，由于法律文化多元性的事实，涉外交易框架日趋复杂，主从合同仲裁条款、适用法不同的情况其实也屡见不鲜。本案仲裁庭就很好地尊重了不同文化背景下的当事人意思自治，在面对主从合同适用法不同的复杂情况时，精准地把握住本案《保证合同》项下不存在贷款利率约定的事实，简洁明快地厘清了争议焦点，极大地提升了仲裁效率。

最后，本案也提醒了我国企业在"走出去"从事海外经营的过程中，应审慎权衡主从合同项下仲裁条款与适用法的设计，平衡促进"一带一路"经贸合作，以及国际法律冲突解决等多方面考量，以便利将来可能的争议有效地得到解决。

综上，在充分听取当事人意见的基础上，仲裁庭把握案件突破口，灵活地进行了法律适用与合同条款分析，很好地诠释了如何基于事实与法律，公平合理地解决纠纷。与此同时，在国际商事交易日趋频繁和复杂的今天，本案裁决书亦彰显了仲裁委员会仲裁的灵活、效率与公正，在促进公平交易，推动"一带一路"经贸合作方面同样起到了良好的示范作用。

（评述人：王雪华）

案例十六　韩国 A 网络公司与韩国 B 运输公司矿产品买卖合同争议案

中国国际经济贸易仲裁委员会（以下简称"仲裁委员会"）根据申请人韩国 A 网络公司（以下简称"申请人"）与被申请人韩国 B 运输公司（以下简称"被申请人"）签订的《CONTRACT OF NICKEL ORE》中仲裁条款的约定，以及申请人向仲裁委员会提交的书面仲裁申请，受理了双方当事人因履行上述合同产生的本争议仲裁案。

本案仲裁程序适用自 2015 年 1 月 1 日起施行的《中国国际经济贸易仲裁委员会仲裁规则》（以下简称《仲裁规则》）。

根据《仲裁规则》第二十五条的规定，本案应由三名仲裁员组成仲裁庭进行审理。申请人选定 X 担任本案仲裁员，被申请人选定 Y 担任本案仲裁员。由于双方未在规定期限内共同选定或共同委托仲裁委员会主任指定首席仲裁员，仲裁委员会主任根据《仲裁规则》之规定，指定 Z 担任本案首席仲裁员。上述三位仲裁员在签署接受指定《声明书》后，组成仲裁庭，共同审理本案。

被申请人提交了"初步答辩意见及反请求申请书"仲裁院向双方当事人寄送了缴费通知，通知被申请人就其反请求缴纳仲裁预付金。在被申请人按通知要求缴纳仲裁预付金后，仲裁院向双方当事人寄送了反请求受理通知。

仲裁庭如期开庭审理本案。申请人和被申请人均委派代理人出席了庭审。庭前，申请人提交了"证据清单（三）"及其所附证据材料，被申请人提交了"被申请人申请庭后出示证据原件的进一步说明""被申请人地址的说明""明确仲裁反请求申请书""被申请人证据清单（二）"及其所附证据材料。庭审中，双方就仲裁本请求/反请求及案件的事实进行了陈述，对对方的仲裁本请求/反请求作了答辩，回答了仲裁庭的调查询问，出示了相关证据原件，对对方证据进行了质证，就法律问题进行了辩论，并作了最后陈述。庭审结束前，仲裁庭就庭后仲裁程序作出了相应安排。

本案现已审理终结。仲裁庭依据双方当事人提交的书面材料及庭审中查明的事实，经合议，依据合同约定和法律规定作出本裁决。

现将本案案情、仲裁庭意见及裁决结果分述如下：

一、案　情

（一）申请人的仲裁请求及所依据的事实理由

1. 交易背景简介

被申请人原本就本案合同项下的镍矿产品已经与中国 C 贸易公司达成交易，并与中国 C 贸易公司的代理香港 D 公司签订了合同。

但是，从 2014 年 5 月末起，镍矿市场状况突然恶化，香港 D 公司和中国 C 贸易公司未向被申请人开立信用证，导致双方发生纠纷。双方遂开始讨论"预先将镍矿存放于中国境内的仓库中，待价格上涨后在中国出售的方法"等，对此，被申请人以香港 D 公司系位于香港的公司为由，要求香港 D 公司的母公司即中国 E 物流公司成为合同相对方并要求先行支付销售价款，而中国 E 物流公司要求被申请人先行交付镍矿，因为双方存在前述的信任缺失问题，从而产生了纠纷。

在此情况下，新的替代方案被提出，内容为：与被申请人、中国 E 物流公司的子公司香港 D 公司都曾存在交易经验的申请人介入该交易，将原来"被申请人—中国 E 物流公司—中国 C 贸易公司"的合同形式，变更为"被申请人—申请人—中国 E 物流公司—中国 C 贸易公司"的合同形式。

最终，被申请人和中国 E 物流公司、中国 C 贸易公司同意将申请人引入镍矿销售合同，以解决被申请人与中国 E 物流公司之间的信任缺失问题。据此，申请人与被申请人于 2014 年 8 月 1 日签订了本案合同，并同时与中国 E 物流公司签订了除合同主体及价格外其他内容完全相同的《CONTRACT OF NICKEL ORE》，前述两份合同上注明的签订日期均为 2014 年 8 月 1 日。

申请人与被申请人签订的本案合同与中国 C 贸易公司与中国 E 物流公司所签订的《代理进口销售合同》约定的 CIF 价格总金额 1.0% 的代理费（不含手续费）及月息 0.7% 至 1.6% 的资金占用利息的费率相比，如商品最终顺利及时转售，二者的费率大致相同，印证了申请人的地位与中国 E 物流公司相同，均为代理人。

同时,申请人与被申请人签订的本案合同的附件《ADDENDUM NO. 1》约定,货物出售给最终买家所获的收益归被申请人享有,亏损由被申请人承担,符合委托代理关系的法律特征。

综上所述,为解决被申请人与中国 E 物流公司(中国 C 贸易公司)之间的纠纷,经过申请人、被申请人、中国 C 贸易公司、中国 E 物流公司的磋商,采取了由申请人作为中介人介入的形式,实质上,申请人收取了固定金额的手续费履行了被申请人代理人的角色。

对于镍矿后续在中国出售的价格风险,合同约定最终由被申请人承担。申请人与被申请人签订的本案合同的附件《ADDENDUM NO. 1》约定的宗旨如下:申请人与被申请人均有义务寻找最终买方,且销售合同需要经被申请人确认。在卸货完成后的 75 日内,被申请人可优先决定销售合同中的销售价格。如果销售合同未能在卸货完成后的 75 日内签订,则申请人有权自行销售这批货物。销售净收入应由毛收入扣掉成本后计算得出,总成本包括如下费用:(1)港口费用;(2)如果最终销售是以人民币结算,则包含税费;(3)卸货完成后第 31 天起的存储费用;(4)毛收入 1% 的代理费用。上述全部款项将会体现在最终发票上并由被申请人支付。如果净收入超过了原合同上的付款金额,申请人应在收到货款并结算所有成本后,在 7 个银行工作日内将净收入与最终付款金额的差额支付给被申请人;如果净收入低于最终付款金额则被申请人需在申请人和最终买方签订销售合同前,将净收入与最终付款金额的差额支付给申请人。

申请人与中国 E 物流公司签订的《CONTRACT OF NICKEL ORE》的附件《ADDENDUM NO. 1》作了相同的约定。

2. 交易合同的履行和纠纷的产生

两份《CONTRACT OF NICKEL ORE》签订后,申请人于 2014 年 8 月 6 日向被申请人支付货款韩币 27 余亿元,中国 E 物流公司于 2014 年 8 月 7 日向申请人支付货款近 270 万美元。此后,案涉货物由被申请人直接(申请人并未经手案涉货物)交付给中国 E 物流公司。如此,为了解决被申请人与中国 E 物流公司之间存在的前述信任缺失问题,各方才利用申请人与被申请人之间、申请人与中国 E 物流公司之间的信任关系,以申请人作为中间的纽带桥梁,进行了前述的交易。

通过这样的交易，被申请人拟以申请人作为媒介并通过中国 E 物流公司找到案涉货物的最终买家进行最终销售。然而，卸货完成后 75 日内各方均未能找到最终买家并签订案涉货物的买卖合同。

中国 C 贸易公司于 2014 年 10 月 20 日向被申请人发出通知，通知前述约定的 75 日期限截至 2014 年 9 月 27 日，案涉货物尚未销售，市场价格趋降，中国 C 贸易公司将自行转售并保留追偿损失权利。中国 C 贸易公司在 2014 年 10 月 24 日发给申请人代表的电子邮件中再次重申了前述内容。

然而，申请人与被申请人后续均未能在中国大陆落实最终买家。

中国 C 贸易公司于 2015 年 4 月 10 日与中国 F 贸易公司签订了《镍矿销售合同》，将案涉货物销售给该公司，成交价格为人民币近 1600 万元。中国 C 贸易公司在签订前述合同前，未告知申请人任何关于该合同的信息，故申请人亦未能转达被申请人。

2016 年 9 月 5 日中国 C 贸易公司依据其与申请人签订的《CONTRACT OF NICKEL ORE》，针对申请人向仲裁委员会申请仲裁，仲裁委员会经过两年多的审理，于 2019 年 1 月 9 日作出裁决：（1）裁决申请人向中国 C 贸易公司支付人民币 380 余万元；（2）裁决申请人承担并向中国 C 贸易公司支付仲裁费人民币 16 余万元；（3）裁决申请人承担中国 C 贸易公司律师费人民币 30 万元；（4）裁决申请人承担反请求仲裁费近 3500 美元。

《裁决书》裁定申请人承担的金额应视为按正常情况下货物及时处置时，因正常市场价格波动而发生的损失。而该部分损失已经与被申请人是否得到通知没有法律上的因果关系，纯粹是合理处置期间范围内的市场价格波动导致的损失，已经没有任何水分，根据本案合同的附件《ADDENDUM NO.1》的约定，前述损失应最终由被申请人全部承担。

同时，申请人认为，于申请人而言，因中国 C 贸易公司并未事先将转售案涉货物的合同提供给申请人，也没有给申请人发出任何关于合同的信息（包括但不限于被申请人寻找最终买方、其与潜在最终买方之间的协商、签约等过程的任何信息）的通知，并由中国 C 贸易公司径直转售，因而申请人未能且不能事先向被申请人提供转售合同，亦无法就转售合同内容事先取得被申请人同意，对此申请人并无任何过错。

反观被申请人，根据本案合同附件 1《ADDENDUM NO.1》的约定，被申请人亦负有寻找最终买家的合同义务，且结合本案的特殊背景和附件 1《AD-DENDUM NO.1》的约定，寻找最终买家的义务应主要为被申请人的义务，但被申请人自始至终并未为寻找最终买家而作出任何努力，考虑到本交易原本是被申请人与中国 E 物流公司、中国 C 贸易公司之间的交易，申请人介入在后，各方引入申请人介入该交易的目的在于通过申请人作为被申请人的代理人垫付资金解决各方当时无法解决的信任缺失问题和交易流程争议，申请人所受的损失应由被申请人予以全额承担。

中国 C 贸易公司已经就前述《裁决书》在韩国针对申请人向韩国法院申请强制执行，韩国 G 市中部地方法院于 2020 年 7 月作出《决定》，申请人最终实际承担的损失金额为人民币 400 余万元、美元近 3500 元及韩币近 1.5 亿元（含申请人的律师费差额、差旅费及申请人承担的中国 C 贸易公司律师费人民币 30 万元）。

根据本案合同附件 1《ADDENDUM NO.1》的约定，前述损失应由被申请人承担，且被申请人应当预付该笔费用，即应当在申请人对外支付前支付给申请人，但被申请人始终拒绝支付。

申请人自中国 C 贸易公司申请仲裁裁决以来，多次要求被申请人赔偿申请人遭受的损失，但被申请人拒不履行合同规定的损害赔偿义务，已经构成严重违约。申请人自 2016 年年初至 2020 年 10 月期间已经多次发函给被申请人、被申请人亦多次复函，但因被申请人始终拒绝承担任何赔偿责任，一直未果。故特提起本案仲裁申请。

申请人的仲裁请求如下：

1. 被申请人向申请人赔偿损失人民币 400 余万元、美元近 3500 元及韩币近 1.5 亿元。

2. 被申请人（1）以人民币 400 余万元为基数，自 2019 年 5 月 17 日起至实际支付之日止，按全国银行间同业拆借中心公布的一年期贷款市场报价利率（年利率 3.85%）向申请人赔偿利息损失，暂计至 2020 年 12 月 31 日利息累计为人民币 25 余万元；（2）以美元近 3500 元为基数，自 2019 年 1 月 10 日起至实际支付之日止，按全国银行间同业拆借中心公布的一年期贷款市场报价利率（年利率 3.85%）向申请人赔偿利息损失，暂计至 2020 年 12 月 31 日利息累计为美元 260 余元；（3）以韩币近 1.5 亿元为基数，自 2019 年 1 月 10 日起至实际支付之日止，按全国银行间同业拆借中心公布的一年期贷款市场报价利率（年利率 3.85%）向申请人赔偿利息损失，暂计至 2020 年 12 月 31 日利息累计为韩币 1100 余万元。

3. 被申请人向申请人支付近 1.7 万美元（暂计至 2020 年 12 月 31 日的暂定金额）以补偿申请人因本仲裁程序花费的律师费。

4. 被申请人承担本案仲裁费。

（二）被申请人的答辩意见

1. 本案合同的性质是货物买卖合同，而非委托代理合同

申请人在其《仲裁申请书》中称，本案合同符合委托代理关系的法律特征，申请人的地位为代理人。申请人的这种说法曲解了本案合同的性质，本案合同是货物买卖合同，而非代理合同，申请人是本案合同项下独立的买方，也是其与中国 E 物流公司签订的转售合同项下的独立卖方，而并非被申请人的代理人。

（1）众所周知，在国际货物买卖中，货物交付是以交付代表货物物权的提单为特征的单据交付，亦称拟制交付或象征性交付。由本案合同的内容清楚可见，本案合同是典型的转让货物所有权并收取货物价款的买卖合同。

委托合同并不转让货物所有权，受托人并非买方，也不向委托人支付货物价款。可见，本案合同没有丝毫委托合同的特征，申请人是独立的货物买方，而非被申请人的代理。

（2）申请人并未提交授权委托书、委托协议或其他任何能够证明其是被申请人代理人的证据。

（3）本案合同附件 1 中虽然约定根据申请人向其下家买家销售的净收入额与本案合同项下最终货款额之间的差额来决定申请人向被申请人多退少补的金额，但这只不过是本案合同项下为保障申请人赚取转卖差价的一种货款价格技术安排，并不改变本案合同的转让货物所有权的买卖合同属性，不能因为本案合同项下对申请人转卖货物的差价收益提供了保障而将该买卖合同变性为代理合同。

（4）申请人是在没收到其下家买家付款之前便向被申请人支付货款的，这也证明申请人是本案合同项下独立的买方，而不是代理人。在委托代理合同项下，代理人是不会在没收到交易对方支付的货款之前便自掏腰包向其委托人付

款的。

(5) 申请人在其与中国 C 贸易公司之间的仲裁过程中以及其后的撤裁申请中从没主张其是被申请人的代理，而是一直以独立的卖方身份进行答辩和申请撤销仲裁裁决书。可见，申请人十分清楚本案合同是买卖合同，其并不是被申请人的代理人。

2. 另案仲裁裁决书及法院民事裁定书均认定申请人是转卖合同项下的卖方，而非被申请人的代理人

3. 本案合同附件 1 项下的最终买家是中国 C 贸易公司，而非中国 F 贸易公司

4. 被申请人无需向申请人支付任何款项

申请人与中国 E 物流公司签订的转售合同项下的货物单价为 48 美元/湿吨，超过申请人从被申请人采购的单价 47 美元/湿吨。由于申请人与中国 E 物流公司之间的转售合同及附件 1 中关于价格调整、成本补偿及净收入的约定与本案合同及附件 1 中的约定内容一致，因此，按 48 美元/湿吨计算的转售货款并不包括港口费用、税金、从完成卸货后第 31 日起的仓储费用和毛收入的 1% 的代理费等成本，按 48 美元/湿吨单价计算的转售货款加上湿度低于 33% 的价格调整 16 余万美元就是申请人转售货物的净收入，该净收入大于本案合同项下按 47 美元/湿吨计算的货款加上湿度低于 33% 的价格调整 16 余万美元并减去税金后的最终货款，被申请人无需向申请人支付任何款项。

5. 申请人应自行承担其与中国 E 物流公司签订转售合同的后果

案涉货物于 2014 年 7 月 14 日在中国某港卸货结束，申请人称其于 2014 年 8 月 1 日 (卸货结束后的 75 日之内) 即将货物转售给中国 E 物流公司，但是申请人从没将其与中国 E 物流公司之间的转售合同提供给被申请人确认，其在转售合同及其附件 1 中所约定的价格条款从没经过被申请人同意。申请人的这种自行转售行为已经构成对本案合同及其附件 1 的违约，其违约后果只能由申请人自行承担。申请人在与中国 E 物流公司签订的转售合同中约定其向买家 (中国 C 贸易公司) 赔偿中国 C 贸易公司将货物转售下家的货款损失，这是申请人在违反本案合同及其附件 1 的情况下自行对其下家买家所做的承诺，与被申请人无关。被申请人从未承诺补偿申请人的下家买家在其转售过程中所产生的任何货价损失。因此，申请人向中国 C 贸易公司作出的赔偿与被申请人无关，此

项赔偿系申请人自愿承担商业风险的后果，应由其自行负责，申请人无权就其违约的后果向被申请人索赔。

6. 申请人的索赔因已超过诉讼时效而应予以驳回

《中华人民共和国合同法》（以下简称《合同法》）第一百二十九条中规定："因国际货物买卖合同和技术进出口合同争议提起诉讼或者申请仲裁的期限为四年，自当事人知道或者应当知道其权利受到侵害之日起计算。"如前所述，本案合同为国际货物买卖合同，故索赔时效应为 4 年。

申请人在其《仲裁申请书》中称中国 E 物流公司已于 2014 年 8 月 7 日向其支付了货款近 270 万美元。可见，如果申请人遭受转卖净收入低于本案合同项下最终货款的损害的话，申请人最迟于 2014 年 8 月 7 日已经知道这种损害的发生，其 4 年诉讼时效应最迟于 2014 年 8 月 7 日起算，至 2018 年 8 月 6 日终止。申请人于 2021 年 2 月提交本案仲裁，早已超过法定的诉讼时效，其请求因此应予以驳回。

7. 申请人无权请求另案及本案的仲裁费、律师费及差旅费

申请人与中国 C 贸易公司之间的仲裁案与被申请人无关，因此申请人要求被申请人补偿其在与中国 C 贸易公司之间的仲裁案中承担的本请求和反请求的仲裁费、中国 C 贸易公司的律师费以及申请人自己的律师费和差旅费没有任何依据。

8. 申请人无权请求利息

鉴于申请人无权向被申请人索赔各项所谓损失和费用，故其无权向被申请人索赔所谓损失及费用的利息。

（三）被申请人的反请求及所依据的事实与理由

根据卸港中国 H 检测公司出具的货物重量及质量报告，被申请人实际交货量为近 5.7 万湿吨，实际成分含量为镍 1.4%，铁 13.55%，水分含量 27.25%。被申请人按近 5.7 万湿吨的交货量向申请人发出发票。实际交货中的镍及铁的含量符合本案合同的约定，不构成价格调整因素，但因货物实际含水量低于 33%，申请人应就水分低于 33% 的部分向被申请人支付赔偿款，此项赔偿款金额为 16 余万美元。被申请人多次告知申请人此项赔偿款金额，并于 2016 年 5 月 18 日将该 16 余万美元应收款的发票发送给申请人，但申请人至今也没支付该笔应付款。申请人应将该赔偿款及利息支付给被申请人。

鉴于申请人的以上违约行为，申请人在承担以上 16 余万美元及相应利息的付款义务的同时，还应赔偿被申请人为办理本案本请求答辩及反请求所产生的律师费，申请人还应承担本案与本请求及反请求有关的全部仲裁费。

据此，被申请人提出明确后的仲裁反请求如下：

1. 由申请人向被申请人支付货物含水量低于 33% 的相应赔偿款 16 余万美元及其自 2016 年 5 月 28 日（被申请人于 2016 年 5 月 18 日向申请人发送最终发票，根据案涉合同约定，申请人应在收到最终发票后的 7 个银行工作日内付款，即 2016 年 5 月 28 日是申请人付款期限届满的次日）起至本案裁决之日止按中国全国银行间同业拆借中心公布的一年期贷款市场报价利率 3.85% 计算的利息，按以上方法暂计至 2021 年 12 月 31 日，申请人应支付被申请人的利息为 3.5 余万美元（即 16 余万美元×3.85%×2043 天÷365 天 = 3.5 余万美元）；

2. 由申请人补偿被申请人因办理本案本请求答辩及反请求而产生的律师费暂计 8 万美元；

3. 由申请人承担本案的全部仲裁费。

（四）申请人对反请求的答辩意见

1. 仲裁反请求已经超过诉讼时效。

本案合同签订于 2014 年 8 月 1 日，货物单据交付完成于 2014 年 8 月 6 日，卸货港货物重量及质量报告出具于 2014 年 8 月 20 日。

申请人从未收到被申请人就货物含水量低于 33% 的相应赔偿要求，被申请人所提交的反请求证据 1（发票及电子邮件）、反请求证据 3（2019 年 2 月 14 日函件），申请人均未收到过。

反请求提出的日期（反请求申请书的落款日期为 2021 年 8 月 4 日）距卸货港货物重量及质量报告出具之日（2014 年 8 月 20 日）已经将近 7 年，距离申请人首次通知被申请人关于中国 C 贸易公司就相关合同针对申请人申请仲裁之日（2016 年 11 月 6 日）业已将近 5 年。

据此，反请求提出的时间已经远超合同签订时有效的《中华人民共和国民法通则》《合同法》及现行有效的《中华人民共和国民法典》规定的诉讼时效，不应得到支持。

2. 即使不考虑诉讼时效，货物含水量的赔偿的承担方也应当是中国 C 贸易公司，申请人的付款义务发生在向中国 C 贸易公司追索并得到赔偿之后。

各方的合同本意是，申请人参与被申请人与中国 C 贸易公司原本搁浅的交易，以促使交易得以继续，但申请人不承担交易风险，包括含水率赔偿的交易风险。基于此合同本意，如果含水量赔偿实际发生，则应由中国 C 贸易公司承担。本案中，被申请人主张含水量赔偿，应通知申请人，申请人应通知中国 C 贸易公司，申请人的付款义务发生在中国 C 贸易公司向申请人支付含水量赔偿之后，申请人就含水量赔偿的负有的义务仅仅是：向中国 C 贸易公司转达被申请人的索赔要求，在中国 C 贸易公司支付赔偿后向被申请人转付义务。

综上所述，无论从诉讼时效角度，还是从交易结构及合同内容安排角度，申请人均无义务向被申请人支付含水率赔偿，与之相关的利息、反请求的律师费、仲裁费亦不应由申请人承担。

（五）申请人的庭后代理意见

1. 申请人和中国 C 贸易公司均不承担向最终买家销售货物时的差价损失，也不享有溢价部分，前述损益由被申请人承担和享有。

（1）两份合同签署安排的效果是价格减少部分由被申请人承担并补偿给申请人，申请人再补偿给中国 C 贸易公司，价格溢价部分由被申请人享有（中国 C 贸易公司支付给申请人，申请人再支付给被申请人），其最终效果是申请人、中国 C 贸易公司不承担和享有与最终买家交易价格的差价损益，差价损益由被申请人承担和享有。

（2）两份合同约定的毛收入 1% 的代理费用的表述有力地证明了申请人与被申请人之间为代理关系的事实。申请人可获得的最大收益仅仅是前述的差价（每吨产品 1 美元）与向最终买家销售货物后将取得的毛收入 1% 的代理费用，而由被申请人取得其他所有收益。据此，实现了最终销售价格损益由被申请人承担及享有，申请人收取了代理费，这符合外贸代理（行纪合同）的特征。

（3）基于申请人与被申请人的代理关系（外贸代理、行纪合同关系），货物最终销售价格的损失应最终由被申请人承担。

（4）即使不考虑是否构成代理关系，仅仅根据合同的前述约定，只要中国 C 贸易公司不是最终买家，则本案中被申请人即应最终承担申请人因为中国 C 贸易公司转售价差索赔而遭受的损失，且该合同约定的原则可以完全独立于代理关系而单独适用。

2. 申请人后来加入被申请人与中国 C 贸易公司的交易，被申请人始终知道中国 E 物流公司/中国 C 贸易公司不是最终买家，并认可申请人的代理人身份，认可申请人不是货物最终销售价格风险的最终承担方（由被申请人最终承担）。

（1）中国 C 贸易公司与申请人之间的合同，与中国 E 物流公司之间的合同都是于 2014 年 8 月 1 日签订，且从被申请人自行提供的证据看，其对于申请人与中国 C 贸易公司之间签有合同是明知的，货物也是由被申请人直接交付给中国 C 贸易公司的。

如果中国 C 贸易公司是所谓的最终买家，那么，正常情况下被申请人应当早已与申请人之间按照本案合同的附件《ADDENDUM NO.1》进行结算，但是被申请人从未要求与申请人之间进行结算，甚至在仲裁过程中也从未提出过结算相关的任何主张，这一事实与被申请人仲裁中主张的中国 C 贸易公司为最终买家的主张严重不符，其该主张不应得到支持。

（2）申请人提供的证据足以证明中国 C 贸易公司不是案涉合同所称的最终买家。

需要特别指出的是，中国 C 贸易公司对于申请人的交易地位、是否承担交易风险的意见，对于本案中申请人与被申请人之间关系的认定具有极强的证明力。中国 C 贸易公司早于申请人就案涉货物进行沟通，后面又与申请人签订了合同，案涉货物最终也是中国 C 贸易公司处置的，中国 C 贸易公司了解并参与整个交易，对于申请人与被申请人的关系、申请人是否为交易风险的最终承担方的意见具有极大的证明力。

申请人证据 4 和证据 16 电子邮件形成的时间为 2014 年 7 月 31 日，本案合同签订于 2014 年 8 月 1 日，之间没有时间就邮件中提及的交易模式进行重大变更，有合理理由相信邮件所述内容，特别是申请人作为被申请人代理的安排得以执行。反观被申请人，未提供任何就案涉交易具体如何与申请人协商，具体如何与中国 C 贸易公司协商的证据，应当推定其没有相反证据。

此外，中国 C 贸易公司向韩国法院提交的执行申请书中，中国 C 贸易公司认为在案涉货物交易中，申请人是被申请人的代理人，中国 C 贸易公司作为申请人与被申请人的共同的交易对象，前述意见对于认定申请人与被申请人之间关系具有无可争议的证明效力。

被申请人提供的本请求证据 2 的目的在于证明案涉货物的含水量。但可以看到卸货港的货物检验，是根据中国 E 物流公司/中国 C 贸易公司要求作出的，货物检验的时间是 2014 年 7 月 11 日至 7 月 14 日，该日期在本案所涉两份《CON-TRACT OF NICKEL ORE》签署日期 2014 年 8 月 1 日之前。该证据可以证明：

其一，在被申请人与申请人签订本案合同之前，被申请人已经与中国 C 贸易公司、中国 E 物流公司就本案所涉货物进行了联络，其深度已经达到了中国 C 贸易公司、中国 E 物流公司可以就该批货物在卸货港申请检验的地步。

其二，该批货物在被申请人与申请人签订本案合同之前，已经到达卸货港，且已经由中国 C 贸易公司、中国 E 物流公司实际管理。也就是说，货物所有权由申请人转至中国 C 贸易公司这一整体上的交易结构，已经在申请人与前述二者签订合同前确定，印证了申请人不是实质交易主体、不承担交易风险。

其三，申请该批货物的检验，必然需要了解该批货物的相关情况及提供相应的文件，并获得相关授权，具备这些条件才能够安排货物检验、取样，但从被申请人提供的证据看，被申请人在 2014 年 8 月 6 日才将货物相关文件提供给申请人，显然，中国 E 物流公司和中国 C 贸易公司不是从申请人处获得前述内容，而是从被申请人处获得的。

其四，被申请人对于中国 C 贸易公司、中国 E 物流公司参与交易的情况是明知且认可的。如果中国 C 贸易公司、中国 E 物流公司为最终买家，则在后来签订的申请人与被申请人之间的本案合同以及申请人与中国 E 物流公司之间的《CONTRACT OF NICKEL ORE》中再设置最终买家及根据最终买家的成交价格进行调整的内容，显然不合常理。即，若中国 C 贸易公司、中国 E 物流公司为最终买家，则申请人与被申请人在签订本案合同前已经确定了最终买家，因此申请人在与被申请人签订的本案合同中没有理由约定应尽其所能地去寻找诚心诚意来购买案涉货物的最终买家，并约定根据最终买家的交易价格差价调整货款的条款。并且，若申请人为单纯的转售方，则申请人通过向中国 E 物流公司销售案涉货物取得差价即可，但其再与中国 E 物流公司寻找最终买家并约定按照最终买家交易价格调整货款的条款，这在商务方面亦不符合常理。即，从申请人的立场而言，在承担寻找最终买家的义务并按照最终买家交易价格调整货款的风险的情况下，其没有进行案涉交易的理由。

其五，包括被申请人在内的各方在 2014 年 8 月 1 日签约前均认可中国 E 物流公司、中国 C 贸易公司不是最终买家，这也是二份《CONTRACT OF NICKEL ORE》约定了最终买家及价格调整机制的理由。

但，之后被申请人在案涉货物卸货后 75 日内并未确定最终买家及最终销售价格，但申请人向被申请人告知了中国 E 物流公司、中国 C 贸易公司提起索赔并申请仲裁等事实。即便如此，被申请人仍怠于履行确定最终买家及最终销售价格等义务，而在该等情况下申请人仅仅作为被申请人的代理人，亦无法任意向中国 E 物流公司、中国 C 贸易公司发出与最终买家及最终销售价格有关的通知。最后，申请人向中国 C 贸易公司赔偿了最终销售价格项下的损失，现拟在本案仲裁向被申请人进行追偿。

其六，前述五项印证了申请人是后来加入中国 C 贸易公司与被申请人交易中的，印证了申请人为双方交易提供信用润滑、资金短时融通的事实。

（六）被申请人的庭后代理意见

第一部分　对申请人本请求的答辩

1. 中国 C 贸易公司对申请人提起的另一仲裁案中的基本事实和法律责任归属与本案都不相同，且其裁决中存在错误，对本案没有借鉴意义，更不能作为本案的裁决依据

（1）两案的基本事实不同

虽然另一仲裁案中的合同《CONTRACT OF NICKEL ORE》内容除货物单价及合同当事方外与本案的合同内容都相同，但是，该案与本案的基本事实完全不同。

其一，该案被申请人（即本案申请人）并没有按照合同《ADDENDUM NO.1》的约定，在卸货结束后的 75 天内寻找货物的最终买家。75 天后，中国 C 贸易公司于 2014 年 10 月 24 日向该案被申请人发送电邮说自己将降价处理货物，有关损失由该案被申请人承担，中国 C 贸易公司最终于 2015 年 4 月将货物转卖给中国 F 贸易公司。中国 C 贸易公司并没有剥夺该案被申请人在卸货后的 75 天之内对中国 C 贸易公司向下家转售货物的优先定价权，该案被申请人是自己放弃了该优先定价权，而且该案被申请人在接到中国 C 贸易公司关于将自行降价处理货物的通知后，在 6 个多月的时间内也没寻找货物的最终买家。该案被申请人的以上行为构成其（卖方）放弃合同权利。然而在本案中，申请人于签订本案合同的当天及其后 3 天内，未经被申请人同意或确认，便擅自签署了与中国 E 物流公司之间的货物转售合同，并自行决定了货物的转售价格。因此，申请人违反了本案合同附件 1 中的约定，既剥夺了被申请人在卸货结束后的 75

日之内对转售合同的优先定价权，也剥夺了被申请人对转售合同的确认权，而卖方被申请人从没有放弃此两项合同权利。

其二，在另一仲裁案中，仲裁庭认定的事实是：在中国 C 贸易公司与中国 F 贸易公司签订转售合同时，货物市价已经大幅度下跌，2014 年 10 月和 11 月的货物价格比中国 C 贸易公司于 2015 年 4 月转售货物时的价格高出 1/3 至 2/5。在中国 C 贸易公司没事先将其与中国 F 贸易公司之间的转售合同发给申请人征求确认的情况下，该案仲裁庭认定申请人应对剔除 15% 的扩大损失后的转售损失承担 50% 的责任，其隐含的理由是，即使中国 C 贸易公司于 2015 年 4 月将其与中国 F 贸易公司之间的转售合同事先提供给该案被申请人征求确认，由于当时市价已经很低，该案被申请人已没有办法改变这个低价现实，只能确认同意该低价转售合同。因此该案仲裁庭采取了各打五十大板的归责方法定案。然而在本案中，2014 年 9 月、10 月、11 月的货物市价大大超过申请人从被申请人购进货物的单价每湿吨 47 美元，如果申请人不剥夺被申请人在卸货后 75 天内对货物转售的优先定价权，则案涉货物便会在 2014 年 9 月底之前按被申请人确定的高价转售，根本不会出现申请人擅自转售货物亏损的情况。另一仲裁案《裁决书》中认定，2014 年 10 月和 11 月的货物价格比中国 C 贸易公司于 2015 年 4月转售时的价格高出 1/3 至 2/5，据此计算，2014 年 10 月和 11 月间每湿吨货物单价最低为 61 美元［即中国 C 贸易公司向中国 F 贸易公司的转售价人民币近 1600 万元÷近 5.7 万湿吨×（1+1/3）÷当时美元与人民币汇率比价 6.1258 = 61美元］，最高为 64 美元［即中国 C 贸易公司向中国 F 贸易公司的转售价人民币近 1600 万元÷近 5.7 万湿吨×（1+2/5）÷当时美元与人民币汇率比价 6.1258 =64 美元］，均大大超过申请人从被申请人购进货物的单价每湿吨 47 美元；根据该案被申请人在另一仲裁案中的答辩意见，2014 年 9 月至 10 月的货物国际市场价是 2015 年 4 月 10 日中国 C 贸易公司转售货物时的价格的 2 倍，由此计算出的 2014 年 9 月至 10 月的案涉货物每湿吨市场单价为 91 美元（即中国 C 贸易公司向中国 F 贸易公司的转售价人民币近 1600 万元×2÷近 5.7 万湿吨÷当时美元与人民币汇率比价 6.1258 = 91 美元）。可见，如果申请人不违约剥夺被申请人在卸货后 75 天内对货物转售的优先定价权和对转售合同的确认权，经被申请人确定的当时尚处于高价位的货物转售单价最低也会比申请人从被申请人购货的单价每湿吨高出 14 美元（即 61 美元−47 美元 = 14 美元），最高会高出 44 美元

（即 91 美元−47 美元＝44 美元），不存在被申请人只能无奈确认申请人低价转售合同的可能性。因此，申请人的转售损失完全是由于其自己对被申请人违约所造成的。

（2）两案的法律责任归属不同

在另一仲裁案中，申请人未履行合同约定尽最大努力寻找最终买家的义务（该案合同附件 1 约定："WE AGREED THAT BOTH PARTIES SHOULD DO THEIR BEST TO FIND A FINAL BUYER TO PURCHASE SAID CARGO IN GOOD FAITH"），既没在卸货后的 75 天内在货物价格尚处于高价位时寻找最终买家，也没在 2014 年 10 月 24 日接到中国 C 贸易公司电邮通知将降价处理货物后，在市场仍处于高价位时为货物寻找最终买家。因此，在申请人与中国 C 贸易公司之间的合同项下，卖方申请人存在违约和没尽力减少损失的过错。与该案不同，本案中被申请人不存在任何违约或过错，其在与申请人签订合同之后，便立即被申请人剥夺了对转售合同的确认权和在卸货后的 75 天内对转售合同的优先定价权，导致被申请人无法决定转售价格和转售合同内容。因此，本案卖方被申请人是守约的无过错方，而买方申请人是违约及过错方，违约方（及过错方）无权主张由守约方（无过错方）承担违约方（过错方）的违约及过错后果。

（3）另一仲裁案的裁决有三处明显错误

其一，在中国 C 贸易公司没事先将其与中国 F 贸易公司之间的转售合同发给申请人征求确认的情况下，该案仲裁庭认定申请人应对剔除 15% 的扩大损失后的转售损失承担 50% 的责任，该裁决所隐含的理由是：即使中国 C 贸易公司于 2015 年 4 月将以上转售合同事先提供给申请人征求确认，由于当时市价已经很低，申请人已经没有办法改变这个低价现实，只能确认同意该低价转售合同。该裁决忽略了申请人的一项合同权利，即申请人有权对其认为价格过低的转售合同不予确认，以等待市价回升后再确认较高价格的转售合同。该裁决显然误以为申请人有"无条件及时确认转售合同"的义务，但申请人实际上并无这一义务，在申请人与中国 C 贸易公司之间的合同中并没约定货物必须在何时之前完成转售，因此申请人没有义务对低价的转售合同也予以确认。恰恰相反，申请人根据合同有权对其认为价格过低的转售合同不予确认，当然，其不予确认的后果和风险也应由申请人自己承担，但仲裁庭不能自行"废除"申请人的这项合同权利。因此，该案裁决申请人对转售损失承担部分责任缺乏合同和法律依据，不能令人信服。该案本应裁决因中国 C 贸易公司没事先征求申请人对转售合同的确认，应由中国 C 贸易公司自己对其这一违约行为所导致的转售损失承担全部责任。

其二，根据该案合同附件 1 中约定，如果出现中国 C 贸易公司的转售"净收入"低于其向申请人的最终付款额（即转售亏损）的情况，申请人向中国 C 贸易公司支付该转售亏损的时间点是在中国 C 贸易公司与其下家买家签订转售合同之前，也就是说，在中国 C 贸易公司与其下家签订转售合同之前，中国 C 贸易公司便应当将该转售合同的内容及转售价格发送给申请人并征得申请人的同意，从而使得申请人在转售合同签订之前评估其是否能够承受转售亏损额并将该亏损额支付给中国 C 贸易公司。结合该案合同附件 1 中约定的中国 C 贸易公司的两项义务（即应事先征得申请人对转售合同的确认并由申请人在卸货后的 75 天内行使对转售的优先定价权）来看，可见中国 C 贸易公司履行以上两项义务是申请人向中国 C 贸易公司支付转售亏损的前提条件。由于中国 C 贸易公司并没履行事先征得申请人对中国 C 贸易公司与中国 F 贸易公司之间的转售合同的确认的义务，申请人向中国 C 贸易公司支付转售亏损的前提条件并没成就。因此，该案仲裁庭没有理由裁决申请人赔偿中国 C 贸易公司的部分转售损失。

其三，根据申请人与中国 C 贸易公司之间的合同附件 1，卸港港口费用、税金（如转售货款为人民币）、超过 31 天的堆存费、1% 的代理费可在计算转售"净收入"（"net revenue"）时扣除。但是，该案裁决中不加区别地将中国 C 贸易公司主张的损失项目中的"代垫货款""物流费用""代垫费用利息及银行费用"均作为扣除项目予以扣除，这导致"净收入"额在计算时被不当减少，转售损失被夸大，且无法量化真实的转售损失。

鉴于以上三点，虽然另一仲裁案中裁决卖方（申请人）应对买方（中国 C 贸易公司）的部分转售损失承担责任，但不能由此推论本案中的卖方（被申请人）也应同样对本案中的买方（申请人）承担责任，两案实体内容完全不同，没有可比性，本案裁决不应与另一仲裁案的裁决保持一致。

2. 申请人是本案合同项下的独立买方，而不是被申请人的代理

（1）申请人的代理人在开庭时称："……申请人的加入一方面进行了融资，也就是说我们先付给了被申请人款项，这就是交易申请人加入的背景和原因……"并称："……从这个交易过程上来看，申请人它仅仅是赚取了每吨一美元的差价，

更准确地说应该是一个代理费或者手续费或者是一个短期融资的收益……"申请人的以上说法违背了事实。如被申请人此前所述，本案合同是一个典型的买卖合同，而不是代理合同，从本案合同的签订及履行过程来看，并无任何迹象可以否定或怀疑其买卖合同的属性。

（2）值得注意的是，中国 C 贸易公司与申请人之间的合同除货物单价及合同当事方外，其余内容与本案的合同内容都相同，然而，中国 C 贸易公司并不认为其在与申请人之间的合同项下是申请人的代理人，中国 C 贸易公司在另一仲裁案中主张其与申请人之间的合同是买卖合同，而且该案裁决也作出了与此相同的认定。这从另一个角度印证了本案合同是买卖合同，而不是代理合同。

（3）申请人称，为了解决被申请人与中国 C 贸易公司之间的信任缺失，申请人才作为代理人加入了案涉货物买卖。申请人的这种说法并不成立。按申请人所称的这种交易模式，如果申请人是代理，其就不会是付款义务人，而中国 C 贸易公司则仍然是付款义务人。这样的交易模式并不改变付款义务人的违约风险，也不解决被申请人对付款义务人的信任缺失问题，既然如此，被申请人有何必要将原来与中国 C 贸易公司之间的合同改变成这样的交易模式？恰恰相反，正是因为申请人作为独立的买方，付款义务人才变成了申请人，被申请人也才无需从中国 C 贸易公司收取货款，进而消除了从中国 C 贸易公司收不到货款的顾虑。可见，即便从解决信任缺失的角度来看，申请人在本案合同项下也恰恰是独立的买方，而不是被申请人的代理。

（4）在申请人提交的 2021 年 12 月 6 日的补充证据 3 上，I 于 2014 年 7 月 31 日的电邮中对 J 称："However, Company B cannot trust Company E, but Company A can do this." "Company A is ready to release do and Company B cannot take this risk." "I think this will be also better for Company E because we made lots of deal before." 在该证据上，I 于 2014 年 7 月 31 日的另一份电邮中对中国 E 物流公司的人员、中国 C 贸易公司的人员及申请人的人员称："Company A decided to sign with Company B for buying and Company A will sign with Company E for selling." "We will change the seller from Company B to Company A." "We will do the trading between Company E and Company B." 以上两份电邮内容清楚证明被申请人与申请人之间的合同是买卖合同，申请人是独立的买家，而不是被申请人的代理或代表。

3. 即便从代理的角度看，申请人由于其自己违反委托权限也无权向被申请人索赔

（1）在不影响申请人是独立的买方而非代理这一事实的前提下，假如将申请人视作被申请人的代理（事实上其并非代理），则本案合同便是"代理合同"（事实上是买卖合同）。由于申请人剥夺了本案合同附件 1 中约定的被申请人对转售合同的确认权及在卸货后的 75 日之内对转售价格的优先定价权，申请人违反了该"代理合同"，其擅自与中国 E 物流公司（代表中国 C 贸易公司）签订转售合同的行为超出了委托人的授权及委托范围。本案合同履行时有效实施的《合同法》第四百零七条规定："受托人处理委托事务时，因不可归责于自己的事由受到损失的，可以向委托人要求赔偿损失。"受托人超越委托人的授权或委托权限的行为属于可归责于受托人自己的事由。因此，根据该条法律规定，即便将申请人视作被申请人的代理（被申请人对此予以反对），申请人也无权就其因擅自与中国 E 物流公司签订转售合同这一越权行为所遭受的损失向被申请人索赔。

（2）从另一个角度看，《合同法》第四百零六条规定："……受托人超越权限给委托人造成损失的，应当赔偿损失。"假如申请人因擅自与中国 E 物流公司签订转售合同所遭受的损失得到了被申请人的赔偿，则该等赔偿属于受托人超越权限而给委托人造成的损失，根据《合同法》第四百零六条的规定，申请人应当反过来再赔偿被申请人的该等损失，即申请人擅自签订转售合同所遭受的损失的最终责任承担方还是申请人自己，而不应是被申请人。

4. 本案合同项下被申请人支付转售亏损的前提条件并没成就

根据本案合同附件 1 中的约定，如果出现申请人的转售"净收入"低于其向被申请人的最终付款额（即转售亏损）的情况，被申请人向申请人支付该转售亏损的时间点是在申请人与其下家买家签订转售合同之前，也就是说，在申请人与其下家签订转售合同之前，申请人便应当将该转售合同的内容和转售价格发送给被申请人并征得被申请人的同意，以便被申请人在转售合同签订之前能够评估其是否可以承受转售亏损额并将其支付给申请人。结合本案合同附件 1 中约定的申请人的两项义务（即申请人应当事先征得被申请人对转售合同的确认并由被申请人在卸货后的 75 天内行使对转售货物的优先定价权）来看，可见申请人依约履行以上两项义务是被申请人向申请人支付转售亏损的前提条件。

本案合同不论从买卖合同的角度还是从"代理合同"的角度看，该项前提条件都同样存在。由于申请人并没履行以上两项义务，被申请人向申请人支付转售亏损的前提条件并没成就，因此，申请人无权向被申请人提出本案索赔。

5. "最终买家"是中国 C 贸易公司，而非中国 F 贸易公司

本案合同附件 1 中所说的"最终买家"（"FINAL BUYER"）是指与申请人签订合同的买家，即中国 C 贸易公司（由中国 E 物流公司代理），而不是指与申请人的买家签订合同的下一个买家，中国 F 贸易公司不是"最终买家"。这一点在本案合同附件 1 中有明确约定："卖方应当在买方与最终买家签订合同之前将净收益与最终付款额之间的差额支付给买方。"文字中清楚写明是由"买方与最终买家签订合同"，即最终买家是与申请人签订合同的买家，而不是与申请人的买家签订合同的下一个买家。

6. 申请人并没有将中国 C 贸易公司与中国 F 贸易公司之间的合同发送给被申请人征求确认

即便将中国 F 贸易公司视作"最终买家"（被申请人对此持有异议），申请人也并没有将中国 C 贸易公司与中国 F 贸易公司之间的转售合同发送给被申请人征求确认，也没有让被申请人在卸货后的 75 天内行使转售货物的优先定价权，这同样违反了本案合同附件 1 中关于转售合同应经被申请人确认并由被申请人在卸货后的 75 天内行使优先定价权的约定。因此，申请人同样无权向被申请人提出本案请求。如果申请人主张其没能就中国 C 贸易公司与中国 F 贸易公司之间的合同征求被申请人确认的原因是中国 C 贸易公司没将该合同发送给申请人，则这是申请人与中国 C 贸易公司之间的事情，与被申请人无关，中国 C 贸易公司不向申请人发送其与中国 F 贸易公司之间的转售合同并不解除申请人在本案合同项下承担的应当征求被申请人对转售合同的确认并由被申请人在卸货后的 75 天内行使转售货物的优先定价权的义务。

7. 关于本案合同附件 1 中所称"净收入"（"NET REVENUE"）及价格模式

本案合同附件 1 中约定的"净收入"是为了便于计算货款差额补偿的一个借用词，并非经济学意义上的净收入，其内涵是指转售毛收入减去 4 项列明费用项目后的剩余额，但并不减扣申请人的其他开支项目，其本质是将以上列明的 4 项费用项目作为对货款的减让额返回给申请人（申请人因此取得与 4 项费

用等值的收益）。按照这种价格模式，申请人可以获得相对稳定的买卖收益，而此等稳定收益是以被申请人被给予充分机会事先评估申请人转售货物的价格风险并同意该转售交易为前提条件的。因此，为满足此等前提条件，申请人必须按照本案合同附件 1 中的约定，在与下家买家签订转售合同之前，就该转售合同征得被申请人的同意，并由被申请人在卸货后的 75 天内行使转售价格的优先定价权。本案中，申请人并没履行此两项合同义务，更有甚者，申请人竟擅自与中国 E 物流公司签订了一个价格开口的转售合同（即根据中国 C 贸易公司转售给其下家的价格调整中国 C 贸易公司向申请人的付款额），此等价格开口合同风险极大，对被申请人而言是绝对不可能接受的。

8. 关于本案合同附件 1 中所称"代理费用"（"AGENT FEE"）的含义

（1）本案合同附件 1 中上述第 4 项费用"毛收入 1% 的代理费用"并不是指由申请人自己收取 1% 的代理费，而是指货物进口环节中产生的报关清关代理费、货代代理费、检验代理费、运输代理费等应支付给第三方的费用。为控制费用金额，附件 1 中将这些代理费开支总额限定为 1%。这些代理费属于成本开支，因此附件 1 中将其称为"COST"及"EXPENSES"。如果这些费用是申请人自己收取的代理费，其不会称为"COST"或"EXPENSES"，而应称为"CHARGE"或"REMUNERATION"。

（2）对于这一点，中国 C 贸易公司与申请人之间的仲裁裁决可予以印证。在该案中，中国 C 贸易公司的索赔项目包括处理货物的总费用，其中包括支付给第三方的"代理费"，而不是由中国 C 贸易公司自己收取代理费。

9. 被申请人从没收到申请人所谓的通知函，这些通知函不产生中断时效的效力

申请人并没证明其所谓的关于中国 C 贸易公司向申请人提出索赔、仲裁及执行等事项的通知函已经发送给被申请人，因此这些通知函并不产生中断仲裁时效的效力。申请人称其于 2014 年 8 月 7 日收到中国 E 物流公司支付的货款，然而，根据中国 C 贸易公司与申请人之间的仲裁案《裁决书》，中国 C 贸易公司通过中国 E 物流公司向申请人实际支付货款的时间是 2014 年 8 月 22 日。因此，中国 C 贸易公司向申请人支付货款的时间是 2014 年 8 月 22 日（而不是 2014 年 8 月 7 日），2014 年 8 月 22 日即是申请人知道或应当知道其权利受到侵害之日。故四年的仲裁时效应当于 2018 年 8 月 21 日届满。即便将中国 C 贸易

公司于 2016 年 9 月 5 日对申请人提起仲裁之日视作申请人知道或应当知道其权利受到侵害之日，其四年的仲裁时效也应自 2016 年 9 月 5 日起算，于 2020 年 9 月 4 日届满。申请人于 2021 年 2 月才对被申请人提起本案仲裁，早已超过四年的仲裁时效。因此，申请人的仲裁请求应当予以驳回。

第二部分　被申请人的反请求

10. 被申请人关于货物含水量低于 33% 的赔偿款的反请求并没超过仲裁时效

（1）如此前所述，本案合同属于国际货物买卖合同，适用《合同法》第一百二十九条规定的四年仲裁时效。本案合同中并没有约定卖方就货物含水量赔偿款提出付款要求的期限，因此被申请人可以随时就货物含水量赔偿款提出付款要求。被申请人于 2016 年 5 月 18 日通过电邮向申请人发送最终发票，要求支付含水量赔偿款 16 余万美元。根据案涉合同的约定，申请人应当在收到最终发票后的 7 个银行工作日内将含水量赔偿款支付给被申请人，该 7 个银行工作日于 2016 年 5 月 27 日届满。因此，被申请人就货物含水量赔偿款的法定四年仲裁时效应自 2016 年 5 月 28 日起算，如果没发生时效中断的情况的话，应于 2020 年 5 月 27 日届满。2019 年 2 月 14 日，被申请人通过电子邮件和韩国邮政快递向申请人寄送了关于案涉货物含水量赔偿款的索赔函，这构成仲裁时效的中断，中断后的仲裁时效应于 2019 年 2 月 14 日重新起算，于 2023 年 2 月 13 日届满。因此，被申请人关于货物含水量低于 33% 的赔偿款的反请求并没超过仲裁时效。

（2）即便从被申请人将本案合同项下的货物单据交付给申请人的次日（即 2014 年 8 月 6 日）起算四年的仲裁时效（被申请人对此起算时间点不予认同），该仲裁时效也应于 2016 年 5 月 18 日被申请人向申请人发送最终发票之日中断，并于 2019 年 2 月 14 日被申请人通过电子邮件和韩国邮政快递向申请人寄送案涉货物含水量赔偿款的索赔函之日再次中断，其以上反请求同样没超过仲裁时效。

11. 货物含水量低于 33% 的赔偿款应自 2016 年 5 月 28 日起算利息

本案合同约定："如果最终发票的总金额超过临时发票的总金额，买方应当在收到最终发票后的 7 个银行工作日内将差额支付给卖方。"被申请人于 2016 年 5 月 18 日向申请人发送最终发票，其后的 7 个工作日于 2016 年 5 月 27 日届满。根据以上合同约定，申请人应向被申请人支付货物含水量低于 33% 的赔偿款 16 余万美元自 2016 年 5 月 28 日（以上 7 个工作日届满后的次日）起至本案裁决之日止的利息。

12. 本案双方当事人已经就利率达成一致

申请人关于韩币和美元的仲裁请求及被申请人关于美元的仲裁反请求均采用中国全国银行间同业拆借中心公布的一年期贷款市场报价利率 3.85% 作为各自计算利息的依据，因此本案双方已经就各自计算外币请求额的利息所应采用的 3.85% 的年利率达成了一致，该项具有法律约束力。故申请人在向被申请人支付货物含水量赔偿款 16 余万美元的同时，还应向被申请人支付该 16 余万美元自 2016 年 5 月 28 日起至本案裁决之日止按 3.85% 的年利率计算的利息。暂计至 2021 年 12 月 31 日，申请人应支付的该项利息额已达 3.5 余万美元（即 16 余万美元 ×2043 天 ÷365 天 ×3.85% = 3.5 余万美元），且其后还在继续增加。

（七）双方当事人提交的证据和质证意见

1. 申请人提交的证据和被申请人的质证意见

证据 1：《COTRACT OF NICKEL ORE》

被申请人对证据 1 的真实性、合法性及关联性予以认可。

证据 2：公证书

被申请人不知道证据 2 的形成情况，对其真实性、合法性及关联性均不认可。首先，仲裁庭要求当事人双方核对证据原件的方式并不包括视频连线境外电脑演示，申请人也没事先就此征得仲裁庭和被申请人的同意；其次，申请人并没提供证据证明境外电脑操作员是"韩国 K 律师事务所的律师"，因此电脑操作员的身份不明，其操作行为不可信；再次，电脑屏幕上的操作步骤显示的都是韩文，不清楚其搜索路径和文件来源；最后，申请人称证据 2 是从所谓"韩国法院网站数据库"上调取的，但申请人并没证明电脑链接的网址就是韩国法院网站的数据库。因此，此等视频连线境外电脑的演示并不具有法律效力，应视作申请人没出示证据 2 的原件。

证据 3：仲裁裁决书

证据 4：中国 L 市中院裁定书

被申请人不知道证据 3、证据 4 的形成情况，对其真实性、合法性及关联性均不确认。中国 L 市中院没认定 I 在被申请人及申请人两者之间的合同关系项下是谁的代理或代表，更没认定 I 是被申请人的代理。裁定书中所称"I（被申请人及申请人的代表）"对本案中 I 是谁的代理或代表这一问题没有参考意义。从 J 发给 I 的电邮内容看，其所构想的申请人仅是被申请人代理的情况的建议并没被申请人和被申请人接受。

证据 5：证人证言及证人护照复印件

被申请人对证据 5 的真实性、合法性及关联性不认可。其一，该份证词的签署人"I 并没出庭作证、接受询问并回答问题"，因此该份证词并不具有证据效力，不应予以考虑。其二，申请人提供了该证据的所谓韩文原件、中文原件和一份所谓的"I 的护照复印页"，但韩文和中文均是活页装订，且只在各自尾页上有一个英文手写签名，申请人并没证明该签名是 I 本人的签名，也没证明所谓 I 的护照复印页是真实的复印件。而且这两份文件中未经签名的其它各页存在被加页、改页的可能性。在 I 没出庭确认的情况下，该证词的真实性没得到证明。其三，被申请人提供的本请求答辩证据 5 证明，在本案合同签订后第 3 天（即 2014 年 8 月 4 日），I 作为申请人的代表及业务部门经理在另外一项交易事项下签署了和解协议。申请人自己在前次开庭时说：I 曾是申请人的雇员，I 于 2013 年成立了自己的公司并代表申请人对外开展业务。被申请人提供的证据及申请人自己所述情况均证明 I 是申请人的代表或代理，而不是被申请人的雇员或代理。

证据 6：韩国 G 市中部地方法院《决定》

证据 7：法院判决书

被申请人不知道证据 6、证据 7 的形成情况，对该份证据的真实性、合法性及关联性均不认可。

证据 8：法院判决书中文翻译

申请人的证据 8 是一份中文翻译，并非证据，被申请人不予认可。

证据 9：申请人于 2016 年 11 月 16 日签发给被申请人的函件及其中文翻译

证据 10：申请人于 2016 年 12 月 16 日签发给被申请人的函件及其中文翻译

申请人并没出示该份证据的原件，也没证明该两份函件已经发送或交付给被申请人，被申请人对证据 9、证据 10 的真实性、合法性和关联性均不认可，不认可证据 9、证据 10 的证明内容。

证据 11：申请人于 2019 年 1 月 21 日签发给被申请人的函件及其中文翻译

证据 12：申请人于 2020 年 10 月 22 日签发给被申请人的函件及其中文翻译

被申请人对证据 11、证据 12 的真实性、合法性和关联性均不认可，不认可证据 11、证据 12 的证明内容。即便申请人确实制作了该两份函件，由于申请人并没证明已将该两份函件发送或交付给被申请人，这两份函件不产生任何法律效力，不能中断申请人的请求时效。

证据 13：申请人与韩国 K 律师事务所的法律服务合同

申请人没出示该份证据的原件，被申请人对证据 13 的真实性、合法性和关联性均不认可。

被申请人对该份证据的证明内容也有异议。申请人并没提供律师费的计算依据，也没提供支付该笔费用的银行转账凭证，没证明实际发生了该笔费用。

证据 14：申请人与韩国 K 律师事务所的法律服务合同——中文翻译件

申请人的证据 14 是一份中文翻译，并非证据，被申请人不予认可。

证据 15：中国 C 贸易公司针对申请人向韩国法院申请强制执行的《仲裁裁决执行裁定申请书》（韩文原文及中文翻译）

视频连线境外电脑的演示并不具有法律效力，应视作申请人没出示其证据 15 的原件。被申请人对证据 15 的真实性、合法性和关联性均不认可，不认可证据 15 的证明内容。

证据 16：《仲裁裁决执行裁定申请书》之附件 13——电子邮件一份

视频连线境外电脑的演示并不具有法律效力，应视作申请人没出示其证据 16 的原件。申请人没提供证据 16 的发送妥收证明。被申请人对证据 16 的真实性、合法性和关联性均不认可，不认可证据 16 的证明内容。

证据 17：电子邮件一份（含附件）及主文翻译

证据 18：电子邮件一份（含附件）

被申请人对证据 17、证据 18 的真实性、合法性和关联性均不认可，不认可证据 17、证据 18 的证明内容。

证据 19：2019 年 1 月 21 日函件的送达证明

证据 20：2020 年 10 月 22 日函件的送达证明

证据 21：公证书

证据 22：公证书

被申请人对证据 19、证据 20、证据 21、证据 22 的真实性、合法性和关联性均不认可，不认可证据 19、证据 20、证据 21、证据 22 的证明内容。

证据 23：2019 年 1 月 21 日函件的送达证明——中文翻译件

证据 24：2020 年 10 月 22 日函件的送达证明——中文翻译件

证据 25：公证书——中文翻译件

证据 26：公证书——中文翻译件

被申请人认为证据 23、证据 24、证据 25、证据 26 均是中文翻译，并非证据，被申请人不予认可。

2. 被申请人提交的本请求答辩证据和申请人的质证意见

证据 1：I 的名片

被申请人未出示本请求答辩证据 1 的原件，申请人对该证据的真实性不认可，对其证明目的不认可。

证据 2：中国 H 检测公司在卸货港对货物检验的重量报告（CERTIFICATE OF WEIGHT）及质量报告（CERTIFICATE OF QUALITY）

申请人对证据 2 的真实性予以认可，但证据 2 是被申请人交给申请人的而非中国 E 物流公司交给申请人，申请人再交给被申请人。

证据 3：经申请人与被申请人双方盖章确认的货物单据交接清单及英文翻译件

申请人对证据 3 的真实性予以认可，对其证明目的不认可。

证据 4：运输涉案货物船舶 M 在卸货港卸货的 "事实报告"（Statement of Facts）

证据 5：I 作为申请人的代表及部门经理所签署的本案外其他交易事项的和解协议和相关电邮通信往来（顺带说明：该电邮通信往来中显示的韩国 N 运输公司是被申请人的下级子公司，其是上述案外其他交易事项的相关方）

证据 6：被申请人于 2016 年 5 月 18 日将中国 H 检测公司在卸货港对货物检验的重量报告（CERTIFICATE OF WEIGHT）及质量报告（CERTIFICATE OF QUALITY）连同最终发票（FINAL INVOICE）一起发送给申请人的电邮、其英文翻译及电邮的附件

证据 7：案外人中国 O 船舶代理公司业务员于 2014 年 7 月 14 日将运输涉案货物船舶 M 在卸港卸货的 "事实报告"（"Statement of Facts"）及卸港其它相关文件发送给负责经办被申请人案涉业务的人员的电邮及附件

申请人认为，被申请人出示了公证书一份，拟以此证明本请求答辩证据 4、证据 5、证据 6、证据 7 的真实性，申请人对于公证书本身的真实性认可，但对其证明目的不认可，公证书不能证明本请求答辩证据 4、证据 5、证据 6、证据 7 的真实性。公证书中所谓的电子邮件，其本质应为保存于电脑本地的电子文档，该类电子文档在技术上完全可以由被申请人自行制作及修改，与通过互联网登录其电子邮箱网页版调取保存于电子邮箱运营方（第三方）的数据库中的电子邮件，存在本质的不同。

证据 8：经韩国 P 公证事务所公证书公证的 Q 出具的说明及英文翻译

申请人对公证书形式真实性认可，对其证明目的不认可。

Q 的陈述，其性质为证人证言，申请人对其陈述所提及的事实的真实性均不予认可。韩国 N 运输公司与本案无关。

证据 9：韩国 P 公证事务所公证书及其英文翻译

证据 10：经韩国 P 公证事务所公证书公证的申请人与被申请人于 2014 年 8 月 1 日的电邮往来、英文翻译及电邮附件

申请人对证据 9、证据 10 的证明目的不认可，二份公证书均不能证明被申请人提供的任何证据的真实性。

3. 被申请人提交的反请求证据和申请人的质证意见

证据 1：被申请人于 2016 年 5 月 18 日开具的发票（FINAL INVOICE）及向申请人发送该发票的电邮及其英文翻译件

证据 2：中国 H 检测公司在卸货港对货物检验的重量报告（CERTIFICATE OF WEIGHT）及质量报告（CERTIFICATE OF QUALITY）

证据 3：被申请人于 2019 年 2 月 14 日发给申请人的关于涉案货物含水量赔偿款 16 余万美元的索赔函及其英文翻译件

证据 4：被申请人于 2016 年 5 月 18 日将中国 H 检测公司在卸货港对货物检验的重量报告（CERTIFICATE OF WEIGHT）、质量报告（CERTIFICATE OF QUALITY）连同其开具的最终发票（FINAL INVOICE）一起发送给申请人的电邮、其英文翻译及电邮的附件

证据 5：被申请人于 2019 年 2 月 14 日向申请人发送关于涉案货物含水量赔偿款 16 余万美元的索赔函的电邮、其附件及其英文翻译

被申请人出示了公证书一份，拟以此证明反请求证据 1、证据 3、证据 4、

证据 5 的真实性。申请人对于公证书本身的真实性认可，但对其证明目的不认可，公证书不能证明反请求证据 1、证据 3、证据 4、证据 5 的真实性。公证书中所谓的电子邮件，其本质应为保存于电脑本地的电子文档，该类电子文档在技术上完全可以由被申请人自行制作及修改，与通过互联网登录其电子邮箱网页版调取保存于电子邮箱运营方 (第三方) 的数据库中的电子邮件，存在本质的不同。

证据 6：被申请人与中国 R 律师事务所签订的委托协议 (Retainer Agreement)、已产生的部分律师费账单 (Debit Note) 及被申请人支付该账单项下律师费的银行转账凭证

被申请人提供了反请求证据 6 的原件，申请人认可该证据的真实性。

证据 7：经韩国 P 公证事务所公证书公证的 Q 出具的说明及英文翻译

证据 8：韩国 P 公证事务所公证书及其英文翻译

证据 9：经韩国 P 公证事务所公证书公证的申请人与被申请人于 2014 年 8 月 1 日的电邮往来、英文翻译及电邮附件

申请人认为，反请求证据 7、证据 8、证据 9 分别为本请求答辩证据 8、证据 9、证据 10，申请人质证意见同对本请求答辩证据 8、证据 9、证据 10 的质证意见。

证据 10：被申请人通过韩国邮政快递向申请人寄送的关于涉案货物含水量赔偿款 16 余万美元的索赔函的邮局妥投证明及英文翻译

申请人对证据 10 的真实性和证明目的不予认可。

证据 11：中国 R 律师事务所收到被申请人支付的第一笔律师费近 5 万美元的银行收款确认 (加盖银行公章)

证据 12：中国 R 律师事务所向被申请人发送的第二笔律师费账单 (Debit Note) 及被申请人支付该账单项下律师费的银行转账凭证及银行收款确认单

申请人对证据 11、证据 12 的真实性予以认可。

二、仲裁庭意见

需要说明的是，本案当事人就案件事实和争议问题等向仲裁庭提出的相关资料和意见，分别以证据、笔录等形式均保留在本案卷宗中，仲裁庭均予以充分审阅和考虑。仲裁庭未予以全面引述者，并非忽视、忽略或默认。在仲裁过

程中，各方当事人均享有举证质证的权利，同时亦应对自己的主张承担举证责任且有义务就对方当事人提交的证据进行质证。

（一）本案的法律适用

仲裁庭注意到，本案合同中并未约定适用法律。而在庭审中，双方当事人均同意适用中华人民共和国法律。故，仲裁庭认为，基于双方的一致同意，本案适用中华人民共和国法律。

（二）关于本案合同的效力

仲裁庭认为，本案合同经双方当事人盖章签字，合同内容不违反法律、行政法规的强制性规定。且被申请人对本案合同的真实性、合法性及关联性均予以认可。故仲裁庭认定，本案合同合法有效，对双方当事人均具有法律约束力。

（三）仲裁庭确认的与本案合同相关的事实

1. 2014 年 7 月 14 日，本案合同项下的货物在卸货港完成卸货。

2. 2014 年 8 月 1 日，申请人与被申请人签订了本案合同

本案合同的《ADDENDUM NO. 1》（附件 1）约定：

WE AGREED THAT BOTH PARTIES SHOULD DO THEIR BEST TO FIND A FINAL BUYER TO PURCHASE SAID CARGO IN GOOD FAITH, AND THE SALES CONTRACT FOR THIS SELLING HAS TO BE CONFIRMED BY BOTH PARTIES. WITHIN 75 DAYS FROM DISCHARGING COMPLETE, THE SELLER HAS THE PRIORITY TO DETERMINE THE SELLING PRICE OF THAT SALES CONTRACT. IF THE SALES CONTRACT CAN NOT BE SIGNED WITHIN 75 DAYS FROM DISCHARGING COMPLETE, THE BUYER HAS THE RIGHT TO SELL THESE CARGO ON THEIR OWN.

WHILE MAKING THE SALES CONTRACT, COSTS BELOW WILL BE INCLUDED IN FINAL SALES PRICE：

1/ PORT CHARGES

2/THE TAXFEE IF FINAL SALE IS MADE BY RMB

A NET REVENUE SHOULD BE CALCULATED AS GROSS REVENUE DEDUCTED BY TOTAL COST. THE TOTAL COST INCLUDING FOLLOWING EXPENSES：

1/PORT CHARGES;

2/THE TAX FEE IF FINAL SALE IS MADE BY RMB;

3/STORAGE CHARGE FROM THE 31TH DAY AFTER COMPLETE DIS-CHARGE;

4/AGENT FEE AS 1% OF GROSS REVENUE.

All ABOVE WILL MENTIONED IN THE FINAL INVOICE AND WILL PAID FROM THE SELLER. IF THE NET REVENUE EXCEEDS THE FINAL PAYMENT ON THE ORIGINAL CONTRACT, THE BUYER SHOULD REMIT THE BALANCE BEWEEN NET REVENUE AND THAT FINAL PAYMENT TO THE SELLER WITHIN 7 BANKING DAYS AFTER RECEIVE THE PAYMENT OF GOOD AND SETTLED ALL COST; IF THE NET REVENUE IS LESS THAN THAT FINAL PAYMENT, THE SELLER SHOULD REMIT THE BALANCE BETWEEN NET REVENUE AND THAT FINAL PAYMENT TO THE BUYER BEFORE THE BUYER MADE THAT SALES CONTRACT BETWEEN THE BUYER AND THE FINAL BUYER.

3. 在中国 E 物流公司和中国 C 贸易公司请求下，中国 H 检测公司出具了落款日期为 2014 年 8 月 20 日的本案合同货物的质量报告（CERTIFICATE OF QUALITY）及重量报告（CERTIFICATE OF WEIGHT），检测时间为 2014 年 7 月 11 日至 14 日，其中质量报告显示：

ELEMENTS

NI：1.40Percent

Fe：13.55 Percent

SiO2：38.86 Percent

MgO：24.72 Percent

FREE MOISTURE CONTENT 27.25 Percent

4. 2014 年 8 月 6 日，被申请人将包括涉案货物发票（SIGNED PROVISION-AL INVOICE）、中国 H 检测公司在装港签发的质量报告（CERTIFICATE OF QUALITY）及重量报告（CERTIFICATE OF WEIGHT）、已装船清洁提单（O-RIGINAL CLEAN ON BOARD BILL OF LADING）以及原产地证明（CERTIFI-CATE OF ORIGIN）在内的货物单据交给申请人。

5. 2014 年 8 月 6 日，申请人向被申请人支付货款韩币 27 余亿元。

（四）关于双方主要争议焦点

结合本案中双方的陈述主张和意见，仲裁庭认为，关于本案本请求双方之间的争议焦点为：

1. 申请人提出的本案本请求是否超出时效？

2. 本案合同双方当事人的法律关系为买卖关系还是代理关系？

本请求焦点问题 1：申请人提出的本案仲裁请求是否超出时效？

申请人认为，申请人已经向被申请人发送了通知，相关通知产生中断时效的作用，且即使不考虑前述通知，申请人损失确定的时间为中国 C 贸易公司对申请人提起的另一仲裁案件的《裁决书》生效之日（2019 年 1 月 9 日），本案的仲裁时效应从 2019 年 1 月 9 日起算，申请人申请仲裁时未超出时效。

被申请人认为，申请人并没证明其所谓的关于中国 C 贸易公司向申请人提出索赔、仲裁及执行等事项的通知函已经发送给被申请人，因此这些通知函并不产生中断仲裁时效的效力。申请人称其于 2014 年 8 月 7 日收到中国 E 物流公司支付的货款，然而，根据中国 C 贸易公司与申请人之间的仲裁案《裁决书》，中国 C 贸易公司通过中国 E 物流公司向申请人实际支付货款的时间是 2014 年 8 月 22 日。因此，中国 C 贸易公司向申请人支付货款的时间是 2014 年 8 月 22 日（而不是 2014 年 8 月 7 日），2014 年 8 月 22 日即是申请人知道或应当知道其权利受到侵害之日。故四年的仲裁时效应当于 2018 年 8 月 21 日届满。即便将中国 C 贸易公司于 2016 年 9 月 5 日对申请人提起仲裁之日视作申请人知道或应当知道其权利受到侵害之日，其四年的仲裁时效也应自 2016 年 9 月 5 日起算，于 2020 年 9 月 4 日届满。申请人于 2021 年 2 月才对被申请人提起本案仲裁，早已超过四年的仲裁时效。因此，申请人的仲裁请求应当予以驳回。

仲裁庭注意到，《合同法》第一百二十九条规定："因国际货物买卖合同和技术进出口合同争议提起诉讼或者申请仲裁的期限为四年，自当事人知道或者应当知道其权利受到侵害之日起计算……"本案合同为国际货物买卖合同，故仲裁时效应为四年。而申请人提起本案仲裁请求是依据中国 C 贸易公司对申请人提起的另一仲裁案件中中国 C 贸易公司对申请人提出的索赔，而直到另一仲裁案件裁决生效之日，即该案裁决部分支持中国 C 贸易公司的仲裁请求，方能确定申请人知道其权利受到侵害。因此，仲裁庭认为，申请人主张的本案仲裁请求的仲裁时效应以另一仲裁案裁决生效之日（2019 年 1 月 9 日）起算，申请人申请本案仲裁时未超出时效，仲裁庭予以支持。

本请求焦点问题 2：本案合同双方当事人的法律关系为买卖关系还是代理关系？

申请人认为，其一，本案合同的约定显然不符合典型买卖合同的特征，而是更符合外贸代理（行纪合同）的特征。

其二，本案合同与申请人和中国 C 贸易公司的合同内容相同，申请人居中作为被申请人的代理，使被申请人与中国 C 贸易公司维系及继续履行了该两方在先的交易，这与申请人的一贯主张相符。

其三，外贸代理（行纪合同）模式下，代理人以自身名义与上家及下家分别签订合同符合常理。

申请人先行向被申请人支付货款这一情节，也并不影响其合同地位为被申请人的代理人、不承担货物转售价格风险的认定。并且，即使不考虑代理关系，仅仅基于合同的约定，申请人亦不最终承担货物转售价格风险，而是由被申请人最终承担货物转售价格风险。

其四，被申请人在其代理词中，亦引用了 2014 年 7 月 31 日邮件的内容。在该邮件中，明确显示原本的交易合同由被申请人与中国 C 贸易公司签署，包括被申请人在内的三方经过协商后，将合同签署方案改为由被申请人与申请人签订合同、申请人与中国 C 贸易公司签订合同，且前述两份合同同时签署。

本案中，寻找最终买方更多的是被申请人及中国 E 物流公司/中国 C 贸易公司的义务，申请人的主要作用在于就前述双方遇到的信任危机提供信用润滑、短时资金融通，事实上货物的交付等也是由前述双方直接进行的，并未通过申请人，货物未能及时找到最终买方并遭受价格损失，申请人并无过错。需要特别说明的是，申请人向被申请人索赔，更多的是依据申请人与被申请人之间的合同的约定，而不是仅仅依据双方代理关系。

被申请人认为，其一，申请人是本案合同项下的独立买方，而不是被申请人的代理，从本案合同的签订及履行过程来看，并无任何迹象可以否定或怀疑其买卖合同的属性。

其二，中国 C 贸易公司在另一仲裁案中主张其与申请人之间的合同是买卖合同，而且该案裁决也作出了与此相同的认定。这从另一个角度印证了本案合同是买卖合同，而不是代理合同。

其三，即便从解决信任缺失的角度来看，申请人在本案合同项下也恰恰是独立的买方，而不是被申请人的代理。

其四，即便从代理的角度看，申请人由于其自己违反委托权限也无权向被申请人索赔。

仲裁庭认为，区分买卖关系还是代理关系，具体应从以下几个方面考虑，其一，从合同名称、主体本身考虑；其二，从合同具体条款的约定内容考虑；其三，从合同约定的当事人权利义务结合实际情况综合判断。

其一，从合同名称、主体本身方面来讲，本案合同为《CONTRACT OF NICKEL ORE》，合同主体为"SELLER：韩国 B 运输公司 BUYER：韩国 A 网络公司"即双方当事人在本案合同的地位为买卖双方。

其二，从合同具体条款的约定内容来看，本案合同约定"BUYER AGREES TO BUY THE MATERIAL STATED BELOW"，即本案申请人同意购买本案合同项下的货物。本案合同的附件 1 约定"HERE THE BUYER AND THE SELLER MU-TUALLY AGREE TO MAKE THE CONTRACT"，即本案合同附件 1 的内容仍是围绕买卖双方主体展开。从本案合同的约定内容、主体来看，本案合同的表面符合买卖关系的特征。而申请人主张本案合同附件 1 中约定的"AGENT FEE AS 1% OF GROSS REVENUE"即为代理费费用，能证明双方当事人之间为代理关系的事实。被申请人主张"AGENT FEE AS 1% OF GROSS REVENUE"指货物进口环节中产生的报关清关代理费、货代代理费、检验代理费、运输代理费等应支付给第三方的费用。仲裁庭注意到，结合本案合同附件 1 上下文的约定内容："THE TOTAL COST INCLUDING FOLLOWING EXPENSES：1/PORT CHARG-ES；2/THE TAX FEE IF FINAL SALE IS MADE BY RMB；3/STORAGE CHARGE FROM THE 31TH DAY AFTER COMPLETE DISCHARGE；4/AGENT FEE AS 1% OF GROSS REVENUE"，仲裁庭认为，第一项至第四项的费用性质为同一类费用更具合理性，即货物到港产生的各项费用。因此，被申请人主张"AGENT FEE AS 1% OF GROSS REVENUE"不是指申请人收取的代理费，仲裁庭予以支持。

其三，从合同约定的当事人权利义务结合实际情况来看，本案合同对于货物发货、货款支付、货物检验等条款有买卖双方权利义务的分配约定。本案合同约定：

THE BUYER SHALL REMIT 100% OF A PROVISIONAL PAYMENT TO

SELLER'S ACCOUNT WITHIN 20 BANKING DAYS AFTER THE BUYER RE-CEIVED ALL OF THE ORIGINAL DOCUMENTS FORM THE SELLER. THE PROVISIONAL AMOUNT IS CALCULATED BASED ON 中国 H 检测公司（Company H）REPORT AT LOADING PORT. REQUIRED DOCUMENTS LIST AS FOLLOWED：

A）FULL SET THREE（3）ORIGINALS AND THREE（3）COPIES OF CLEAN ON BOARD BILL OF LADING...

B）SIGNED PROVISIONAL INVOICE...

C）SURVEY REPORT OR CERTIFICATE OF QUALITY ISSUED BY 中国 H 检测公司 COMPANY H...

D）SURVEY REPORT OR CERTIFICATE OF WEIGHT ISSUED BY 中国 H 检测公司 COMPANY H...

E）CERTIFICATE OF ORIGIN ISSUED BY SELLER...

被申请人认可被申请人于 2014 年 8 月 6 日将包括涉案货物发票（SIGNED PROVISIONAL INVOICE）、中国 H 检测公司在装港签发的质量报告（CERTIFICATE OF QUALITY）及重量报告（CERTIFICATE OF WEIGHT）、已装船清洁提单（ORIGINAL CLEAN ON BOARD BILL OF LADING）以及原产地证明（CERTIFICATE OF ORIGIN）在内的货物单据交给申请人。同日，申请人向被申请人支付货款韩币 27 余亿元。结合本案合同的实际履行情况，案涉货物货款的支付方为申请人，且支付条件、方式和时间符合本案合同的约定。因此，仲裁庭认为从交货、支付等各种实际履行情况看符合买卖合同的特征。

如果申请人主张本案合同双方当事人并非买卖关系，而是代理关系，应提出更直接更有力的证据证明申请人与被申请人之间的代理关系，虽申请人主张本案合同与申请人与中国 E 物流公司签订的合同之间的差价证明其在各方交易中属于提供短时资金融通的代理人地位、主张中国 C 贸易公司在其与申请人之间的仲裁案中认为申请人为被申请人的代理人以及主张证人证言证明双方当事人之间的代理关系等，但申请人赚取的差价大小以及中国 C 贸易公司、证人作为第三方对申请人与被申请人之间法律关系的单方主观认识不足以证明实质上申请人与被申请人之间成立代理关系。申请人没有提供直接证据证明被申请人对申请人有代理授权以推翻本案合同双方当事人买卖法律关系的特征。

因此，仲裁庭认为，结合本案合同的约定、实际履行情况、双方提交的证据和主张，认定申请人与被申请人之间构成买卖关系的证明力大于构成代理关系。故，仲裁庭对申请人主张本案合同的法律关系为买卖关系予以支持。

关于本案反请求双方之间的争议焦点，仲裁庭认为可归纳为以下几点：

1. 本案反请求是否超出时效？

2. 被申请人关于货物含水量低于 33% 的索赔是否有合同依据？

反请求焦点问题 1：本案反请求是否超出时效？

申请人认为，本案反请求已超过仲裁时效。申请人从未收到被申请人就货物含水量低于 33% 的相应赔偿要求，被申请人作为证据提交的电子邮件、快递等申请人均未收到过。

被申请人反请求提出的日期（2021 年 8 月 4 日）距卸货港货物重量及质量报告出具之日（2014 年 8 月 20 日）已经将近 7 年，距离申请人首次通知被申请人关于中国 C 贸易公司就相关合同针对申请人申请仲裁之日（2016 年 11 月 6 日）业已将近 5 年，都已远超 4 年的仲裁时效。

被申请人认为，被申请人于 2016 年 5 月 18 日通过电邮向申请人发送最终发票，要求支付含水量赔偿款 16 余万美元。根据本案合同的约定，申请人应当在收到最终发票后的 7 个银行工作日内将含水量赔偿款支付给被申请人，该 7 个银行工作日于 2016 年 5 月 27 日届满。因此，被申请人就货物含水量赔偿款的法定四年仲裁时效应自 2016 年 5 月 28 日起算。2019 年 2 月 14 日，被申请人通过电子邮件和韩国邮政快递向申请人寄送了关于案涉货物含水量赔偿款的索赔函，构成仲裁时效的中断，中断后的仲裁时效应于 2019 年 2 月 14 日重新起算，于 2023 年 2 月 13 日届满。因此，被申请人的反请求并没超过仲裁时效。即便从被申请人将本案合同项下的货物单据交付给申请人的次日（即 2014 年 8 月 6 日）起算四年的仲裁时效，该仲裁时效也应于 2016 年 5 月 18 日被申请人向申请人发送最终发票之日中断，并于 2019 年 2 月 14 日被申请人通过电子邮件和韩国邮政快递向申请人寄送案涉货物含水量赔偿款的索赔函之日再次中断，反请求同样没超过仲裁时效。

仲裁庭注意到，申请人对被申请人提交的用以证明上述主张的反请求证据 4、证据 5（公证书）的真实性认可，但对其证明目的不认可，并认为公证书公证的对象是通过电脑中的"Microsoft Outlook"软件逐一调取的，其本质应为保存于电脑本地的电子文档，在技术上可以由被申请人自行制作及修改。仲裁庭认为，申请人虽主张证据4、证据5中的公证对象可以由被申请人修改，但并未提出该份证据的公证对象已被修改的相反证据。仲裁庭对于申请人的该项主张不予支持，对被申请人提交的反请求证据4、证据5予以采纳，即对被申请人主张曾于2016年5月18日通过电邮向申请人发送最终发票，要求支付含水量赔偿款16余万美元以及曾于2019年2月14日通过电子邮件向申请人发送案涉货物含水量赔偿款的索赔函，予以采信。

因此，反请求的仲裁时效分别于2016年5月28日、2019年2月14日中断。且，由上所述，本案为国际货物买卖合同，仲裁时效为四年。综上分析，仲裁庭对被申请人提出反请求没有超出仲裁时效的主张予以支持。

反请求焦点问题2：被申请人关于货物含水量低于33%的索赔是否有合同依据？

申请人认为，即使不考虑仲裁时效，货物含水量的赔偿的最终承担方也应当是中国C贸易公司，被申请人如果主张含水量赔偿，应通知申请人，并由申请人通知中国C贸易公司，由中国C贸易公司最终承担含水量赔偿。

被申请人认为，根据卸港中国H检测公司出具的货物重量及质量报告，被申请人实际交货量为近5.7万湿吨，实际成分含量为镍1.4%，铁13.55%，水分含量27.25%。被申请人按近5.7万湿吨的交货量向申请人发出发票。实际交货中的镍及铁的含量符合本案合同的约定，不构成价格调整因素，但因货物实际含水量低于33%，申请人应就水分低于33%的部分向被申请人支付赔偿款，此项赔偿款金额为16余万美元。

仲裁庭注意到，根据被申请人提交的货物重量及质量报告证据显示，本案合同项下货物的含水量为27.25%，低于本案合同约定的33%。根据本案合同的约定 "FOR EVERY 1% OF MOISTURE BELOW 33%, THE BUYER SHALL PAY THE SELLER A COMPENSATION OF USD $0.50 PER WET METRIC TON, FRACTION PRO RATA." 故，仲裁庭认为被申请人主张的案涉货物含水量低于33%的索赔有合同依据，予以支持。

（五）关于申请人的仲裁请求

1. 被申请人向申请人赔偿损失人民币400余万元、美元近3500元及韩币近1.5亿元。

申请人认为，首先，另一仲裁案《裁决书》裁决申请人向中国C贸易公司支付人民币 380 余万元，裁决申请人承担并向中国 C 贸易公司支付仲裁费人民币 16 余万元（与人民币 380 余万元合计人民币 400 余万元，且申请人已通过于另案与中国 C 贸易公司互抵债权债务的方式执行完毕），裁决申请人承担反请求仲裁费近 3500 美元，裁决申请人承担实际发生的律师费（含申请人的律师费差额及申请人承担的中国 C 贸易公司律师费人民币 30 万元）、差旅费损失共计韩币近 1.5 亿元，申请人因转售实际发生的损失为人民币 400 余万元、美元近 3500 元及韩币近 1.5 亿元。其次，即使不考虑是否构成代理关系，仅仅根据本案合同的约定，只要中国 C 贸易公司不是最终买家，则本案中被申请人即应最终承担申请人因为中国 C 贸易公司因转售价差索赔而遭受的损失。最后，被申请人始终知道中国 E 物流公司/中国 C 贸易公司不是最终买家，因为如果中国 C 贸易公司是所谓的最终买家，那么，正常情况下被申请人应当早已与申请人按照本案合同的附件 1 进行结算，但是被申请人从未要求与申请人之间进行结算，甚至在仲裁过程中也从未提出过结算相关的任何主张。

被申请人认为，首先，中国 C 贸易公司对申请人提起的另一仲裁案中的基本事实和法律责任归属与本案都不相同，且其裁决中存在错误，对本案没有借鉴意义，更不能作为本案的裁决依据；其次，本案合同项下被申请人支付转售亏损的前提条件并没成就，申请人无权向被申请人提出索赔；再次，最终买家是中国 C 贸易公司，而非中国 F 贸易公司，因为本案合同附件 1 中所述的最终买家是指与申请人签订合同的买家，即中国 C 贸易公司（由中国 E 物流公司代理），而不是指与申请人的买家签订合同的下一个买家；最后，即便将中国 F 贸易公司视为最终买家，申请人也并没有将中国 C 贸易公司与中国 F 贸易公司之间的转售合同发送给被申请人征求确认，也没有让被申请人在卸货后的 75 天内行使转售货物的优先定价权，构成违约。

仲裁庭注意到，结合双方当事人提交的证据和陈述，本案合同签订时间和申请人与中国 E 物流公司签订的《CONTRACT OF NICKEL ORE》的日期一致，均为 2014 年 8 月 1 日，合同条款内容也相同，且案涉货物到港卸货时间为 2014 年 7 月 14 日，货物质量和重量的检测时间为 2014 年 7 月 11 日至 14 日，从一般商业的合理逻辑判断以及中国 C 贸易公司与申请人之间的仲裁案中可知，案涉货物的买卖在本案合同签订前应该已经过其他当事方的谈判，后申请人加入交易各方的谈判中与被申请人签订了本案合同，作为买方购买了案涉货物后又转卖给中国 C 贸易公司，而后中国 C 贸易公司又将案涉货物售卖给中国 F 贸易公司。

根据本案合同附件 1 "WE AGREED THAT BOTH PARTIES SHOULD DO THEIR BEST TO FIND A FINAL BUYER TO PURCHASE SAID CARGO IN GOOD FAITH" 的约定，本案合同买卖双方应尽最大努力寻找诚信的最终买家购买案涉货物，而实际上中国 C 贸易公司在申请人与被申请人签订本案合同前已参与案涉货物的交易环节中，按照合理逻辑推理，中国 C 贸易公司不应是申请人与被申请人需要尽最大努力寻找的最终买家，且本案合同并无约定该最终买家只能通过申请人与最终买家签订合同的方式达成转售，本案合同约定的是找到最终买家购买案涉货物即可。因案涉货物在中国 C 贸易公司之后被售卖给中国 F 贸易公司，故，仲裁庭认为中国 F 贸易公司才是本案合同所述的最终买家。

另外，被申请人主张即使将中国 F 贸易公司视为最终买家，申请人并没有将中国 C 贸易公司与中国 F 贸易公司之间的转售合同发送给被申请人征求确认违反了本案合同附件 1 的约定。仲裁庭注意到，申请人并未提交用以证明其将中国 C 贸易公司与中国 F 贸易公司之间的转售合同发送给被申请人征求确认的证据，以致被申请人无法在卸货后的 75 天内行使对案涉转售货物的优先定价权，申请人并未严格履行本案合同的约定，存在一定过错。同时，被申请人亦未举证证明其已尽最大努力寻找最终买家，亦存在一定过错，对因案涉货物被转售给中国 F 贸易公司而造成价差损失及相关争议的发生存在一定责任。仲裁庭认为，根据公平合理的原则以及本案合同关于转售差价承担的约定，对于申请人的该项仲裁请求主张的人民币 400 余万元中的人民币 380 余万元（申请人对中国 C 贸易公司承担的价差损失），被申请人承担人民币 380 余万元的 1/2，即人民币 190 余万元是适宜的。而申请人请求的仲裁费人民币 16 余万元，反请求仲裁费近 3500 美元和律师费、差旅费韩币近 1.5 亿元并非案涉货物转售的差价损失，仲裁庭认为，申请人对该部分费用的请求无合同依据，不予支持。

2. 被申请人：（1）以人民币 400 余万元为基数，自 2019 年 5 月 17 日起至实际支付之日止，按全国银行间同业拆借中心公布的一年期贷款市场报价利率（年利率 3.85%）向申请人赔偿利息损失，暂计至 2020 年 12 月 31 日利息累计为人民币 25 余万元；（2）以美元近 3500 元为基数，自 2019 年 1 月 10 日起至实际支付之日止，按全国银行间同业拆借中心公布的一年期贷款市场报价利率（年利率 3.85%）向申请人赔偿利息损失，暂计至 2020 年 12 月 31 日利息累计为美元 260 余元；（3）以韩币近 1.5 亿元为基数，自 2019 年 1 月 10 日起至实际支付之日止，按全国银行间同业拆借中心公布的一年期贷款市场报价利率（年利率 3.85%）向申请人赔偿利息损失，暂计至 2020 年 12 月 31 日利息累计为韩币 1100 余万元。

申请人主张，第一项仲裁请求所列金额应由被申请人承担，且被申请人应当预付该笔费用，即在申请人对外支付前支付给申请人，由于被申请人至今未能支付，导致申请人发生利息损失，其中请求中的人民币 400 余万元的利息计算时间为韩国法院确认申请人与中国 C 贸易公司债务抵消之日的次日即 2019 年 5 月 17 日。

被申请人在其代理意见中表示，申请人关于仲裁请求与被申请人关于仲裁反请求均采用中国全国银行间同业拆借中心公布的一年期贷款市场报价利率 3.85% 作为各自计算利息的依据，因此双方当事人已就请求额利息采用 3.85% 的年利率标准达成一致。另，被申请人认为，鉴于申请人无权向被申请人索赔各项所谓损失和费用，故其无权向被申请人索赔所谓损失及费用的利息。

仲裁庭认为，根据《合同法》第一百零七条的规定，"当事人一方不履行合同义务或者履行合同义务不符合约定的，应当承担继续履行、采取补救措施或者赔偿损失等违约责任"，仲裁庭对申请人主张被申请人应向其支付利息予以支持。另，由上分析，仲裁庭仅支持申请人请求的人民币 380 余万元的 1/2（即人民币 190 余万元）由被申请人承担，即仲裁庭支持申请人利息的计算基数为人民币 190 余万元，而申请人对该部分金额利息的起算时间主张为韩国法院确认申请人与中国 C 贸易公司债务抵销之日的次日即 2019 年 5 月 17 日，且双方当事人均采用年利率 3.85% 作为利息计算标准。综上，仲裁庭对被申请人以人民币 190 余万元为计算基数，自 2019 年 5 月 17 日起至实际支付之日按 3.85% 年利率的标准向申请人赔偿利息损失，予以支持。

3. 被申请人向申请人支付近 1.7 万美元（暂计至 2020 年 12 月 31 日的暂定金额）以补偿申请人因本仲裁程序花费的律师费。

被申请人认为，鉴于申请人在本案中的仲裁请求因没有任何依据而皆应予以驳回，因此申请人无权请求其为本案产生的律师费。

仲裁庭注意到，申请人为支持本项仲裁请求提交了申请人与韩国 K 律师事务所的法律服务合同复印件及翻译件，但并未出示原件，亦未提交任何律师费支付凭证的证据，未能足以证明申请人请求的律师费已实际发生，仲裁庭对申请人的该项仲裁请求不予支持。

4. 被申请人承担本案仲裁费。

申请人认为该项仲裁请求的合同依据是本案合同 "ALL OF THE ARBITRATION FEE INCLUDING THE LEGAL FEE SHALL BE RORNE BY THE PARTY WHO LOSE THE CASE" 的约定。

被申请人认为，鉴于申请人在本案中的仲裁请求因没有任何依据而皆应予以驳回，故本案的全部仲裁费应由申请人承担。

仲裁庭认为，根据本案合同的约定，仲裁费应由败诉方承担，另，根据本案争议实际情况和申请人仲裁请求被支持的情况，仲裁庭认为本案本请求仲裁费的 1/2 由被申请人承担是适宜的。

（六）关于被申请人的反请求

1. 由申请人向被申请人支付货物含水量低于 33% 的相应赔偿款 16 余万美元及其自 2016 年 5 月 28 日起至本案裁决之日止按中国全国银行间同业拆借中心公布的一年期贷款市场报价利率 3.85% 计算的利息，按以上方法暂计至 2021 年 12 月 31 日，申请人应支付被申请人的利息为 3.5 余万美元（即 16 余万美元×3.85%×2043 天÷365 天＝3.5 余万美元）。

申请人认为，货物含水量赔偿的最终承担方应当是中国 C 贸易公司，被申请人如果主张含水量赔偿，应通知申请人，并由申请人通知中国 C 贸易公司，由中国 C 贸易公司最终承担含水量赔偿。且申请人认为本案反请求已经超过仲裁时效，进而基于前述赔偿款的支付义务而附随发生的孳息（利息）亦不应获得支持。

被申请人认为，本案反请求没有超过仲裁时效。另，本案合同约定："如果最终发票的总金额超过临时发票的总金额，买方应当在收到最终发票后的 7 个银行工作日内将差额支付给卖方。"（"IF THE TOTAL AMOUNT ON THE FINAL INVOICE EXCEEDS THE TOTAL AMOUNT ON THE PROVISIONAL INVOICE, THE BUYER SHOULD REMIT THE BALANCE TO THE SELLER WITHIN 7 BANKING DAYS AFTER RECEIVE THE FINAL INVOICE."）被申请人于 2016 年 5 月

18 日向申请人发送最终发票，其后的 7 个工作日于 2016 年 5 月 27 日届满，故货物含水量低于 33% 的赔偿款应自 2016 年 5 月 28 日起算利息。且，本案双方当事人已经就利率达成一致，应采用 3.85% 的年利率。

由上所述，仲裁庭认为本案反请求的仲裁时效并未超过，且被申请人主张根据本案合同 "FOR EVERY 1% OF MOISTURE BELOW 33%, THE BUYER SHALL PAY THE SELLER A COMPENSATION OF USD $0.50 PER WET METRIC TON, FRACTION PRO RATA" 的约定，案涉货物含水量低于 33% 的索赔有合同依据，仲裁庭予以支持。

另，仲裁庭注意到，被申请人提交了用以证明上述主张的反请求证据 4（公证书），申请人对公证书的真实性认可，虽对其证明目的不认可，与上述分析同理，申请人虽主张证据 4 中的公证对象可以由被申请人修改，但并未提出该份证据的公证对象已被修改的相反证据。故，仲裁庭对申请人的该项主张不予采纳，对被申请人主张于 2016 年 5 月 18 日向申请人发送最终发票，予以支持。

综上，仲裁庭认为，被申请人主张申请人向被申请人支付货物含水量低于 33% 的相应赔偿款 16 余万美元及其自 2016 年 5 月 28 日起至本案裁决之日止按年利率 3.85% 计算的利息，暂计至 2021 年 12 月 31 日，申请人应支付被申请人的利息为 3.5 余万美元（即 16 余万美元×3.85%×2043 天÷365 天＝3.5 余万美元）有合同、事实依据，仲裁庭予以支持。

2. 由申请人补偿被申请人因办理本案本请求答辩及反请求而产生的律师费暂计 8 万美元。

被申请人提交了反请求证据 6、证据 11、证据 12：被申请人与中国 R 律师事务所签订的委托协议（Retainer Agreement）、已产生的部分律师费账单（Debit Note）及被申请人支付该账单项下律师费的银行转账凭证作为该项请求的证据。申请人认可上述证据的真实性。

仲裁庭注意到，被申请人提交的上述证据中银行转账凭证载明汇款金额为近 5 万美元（折合人民币 30 余万元）以及 3 余万美元（折合人民币 20 余万元），共计 8 余万美元。被申请人主张由申请人补偿被申请人律师费暂计 8 万美元属于其对自身权利的处分，仲裁庭予以支持。仲裁庭认为，根据本案合同的约定，仲裁费包括律师费应由败诉方承担，另，根据本案争议实际情况和被申请人的反请求被支持的情况，仲裁庭对本案被申请人主张申请人补偿被申请人律师费 8 万美元的请求，予以支持。

3. 由申请人承担本案的全部仲裁费。

由上所述，根据本案合同的约定，仲裁费包括律师费应由败诉方承担，另，根据本案争议实际情况和被申请人反请求被支持的情况，仲裁庭对被申请人主张本案反请求仲裁费由申请人承担的请求，予以支持。

三、裁　决

基于上述案情和理由，仲裁庭裁决如下：

（一）被申请人向申请人支付赔偿款人民币 190 余万元；

（二）被申请人以人民币 190 余万元为计算基数，自 2019 年 5 月 17 日起至实际支付之日按 3.85% 年利率的标准向申请人支付利息损失；

（三）申请人向被申请人支付赔偿款 16 余万美元及其自 2016 年 5 月 28 日起至本案裁决之日止按年利率 3.85% 计算的利息，暂计至 2021 年 12 月 31 日为 3.5 余万美元；

（四）申请人向被申请人支付律师费 8 万美元；

（五）本案本请求仲裁费由申请人承担 50%、被申请人承担 50%，被申请人应向申请人支付申请人代其垫付的仲裁费；

（六）本案反请求仲裁费全部由申请人承担，申请人应向被申请人支付其垫付的仲裁费；

（七）驳回申请人的其他仲裁请求；

（八）驳回被申请人的其他仲裁反请求。

上述裁决项中双方当事人应支付的款项，双方当事人应于本裁决书作出之日起 10 日内支付完毕。

本裁决为终局裁决，自作出之日起生效。

案例评析

【关键词】 国际货物买卖　仲裁时效　买卖关系　代理关系

【焦点问题】

本案涉及的焦点问题如下：（1）本案矿产品买卖合同双方当事人的法律关

系是买卖关系还是代理关系？（2）申请人是否可依据已被强制执行的前案裁决要求被申请人赔偿前案的损失？（3）本案本请求和反请求是否超出仲裁时效？

【焦点评析】

该案纠纷属于国际货物买卖合同纠纷，本案被申请人向中国 C 贸易公司出售一批矿产品，后因该矿产品市场价格波动异常，被申请人与中国 C 贸易公司之间产生了信任缺失问题，故引入了本案申请人作为增信桥梁，由申请人与 C 贸易公司的代理商香港 D 公司签订矿产品买卖合同，约定卸货后 75 日内需找到矿产品的最终买家。因该批矿产品的市场价格趋降，C 贸易公司转售给最终买家的价格非常低，根据其与申请人签订的买卖合同约定，C 贸易公司针对申请人向贸仲提起另一仲裁案，索赔转售价差的损失。该另案已被强制执行，因此申请人就已被强制执行的损失向被申请人提起本案仲裁。

本案买卖合同约定选择贸仲仲裁，双方当事人均同意适用中华人民共和国法律。本案涉及辨别买卖关系和代理关系的特征、前案仲裁结果对本案的影响、仲裁时效起算、中断或届满的综合判断等典型问题，现结合本案案情及双方争议焦点，具体评析如下：

（一）关于买卖关系还是代理关系的问题

在国际货物买卖交易中，为了提高交易的安全性和稳定性，位于不同国家、地区的买卖方往往会通过引入第三方代理商或转售的方式，提高货物买卖的安全性和流通性。国际货物买卖交易中的各方主体往往容易因货款结算、货物损坏、市场价格波动等问题引起争议，而分辨各方之间的法律关系属于买卖关系还是代理关系，将直接决定责任主体问题。因此该问题时常成为国际货物买卖交易争议中的关键问题。

回归本案，区分双方当事人之间的法律关系是买卖关系还是代理关系，仲裁庭归纳出三点买卖关系的特征：

其一，从本案合同名称以及合同主体来说，双方当事人在本案合同的地位为买卖双方。

其二，深入分析本案合同的条款，其中有一条条款约定"AGENT FEE AS 1% OF GROSS REVENUE"，该条约定具有一定迷惑性，这也是申请人主张代理关系的主要理由之一。但仲裁庭通过分析该条款的上下文，发现总费用不仅包括上述的"1% AGENT FEE"，还包括港口费、货物销售的税费、仓储费等费用，仲裁庭认为总费用中列举的费用性质应为同一类费用更具合理性，即货物到港后产生的各项费用。因此，"1% AGENT FEE"并非指代理关系中的代理费。

其三，仲裁庭从货物发货、货款支付、货物检验等方面着手，查明 B 韩国船运公司将货物发票、货物质量报告、提单等货物单据交付给申请人，并向申请人支付了货款等事实。仲裁庭认为从交货、支付等实际履行情况看，更符合买卖关系的特征。

另外，本案还出现了更复杂的情况，申请人指出其实际为资金融通的代理人地位，C 贸易公司在前案中亦有证人认为本案双方当事人为代理关系等，仲裁庭从上述交错复杂的案件事实中，直击辨别代理关系的实质要点，即是否有直接证据证明被申请人对申请人有代理授权。仲裁庭在买卖关系和代理关系的天平中，认为构成买卖关系的证明力大于构成代理关系。从上述事实也提示国际货物买卖中的增信第三方，为避免产生不必要的纠纷，尽量在加入交易时与实际买卖方签订代理合同。

（二）关于前案贸仲仲裁裁决与本案的关联性问题

该案中虽然仲裁庭支持了被申请人主张的买卖关系，但仍需分析申请人的仲裁请求能否被支持。仲裁庭回归本案合同具体条款约定，分析双方当事人是否履行了本案合同的合同义务，是否构成违约。本案合同约定，双方当事人均应尽最大努力寻找最终买家购买矿产品。仲裁庭查明，双方当事人均没有严格履行本案合同的约定，申请人没有将转售合同发给被申请人征求其确认，被申请人亦未能举证证明其已尽最大努力寻找最终买家，双方当事人对因转售产生的价差损失应承担责任。而且该价差损失已经在贸仲前案仲裁被强制执行，因同一交易产生的连环索赔，前案仲裁的裁决结果对本案产生直接影响，是本案请求损失索赔的依据。

在复杂的国际货物买卖交易中，特别是对于矿产品这类市场价格波动较大的大宗商品交易，交易参与主体分摊交易风险有助于稳定国际货物交易，仲裁庭根据双方当事人的违约事实和过错责任，适用公平原则，分摊因矿产品市场价格骤降的价差风险。仲裁庭的分析和认定，既紧扣合同约定，尊重双方当事人的意思自治，又合理分配商业风险，从商业、合同约定、交易惯例等多维度公平合理地裁决本案。

（三）关于仲裁时效问题

鉴于国际货物买卖从交易到发生争议，往往经历诸多交易、运输环节，经历的时间相对较长，仲裁时效争议也常常发生在国际货物买卖争议中，也是商事主体经常提出的重要主张和抗辩。

我国法律规定国际货物买卖合同适用四年时效，结合双方当事人的举证和主张，仲裁庭进行综合分析和判断。对于本请求仲裁时效来说，判断仲裁时效起算时间是关键之处。被申请人主张 C 贸易公司于 2016 年才提起前案仲裁，截至申请人提起本案仲裁已经过四年时效。仲裁庭结合我国《合同法》关于国际货物买卖时效的规定，认为申请人知道或应当知道其权利受到侵害的时间是本请求仲裁时效起算时间，前案仲裁裁决生效后方能确定申请人知道其权利受到侵害，因此最后仲裁庭认定贸仲前案的裁决生效之日是申请人知道其权利受到侵害之日，本请求的仲裁时效并未经过。

对于反请求仲裁时效来说，被申请人发送的多份索赔、通知邮件证据判断反请求的仲裁时效是否中断重新计算，是本焦点问题的关键。双方当事人就邮件发送的举证交锋十分精彩，仲裁庭经综合分析认为申请人虽对被申请人发送索赔邮件的公证件提出异议，但没有提出相反证据，根据谁主张，谁举证原则，支持了被申请人反请求没有超出仲裁时效的主张。

仲裁时效争议在国际货物买卖纠纷中颇为常见，本案双方当事人对仲裁时效的主张、举证、抗辩均十分充分到位，颇具典型性，也给商事主体挖掘证据、充分主张自身权利提供了参考范例。仲裁庭在考虑和判断时效问题上，一一回应了双方当事人的主张，精准结合法律规定和证据，充分维护了商事主体合理主张合同权利的机会。

【结语】

一方面，面对涉及前案仲裁案情复杂、交易主体多重身份、交易事实证据海量的情况，仲裁庭捋清了本案法律关系的本质特征，化繁为简，提出简明且富有参考意义的买卖法律关系三大特征指标，并回归本案合同条款的具体约定，判断在买卖关系基础上双方当事人的违约责任。裁决书结合双方证据充分论证、深入解读本案合同条款、结合国际货物买卖交易的惯常做法，实现对市场价格波动价格较大的货物交易风险的平衡。

另一方面，本案双方均为来自韩国的当事人，韩国是"一带一路"国家。

本案双方当事人约定选择我国的仲裁机构管理本案仲裁，适用我国的法律，并选定我国的仲裁员组成三人仲裁庭审理本案。由此可见，在"一带一路"建设过程中，我国仲裁机构在国际商事仲裁领域的权威性和公信力日渐提高，体现了境外当事人对我国仲裁机构、仲裁员审理水平能力的信任度进一步提高，也是我国仲裁机构、仲裁员逐步走向国际化的象征。

（评述人：张丽霞）

图书在版编目（CIP）数据

涉"一带一路"国家仲裁案例选编. 二／中国国际
经济贸易仲裁委员会主编 . —北京：中国法制出版社，
2024. 3

ISBN 978-7-5216-4281-0

Ⅰ. ①涉… Ⅱ. ①中… Ⅲ. ①国际商事仲裁-案例
Ⅳ. ①D997. 4

中国国家版本馆 CIP 数据核字（2024）第 048337 号

责任编辑：秦智贤　　　　　　　　　　　　　　封面设计：李　宁

涉"一带一路"国家仲裁案例选编. 二
SHE "YI DAI YI LU" GUOJIA ZHONGCAI ANLI XUANBIAN. ER

主编/中国国际经济贸易仲裁委员会
经销/新华书店
印刷/北京虎彩文化传播有限公司
开本/710 毫米×1000 毫米　16 开　　　　　印张/ 39. 75　字数/ 577 千
版次/2024 年 3 月第 1 版　　　　　　　　　　2024 年 3 月第 1 次印刷

中国法制出版社出版
书号 ISBN 978-7-5216-4281-0　　　　　　　　　定价：198. 00 元

北京市西城区西便门西里甲 16 号西便门办公区
邮政编码：100053　　　　　　　　　　　　　　传真：010-63141600
网址：http：//www. zgfzs. com　　　　　**编辑部电话：010-63141798**
市场营销部电话：010-63141612　　　　　**印务部电话：010-63141606**

（如有印装质量问题，请与本社印务部联系。）